中华传世藏书

【图文珍藏版】

诸子百家

王艳军⊙主编

线装书局

三、《司马法》的名言

《司马法》又称《司马穰苴兵法》《军礼司马法》《古司马兵法》等,是中国古代最早的官修兵书之一。它迄今已有两千多年的历史,是中国古代军事文化宝库中的璀璨瑰宝。《司马法》原有一百五十五篇,由于历代散佚严重,至唐初编次《隋书·经籍志》时仅存残本三卷五篇,这就是我们今天所见到的今本《司马法》。《司马法》虽已大部分亡佚,现存的五篇中却有着丰富的内容。《司马法》论述的范围极为广泛,基本涉及了军事的各个方面;保存了古代用兵与治兵的原则,包括夏商周三代的出师礼仪、兵器、徽章、赏罚、警戒等方面的重要史料。此外,它还有丰富的哲理思想,重视战争中精神、物质力量的转化与轻和重辩证关系的统一。它非常重视人的因素和士气的作用,是对当时战争经验的理论概括,也是早期兵法理论的继承和总结,可以称得上是中国古代的《战争论》。《司马法》自问世以来一直受到历代兵家学者的重视,长期享有军事权威著作的声誉。

《司马法》的主要作者为齐同名将田穰苴,因后来官至大司马,故又称司马穰苴。田穰苴的出生年月已不可考,只知他大约与孙武同时,主要活动于齐景公时期,是齐国贵族田完的旁系后裔。公元前531年,晋燕攻齐,田氏为将,由于田穰苴治军严整、执法不阿、精于兵法和勇于征战,从而大胜晋燕联军,收复失地,后升任大司马。田穰苴解职后退居家中,研究兵法并总结自身的实践经验,撰写兵书,不久病发而死。在他死后一百五十年左右,齐威王命人整理古代兵法,将他的遗著附在其中,因此称《司马穰苴兵法》,从而使得古本《司马法》得以充实和完善,正式形成一部内容繁复、思想精深的兵书而流传于世。

1.以战止战,虽战可也

古者,以仁为本,以义治之渭正,正不获意①则权。权出于战,不出于中人②。是故,杀人安人,杀之可也;攻其国,爱其民,攻之可也;以战止战,虽战可也。故仁见亲,义见说,智见恃,勇见方③,信见信④。内得爱焉,所以守也;外得威焉,所以战也。(《仁本第一》)

【注释】

①不获意:不能如愿实现。②中人:此指"忠信与仁爱"。③方:通"仿",效仿。④见信:使人信任。

【译文】

在古代,以仁爱作为施政的根本,用正义作为治理民众的方法,这是正当的措施。如果正当的措施不能符合意愿,就该采取权变的措施。此种权变来自战争的需要,并不出于忠信与仁爱。所以,如果杀一个人,可以安定其他人,那么杀掉他是可以的;如果攻击一个国家,却爱护他的老百姓,那么攻击他也是可以的;如果发动战争可以制止战争,那么战争也是允许的。因此,仁爱使人亲近,正义使人喜悦,智慧使人依赖,勇敢使人仿效,诚信使人信任。在国内受人爱戴,可以守住国土;在国外获得声威,就可以对外作战。

诸子百家——兵家

《司马法》虽然提倡以仁施政、以德化人,但它并未轻易否定战争。"以战止战"的主张体现了它对战争的灵活与变通态度。因为它揭示了战争的内在规律,此说历来为后世兵家所称道,也为后世主政者所借鉴。

2.天下虽安,忘战必危

战道:不违时^①,不历^②民病,所以爱吾民也;不加丧,不因凶,所以爱夫其民也;冬夏不兴师,所以兼爱其民也。故国虽大,好战必亡;天下虽安,忘战必危。天下既平,天下大恺^③。春蒐^④秋狝^⑤,诸侯春振旅^⑥,秋治兵^⑦,所以不忘战也。(《仁本第一》)

【注释】

①违时:此指违反农时。②历:遇到。③大恺:举国欢腾。④春蒐:春季时节的田猎练兵。⑤秋狝:秋季时节的田猎练兵。⑥振旅:振,整训;整顿军队。⑦治兵:指进行实战演习。

【译文】

发动战争的原则在于:不要违反农时,不可在百姓疾病流行时发动,这是为了爱护本国的老百姓;不在对方发丧时发动战争,不趁对方发生天灾时发动战事,这是为了保护对方人民;冬夏两季不用兵,这是为了保护两国的人民。所以说,国家即使很强大,如果喜好战争就一定会灭亡;即使天下安定,如果忘记战争必然面临危险。天下太平,普天同庆。春秋两季田猎时也不忘训练士兵,各诸侯都在春季整顿军队,在秋季则举行实战演习,这是因为他们没有忘记备战。

【鉴赏】

这是历史的教训,也是现实的写照。当今世界,战争阴霾仍然挥之不去。某些强国仍然到处挥舞着战争大棒,搅得世界不得安宁。当前,我国仍然面临着各种传统与非传统的安全威胁,战争之弦一刻也不能放松。忘战必危,警钟长鸣!

3.诸侯悦怀,海外来服

先王之治,顺天之道,设^①地之宜,官^②民之德,而正名治物。立国辨^③职,以爵分禄,诸侯悦怀,海外^④来服,狱弭^⑤而兵寝^⑥,圣德之治也。(《仁本第一》)

【注释】

①设:合乎。②官:使做官。③辨:分别。④海外:此指天子所居王畿之外分封的各诸侯国。⑤狱弭:诉讼平息。⑥兵寝:停止战事。

【译文】

先王治理天下,顺应天道,合乎地利,让有道德之人做官,使其名正言顺,各负其责。

建立国家,分设官职,按爵位区别俸禄;让诸侯内心喜悦,远方诸国也前来称臣纳贡;同时平息诉讼,停止战事,这就是圣王用仁德在治理天下。

【鉴赏】

"仁者无敌"意思是说仁者因为能合天道,得地利,顺民心,所以就能够一统天下。果真如此吗? 能否因此就能高枕无忧,拒敌于千里之外呢? 显然是不能的。徒有仁义阻挡不了战争的车轮,仁者只有与强者联姻才能变得真正强大。

4.事极修则百官给,教极省则民兴良

既致教其民,然后谨①选而使之。事极修②则百官给③矣,教极省则民兴良矣,习惯成则民体俗矣,教化之至也。(《天子之义第二》)

【注释】

①谨:慎重。②修:治理。③给:此指尽职尽责。

【译文】

给这些民众进行了教育之后,再慎重挑选并任用他们。各种事情都治理得很好了,各级官吏也就尽职尽责了;教育的内容越是简明扼要,民众就易于真心向善;习惯养成了,民众就会按习俗行事,这就是最好的教育了。

【鉴赏】

当前,人们对教育的重视程度越来越强,但对教育现状的满意度却越来越低。教育目的越发单一与功利,教育内容越发繁杂与臃肿,教育效果越发无趣与生硬。古人强调完善人格教育不是对那些仍然陶醉于应试教育人士的一个警示吗?!

5.多威则民诎,少威则民不胜

师①多务②威则民诎③。少威则民不胜。上使民不得其义④,百姓不得其叙,技用不得其利,牛马不得其任,有司陵之,此为多威。多威则民诎。上不尊德而任诈慝⑤,不尊道而任勇力,不贵用命而贵犯命⑥,不贵善行而贵暴行,陵之有司,此谓少威。少威则民不胜。(《天子之义第二》)

【注释】

①师:治军。②务:致力。③诎:压抑,萎缩。④义:通"宜",适当。⑤慝:邪恶。⑥犯命:指违反命令的人。

【译文】

治军过于威严,士气就会低落;缺少威信,就难以克敌制胜。上级使用民力不适宜,百姓就不得安定,有技能的人也不能发挥才能,牛马也不能合理使用,主管者还盛气凌

人、欺压下属,这就叫过于威严。过于威严,士气就会低落。居上位者不尊重有德行的人而任用奸诈邪恶之徒,不尊重有道义的人而任用逞强好勇之人,不重用服从命令的人而重用违反命令的人,不重用有善行之人而重用有暴行的人,以致引起民众欺凌长官,这就叫缺少威严。如果缺少威严,士卒就不能战胜敌人。

【鉴赏】

治军用兵关系到国之兴衰与存亡。治军用威,严而有度。"过犹不及",过则由威而暴,不及则由威而溺。或暴或溺都会酿造祸患,导致损兵折将。

它提醒我们,做什么事都要保持"适度",掌握火候,恰到好处。

6.礼与法,表里也

古者,国容不入军,军容不入国。军容入国则民德废,国容入军则民德弱。故在国言文而语温,在朝恭以逊,修己以待人,不召不至,不问不言,难进易退。在军抗而立,在行遂而果。介者①不拜,兵车不式②,城上不趋③,危事不齿④。故礼与法,表里也;文与武,左右也。(《天子之义第二》)

【注释】

①介者:穿着铠甲的人。②式:通"轼",马车前面的横木,古人常在上行俯首之礼。③趋:奔跑。④不齿:此指不按尊卑顺序排列。

【译文】

古时候,朝廷的仪容不用在军队中,军队的仪容也不用在朝廷内。军队的仪容用在朝廷,民众的德行就会废弛;把朝廷的仪容用在军队中,军队的尚武精神就会被削弱。因为,在国中说话要温文尔雅,朝见君主要恭敬谦逊;为人要严于律己,宽以待人;国君不召不来,不问不说;朝见时礼节隆重,辞退时礼节简单。在军队中要昂首直立,在战阵中要行动果断,穿着铠甲不跪拜,在兵车上不行礼,在城上不急走,遇危险不惧怕。所以说,礼和法互为表里,文和武不可偏废。

【鉴赏】

治国用兵从来都是国之大事。先哲的思考值得我们认真学习和借鉴。就礼法而言,现实生活中的法律不可谓不多,然而违法乱纪者也不可谓不少。究其原因,失去仁爱精神和道德支撑的法律必然冰冷而又暴虐。

7.赏不逾时 罚不迁列

古者贤王,明①民之德,尽民之善,故无废德,无简民②。赏无所生,罚无所试。有虞氏不赏不罚而民可用,至德也;夏赏而不罚,至教也;殷罚而不赏,至威也;周以赏罚,德衰也。赏不逾时,欲民速得为善之利也;罚不迁列,欲民速睹为不善之害也。(《天子之义镰二》)

【注释】

①明：表彰。②简民：怠惰的人民。

【译文】

古代明君，表彰民众的美德，鼓励民众的善行，所以既无败坏道德的事，也无不守法度的人，因而无需用赏也无需用罚。虞舜不用赏罚，民众就能听他派遣，这是由于有了高尚的道德。夏朝赏而不罚，这是因为有了良好的教育。商朝罚而不赏，这是因为有了强大的威势。周朝赏罚并用，这是由于道德已经衰败了。奖赏不要过时，为的是使民众迅速得到做好事的利益；惩罚要就地执行，为的是使民众迅速看到做坏事的恶果。

【鉴赏】

今不如昔，当时道德现状是否真的如此呢？实际上夏朝也有罚，商朝也有赏。在古人眼中，讲求时间、地点、火候与方式等的赏罚之道确实是一门大学问。相信，细心的人们也会从中受益。

8.约法省罚，小罪乃杀

凡战，固众相①利，治乱进止，服正成耻，约法省罚，小罪乃杀②，小罪胜，大罪因。（《定爵第三》）

【注释】

①相：观察。②杀：停止。

【译文】

大凡作战，都要稳定军心，把握时机；治理混乱的秩序，进退要有节制；服从正确的命令，以违抗命令为耻辱；简省法令，减少刑罚，小罪就会停止；犯小罪者如果得逞，犯大罪者就会接踵而至。

【鉴赏】

人世间有正义也有邪恶，有英雄也有庸者。人是最复杂、最难以捉摸的种群。罪没有因法的存在而消亡，相反可能因为法的出台而滋生新的犯罪发生。这既是法的悲哀，也是人类的悲哀。

9.教惟豫，战惟节

将心，心也；众心，心也。马、牛、车、兵佚饱，力也。教惟豫①，战惟节。将军，身也；卒，支②也；伍③，指拇也。（《定爵第三》）

諸子百家——兵家

【注释】

①豫:通"预",指素有准备。②支:肢体。③伍:古代军队的编制单位,通常五人为一伍。

【译文】

将帅的意志和士卒的意志必须统一。马、牛要喂饱,车、兵要休整好,这样才有战斗力。训练重在平时,作战重在有节制。将帅,好比人的躯干;士卒,好比人的四肢;行伍,好比人的手指(必须像它们一样地协调一致,才能指挥自如)。

【鉴赏】

将卒同心,其利断金;教战相长,互促互进。这是一种长期意志培养与文化陶冶的结果。战争如此,其他各行各业也大致如此。

10.凡战,智也

凡战,智也;斗,勇也;陈,巧也。用其所欲,行其所能,废其不欲不能,于敌反是①。(《定爵第三》)

【注释】

①是:此。

【译文】

作战指挥要用智谋,战斗行动要靠勇敢,军队布阵要巧妙灵活。要力求实现自己的意图,但也要量力而行,不要去做违反自己意图和力所不及的事。对于敌人则相反(要使他去做其所不愿做或不能做的事)。

【鉴赏】

战争是敌对双方物质和精神力量总和的较量。中华民族是一个重智慧的民族,她强调斗智甚过斗勇。这是我们的优点,但其中也或多或少地忽视了对物质力量的重视。进入近代社会以后,这种弊端越发显现出来。当侵略者用坚船利炮轰我国门的时候,我们竟然还要用大刀长矛和血肉之躯去抵抗,这不能不令人扼腕叹息。智慧只有以力量做后盾,才更能显示其耀眼的光辉。

11.因时因财,贵信恶疑

凡战,间①远观迹②,因时因财,贵信恶疑。作兵义③,作事时,使人惠。见敌静,见乱暇,见危难无忘其众。(《定爵第三》)

①间:刺探。②迩:近。③义:合乎正义。

【译文】

大凡作战,(侦察敌情)远处用间谍,近处用观察;(用兵作战)要抓住时机,适应财力;(军队内部)要崇尚诚信,切戒猜疑。兴兵要合乎正义,做事要抓住时机,用人要施恩惠。遇敌必须沉着,遇到混乱必须从容,遇着危难不要忘掉自己部队。

【鉴赏】

在司马穰苴看来,战争从来不是武夫的莽撞之举,而是遵天时、守正义、护和平、重诚信、讲法纪、倡果敢、尚变通的智者行动。取胜是战争的最终目标。人生也好比一场"战争",必然面临来自外部和内心"敌人"的挑战。面对挑战,我们只能迎接,而无权放弃。

12.事善则长,因古则行

凡事善则长,因古则行。誓作章①,人乃强,灭厉祥②。灭厉之道:一曰义,被之以信,临之以强,成基一天下之形,人莫不说,是谓兼用其人。一曰权,成其溢③,夺其好,我自其外,使自其内。(《定爵第三》)

【注释】

①章:同"彰",此指鲜明。②厉祥:指恶鬼和妖祥。③溢:即"益"。

【译文】

凡是好的事情就能保持长久,遵循古法办事就能顺利推行。战斗誓言鲜明响亮,士气就会旺盛,就能消灭一切敌人。消灭敌人的方法:一是用道义,就是以诚信感召敌人,以威力震慑敌人,造成一统天下的形势,使人人心悦诚服,这就能争取敌国之人为我所用。二是用权谋,就是设法助长敌人的骄横,夺取敌人的要害,用兵力从外部向它进攻,让间谍从内部策应。

【鉴赏】

如何使国家长久、事业顺利? 古人有过不同的答案:有的以古为师,主张除旧布新,在思想上因循守旧,习惯于从历史中寻找秘诀;有的以今为师,主张除旧布新,在思想上革故鼎新,立足于从现实中发现答案。实际上,两者皆有道理,但也都有偏颇。正确之道应该是两者彼此融合,做到以史为镜,立足现实,放眼未来。

13.唯仁有亲

一曰人,二曰正①,三曰辞,四曰巧,五曰火,六曰水,七曰兵,是谓七政。荣、利、耻、死,是谓四守。容色积威,不过改意,凡此道也。唯仁有亲,有仁无信,反败厥②身。人人,

正正,辞辞③,火火。(《定爵第三》)

【注释】

①正:指严肃纲纪。②厥:其。③辞:指注重宣传。

【译文】

一是搜罗人才,二是严肃法纪,三是讲究辞令,四是讲求技巧,五是运用火攻,六是习于水战,七是整治兵器,这是七种军国大事。荣誉、利益、耻辱、死刑,这是四种令人遵守法纪的手段。和颜悦色地讲道理或严厉地予以管教,都不过是为了使人改恶从善。所有这些都是治军的方法。只有仁爱,才能使人亲近。但是只讲仁爱而不讲信义,反会使自己遭到失败。用人要知人善任,正人必先正己,言辞必须严正,火攻必须用得适宜。

【鉴赏】

战争说到底是人才的全方位较量,培养人才是一个需要智慧和长期琢磨的艰苦过程,它需要培养者必须具有一种严于律己、知人善任、海纳百川的品格与胸怀。培养者不仅要善于发现和欣赏人才的闪光点,同时还要能接受他人的缺点与不足。当然,君子成人之美的过程同时也是一个提升自己、完善自我的过程。

14.三乃成章,人生之宜

凡人之形①,由众之求,试②以名行,必善行之。若行不行,身以将之;若行而行,因使勿忘。三乃成章③,人生④之宜,谓之法。(《定爵第三》)

【注释】

①形:通"型",指行为的楷模。②试:检验,考验。③成章:乐曲奏完,告一段落,叫成章;意思指事情达到圆满。④人生:人性。

【译文】

凡是要求人们执行的规章制度,都应来源于大众的要求,在试行中检验其是否名副其实,并力求妥善地予以执行。如果有可能做到而没有做到的,将帅就要亲自带头去做;如果一切都做到了。就进而要求部队牢记这些准则。经过多次反复执行,就形成了规章制度,这些符合人们要求的规章制度,就叫作"法"。

【鉴赏】

理论不是人们头脑中的空想,而是来源于社会生活实践的需要,而检验其成败得失的标准仍然是实践。作为一种理论形态的法律与制度,只有符合社会实际和人们生活的现实需求,才能更有效地为人们所遵守,也才能在实践中得到不断地完善。

诸子百家——兵家

15.军无小听,战无小利

凡军,使法在己曰专,与下畏法曰法。军无小听①,战无小利②,曰成行微③,曰道。(《定爵第三》)

【注释】

①小听:听信细言。②小利:贪图小利。③行微:秘密行动。

【译文】

治军,执行法令完全由将帅做主的叫作"专",上下都一致遵守的才能叫作"法"。(军队要听从统一号令)而不要听信传言,作战时也不要贪图小利,计划要能计日安排,行动要求隐秘莫测,这才是治军之道。

【鉴赏】

军队是具有高度组织性与纪律性的团体,它执行着保家卫国的重任,所以治军之道必须是以取胜为最终目的,不可贪图小利,必须上下协力,反对独断专行。君不见:有人贪图小利、损公肥私,终落个身败名裂;有人目无法纪、为所欲为,到头来锒铛入狱。

16.教约人轻死,道约人死正

凡人:死爱①,死怒,死威,死义,死利。凡战之道,教约②人轻死,道约人死正③。(《严位第四》)

【注释】

①死爱:因为报恩而战死。②教约:用法令去约束人。③死正:为正义而死。

【译文】

人们有为感恩而效死的,有因激怒而拼死的,有被威逼而拼死的,有因仗义而效死的,有因贪利而拼死的。一般作战,用法令约束人,只能使人们不惧死亡,用道义感动人,才能使人们愿意为正义而死。

【鉴赏】

我们虽不能选择自己的生,但可以选择自己的死;是死得壮烈,还是死得龌龊,全由自己做主。古来不乏视道义甚过生命的侠客义士,他们在放弃生命的同时,却成就了自己的名声,实现了生命的永存。

17.三军一人,胜

凡大善用本①,其次用末②。执略③守微,本末唯权,战也。凡战:三军一人,胜。(《严

位第四》）

【注释】

①本：指以仁爱为根本。②末：指采用权衡的措施。③略：大略，要略。

【译文】

进行战争，最好的方法是用仁义取胜，其次才是用攻战取胜。必须掌握全局形势，抓住具体环节，决定取胜的本末，这是作战时应该考虑和权衡的问题。大凡胜利，只有在全军团结得像一个人时才能获得。

【鉴赏】

先人们如此领悟和赞赏团结的重要性，不免令今天的某些人汗颜。曾几何时，总会听到有人对"窝里斗"的抱怨。"团结就是力量"是早已为人们耳熟能详的至理名言。可为什么总有人以搬弄是非、挑拨离间为能事呢？

諸子百家

——兵家

18.非知之难，行之难

凡战：非陈之难，使人可陈难；非使可陈难，使人可用①难；非知之难，行之难。人方有性，性州异②，教成俗，俗州异，道化俗。（《严位第四》）

【注释】

①可用：即灵活运用。②州异：因居住地域的不同而不同。

【译文】

一般作战：不是布阵难，而是使兵卒熟悉阵法难；不是使兵卒熟悉阵法难，而是使他们灵活运用难；不是懂得阵法难，而是实际运用难。不同地方的人各有不同性格，性格随各州而不同，教化可以形成习俗，习俗也是各州不同，通过道德的教化就能统一习俗。

【鉴赏】

古人常把认识和实践表述为知与行，知行观是我国古代哲学颇具特色的命题。就知与行而言，知是行的准备，行是知的归宿。相比而言，"行"要比"知"更为关键，也更为费力。它告诫人们：不要做夸夸其谈的嘴君子，而要做脚踏实地的实干家。

19.胜则与众分善

凡战：胜则与众分善①。若将复战，则重赏罚。若使不胜，取过在己。复战，则誓以居前，无复先术。胜否勿反，是谓正则②。（《严位第四》）

【注释】

①分善：分享好处与荣誉。②正则：正确的原则。

【译文】

凡是作战，胜利了要与众人分享好处。如果还要进行战斗。就要注重赏罚。假使没有取得胜利，则把错误归于自己。再战时务必身先士卒，不重复上次使用的战法。无论胜败都不要违反，因为这才是正确的原则。

【鉴赏】

"分善""赏罚""责己""身先""求新"等已经超越时空和行业的限制，值得今天人们认真品味和实践：为将者因此而战无不胜，经商者因此而财源茂盛，治国者因此而国泰民安，持家者因此而家庭和睦。

四、《孙膑兵法》的名言

《孙膑兵法》古称《齐孙子》，是中国古代的著名兵书，也是《孙子兵法》后"孙子学派"的又一力作。最早明确记载孙膑有兵法的是《史记》，《汉书·艺文志》把它与《吴孙子兵法》并列。据考证，《孙膑兵法》大概在唐代以前即已佚失。1972年4月，在山东临沂银雀山汉墓中同时出土了抄写在竹简上的《孙子兵法》和《孙膑兵法》，这使得失传已久的古书得以重见天日。由于年代久远，《孙膑兵法》竹简残缺不全，损坏严重。经银雀山汉墓竹简整理小组的认真发掘、整理和考证之后，由文物出版社先后于1975年2月和7月分别公开出版了普通本竹简《孙膑兵法》和线装大字本竹简《孙膑兵法》。竹简本《孙膑兵法》经过认真整理，分为上、下两编，上编可以确定属于《齐孙子》的十五篇，包括《禽庞涓》《见威王》

孙膑

《威王问》和《陈忌问垒》等；下编是还不能确定属于《齐孙子》的论兵之作。竹简本篇数大大少于《艺文志》著录本，也不是完整的版本。1985年又重新校订、出版了新版大字本《孙膑兵法》，删去初版的下编十五篇，上编在原有十五篇的基础上增加《五教法》而成十六篇，成为以后绝大多数学者整理、研究和校注《孙膑兵法》的版本依据。

作者孙膑，生卒年不详，大体与商鞅、孟轲同期。他一生坎坷，连真实姓名也没能留下。他是孙武的后裔，生于战国中期齐国阿、鄄之间（今山东阳谷、鄄城一带）。据说，他曾和庞涓一起向鬼谷子学习兵法，后受庞涓陷害，被施以膑刑（即去掉膝盖骨的残酷刑法），所以后来人叫他孙膑。在友人的帮助下，孙膑最后逃魏赴齐，被齐威王重用，做了齐国将军田忌的军师，设奇计大败魏军，并射死庞涓。后来，田忌被邹忌排挤，流亡到楚国，孙膑大概也随他而去。战国兵家中,孙膑是以"贵势"即讲求机变而著称的,他和吴起都是当时著名的军事家。

1.兵者不可不察

孙子见威王,曰:"夫兵者,非士①恒势②也。此先王之傅③道也。战胜,则所以存亡国而继绝世也。战不胜,则所以削地而危社稷④也。是故兵者不可不察。"(《见威王》)

【注释】

①士:借为"恃",凭借。②势:原为"瓠",依赖。③傅:传(傅)字之误。④社稷:指国家;社,土神;稷,谷神。

【译文】

孙膑晋见齐威王,说:"战争并不是可以永久依靠的手段。这是先王流传下来的道理。仗打赢了,可以使危难之国得以保存,使将灭绝之宗族得以延续。仗打败了,则要割让土地,危及社稷。所以,对待战争不能不认真考察。"

【鉴赏】

"慎战"不是不战,而是不轻易出战。不战则已、战必胜是慎战之灵魂。"慎战"之论思想深刻,影响深远,它奠定了中华民族崇和尚睦、不轻言战而又从不惧战的品格。我们今天奉行独立自主的和平外交政策、善邻惠邻的睦邻政策和积极防御的国防政策,正是对这一民族品格和战略思想的继承与弘扬。

2.乐兵者亡,利胜者辱

然夫乐兵者亡,而利胜者辱。兵非所乐也,而胜非所利也,事备而后动。故城小而守固者,有委①也;卒寡而兵强者,有义也。夫守而无委,战而无义,天下无能以固且强者。(《见威王》)

【注释】

①委:委积,指物资储备。

【译文】

然而,好战的人必将自取灭亡,贪图胜利的人也将自取其辱。用兵打仗并不是什么好玩的事情,胜利也不可贪图小利。只有事先充分做好战争准备,然后才能采取行动。所以,城池虽小而防守坚固,在于它有充足的准备;兵力虽少而战斗力强大,在于它站在正义一方。如果防守而没有物质准备,发动战争而违背正义,这样普天之下都没有能够既防守坚固而又保持强大战斗力的。

诸子百家——兵家

【鉴赏】

用兵法则是:不要寄希望于敌人不来,而要依靠自己做好充分的准备;不要寄希望于敌人不进攻,而要依靠自己拥有使敌人无法进攻的力量。战争是国家大事。在战争与和平问题上必须把注意力放在战备上面,而不能心存侥幸。要不要发动一场战争,要看它是否符合国家利益,是否使国家得到实惠,国家利益是否正处于危急关头。

3.战胜而强立,故天下服

战胜而强立,故天下服矣。……故曰,德不若五帝①,而能不及三王②,智不若周公③,日我将欲积④仁义,式⑤礼乐,垂衣裳⑥,以禁争夺。

此尧舜非弗欲也,不可得,故举兵绳⑦之。(《见威王》)

【注释】

①五帝:有三种说法:一是黄帝、颛顼、帝喾、唐尧、虞舜(见《世本》);二是太皥(伏羲)、炎帝(神农)、黄帝、少皥、颛顼(见《礼记·月令》);三是少昊(少皥)、颛顼、高辛(帝喾)、唐尧、虞舜(见孔安国《尚书序》)。②三王:指夏、商、周三代开国君主,即夏禹、商汤和周文王、周武王。③周公:(?—约公元前1095年)姓姬,周武王之弟,亦称叔旦。因以周地(今陕西岐山北)为其封地,故称周公,是西周初期的著名政治家、思想家。④积:原作"责",积累,布施。⑤式:即"用",运用,推行。⑥垂衣裳:语出《易经·系辞》:"黄帝、尧、舜垂衣裳而天下治。"秦汉间常以之喻无为之治。⑦绳:制止。

【译文】

每战务必求胜,兵强方能国立,天下因此才会归顺。……所以,那些德行逊于五帝,才能不及三王,智慧不如周公的人,却说自己要通过积蓄仁义、推行礼乐、主张无为而治,以此禁止征战杀伐(的想法难以实现)。

唐尧和虞舜并非不想如此,只是无法做到,因此只好用战争去制止战争。

【鉴赏】

孙膑既反对好战,又不惧战争。战争关系到一个国家和政权的生死存亡,不战则已,战则必胜。历史上神农、黄帝、尧、舜、汤、武王、周公无不是用武力征服四方,建功立业。历史是面镜子。过分强调和平与仁义,非但不能取得真正的和平,反而会丧失和平。当现实战争无可避免,就要勇敢祭起战争大旗,以战止战,一战定乾坤。

4.攻其无备,出其不意

威王曰:"以一击十,有道乎?"孙子曰:"有。攻①其无备,出其不意。"威王曰:"地平卒齐,合而北者,何也?"孙子曰:"其阵无锋②也。"威王曰:"令民素听,奈何?"孙子曰:"素信。"威王曰:"善哉!言兵势不穷。"(《威王问》)

諸子百家

兵家

【注释】

①攻:原为"功"。②锋:原为"逢"。

【译文】

齐威王问道:"以一攻十,有什么规律吗?"孙膑回答说:"有的。要在敌人毫无防备的时候发起攻击,使之出乎敌人的意料之外。"威王又问道:"地势平坦,士卒整齐,刚一交锋便失败了,这是为什么呢?"孙膑回答说:"这是因为阵形中缺少精锐的先锋。"齐威王问道:"要让士卒平时就养成服从命令的习惯,又该如何呢?"孙膑回答说:"(为将者)必须讲究诚信。"齐威王说:"太好了! 你所说用兵之法实在奥妙无穷啊。"

【鉴赏】

攻其无备、出其不意,是古代兵法中"权诈用兵"的精髓。它不仅是兵家极力推崇的战术总则,也是现代企业拓展事业的重要方略。

5.必攻不守,避实击虚

田忌曰:"权、势、谋、诈,兵之急者邪?"孙子曰:"非也。夫权者,所以聚众也。势者,所以令士必斗也。谋者,所以令敌无备也。诈者,所以困敌也。可以益胜,非其急者也。"田忌忿然作色:"此六者皆善①者所用,而子大夫曰非其急者。然则其急者何也?"孙子曰:"料②敌计险,必察远近,⋯⋯将之道也。必攻不守,兵之急者也。⋯⋯"(《威王问》)

【注释】

①善者:善战者。②料:原为"缭",打探、掌握。

【译文】

田忌问道:"权、势、谋、诈,是用兵中最紧急的事情吗?"孙膑回答说:"不是。权力,可以用来调集军队;阵势,可以让士卒投入战斗;计谋,可以让敌人毫无防备;狡诈,可以让敌人陷入困境。这些都有助于获取胜利,但不是其中最为紧迫的事情。"田忌听后气愤地变了脸色,说:"这六个方面的问题,都是善战者所常用的,而你却说不是最紧急的。那么,什么是最要紧的呢?"孙膑回答说:"了解敌情,研究地形,考察距离远近,⋯⋯这是为将之道。必须攻击敌人防御空虚的地方,这才是在用兵方面最要紧的。⋯⋯"

【鉴赏】

战略理论家利德尔·哈特说过:如果把战争的原则浓缩为一个词,那就是集中。然而如需进一步补充,则要针对对手的弱点集中强大的战斗力。集中优势兵力消灭敌人,自古以来就是兵家用兵的要诀。集中兵力被看作是指导战争的艺术。"必攻不守"就是要形成一种我众敌寡、敌弱我强的对敌集中态势,从而掌握战争的主动权。在现代商战中,首要的当然要着力于在对方尚未开拓的市场上抢占先机,而另一方面又不可避免地要与对手进行硬碰硬的较量,其中提升核心竞争力就被视作集中"兵力"的重要手段之一。

6.无备者伤,穷兵者亡

孙子出而弟子问曰:"威王、田忌,臣主之问何如?"孙子曰:"威王问九,田忌问七,几①知兵矣,而未达于道也。吾闻素信者昌,立义……用兵无备者伤,穷兵②者亡。……"(《威王问》)

【注释】

①几:接近。②穷兵:穷兵黩武。

【译文】

孙膑从齐威王和田忌那里出来后,弟子们问道:"威王和田忌君臣二人所提出的问题怎样呢?"孙膑回答说:"威王问了九个问题,田忌问了七个问题,他们也近乎懂得兵法了,但还未通晓兵法规律。我听说,国家如果一贯讲究信义就会昌盛,伸张正义……喜好用兵而又缺乏战备的,国家必然会受到损害;凡穷兵黩武的,国家最终必将灭亡。……"

【鉴赏】

由于国家利益冲突的客观存在,战争终究不可避免。但战争是把双刃剑,所谓杀敌一万,自伤八千。因此孙膑倡导"信义"立国,反对轻易用兵,主张慎战。

历史已雄辩地证明这一真理:忘战必危,好战必亡;穷兵黩武,自取其辱。

7.不可穷兵黩武

孙子曰:"兵之胜在于篡卒,其勇在于制,其巧在于势,其利在于信,其德在于道,其富在于亟归①,其强在于休民,其伤在于数战②。"孙子曰:"德行者,兵之厚积也。信者,兵(之)明赏也。恶战③者,兵之王器④也。……"(《篡卒》)

【注释】

①亟归:速归,指速战速决。②数战:频繁征战。③恶战:厌恶战争,不好战。④王器:王者之器。

【译文】

孙膑说:"军队的取胜在于挑选好的士卒,军队的勇猛在于严明法纪,军队的机智灵巧源于因势利导,军队的战斗力在于讲究诚信,军队的政治素质在于引导,军队的物资充裕在于速战速决,军队的强盛在于能及时休整,军队所以受损在于频繁征战。"孙膑说:"军队良好的德行离不开长期积累。良好的信用是军队靠奖赏严明建立起来的。厌恶战争是王者必须遵循的重要法则。……"

诸子百家——兵家

【鉴赏】

孙膑的慎战和重战思想是一致的,他既表现出对战争的厌恶之情,也有对战争的高度重视。他在训练兵卒、强化素质、保障物资、保存实力、提升战斗力等方面都有独到思考,对于当今加强军事等各类人才培养仍然具有借鉴意义。

8.恒胜有五,恒不胜有五

孙子曰:"恒胜①有五:得主专制②,胜。知道,胜。得众,胜。左右和,胜。量敌计险③,胜。"孙子曰:"恒不胜有五:御将④。不胜。不知道,不胜。乖⑤将,不胜。不用间,不胜。不得众,不胜。"孙子曰:"胜在尽□,明赏,选卒,乘敌之□。是谓泰武之葆⑥。"(《篡卒》)

【注释】

①恒胜:经常获胜。②得主专制:得到君主信任,能临机决断,全权处理军中事务。③量敌计险:原作"粮适计险"。④御将:与"得主专制"相反,意即受到牵制,不能独立指挥。⑤乖:离,异。⑥泰武之葆:即"太武之宝",胜利的法宝。

【译文】

孙膑说:"军队要保持常胜有五个条件:一要将帅得到君主信任,可以临机决断,全权处理军中事务;二要通晓用兵之道,运筹帷幄;三要得到士卒和百姓拥护;四要将帅同心,官兵和睦;五要分析敌我形势,正确把握战局。"孙膑说:"常打败仗的原因也有五个:一是将帅受到君臣牵制,不能独立指挥战事;二是将帅不懂得用兵之道;三是将帅不和,军心涣散;四是将帅不用间谍、对敌情知之甚少;五是将帅得不到士卒信赖。"孙膑说:"胜利在于尽……严明赏罚,精选士卒,善于利用敌人的……。这是保证军队战无不胜的法宝啊。"

【鉴赏】

孙膑继承了前辈孙武(孙子)"将在外,君命有所不受"思想精髓。突出了临机决断和独立指挥对于将帅的首要意义。更为可贵的是,他还看到并强调"得众""左右和"和"用间"等对于取得战争胜利的重要性。战争是多重关系的结合体,运筹与主宰实需要大智慧。

在现代社会和企业当中,部门与部门之间往往在联系上脱钩,在资源上互相争夺,从而导致内耗、关系失衡,影响企业发展。

孙膑对于辩证处理君与将、官与兵、兵与民和敌与我的深刻思想,值得今天的人们认真思索。

9.天地之间,莫贵于人

孙子曰:"间于天地之间,莫贵于人。……天时、地利、人和,三者不得,虽胜有殃①。

诸子百家 ——兵家

是以必付与而口战，不得已而后战。故抚②时而战，不复使其众。……"（《月战》）

【注释】

①殃：原为"央"。②抚：遵循。

【译文】

孙膑说："天地之间没有比人再宝贵的了。……天时、地利、人和三个方面条件都不具备，即使打了胜仗也要遭殃。所以，必须在三方面条件都具备以后才能出战，只能在不得不战的情况下才能出战。所以，必须把握住时机而战，而不能频繁调用自己的军队。"

【鉴赏】

人之所以为万物之中最灵的，一方面在于人有神明灵知、聪明智慧，另一方面在于人有道德意识，能明辨善恶。总而言之，一个人最难得的、最可贵的不在于他（她）是否具有健全体魄和至上特权，而在于他（她）是否拥有真知灼见牵高尚品德。

10.上知天之道，下知地之理

孙子曰："智①不足，将兵，自恃也。勇不足，将兵，自广也。不知道、数战不足，将兵，幸也。夫安万乘②国，广万乘王，全万乘之民命者，唯知道。知道者，上知天之道，下知地之理，内得其民之心，外知敌之情，阵则知八阵之经，见胜而战，弗见而诤③，此王者之将也。"（《八阵》）

【注释】

①智：原为"知"。指智谋。②万乘：万辆兵车。③诤：疑似"静"，静止。

【译文】

孙膑说："智谋不足的人却要带兵打仗，这是因为他自以为是。勇气不够的人却要带兵打仗，这是因为他盲目自大。那些不懂用兵之道而又缺乏实战经验却要领兵打仗的人，这是因为他想侥幸取胜。要想保证万乘之国的安全，播扬万乘之国君的声威，保全万乘之国人民的生命，就必须知晓用兵之道。所谓知晓用兵之道，就在于他上通天文，下晓地理，内得民心，外知敌军情，排兵布阵则知各种阵法之精髓；有必胜把握就打，无必胜把握就不打，这才可以称得上是'王者之将'。"

【鉴赏】

战争是敌对双方各种人员的全方位综合较量。在现代高科技信息条件下的战争尤其如此。从高精尖武器的设计开发、制造使用到适应新形势下的战争理念、战略战术的确立，无不是以人才为基础的。进而言之，得人才者，得天下；失人才者，失天下。

诸子百家——兵家

11.凡兵之道四：曰阵，曰势，曰变，曰权

凡兵之道四：曰阵，曰势，曰变，曰权。察此四者，所以破强敌，取猛①将也。……势者，攻无备，出不意，……。权者，昼多旗，夜多鼓，所以送战②也。凡此四者，兵之用也。□皆以为用，而莫彻③其道。（《势备》）

【注释】

①猛：原作"孟"。②送战：指挥战斗。送，即"引"；又说，"送战"即"致战"。③彻：原作"勶"，通晓。

【译文】

用兵的根本原则有四项，即兵阵、兵势、机变和兵权。明察此四项，就能够打败强敌，捉拿猛将。……所谓兵势，就是攻其不备，出其不意，……。所谓兵权，就是白天多树旌旗，夜间多敲金鼓，以此来指挥战斗。以上所述就是它们四者在作战中的具体应用。虽然它们曾被运用过，但没有人能彻底地明白其中的道理。

【鉴赏】

兵阵、兵势、机变、兵权，相辅相成，缺一不可。拥有兵权是前提，舍此无法领兵打仗；运用兵阵是作战基础，精于排兵布阵便于协同作战，有助于增强整体作战能力。兵势和机变是保证胜利的手段，不会形成兵势和发挥兵势，就无法压倒敌人；不善机变，同样也无法超过敌人。"兵阵"在冷兵器时代更显重要，"陈（阵）"甚至成为军事的代名词，《论语》中就有"卫灵公问陈（即阵）于孔子"的典故。

12.用兵移民，贵在权衡

孙子曰：用兵移民①之道，权衡②也。权衡，所以篡贤取良也。阴阳③，所以聚众合敌也。正衡再累……既忠④。是谓不穷。称乡悬衡⑤，虽其宜也。私公之财壹也。夫民有不足于寿而有余于货者，有不足于货而有余于寿者，唯明王、圣人知之，故能留之。死者不毒，夺者不愠⑥。（《行篡》）

【注释】

①移民：使百姓归顺。②权衡：一是秤锤和秤杆，衡器的通称；一是衡量和比较。③阴阳：中国古代哲学概念，所指不一，如天地、日月、昼夜、寒暑、男女、上下等；古人从这种对立又相连的大自然现象中归纳而出，体现了朴素的自然观。④既忠：即"既中"，既，原作"暨"。⑤悬衡：衡量轻重利弊。⑥愠：怒，怨恨。

【译文】

孙膑说："治理军队、使百姓归顺之道，如同用秤衡量轻重。衡量比较是用于选拔贤良之才，阴阳占卜是为了聚集兵众和与敌交战。权衡要反复进行……达到不偏不倚、平

诸子百家——兵家

衡适中之时,可以称之为'不穷'。确定方向和权衡利弊应以适宜为度,对待公私财产也应如此。百姓中有富于财货而贪生怕死的,也有穷困潦倒却不吝惜生命的。只有明君和圣哲才懂得这些道理,所以能够使人们乐于留在军中作战,并且死而无怨,失去了财物也不发怒。"

【鉴赏】

这种"权衡"思想所体现的人才观念、公平精神和规则意识非常可贵。通过它,可以确立一个让所有人可望又可及的标杆,消除一切不必要的内耗,发挥每个人的最大潜能。人创造环境,环境造就人。军队是个小环境,国家是个大环境。社会需要创造一个"尊重人才、人尽其才、才尽其用、用当其时、各展所长"的大环境,每个人都将会从中受益。

13.兵者自备,圣人之事

孙子曰:"夫含齿戴角,前爪后距①,喜而合,怒而斗,天之道也,不可止也。故无天兵②者自为备,圣人之事也。"(《势备》)

【注释】

①后距:指雄鸡等禽类爪后突出像脚趾的部分。②天兵:指禽兽的坚爪利齿等天然武器。

【译文】

孙膑说:"凡是长着锐利牙齿、顶着坚固头角、有着锋利前爪和有力后距的(鸟兽),喜时聚而游戏,怒时相向而斗,这是(符合它们本性)不可禁止的。所以,那些没有天生武器的人类只能自己制作了,这便是圣人的事情了。"

【鉴赏】

凡生物都有一种求生欲望。人类社会也因此潜存着一种弱肉强食、适者生存的丛林法则。虽然它不会因人们的善良愿望马上消失,但一种同情弱者的悲悯之心仍然为任何社会所颂扬。因为任何人既可能是某方面的强者,也可能是某方面的弱者,所以,同情弱者就是同情我们自己。

14.激励士气 提高战力

孙子曰:"合军聚众,(务在激气)复徙①合军,务在治兵利气。临境近敌,务在厉气②。战日有期,务在断气。今日将战,务在延气③。……"(《延气》)

【注释】

①复徙:指连续行军。②断气:果断一搏的士气。③延气:保持高昂的士气。

諸子百家——兵家

孙膑说："集合军队,聚集民众,务必激发士气。连续行军,奔赴战场,务必整治兵器,增强士兵意气。将要临近边境,与敌相接,务必激励部队的士气。作战日期确定以后,一定要使兵卒激发断然拼死一搏的勇气。如果战斗在今日发生,一定要使部队保持高昂的士气。……"

【鉴赏】

古今中外的名将,都把挫伤敌人的锐气,激励自己部队的士气,作为用谋定策、排兵布阵的重要内容。孙膑不愧是知兵之将,熟知士气对战争胜利的重要性。对此,古希腊人也可谓是英雄所见略同。据说,古代斯巴达人在被敌围困时曾向雅典求援,雅典却只派了一名瞎眼跛足的教师去教唱军歌,结果斯巴达人勇气倍增,转败为胜。被称为"旷世战神"的拿破仑也曾说过:一支军队的实力,四分之三是由士气构成的。士气是构成部队战斗力的精神要素,一支军队的士气高低,直接影响着战争的胜负。

15.富国强兵

威王问孙子曰:"……齐士①教寡人强兵者,皆不同道。……(有)教寡人以正教②者,有教寡人以敛者,有教寡人以散粮③者,有教寡人以静者……"(孙子曰):"……皆非强兵之急者也。"威(王)……□□。孙子曰:"富国。"(《强兵》)

【注释】

①齐士:指齐国稷下学宫的各派学士。②正教:同"政教"。③散粮:发放粮食。

【译文】

齐威王问孙膑说:"……齐国的士人们教我怎样加强军备,办法各不相同。……有的教我从加强政治与教化入手,有的教我从(积聚人力与物力)入手,有的教我从发放粮食以收揽人心入手,有的教我从实行清静无为政策入手,……"孙膑说:"……这些都不是强大军备所急需做的。"齐威王问:"那什么才是使军备强大所急需要做的?"孙膑说:"首先要使国家富裕。"

【鉴赏】

一个民族要自立于世界民族之林,就应当居安思危,加强戒备。经验证明,长期的和平环境很容易消磨一个民族的尚武精神。为防止战争机器生"锈",历史上大凡有所作为的君主,无不主张"富国强兵"政策,加强对民众战斗精神的培养,使每个国民以从戎为荣,而不因眼前安逸忘记战争。

诸子百家——兵家

五、《尉缭子》的名言

《尉缭子》是中国乃至世界兵法研究者甚为推崇的一部古典兵学名著。北宋神宗元丰年间被列为《武经七书》之一,为武学科举必读的兵学教材,对战国史的研究有其不容忽视的意义。《尉缭子》比较集中而又系统地记述了当时军事理论、军队制度及具体法规条令,在中国军事史上具有相当重要的地位。关于该书的真伪,历来也颇多争议,直到1972年山东临沂银雀山汉墓出土《尉缭子》残简,内容与今本相符,才充分证明《尉缭子》并非伪书,确实为先秦时人所作,解决了千百年来真伪纷争的悬案。

山东临沂银雀山西汉墓

《尉缭子》最早著录于《汉书·艺文志》,书中杂家类著录《尉缭》二十九篇,兵形势家类著录《尉缭》三十一篇。今本《尉缭子》内含二十四篇,又与《汉书·艺文志》所著录的两种《尉缭子》之篇目不同,故不可混为一谈。今本《尉缭子》的基本内容是梁惠王时的尉缭所著。它是梁惠王君臣讨论天下治国的记录。《尉缭子》问世后,历代均有著录,受到历代统治者和兵家的重视。

作者尉缭,生卒年不详,战国时期魏国大梁(今河南开封)人,著名军事家;善理阴阳,深达兵法,早年曾同梁惠王谈论富国强兵之道。

1.刑以伐之,德以守之

梁惠王①问尉缭子曰:"黄帝②刑德,可以百胜,有之乎?"尉缭子对曰:"刑以伐之,德以一守之,非所谓天官③、时日④、阴阳⑤、向背也。黄帝者,人事而已矣。"(《天官第一》)

【注释】

①梁惠王:即战国时期魏国君魏惠王。②黄帝:传说中远古时代的帝王,被奉为华夏民族的共同祖先。③天官:天文,指日月星辰等天体的方位、分布、运行、变化。④时日:

指年纪、四季、月份、日子、时辰。⑤阴阳：原指日光的向背，向日为阳，背日为阴，故称山南水北为阳，山北水南为阴。古人用"阴阳"的概念来解释、指代万事万物，被赋予十分广泛的含义。

【译文】

梁惠王问尉缭子说："黄帝依靠刑德之术，就可以百战百胜，有这回事吗？"尉缭子回答说："刑用之于攻伐，德用之于守成，并不是世人所谓的天官、时日、阴阳、向背那一套东西。黄帝的刑德之术在于处理人事罢了。"

【鉴赏】

刑与德，即我们生活中通常所说的法制与道德。百战百胜的秘诀不靠天地，而在于人为。刑与德皆为我们不可缺少的重要工具。法制好比严厉的父爱，道德好比柔软的母爱，它们既为我们个人健康成长所需要，也为一国繁荣昌盛所必备。

2.与其求神问鬼，不如做好自己

"黄帝曰：'先神先鬼，先稽①我智。'谓之天官，人事而已。"（《天官第一》）

【注释】

①稽：考查，查问。

【译文】

"黄帝说：'（遇到事情）先去求神问鬼，还不如先来调动自己的智慧。'就是说，思维器官的作用，不在于求神问卜，而在于做好自己事情而已。"

【鉴赏】

我们有时候总愿意把希望寄托于上天、父母和朋友等，而唯独忘记了自己。要相信，知识会改变命运，努力将成就自己。正如世界华人首富李嘉诚曾说的："我们正在跨入的21世纪，是知识和知识经济的世纪，知识将最大限度地决定经济发展、民族进步、国家富强以及人类文化的提升。知识是推动发展的最重要工具，改变命运的机会就掌握在我们自己手中！"

3.兵胜于朝廷

明乎禁舍①开塞，民流者亲之，地不任者任②之。夫土广而任则国富，民众而制则国治。富治者，车不发轫③，甲不出橐④，而威制天下。故曰："兵胜于朝廷。"（《兵谈第二》）

【注释】

①禁舍：即用刑罚来禁止犯罪，用赏赐来鼓励立功。②任：利用。③轫：固定车轮并阻止其转动的木头。④橐：即盛放盔甲的套子。

【译文】

（治理国家的关键）在于明确各种制度,该禁止的禁止,该舍弃的舍弃;该提倡的提倡,该杜绝的杜绝。人民流离失所的必须加以亲抚他们,土地荒芜空闲的必须开垦利用。土地辽阔而又能得到利用,国家就富庶;人口众多而又组织有序,国家就安定。富庶安定的国家,战车不必出动,盔甲不必启封,凭借强大的威慑力就能使天下归附。所以说:"军事上的胜利取决于朝廷的政治和谋略。"

【鉴赏】

古代兵家极其重视道义对战争的意义。孙子提出"五事"(道天地将法)之说,"道"居首位;克劳塞维茨也说,战争是政治的继续。以此看来,战争与政治如影随形;政治是军事家的灵魂,而不懂政治的军人充其量只能是个武夫。

4.不可怒而兴师

兵起,非可以忿也。见胜则兴,不见胜则止。患在百里之内,不起一日之师;患在千里之内,不起一月之师;患在四海之内,不起一岁之师。(《兵谈第二》)

【译文】

发起战事,不可出于义愤。有胜利的把握就起兵,没有取胜的把握就罢休。百里之内的祸患,军队不可只做一日的准备;千里之内的祸患,军队不可只做一个月的准备;四海之内的祸患,军队不可只做一年的准备。

【鉴赏】

战争胜负往往关系着国之安危和百姓生计,所以没有必胜的把握,绝不可轻易挑起战事。不打无准备之仗,不打无把握之仗,不仅应该成为一条重要的战争原则,也应该是我们成就事业必须恪守的重要尺度。

5.制度是军队的生命

凡兵,制[1]必先定。制先定,则士不乱;士不乱,则刑[2]乃明。金鼓所指,则百人尽斗,陷行乱阵;则千人尽斗,覆军杀将;则万人齐刃[3],天下莫能当其战矣。(《制谈第三》)

【注释】

①制:制度,此指军队编制。②刑:刑法,此指刑赏制度。③刃:用作动词,砍杀。

【译文】

凡是治军,必须首先确定部队编制。编制定好后,士兵就不会混乱;士兵不混乱,军法就会严明。如此,将帅指挥所向,百人全力进攻,就可冲锋陷阵;千人全力进攻,就可破军杀将;万人厮杀,天下无人可挡。

诸子百家——兵家

制度是部队的生命。无规矩不能成方圆,没有制度就不会形成真正的战斗力。兵家和法家一样都极其重视制度建设,提倡"法治",反对"人治",这对今天的民主和法制建设也是大有裨益的。依兵家和法家而言,在行政管理、人员任免、官员提拔等方面都必须有章可循、有法可依。否则,任凭拉关系、走后门、行贿受贿等现象泛滥,最终导致社会大乱,甚至国将不国。

6. 用天下之用为用,制天下之制为制

吾用天下之用为用,吾制天下之制为制。修①吾号令,明吾刑赏,使天下非农无所得食,非战无所得爵,使民扬臂争出农战,而天下无敌矣。故曰:发号出令,信行国内。(《制谈第三》)

【注释】

①修:整饬,整顿。

【译文】

让天下的财物都来为我所用,借鉴天下的制度用以制定国家的制度。整饬号令,严明赏罚,使天下不致力农耕的人得不到食物,不参加征战的人无从取得爵位,从而让百姓个个争先恐后地从事农耕征战,那就天下无敌了。所以说:号令一经发出,威信便行遍全国。

【鉴赏】

这种放眼世界的天下情怀确实难能可贵。他人到底是损友还是益友? 人们自然希望是后者而不是前者。可是,愿望代替不了现实。当今世界仍不太平,因此我们既要保持一种海纳百川的开放心态,又要时刻警惕外敌入侵,化敌于无形之中。

7. 有以道胜,有以力胜

凡兵,有以道①胜,有以威②胜,有以力胜。讲武料敌,使敌之气失而师散,虽形③全而不为之用,此道胜也。审法制,明赏罚,便器用,使民有必战之心,此威胜也。破军杀将,乘阛④发机,溃众夺地,成功乃返,此力胜也。王侯知此,所以三胜者毕矣。(《战威第四》)

【注释】

①道:谋略,策略。②威:军威。③形:形体,指军队队形。④阛:古代城门外层的曲城,亦可泛指城楼。

諸子百家 ——兵家

【译文】

大凡用兵,有以谋略取胜的,有以威势取胜的,有以武力取胜的。研究韬略、分析敌情,使得敌人丧失士气而军队涣散,虽然军队队形完整但也不起作用,这是谋略的胜利。法制完备、赏罚严明、整饬装备,使得百姓拥有必战必胜的决心,这是威势的胜利。破军杀将,登上城楼、扳动弩机、击溃敌众、夺取土地,得胜而还,这是武力的胜利。君王如果知道这些,三种取胜的诀窍也就掌握了。

【鉴赏】

所谓"三胜"之师,就是仁义之师、威武之师和英勇之师。它注重从道义上、精神上去提高军队的凝聚力和战斗力的做法对于今天的人民军队建设仍然很有启发意义。

8.能夺人而不夺于人

善用兵者,能夺人而不夺于人。夺者,心之机①也。"战威第四"

【注释】

①机:机关,引申为发动,产生。

【译文】

善于用兵打仗的人,总是能够打垮敌人士气,而不被敌人打垮。夺人之气,是因为将帅的匠心独运。

【鉴赏】

士气是决定战争胜负的重要精神要素。古今中外的名将无不把挫伤敌人的锐气、激励自己部下的士气,作为提升部队战斗力的重要手段。如何激励士气决不能靠愚兵和威逼实现,而是要靠将帅的智慧、才能和道德魅力来实现的。

9.有礼信亲爱之义,有孝慈廉耻之俗

古率①民者,未有不信其心,而能得其力者也;未有不得其力,而能致其死战者也。故国必有礼信亲爱之义,则可以饥易饱;国必有孝慈廉耻之俗,则可以死易生。(《战威第四》)

【注释】

①率:统辖,统治。

【译文】

古代统辖百姓的人,没有不取得百姓信任,就能得到他们效力的;也没有不得到百姓

效力,就能让他们拼死战斗的。所以国家必须有崇礼守信亲人爱民的风尚,方才可以克服饥饿得到温饱;国家必须有孝敬慈善廉洁有耻的习俗,方才可以战胜死亡求得生存。

【鉴赏】

人民群众到底是群盲,还是历史的创造者?有人高高在上,视人民为群盲。最终被人民所埋葬;有人以人民为大,视人民为英雄,最终被人民所铭记。人民,只有人民,才是创造历史的真正动力。

10. 国家要务,治兵为最

地所以养民也,城所以守地也,战所以守城也,故务耕者民不饥,务守者地不危,务战者城不围。三者,先王之本务也,本务者,兵最急。故先王专于兵,有五焉:委积①不多,则士不行;赏禄不厚,则民不劝;武士不选②,则众不强;备用不便,则力不壮;刑罚不中③,则众不畏。(《战威第四》)

【注释】

①委积:堆积,积聚;此指粮食物资的储备。②选:选择。挑选。③中:公正准确。

【译文】

土地用来养活百姓,城池用来保卫土地,战争用来守护城市,所以致力农耕的国家百姓就不受饥饿,致力防卫的国家土地就没有危险,致力战斗的国家城市就不受围困。这三件事是先王治理国家的根本任务,而在根本任务中军事问题最为紧要。所以,先王专注军事,主要有五个方面:粮草物资储存不多,军队就不出动;赏赐俸禄不丰厚,百姓就不卖力;武士挑选不精良,部队就缺乏战斗力;准备不充分,士卒就不会精力充沛;刑罚不公正,士卒就不畏服。

【鉴赏】

一言以蔽之,兵民乃胜利之本。历史如此,今天亦然。

11. 王国富民,霸国富士

王国富民,霸国富士①,仅存之国富大夫,亡国富仓府。是谓上满下漏,患无所求。(《战威第四》)

【注释】

①士:当时统治集团中最低一个阶层,指读书人。

【译文】

成就王道的国家,让百姓富足;追求霸道的国家,让读书人富足;苟延残喘的国家,让大夫富足;濒临灭亡的国家,让国库富足。就是说,上面富得满盈外溢,下面穷得一无所

诸子百家——兵家

有,一旦发生祸患便无法挽救。

【鉴赏】

国家、大夫、士、民本来应是根本利益基本一致的共同体,但是在阶级社会里它们从来就没有平等过,利益常常处于一种非此即彼的矛盾状态。藏富于民,则民富国强,国泰民安;藏富于国,则国富民贫,民心思反。古人箴言,言犹在耳;警钟长鸣,利国利民。

12.爱故不二,威故不犯

夫不爱说其心者,不我用也;不严畏其心者,不我举^①也。爱在下顺,威在上立。爱故不二,威故不犯。故善将者,爱与威而已。(《攻权第五》)

【注释】

①举:用。

【译文】

不能爱抚而使部下心悦诚服,他们就不能被我所用;不能严厉而使部下内心敬畏,他们就不能为我调遣。爱抚施行在下,士卒就顺从;权威树立在上,将军就能统帅部队。爱抚部下,士卒就会忠心不二;威震全军,士卒便会秋毫无犯。所以善于领兵的将军,在于他做到爱抚部下和树立权威而已。

【鉴赏】

作为将帅或领导,既要知人善任,又要善于征服人心。唯有征服人心,才能增强凝聚力,提高战斗力。宽严相济、恩威并重,尤其是将帅或领导者在危难中对部下所表现出的关心和坦诚,更能赢得人们的信任和拥戴。

13.战不必胜,不可以言战

战不必胜,不可以言战;攻不必拔,不可以言攻。不然,虽刑赏不足信也。信在期^①前,事在未兆^②。故众已聚不虚散,兵已出不徒归,求敌若求亡子,击敌若救溺人。(《攻权第五》)

【注释】

①期:期限,此指战期。②兆:预兆,征兆。

【译文】

战斗如果不能必胜,就不可轻易提出作战;攻城如不能必定攻克,不可轻易提出攻城。否则,即使赏罚严明也不足以取信全军。信誉要建立在战争爆发之前,事情要预见在事情尚未发生之时。所以,民众既已聚集不可白白散去,军队既已出动不可徒手而归,追踪敌人务必像寻找丢失的孩子那样志在必得,攻击敌人就要像抢救溺水之人那样毫不犹豫。

【鉴赏】

不打无把握之仗,不战则已,战必能胜。善于用兵打仗的人,先要做到不会被敌方战胜,然后捕捉时机战胜敌人。进攻,是防守的枢纽,是最佳的防守;防守是进攻的策略,是为了更好的进攻。

14.慎在于畏小 智在于治大

威①在于不变。惠②在于因时。机在于应事。战在于治气。攻在于意表③。守在于外饰④。无过在于度数⑤。无困在于豫⑥备。慎在于畏小。智在于治大。除害在于敢断。得众在于下人⑦。(《十二陵第七》)

【注释】

①威:此用作动词,立威。②惠:给人好处。③意表:出人意料。④外饰:外部整治。⑤度数:法度术数。⑥豫:通"预"。⑦下人:甘为人下。

【译文】

树立权威不能朝令夕改。布施恩惠要把握时机。机动灵活在于应付各类事变。作战在于把握敌我双方士气。进攻务必出其不意。防守务必做好掩护。没有失误在于遵守法度术数。不陷困顿在于预备充分。谨慎在于防微杜渐。明智在于把握大局。剪除祸害在于果敢决断。博取众望在于待人谦和。

【鉴赏】

人生多风雨,处处需谨慎;微小之事也须重视,不可麻痹大意,在小事上跌倒。
人生有彩虹,时时要拼搏;为人处世要大处着眼,高瞻远瞩,方得人生逍遥。
你做到了吗?

15.悔在于任疑,祸在于好利

悔在于任疑①。孽在于屠戮。偏在于多私。不祥在于恶闻己过。不度②在于竭民财。不明在于受间③。不实④在于轻发。固陋在于离贤。祸在于好利。害在于亲小人。亡在于无所守。危在于无号令。(《十二陵第七》)

【注释】

①任疑:信任可疑的人,指信任奸细。②不度:没有节制。③间:离间,凡间。④不实:无功。

【译文】

悔恨在于信任奸细。罪孽在于肆意屠杀。偏邪在于私欲太多。不吉利在于厌恶别

诸子百家——兵家

人指责自己。丧失节制在于耗尽百姓财力。昏聩在于受人离间。无所建树在于轻举妄动。固执浅薄在于脱离贤人。祸乱在于贪图钱财。灾难在于亲近小人。亡国在于没有可用来防守的各种手段。危机在于没有严明的号令。

【鉴赏】

悔恨、罪孽、邪恶、凶兆、无度、昏聩、荒废、浅薄、祸乱、灾难、亡国、危险诸如此类,可能无人愿意把它们与自己画上等号,自以为那都是别人的倒霉事,与己无关;可实际上,如果你不再坚定、博爱、宽厚、尊贤、轻利、律己、守法等,那么它们就犹如影子般时时与你相伴左右,须臾不离。

16.兵者,诛暴乱禁不义

凡兵,不攻无过之城,不杀无罪之人。夫杀人之父兄,利人之货财,臣妾人之子女,此皆盗也。故兵者,所以诛暴乱、禁不义也。兵之所加者,农不离其田业,贾①不离其肆宅,士大夫②不离其官府。由其武议③在于一人。故兵不血刃而天下亲焉。(《武议第八》)

【注释】

①贾:商人。②士大夫:指在政府机构中的任职人员。③武议:军事谋略,用兵之道。

【译文】

大凡用兵,不去进攻没有过失的城市,不去杀戮没有犯罪的百姓。杀害别人的父兄,掠夺别人的财货,奴役强娶人家的子女,这些都是强盗行为。所以,战争目的旨在讨伐暴乱,制止不义。军队所到之处,农民不离弃自己的田产家业,商人不离开他们的店铺,官吏不离开他们的机关。因为用兵的目的,只在于惩罚祸首一人,所以能不必经过流血战斗就可得到天下的亲近与拥护。

【鉴赏】

战争的目的和性质是什么?先秦儒家认为。战争性质取决于战争目的,战争目的的正义性是战争正义性的前提,而战争的正义性又取决于战争过程中是否做到了保民和恤民。儒家这种保民恤民的仁义思想成为先秦兵学思想的重要源泉,也奠定了中国传统兵学思想的战争原则。

17.市场与战场

夫出不足战、入不足守者,治之以市。市①者,所以给战守也。万乘无千乘之助,必有百乘之市②。(《武议第八》)

【注释】

①市:市场贸易。②百乘之市:收入相当于百乘军赋的市场。

【译文】

(国家财力匮乏,)出兵不足以支持作战,收兵不足以防守的国家,就应治理好市场贸易。市场贸易的收入,是用来供给作战防守军需的。万乘之国可以没有千乘之国的援助,但必有百乘军赋的市场。

【鉴赏】

"兵马未动,粮草先行"。后勤供给和保障是确保军事胜利的重要前提。古来兵家无不高度重视。但如何保证粮草供应,大家并没有一致的看法。历代兵家都注意到农业对决定战争胜负的影响,因而把发展农业作为治国之本。尉缭子则更进一步,他还看到了商业对决定战争胜负的重要作用,着实令人钦佩。

18.杀之贵大,赏之贵小

凡诛赏者,所以明武也。杀一人而三军震者,杀之。赏一人而万人喜者,赏之。杀之贵大,赏之贵小。当杀而虽贵重必杀之,是刑上究也。赏及牛童①马圉②者,是赏下流也。夫能刑上究、赏下流,此将之武也,故人主重将。(《武议第八》)

【注释】

①牛童:放牛的牧童。②马圉:养马人。

【译文】

凡施刑行赏,是用来彰明将帅的威严。杀一人而震慑三军,就杀死他。赏一人而万众喜悦,就赏赐他。杀戮,贵在敢杀大人物;赏赐,责在赏赐小人物。罪当该杀,即使位贵权重也必杀他,这是刑罚敢于追究上层。赏赐那些有功的牧童马夫,这是赏赐能够惠及下层。能做到刑罚追究到上层、赏赐普及于下层,这是因为将帅的威武在发挥作用,所以国君极为重视这样的将帅。

【鉴赏】

赏在于劝善励勇,如果赏一人而三军激励,就毫不吝啬地赏赐;罚在于惩奸除恶,如果杀一人而三军震慑,就毫不犹豫地杀掉。赏罚严明且不论尊卑所得到的效果自然更好。赏罚只是手段,其目的在于振奋士气,提高战斗力;赏罚要讲究技巧,力争做到适度、适时与适当。

19.市也者,百货之官

夫市也者,百货之官①也。市贱卖贵,以陷②士人。人食粟一斗,马食菽③三斗,人有饥色,马有瘠形,何也? 市有所出,而官无主也。夫提天下之节制,而无百货之官,无谓其能战也。(《武议第八》)

【注释】

①宫:舍,场所。②陷:窘迫困难。③菽:豆类的总称。

【译文】

市场,是各种货物集散交易的地方。商人在市场上贱买贵卖,使得士兵百姓窘迫困难。尽管规定每个人一天一斗口粮,每匹马一天三斗豆料,但人面露饥色,马也体形瘦削,什么缘故呢?这是因为市场虽有粮食交易,但却没有设立政府管理机构。负责天下军队的统领和指挥,却不设立管理市场贸易的机构,就不能说他善于作战啊。

【鉴赏】

尉缭子不仅看到市场本身对战争胜利的重要性,而且还特别强调加强市场管理对战争取胜的必要性。这对于今天的社会主义市场经济建设也不无启发意义。市场是一只"无形的手",它一方面具有促进商品流通,满足市场供应,提升经济发展的积极意义,另一方面由于它所具有的趋利性,必然还存在恶性竞争、忽视公平和加速贫富分化的一面。所以,这只"无形的手"还得要靠政府这只"有形的手"加以约束。实践证明,这"两只手"不仅都需要,而且还应"两手抓","两手都要硬"。

20.兵者,凶器也

夫将者。上不制于天,下不制于地,中不制于人。故兵者,凶器也;争者,逆德也;将者,死官也,故不得已而用之。无天于上,无地于下,无主于后,无敌于前。(《武议第八》)

【译文】

统领军队的将帅,上不受制于天,下不受制于地,中不受制于人。军队,是凶险的器具;战争。是违背道德的行动;将帅,是决定人生死的官职,所以不得已才动用军队。(一旦用兵,)将帅不管头上的天,不管脚下的地,不管朝廷上的国君,不管前面的敌人。

【鉴赏】

"慎战"和"敢战"有机统一,不可偏废。先人卓见,穿越时空,影响悠远。21世纪的今天,我们的人民军队肩负着新的历史使命,各种军事行动也必须在维护国家安全和战略机遇期的大局下实施,务必处理好备战、慎战和敢战的关系;既不轻易诉诸武力,又要做到敢于应战,做到有备而战,不战则已,战则必胜。

21.胜兵似水

胜兵似水。夫水,至柔弱者也,然所触,丘陵必为之崩。无异也,性专而触诚也。今以莫邪①之利,犀兕②之坚,三军之众,有所奇正,则天下莫当其战矣。(《武议第八》)

【注释】

①莫邪:古宝剑名。②犀兕:指犀牛一类动物,其皮坚厚,古人常用以制造铠甲。

【译文】

胜利的军队好似流水一样。水是一种最为柔软脆弱的东西,然而任凭其冲击的话,即使是崇山峻岭也会被冲得崩塌。原因无他,只是由于水性专一而持久的缘故。如今手持莫邪宝剑般锋利的武器,身披犀兕皮革制成的铠甲,加上三军将士妙用奇正之术,普天之下就无人能抵挡其进攻了。

【鉴赏】

胜兵似流水,柔弱胜刚强。如果拥有钢铁般意志和流水般恒久,相信你也会有更多的收获。

22.一剑之任,非将事也

吴起临战,左右进剑。起曰:"将专主旗鼓尔。临难决疑,挥兵指刃,此将事也。一剑之任,非将事也。"(《武议第八》)

【译文】

吴起临战之前,手下有人进献一把宝剑。吴起说:"将帅专门掌管旌旗战鼓。遇到危险,解决疑难,指挥全军进退战斗,这才是将帅的本分。手持长剑战场厮杀,那不是将帅的事情。"

【鉴赏】

每个人都应该成为某一方面的人才,但很难成为所有方面的通才。社会分工越来越细,决定了我们只能从事某个或几个岗位。孔夫子教导我们"在其位,谋其政"或许就有此意。居其位,谋其政;谋其政,首先要知其政。每一个人都要清楚自己的职责,大家各安其分,各守其职,各尽其责,各显其能,就是对社会的最大贡献。

23.使民无私 天下一家

夫谓治者,使民无私也。民无私,则天下为一家,而无私耕私织。共寒其寒,共饥其饥。……民相轻佻,则欲心兴,争夺之患起矣。横①生于一夫②,则民私饭有储食,私用有储财。民一犯禁,而拘以刑治,乌有以为人上也。善政执其制,使民无私。为下不敢私,则无为非者矣。(《治本第十一》)

【注释】

①横:暴逆。②一夫:独夫,指暴君。

【译文】

所谓治国之道，就是要使百姓做到没有私心。百姓做到无私，天下就成为一家，便没有私下的耕作和纺织了。大家把别人的寒冷当作自己的寒冷，把别人的饥饿当作自己的饥饿。……如果百姓之间轻薄放荡，贪财之心就产生了，你争我夺的祸患随之而来。所有这些倒行逆施发端于暴君一人，那么百姓就要为了吃饭而私自储备粮食，为了自己花费而私下储备财产。百姓一旦触犯法律，就会拘捕并处以刑罚，这哪里还有在百姓之上做君主的资格呢？良好政治要执行法制，使百姓做到无私。底层百姓不敢追逐私利，就没有人做违法的事了。

【鉴赏】

"四海之内皆兄弟""天下为公""天下为一家"，这些传统经典名言表达了人们对"天下大同"的愿望和追求，其与社会主义追求的理想和目标基本一致，也是社会主义市场经济条件下人们应该遵循的根本价值导向。然而不尽如人意的是，有些人早已将古训抛之脑后，为了一己私利为所欲为，不择手段。视他人为地狱，毒化了社会风气，损害了善良守法人们的正当利益。

24.往世不可及，来世不可待

苍苍①之天，莫知其极。帝王之君，谁为法则②？往世不可及，来世不可待，求己者也。（《治本第十一》）

【注释】

①苍苍：深青色。②法则：效法的楷模。

【译文】

苍茫天空，无人知道它的尽头。创立帝王之业的君主们，谁能成为效法的楷模？过去的时代不可能追回，未来的时代不可能等待，只能靠自己身体力行了。

【鉴赏】

人们是活在过去，陶醉于昨日辉煌，还是活在当下，过好今天？留恋过去，只能让你裹足不前；活在当下，才能不断走向辉煌。

25.禁必以武，赏必以文

今说者曰："百里之海，不能饮一夫；三尺之泉，足以止三军渴。"臣谓欲生于无度，邪生于无禁。太上神化①，其次因物②，其下在于无夺民时，无损民财。夫禁必以武③而成，赏必以文④而成。（《治本第十一》）

【注释】

①神化:用无形的精神力量感化、改造人。②因物:利用现存的事物,因势利导。③武:武功。④文:文治。

【译文】

如今游说的人说:"百里宽的大海,不能满足一人喝水;三尺深的泉水,却足以解除三军的干渴。"臣下认为贪欲产生于没有法度,邪恶产生于没有禁令。最高明的办法是用精神感化,其次是因事制宜,下策在于不误农时,不伤民财。禁令必须依靠武力才能奏效,赏赐必须依靠德政方能完成。

【鉴赏】

孙子曾有"令之以文,齐之以武"之说,如何做到"文"与"武"？就现代企业而言,法律规章("武")和企业文化("文")是确保团队迈向既定目标、保证企业良性运行的有效手段。

26.有者无之,无者有之

夫精诚①在乎神明,战权在乎道之所极。有者无之,无者有之,安所信之。(《战权第十二》)

【注释】

①精诚:指用兵专注,沉着冷静。

【译文】

精明冷静在于将帅智慧超人,作战韬略在于通晓用兵之道。有的伪装成没有,没有的伪装成有,令人无法捉摸,不知所从。

【鉴赏】

用兵之道虚虚实实,真真假假,无中生有,有中生无。兵以诈立,无诡道不成兵;人以诚立,无诚信难为人。

27.求敌如求亡子

方亦胜,圆亦胜,错邪①亦胜,临险亦胜。敌在山,缘而从之;敌在渊,没而从之。求敌如求亡子,从之无疑,故能败敌而制其命。(《勒卒令第十八》)

【注释】

①邪:通"斜"。

【译文】

　　方阵能取胜,圆阵能取胜,地形复杂能取胜,面临险隘也能取胜。敌人在高山上,便沿着山脉追踪它;敌人在深潭里,便潜入水中追踪它。寻找敌人如同寻找丢失的孩子那样意志坚决,全力追踪毫不迟疑,所以能打败敌军而致其死命。

【鉴赏】

　　"穷寇勿追"不可仅从字面理解。不追不是放纵,而是不追逼太紧,以免反受其害。追击与否完全应该根据敌情,灵活运用。对待敌人的仁慈就是对自己的最大戕害,所以要像伟人毛泽东所说的那样"宜将剩勇追穷寇,不可沽名学霸王"。"求敌如求亡子"说的也正是这个道理。

28.军无二令,二令者诛

　　将军受命,君必先谋于庙,行令于廷。君身以斧钺①授将,曰:"左、右、中军皆有分职②,若逾分而上请者死。军无二令,二令者诛,留令者诛,失令者诛。"(《将令第十九》)

【注释】

　　①斧钺:原为两种兵器,常被用作执行军法的杀人刑具,这里作为统率全军的权力象征。②分职:职责。

【译文】

　　将军接受任命,国君必须先在太庙谋议领兵人选,然后在朝廷正式发布命令。国君亲自把斧钺授予将军,说:"左军、右军、中军,各有自己的职责。如有越级请示的处死。军中不许有两种命令,擅发命令者诛杀,截留命令者诛杀,贻误命令者诛杀。"

【鉴赏】

　　正所谓军令如山。军中无戏言。一支富有战斗力的军队,必定有铁一般的纪律;一个合格的士兵,也一定有强烈的纪律观念。同样,纪律也是一个组织和团队文化的精髓。纪律是它们生存和发展的保障。没有了纪律,它们就会像一盘散沙,失去前进的方向。

29.指敌忘身,必死则生

　　兵有五致:为将忘家,逾垠①忘亲②,指敌忘身,必死则生,急胜为下。百人被刃,陷行乱陈。千人被刃③,擒敌杀将。万人被刃,横行天下。(《兵教下第二十二》)

【注释】

　　①垠:界限,边界。②亲:此特指父母双亲。③被刃:指拼死作战。

军队务必做到五条:担任将帅就忘家弃室,越过国界就忘掉双亲,面对敌军就忘弃自身,抱定必死决心就能死里求生,急于求胜就礼贤下士。百人的军队拼死作战,就可以冲入敌军,捣乱敌阵。千人的军队拼死作战,就可以俘获敌军,杀死敌将。万人的军队拼死作战,就可以所向披靡,横行天下。

【鉴赏】

狭路相逢勇者胜。所谓"勇者"不是莽撞。而是智勇;不是无谓求死,而是险中求胜。人生也面临着无数次的进退,是"退一步海阔天空",还是"进一步柳暗花明"?那就要看你当下的境遇,适合你的就是有效的。

30.赏如山,罚如溪

武王问太公望曰:"吾欲少间①而极②用人之要。"望对曰:"赏如山,罚如溪。太上无过,其次补过。使人无得私语,诸罚而请不罚者死,诸赏而请不赏者死。"(《兵教下第二十二》)

【注释】

①少间:短时间。②极:穷尽,此指通晓、洞悉的意思。

【译文】

周武王问太公望说:"我想在极短时间内就能通晓用人的要诀。"太公望回答说:"赏赐应如大山那样高重,刑罚应如溪流那样深厚。最好是赏罚没有过失,其次是万一赏罚有误,赶紧补救过失。应该使手下人不得私自议论赏罚,凡是罪该当罚而请求不罚者处死,凡是有功当赏而请求不赏者处死。"

【鉴赏】

罚和赏犹如将帅们治军的两手,须臾不可分离。军队只有铁的纪律,才能令行禁止,才有岳家军、戚家军的威震四方,战无不胜。将帅还要体恤兵卒,关心手下,犹如吴起之爱兵如子。追求上进是每个士兵的共同心理。通过奖赏激励士兵的"荣誉感",就能使他们赴汤蹈火,宁死不辞。

31.专一则胜,离散则败

专一则胜,离散则败。陈以密则固,锋以疏则达。卒畏将甚于敌者战胜,卒畏敌①甚于将者战败。所以知胜败者,固称②将于敌也。(《兵令上第二十三》)

【注释】

①甚:超过,胜过。②称:衡量,估量。

【译文】

精诚团结就能胜利,离心离德就会失败。布阵密集就牢固,前锋疏散就灵活。士卒畏惧将领超过敌人,作战就会胜利;士卒畏惧敌人超过将领,作战只能失败。所以,要判断战争双方的胜败,就要估量将领和敌人谁对士卒的威慑力大。

【鉴赏】

精诚团结与纪律严明对部队的重要性,美国巴顿将军的认识也非常深刻。他说:"纪律是保持部队战斗力的重要因素,也是士兵们发挥最大潜力的基本保障。所以,纪律应该是根深蒂固的,它甚至比战斗的激烈程度和死亡的可怕性还要强烈。"相比而言,我们先人的认识有过之而无不及。现代社会,每个人都有自己的自由,但须切记,我们还要遵守社会的各种法律与规范。法国启蒙思想家孟德斯鸠说得好,自由并不意味着人们想干什么就干什么,自由仅仅意味着在法律许可范围内做一切事情的权利。因此法律是公民自由的界限,一旦公民的行为越过法律界线,那么他的自由便不复存在。

32.赏如日月,信如四时

故曰:百万之众不用命。不如万人之斗也;万人之斗不用命,不如百人之奋也。赏如日月,信如四时,令严如斧钺①,利如干将,士卒不用命者,未之有也。(《兵令下第二十四》)

【注释】

①钺:古代兵器,青铜或铁制成,形状像板斧而较大。

【译文】

所以说,如果百万人军队不用力效命,就不如万人军队的搏斗;如果万人军队不用力效命,还不如百人军队的奋勇作战。赏赐要如同日月那样光明显赫,信用要如同四季交替那样确定无疑,法令要如同斧钺那样威严,兵器要如同干将宝剑那样锋利,如此士卒还不拼死效命,还从来没有过。

【鉴赏】

重赏之下,必有勇夫,奖励战功是历代兵家领兵打仗的重要治军思想。现代社会,诚信观念远未过时,因为诚信是一切价值的根基,诚实是最大的财富;家无诚信不兴,国无诚信不旺。

六、《六韬》的名言

《六韬》又称《太公六韬》或《太公兵法》,是中国古代著名兵书。《六韬》共六卷,计六十篇,是现存早期古代兵书中文字最多、内容最为丰富的一种,久负盛名,影响较大。

《六韬》中的六卷各有侧重,内容广泛,不仅仅讲军事,它涉及治理国家与选拔人才的方针与原则;军事不仅讲战略战术,还涉及武器装备与各兵种训练等内容。《六韬》采用姜太公与周文王姬昌和周武王姬发一问一答的对话形式,是先秦兵家中颇有特色和价值的集大成之作。《齐太公世家》说:"后世之言兵及周之阴权,皆宗太公为本谋。"北宋神宗元丰年间,《六韬》被列为《武经七书》之一,为武学必读之书。《六韬》在国外也有深远影响,16世纪传入日本,18世纪传入欧洲,现今已翻译成日、法、朝、越、英、俄等多种文字。

关于《六韬》的作者、成书年代及该书的真伪,历史上争议颇多。《隋书·经籍志》注云:"周文王师姜望撰。"姜望,又称吕望,字子牙(一说字尚),俗称姜太公、姜子牙,为西周开国功臣、齐国始祖。宋代以来,基本上否定该书为吕望所作,认为是汉以后人伪托所为。1972年山东临沂银雀山西汉墓出土了一大批竹简,其中有《六韬》残简五十四枚,说明它在西汉前已流传于世,而非汉以后人伪托。当今学者大多认定《六韬》成书于战国后期,所以其当然就不是姜太公所作,而是战国人托其名撰成。

1.君子乐得其志,小人乐得其事

文王劳①而问之曰:"子乐渔耶?"太公曰:"君子乐得其志,小人乐得其事。今吾渔,甚有似也。"(《文韬·文师》)

【注释】

①劳:慰问。

【译文】

文王慰劳太公并问道:"您喜欢钓鱼吗?"太公答道:"君子以实现自己志向为乐,小人以完成本职工作为乐。我今天钓鱼,情况与此十分相似。"

【鉴赏】

君子们可贵,小人物可爱。能被称为君子者只是少数,而大多只能是普普通通的小人物。此"小人"并无道德上的贬义,而是尽职尽责的凡人而已。

2.姜太公钓鱼

文王曰:"何谓其有似也?"太公曰:"钓有三权①,禄等以权,死等以权,官等以权。夫钓以求得也,其情深,可以观大矣。"(《文韬·文师》)

【注释】

①权:权术,谋略。

【译文】

文王问:"为什么说钓鱼与实现人们志向相似呢?"太公回答:"钓鱼时要使用三种权术,用鱼饵钓鱼,等于君主用禄位诱人入仕;用香饵钓鱼,等于君主用重赏诱人尽忠效死;

诸子百家——兵家

把钓来的鱼按大小各尽其用,等于君主把求仕的人按才能高下分别任以各种官职。垂钓虽为了得鱼,但用意深远,以此可参透大道理啊。"

【鉴赏】

钓鱼原本只是平常事,然在谋略家眼里就变得不寻常。透过现象看本质,于平淡中见神奇,于无声处听惊雷,这是人人都渴望和祈求的智慧。这种智慧源于生活,高于生活;源于知识,高于知识。擦亮眼睛,放飞思想,你将会发现又一片蓝天。

3.情同而亲合,亲合而事生

文王曰:"愿闻其情。"太公曰:"源深而水流,水流而鱼生之,情也。根深而木长,木长而实生之,情也。君子情同而亲合,亲合而事生之,情也。……"(《文韬·文师》)

【译文】

文王说:"我希望能听到其中的详情。"太公说:"源深水流长,河水长流,鱼类便会生长繁衍,这符合自然之理。根深树木长,树木长成,才能结出果实,这也符合自然之理。君子志趣相投就会情投意合,情投意合就能共谋事业,这也合乎自然之理。……"

【鉴赏】

同心同德,建功立业;离心离德,国破家亡。

4.仁之所在,天下归之

文王曰:"立敛若何,而天下归之?"太公曰:"天下非一人之天下也,乃天下之天下也。同天下之利者则得天下,擅①天下之利者则失天下。天有时,地有财,能与人共之者,仁也。仁之所在,天下归之。免人之死,救人之患,济人之急者,德也。德之所在,天下归之。与人同忧同乐,同好同恶,义也。义之所在,天下赴②之。凡人,恶死而乐生,好德而归利,能生利者,道也。道之所在,天下归之。"(《文韬·文师》)

【注释】

①擅:专擅。②赴:归附。

【译文】

文王说:"如何确定收揽人心的办法,而使天下之人都诚心归服呢?"太公回答:"天下不是某一个人的天下,而是天下之人共有的天下。能同天下之人共享其利的人。就能得到天下。想独享天下之利的人,就会失去天下。天有岁时变化,地有货财滋生,能同人们共享其利,这就是仁。仁所在的地方,天下的人都向它聚拢。能免除别人死亡之险,解救别人之疾患,接济别人所急需,这就是德。德所在的地方,天下的人都会归向那里。能与人们同忧同乐,同好同恶,这就是义。义所在的地方,天下的人都会聚拢而去。凡是人,无不恶死乐生,无不好德趋利,这就是道。道所在的地方,天下之人都归向那里。"

【鉴赏】

天下是谁的天下？中国古有"天下乃天下之天下"之豪言，国外也有俄罗斯"眼中有人民，即见真理"的民谚，两者在如何对待天下和人民关系上有异曲同工之妙。今天，我们提倡"以人为本"的科学发展理念自然不是空穴来风，而是对民族优秀传统文化精华的继承和弘扬。

5.祸福在君,不在天时

文王问太公曰："天下熙熙①，一盈一虚②，一治一乱，所以然者何也？其君贤不肖③不等乎？其天时变化自然乎？"太公曰："君不肖，则国危而民乱；君贤圣，则国安而民治。祸福在君，不在天时。"（《文韬·盈虚》）

【注释】

①熙熙：众多纷扰的样子。②盈、虚：充满和空虚，此指气运盛衰。③不肖：不贤。

【译文】

文王问太公："天下事情众多繁杂，兴衰更替、治乱循环，之所以如此的原因是什么？是因为国君贤德异同，还是由于天时自然变化？"太公回答道："国君不贤，就会使得国危民乱；国君贤德圣明，就会使得国泰民安。是祸是福，全在于君主贤德与否，而不在于天时变化。"

【鉴赏】

天与人之间，重人轻天；君与民之间，重君轻民。前者突出人的主体地位，表现了无神论思想，值得肯定；后者又将一国祸福系于君主，显属人治思想，有待批判。

6.利而勿害,成而勿败

文王曰："爱民奈何？"太公曰："利而勿害，成而勿败，生而勿杀①，与而勿夺，乐而勿苦，喜而勿怒。"（《文韬·国务》）

【注释】

①杀：伤害。

【译文】

文王说："应该怎样爱民呢？"太公回答："给民利益而不损害，成人之美而不败坏，休养生息而不杀害，与民财物而不掠夺，使民快乐而不痛苦，使民喜悦而不怨怒。"

【鉴赏】

爱民不是宣言，而是行动。送人玫瑰，手有余香；民众得到实惠，君主收获君威。

7.民不失务 农不失时

太公曰:"民不失务,则利之。农不失时,则成之。……故善为国者,驭①民如父母之爱子,如兄之爱弟。见其饥寒则为之忧,见其劳苦则为之悲。赏罚如加于身,赋敛如取己务。此爱民之道也。"(《文韬·盈虚》)

【注释】

①驭:驭使,治理。

【译文】

太公回答:"使人民不失去自己的工作,就是让他们获得了利益。使农民不误农时,那就是成全他们的事业。……所以善于治理国家的君主,对待人民就像父母爱子女,兄长爱弟妹。看到他们饥寒交迫就为之担忧,看到他们吃苦受累就替之悲伤。对他们施行奖惩,犹如加在自己身上,向他们征收赋税,就像是索取自己财物一样。这就是爱民之道啊。"

【鉴赏】

"民不失务""农不失时",对今天的社会仍然具有借鉴意义。就业事关百姓的养家糊口和国家的长治久安,各级政府部门和社会各界应该高度重视就业问题,把"就业是民生之本"的主张真正落到实处。

8.目贵明,耳贵聪,心贵智

文王曰:"主明①如何?"太公曰:"目贵明,耳贵聪,心贵智②。以天下之目视,则无不见也。以天下之耳听,则无不闻也。以天下之心虑,则无不知也。辐辏③并进,则明不蔽矣。"(《文韬·大礼》)

【注释】

①明:英明。②智:善于思考。③辐辏:车轮的辐条集中到车毂上。

【译文】

太公问:"君主如何才能英明而无所不察?"太公回答:"眼睛贵在能看清事物,耳朵贵在能听到消息,头脑贵在能考虑周详。君主如能使天下人的眼睛都去看,就没有看不见的事物;使天下人的耳朵都去听,就没有听不到的消息;使天下人的心思都去考虑,就没有考虑不周的事情。四面八方的情况都汇集到君主那里,君主自然就能洞察一切而不受蒙蔽了。"

【鉴赏】

一国之君如能为此,自然能洞察一切,保得江山稳固,百姓安乐。一个普通公民如能

諸子百家

兵家

为此,何愁不能财运亨通,事业成功呢?

9.义胜欲则昌,欲胜义则亡

文王曰:"先圣之道,其所止①,其所起,可得闻乎?"太公曰:"见善而怠,时至而疑,知非而处。此三者,道之所止也。柔而静,恭而敬②,强而弱,忍而刚。此四者,道之所起也。故义胜欲则昌,欲胜义则亡;敬胜怠则吉,怠胜敬则灭。"(《文韬·明传》)

【注释】

①止、起:指国家的衰亡和兴盛。②恭、敬:在貌为恭,在心为敬。

【译文】

文王说:"先圣的治国之道,为什么时起时落,您能讲给我听听吗?"太公回答:"看到善事,却懒得去做;时机来到,却心有疑惑;知道错误所在,却安然处之。这三点就是使先圣之道消亡的原因。为人柔和宁静,待人恭敬有礼,接物能强能弱,处事刚柔相济。这四点就是能使先圣之道复兴的原因。所以,君主心中义理压倒私欲,国家就会昌盛;私欲压倒义理,国家就会衰亡。君主恭敬胜于怠惰,遇事一切顺利;怠惰胜于恭敬,遇事必定败灭。"

【鉴赏】

道义与私欲,好比缰绳与战马的关系。

合理的私欲是必要的,犹如战马要吃草,但不能仅仅满足于吃草;战马的价值更在于侍奉主人驰骋疆场。所以不能放马游缰任其驰骋。

人们要在道义与私欲之间寻找一种平衡,绝对的公而忘私和完全的自私自利都不能维持长久。

10.六守长则君昌,三宝完则国安

文王曰:"敢问三宝。"太公曰:"大农、大工、大商,谓之三宝。农一其乡①,则谷足。工一其乡,则器足。商一其乡,则货足。三宝各安其处,民乃不虑。无乱其乡,无乱其族。臣无富于君,都无大于国②。六守③长④则君昌,三宝完则国安。"(《文韬·六守》)

【注释】

①一其乡:指把从事同一行业的人聚居在一处。②国:国都。③六守:就是指守住六种品德的人,即仁、义、忠、信、勇、谋。④长:经常。

【译文】

文王又说:"我冒昧请问,什么是三宝?"太公回答:"大农、大公、大商,就是国家的三宝。使农民聚居一处耕种,各种粮食就会充足起来。使工匠聚居一处制作,各种器具就会充足起来。使商人聚居一处贸易,各种货物就会丰富起来。使农、工、商三宝都能安定

地在自己范围内经营，人民就不会产生不安现状的想法。所以不要让农民、工匠、商人在同一地杂处，不要打乱他们聚族而居的习惯。不要让臣下的财富超过君上，不要使一般的城邑大于国都。如能把六守作为选择人才的标准，国家就会繁荣昌盛；如能保护三宝，使它们不受损害，国家就会长治久安。"

【鉴赏】

时至今日，"三宝"仍然是个宝，不过又有新说法，叫作"无农不稳，无工不富，无商不活"。"六守"的重要性同样不可忽视。虽然古今解释有别，但是在今天，发掘"六守"的现代意义尤显必要。

11.不富无以为仁，不施无以合亲

文王问太公曰："守土奈何？"太公曰："……涓涓①不塞，将为江河。荧荧②不救，炎炎奈何。两叶不去，将为斧柯③。是故人君必从事于富，不富无以为仁，不施无以合亲。疏其亲则害，失其众则败。无借人利器④，借人利器，则为人所害而不终于世。"（《文韬·守土》）

【注释】

①涓涓：细流。②荧荧：小火。③斧柯：斧子的柄，此处代称斧子。④利器：锐利的兵器，此处比喻为国家权力。

【译文】

文王问太公："怎样才能守住国家疆土？"太公回答："……涓涓细流不去堵塞，就会变成大江大河。星星之火不去扑灭，等它变成燎原大火，就无可奈何了。种子萌发时不去摘除，等它长成大树，就只能用斧子砍伐了。所以国君一定要致力于增加国家的财富，没有财富，就难以推行仁政；不能施舍，就难以团结宗亲贵族。疏远了宗亲贵族，就会造成危害；失去民众拥护，就会导致失败。不要把治国的大权交给他人，否则就会被人所害而不得善终。"

【鉴赏】

人从来都不是孤立地行走于世的，即使自称寡人的一国之君也是如此。那么，如何为人处世就是一个大问题、大学问了。儒家所提倡"仁者爱人""天下一家""四海之内皆兄弟"的思想很显然也为兵家所借鉴和提倡。虽说其超越历史条件而不能一时实现，然而它毕竟给我们描绘了一幅美好的愿景，树立了一座前进的灯塔。

12.敬其众则和，合其亲则喜

文王曰："何谓仁义？"太公曰："敬其众，合其亲。敬其众则和，合其亲则喜，是谓仁义之纪。无使人夺汝威。因其明①，顺其常②。顺者，任之以德；逆者，绝③之以力。敬之勿疑，天下和服。"（《文韬·守土》）

諸子百家——兵家

【注释】

①明:洞察力。②常:事物的常规、常理。③绝:灭绝。

【译文】

文王问:"什么叫作仁义?"太公回答:"对平民百姓要恭敬,对宗亲贵族要亲密。能恭敬地对待民众,民众就和睦安乐;能亲密地对待宗亲,宗亲就会满心欢喜,这就是施行仁义的重要准则。不要让人夺走你的权威。要依循自己的洞察能力,遵照事物的常理行事。对顺服自己的,就用德行去感化他;对悖逆不从的,就用武力去剿灭他。如能毫不犹豫地恭敬遵照上述原则,天下之人都会顺从归服。"

【鉴赏】

西方人崇尚自我,往往视"他人是地狱";中国人注重为人,信奉"多个朋友多条道"。孰是孰非呢?两者取长补短更为可取。如古人提倡"敬众合亲"就用意深刻。

一个人行走于芸芸众生,既要立足自我,做一个自主、自立的人,也不妨去广结善缘,结交天下朋友。结交一个朋友,人生就多了一个躲风避雨的港湾;树立一个敌人,人生便多了一处船毁人亡的暗礁。

13.天下治,仁圣藏

太公曰:"天有四季,地生万物。天下有民,仁圣牧①之。故春道生,万物荣;夏道长,万物成;秋道敛,万物盈;冬道藏,万物静。盈则藏,藏则复起,莫知所终,莫知所始。圣人配之,以为天地经纪②。故天下治,仁圣藏;天下乱,仁圣昌。至道其然也。"(《文韬·守国》)

【注释】

①牧:管理,治理。②经纪:纲常,法度。

【译文】

太公说:"天有一年四季,大地孕育万物。天下黎民百姓,离不开仁君圣人管理。春天规律是萌生,万物欣欣向荣;夏天规律是成长,万物苗壮长成;秋天规律是收获,万物饱满成熟;冬天规律是收藏,万物潜藏不动。万物成熟就要收藏,收藏之后又会重新萌发。如此周而复始,不知道所终,也不知道所始。圣人能顺应这种变化规律,制定治理国家的纲常法度。因此,如果天下安定,仁君圣人归于隐藏;如果天下大乱,仁君圣人就会应运而生,大行其道。这是由于天地之间的根本规律决定的。"

【鉴赏】

人与自然之间是相互依赖的朋友,还是相互敌视的敌人?人与人之间是以邻为伴,还是以邻为壑?虽然我们都愿意选择前者,但实际上并不能完全避免后者。人们会无奈地发现,历史又似乎难以避免地在治乱循环中曲折前行。社会需要仁圣,更需要造就仁圣的道德与法治。

14.兵势不行,敌国乃强

"夫王者之道,如龙首。高居而远望,深视①而审听②。示其形,隐其情。若天之高,不可极也。若渊之深,不可测也。故可怒而不怒,奸臣乃作。可杀而不杀,大贼③乃发。兵势不行,敌国乃强。"文王曰:"善哉!"(《文韬·上贤》)

【注释】

①深视:深刻地观察。②审听:仔细地听。③大贼:指祸国殃民的奸臣恶人。

【译文】

"君主的统治之道,如同神龙之首,高瞻远瞩,洞察一切,深刻观察问题,审慎听取意见。虽然显露形体,却隐藏着内心真情。就像天高那样不可究极,就像深渊一样不可测量。所以,君主当怒而不怒,奸臣就会乘机而起。当杀而不杀,盗贼就会发难作乱。当出兵讨伐而不讨伐,敌国就会强大起来。"文王说:"您讲得真好啊!"

【鉴赏】

兵为国之支柱,国无兵不立;兵为国之利器,国无兵不强。

15.实当其名,名当其实

文王曰:"举①贤奈何?"太公曰:"将相分职,而各以官名举人。按名督②实,选才考能;令实当其名,名当其实,则得举贤之道也。"(《文韬·举贤》)

【注释】

①举:推举,选用。②督:考察,考核。

【译文】

文王又问:"应该怎样选拔德才兼备的人才呢?"太公回答:"将相各有职守,应分工负责,根据官职的名称推荐合适的人才。按照官名的职责考核其工作实绩,选拔具有真才实学的人,并在工作中考察他们的能力;使他们的德才与官位相称,官位同德才相称,做到名实相符。这样做就是掌握选用人才的方法了。"

【鉴赏】

有人实实在在,却并无名分;有人夸夸其谈,却并无才学。"实当其名,名当其实"也可说是为我们提出了一个评价人才的标准。德才兼备和德艺双馨不仅应成为社会对人才的客观需要,而且也应成为人们完善自身的道德追求。

16.存者非存,在于虑亡

武王问太公曰:"兵道何如?"太公曰:"凡兵之道,莫过于一①。一者,能独往独来。……故圣王号兵为凶器。不得已而用之。今商王②知存而不知亡,知乐而不知殃。夫存者非存,在于虑亡;乐者非乐,在于虑殃。今王已虑其源③,岂忧其流乎?"(《文韬·兵道》)

【注释】

①一:统一。②商王:指商纣王。③源、流:指用兵的根本原则与各种细则。

【译文】

武王向太公说:"用兵的原则是什么呢?"太公回答:"用兵的原则,最重要的莫过于指挥上的高度统一。指挥统一,军队就能不受外界条件的限制,独往独来,所向无敌。……所以,古时的圣王把战争看作不祥之物,在万不得已的时候才使用它。当今商王只知道自己的国家安然存在,而不知道他的国家已经面临危亡;只知道贪求享乐,不知道灾祸已经逼近。一个国家能否长存,不在于眼下是否生存,而在于能否做到居安思危;君主能否安乐,不在于眼前是否安乐,而在于能否做到乐不忘忧。现在您已经考虑到事关安危存亡的根本问题,难道还有什么支流细节值得忧虑的吗?"

【鉴赏】

生于忧患,死于安乐;乐者非乐,在于虑殃。可谓英雄所见略同,当然心动还需行动。只有居安思危,卧薪尝胆,才能逢凶化吉,八面玲珑。

17.天道无殃,不可先倡

太公曰:"王其修德,以下贤①惠民,以观天道。天道②无殃,不可先倡;人道③无灾,不可先谋。必见天殃,又见人灾,乃可以谋。必见其阳,又见其阴,乃知其心。必见其外,又见其内,乃知其意。必见其疏,又见其亲,乃知其情。"(《武韬·发启》)

【注释】

①下贤:屈身以尊贤者。②天道:此处指天象的变化。③人道:此处指人间各种事务。

【译文】

太公回答:"君王要加强自身的道德修养,敬重德才兼备的贤人,并且施恩惠于普通百姓,以观察天道的吉凶。当天道还没有灾害先兆时。不可以首先倡议征讨;当人道没有出现祸乱,不可以先行谋划兴兵。一定要既发生了天灾,又看到了人祸,才能筹划兴师征伐。一定要既看到他的公开言论,又看到他私下的所作所为,才能摸透他的真实想法。一定要既看到他的外在表现,又看到他的内心世界,才能了解他的真实意图。一定要既看到他疏远什么人,又看到他亲近什么人,才能知道他真实情感。"

【鉴赏】

国之兴衰,与其说是因为天道,不如说更在于人道;战争之成败,与其说败于他人,不如说败于自己。商汤之所以灭夏,武王之所以伐纣,究其原因在于桀纣之残暴昏庸、丧失民心和汤武之英明神武、深得民心。前者是内因,后者是外因。内因是根本,外因是变化的条件,外因通过内因而起作用。

18.全胜不斗,大兵无创

太公曰:"行其道,道可致也。从其门,门可入也。立其礼,礼可成也。争其强,强可胜也。全胜不斗,大兵①无创,与鬼神通。微哉! 微哉!"(《武韬·发启》)

【注释】

①大兵:此处指兵力强大、声名远播的军队。

【译文】

太公说:"只要遵循正确的路线,统一天下的目的就可以达到。只要遵循正确的路线,统一天下的目的就能够达到。只要建立适当的制度,就一定能获得成功。只要确立强大的优势地位,再强大的敌人也能战胜。获得全胜而不经过战斗,大军临敌而没有伤亡。真是用兵如神。奇妙啊! 奇妙啊!"

【鉴赏】

通过武力而获得胜利不是真正完美的胜利。正如姜太公所说,最强大的军队就是使士兵们不受任何伤害的军队。孙子主张,百战百胜并非最好,不需作战就能使对方屈服才最为完美。吴起也说,经常获得胜利的人能够完全得到天下的却很少。在传统兵家看来,真正完美的胜利不是攻占和毁灭的有形胜利,而是智战和巧战的无形胜利。这种"易胜""不战而胜"和"全胜无斗"的用兵思想铸就了独具中国气质和风格的战略思想和战争艺术,奠定了它在世界兵学理论中的重要地位。

19.天下者,非一人之天下

太公曰:"大智不智,大谋不谋,大勇不勇,大利不利。利天下者,天下启之;害天下者,天下闭之。天下者,非一人之天下,乃天下之天下也。……"(《武韬·发启》)

【译文】

太公说:"真正的智慧不显现出智慧,真正的谋略不显现出谋略,真正的勇敢不显现出勇敢,真正的利益不显现出利益。为天下人谋利益的,天下人都欢迎他;使天下人都受害的,天下人都反对他。天下不是一个人的天下,而是天下所有人的天下。……"

諸子百家——兵家

在一个君权至上的时代,"天下者,非一人之天下"可谓是惊天地、泣鬼神之语。它所包含的民本思想启迪了一代又一代思想家和革命斗士,对我们今天的民主建设也仍然有着重要借鉴作用。

20.无取于天下者,取天下者也

无取于民者,取民者也。无取于国者,取国者也。无取于天下者,取天下者也。无取民者,民利之。无取国者,国利之。无取天下者,天下利之。故道在不可见,事在不可闻。胜在不可知。微哉! 微哉! 鸷鸟①将击,卑飞敛翼;猛兽将搏,弭耳俯伏;圣人将动,必有愚色。(《武韬·发启》)

【注释】

①鸷鸟:鹰、雕等类猛禽。

【译文】

不向人民索取,却取得了民心。不向国家索取,却取得了一国之人的拥护。不向天下索取,却取得了天下之人的欢迎。不向人民索取的,人民会使他得利。不向国家索取的,国家会使他得利。不向天下索取的,天下会使他得利。所以说,要取得天下,其运用的战略妙在人所不可见,其进行的活动妙在人所不可闻,其制胜的方法妙在人所不可知。真是奇妙啊! 真是奇妙啊! 猛禽将要搏击猎食,一定先低飞而收起双翼;猛兽将要搏击猎食,一定先垂耳而俯伏在地;圣人将要有所行动,一定是大智若愚,不引人注意。

【鉴赏】

这是得与失、取与予的辩证法,也应是我们为人处世的指南针。

21.圣人之德,独闻独见

今彼殷商,众口相惑,纷纷渺渺,好色无极。此亡国之征①也。吾观其野,草菅②胜谷。吾观其众,邪曲胜直。吾观其吏,暴虐残贼。败法乱刑。上下不觉。此亡国之时也。大明③发而万物皆照,大义发而万物皆利,大兵发而万物皆服。大哉! 圣人之德,独闻独见。乐哉!(《武韬·发启》)

【注释】

①征:征兆。②菅:一种野草。③大明:指阳光。

【译文】

现在的商朝,谣言四起,社会动乱不已,而纣王依然荒淫无度,这是国家覆亡的征兆。我观察他们的田地里,野草盖过了禾苗;我观察他们的民众,奸邪之徒超过了忠直之士;

我观察他们的官吏,暴虐残酷,违法乱纪。法制败坏,刑罚错乱,朝廷上下依然执迷不悟。这是国家到了该灭亡的时候了。旭日当空,天下万物都能沐浴阳光;正义所至,天下万物都能得到利益;大军兴起,天下万物都会欣然归附。伟大啊!圣人的道德高尚至极,见解超群,先知先觉。能达到这种境界,才是最大的欢乐啊!

【鉴赏】

做思想的先驱,做嘴巴的主人;做正义的捍卫者,做光明的追随者。真可谓其乐无穷!

22.天无为而成事,民无与而自富

"天下之人如流水,障之则止,启之则行,静之则清。呜呼,神哉!圣人见其所始,则知其所终。"文王曰:"静之奈何?"太公曰:"天有常形①,民有常生,与天下共其生,而天下静矣。太上②因之,其次化之。夫民化而从政,是以天无为而成事,民无与而自富。此圣人之德也。"(《武韬·文启》)

【注释】

①常形、常生:指一些自然存在的现象和规律。②太上:最大,最好。

【译文】

"天下人心的向背如同流水,堵塞它就停止,放开它就流动,安静时就清澈。唉!真是神妙啊!只有圣人才能看到它的开始,并进而推断出它的结果。"文王问:"怎样才能使天下安静呢?"太公答道:"自然界有一定的变化规律,民众有经常从事的主业,君主能同民众共安主业,天下就会安静。所以说,最好的政治是顺应民心,其次是感化民众。民众被感化就会服从政令。所以,天道无为而治就能生长万物,民众无须施舍就能丰衣足食。这就是圣人的德治。"

【鉴赏】

由此可以看到,兵家的治国之道吸取了儒道两家的思想。儒道都强调"圣人之治",终极目标上可谓殊途同归。但在具体途径上则各有思考。前者提倡"修齐治平"和仁义治国,后者主张"无为而治"和绝圣弃智。

总体看来,两者各有优势与不足:儒道互补,兼而有之,取长补短,则更为可取。

23.有国而塞,安能有国

文王问太公曰:"文伐之法奈何?"太公曰:"……十一曰:塞①之以道。人臣无不重富与贵,恶死与咎②,阴示大尊③,而微输重宝,收其豪杰。内积甚厚,而外为乏。阴纳智士,使图其计;纳勇士,使高其气,富贵甚足,而常有繁滋④。徒党已具。是谓塞之。有国而塞,安能有国?"(《武韬·文伐》)

【注释】

①塞:此指闭塞敌国君主的耳目。②咎:灾祸。③大尊:高官厚爵。④繁滋:增加。

【译文】

文王问太公说:"在采取军事行动以前,先用非军事的手段打击敌人,有些什么方法呢?"太公回答说:"……第十一是,用各种方法闭塞敌国君主的耳目。凡是臣民没有不爱好富贵,厌恶死亡和灾祸的。应该暗中许诺尊贵的官位,又秘密赠送大量财宝,来收买敌国的英雄豪杰。自己国内积蓄充实,但外表却装作贫乏。暗中收纳敌国的智谋之士,使他们为自己出谋划策;秘密结交敌国勇士,使他们斗志昂扬,尽量满足这些人取得富贵的欲望,并不断使之滋长蔓延。这样,敌国的豪杰、智士就转而成为我的党徒,这就叫闭塞敌国君主的视听。敌国君主虽然还拥有国家,但是耳目闭塞,还怎么能保住他的国家呢?"

【鉴赏】

文伐就是不用军事手段而用政治、外交手段去打击敌人。太公的十二种"文伐"都是采用权谋诡诈手段,扩大敌人内部矛盾,分化、瓦解和削弱敌人,为从军事上消灭敌人创造条件。它们共同的原则就是借敌打敌,强己弱敌,可谓招招巧妙。所谓"堡垒总是从内部攻破",此言不虚,当权者不得不防。

24.信盖天下,能约天下

文王问太公曰:"何如而可为天下?"太公曰:"大①盖天下,然后能容天下;信盖天下,然后能约②天下;仁盖天下,然后能怀③天下;恩盖天下,然后能保天下;权盖天下,然后能不失天下;事而不疑,则天运不能移,时变不能迁。此六者备,然后可以为天下政。"(《武韬·顺启》)

【注释】

①大:此处指君子的气度。②约:约束。③怀:使归顺。

【译文】

文王问太公说:"怎样才能治理好天下呢?"太公回答:"气度盖过整个天下,然后才能包容天下;诚信盖过整个天下,然后才能约束天下;仁爱盖过整个天下,然后才能怀柔天下;恩惠盖过整个天下,然后才能保有天下;权势盖过整个天下,然后才能不失天下;有治理好天下的决心,遇事果敢毫不犹豫,就会像天体运行那样不能改变,像四时更替那样不可更改。这六个条件都已具备,然后就可以执政治理天下。"

【鉴赏】

大度、诚信、仁爱、恩惠、权力、果敢、坚定等,这不仅是领导者治理国家赖以依存的道德品质,又何尝不是个人安身立命之根本?

25.利天下者,天下启之

故利天下者,天下启之;害天下者,天下闭之;生天下者,天下德之;杀①天下者,天下贼②之;彻③天下者,天下通之;穷天下者,天下仇之;安天下者,天下恃之;危天下者,天下灾之。天下者非一人之天下,唯有道者处之。(《武韬·顺启》)

【注释】

①杀:灭绝。②贼:仇恨。③彻:畅通。

【译文】

所以,能为天下谋利益的,天下人就会欢迎他;使天下人受害的,天下人都会反对他;使天下人生存繁衍的,天下人都会对他感恩戴德;使天下人遭受杀戮的,天下人都会仇恨他;能使天下人生路畅通的,天下人都会支持他;使天下人走投无路的,天下人都会憎恶他;使天下人安居乐业的,天下人都会归附他;使天下人遭受危害的,天下人都会把他看成灾星。天下,不是一个人所专有的天下,只有德高之人才能居王之位,治理天下。

【鉴赏】

人从来就不是孤立的,离不开人与人之间的相互支撑。人是自然界和社会中的一员,不能只为自己而活着,而要学会相互包容。

你包容我,我包容你,这是一个有序社会的必然选择! 国与国之间、种族与种族之间,抑或是个人之间,多一些包容,就多一些和谐、幸福和安乐。

26.贤之有启,以王天下

武王问太公曰:"予欲立功,有三疑:恐力不能攻强、离亲、散众。为之奈何?"……太公曰:"惠施于民,必无爱①财。民如牛马,数②喂食③之,从而爱之。心以启智,智以启财,财以启众,众以启贤。贤之有启,以王天下。"(《武韬·三疑》)

【注释】

①爱:吝啬。②数:屡次。③食之:给……喂食。

【译文】

武王问太公说:"我想建立功业,但有三点疑虑:一是恐怕自己的力量不足以攻破强大敌人,二是恐怕不能离间敌君的亲信大臣,三是恐怕不能瓦解敌国军心。您说该怎么办才好?"……太公说:"对人民施加恩惠,不要吝惜财物。百姓如同牛马,要经常喂养他们,并且爱护他们。心灵启发智慧,智慧能创造财富,财富能养育民众,在民众之中就会出现贤才。英才辈出,为我所用,就可以完成统一天下的王业了。"

百年大计,教育为本;万世基业,人才是根。

27.仁则爱人,信则不欺

武王问太公曰:"论将之道奈何?"太公曰:"将有五材①、十过②。"武王曰:"敢问其③目?"太公曰:"所谓五材者:勇、智、仁、信、忠也。勇则不可犯,智则不可乱,仁则爱人,信则不欺,忠则无二心。所谓十过者:有勇而轻死者,有急而心速者,有贪而好利者。有仁而不忍④者,有智而心怯者,有信而喜信人者,有廉洁而不爱人者,有智而心缓者,有刚毅而自用⑤者,有懦而喜任⑥人者。……"(《龙韬·论将》)

【注释】

①材:指优秀品质。②过:指不良品质。③目:细节。④不忍:不忍心伤害别人。⑤自用:刚愎自用。⑥任:依赖。

【译文】

武王问太公说:"评论将帅的标准有哪些?"太公回答:"将帅应该具有五种美德,避免十种缺点。"武王说:"请问它们的具体内容是什么?"太公回答:"将帅的五种美德就是:勇、智、仁、信、忠。将帅勇敢就不会被侵犯,将帅明智就不会被迷惑,将帅仁慈就会爱护士卒,将帅诚信就不会欺骗别人,将帅忠贞就不会怀有二心。所谓十种缺点就是:勇敢而轻率赴死,暴躁而急于求成,贪婪而爱好钱财,仁慈而姑息养奸,聪明而胆小怕事,诚信而轻信别人,廉洁而刻薄部下,多谋而优柔寡断,坚强而刚愎自用,怯懦而依赖别人。……"

【鉴赏】

凡事皆有限度,为人做事不忘过犹不及、张弛有度。世上本无完人,只有真人。追求完关只能增添烦恼,坚守真诚却并非高不可攀。

28.兵不两胜,亦不两败

太公曰:"故兵者,国之大事,存亡之道,命在于将。将者,国之辅,先王①之所重也。故置将不可不察也。故曰:兵不两胜,亦不两败。兵出逾境,期不十日,不有亡国,必有破军杀将。"武王曰:"善哉!"(《龙韬·论将》)

【注释】

①先王:先世的圣王,此指周武王之父文王。

【译文】

太公说:"战争是国家的大事,关系到国家的存亡;国家的命运,则掌握在将帅手中。将帅,是国家的辅佐,为先王所重视。因此,将帅任命不能不慎重详察。所以说,两军交

诸子百家

——

兵

家

战,不可能双方取胜,也不可能双方都战败。军队出动,越过国境,为期不超过十天,不是攻灭敌国,就是全军战败,主将被杀。"武王说:"您讲得真好啊!"

【鉴赏】

"兵不两胜,亦不两败。"

战场上不可能双方都胜,或者双方都败;只有胜负,没有双赢。

这决定了战争非儿戏,决不可贸然行事。在战争与和平问题上,中华民族向来崇尚和平,反对不义之战。"和则两利,斗则两伤"这句亘古不变的至理名言不知能否警醒那些战争狂人?

我们应清醒地认识到,当今世界仍不太平,战争的阴霾挥之不去;从来和平都不能靠祈求得来,而战争,永远是维护和平的一把利剑。

29.临敌决战,无有二心

太公曰:"军中之事,不闻君命,皆由将出。临敌决战,无有二心。若此,则无天于上,无地于下,无敌于前,无君于后。是故智者为之谋,勇者为之斗,气厉青云,疾若驰骛[①],兵不接刃,而敌降服。战胜于外,功立于内,吏迁士赏,百姓欢悦,将无咎殃。是故风雨时节,五谷丰熟,社稷安宁。"武王曰:"善哉!"(《龙韬·立将》)

【注释】

①驰骛:奔驰的骏马。

【译文】

"军中事务不能听命于国君而要听命于主将。面对敌军决战,全军上下必须一心一意听从主将指挥。这样,主将就能上不受制于天时,下不受制于地形,前无敌人敢于阻挡,后没有国君从中掣肘。这样,军中足智多谋之人就会尽其所能为主将出谋划策,勇敢无畏之人都会尽其所力为主将殊死战斗,全军士气高昂,上冲青云,行动迅猛,疾如奔马,兵未交锋敌军就会归顺投降。从而,军队取胜于境外,建功于朝廷,军官升职晋级,士卒获得奖赏,百姓们欢欣鼓舞,主将没有获罪遭祸。于是,整个国家得以风调雨顺,五谷丰登,安宁太平。"武王说:"您讲得真好啊!"

【鉴赏】

兵者,国之大事。

一旦遇到外敌入侵,妥协投降只能招致灭亡,誓死抵抗才有起死回生的希望。

德国军事家克劳塞维茨就是这样的"主战派",他说:任何一个国家都不应该认为自己的命运,也就是自己的整个存亡取决于一次会战(即使是最有决定意义的会战)。一个国家即使战败了,通过征集自己的新兵和利用敌人在每次持续性的进攻中必然要受到的兵力上的削弱,也可以期待形式的转变,此外,还可能得到外来的援助。

一次会战的胜败离亡国还有很大的距离。当民众看到自己被置于深渊的边缘时,他们会像溺水的人本能地去抓稻草那样，想尽一切办法挽救自己，这是符合精神世界的内在规律的。一个国家即使比敌人弱小得多，也不应该不做这种最后的努力。

否则，人们就不能不说这个国家已经失去了灵魂。

30.动莫大于不意,谋莫大于不识

故善战者,不待张军①。善除患者,理于未生。善胜敌者,胜于无形。上战②无与战。故争胜于白刃之前者,非良将也;设备于已失之后者,非上圣也;智与众同,非国师也;技与众同,非国工③也。事莫大于必克,用莫大于玄默,动莫大于不意,谋莫大于不识。(《龙韬·军势》)

【注释】

①张军:展开军队,摆开阵势。②上战:最高的战略。③国工:一国之中技能最高的工匠。

【译文】

所以善于用兵者,取胜于军队动用之前。善于消除祸患的,能够防患于未然。善于打胜仗的,能够胜敌于无形之中。最高明的战斗就是不战而胜。因此,依靠战场上白刃格斗、殊死拼搏而取胜的,算不上良将;战事失利之后再去布置防备的,算不上智士;智慧与一般人相同的,算不上国师;技艺与一般人相同的,算不上国工。用兵最重要的莫过于所攻必克,作战最重要的莫过于保守机密,行动最重要的莫过于出其不意,谋划最重要的莫过于神妙难测。

【鉴赏】

不战而胜,出其不意,出奇制胜,神机妙算,攻无不克,战无不胜,诸如此类,它们体现了我们先人对战略战术的思考和对战争艺术的追求。在他们眼中,战争已不是莽汉之间的打打杀杀,而是勇者之间的斗智斗勇。战争中往往积聚了人类思维中的顶级智慧,值得我们细细玩味。

31.用兵之害,犹豫最大

太公曰:"善战者,居之不挠①。见胜则起,不胜则止。故曰:无恐惧,无犹豫。用兵之害,犹豫最大。三军之害,莫过狐疑。善战者见利不失,遇时不疑。失利后时,反受其殃。故智者从之而不释,巧者一决而不犹豫。"(《龙韬·军势》)

【注释】

①挠:受到外界干扰。

【译文】

太公说:"善于用兵的人,能按兵待机不受外界干扰。看到可胜之机就立即行动,没有获胜的把握就静止不动。所以说:战场上不能恐惧,不能犹豫。用兵的害处,以犹豫为

诸子百家——兵家

最大;军队的灾难,以狐疑为最大。善于用兵的人,看到有利的因素决不放过,遇到可胜的时机就毫不迟疑。否则,丢掉有利条件,放过取胜时机,反而会遭受灾祸。所以聪明的将领抓住战机决不放过,机智的将领一经决定就决不犹豫。"

【鉴赏】

战争你死我活,战机稍纵即逝。抱着必死决心或许会有生路,存有求生心理可能难免一死。生中有死,死中有生;偶然中有必然,必然中有偶然,这或许就是战场的辩证法。无论做什么事,坚决和果敢都很重要。战机、商机、时机常常会在犹豫中消失。

32.得贤将者,兵强国昌

"故曰:将不仁,则三军不亲。将不勇,则三军不锐。将不智,则三军大疑。将不明,则三军大倾[1]。将不精微,则三军失其机。将不常戒,则三军失其备。将不强力,则三军失其职。故将者,人之司命[2]。三军与之俱治,与之俱乱。得贤将者兵强国昌,不得贤将者兵弱国亡。"武王曰:"善哉!"(《龙韬·奇兵》)

【注释】

①大倾:极度倾危。②司命:掌握命运。

【译文】

"所以说:主将不仁爱,将士就不会亲近他;主将不勇敢,将士就会丧失斗志;主将没有智谋,军心就会疑惑不定;主将治军如不明察,全军就会遭遇惨败;主将考虑问题不细致,军队就会丧失战机;主将缺乏警惕,军队就会疏于戒备;主将领导不有力,军队就会玩忽职守。所以,主将就是军队的主宰,主将持身严整,三军就纪律严明;主将持身不正,三军就散漫混乱。因此,得到德才兼备的人担任主将,就会军队强大、国家昌盛;找不到德才兼备的人担任主将,就会军队衰弱、国家灭亡。"武王说:"您讲得真好啊!"

【鉴赏】

三军易得,一将难求。将帅是一个军队的灵魂,推而广之,各类优秀人才也成了现代社会中各行各业发展所必须依赖的能动因素。这需要一个领导者在如何发现人才、培养人才和使用人才方面下大功夫。为此,他必须首先提高自身的素质,培养自己的职业能力和人格魅力,如此才能吸引更多有用之才。

33.三军用备,主将何忧

太公曰:"凡帅师将众,虑不先设,器械不备;教不素信,士卒不习。若此,不可以为王者之兵也。三军用备,主将何忧?"(《六韬·军略》)

【译文】

太公说:"大凡领兵作战,如果计划不预先设计,器械不事先准备;平时训练没有落实,士卒不熟练战术,就不能算作王者的军队。……如果三军所需的各种器械都已齐备,主将还有什么可忧虑的呢?"

【鉴赏】

军队如此,其他各个领域亦然。首先把自己的本职工作做好,如果在自己所辖和能力范围内,再替领导多分些忧自然会更好。如果领导属下各个部门或领域的工作人员都能做到业务精良、积极进取和精诚协作,那么就形成了一个庞大而优秀的智囊团。智囊团越优秀,单位或团体就越好,反过来又刺激和带动团队的发展,甚至还会吸引大量外援,智囊团也由此更加壮大。如此,领导则可以高枕无忧矣!

七、《黄石公三略》的名言

《黄石公三略》也叫《三略》,是中国古代著名兵书,北宋神宗元丰年间被列为《武经七书》之一。《三略》分上略、中略、下略共三卷。《上略》通过对"设礼赏,别奸雄,着成败"的分析,论述了治国统军的战略思想及其实现方法。《中略》通过"差德性,审权变",论述君主驭将统众的谋略。《下略》主要是"陈道德,察安危,明贼贤之咎",进一步论述了统军治军的原则。

《三略》是中国古代第一部专讲战略的兵书,它以论述政治战略为主,兼及军事战略。因此,《三略》的内容严格地讲都属于治国方针的政略范畴。另外,《三略》的军事哲学思想还汲取并兼容了道、儒、法、墨等家的哲学思想。例如,它杂采儒家的仁、义、礼,法家的权、术、势,墨家的尚贤,道家的重柔甚至还有谶纬之说等。

该书问世以来,受到历代政治家、兵家和学者的重视而广为流传。南宋晁公武称其:"论用兵机之妙、严明之决,军可以死易生,国可以存易亡。"它还先后传入日本和朝鲜,并产生了相当大的影响。

作者旧题为黄石公撰。并由其传与汉初张良得以问世,实系伪托。真实作者可能为西汉末(一说东汉末)隐士,姓名已无从确考。

1.治国安家,得人也

夫主将之法,务揽①英雄之心,赏禄有功,通②志于众。故与众同好,靡③不成;与众同恶,靡不倾④。治国安家,得人也;亡国破家,失人也。含气之类⑤,咸愿得其志。(《上略》)

【注释】

①揽:收揽,引申为拉拢、招引。②通:传达。③靡:无,没有。④倾:灭亡。⑤含气之类:此指人类。

【译文】

做军队主帅的方法,务必争取英雄的内心,把禄位赏赐给有功的人,向部下传达自己

諸子百家 —— 兵家

的志向。所以，与众人同喜好，目标无所不成；与众人同憎恶，这个敌人肯定完蛋。国泰民安是由于得到了人心，国破家亡是由于失去了人心。这是因为所有的人都愿意实现自己的志向。

【鉴赏】

得人心者得天下，失人心者失天下。古今中外，概莫能外。

2.弱者人之所助，强者怨之所攻

《军谶》曰："柔能制刚，弱能制强。"柔者，德也；刚者，贼①也。弱者人之所助，强者怨之所攻。柔有所设，刚有所施；弱有所用，强有所加；兼此四者，而制其宜②。（《上略》）

【注释】

①贼：祸患。②制其宜：运用得恰如其分。

【译文】

《军谶》说："柔的能制服刚的，弱的能制服强的。"柔是一种美德，刚是一种祸害。弱小者容易得到人们的同情和帮助，强大者易于受到人们的怨恨和攻击。柔、弱、刚、强各有所用，应该把四者结合起来，并根据情况的发展变化而运用得恰如其分。

【鉴赏】

"柔弱胜刚强"是《道德经》中的至理名言，虽然它并不具有必然性，然而它所体现的更深层次意义在于：它给柔弱者以信心，给强大者以鞭策。当我们身处弱势之时，不要自暴自弃，而是永不言败；当我们志得意满之时，也不应趾高气扬，而要谦逊为怀。做一个好的领导应该是刚强，但不固执己见，温和但不软弱无力。一味地柔和就会使自己的力量被削减甚至失败，一味地刚烈必然刚愎自用也注定要灭亡。所以，不柔不刚，刚柔并济，才是最理想性格和最佳状态。

3.能柔能刚，其国弥光

《军谶》曰："能柔能刚，其国弥①光；能弱能强，其国弥彰；纯柔纯弱，其国必削②；纯刚纯强，其国必亡。"（《上略》）

【注释】

①弥：更加，愈益。②削：削弱，衰败。

【译文】

《军谶》说："既能柔，又能刚，则国运光明；既能弱，又能强，则国势昌盛。如果单纯用柔用弱，则国力必然削弱；如果单纯用刚用强，则国家必然灭亡。"

诸子百家 —— 兵家

【鉴赏】

儒家主张阳刚,道家强调阴柔。儒家在人生态度上坚持一种刚健有为、奋斗不息的精神;道家则秉持清心寡欲、见素抱朴的生活哲理,追求一种无欲无争、贵柔守雌的生活目标。当然,两者又不是截然分开,而是相互吸收、相互影响。总体而言,儒家是刚中有柔,在温柔敦厚中体现柔而不弱、内力十足一面;道家是柔中有刚,以柔弱胜刚强为其最终目标。儒道两家的这种刚柔理论被《三略》所继承并超越,也为今天的我们留下了很好的启示。

4.察众心,施百务

夫为国之道,恃①贤与民。信贤如腹心,使民如四肢,则策无遗②。所适如支体③相随,骨节相救,天道自然,其巧无间。军国之要,察众心,施百务④。(《上略》)

【注释】

①恃:依靠。②无遗:不会有遗漏,③支体:即肢体。④百务:各种事物。

【译文】

治理国家的方法,在于依靠贤士与民众。信赖贤士要视若心腹,使用民众要如同使用自己的四肢,如此政策就不会有遗漏与失策。所作所为就好像肢体一样紧相随从,像骨节一样相互适应,自然界的一切都有它运作的规律,精巧奥妙,天衣无缝。治国用兵的要诀就在于体察民众的心理,并妥善处理好各项事务。

【鉴赏】

治国用兵需要做的大事很多,然团结民心、凝聚民力可谓是重中之重。兵民不仅是夺取胜利之本,而且还是维持国家长治久安之基。

5.得而勿有,居而勿守

得而勿有,居而勿守,拔而勿久,立而勿取。为者则己,有者则士。焉知利之所在!彼为诸侯,己在天子,使城自保,令士自处。(《上略》)

【译文】

胜利时不要独霸功劳,获得财物不要独自享受,攻打城池不要旷日持久,立他国之人为君王而不要取而代之。决策出于自己,功劳归于将士。哪里知道这才是真正的利益所在!让别人做诸侯,由自己做天子,使他们各保自己城邑,让他们各自征收赋税。

【鉴赏】

人生好比一个名利场。当我们面对是非、荣辱、进退、得失、升降之时,可能会做出不同选择。是贪得无厌,为了名利不择手段,还是淡泊名利,清心寡欲? 哲人说,人生如车,其载重量有限,超负荷运行会促使人生走向其反面。人的生命有限,而欲望无限。我们要学会辩证地看待人生的得与失,学会使用减法去减掉人生过重的负担。

6.庶民者,国之本

世能祖祖①,鲜能下下②;祖祖为亲,下下为君。下下者,务耕桑,不夺③其时;薄赋敛,不匮其财;罕徭役,不使其劳;则国富而家娱④,然后选士以司⑤牧⑥之。夫所谓士者,英雄也。故曰:罗其英雄则敌国穷。英雄者,国之干;庶民者,国之本。得其干,收其本,则政行而无怨。(《上略》)

【注释】

①祖祖:尊敬祖先。②下下:爱护民众。③夺:耽误。④娱:通“嬉”,欢乐。⑤司:掌管。⑥牧:治理。

【译文】

世上君主多能尊敬他的祖辈,却很少有能爱护民众的。尊敬祖辈只是亲亲之道,爱护民众才是为君之道。爱护民众的人,就能使他们努力耕作,不耽误农时;要减轻民众赋税,不要匮竭民众的财货;要减少民众徭役,不要使民众劳困;这样则国家殷富而民众欢乐,然后再选用有才智的人去管理他们。所谓“士”就是那些英雄人物。所以说,将敌国的豪杰网罗过来,敌国就会走向贫穷。英雄豪杰是国家的主干,平民百姓是国家的根本。得到了主干,获得了根本,就会政令畅通而民众无怨。

【鉴赏】

国家之强盛安宁既离不开英雄豪杰,也离不开普通百姓。实际上任何团体的成败也关键在于个人。就企业而言,企业和顾客两者之间也并不是简单的买卖关系。顾客是上帝。企业的发展离不开顾客的信任与支持。如何真正地拉近企业和顾客的距离以提高亲和力是一项非常艰苦的工作。正如得民心者得天下,得顾客之心者则得市场。市场就是企业的天下,顾客就是企业的上帝。

7.用兵之要,崇礼而重禄

夫用兵之要,在崇礼而重禄①。礼崇则智士至,禄重则义士轻死。故禄贤不爱财,赏功不逾时②,则下力并而敌国削。夫用人之道,尊以爵,赡以财,则士自来;接以礼,励以义,则士死之③。(《上略》)

【注释】

①禄:作名词、动词两用。分别为俸禄和赐给俸禄之意。②逾时:超过期限。③死之:为他卖命。

諸子百家——兵家

用兵的关键在于尊崇礼义而加重俸禄。崇尚礼仪则智士就会自动到来,加重俸禄则义士就会视死如归。所以赐禄给贤人时不要吝惜钱财,赏赐有功劳的人时不要超过期限,这样他们就会同心协力而敌国就会因此削弱。因此,用人的方法要用爵位来尊重他,用钱财来赡养他,这样士人就会自动前来;用礼仪接待他,用正义激励他。这样士人就会为你效死。

【鉴赏】

"崇礼而重禄"是用兵关键,又何尝不是其他各行各业之关键呢?通过有效的激励机制旨在营造一种积极的、以人为本的团队文化。无处不在、层出不穷的激励方式往往会使员工表现出高昂的斗志和良好的团队作战状态。

激励的方式很多,不仅有物质上的,还有精神上和情感上的,这主要看管理者如何运用这些激励艺术。单独的物质奖励形式显然是简单而粗糙的,它或许只能把员工的身留下来,但并不能真正留得住员工的心。

8.良将用兵,与卒同饮

夫将帅者,必与士卒同滋味而共安危,敌乃可加。故兵有全胜,敌有全囚①。昔者良将之用兵,有馈箪②醪③者,使投诸④河与士卒同流而饮。夫一箪之醪,不能味一河之水,而三军之士思为致死者,以滋味之及己也。(《上略》)

【注释】

①全囚:成为囚犯。②箪:古代用以盛酒用的竹制盛器。③醪:醇酒。④诸:之于。

【译文】

身为将帅,必须与士兵同甘苦、共死生,才可与敌作战。如此我军才会大获全胜,敌人才会全军覆没。从前有一位良将用兵,有人送给他一坛美酒,他让人将酒倒在河中,并与士兵共饮河水。一坛酒不能使一河之水都有酒味,而三军将士都愿意以死相报,这是因为将帅能与自己同甘共苦而深受感动的缘故啊。

【鉴赏】

官兵之间若能真诚对待、同甘共苦。就能产生巨大的凝聚力。在将帅号令之下,士兵就会个个奋勇当先、视死如归,成为一支不可战胜的军队。

9.蓄恩不倦,以一取万

《军谶》曰:"军井未达,将不言渴;军幕未办,将不言倦;军灶未炊,将不言饥。冬不服裘,夏不操扇,雨不张盖①。是谓将礼。"与之安,与之危,故其众可合而不可离,可用而不可疲,以其恩素②蓄,谋素合也。故蓄恩不倦③,以一取万。(《上略》)

诸子百家——兵家

①盖:这里指伞。②素:平时。③不倦:经常,不断地。

【译文】

《军谶》上说:"军井还未挖好,将帅不能说口渴;军账还未搭成,将帅不要说困倦;军灶还未做饭,将帅不能说饥饿。寒冬将帅不穿皮衣御寒,夏天将帅不使用扇子解热,雨天不张开雨伞防雨,这是将帅的礼仪。"能与士卒同安危共患难,他的军队就会同心同德不分离,可以招之即来而不疲倦,这是因为他平时积蓄恩德、素与士卒同谋合虑的缘故!所以说,平时经常给士卒一些恩惠,就会赢得千千万万士卒的拥护。

【鉴赏】

精诚所至,金石为开;有付出就总有回报。《三略》深谙其道,提出自己的治兵理念——兵以治为胜。治军应将以法治军和以情治军有机地结合起来,做到恩威并重,文武兼备。《三略》的治军实践十分精彩,治军思想十分高明,是我国传统军事文化宝库中弥足珍贵的精神遗产。

10.以身先人,兵雄天下

《军谶》曰:"良将之统军也,恕己而治人①,推惠施恩,士力日新,战如风发,攻如河决。"故其众可望而不可当②,可下而不可胜。以身先人,故其兵为天下雄。(《上略》)

【注释】

①治人:这里指统率军队。②当:抵挡。

【译文】

《军谶》上说:"好的将领统率自己的军队,时时以爱己之心管理士兵,推恩施惠,于是战斗力就会日渐增强,作战就像暴风雨般迅疾,进攻就像江河决口般猛烈。"所以,敌人的军队只能远望而不能加以抵挡,只可以投降而不可以取胜。如果将帅做到身先士卒,他的军队必将称雄于天下。

【鉴赏】

俗话说:一将无能,累死三军;强将手下无弱兵。所谓"强将"不仅在于他的身先士卒,更在于他培养一种敢战、善战的团队精神。推而广之,这种顾全大局、团结协作的团队精神是任何一个群体赖以生存的精神力量。作为组织文化一部分的团队精神,其基础是尊重个人的兴趣和成就,核心是协同合作,最高境界是全体成员的向心力、凝聚力,反映的是个体利益和整体利益的统一,目标是保证组织的高效率运转。

诸子百家——兵家

11.将拒谏,英雄散

将者,能思士如渴,则策从焉。夫将拒谏,则英雄散;策不从,则谋士叛;善恶同,则功臣倦;专己①,则下归咎;自伐,则下少功;信谗,则众离心;贪财,则奸不禁;内顾②,则士卒淫。将有一,则众不服;有二,则军无式③;有三,则下奔北;有四,则祸及国。(《上略》)

【注释】

①专己:独断专行。②内顾:迷恋妻妾。③无式:没有纪律。

【译文】

将帅如果能求贤若渴,贤士策略就会被采纳;如果将帅听不进规劝,英雄就会离去;如果策略得不到采纳,谋士就会叛离;如果将帅善恶不分,功臣就会心灰意冷;如果将帅刚愎自用,下属就会归咎于上级;如果将帅喜好自夸,下属就不愿去建功立业;如果将帅听信谗言,就会人心离散;如果将帅贪图钱财,奸邪之人就无法禁绝;如果将帅迷恋妻妾,士卒也会淫乱。如果将帅具有其中的一项,众人就不会服从他;如果具有其中的两项,军队就没有纪律;如果具有其中的三项,士卒就会溃败。如果具有其中的四项,国家就会遭到祸患。

【鉴赏】

能否虚心听取并采纳下级的意见、建议和规劝,是衡量领导能否使用好人才的重要标准。

当然,要想做得更好,你还得放下身段,深入到群众中去体察民情,倾听呼声,关注民生。

12.重赏之下,必有死夫

《军谶》曰:"军无财,士不来;军无赏,士不往。香饵①之下,必有悬鱼;重赏之下,必有死夫。"故礼者②,士之所归;赏者,士之所死。招其所归,示其所死,则求者至。故礼而后悔者,士不止;赏而后悔者,士不使。礼赏不倦,则士争死。(《上略》)

【注释】

①香饵:钓鱼用的饵料。②礼者:以礼相待。

【译文】

《军谶》上说:"军中无财,士兵不会远处前来;军中无赏,士兵不会勇往直前。芳香的鱼饵之下,必有鱼儿上钩;厚重的赏赐之下,必有视死如归的勇士。"因此,以礼相待是士兵归附的原因;赏赐是士兵效死的原因。如果以礼相待来招引士兵,以死相赏来告之士兵,那么想得到的人就会前来归附。所以,待之以礼后又反悔的,归附的勇士也不能被留住;重赏之后又反悔的,招来的勇士也不会被驱使。只要对士兵不停地使用礼仪与赏赐,

诸子百家——兵家

士兵就会争相赴死。

【鉴赏】

靠什么来使得人们都能竭力尽智呢？就是崇礼重禄，礼贤下士，也就是利用礼和禄这两种手段来达到目的。《三略》中提出"用兵之要，在崇礼而重禄"，就是把崇礼和重禄作为治军的权术提出来，而告诫统治者对士兵不仅要经常有礼，更要不时予以赏赐，从而做到"士争死"。赏罚分明也被看作是世界上最伟大的管理原则之一，从而被人们不断地实践着。

13.良将养士,爱兵如己

《军谶》曰："兴师之国，务^①先隆^②恩；攻取之国，务先养民。"以寡胜众者，恩也。以弱胜强者，民也。故良将之养士，不易于身，故能使三军如一心，则其胜可全。（《上略》）

【注释】

①务：务必。②隆：深厚。

【译文】

《军谶》上说："发动战争的国家，务必事先厚施恩惠；攻取敌人的国家，务必事先让百姓富足。"以少胜多是因为厚施恩惠的缘故。以弱胜强是因为得到民众拥护的结果。所以，优秀的将帅像爱护自己一样对待士卒，这样就能使全军万众一心、百战百胜了。

【鉴赏】

战之本，兵也；胜之本，将也。将卒同心乃是胜利之本。

14.信衰则士疏,赏亏则士不用命

王^①者，制人以道，降心服志，设矩^②备衰，四海会同，王职不废。虽有甲兵之备，而无斗战之患。君无疑于臣，臣无疑于主，国定主安。臣以义退^③，亦能美而无害。霸者，制士以权，结士以信，使士以赏。信衰则士疏，赏亏则士不用命。（《中略》）

【注释】

①王：此指夏商周三代开国的君主。②矩：法度，规矩。③义退：功成身退。

【译文】

夏、商、周的时候，三王用道德治理民众，使民众心悦诚服，三王制定法规，以防衰败，天下诸侯按时朝觐，天子的职权没有废弛。虽然有了军备，但并没有战争的祸患。君主不怀疑臣属，臣属也不怀疑君主，国家稳定，君位巩固。大臣适时功成身退，君臣之间也能和睦相处而无猜疑。霸主用权术统御士，以信任结交士人，靠奖赏使用士人。失去信任，士人就会疏远；缺少奖赏，士人便不会用命。

从心理学的意义上讲,奖励对每个人都能引起愉快的感受,任何人都希望得到他人或社会的赞赏,这是一种正常和普遍的心理状态。人类有物质方面("赏")和精神方面("信")的两种需要,相应的就应该有两个方面的奖励。"使士以赏"因满足人们的物质需要而有助于调动人的积极性。"结士以信"则在于满足人的荣誉感从而激发起人的进取心、责任感和事业心。总之,对于调动人的积极性来说,物质与精神两种奖励都是不可缺少的。

15.敌国灭,谋臣亡

夫高鸟死,良弓藏;敌国灭,谋臣亡。亡者,非丧其身也,谓夺其威,废其权也。封之于朝,极人臣之位,以显其功;中州^①善国,以富其家;美色珍玩,以说^②其心。(《中略》)

【注释】

①中州:古地名,指中原地区。②说:通"悦"。

【译文】

高飞的鸟儿死了,良弓就要收藏起来;敌对的国家灭亡了,谋臣就要灭亡了。所谓灭亡,并不是灭掉他的身体,而是削弱他的威势,废除他的权力。在朝廷上给他封赏,给他人臣中最高的爵位,以此表彰他的功劳;封给他中原沃土,使他家庭富有;赏赐他美女珠宝,使他心情愉快。

【鉴赏】

于此,不免让我们想到"兔死狗烹"的典故。司马迁在《史记·越王勾践世家》中说:"蜚鸟尽,良弓藏;狡兔死,走狗烹。"意思是说:"飞鸟都射完了,就可以把好弓箭收藏起来了;打完野兽以后,主人会把猎犬一块宰了来吃。"

在没有法治和道德、只有人治和君威的阶级社会,普通百姓甚至文武大臣的命运是没有保障的,冷峻和血腥的历史很值得人们深思。

16.乖者,亡之征

夫能扶^①天下之危者,则据天下之安;能除天下之忧者,则享天下之乐;能救天下之祸者,则获天下之福;故泽^②及于民,则贤人归之;泽及昆虫,则圣人归之。贤人所归,则其国强;圣人所归,则六合^③同^④。求贤以德,致圣以道。贤去则国微,圣去则国乖^⑤。微者,危之阶^⑥;乖者,亡之征。(《下略》)

【注释】

①扶:拯救。②泽:使恩泽。③六合:天地四方,此指国家或天下。④同:归一,统一。⑤乖:乖戾。⑥阶:途径。

诸子百家——兵家

【译文】

能够拯救天下危亡的人,就能使得天下安宁;能够解除天下忧患的人,就能够享受天下的快乐;能够解救天下灾祸的人,就能够得到天下的幸福。所以,恩泽遍及于百姓,贤人就会归附他;恩泽遍及于万物,圣人就会归附他。贤人归附则国家强盛,圣人归附则天下统一。要用德来寻求贤人,用道来招致圣人。贤人离去则国家衰弱,圣人离去则国家乖戾。衰弱是通向危险的阶梯,乖戾是国家灭亡的征兆。

【鉴赏】

国家的发展离不开稳定与和谐,唯稳定才能使文明成果得以更好保存,唯和谐才能使文明融合发展。构建一个和谐、稳定、繁荣社会的内在动力离不开每一个人的身心和谐和彼此包容,因为社会的和谐必须先从"人"的自我和谐做起。只有个体都和谐了,整个社会才会变得和谐。

17. 乐人者,久而长

贤人之政,降人以体;圣人之政,降人以心。体降①可以图始②,心降可以保终。降体以礼。降心以乐。所谓乐者,非金石丝竹也,谓人乐其家,谓人乐其族,谓人乐其业,谓人乐其都邑,谓人乐其政令,谓人乐其道德。如此,君人者乃作乐以节③之,使不失其和。故有德之君,以乐乐④人;无德之君,以乐乐身。乐人者,久而长;乐身者,不久而亡。(《下略》)

【注释】

①体降:从行动上顺从。②图始:谋划事情的开端。③节:节制,陶冶。④乐乐:用音乐使人快乐。

【译文】

贤人为政,是用行动来使人信服;圣人为政,是用诚心来使人归顺。众人追随便可以开创事业,百姓心悦诚服就可以善始善终。使人行动顺从要靠礼教,使人心悦诚服要靠乐教。所谓乐教不是指金、石、丝、竹等乐器,而是使人们喜爱自己的家庭,喜爱自己的宗族,喜爱自己的职业,喜爱自己的城邑,喜爱国家的政令,喜爱社会的伦理道德。如此,君王就推行乐教来陶冶人们的情操,使人民和睦相处。所以,有道德的君主是用音乐来使人民心情舒畅;无道德的君主是用音乐来使自己快乐。使人民心情愉快的,国家就能长治久安;用音乐仅为自己享乐的,国家不久就会灭亡。

【鉴赏】

一个开明君主和优秀将领,都会不失时机地用各种办法来教化自己的臣民与士卒,也会使他们在"音乐"的享受与美感熏陶中,获得精神上的满足与认同。意识与精神的追求对任何一个人来说都是必需的,其力量也是无穷的,就看如何去激发每个人内心潜在

诸子百家 —— 兵家

的精神力量。

　　没有哪个人生来就是强者,每个人都可能是某方面的弱者,所以离不开人们之间的相互支撑和彼此关照。

18.能有其有者安,贪人之有者残

　　释①近谋远者,劳而无功;释远谋近者,佚而有终。佚政多忠臣,劳政多怨民。故曰,务广地者荒,务广德者强,能有其有者安,贪人之有者残。残灭之政,累世受患;造作过制②,虽成必败。(《下略》)

【注释】

①释:通"舍"。②过制:超过了限度。

【译文】

　　舍近求远的人,劳而无功;舍远求近的人,安逸而有成果。实行休养生息政策就会出现很多忠臣,实行劳民伤财政策就会出现许多怨民。所以说,一定要扩张领土的内政必然荒废,尽力推行仁德的国家就会强盛,能够拥有自己所应有的就会平安,贪图别人所有的就会残败。暴虐之政,世受其害;做事过度,虽成犹败。

【鉴赏】

　　面临人生进退,有的人知难而进,甚至明知不可而为之,这是值得鼓励的。凡做事要有度,得到自己所应当得到的东西,无可厚非。但贪婪之心不可有,贪财之手莫须伸,否则身败名裂,悔之晚矣。

19.舍己而教人者逆,正己而化人者顺

　　舍己而教人者逆①,正己而化人者顺;逆者乱之招,顺者治之要。(《下略》)

【注释】

①逆:不顺,引申为行不通。

【译文】

　　没有自我教育而去教育别人是行不通的,只有端正自己再去感化别人才顺乎常理;违背常理是招致祸乱的原因,顺乎常理是治理国家的关键。

【鉴赏】

　　孔子曾经说过:"其身正,不令而行,其身不正,虽令不行。"意思是说,为人师者,自己的言行必须端正,要以自己合乎规范的道德行为给别人做出榜样。要求别人做的,自己必须先做;不让别人做的,自己首先不做。也就是说,一个人要先正己,然后才能正人。也就是说,有威信才能起到榜样的作用,而榜样的力量是无穷的。

諸子百家——兵家

20.道者人之所蹈,德者人之所得

道、德、仁、义、礼,五者一体也。道者人之所蹈①,德者人之所得,仁者人之所亲,义者人之所宜,礼者人之所体,不可无一焉。故夙②兴夜寐③,礼之制也;讨贼报仇,义之决也;恻隐④之心,仁之发也;得己得人,德之路也;使人均平,不失其所,道之化也。(《下略》)

【注释】

①蹈:履行。②夙:早。③寐:睡。④恻隐:怜悯。

【译文】

道、德、仁、义、礼,五者是一个整体。道是人们所应遵循的,德是人们从道中所得到的,仁是人们所亲近的,义是人们所应做的,礼是人们的行为规范,这五条缺一不可。所以,起居有节,是礼的约束;讨贼报仇,是义的决断;怜悯之心,是仁的发端;修己安人,是德的途径;使人均平,各得其所,是道的教化。

【鉴赏】

道、德、仁、义、礼是我国古代社会思想上层建筑的重要内容。古代思想家一致认为伦理道德、礼仪法规是“天道”的演化。虽然有其不可避免的认识局限性,但他们告诫人类要敬畏大自然(天道),保护大自然,与大自然和谐相处,这是颇有远见的。犹如“天人合一”古老哲学命题一样,尽管人们对它的认识不尽相同,但有一点是肯定的,这就是要求人类的行为必须符合天的“意志”,或者说要尊重客观规律,按照客观规律办事。在如何认识和对待传统思想观念的问题上,坚持一种科学和辩证的态度是极其必要的。

21.令不行则政不正,政不正则道不通

出君下臣,名曰命;施于竹帛①,名曰令;奉而行之,名曰政。夫命失则令不行,令不行则政不正,政不正则道不通,道不通则邪臣胜,邪臣胜则主威伤。(《下略》)

【注释】

①竹、帛:古代的两种书写材料。

【译文】

由君主发出意旨,下达到臣民的叫作“命”,把它写在竹简或丝绸上的叫作“令”,遵照执行命令叫作“政”。“命”有错误,“令”就不能实行;“令”不能实行,“政”就会出现偏差;“政”出现偏差,治国之道就行不通;治国之道行不通,奸臣就会得势;奸臣得势,君主威势就会受到伤害。

【鉴赏】

从历史关照现实,“政令畅通,令行禁止”也是当代社会有序运转的重要保证。正因

如此,"政令畅通,令行禁止"成为加强领导干部作风建设的重要内容之一,也是全体党员乃至整个国家加强作风建设的必然之义。

22.废一善,众善衰

废一善,则众善衰。赏一恶,则众恶归。善者得其祐①,恶者受其诛,则国安而众善至。(《下略》)

【注释】

①祐:通"佑",保佑。

【译文】

弃置一个贤人,众多的贤人便会悄然消失;奖赏一个恶人,众多的恶人便会蜂拥而至。贤人得到保护,恶人受到惩罚,就会国家安定,群贤毕至。

【鉴赏】

善与恶相比较而存在,相斗争而发展。任何社会都不能完全杜绝"恶",虽然"恶"甚至还被看作是历史发展的动力(黑格尔说),但惩恶扬善、维护正义仍然是任何一个社会健康有序发展的重要保证。就个人而言,一个人在任何时候都应不忘行善事,积善德,做善人。

23.民得其所,天下安宁

一令逆①则百令失,一恶施则百恶结。故善施于顺民,恶加于凶民,则令行而无怨。使怨治怨,是谓逆天;使仇治仇,其祸不救。治民使平,致平以清,则民得其所,而天下宁。(《下略》)

【注释】

①逆:倒行逆施。

【译文】

一项政令违背民意,其他政令也就失去效用;一项恶政得到实施,就会结下许多恶果。所以,对顺民要实施仁政,对刁民要严加惩治,这样,就会政令畅通,民无怨言了。用民众所怨恨的政令去治理怀有怨气的民众,叫作违背天道;用民众所仇恨的政令去治理怀有仇恨的民众,灾祸将无法挽救。治理民众要使他们贫富均平,贫富均平要靠政治清明,这样,民众便会各得其所,天下就会得到安宁了。

【鉴赏】

你给百姓以恒产,他还社会以恒心;你给百姓以公平,他还天下以安宁。

24.不处亡国之位,不食乱邦之禄

夫圣人君子,明盛衰之源,通成败之端①,审②治乱之机,知去就③之节。虽穷不处亡国之位,虽贫不食乱邦之禄。潜名抱道者,时至而动,则极人臣之位;德合于己,则建殊绝④之功。故其道高,而名扬于后世。(《下略》)

【注释】

①端:端倪。②审:洞察。③去就:进退。④殊绝:卓越。

【译文】

圣人君子能够明察兴衰的根源,通晓成败的端倪,洞悉治乱的关键,懂得进退的节度。虽然穷困,也不会留恋亡国的高位;即使贫苦,也不会贪食乱邦的俸禄。隐姓埋名、胸怀治世之道的人,伺机而动便可以居位人臣;君主的志向一旦与自己相投,便可以建立绝世的功勋。所以,他的道术高明,美名流芳千古。

【鉴赏】

人生的意义是什么? 是尸位素餐、蝇营狗苟,是隐身遁迹、独自逍遥,还是建功立业、报效国家? 每个人都有不同的选择,正是在选择中实现了各自的人生价值。

25.圣王用兵,诛暴讨乱

圣王之用兵,非乐之也,将以诛暴讨乱也。夫以义诛不义,若决江河而溉爝火①,临不测而挤欲堕,其克②必矣。所以优游③恬淡④而不进者,重伤人物也。夫兵者,不祥之器,天道恶之;不得已而用之,是天道也。夫人之在道,若鱼之在水;得水而生,失水而死。故君子者常畏惧而不敢失道。(《下略》)

【注释】

①爝火:喻极小的火苗。②克:胜。②优游:悠闲。③恬淡:悠闲安静。

【译文】

圣王进行战争,并不是他好战,而是用战争来诛杀暴君、讨伐乱臣。用正义之师来讨伐不义之众,就像决开江河之水去淹灭一个小小的火苗,就像临近无底深渊推下摇摇欲坠的一个人一样,他取得胜利是必然的。圣王之所以悠闲安静而不急于进攻,是因为怕过多地伤人毁物。战争是不吉之事,为"天道"所不容;只有在不得已时进行战争,才是符合"天道"的。人生活在"天道"之中,就像鱼生活在水中一样,有水才能生存,离开水就会死亡。所以,君子时常心存敬畏而不敢悖逆"天道"。

【鉴赏】

战争与天道(政治)是何种关系? "诛暴讨乱"给出一个关于战争性质的中国式解

答。德国军事理论家克劳塞维茨有句名言,"战争无非是政治通过另一种手段的继续";列宁也有相似说法,即"战争＝以剑代笔的政治"。总体来看,战争与政治犹如一对孪生姊妹,正如有学者所指出的:战争是流血的政治,政治是不流血的战争。政治规定着战争的性质,影响着战争力量的来源和士气,对战争的前途和结局有着决定性的影响;同时战争又反作用于政治,战争的结局可以影响或决定政治的进程和前途。

26.四民用足,国乃安乐

豪杰①秉职,国威乃弱;杀生②在豪杰,国势乃竭。豪杰低首,国乃可久;杀生在君,国乃可安。四民③用虚,国乃无储;四民用足,国乃安乐。(《下略》)

【注释】

①豪杰:此指依仗权势横行不法的豪强权臣。②杀生:指生杀予夺的大权。③四民:指士、农、工、商,即当时的知识分子、农民、手工业工人、商人。

【译文】

专横跋扈的权臣把持国政,国君的威望就会受到伤害;生杀大权操于其手,国君的权势也就衰竭了。专权跋扈之臣俯首听命,国家才能长久;生杀予夺的大权掌握在君主手里,国家才能安定。士农工商穷困,国家就没有储备;士农工商富庶,国家才会安乐。

【鉴赏】

只有民富才能国强,只有国强才有国威。因此统治者一定要实行恤民、富民政策,形成一种"国富而家娱(快乐)"的理想局面,并在具备雄厚经济实力的基础上采取军事行动,这样才会战无不胜。

27.内外失宜,祸乱传世

贤臣内则邪臣外,邪臣内则贤臣毙①。内外失宜,祸乱传世。(《下略》)

【注释】

①毙:死,此指陷害。

【译文】

贤臣在朝内掌权,奸臣就会被排斥在外了;奸臣在朝内掌权,贤臣就会被置于死地了。内外用人不恰当,祸乱就会蔓延到后世了。

【鉴赏】

诚如《出师表》所说:"亲贤臣,远小人,此先汉所以兴隆也;亲小人,远贤臣,此后汉所以倾颓也。"一个清明、有序和持久的政权必须建立在法治和贤人政治的基础之上,让贤人有用武之地,让奸佞之人无处藏身。

诸子百家 —— 兵家

28.去一利万,政乃不乱

利一害百,民去城郭;利一害万,国乃思散。去一利百,人乃慕泽①;去一利万,政乃不乱。(《下略》)

【注释】

①慕泽:感慕恩泽。

【译文】

为一人之利而危害百人,民众就会离开城郭;为一人之利而危害万人,全国人民就会人心离散。除掉一人而对百人有利,人们就会感慕他的恩泽;除掉一人而对万人有利,国家就不会混乱。

【鉴赏】

修身、齐家、治国、平天下,这是传统士人的人生目标,又何尝不可成为我们当代人的奋斗目标呢? 然而,在我们的周围不乏那些道德败坏之辈,贪污腐败之徒,是他们给社会有序发展带来严重负面影响。对他们必须有"去一利万"的决心和行动,净化社会发展环境,促进社会和谐发展。

八、《将苑》的名言

《将苑》又称《诸葛亮将苑》《武侯将苑》《心书》《武侯心书》《新书》《武侯新书》等,全书共五十篇,现有明、清两种刊本。《将苑》是我国古代军事思想史上以专论为将之道的第一部兵书,是一本古代的"将才学",主要论述五十多个问题。从不同角度对将帅提出德才要求。书中一事一议。言简意赅,颇能发人深省。它比较全面、系统地阐述了将领所应该具有的品格、修养、能力和素质,以及应该防止和杜绝的弊端与恶习,堪称古代为将之道的集大成,凝结了诸葛亮识别、选拔、使用将领的秘诀和领导艺术,受到历代军事家的重视和推崇,被认为是统军带兵的将领必读之书。诸葛亮的军事著述对我国军事思想的发展产生过深远的影响。

诸葛亮(公元 181—234 年),字孔明,东汉琅琊阳都(今山东沂南)人,是汉代司隶校尉诸葛丰的后代,是我国历史上著名的军事家、政治家,先后辅佐刘备和刘禅,创建了蜀汉政权,励精图治,赏罚严明,对西南地区的政治统一、经济发展和民族团结做出了重要贡献。纵观诸葛亮的一生,无论是文韬还是武略,都有很高的造诣。他先后担任过军师中郎将、军师将军、丞相等职务。刘备死后,后主又封他为武乡侯,领益州牧,长期主持蜀汉的军政大事。丰富的政治实践和长期的战争生涯使诸葛亮无论是在治军、战争、治国、外交等方面,都获得了大量的经验与教训。诸葛亮著述颇丰,而且流传极广。《将苑》与《便宜十六策》就是他众多著述中的两部。

诸子百家——兵家

1.兵权者,三军之司命

夫兵权者,是三军之司命①,主将之威势。将能执兵之权,操兵之要势,而临群下,譬如猛虎,加之羽翼,而翱翔四海,随所遇而施之。若将失权,不操其势,亦如鱼龙脱于江湖,欲求游洋之势,奔涛戏浪,何可得也。(《将苑·兵权》)

【注释】

①司命:掌管命运。

【译文】

所谓兵权,就是将帅统率三军的权力,也是将帅建立威信的关键。将帅掌握了兵权,就抓住了统领军队的要点,这样,他统率三军,就会如虎添翼,从而翱翔四海,在任何情况下都能随机应变。将帅如果失去了这个权力,就不能指挥军队,就像鱼龙离开了江湖,想要遨游大海,踏浪于波涛之间,又怎么能得到呢?

【鉴赏】

权力不仅对用兵作战重要,对其他任何事情同样也必不可少。当然,权力是把双刃剑,它既可以让我们有所作为,成就一番事业,实现自己的人生理想;但用得不好,它又会让我们成为其俘虏,在玩权、弄权和专权中丧失自我,腐化堕落。

2.知人性,莫难察

夫知人性,莫难察焉。善恶既殊①,情貌不一,有温良而为诈者,有外恭而内欺者,有外勇而内怯者,有尽力而不忠者。然知人之道有七焉:一曰,间之以是非而观其志;二曰,穷之以辞辩而观其变;三曰,咨②之以计谋而观其识;四曰,告之以祸难而观其勇;五曰,醉之以酒而观其性;六曰,临之以利而观其廉;七曰,期之以事而观其信。(《将苑·知人性》)

【注释】

①殊:差异,不同。②咨:咨询。

【译文】

世界上没有什么比认识一个人的本性更为困难了。每个人都是善恶有别,情貌各异,有的人外貌温良却行为奸诈,有人外表谦卑而心怀欺骗,有人表面勇猛而内里怯懦,有人看似尽力却内心不忠。然而,认识一个人的本性还是有七种办法:一是用离间的办法试探他的是非观,以考察他的志向;二是用激烈的言辞激怒他,以考察他应变能力;三是咨询他关于某事方面的计谋,以考察他学识;四是将灾祸之事告诉他,以考察他的勇气;五是用酒将他灌醉,以考察他的本性;六是用利益引诱他,以考察他是否清廉;七是将事情交予他去办,以考察他是否值得信任。

【鉴赏】

"知人者智,自知者明",意思是说,真正聪明智慧的人,应该既能正确认识别人,也能正确认识自己。由此可见,不管是知人还是自知都是聪明人才能做到的事。要想认识一个人必须从多方面考察,不仅要听其言,还要观其行;不仅要看他的为人,还要看他的处世;不仅要在正常情况下考察,还要在特殊情况下考察。知人不易,用人更难;知无不尽,用无不当,则难上加难。

3.见贤若不及,从谏如顺流

夫将材有九。……见贤若不及,从谏如顺流,宽而能刚,勇而多计,此之谓大将。(《将苑·将材》)

【译文】

将帅的才能,表现在九个方面:……(第九是)遇见贤者能够虚心请教,对他人意见能够从谏如流、广开言路,待人宽厚又不失刚强,勇敢果断而又富于计谋,这样的将帅就是大将。

【鉴赏】

古人云:"君之视民如股肱,则民视君如腹心。"军中亦然,将为卒之心,卒为将之手;或者说,将待卒若手足,卒视将若腹心。身为将者为了收民心,整军心,必须识人才,用贤才。相反,一个将领倘若埋没了一个人才,就是对国家事业的摧残,就是最大的不仁道。

4.仁爱洽于下,信义服邻国

仁爱洽①于下,信义服邻国,上知天文,中察人事,下识地理,四海之内视如家室,此天下之将。(《将苑·将器》)

【注释】

①洽:使融洽。

【译文】

能以仁爱之心善待部下,又能遵守信义使邻国信服;既精通天文,善察人事。还熟知地理;治理四海,犹如料理家事那样轻松自如。这样的将领就可以成为天下之将了。

【鉴赏】

国家要富强发达、社会要长治久安,就越需要选拔、造就这样难得的将才。成才之心,人人皆有;如何成才,各不相同。仁爱宽厚、诚实守信的优秀美德不仅是对优秀人才还是对普通民众的根本要求。人人共有一片天地,人人亦各有一片天地。在鼓励个人竞争、追求物质享受的当下，社会需要爱心，人类需要帮助。如果每一个人都能付出一份真心与爱心，它将汇聚成一盏盏明灯照亮人们前行的路程。

5.以身殉国，壹意而已

兵者凶器，将者危任，是以器刚则缺，任重则危。故善将者，不恃强，不怙^①势，宠之而不喜，辱之而不惧，见利不贪，见美不淫，以身殉国，壹意而已。（《将苑·将志》）

【注释】

①怙：依仗。

【译文】

军队是国家的凶器，将领肩负着国家生死的重任，所以，兵器刚硬就容易缺损，任务重大就会面临危险。因此，善于指挥打仗的将领，不自恃兵力强大，不依仗威势，不为受到君主宠爱就得意忘形，不因受到别人侮辱而畏惧，看到利益时不起贪欲，见到美女时不生邪念，只有一个意念：保家卫国，以身殉职。

【鉴赏】

诸葛亮一生殚精竭虑，忠心耿耿，做到了"鞠躬尽瘁，死而后已"，堪为万世楷模，流芳千古。有志者，事竟成。为人重在立志，有了志向就有了奋斗的目标，就有了前进的动力。由此，那些身居高位、肩负国家重任之人更应该拥有如此品德与志向，才能不辜负国家和人民的重托。

6.将有五善四欲

将有五善四欲。五善者，所谓善知敌之形势，善知进退之道，善知国之虚实，善知天时人事，善知山川险阻。四欲者，所谓战欲奇，谋欲密，众欲静，心欲一。（《将苑·将善》）

【译文】

将领应该具有"五善四欲"。"五善"指：善于察晓敌人的兵力部署，善于判断敌人的进退时机，善于掌握交战双方的国力虚实，善于了解对自己一方有利的天时与人事，善于利用山川的崎岖险阻。"四欲"指：作战时要出奇制胜，谋划要细致周密，军队众多要保持安静，全军将士要团结一致，齐心协力。

【鉴赏】

"五善四欲"是诸葛亮对将领也是对自己的严格要求。诸葛亮也因此成为人们心目中智慧的化身。不想当元帅的士兵，不是好士兵；不想学习诸葛亮的人，也成不了智多星。

诸子百家——兵家

7.不柔不刚，合道之长

善将者，其刚不可折，其柔不可卷，故以弱制强，以柔制刚。纯柔纯弱，其势必削；纯刚纯强，其势必亡；不柔不刚，合道之长。（《将苑·将刚》）

【译文】

善于作战的将领应该刚强但不固执，温柔但不软弱，这样才能以弱制强，以柔克刚。一味地柔和、软弱，就会使自己的力量被削减；一味地刚烈、刚强就会导致最终灭亡；不柔不刚、刚柔并济才是最理想的性格特点。

【鉴赏】

克劳塞维茨强调，胆量在战争中占有特别突出的地位。战争是一种死亡游戏，没有胆量和魄力就无资格参与其中。没有天生的勇敢者，要给他们营造一种以勇敢为荣、以懦弱为耻的氛围。当然，勇敢不是莽撞，刚强不是固执。刚中有柔，柔中带刚，犹如钢丝弹簧，既有钢的坚实，又有水的至柔，刚柔相济才是最佳。

8.高节可以厉俗，孝弟可以扬名

高节可以厉俗，孝弟①可以扬名，信义可以交友，泛爱可以容众，力行可以建功，此将之五强也。（《将苑·将强》）

【注释】

①弟：通"悌"，敬爱兄长。

【译文】

高风亮节可以勉励世俗，友爱孝悌可以名扬四海，信义忠诚能够得到友谊，博爱天下就可以容纳众人，身体力行可以建功立业。这就是将帅品德修养中的"五强"。

【鉴赏】

诸葛亮提出的"五强"（即高节、孝悌、信义、泛爱、力行）和《孙子兵法》所倡导的智、仁、勇、信、严是一致的。当然不同的社会可以赋予它以不同内涵，对此无须完全照搬。但是，用这五个方面来规范人的道德品质却是可行的，尤其是那些肩负重任的人更应该如此。人生之旅难以一帆风顺，亦难免坎坷不平。我们要在失败与患难中去认识人生，完善自我，做生活的强者。

9.善师者不陈，善陈者不战

古之善理者不师，善师者不陈①，善陈者不战，善战者不败，善败者不亡。（《将苑·不陈》）

诸子百家

兵家

①陈:通"阵",布阵、列阵。

【译文】

古代善于治理国家的君主,不依赖军队就能使国泰民安;善于治理军队的将帅,不出动军队就能使敌人屈服;善于排兵布阵的将帅,能够不打仗就可以取得胜利;善于用兵作战的将帅,就会立于不败之地;善于从失败中总结教训的将帅,就不会被敌方消灭。

【鉴赏】

"善陈者不战"与"不战而屈人之兵"一脉相承,是历代的政治家、军事家们所梦寐以求的统军领兵的最高境界。大凡事业的成功非在天成,全在自成;非在于敌,而在于己。以保赤子之心来保天下万民,以爱赤子之心去爱天下万民,岂有不心悦诚服者?

诸子百家
——
兵
家

10.国之大务,莫先于戒备

夫国之大务,莫先于戒备。若夫失之毫厘,则差若千里,覆军杀将,势不逾息,可不惧哉!故有患难,君臣旰①食而谋之,择贤而任之。(《将苑·戒备》)

【注释】

旰食:天色很晚才吃饭。

【译文】

国家最重大的事务就是国防,而国防的要务在于首推戒备。失之毫厘,差若千里,在国防的问题上稍有偏差,就会导致全军覆没、将帅被杀、无可挽回,这是最可怕的事情啊!所以,一旦国家出现了危难,君臣应团结一致,废寝忘食,共谋良策,挑选有本领的人担任将帅,指挥三军应敌。

【鉴赏】

国无防不立,民无兵不安。国防是一国之大事,必须一手增强国家的防备力量,一手提高公民的国防观念,做到两手抓,两手硬。国家兴亡,匹夫有责;面对国难,共赴国殇。这是每个公民应尽的光荣职责。

11.习而用之,一可当百

夫军无习练,百不当一;习而用之,一可当百。故:仲尼①曰:"不教而战,是谓弃之。"又曰:"善人教民七年,亦可以即戎矣。"然则士不可不教,教之以礼义,诲之以忠信,诚之以典刑,威之以赏罚,故人知劝。(《将苑·习练》)

【译文】

如果军队士兵得不到应有的教育和训练,那么一百名士兵也抵不上敌人的一个士兵;如果军队士兵受到了应有的教育和训练,那么一名士兵就可抵挡百名敌人的进攻。所以孔子说:"百姓没有受到教育和训练就去参加战斗,这是让他们去送死。"又说:"让贤德的人用七年的时间来教育和训练百姓,他们马上可以投入战斗。"这就是说,百姓在出征之前不能不对他们进行教育和训练,训练时要使百姓明白什么是礼、什么是义,要教诲他们有忠信的思想,要讲明赏罚的界限,用赏罚来制约督促他们的行为,使他们自觉上进。

【鉴赏】

古人说:养兵千日,用兵一时。这不够准确,实际上应是:养兵千日,用兵千日。国不能一日无兵,兵不能一日无练。要让士兵来之能战,战之能胜,就离不开平时的教育与训练。"宝剑锋从磨砺出,梅花香自苦寒来。"做任何事,欲马到成功,事前就少不了刻苦磨炼;走终南捷径,投机取巧,终究成不了大气候。

12.三军之蠹,有之必败

夫三军之行,有探候不审,烽火失度;后期犯令,不应时机,阻乱师徒;乍前乍后,不合金鼓;上不恤下,削敛无度;营私徇己,不恤饥寒;非言妖辞,妄陈祸福;无事喧杂,惊惑将吏;勇不受制,专而陵上;侵竭府库,擅给其财。此九者,三军之蠹①,有之必败也。(《将苑·军蠹》)

【注释】

①蠹:蛀虫。

【译文】

军队行动时,有几种情况可以导致全军崩溃:一是对敌侦察不仔细、谨慎,在传递消息时不按规定进行,错失战机;二是不遵守命令和时间,使整个军事行动受阻;三是不服从指挥,忽前忽后;四是将官不体贴下级,过度聚敛搜刮;五是营私舞弊,不关心所属部队的生活;六是迷信诽谤之辞,胡猜吉凶祸福;七是士兵不守秩序,扰乱了将帅的决策和执行;八是自视英勇,不遵守命令,擅作主张;九是贪污现象严重,侵占国家财物,无所不为。这九种弊病是祸害三军的蛀虫,部队中如果存在这些弊病,必定要失败。

【鉴赏】

军中防蠹则战无不胜,国家防蠹则兴旺发达。"流水不腐,户枢不蠹。"

诸子百家——兵家

生命在于运动,防蠹在于礼法。

就个人而言,要想做一个堂堂正正的人,也离不开驱赶心中之蠹。在构建民主与法治社会的今天,我们仍然可以从"克己复礼"中发掘其积极意义。此"礼"非彼"礼",可以被理解为今天的法律和道德,以此看来,我们有何理由拒绝身边之"礼"呢?

13.师出以律,失律则凶

夫败军丧师,未有不因轻敌而致祸者,故师出以律,失律则凶。律有十五焉:一曰虑,间谍明也;二曰诘,诤①候谨也;三曰勇,敌众不挠也;四曰廉,见利思义也:五曰平,赏罚均也;六曰忍,善含耻也;七曰宽,能容众也;八曰信,重然诺也;九曰敬,礼贤能也;十曰明,不纳谗也;十一曰谨,不违礼也;十二曰仁,善养士卒也;十三曰忠,以身殉国也;十四曰分,知止足也;十五曰谋,自料知他也。(《将苑·谨候》)

【注释】

①诤:斥责,诘问。

【译文】

凡是将领出师不利,没有不是因为轻视敌军而产生的祸患,所以军队在出师作战时必须严格法律、法令,按战争规律行事,否则的话就会导致灭亡。应该注意的纪律与条令有十五项:一是虑,仔细考虑,侦查敌人所有情况;二是诘,搜集敌人情报,并判断情报的真假;三是勇,敌人阵势强大而不退却;四是廉,以义为重,不为眼前小利所诱惑;五是平,赏罚公正,公平合理;六是忍,忍辱负重,寄希望于未来更伟大的使命;七是宽,宽宏大量,能包容他人;八是信,忠信诚实,遵守诺言;九是敬,对有才德的人以礼相待;十是明,明白是非,不听信谗言;十一是谨,严谨慎重,不违礼悖法;十二是仁,仁爱体贴,关心善待下级官兵;十三是忠,忠诚报国,赴汤蹈火在所不辞;十四是分,行为有分寸,做事适可而止;十五是谋,足智多谋,能知己知彼。

【鉴赏】

常言道:国有国法,军有军纪,家有家规。

无规矩就不成方圆。国家没有法律,就会混乱不堪;军队没有法规,就会丧失战斗力;为人没有原则,就会丧失自我。法律对人们的行为具有普遍的约束力,每个人都要在法律许可范围内行事。

同样如此,纪律对团队的成员也一样,具有平等约束的作用。纪律是一个团队生存和作战的保障,没有了纪律,就会像一盘散沙。

一支富有战斗力的军队,必定有铁一般的纪律;一个合格的士兵,也必定具有强烈的纪律观念。

14.因天之时,就地之势

夫行兵之势有三焉,一曰天,二曰地,三曰人。天势者,日月清明,五星合度,彗孛一

诸子百家——兵家

不殃,风气调和。地势者,峻岭重崖,洪波千里,石门幽洞,羊肠曲沃。人势者,主圣将贤,三军由礼,士卒用命,粮甲坚备。善将者,因天之时,就地之势,依人之利,则所向者无敌,所击者万全矣。(《将苑·兵势》)

【注释】

彗孛:即彗星。

【译文】

大凡将帅领兵出征要注意三种形势:天时、地利、人和。天时,就是指天气晴朗,寒暑不烈,风调雨顺,天象正常,这是有利于我方的自然因素。地利,就是指我方城墙高垒于险峻的地势之上,有深沟、大河做天然屏障,地形复杂,深不可测,仅有一条羊肠小路曲折迂回。人和,就是君主圣明、将帅贤达,三军上下遵礼守法,士卒个个都能效命沙场,粮饷充足,武器坚利。卓越超群的将帅如果能凭借天时、地利、人和,就可以所向无敌,大获全胜。

【鉴赏】

没有无缘无故的胜利,也没有无缘无故的失败。得天地人三势者,则百战百胜;失天地人三势者,则每战必殆。就个人而言,我们也面临着无数次的胜利与失败,承受着胜利的喜悦和失败的懊丧。事实告诉我们,没有永远的胜者,也没有永远的败者;面对胜败,理性的选择应是胜不骄,败不馁。善待每一次失败,勇敢地接受失败,是参与竞争的必要心理准备。不知道挫折和失败,怎么能够超越他人,超越自己?敢于承认并坦然面对失败,正是一个人自信的表现。

15.贤才居上,三军悦乐

贤才居上,不肖居下,三军悦乐,士卒畏服,相议以勇斗,相望以威武,相劝以刑赏,此必胜之征也。士卒惰慢,三军数惊,下无礼信,人不畏法,相恐以敌,相语以利,相嘱以祸福,相惑以妖言,此必败之征也。(《将苑·胜败》)

【译文】

让真正有才德的人担任着重要职务,没有才德的人居于最低位置,三军将士就会情绪高昂,关系和睦,士卒服从命令,勇敢善战,军容威武,赏罚分明,这就是出师必胜的征兆。如果士兵懒惰散漫,不遵守军纪,兵卒不讲信义,不畏惧刑罚。全军将士畏敌作战,彼此之间话题是与利益有关的事情,喜欢猜测事情的吉凶祸福,附会各种无稽之谈,军内流言蜚语盛行,军心涣散,这就是出师必败的征兆。

【鉴赏】

强国先强军,强军需强兵。随着政治多极化和全球经济一体化,国家之间的竞争越来越激烈。它主要表现为综合国力的竞争,其实质就是教育和人才的竞争。只有让更多

諸子百家

兵家

的有才者脱颖而出,肩负起社会责任,才能形成一个人尽其才、才尽其用的良好氛围,才能形成一个兵强马壮、军强国盛的威武态势。

16.人苟自利,谁怀斗心

夫将者,人命之所悬也。成败之所系也,祸福之所倚也,而上不假之以赏罚,是犹束猿猱之手,而责之以腾捷;胶离娄之目,而使之辨青黄,不可得也。若赏移在权臣,罚不由主将,人苟自利,谁怀斗心? 虽伊、吕之谋,韩、白之功,而不能自卫也。故孙武曰:"将之出,君命有所不受。"亚夫曰:"军中闻将军之命,不闻有天子之诏。"(《将苑·假权》)

【译文】

身为将帅悬系着千万士卒的性命,关系着战争的胜败,左右着国家命运的盛衰祸福。如果君主不把指挥军队的赏罚大权全部交给将帅,就好像用绳索捆住猿猴的手足却命令它快速地攀爬树木,跳跃飞奔;又好像用胶带粘贴离娄的双眼,却要求他辨别各种颜色,这都是不可行的事情。如果赏罚大权被权贵所操纵,主将没有任何主罚的权力,上下必然会被私心、私利所笼罩,人们苟且于私利,谁还具有为国家效命的斗志呢? 那么,就是有伊尹、吕不韦那样出类拔萃的才智,有韩信、白起那样的功绩,也不能自保。所以,孙武说:"将领率军在外作战,君王的命令有些是可以不接受的。"周亚夫也讲:"在军中,只能听从将帅的命令,而不听从君主的诏令。"

【鉴赏】

自私之人为了一己之利,可能无视法律,为所欲为,铤而走险;无私之人则心怀天下、志在四方,甚至不惜以生命捍卫国家利益。人们会把无限的赞誉献给后者,当然天底下绝对的无私是不存在的。

就两者关系而言,无私才有大量,有私不能无度。

17.养人如养己子

古之善将者,养人如养己子,有难则以身先之,有功则以身后之。伤者,泣而抚之;死者,哀而葬之;饥者,舍食而食之①;寒者,解衣而衣之;智者,礼而禄之;勇者,赏而劝之。将能如此,所向必捷矣。(《将苑·哀死》)

【注释】

①食之:给……喂食。

【译文】

古代的优秀将领,对待自己部下就好像对待自己儿女一样,面临困难,身先士卒,首当其冲;面对功劳荣誉,则躬身谦让,把功劳荣誉让给部下。对待受伤的士卒,百般安抚;当部下为国捐躯时,哀悼并厚葬他们;粮食缺乏时,主动把自己食物让给下级;天气寒冷时,把自己衣服脱下让给士卒;对待有才智的人以礼相待,并委以重任;对待英勇善战的

诸子百家

兵家

部下,能给予即时奖赏和勉励。身为一名将帅如能做到这样,就会所向披靡,百战百胜。

【鉴赏】

诸葛亮的"养人如养己子"教诲与历代将领"爱兵如子"观念是相通的。战争是敌我双方兵力的较量。将领本领再大,也离不开战士们冲锋陷阵。如何激发士气?励士的最佳方法就是爱抚与教诫。聪明的军事家都会以爱心激励士气。将领对战士待之以礼,动之以情;作为回报,战士同样会以赤胆忠心报答将领。将心比心,以心换心,用自己的真心去换取他人的诚心。

18.图难于易,为大于细

若乃图难于易,为大于细,先动后用,刑于无刑,此用兵之智也。(《将苑·后应》)

【译文】

如果能化难为易,把困难的局面变得容易,在事情还没有变为复杂之前就预先做了准备,在事情还没有变得不可收拾时就采取应对措施,在军中设立了严明的刑罚却不必动用,能掌握这种用兵上策的将领就是智者。

【鉴赏】

不打无准备之仗,不打无把握之仗。主张以智谋用兵,谋定而后动,是历代军事家的一致见解。能否做到谋定而后动,历来视为衡量将帅优劣的重要标准。历代兵家都崇尚"运筹于帷幄之中,决胜于千里之外"的大将风度,而不屑于那种拼命蛮打的莽夫精神。全军将士只有自觉地遵守纪律,认真地执行命令,军队的战斗力方能不断提升。

19.见机之道,莫先于不意

夫必胜之术,合变之形,在于机也。非智者孰能见机而作乎?见机之道,莫先于不意。(《将苑·应机》)

【译文】

战争必胜的要诀以及掌握情势变化以指挥调动部队的方法是出其不意。如果不是智者,谁又能把握时机当机立断呢?掌握时机的秘诀在于出其不意。

【鉴赏】

俗话说得好:机不可失,失不再来。善于把握战机,出其不意,战无不胜;见机不用,丧失战机,百战不胜。商场如战场,商机也是稍纵即逝。只有瞅准机会,用最快的速度去抢占市场,才能出其不意,出奇制胜。

20.古之善斗,探敌后图

古之善斗者,必先探敌情而后图之。凡师老粮绝,百姓愁怨,军令不习,器械不修,计

不先设外救不至,将吏刻剥,赏罚轻懈,营伍失次,战胜而骄,可以攻之。(《将苑·击势》)

【译文】

古代善于指挥战斗的将领,一定先侦探敌人情况之后再采取相应的对策。凡是敌人处于下列情况:军队长期征战失去锐气,粮食供应停止,百姓对战争怨声不断,士兵不熟悉军中法令,武器装备不充足,作战没有任何计划,战时孤立无援,将官对部下刻薄暴敛,赏罚不清、士兵懈怠,阵营混乱、没有秩序,打了胜仗便骄傲自大,这时就可以向敌人发起进攻。

【鉴赏】

冷兵器时代,科技不发达,侦探敌情的方法很落后,主要通过直接观测、实地考察、间谍等多种途径收集情报。热兵器时代,战场形势瞬息万变,敌我双方则更多借助现代化科技手段进行战前侦察。能否获得准确、及时、全方位的战争情报是取得胜利的关键一环。现代商战犹如一场信息化战争一样,谁最先掌握市场信息,谁就能在商战中抢占先机。

21.小善必录,小功必赏

夫用兵之道,尊之以爵,赡之以财,则士无不至矣;接之以礼,厉之以信,则士无不死矣;蓄①恩不倦,法若画一,则士无不服矣;先之以身,后之以人,则士无不勇矣;小善必录,小功必赏,则士无不劝矣。(《将苑·厉士》)

【注释】

①蓄:储存,积蓄。

【译文】

将帅的用兵之道:对待自己的部下,该提拔的要提拔,该封赏的要赏赐,这样有才德之人就会前来尽力;要以礼相待,以诚信鼓励部下,部下就会舍身赴死;要经常对部下施恩惠,赏罚公平严明,一视同仁,就会赢得属下信服;要在作战中身先士卒,撤退时主动掩护他人,部下就会英勇善战;对待部下的点滴善事都要记录在册,并进行适当的奖励,这样部下就会积极向上,斗志昂扬。

【鉴赏】

两军交战勇者胜。如何激励将士英勇战斗、慷慨赴死呢?诸葛亮提出了五条励士之法,包括奖励、礼遇、蓄恩、身先士卒、论功行赏等。如何用好励士之法并始终如一,不仅要求高素质的将帅或领导者,而且要求建立健全科学合理的用人机制。任何人都有实现自我价值的需求。所以,一个精明的领导者就要善于把握这种心理,不失时机地对属下即使很小的善行也要给予精神或物质上的奖励。

诸子百家——兵家

22.圣人则天,贤者法地

圣人则天,贤者法地,智者则古。骄者招毁,妄者稔祸①,多语者寡信,自奉者少恩,赏于无功者离,罚加无罪者怨,喜怒不当者灭。(《将苑·自勉》)

【注释】

①稔祸:招惹祸事。

【译文】

大凡圣人都崇尚天道,贤德之士则推崇自然法则,而智慧之人则效法古代贤者。骄傲自大的人定会招来毁灭,狂妄荒谬的人则将招惹祸患,夸夸其谈的人没有信义可言,自我标榜的人待人则薄情寡义,将帅如果奖赏无功之人肯定会被部下离弃,惩罚无罪之人肯定会引来百姓埋怨,喜怒无常的人注定要灭亡。

【鉴赏】

人非圣贤,孰能无过?孔子从不自认为是"生而知之者",而只不过是"学而知之者"。毛泽东说:"谦虚使人进步,骄傲使人落后。"诸葛亮在《诫子书》中也说:"非淡泊无以明志,非宁静无以致远。"历史上那些自谦、自勉、自强和自立者都为我们树立了光辉典范。然而令人遗憾的是,"谦虚就是美德"在不少人心目中已经被淡忘了。他们自我意识膨胀,眼里除了一个小我外什么都没有了。

23.用兵之道,在于人和

夫用兵之道,在于人和,人和则不劝而自战矣。若将吏相猜,士卒不服,忠谋不用,群下谤议,谗慝①互生,虽有汤、武之智,而不能取胜于匹夫,况众人乎?(《将苑·和人》)

【注释】

①谗慝:谗言和邪恶。

【译文】

将帅的用兵之道,关键在于部队内部的团结和谐,如此部下就会主动地奋勇杀敌。如果上下猜忌,互不信任,有谋略的人得不到重用,士卒在背后议论纷纷,谗言与恶念就会滋生蔓延,那么即使有商汤、周武王那样智慧的人也不能打败匹夫之辈,更何况是人多势众的敌军呢?

【鉴赏】

团结就是力量,人和就是胜利。一支军队,一旦内部不和,上下猜疑,忠勇之士受到陷害,奸邪之辈受到重用,部队必然一盘散沙。一个企事业单位,若是吵闹不休,钩心斗角,必然会在内耗中分崩离析。就个人而言,为人处世应该与人为善、广结朋友,而不是以邻为壑、四面树敌。

24.令不可轻,势不可逆

夫一人之身,百万之众,束肩敛息,重足俯听,莫敢仰视者,法制使然也。若乃上无刑罚,下无礼义,虽贵有天下,富有四海,而不能自免者,桀、纣之类也。夫以匹夫之刑令以赏罚,而人不能逆其命者,孙武、穰苴①之类也。故令不可轻,势不可逆。(《将苑·威令》)

【注释】

①穰苴:生卒年不详,姓田,名穰苴,春秋时期齐国人,是齐景公时掌管军事的大司马,所以后人称他为司马穰苴,是我国早期的著名军事家和军事理论家。

【译文】

身为将帅,指挥着百万大军,能够使部队恭敬地接受命令,凝神专心,稳重有序,这是法令严格的结果。如果将帅不能严明刑赏,部下不知礼义,即使据有天下,占有四海之内的财富,也难逃自我灭亡的命运,比如夏桀、商纣这样的暴君。如果将帅在领兵的时候,能以法令为赏罚的依据,而部下没有敢违背命令的,比如孙武、司马穰苴这样善用法制的人。可见,法令不可轻视,由法令而产生的将帅威势也不可以违抗。

【鉴赏】

没有铁的纪律,就没有铁的军队。孙武、吴起、岳飞、戚继光等之所以成为彪炳史册的军事家,就在于他们都能严格军法,身先士卒,严明赏罚。但是兵家的法治思想并未成为主流,相反传统文化中的人治思想强烈,法纪观念淡薄,对此必须予以坚决抛弃。我们有信心建立这样一个法治社会:守法走遍天下,违法寸步难行。

九、《唐太宗李卫公问对》的名言

《唐太宗李卫公问对》,简称《李卫公问对》《唐李问对》或《李靖问对》,也可更简称为《问对》,是中国古代著名兵书《武经七书》之一。该书以唐太宗李世民与卫国公李靖讨论兵法的形式而辑成,现存宋、明、清以来《武经七书》诸本,共上中下三卷。它从具体战例出发,总结前代兵家的学术成果,系统地探讨和阐述了军事战略战术原则,是一部十分难得的军事学术著作,在军事学术领域中占有一定地位。

该书自问世以来曾得到不少的赞誉。宋人戴少望在《将鉴论断》中说:"《问对》一书,兴废得失,事宜情实,灿然华举,皆可垂范将来。"郑谠在《井观琐言》中也断言,《问对》一书虽属假托,亦"必出于有学识有谋略者之手"。所以,宋神宗在熙宁(1068—1077)年间下令从《通曲》中辑录《李靖兵法》未成,而把《问对》列入《武经七书》,立于官学,绝不是偶然的。

对于它的作者,传说是唐代名将李靖所著,但后经宋人考证,认为此书乃为当时阮逸伪托,后世辨伪学者也多为信从。不过,元代马端临认为其并非阮逸伪托,而是在宋神宗时加以校正。也有学者认为,该书是由阮逸根据大唐名将李靖的《李靖行述》和《卫国公手记》诸书编撰附益而成。阮逸,宋代建阳人,字天隐,宋仁宗天圣(1023—1031)进士,景佑年间(1034—1037)初任杭州知州。著有《阮逸野言》一卷,《宋史·艺文志》将其列入兵书类。此外,他还著有《易签》《王制井田图》等书。

李靖

1.以奇为正,以正为奇

太宗曰:"吾之正,使敌视以为奇;吾之奇,使敌视以为正,斯所谓'形人者'欤? 以奇为正,以正为奇,变化莫测,斯所谓'无形者'欤?"靖再拜曰:"陛下神圣①,迥②出古人,非臣所及。"(《唐李问对·卷上》)

【注释】

①神圣:圣明。②迥:远。

【译文】

太宗说:"我用正兵,使敌人看后误认为是奇兵;我用奇兵,使敌人看后误认为是正兵,这就是孙子所说的'用种种假象迷惑敌人'吗? 能把奇兵变为正兵,把正兵变为奇兵,变化莫测,这就是'自己不露形迹'吗?"李靖向太宗再拜而后说:"陛下圣明,远超古人,不是下臣我所能达到的。"

【鉴赏】

孙子认为,大凡作战要"正"兵迎敌,"奇"兵取胜。这种朴素的军事辩证法思想也极大地启发了后代明君贤将。"以奇为正,以正为奇"正是对孙子奇正思想的继承与创造。正如曲径通幽和条条大道通罗马一样,世上事情往往都有很多实现途径,而迂回之道却常常是巧妙、隐秘而又最安全。

2.兵卒有制,庸将未败

太宗曰:"诸葛亮言:'有制之兵,无能之将,不可败也;无制之兵,有能之将,不可胜也。'①朕疑此谈,非极致之论。"靖曰:"武侯②有所激云耳。臣按《孙子》有曰:'教道③不明,吏卒无常,陈兵纵横④,曰乱。'自古乱军引胜⑤,不可胜纪⑥。夫教道不明者,言教阅无古法也;吏卒无常者,言将臣权任无久职也;乱军引胜者,言己自溃败,非敌胜之也。是以武侯言,兵卒有制,虽庸将未败;若兵卒自乱,虽贤将危之,又何疑焉?"(《唐李问对·卷

上》)

诸子百家

兵 家

【注释】

①"有制之兵"六句：语出诸葛亮《兵要》。②武侯：即诸葛亮。③教道：教育士兵的方法和原则。④陈兵纵横：意思是作战队形纵横交错，乱七八糟；陈，通"阵"，指作战的阵形。⑤乱军引胜：因搞乱自己军队而引来敌人的胜利。⑥不可胜纪：不可尽纪，形容很多。

【译文】

唐太宗说："诸葛亮说：'制度严格的军队，即使没有才能的将领，也是打不败的；制度松弛的军队，即使有才能的将领指挥，也是不能战胜敌人的。'我怀疑这种说法，这并非什么高明之论。"李靖说："诸葛武侯的话有所激励和强调。根据《孙子兵法》的说法：'治军章法不明，官兵不守规矩，列兵布阵杂乱无章，这个叫作乱。'自古以来。搞乱自己军队，引得敌人获胜的情况很多。所谓'教道不明'，是说训练和考核军队没有遵守古法；所谓'吏卒无常'，是说将帅不能长期任职；所谓'乱军引胜'，是说溃败归于自身，并非由于敌人。因此，诸葛武侯说，士卒遵章守纪，即使庸将也不会败北；如果士卒自乱阵脚，就是能征善战的贤能之将也将面临危险，这有什么值得怀疑呢？"

【鉴赏】

"有制""明法""良将"是诸葛亮练兵之法的三项重要内容，"有制"居首表明它的重要性。一支军队能否建立严格的军令制度、养成严谨的作风纪律，甚至要比将领本身更为重要。由此我们可联想到维持政治、经济和社会有序运转的各种制度，作为大家共同遵守的行动准则，它们必然会对人们的思想、作风产生巨大影响。当这种具有规范和约束作用的硬措施变成每个人自觉行动时。制度就会转化为国家、社会和企业高效运转的内在精神力量，制度的力量由此得以充分展现。

3.敌实则我必以正，敌虚则我必为奇

太宗曰："策①之而知得失之计，作②之而知动静之理，形③之而知死生之地，角④之而知有余不足之处。此则奇正在我，虚实在敌欤？"靖曰："奇正者，所以致敌之虚实也。敌实则我必以正，敌虚则我必为奇。苟将不知奇正，则虽知敌虚实，安能致之哉？臣奉诏但教诸将以奇正，然后虚实自知焉。"（《唐李问对·卷中》）

【注释】

①策：策划。②作：引申为调动。③形：显露。④角：较量。

【译文】

太宗说："对敌谋划才知道胜败之法，调动敌人才知如何动静的道理，摆出阵形才知道生死之地，与敌较量才知兵力充足与否。这样看来，用奇用正则在我方，而军情的虚实

则在敌方吗?"李靖说:"用奇正这种作战方法,就是用来搞清敌人的虚实情况。敌人坚硬的地方我就用正兵之法,敌人虚弱的地方我就用奇兵之法。如果将领不知如何使用奇正之法,即使知道敌人虚实,又怎么能调动和取胜呢?我将遵照君命传授诸将使用奇正的作战方法,那么战场虚实他们就会自己明白了。"

【鉴赏】

虚和实,是我国古代兵法中一对重要的范畴。了解敌人的虚实是用兵的先决条件,避实击虚是战争取胜的重要法宝。不掌握战争的虚实,就不能正确选择作战目标、作战方向,不能正确部署部队的作战行动,也就不能达到预期目的。善于用兵之人都懂得避强击弱、避实击虚,这不仅是战场经验的总结,也为千古败兵之道。现代商战尤其需要分清市场虚实,找准基点,避实击虚,才可能做出正确的决策。明辨虚实并没有什么特别的技巧,需要人们小中见大,善于把握细节。从现象中看出本质,从细微处探求奥秘,正是聪明人不同于糊涂人的地方。

4.天之生人,蕃汉无别

太宗曰:"朕置瑶池都督①,以隶安西都护。蕃汉之兵,如何处置?"靖曰:"天之生人,本无蕃汉之别。然地远荒漠,必以射猎为生,由此常习战斗。若我恩信抚②之,衣食周之,则皆汉人矣。陛下置此都护,臣请收汉戍卒处之内地,减省粮馈。兵家所谓治力之法也。但择汉吏有熟蕃情者,散守堡障③,此足以经久。或遇有警,则汉卒出焉。"(《唐李问对·卷中》)

【注释】

①瑶池都督:治所在今新疆维吾尔自治区阜康市。②周:通"賙",救济。③堡障:土筑的防御工事。

【译文】

太宗说:"我设置瑶池都督,使之隶属于安西都护。那个地方的蕃汉士兵如何处置?"李靖说:"上天生下的人,本来没有蕃汉的区别。但蕃人地处边远荒漠地带,必然以射猎为生,因此经常练习战斗。如果我们用恩德信义来抚慰他们,在衣食方面救济他们,他们就会都变成汉人。陛下设置这一都护,微臣请求把汉卒收回来安置在内地,减少粮物的运输,这就是兵家所说的治力之法。只需选择汉族官吏中熟习蕃族情况的人,分散守卫各个堡障,这种方法足以长久。一旦遇有危急情况,汉兵就出去作战。"

【鉴赏】

人是万物的灵长。人类源于自然,又高于自然。人生来本无区别,只因地理位置、生产方式与人文环境的不同而有所区别。文化不求趋同,不同文化之间的相互交流常能碰撞出绚丽的火花。

诸子百家 —— 兵家

5.以治待乱,以守待攻

太宗曰:"《孙子》所言治力何如?"靖曰:"'以近待远,以逸待劳,以饱待饥',此略言其概耳。善用兵者,推此三义而有六焉:以诱待来,以静待躁,以重待轻,以严待懈,以治待乱,以守待攻。反是则力有弗逮①。非治力之术,安能临兵②哉?"(《唐李问对·卷中》)

【注释】

①逮:及。②临兵:指挥作战。

【译文】

太宗说:"《孙子兵法》是如何论述治力的呢?"李靖说:一以近待远。以逸待劳,以饱待饥',这只是从总体上说明而已。善于用兵作战的人,将其三点引申为六个方面:诱敌深入,用引诱的方法等待敌人的到来,用镇静等待敌人的鼓噪,用重兵等待敌人的轻兵,用严肃等待敌人的松懈,用严整等待敌人的混乱,用守卫来等待敌人进攻。如不这样,军力就会力所不及。不能掌握保存军队战斗力的方法,怎么能临阵指挥作战呢?"

【鉴赏】

从孙子到李靖,先人早早就看到"等待"对战争胜利的重要性。"等待"思想所具有的前瞻性也可以从克劳塞维茨的《战争论》关于"等待"的论述中找到答案。他说:"等待是整个军事行动的一个基本组成部分,以致军事行动没有等待几乎就不可能存在了。……等待和行动(行动常常是反攻,也就是还击)是组成防御的两个十分重要的部分,没有等待,防御就不成其为防御;没有行动,防御就不成其为战争。根据这个见解,我们在前面已经得出了这样一个观念:防御无非是可以更有把握地战胜敌人的一种较强的作战形式。"人生也有着无数次的等待。等待是一种经历,学会等待才能懂得幸福,善于等待常常能够后来居上。

6.兵形象水,因地制流

太宗曰:"五行阵①如何?"靖曰:"本因五方色立此名。方、圆、曲、直、锐,实因地形使然。凡军不素习此五者,安可以临敌乎? 兵,诡道也,故强名五行焉,文②之以术数③相生相克之义。其实兵形象水,因地制流,此其旨也。"(《唐李问对·卷中》)

【注释】

①五行阵:古时用金、木、水、火、土五行来表示五个方位的阵形,即东方木、西方金、南方火、北方水、中央土。②文:记述。③术数:用阴阳五行相生相克的原理来推断人事的凶吉。

【译文】

太宗说:"五行阵怎么样呢?"李靖说:"本来是依据五个方位的颜色来制定的各种名称。方、圆、曲、直、锐,实际上用不同的地形而来命名的。大凡军队平素不练习这五种阵

诸子百家——兵家

形,怎么可以与敌作战呢? 用兵是诡诈之道,所以硬是以五行来给它们确定名称,表明它们之间相生相克的道理。其实用兵的阵形像水一样,是因地形不同来决定它流向的,这是它的根本旨义。"

【鉴赏】

阴阳五行是古代阴阳家提出的重要命题,虽然不乏牵强附会之处,但也提出很多有价值的思想,影响非常深远。"兵形象水"主张从战场环境与战争本身入手去探讨其内在的基本规律,显然是对阴阳五行学说的突破。

古今中外的历史上,那些优秀将领正因为把胜利建立在准确把握战争规律而非阴阳鬼神的基础之上,从而取得战争的胜利,成就万世英名。

7.爱设于先,威设于后

太宗曰:"《尚书》云:'威克①厥②爱,允③济④;爱克厥威,允罔功。'何谓也?"靖曰:"爱设于先,威设于后,不可反是也。若威加于前,爱救于后,无益于事矣。《尚书》所以慎戒其终,非所以作谋于始也,故《孙子》之法,万代不刊⑤。"(《唐李问对·卷中》)

【注释】

①克:能够。②厥:同"蹶",挫败。③允:诚信。④济:成功。⑤不刊:不可改变。

【译文】

太宗说:"《尚书》上说:'威胜于爱,事情就可以成功;爱胜于威,事情就不可以成功。'这几句话是什么意思呢?"李靖说:"爱要施于先,威要施于后,而不可与此相反。如果威施于前,爱施于后来补救,对于事情没有什么好处了。《尚书》是用来告诫人们要终生谨慎戒备,并不是用来告诫人们要谋划于事情的开始。所以《孙子》所传授的方法永世不变。"

【鉴赏】

无论是领导对下属、父母对子女,还是老师对学生,都要"爱"字当头,恩威并重。有了爱,才能拉近彼此心理距离,言行才更有说服力;有了威,才能保证令行禁止,爱才能由此转化为动力。所以,爱是威的前提。威而不溺是爱的保证。

8.兵贵为主,不贵为客

太宗曰:"兵贵为主①,不贵为客②。客速,不贵久,何也?"靖曰:"兵,不得已而用之,安在为客且久哉?《孙子》曰'远输则百姓贫',此为客之弊也。又曰'役不再籍③,粮不三载',此不可久之验也。臣较量主客之势,则有变客为主、变主为客之术。"(《唐李问对·卷中》)

【注释】

①主:古代军事术语,指战争中在自己的土地上防御的一方。②客:指战争中攻入他

诸子百家——兵家

国境内的一方。③籍：征用。

【译文】

太宗说："用兵以防御为责，而不以进攻为贵。进攻时要迅速，不能太久，这是为什么呢？"李靖说："兴兵作战，是在不得已的情况下才使用的，进攻时怎么能拖延太久呢？《孙子兵法》上说'远途运输就会使百姓贫困'，这是进攻方的最大弊端。又说'兵员不可以多次征集，粮食不可以多次运输'，这是作战不可太久的经验。我通过比较防御和进攻的两方形势，就可以掌握变客为主、变主为客的方法了。"

【鉴赏】

这种基于慎战思想而提出的攻防观有其合理性。但另一方面，一个富有经验和盛名的指挥官大多主张进攻，进攻常常被看作是最佳的防守。借用克劳塞维茨的话说，就是：应该把转入反攻看作是防御发展的必然趋势，是防御的一个基本组成部分；不论在什么场合，如果通过防御形势所取得的胜利在军事上不以某种方式加以利用，而听任它像花朵一样枯萎凋谢了，那就是重大的错误。迅速而猛烈地转入进攻（这是闪闪发光的复仇利剑）是防御的最光彩的部分。简言之，以进攻为手段的防守才是真正奏效的防守。总之，攻中有防，防中有攻；攻防兼备，不可偏废。

9.兵贵致人，非欲拒之

太宗曰："铁蒺藜、行马①，太公所制，是乎？"靖曰："有之，然拒敌而已。兵贵致人，非欲拒之也。太公《六韬》言守御之具尔，非攻战所施也。"（《唐李问对·卷中》）

【注释】

①蒺藜、行马：都是古代军中的防御武器。

【译文】

太宗说："铁蒺藜、行马，有人说是太公所发明的，是吗？"李靖说："有这件事，不过只是用来阻挡敌人前进的武器而已。用兵贵在调动敌人，不是只想着阻止敌人。是太公在《六韬》中所讲的守卫防御的工具，而不是用于攻战的设施。"

【鉴赏】

众所周知，治水之道在于宜疏不宜堵。同样，用兵之道也贵在牵制和调动敌人，而不是依仗蛮力死打硬拼。

10.用众在乎心一

靖曰："用众在乎心一，心一在乎禁祥①去疑。倘主将有所疑忌则群情摇，群情摇则敌乘衅而至矣。安营据地，便乎人事而已。若涧、井、陷、隙②之地，及如牢如罗之处，人事不便者也，故兵家引而避之，防敌乘我。丘墓故城，非绝险处，我得之为利，岂宜反去之乎？

太公所说,兵之至要也。"(《唐·李问对·卷下》)

【注释】

①祥:泛指各种迷信活动。②涧、井、陷、隙:指四种不同的地形。

【译文】

李靖说:"统领三军务使万众一心,齐心协力就要禁止迷信、消除疑虑。如果主将有所疑忌,那么士卒就会意志动摇,这样敌人就会乘着军心涣散前来进攻。安营扎寨的地方一定要便于人事。像绝涧、天井、天陷、天隙等地形就像天牢和天罗,这是因为不便于人们行动,所以兵家都要带领军队避开这种地方,防止敌人乘我不便而进攻。丘陵墓穴和旧城废墟也并非绝对危险,如我们能利用其便利,难道还要反而舍弃它吗?太公所言真是用兵的关键所在啊。"

【鉴赏】

人心齐,泰山移,人心散万事难。当然,"人心齐"不是说让人们用同一个大脑思维,否定自我,没有主见,而是要在充分尊重个性的基础上发挥群体合力。

11.古今胜败,率由一误

太宗曰:"朕观千章万句,不出乎'多方以误之'①一句而已。"靖良久曰:"诚如圣语。大凡用兵,若敌人不误,则我师安能克哉?譬如弈棋,两敌均焉。一着或失,竟莫能救。是古今胜败,率②由一误而已,况多失者乎?"(《唐李问对·卷下》)

【注释】

①多方以误之:用多种方法来迷惑敌人。②率:大概,一般。

【译文】

太宗说:"我看了很多兵书,大都出之于'多方以误之'一句。"李靖停了好久说:"确实像陛下所说。大凡用兵作战,如果敌人不误,我军怎么能取得胜利呢?比如下棋,双方势均力敌,一步失误了就难以挽救了。所以,古今胜败大概皆因为一误而已,何况经常失误呢?"

【鉴赏】

愚者千虑,必有一得;智者千虑,必有一失。人们总是在不断地犯错中总结教训,一步步迈向成功。我们虽然不能杜绝"误",但可以尽量地减少"误"。所以,凡事都要三思而后行。只有做到心态平稳、不松懈、不怠慢、不紧张、不骄躁,才有助于避免一招不慎、满盘皆输的窘境。

12.攻是守之机,守是攻之策

太宗曰:"……攻守一法,敌与我分为二事。若我事得则敌事败,敌事得则我事败,得失成败,彼我之事分焉。攻守者,一而已矣,得一者百战百胜,故曰'知彼知己,百战不殆'。其知一之谓乎?"靖再拜曰:"深乎!圣人之法也。攻是守之机,守是攻之策,同归乎胜而已矣。若攻不知守,守不知攻,不惟二其事,抑又二其官①,虽口诵孙、吴,而心不思妙攻守两齐之说,其孰能知其然哉?"(《唐李问对·卷下》)

【注释】

①官:此指职责。

【译文】

太宗说:"……进攻和防守这件事情,敌人和我们分为两个方面。如果我们得手,敌人就会失败;如果敌人得手,我们就会失败,敌我之事分得很清楚。进攻和防守的方法是一样的,能得一的人百战百胜,所以说'知彼知己,百战不殆',这就是所说的'知一'吗?"李靖再拜以后说:"圣人之法是很深远的。进攻是防守的转机,防守是进攻的策略,进攻和防守都是为了达到胜利而已。如果只知进攻不知防守,只知防守不知进攻,这不仅是把二事分开,而且又把二者的职责也分开了,虽然口中诵读孙子、吴起兵法,而内心却不去思考进攻和防守两全其关的妙用,那谁能知道它为什么要这样呢?"

【鉴赏】

攻与守是军队的两大要务,缺一不可。犹如战场上的进攻与防守,人们的学习与休息也应该相得益彰:休息是为了更好地学习,学习离不开及时的休息。攻守兼备、工休协调,二者完美结合才能达到理想效果。

13.不战者在我,必战者在敌

太宗曰:"两阵相临,欲言不战,安可得乎?"靖曰:"……孙武云:'勿击堂堂之阵,无邀①正正之旗。'若两军体均势等,苟一轻肆②。为其所乘,则或大败,理使然也。是敌兵有不战,有必战,夫不战者在我,必战者在敌。"(《唐李问对·卷下》)

【注释】

①邀:拦截。②轻肆:轻举妄动。

【译文】

太宗说:"两军相遇,如果打算不战,怎么做到呢?"李靖说道:"……孙武说:'不要去攻击实力雄厚、阵容整齐的军队,不要去拦截旗帜整齐、部署周密的军队。'如果两军势均力敌,若一方轻举妄动,被对方钻了空子,就会大败,战争的道理就是这样。所以领兵打仗,有时不战,有时一定要战;不战的原因在我方,必战的原因在敌方。"

【鉴赏】

战事非儿戏,不可轻易开战。胜利是战争的最高目标。善于打仗的人总是确保自己立于不败之地,同时不放过任何击败敌人的机会。战与不战就要看敌人是否有机可乘。由此想到,我们做什么事都要有个目标,因为目标是前进的方向;要善于把握机会,因为机会是成功的关键。

十、《太白阴经》的名言

唐朝(618—907),处于我国封建社会的鼎盛时期,是当时世界上最为强大的国家之一。封建军事也因此有了极大发展,并以其特有的辉煌而彪炳史册。唐代产生的兵书虽多,但完好流传至今者甚少。李筌的《太白阴经》堪称唐代唯一存世的一部内容丰富、别具特色的综合性兵学专著。

《太白阴经》全书共十卷,计九十九篇,成书于社会剧烈动荡的中唐时期,具有总结"安史之乱"作战经验的性质。作者借"释古"指斥时弊,在充分继承前人论兵成果的基础上,结合唐代军事发展的实际情况,对古代战争、国防、治军、作战等重大军事问题做出了深刻系统的和创新性的发展,提出了有关治军和战争指导等个性鲜明的军事见解。

《太白阴经》是一本为将帅增益心智、启迪韬略的兵书。《太白阴经》以其颇具创新的军事辩证法,不仅成为我国古代兵学发展史上的一部重要兵书,而且也是我国古代哲学发展史上一部值得肯定的著作。

李筌,号少室山达观子,其生卒年月及里籍均无从确考,约为唐玄宗开元元年至唐代宗大历十四年间人。李筌本是颇有成就的兵学家,但由于新旧《唐书》都没有为其立传,故长期以来并不广为人知,以致对他的历史和军事著作迄今都还了解甚少。李筌一生著述颇多,而尤以兵学著作为丰。李筌现传世的兵学著作除《太白阴经》外,还有《阃外春秋》十卷残本、《注孙子》三卷和《阴符经疏》三卷等。

1.人谋成败,岂阴阳所变

夫春风东来,草木甲坼①,而积廪②之粟不萌;秋天肃霜,百卉具腓③,而蒙蔽之草不伤。阴阳寒暑为人谋所变,人谋成败,岂阴阳所变之哉!(《天无阴阳篇第一》)

【注释】

①甲坼:草木发芽时种子外壳裂开;甲,甲壳;坼,裂开。②廪:粮仓。③腓:枯萎。

【译文】

春风东来,草木萌发,但粮仓中的谷粟却不能萌芽;秋霜袭来,百花枯萎,但遮蔽之草木却不受伤害。阴阳寒暑随着人为谋略的实施而改变,为人谋略的成败岂是阴阳寒暑所能改变的呢?

【鉴赏】

胜败乃兵家常事,又何尝不是人生之常态。世间所谓圣人只是因为他(她)少犯错误而已。所谓圣人,通俗地说就是聪明人。聪明人的脑袋只会长在自己头上,而不会为别人所左右,更不由阴阳寒暑所决定。

2.天道鬼神 明将弗法

凡天道鬼神,视之不见,听之不闻,索之不得,指虚无之状,不可以决胜负,不可以制生死。故明将弗法①,而众将不能已也。……太公曰:"圣人②之所生也,欲正后世,故为谲③书而奇胜,于天道无益于兵也。"夫如是,则天道于兵有何阴阳哉?(《天无阴阳篇第一》)

【注释】

①弗法:不可取法。②圣人:指智慧超凡的伟大人物。③谲:诡诈,权变。

【译文】

大凡天道与鬼神,视而不见,听而不闻,求之不得,是一种虚无缥缈的东西,既不决定战争胜负,又不制约人们生死。所以,明智的将帅从来不取法于此,而平庸将领却相信不已。……姜太公说:"伟人之所以产生,在于匡正后世,因此撰写用诡诈之道以出奇制胜的兵书,而天道是无益于用兵打仗的。"以此看来,天道对于领兵作战有何阴阳向背可言呢?

【鉴赏】

人生在世,立于天地。天、地、人三才鼎立,动态联系,不可偏废。天、地、人之间任何一环出现不和谐,都可能会导致整体的灾难。英明将领从来只相信自己,而不会把命运寄托于天道鬼神。装神弄鬼者可以休矣!

3.天时不裙无道之主,地利不济乱亡之国

由此言之,天时不能祐①无道之主,地利不能济乱亡之国。地之险易②,因人而险,因人而易;无险无不险,无易无不易;存亡在于德,战守在于地。惟圣主智将能守之,地奚有险易哉?(《地无险阻篇第二》)

【注释】

①祐:通"佑",保佑。②易:平易,平坦。

【译文】

从以上这些事例可以看到,天时不能保佑无道昏君,地利不能帮助衰亡之国。地形的险易完全因人而异;地形没有绝对的险与不险,也没有绝对的易与不易;存亡在于道德,攻守在于地形。只有明君智将才能守住要地,地形哪有什么险要和平坦呢?

【鉴赏】

天时、地利的前提是"人和"。人而不仁,不知其可;天地不仅不会助他。还会加速他

的灭亡。

4.勇怯在乎法,成败在乎智

经曰:勇怯有性,强弱有地。……地势所生,人气所受,勇怯然也。且勇怯在谋,强弱在势。谋能势成,则怯者勇;谋夺势失,则勇者怯。……所以,勇怯在乎法。成败在乎智。怯人使之以刑则勇,勇人使之以赏则死;能移人之性、变人之心者,在刑赏之间。勇之与怯于人何有哉?(《人无勇怯篇第三》)

【译文】

经典上说:勇敢和怯懦决定于人的天性,刚强和柔弱则取决于其所居地域。……地理环境所产生的影响,为人的气质所接受,人们的勇敢和怯懦因此而形成。那么,士兵的勇敢或怯懦取决于将帅的谋略,军队的强大或弱小取决于战场的形势。高明谋略创造有利态势,怯懦的人也因此变得勇敢;谋略笨拙则会丧失有利的形势,勇敢之人也会变得怯懦。……所以,人的勇敢或者怯懦在于法令是否严明,成功或失败则在于智谋是否出众。对怯懦的人施以刑罚,就可以使其变得勇敢;对勇敢的人给以奖赏,就会使之慷慨赴死。能够变动人的天性,改变人的思想的,常常就在于严明刑赏。勇敢和怯懦对于人来说,哪有什么固定不变之说呢?

【鉴赏】

人是环境的产物,环境塑造人,也可改变人。人有趋利避害的本性,都有渴望良好环境的动机,促使自己去创造服务自身的有利环境,人们因此又成为环境的创造者。环境既包括自然生态环境,又包括社会人文环境。"勇怯在乎法,成败在乎智"正是对社会人文环境和个人主体意识的强调。面对世界,我们不做唯唯诺诺、无所事事的顺从者,而是要做积极进取、敢做敢当的建设者。

5.以正理国,以奇用兵

唯圣人能反始复本[①],以正理国,以奇用兵,以无事理天下。正者,名法也;奇者,权术也。以名法理国,则万物不能乱;以权术用兵,则天下不能敌;以无事理天下,则万物不能挠,不挠则神清。神清者,智之原;智平者,心之府[②]。神清智平,乃能形物之情。人主知万物之情,裁而用之,则君子小人不失其位。(《主有道德篇第四》)

【注释】

①反始复本:返回本初以恢复淳朴的本性,意指恢复到三皇时代以圣道治国的根本方法。②心之府:心,古人以为心是思维器官,所以把思想、意识、感情的产生归之于心;府:即心所在之地。

【译文】

唯有圣人才能够返本复始,恢复其原初的治国方法,做到以"正"治国,以"奇"用兵,无为而治管理天下。所谓"正",即名分和法制;所谓"奇",即权谋和术略。以名法治理国家,万物就会有条不紊;以权术用兵打仗,军队就会所向无敌;无为而治管理天下,万物就不会被骚扰,神志就会清醒。神志清醒是智力的源泉,智力正常是思想的府库。神志清醒、智力正常,才能考察事物的本来性质。君主了解各种事物的性质,并根据具体情况加以选择利用,君子和小人就不失其位、各尽其责。

【鉴赏】

治国用兵乃国之大事。"以正理国,以奇用兵"综合了儒道兵法四家的思想精华,兼有儒家的"名"、道家的"无"、法家的"法"和兵家的"谋",足见古人治国用兵的博大胸怀、深谋远虑和大智大勇。

6.帝以道胜,王以德胜

语曰:"将相明,国无兵①。"舜以干戚②而服有苗③,鲁以泮宫④而来淮夷⑤。以道胜者,帝;以德胜者,王;以谋胜者,伯;以力胜者,强。强兵灭,伯⑥兵绝;帝王之兵,前无敌。人主之道,信其然矣!(《主有道德篇第四》)

【注释】

①兵:战争。②干戚:亦作"干鏚",指古代盾和斧两种兵器。③有苗:即三苗,尧舜时代我国南方较为强大的部族。④泮宫:西周时代诸侯国所设的学校名,这里借指教育感化。⑤淮夷:古代居于淮河流域的部族。⑥伯:通"霸"。

【译文】

谚语说得好:"将相贤明,国无战争。"舜用武力征服了南方的三苗部族,鲁国用兴办学校施以教育感化淮河流域的部族。用道来取胜的人,可以称帝;用德来取胜的人,可以称王;用谋略来取胜的人,可以称霸;用势力来取胜的人,可以称强。强者的军队终归要被消灭,霸者的军队终归也要灭绝;唯有帝者和王者的军队,才能所向无敌。作为君主的治国安邦之道,相信其确实是这样的啊!

【鉴赏】

道是自然界的法则。德是人类社会的规范,谋是称霸者的智慧,力是称强者的拳头。道、德、谋、力。各有千秋;兼而有之,国运亨通。

7.课农富粟 谋战强兵

经曰:国之所以富强者,审权①以操柄②,审数③以御人。课农者,术之事,而富在粟;谋战者,权之事。而强在兵。故曰:"兴兵而伐叛,则武爵任,武爵任则兵强;按兵而劝农桑,农桑劝则国富。"国不法地,不足以成其富;兵不法谋,不足以成其强。(《国有富强篇第五》)

诸子百家——兵家

【注释】

①审权:讲究权谋之道。②操柄:执掌政权。③审数:讲究统治方法。

【译文】

经典上说:国家之所以能够富强,在于善用权变之道以执掌政权,注重统治方法以御使众人。征收农赋,是技术方面的事情,国家富庶在于粮食充足;谋划战争,是权谋方面的事情,国家强盛在于军队强大。所以说:"出兵讨伐叛乱要选任各级武官授以爵位,武官选任得当了,军队就能强盛;按兵不动时就要发展农耕,农业生产发展了,国家就能富庶。"国家不以垦殖土地为原则,就不足以成为富国;军队不以权术谋略为原则,就不足以成为强兵。

【鉴赏】

在现代工业化和信息社会里,富国强兵已经远非农业所能承担,但农业的基础地位绝不能动摇。根基不牢,地动山摇。中国是一个人口大国,重视农业基础地位,确保粮食安全,是关系到国家之长治久安的大事,决不可掉以轻心。

8.智可以强国,力可以强人

夫有容身之地,智者不言弱;有市井之利,智者不言贫。地诚任,不患无财;人诚用,不畏强御。故神农①教耕而王天下,汤、武战伐而服诸侯。国愚则智可以强国,国智则力可以强人。用智者,可以强于内而富于外;用力者,可以富于内而强于外……故知伯王之业,非智不战,非农不赡②,过此以往,而致富强者,未之有也。(《国有富强篇第五》)

【注释】

①神农:传说中远古三皇之一,我国古代农业和医药的发明者。②赡:充足,富足。

【译文】

有了容身之地,有才智的人不会自称弱小;有了市场之利,聪明之人不会自称贫穷。土地如果得到开发,就不用担心没有财富;人才如果得到任用,就不用害怕抵御强敌。所以神农氏教民农耕而称王于天下,商汤王和周武王因攻伐而使诸侯屈服。可见,国家愚昧,依靠智慧就可以使之富强;国家智慧,依靠实力就可以使人民强大。运用智谋的,可以使国家强大于内而富足于外;使用力量的,可以使国家富足于内而强大于外……由此可知,要想建立霸业,不用智谋就不能对外作战,不发展农业就不能使国家富足。除此之外,要使国家富足强盛是不可能的。

【鉴赏】

正如西方人崇拜智慧女神雅典娜和力量之神安秦一样,力量与智慧同样为我们先人所敬奉。时间虽已穿越千余年,先人的强国和强人主张并未过时。言犹在耳,警钟长鸣!

9.使贤任能,不失其时

故曰:明君之心①,如明鉴,如澄泉,圆明于中,形物②于外,则使贤任能,不失其时……故五帝得其道而兴,三王③失其道而废。废兴之道,在人主之心,得贤之用,非在兵强地广、人殷国富也。(《贤有遇时篇第六》)

【注释】

①心:此指人的思想意识。②形物:指事物的形态和性质。③三王:应指夏桀、商纣王和周幽王。

【译文】

所以说:英明君主,其思想如同明亮的镜子和清澈的泉水圆而明亮,能把外物显现出来,从而不失时机地选贤任能……因此,五帝因获求贤之道而兴盛,夏桀、商纣、周幽王三人因失去求贤之道而终于衰亡。国家兴废存亡的道理,就在于君主能求贤若渴,极力发挥贤才之用,而不是单纯凭借其军队强大,地域广阔,百姓殷实,国家富庶。

【鉴赏】

明君治世,汉武太宗;贤人云集,强汉盛唐。暴君临朝,始皇隋炀;奸佞出政,秦灭隋亡。历史是一面镜子,以史为鉴,足见人才对治国安邦的重要性。在世界间竞争愈演愈烈的今天,人才更为各国所重视。由此,建立一种尊重劳动、尊重知识、尊重人才、尊重创造的体制已是当务之急,时不我待。

10.任智谋而成王业

盖三皇之政以道,五帝之政以德。夏商衰,汤武废道德、任智谋。……有国家者,未有不任智谋而成王业也。故曰:将军之事,以静正理①,以神察微②,以智役物③,见福于重关④之内,虑患于杳冥⑤之外者,将之智谋也。(《将有智谋篇第七》)

【注释】

①正理:治理,整治。②察微:明察细微。③役物:驾驭外物。④重关:重重难关。⑤杳冥:幽暗。

【译文】

这大概是因为三皇为政以道、五帝为政以德的缘故。夏、商伊始,为政以德的局面开始衰落,商汤和周武王则废弃道德而运用智谋。……凡是主宰国家之人,没有谁不凭借智谋就能建成帝王之业的。所以,将帅职责就在于以冷静的心态去治理乱世,以神明去明察秋毫,以智慧去驾驭事物,能于重重难关之中预见幸福,能于昏暗幽远之外预料祸患。这就是将帅的智谋啊。

诸子百家——兵家

【鉴赏】

　　谋士多计谋,能心系国家安危,预见军事态势,匡正君主过失,运筹帷幄、决胜千里;君主能善任,能以宽容之心对待谋士,礼贤下士,用人不疑,疑人不用。谋士是否多谋,能否受赏于君,大展宏图;君主是否善任,能否礼贤下士,知人善用。这些都是古代兵法非常关注之大事。历史经验已经证明:上下同心,其利断金;君臣同心,王业可成。

11.定天下之灾,除兆民之害

　　经曰:兵非道德仁义者,虽伯有天下,君子不取。……凡兵,所以存亡继绝,救乱除害。故伊吕①之将,子孙有国,与殷周并下至末代。苟任②诈力贪残,孙吴、韩白③之徒,皆身被诛戮,子孙不传于嗣④。盖兵者,凶器;战者,危事。阴谋逆德,好用凶器。非道德忠信,不能以兵定天下之灾,除兆民⑤之害也。(《善师篇第十一》)

【注释】

　　①伊吕:即商初之伊尹与周初的吕尚之并称。②任:运用。③韩白:即汉代名将韩信与秦代名将白起的并称。④嗣:后嗣,即子孙后代。⑤兆民:古称天子之民。后泛指众民,百姓。

【译文】

　　经典上说:领兵打仗而违背道德仁义,纵然称霸天下,也非仁人君子所效法。……大凡军队都是用来恢复灭亡之国,延续断绝之嗣,制止国家暴乱,消除民众祸患。所以,伊尹、吕尚两个将帅以仁义辅君,他们子孙享有封国领地,与殷商、周朝一起下传直至末代子孙。如果任意运用诡诈与暴力,贪婪而残暴,必然会像孙武、吴起、韩信、白起之辈一样身遭诛杀,子孙不能继位传嗣。可见,军队是执行攻伐的凶险之器,战争是极具破坏力的危险之事。崇尚诡诈阴谋、悖逆忠信的人,热衷对外攻伐。如果国家违背道德忠信,就不能利用军队来评定天下灾难,消除百姓祸害。

【鉴赏】

　　战争不仅是双方士卒武器、有形层面的较量,更是双方智谋道义、无形层面的较量。中国历代兵家都注重争取战争的道义主动权,他们深知战争的惨烈和破坏性,反对不义之战和不教而诛,提出"得道者多助,失道者寡助""攻心为上,攻城次之"。虽然古代战争不可避免,但出于正义的战争常常会演化成为英雄史诗,被人们所津津乐道;而邪恶的征伐却总是与屠杀和野蛮为伍,被人们所唾弃。现代战争同样不可避免,谁忘记战争,谁就将面临战争。不过,现代战争更为注重夺取战争的道义主动权,现代战争尤其强化舆论战、心理战和信息战,通过谋取道义优势,树立正义的国际形象,获取世界人民和国际社会道义和物质支持,从而先声夺人,从精神和心理上震慑和摧毁敌手的抵抗意志。

12.道贵制人,不贵制于人

夫道贵制人,不贵制于人。制人者,握权;制于人者,遵命也。制人之术,避人之长,攻人之短;见①己之所长,蔽己之所短。故兽之动,必先爪牙;禽之动,必先觜距②;螫虫③之动,必以毒;介虫④之动,必以甲。夫鸟兽虫豸⑤尚用所长以制物,况其智者乎!(《数有探心篇第九》)

【注释】

①见:同"现"。②觜距:禽鸟的嘴和爪甲。③螫虫:尾部有毒针可刺人的虫类。④介虫:有甲壳的虫类。⑤豸:本指无足之虫,后亦泛指虫类。

【译文】

用兵打仗的规律,最重要的是控制敌人,而不是被敌人所控制。控制住敌人,就掌握了战争的主动权;被敌人所控制,就只能俯首称臣,任人摆布。控制敌人的方法,就是避敌之长,攻敌之短;扬己之长,克己之短。所以,野兽攻击必先张牙舞爪,猛禽攻击必先嘴爪并用,螫虫攻击必然以毒刺蜇人,甲虫攻击必然利用其甲壳。鸟兽虫豸之类动物尚且知道利用自身长处来对付他物,何况有智谋的人呢?

【鉴赏】

不能被动地受敌人摆布,而要把主动权掌握在自己手里,成为"敌之司命"。这不仅是取得胜利的重要条件,也是指导战争的重要原则。正如没有常胜的将军,世上也无十足的完人;所谓常胜之人不过是善于扬长避短、少犯错误而已。

13.叛而必讨,服而必柔

兵者,不祥之器。不得已而用之。古先帝王所以举而胜人,成功出于众者,先文德①以怀之;怀之不服,饰玉帛以啗之;啗之不来,然后命上将,练军马,锐甲兵,攻其无备,出其不意。所谓叛而必讨,服而必柔。既怀既柔,可以示德。《书》曰:"戒之用休,董之用威。"夫如是,则四夷不足吞,八戎不足庭②也。(《贵和篇第十二》)

【注释】

①文德:与"武功"相对,指礼乐教化。②不足庭:庭,通"延",指朝廷;意指不足以与朝廷相抗衡。

【译文】

战争,是不吉祥的东西,只有在迫不得已情况下才能动用。古代圣明帝王所以一举战胜敌人,成功超出一般人之外,就在于其首先用礼乐教化去怀柔安抚他;如果怀柔安抚而不能使之顺服,再以玉帛去利诱他;如果利诱还不能使他归附,再任命高明的将帅,厉兵秣马,攻其不备,出其不意。这就是所说的对反叛者必须进行讨伐,对顺服者必须加

诸子百家——兵家

以怀柔。怀柔安抚能使之归顺，充分显示了君主的仁义道德。《尚书》上说："要用美好的德政去教诫人们。要用强大的势力去威震天下。"如果能做到这样，那么四面夷族就不难以攻占，八方戎族就不足以抗衡。

【鉴赏】

礼乐教化和军事征服，两者恩威并用，软硬兼施，相得益彰。

14.天赞其时，人定其谋

兵不法天不可动，师不则地不可行，征伐不和于人不可成。天赞其时，地资其财，人定其谋；静见其阳，动察其阴，先观其迹，后知其心，所谓"胜兵者先胜而后求战，败兵者先战而后求胜"。（《庙胜篇第十三》）

【译文】

用兵不依据天道就不能出动，军队不依据地道就不能行军，征战不顺应民意就不能成功。上天提供有利时机，大地资助充足财物，人能制定攻占谋略；静止时能窥见敌人军事企图，行动时能洞察敌人阴谋诡计，首先观察敌人的行动踪迹，然后就可知晓其内心企图，这就是《孙子兵法》中所说"胜利的军队总是先创造取胜的条件，然后再同敌人进行决战；而失败的军队却总是先同敌人决战，然后再企图侥幸取胜"。

【鉴赏】

战争的最终目标就是一个，即争取胜利，但是决定战争胜负的原因则有战略、战术、政治、经济、自然等多种要素。这些要素大致可以概括为天时、地利与人和。三者既不可缺少，又有所侧重。孟子名言"天时不如地利，地利不如人和"，正是从军事方面来论述天时、地利、人和的三者关系；其中"人和"是最重要、起决定作用的因素，"地利"次之，"天时"又次之。就"人和"因素对战争的意义，毛泽东有过非常精彩的评述："军事家不能超过物质条件许可的范围外企图战争的胜利，然而军事家可以而且必须在物质条件许可的范围内争取战争的胜利。军事家活动的舞台建筑在客观物质条件的上面，然而军事家凭着这个舞台，却可以导演出许多有声有色威武雄壮的活剧来。"

15.竭三军气，夺一将心

经曰：善用兵者，非信义不立，非阴阳不胜，非奇正不列，非诡谲不战。谋藏于心，事见于迹，心与迹同者败，心与迹异者胜……夫竭三军气，夺一将心，疲万人力，断千里粮，不在武夫行阵之势，而在智士权算①之中……智周万物而不殆，曲成②万物而不遗，顺天信人，察始知终，则谋何虑乎不从哉？（《沉谋篇第十四》）

【注释】

①权算：谋划运筹。②曲成：多方设法使有所成就。

诸子百家 —— 兵家

经典上说:善于领兵打仗的人,不讲信义待人就不能树立威望,不遵阴阳规律就不能取胜,不懂奇正之术就不会布阵,不用诡诈之道就不能出战。谋略蕴藏于心中,行踪表现于外,如果心中谋略与外部表象相一致。作战就要失败;如果心中谋略与外部表象不一致,作战就能胜利……如果能够竭尽敌军之士气,动摇敌将之决心,疲惫敌军万卒之体力,切断敌军千里之粮道,都不取决于武将之行军布阵之形势,而取决于谋士的谋划运筹之中……智谋周全则万物不会受到危害,随机应变则万物不会被遗漏,顺天信人、察始知终,还怕谋略不能实现吗?

【鉴赏】

夺其心、乱其谋是军事谋略的重要内容。所以,古今中外的军事家都高度重视心理战。所谓心理战,即是以人类心理为战场,有计划地采用各种手段,对人的认知、情感和意志施加影响,在无形中打击敌人的心志,以最小代价换取最大胜利。通过宣传等各种方式从精神上瓦解敌方斗志或消除敌方宣传所造成影响的对抗活动。一个军队的心理被击垮了,那么这个军队肯定会吃败仗。就个人而言,又何尝不是如此呢?

16.得心而得其力,得力而得其死

古之善率①人者,未有不得其心而得其力者也,未有不得其力而得其死者也。故国必有礼信亲爱之义,然后人以饥易饱;国必有孝慈廉耻之俗,然后人以死易生。人所以守战,至死不衰者,上之所施者厚也;上施厚则人报之亦厚。(《子卒篇第十五》)

【注释】

①率:统率。

【译文】

古代善于统率部众的人,没有不赢得人心就能得到人们效力的,也没有不得到人们效力而能让人慷慨赴死的。国家必须培养礼仪信义和亲情爱心之风尚,人们因此才会忍饥以换取温饱;国家必须养成尊长爱幼和廉洁知耻之习俗,人们因此才能牺牲自身以换取国家生存。人们所以能够坚守攻战而至死不衰的原因,就在于统治者给予他们丰厚的缘故;统治者所给丰厚,人们回报得也就丰厚。

【鉴赏】

士卒是国家武装力量的主体成分,是提高军队战斗力的最能动要素。没有士卒的奋勇杀敌。最天才的将帅也将无所作为。将帅如何爱兵带兵是历代兵家高度重视的根本问题。李筌继承了孙子、吴子等先辈的爱兵带兵思想,他认为,欲使士卒视死如归、精忠报国,就离不开加强军队思想建设,更离不开国家层面礼信亲爱和孝慈廉耻的培养。军队不是游离于现实之外的世外净土,国家政治生活和社会道德风俗无时无刻不在深深影

响军队的思想和作风。国无防不立,民无兵不安。

激发士卒死不旋踵的作战意志,提高军队的整体战斗实力关系到国家的独立和民族的安危,我们的公民、社会和国家都应该切实地担负起自身的职责。

17.兴亡之道　能当其才

夫十士之用,必尽其才、任其道……三王之后,五伯之辟①,得其道而兴,失其道而亡。兴亡之道,不在人主②聪明文思③,在乎选能之当其才也。(《选士篇第十六》)

【注释】

①辟:开辟,开始。②人主:即人君,君主。③文思:才智与道德。

【译文】

对于十种人才的使用,必须尽量发挥其才能,充分利用其特长……从夏、商、周三代君王之后,到春秋五霸称雄之始,凡是掌握用人之道的就会兴盛起来,丢掉用人之道的就会走向衰亡。所以,国家兴衰存亡之道,不在于君主如何聪明和思路敏捷,而在于其选贤任能,做到人尽其才、才尽其用。

【鉴赏】

"士农工商四民者,国之石(即柱石)民也。"知识分子就好比是国家的支柱。可见,我国历史上就具有重视知识分子的悠久传统。得人才者得天下,失人才者失天下。所以,高度重视人才的培养与开发极其必要,必须抓紧抓好。

18.以战劝战,以赏劝赏,以士励士

经曰:激人之心,励士之气。发号施令,使人乐闻;兴师动众,使人乐战;交兵接刃,使人乐死。其在以战劝①战,以赏劝赏,以士励士。木石无心,犹可危②而动、安而静,况于励士乎?(《励士篇第十七》)

【注释】

①劝:劝勉,鼓励。②危:危险,高耸。

【译文】

经典上说:要激发人们的决心,要激励士卒的士气。(做到这样,)发号施令,就能使人们乐于听从;领兵打仗,就能使人们乐于参战;冲锋陷阵,就能使人们乐于赴死。究其原因在于,用奋勇杀敌的精神去激发士卒作战,用奖赏军功的办法去鼓励士卒立功,以勇敢之士为榜样去激励其他士卒。木头和石头虽然没有思想,将其放在高危之处尚且能够滚动,置于平坦之地则又能静止不动,何况是激励那些有血有肉、有思想的将士呢?

诸子百家——兵家

古往今来。凡能够带出一支严整军队的将领。都必定信守执法，法规面前人人平等，铁面无私，恩威并重。严明赏罚是中国传统兵家思想的精华。"重赏之下必有勇夫"，同样，"重罚之下必无懦夫"。如果说赏罚严明，还是把士卒作为一个被动客体来看待的话，以战劝战和以士励士则已经将士卒视作为一个个有血有肉、有精神、有意志的主体。三者结合，相得益彰，体现出古人军事思想的全面性、辩证性，具有一种超越时空、历久弥新的现代价值。

19.治乱之道，在于刑赏

赏一功而千万人悦，刑一罪而千万人慎；赏无私功，刑无私罪。是谓军国之法、生杀之柄……刑赏之术，无私常公于世以为道。其道也。非自立于尧舜之时。非自逃于桀纣之朝。用得之而天下治，用失之而天下乱。治乱之道，在于刑赏，不在于人君。(《刑赏篇第十八》)

【译文】

执行过程中，要做到奖赏一个有功之人，能使千万人欢喜；惩罚一个犯罪分子，能使千万人谨慎。奖赏不凭私人感情而获得功劳，刑罚不因私人恩怨而遭受罪名。这就是所说的治国用兵的法则，决定人们生杀的权柄……实行刑赏制度，应当公而无私，并经常公之于众，以此作为统军治国之道。此道既不是自己确立于尧舜之时，也不是自行离失于夏桀商纣之朝。刑赏制度运用得当，天下就会得到治理；运用失误，天下就会变得混乱。国家治与乱的规律，在于能否用好刑赏制度，而不在于君主自身。

【鉴赏】

严明刑赏，兵家与法家思想在此实现了交融。儒家治国也重法律，但与兵、法两家思想有所区别。它们的根本区别不在于是否有律法典籍，而在于它们的"依法治国"理念是更注重于"礼法"还是更注重于"刑赏"。通俗地说，儒家是法外有情，而法家则法不容情。

实际上，中国人既"情理"并称，又"法理"并重，"情""法"并非水火不容，而是因"理"而共存。

所以，对"情、理、法"三者取长补短，兼收并蓄，才更为科学可行，更具生命力。

20.兵之兴也，有形有神

经曰：夫兵①之兴也，有形有神②。旗帜金革③依于形，智谋计事④依于神。战胜攻取，形之事，而用在神；虚实变化，神之功，而用在形。形粗而神细，形无物而不鉴，神无物而不察。形诳而惑事其外，神秘而圆事其内。观其形不见其神，见其神不见其事。(《兵形篇第二十》)

【注释】

①兵：兵器，士卒，此指战争、征伐。②有形：指战争中可被感官感觉到的外在形态；有神：是指战争中只能被人们理性所把握的内在精神。③金革：指军械装备。④计事：商议大事或出谋划策。

【译文】

经典上说：战争的兴起运作，有看得见的外在之"形"，也有看不见的内在"神"。军队的旗帜装备依赖于"形"而存在，将帅的智谋计事则是依赖于"神"而发挥作用。战胜敌人攻取城邑，属于战争之中的"形"，实现其效用却源于"神"；运用虚实变化之术，正是"神"之功能所在，这种作用最终表现为"形"。"形"之表现粗犷易见，"神"所反映则细微无形；"形"没有什么事物不能反映，"神"没有什么事物而不可洞察。"形"以诳骗迷惑的方式服务于外，"神"以隐秘周全的方式服务于内。能够看见外在之"形"，难以看见内在"神"；能够看见内在"神"，不能看见外在之"形"。

【鉴赏】

形与神，是中国古代哲学的一对范畴，"形"指形体、肉体，"神"指精神、灵魂。

作为哲学范畴的形神关系，可追溯到《管子》，继而庄子、荀子、桓谭、王充、范缜等先后提出自己的形神观，而范缜的"形存则神存，形谢则神灭"的形神观第一次科学地确立了唯物主义的形神一元论。

李筌则是在继承前人唯物主义思想的前提下，首次创造性地将"形神"哲学范畴运用于军事斗争领域，从哲学高度去分析和研究战争中的物质与精神之间的关系。他认为，要赢得战争胜利，需要将"旗帜金革"（军事实力）的"形"和"智谋计事"（军事谋略）的"神"结合起来，两者相互依存、互为作用，他的军事哲学充满了唯物主义和辩证法的思想光辉，是中国古代兵法思想的亮点之一。

21.守不足，攻有余

经曰：地所以养人①，城所以守地，战所以守城。内得爱焉，所以守也；外得威焉，所以战也。守不足，攻有余。力不足者守，力有余者攻……故曰：善攻者，敌不知所守；善守者，敌不知所攻。微乎微乎，至于无形；神乎神乎，至于无声，故能为敌之司命。（《攻守篇第二十二》）

【注释】

①人：原著作"民"，李筌因避唐太宗李世民的名讳，而改"民"为"人"。百姓。

【译文】

经典上说：土地是用来养活百姓的，城池是用来守卫土地的，战斗是用来保护城池的。对内得到民众的爱戴，才可以守土卫国；对外保持强大的威慑，才可以战胜敌人。实行防守是由于兵力不足,采取进攻是因为兵力有余……换言之,兵力不足的就防守,兵力有余的就进攻……所以说,善于进攻作战的军队,致使敌人不知如何防守;善于防御作战的军队,能使敌人不知如何进攻。微妙呀,微妙,以至于看不见任何形迹;神奇啊,神奇,以至于听不到丝毫声音! 因此,我军就能主宰敌人的命运了。

【鉴赏】

战场上的攻与守是紧密相连的。弱者守、强者攻,不是一味地强调攻防,而是要巧妙地运用时间和空间,积极创造和等待战机,最终实现攻中有防,防中有攻。我们认为,进攻是防守的枢纽与转机,防守是准备进攻的策略与手段。

22.先察而任者昌,先任而察者亡

夫择圣以道,择贤以德,择智以谋,择勇以力,择贪以利,择奸以隙,择愚以危。事或同而观其道,或异而观其德,或权变而观其谋,或攻取而观其勇,或货财而观其利,或捭阖而观其问,或恐惧而观其安危。故曰:欲求其来,先察其往;欲求其古,先察其今。先察而任者昌,先任而察者亡。(《鉴才篇第二十四》)

【译文】

选择圣人要看道义,选择贤人要看德行,选择智人要看计谋,选择勇者要看力量,考察贪婪者要看在利益面前的态度,考察奸人要看他在有机会时的表现,考察愚人要看他在危急面前的作为。表现相同就要看他们的思想,思想不同就要看他们的德行,或者随机应变看他们的智谋,或者用攻战的办法看他们的勇气,或者给他们财货而看他们在利益面前的态度,或者通过控制与放松来看他们在有机会时的表现,或者恐吓他们而看他们态度的安静与恐慌。所以说:要想知道他的未来情况,首先要反观他的以往所为;要想探求他的过去情况,首先要考察他的现今表现。对人才首先考察清楚而后再任用的就昌盛;而首先任用之后再进行考察的就衰亡。

【鉴赏】

古人有关识才用人的远见卓识值得今人学习借鉴。联想到官员任命中普遍存在的"带病提拔"现象,古人的教诲尤其值得汲取。一些官员所以能"带病"而青云直上,就在于"先任而后察"的缘故。为了避免这种不正常现象,必须建立起严格的官员任前考察机制,实行一种"自上而下"和"自下而上"相结合的约束和监督制度,实在太有必要了。

23.愚者有备,与智者同功

经曰:不备不虞,不可以帅师。愚者有备,与智者同功。故天子有道,守在四境;诸侯有道,守在四邻。(《预备篇总序》)

【译文】

经典上说:不防备意料不到的情况,就不可以领兵作战。愚笨的人做事如能预先准

诸子百家——兵家

备,也能取得和聪明人同样功效。所以,天子有远见卓识,便在四境加强防守;诸侯有远见卓识,便在四邻加强防守。

【鉴赏】

虽然愚智有别,也并非固定不变。正如智者千虑,必有一失;愚者千虑,必有一得。

十二、《纪效新书》的名言

十四卷本《纪效新书》由戚继光晚年雠校而成,是其一生治军经验的总结。该书吸收了他十八卷本《纪效新书》和《练兵实纪》的精华,又补充了新的内容,是在当时新技术条件下如何选兵、编伍、练技术、练战术以及如何培养选拔任用将领、管理部队的一部更加系统完备的兵书。

该书共十四卷、计十二篇,问世之后被多次刊刻、广为流传,直到清初仍受到人们关注。但是自编修《四库全书》之后,此书就未曾刊刻、印刷过。人们渐渐就忘掉了这部兵书,以致它成了一部至今尚未被重视的兵书。现在的主要版本有:明万历十二年、十六年、二十年、三十二年刻本,明崇祯十七年刻本和一种不明时间的明刻本,此外还有一种手抄本。这些版本目前存数极少,多数已为孤本。

戚继光

从事古代兵法研究的范中义、余大吉、刘庆等军事科学院专家学者对十四卷本《纪效新书》做了首次全面完整地校勘和注释工作,为我们领略该书的智慧与精华提供了便利。它虽然是在特定历史和环境下的治军经验,但含有一般的治军原则和具有普遍指导意义的东西。因此,时至今日我们仍然可以从中汲取有益的治军经验。

作者戚继光(1528—1588),字元敬,号南塘,晚号孟诸,祖籍安徽定远人,后定居于山东蓬莱,是杰出抗倭将领和民族英雄,是著名的军事家和军事理论家。他一生戎马生涯四十余年,南抗倭、北御"虏",转战南北,身经百战,为保卫海防立下了不朽功勋。

1.将有本,心术是也

夫将有本,心术①是也。近而四海②,远而九夷③,贵而王侯,贱而匹夫,所伺有者,此心也。三军之众,不言而信,不令而行,不怒而威,古今同辙,万人合一者,此心同而感召易,是以不待征④而自孚照⑤矣。(《十四卷本》)

【注释】

①心术:指人的思想与心计,即政治素质。②四海:此指四海之内,即中原。③九夷:

对中原以外各族的贬称。④征:通"惩",惩戒。⑤孚照:信服。

【译文】

为将的根本,在于他拥有统领三军的政治素质。不管近处的中原还是远方的异域,不管高贵如王侯还是贫贱如百姓,他们都有自己一颗心。三军之中,如果能做到不言而信,不令而行,不怒而威,古今同理,万人合一,也是因为他们心灵相通而容易被召唤。这样,他们根本不用惩罚就信服命令。

【鉴赏】

优秀的将帅往往具备一种使万人合一的气魄和魅力。真正的领导不仅要能够看到部下的盲点,更要能够捕捉闪光的东西,促使其发扬光大,否则就成不了杰出的统帅。要提高部队战斗力,不仅需要武器、粮草等物质力量,还需要能够凝心聚力的精神因素。在困境之下,激发斗志,鼓舞士气,调动士卒内在的精神力量往往能力挽狂澜,绝处逢生。

2.鬼神不在祠宇,而在吾心

语①曰:"自作孽,不可活②。"是鬼神不在祠宇,而在吾心。心神之"神"字,即鬼神之"神"字也。善报、恶报、地狱轮回岂真有哉!轮回只在吾心,地狱亦在吾心耳。(《十四卷本》)

【注释】

①语:俗语。②自作孽,不可活:出自《尚书·大甲》,意指作孽多端的人没有活路。

【译文】

俗话说:"作孽多端的人是没有活路的。"鬼神不是藏身于祠堂庙宇之中,而是存在人们心中。心神的"神"也就是鬼神的"神"。所谓善报、恶报和地狱轮回难道真实存在吗?其实,"轮回"和"地狱"只是我们心中的一个念头罢了。

【鉴赏】

世上本无事,庸人自扰之;世上本无鬼,鬼在心中生。动物世界没有鬼神观念,它只是人类的专利。鬼神信仰从人类幼年时期一直延续至今,并伴随着人类社会的发展而变化,是一种很奇特的文化现象。鬼神观念不管如何荒诞离奇,倘若能揭开那张迷惑的面纱,它只不过是人的观念和意志的反映,是人类历史真相的曲折反映。作为一种文化存在,鬼神观念必然是精华和糟粕并存。对此,正确的态度应该是取其精华,弃其糟粕。

3.死得其所是死犹生

故谚云:"人是苦虫,我命在天。"死得其所,血食①百世,是死犹生也。况口碑流传,寿与之等生……为将者,不必计死生,但求做得忠臣义士,便受苦受恼,不过将数十年幻躯②弃了,换个万古秀名,岂不有余利耶?勘破③此关,便能真心任事,临阵不惧矣。(《十四卷

本》)

【注释】

①血食:即接受祭祀,古代常以杀牲取血祭祀。②幻躯:虚幻的身躯。③勘破:参透,觉悟。

【译文】

所以,有谚语说:"人就是一条苦命的小虫,我的命运由天主宰。"一个人只要死得有价值,能享祀百代,虽死犹生。何况他声名流传,生命就会得到延续……为将之人,不必计较个人生死,但求做个忠臣义士,即使受苦受委屈,甚至献出生命而换来万古英明,难道我不是赚了好处? 能够参透这个道理,便能尽职尽责,临危不惧了。

【鉴赏】

"人固有一死,或重于泰山,或轻于鸿毛"。"人固有一死"人人皆知,而怎样认识和面对死亡却是个难以回答的问题。古代圣贤很早就开始思考和认识生命与死亡。

一般人的本性,都是乐生恶死,以安享天年、寿终正寝为归宿;而军人的职业,则意味着危险牺牲,他们以为国尽忠、战死疆场为最高境界。军人以"荣誉重于生命"为原则正是对普通人生死观念的颠覆和升华。正所谓:以己之死,换人之生;死得其所,虽死犹生。

4.好官易做,好人难做

殊不知好官易做,好人难做。官有訾议,不过改易他方,再能砥砺,即称为好官矣。好人变节,坏却一生,虽晚年再图立德,訾议①在人,人不相信。便是苟免利害,还须思量,做一场好人,一旦尽行②改变,却将不死之名为易死之身所换耶。若辈宜笃信③立学④。天之付我,原来有善无恶。如此做去,人知也可,不知也可。见人坏却心术,图得一时顺利者,任他快乐。到头来巧伪败露,毕竟有我受用之日。(《十四卷本》)

【注释】

①訾议:诋毁非议。②尽行:完全。③笃信:坚信。④立学:立足学做好人。

【译文】

殊不知好官易做,好人难做。官员遭人诋毁,只不过改任他处,如能为官不忘约束磨炼自己,还可称得上好官。而好人一旦变节,必毁一世英名,即使晚年再想以德处世,是非评论由人不由己,别人已不相信。即使避免一时的利害,也需认真思量,要想做一世好人,一旦改变岂不是用易死之身来换取永世之英名吗?你们这些人应该坚信我所讲的道理,并坚持学做好人。人生于天地之间,本来有善无恶。你们一定要做善人,不管别人知道与否。看世间总有人心术不正,甚至一时间飞黄腾达,尽管任他逍遥。他们到头来终究机关算尽露原形,而我们落个心安理得,问心无愧。

【鉴赏】

做好人不易,做好官也难。两者其实本无矛盾之处,而是相辅相成,相互促进的。可是现实中总有人做得了大官,却做不了好人,甚至相反却做成了恶人和罪人。人品是官品的前提,官品是人品的体现。虽然好人不见得做得了好官,但没有好的人品,就绝不会有好的官品。

5.士之廉,犹女之洁

夫士之廉,犹女之洁,此本等①修身立己之事。况朝廷禄养为官,不耕而食,不织而衣,正要尔不剥军资,不敛饷赏,况将领欲士卒用命,立功扬名,保位免祸,必当如此。(《十四卷本》)

【注释】

①本等:原来。

【译文】

士大夫为官要清廉,就如少女保持自己的贞洁,这本来就是修身律己、安身立命之事。何况为官者接受朝廷俸禄,不耕作就有饭吃,不织布就有衣穿,就是要你们不剥夺军资,不收敛饷银,更何况将领还想士卒拼命沙场,建功立业,保护名位免于灾祸,更应如此。

【鉴赏】

"一丝一毫,我之名节,一厘一分,民之脂膏;宽一分民赐我不止一分,取一文我为人不值一文。"这是清朝张清恪的名节观。在商品社会和市场经济条件下,"廉"便愈显得可贵。就两个企业而言,领导者由"廉"而生的凝聚力则是企业发展的一种内在动力。

6.事无大小,以量为主

事无大小,以量为主。量能容一人,则一人之长也。一家之主,必量足以容一家之人,以故父子、兄弟、亲戚、里党①,莫不称贤。和气致祥,动罔②不吉。况为三军之主,驭数十万血气之夫,非度量宽容,岂能使之各得其所,而无怨尤哉?(《十四卷本》)

【注释】

①里党:邻里乡党,里和党为古代地方基层组织。②罔:无,没有。

【译文】

无论做大小事情,都要宽宏大度。度量能容一人,可成为一人的主宰。要做一家之主,你的度量就足以容纳一家人,所以父子、兄弟、亲戚、邻里无不称赞。和气会带来安宁,做事就会顺利。何况作为三军统帅,要驾驭几十万血性士卒,没有宽宏大量,如何能使他们尽职尽责,无怨无悔呢?

【鉴赏】

只有"宽度量"才能"和气致祥",才能修好身,齐好家,治好军。尤其是治军,没有宽宏大量就不能成为"三军之主"。同样,"宽度量"也是对我们每个人的起码要求,只有具有既克人之长又能容人之短的气度,不去斤斤计较于琐屑之事,才能悠闲行走于人世之中,游刃有余,八面玲珑。

7.非谦不能受益,非虚难保终誉

夫谦虚,美德也。不独士君子宜有之,为将处功伐之间。当危疑^①之任,全身完名,此为得策。(《十四卷本》)

【注释】

①危疑:危险。

【译文】

谦虚,是一种美德。不仅士君子应该如此,三军将领承担攻伐之责,担当危难重任,不谦虚就不能听取他人意见而受益,不谦虚就不能保守终身关誉;要想保全性命,留下好名声,谦虚就是上策。

【鉴赏】

古人说"满招损,谦受益",在充满竞争的当今社会,是否已经过时呢?在某些人的眼里,谦虚就意味着把利益拱手让给别人,自然极不情愿。他们总是习惯于用凹透镜看人,最终迷失自我,丢掉朋友。当然我们也无须过度谦虚,而要做到有礼有节,谦虚有度。

8.人品与官品

夫箴^①者,规诫也,明其守官之道,而日寸有所规诫……吾人居职,毋问崇卑,务要事体相称。独处无愧神明,自思无愧此心,仰则无愧于上官,俯则无愧于僚友、众庶,登厅无愧于公座^②,其庶几乎!(《十四卷本》)

【注释】

①箴:规诫。②公座:官吏任职的席位。

【译文】

所谓箴言,就是一种规劝和诫勉之言。铭记为官之道,时时不忘规劝自己……我们担负公职,不要去问官位高低,而要在位谋其政。独处无愧于上天,静思无悔于心,对上无愧于长官,对下无疚于同僚朋友和普通百姓,为官一任无愧于自己职责。如此大概就差不过了。

【鉴赏】

做官先做人,人品决定官品。一个人如果能够凭良心办事,那他就是一个具有良知的人,就是一个令人可敬的官。

9.治世不忘文武

夫天地之道,惟阴与阳;治世之具①,惟文与武。文武者,阴阳之义也。故治乱相寻②,阴阳迭运,文武并用,相济有成……为将者,须视兵马为安国保民之具,报恩之本,无阂文武,分途展布,难易一心,从民社上起念③职业未有不尽者也。(《十四卷本》)

【注释】

①具:工具与手段。②相寻:相互交替和承继。③起念:着想。

【译文】

天地之道,阴阳对立,相互依赖;人世治理,文武相济,只有相互促进才能取得成功。文与武亦即阴柔与阳刚。所以治乱循环,阴阳互动,文武兼备,相辅相成……身为将领,应把兵马看作安国保民的重要工具,回报君恩的根本,不论文武,排兵布阵,难易与否都一心一意,一切以百姓与社稷为着想,就没有不尽职尽责的。

【鉴赏】

文能安邦,武能定国;文武相济,国运亨通。

10.利怨相联,利入怨随

有聚必有散,且利与怨相联,利入怨随……惟有知止知足,以淡薄节俭为务,则心清神爽,智虑生焉。上下无所不理,将道举矣……为将者,勿用心于货利,百计求积,为子孙作马牛。谚云:"儿孙自有儿孙福。"推此念头,施恩士卒,使之用命,保我功名,为天下大丈夫,岂不伟乎!(《十四卷本》)

【译文】

有聚合就会分散,有利益就有怨恨,它们总是相伴而生……只有知道满足,坚持淡泊名利、厉行节约,才会神清气爽,越发聪明。全军上下无不通晓,则为将之道就形成了……为将者不用贪心于财货,千方百计乐此不疲,不惜为子孙做马牛。有谚语说:"儿孙自有儿孙福。"以此念头引导自己,施惠于兵卒,让他们敢于拼命,保住自己英名,做真正的大丈夫,岂不是伟大之事吗?

【鉴赏】

"利入怨随"值不值要看具体情况而定:要看"利益"是否正当,要看"怨恨"是否合理。为了自己的正当利益,为了他人的合法利益,为了绝大多数人的切身利益。即使招致别人的"怨恨",不是也很值得吗？

11.训士立志,耻不若人

古人训士立志,惟耻不若人①。夫耻不若人,正欲胜人也,又何以戒之? 彼耻不若人者,见人好处,敏己以求之,极力以行之,真积历久②,出于彼上,则彼自让我矣。设忘自牧④,只存不欲胜我之念,人有能,思所以忌之,人有功,思所以没之,便谓人不如我,至夫人有寸长,必攘④以为己有。如此损人利己,无所不为,是乃树怨,怨厚则祸成。(《十四卷本》)

【注释】

①不若人:不如人。②真积力久:认真积累,力行持久。③自牧:自我修养。④攘:侵夺。

【译文】

古代士大夫注重修身立志,他们唯以不如人而耻辱。因以不如人为耻,又想超过别人,该如何努力呢? 以不如人为耻者,看到别人的长处,就会认真学习,极力实践,如此持之以恒,日积月累,最终可以超过别人,他人也就会谦让于我了。如果忘记了自我修养,心中只想着别人不能超过自己,别人有能耐,就想着如何忌妒他;别人立下功劳,就想着怎样埋没他,便说别人不如自己,即使别人有什么好处,也是极力据为己有。如此损人利己,为所欲为,自然在人群中树立怨恨,积怨太深祸害就酿成了。

【鉴赏】

一个人怀有战胜别人的欲望,未必不是一件好事。但是如果"胜"过了头,就会走向反面,转化为忌妒。就是说,在他的世界里,只能自己胜过别人,而不许别人胜过自己。如果抱着一种"损人利己、不顾天理、无所不为"的人生准则,任凭妒火腹中烧,小肚鸡肠,必然害人也害己。

十二、《三十六计》的名言

《三十六计》是根据我国古代卓越的军事思想和丰富的斗争经验总结而成的兵书,是中华民族悠久文化遗产之一。追根溯源,"三十六计"一语,先于著书之年,语源可考自南北朝时期宋将檀道济。据《南齐书·王敬则传》:"檀公三十六策,走为上计,汝父子唯应走耳。"意为败局已定,无可挽回,唯有退却,方是上策。此语被后人广泛沿用,宋代惠洪《冷斋夜话》中说:"三十六计,走为上计。"到明末清初,引用此语的人更多。于是,有心人便采集群书,编撰成《三十六计》。不过,此书为何时何人所撰已很难确考。

《三十六计》中每六计为一套,共分六套,即胜战计、敌战计、攻战计、混战计、并战计和败战计。它的计名渊源甚广,例如,有的来源于历史典故,如"围魏救赵""假道伐虢"等;有的来源于古代军事术语,如"以逸待劳""声东击西"等;有的来源于古代诗人的诗句,如"李代桃僵""擒贼擒王"等;有的借用成语,如"金蝉脱壳""指桑骂槐"等。其中,每计名称之后的解说,均为依据《易经》的阴阳变化之理及古代兵家刚柔、奇正、攻防等对立关系相互转化的思想推演而成,含有朴素的军事辩证法因素。解说后的按语多引证宋代以前的战例和孙武、吴起、尉缭子等兵家的精辟语句。全书还有总说和跋。

现传《三十六计》的较早版本为1941年由成都兴华印刷厂用土纸翻印而成的本子,封面书写《三十六计》。旁注"秘本兵法"。翻印本上有简短的说明,称原书是手抄本,1941年在邠州(今陕西省邠县)某书摊发现。1961年,收藏者叔和在《光明日报》撰文加以介绍后,又将这土纸本赠给了中国人民解放军政治学院,此后便出现了各种翻印和传抄的版本。

1.瞒天过海,示诚使诈

备①周则意怠,常见则不疑。阴在阳之内,不在阳之对。太②阳,太阴。(《第一计·瞒天过海》)

【注释】

①备:防备。②太:极大。

【译文】

防备周密就容易思想麻痹、意志松懈;司空见惯的事情就不会产生疑惑。阴谋常常隐藏于公开的事物中,但并不与此相对立。最公开的事物中往往隐藏着最秘密的阴谋。

【鉴赏】

兵不厌诈。对于战争必须时刻保持警惕,一方面不因对事情的习见不疑和司空见惯而产生疏漏和松懈,另一方面通过战役伪装以隐蔽兵力的集结和发动进攻的时间等,达到出其不意、攻其不备、克敌制胜的目的。生活不需欺骗,然而战争可以使诈。

2.围魏救赵,分敌攻阴

共①敌②不如分③敌,敌阳不如敌阴。(《第二计·围魏救赵》)

【注释】

①共:集中的。②敌:攻打。③分:使分散。

【译文】

进攻兵力集中的敌军,不如在敌军分散后再攻击。攻击敌军的强盛部位,不如攻击敌军的薄弱环节。

【鉴赏】

战略最重要而又最简单的准则是集中兵力。集中兵力自古以来就是古今中外兵家

诸子百家——兵家

的用兵要诀。克劳塞维茨说:"在决定性地点能够集中多大的兵力,这取决于军队的绝对数量和使用军队的艺术。"毛泽东也说:"战略上以一当十,战术上以十当一。这是我们制胜敌人的根本法则之一。"战争如此,要做成大事也大抵如此。

3.借刀杀人,不自出力

敌已明,友未定,引友①杀敌,不自出力。以《损》②推演。(《第三计·借杀人》)

【注释】

①友:指军事上的盟友。也即除敌我两方之外的第三方中可以结盟的人、集团或国家。②《损》:出自《易经·损》卦:"损:有孚,元吉,无咎,可贞,利有攸关。"意思是,取抑省之道去行事,只要有诚心,就会有大的吉利,没有错失,合于正道,这样行事就可一切如意。

【译文】

敌人的情况已经清楚,盟友的态度尚不明确,这时就应诱使盟友去攻打敌人。而无须自己出力。这是从《损卦》卦义中推演出来的结论。

【鉴赏】

借刀杀人,是指为了保存自己的实力而巧妙地利用敌人之间矛盾的谋略。军事较量常常需要利用第三者的力量,或者采取分化瓦解和积极争取的斗争策略,从而达到借力打力、借刀杀人的取胜目的。

4.以逸待劳,损刚益柔

困敌之势①,不以战。损刚益柔②。(《第四计·以逸待劳》)

【注释】

①势:形势,趋势。②损刚益柔:语出《易·损·象》:"损,损下益上,其道上行。……二簋应有时,损刚益柔有时。损益盈虚,与时偕行。"意思是,《损卦》就是减省卑下一方来满足高贵一方利益,其运行方式为自下而上。……这种用两盆粗食祭祀神灵的做法,一定要相机而行,减损阳刚,助益阴柔也要恰如其时地进行。总之,减损和增益,充实与空虚,都应该顺应天时的变化规律。

【译文】

军事上困扰和打击敌人,并不一定非要直接进攻(而是先避敌锋芒,消磨敌人锐气,再寻找战机,一举破敌)。这是从《周易》损卦象辞"损刚益柔有时"一语中悟出的道理。

【鉴赏】

战争是敌我双方的跷跷板游戏,不是一个人独舞的平衡木。"故善战者,致人而不致

諸子百家 —— 兵家

于人。"孙子所言是说,善于用兵的人总是能调动敌人而不被敌人牵着鼻子走。"以逸待劳"正是实现"致人而不致于人"和"损刚益柔"的有效途径,谁能在布局中先敌而动,以逸待劳,就可能把握主动,从容应战。

5.趁火打劫,就势取利

敌之害①大,就势取利,刚决柔也。(《第五计·趁火打劫》)

【注释】

①害:指敌人所遭遇到的困难。

【译文】

敌人的内部矛盾尖锐,我方就可以乘机出兵攻打他们,以取得决定性的胜利。这是从《周易》夬卦象辞"刚决柔也"一语中悟出的道理。

【鉴赏】

"趁火打劫",其核心内容就是攻击处于混乱之中的敌人,从别人的危急、困境和灾难中获取利益。战争是以取胜为最高目标,为达此目的常是乘人之危、不择手段。所以,我们不能以非战争环境下的伦理标准来评价战争道德。当然,我们可反其意而用之,发挥其注重时机的积极一面。机不可失,时不再来;抓住机遇,争取胜利。

6.无中生有,诳也非诳

诳①也,非诳也,实②其所诳也。少阴,太阴,太阳。(《第七计·无中生有》)

【注释】

①诳:欺诈,诓骗。②实:动词。意即由假到真,由虚到实。

【译文】

人为地制造假象迷惑敌人,假象中又隐藏有真实行动。用假象给敌人形成错觉,又把虚假态势发展至极端,最终转化为真实的进攻。

【鉴赏】

虚中有实、实中有虚,无中生有、有中生无,从而使敌人在不知彼和不知己中丧失战机,每战必殆。抗日战争中的地雷战、地道战就巧妙地运用这种"无中生有"之计,打得日军晕头转向。不过在市场经济条件下。由于法制环境的不健全和人们诚信观念的缺失,"无中生有"竟被某些不法之徒运用到社会经济生活之中,以致假冒伪劣和坑蒙拐骗现象泛滥,给社会的生产生活带来严重的负面影响。诚信缺失,道德滑坡,人心不古,诸如此类,难道不值得我们反省和深思吗?

诸子百家

——

兵家

7.暗度陈仓,示之以动

示①之以动②,利其静而有主③,益动而巽。(《第八诗·暗度陈仓》)

【注释】

①示:给人看。②动:此指军事行动。③主:主张。

【译文】

故意公开显示佯攻的军事行动,利用敌人已决定固守的大好时机,暗中迂回到敌后进行偷袭,乘虚而入,出奇制胜。

【鉴赏】

"暗度陈仓"中或明或暗和或动或静体现了中国古代军事理论的奇正思想。自黄帝以来的古代兵法都主张先正后奇。先仁义而后权谲。曹操认为,先投入战斗的是正兵,后投入战斗的是奇兵;正面作战的是正兵,从侧翼发动攻击的是奇兵。事实上,所谓军事行动的奇与正不在于投入战斗的先后以及正面作战还是迂回侧击。《唐李问对》就认为,奇正之分完全是人为的,应随机应变,以奇为正,以正为奇,从而使敌人虚实不辨,捉摸不透。

8.笑里藏刀,暗有所为

信①而安之,阴②以图之;备而后动,勿使有变。刚中柔外也。(《第十计·笑里藏刀》)

【注释】

①信:使人相信。②阴:暗地里。

【译文】

表面上要做得使敌人深信不疑,从而使其丧失警惕,暗地里我方却另有图谋;事情准备好后再去行动,不要使敌人发生意外的变故。这就是外表柔和而内心刚毅的取胜之道。

【鉴赏】

光明与黑暗、正义与邪恶,既水火不容,又共存共生。人们总是赞美前者,鄙视后者;但笑里藏刀、口蜜腹剑、阳奉阴违、尔虞我诈等这些被善良人们所唾弃的字眼常常正是兵家欺骗敌方、出奇制胜的手段。春秋时期,吴越争霸,越王勾践兵败吴国,忍辱侍吴,最终战胜吴国、称霸江东,而吴王夫差只落得国破身亡的下场。越王所为称不上光明正大,然而他励精图治、卧薪尝胆的精神是值得充分肯定的。

诸子百家 —— 兵 家

9.顺手牵羊,微隙必乘

微隙在所必乘;微利在所必得。少阴①,少阳②。(《第十二计·顺手牵羊》)

【注释】

①少阴:此指敌方小的疏漏。②少阳:指我方小的得利。

【译文】

对方出现微小的漏洞,必须乘机利用,即使微小的利益与胜利,也要志在必得。不要放过对方的细微疏忽,从而为我方争取微小利益服务。

【鉴赏】

看准敌人的空隙,抓住有利时机,即使小小的胜利也不该放过。一失足成千古恨,即使细小的失误也会酿成大祸。它提醒人们做事要谨慎、周密,尽量少出或不出纰漏。所以说:放羊者要谨小慎微,拴好自家的羊;牵羊者也要注重时机,遵纪守法。

10.借尸还魂,不用求借

有用者①,不可借;不能用者,求借。借不能用者而用之,匪②我求童蒙③,童蒙④求我。(《第十四计·借尸还魂》)

【注释】

①有用者:有所作为的人或某种势力。②匪:通"非"。③蒙:卦名。④童蒙:是指幼稚无知、求师教诲的儿童。

【译文】

凡是朝气蓬勃、有所作为的事物,因为难于驾驭,都不能利用;而腐朽落后、没有什么作为的事物,要尽量加以利用。利用没有作为的事物,并不是我求助于愚昧之人,受别人支配,而是支配别人,让愚昧之人有求于我。

【鉴赏】

借尸还魂,原意是说已经死亡的东西,又借助某种形式得以复活。用在军事上,是指利用、支配那些没有作为的势力来达到为我所用的策略。战争中往往有这类情况,对于一些强大势力,往往难以驾驭,很难加以利用。而没有什么作为的势力,则便于利用和控制。即使在我方暂时受挫,处于被动局面的情况下,如果善于利用敌方矛盾,利用一切可以争取的力量,也能够转被动为主动,改变战争形势,达到取胜的目的。"借尸还魂"的现实意义在于:为人处世要自尊自强,不做别人的傀儡,不为别人所利用;面对失败和困境,不轻言失败,而要善于抓住一切机会,变不利为有利,乃至转败为胜。

11.欲擒故纵兵不血刃

逼则反兵①,走②则减势,紧随勿迫。累其气力,消其斗志,散而后擒。兵不血刃③。需④,有孚,光。(《第十六计·欲擒故纵》)

【注释】

①反兵:敌方拼死反扑。②走:跑。③血刃:血染刀刃。④需:卦名(乾下坎上)。意指一种危险存在,必得突破它,但突破危险又要善于等待。

【译文】

攻击敌人过于猛烈,就会遭到反扑;让敌人逃跑,反而会削弱敌人的气势;紧紧地追踪,又避免直接逼近。消耗敌人的体力,消磨敌人的斗志,等敌人兵力耗尽再去擒拿他们。这样,不经过血战就可以取得胜利,这是从《周易》需卦卦辞中领悟出的道理。

【鉴赏】

欲擒故纵,"擒"是目的,"纵"是手段;目的是根本,手段为目的服务。所以说,"纵"不是放虎归山,而是网开一面,以防止敌人狗急跳墙,疯狂反扑。欲擒故纵,寓取于予,或取或予之间彰显智慧。生活中,每个人都面临着这样的选择,如何处理好两者关系是个大学问。

12.金蝉脱壳,存形完势

存其形,完其势①。友不疑,敌不动。巽而止,蛊②。(《第二十一计·金蝉脱壳》)

【注释】

①存其形,完其势:保持阵地原有形貌,完备继续战斗阵势。②巽而止,蛊:语出《易·蛊》:"蛊,刚上而柔下,巽而止,蛊。""蛊"卦为巽下艮上。艮为山、为静、为刚;巽为风、为动、为柔。"蛊"的卦象"刚上柔下",意即高山沉静,风行山下,比喻贤愚得位、事可顺当、功业可成。此计意在制造假象,稳住敌人,暗地转移主力;乘敌没有异动之际,脱离险境。

【译文】

保持阵地原有形貌,完备继续战斗阵势。使友军不会怀疑,敌人没有异动。这是从蛊卦象辞"巽而止,蛊"一语中悟出的道理。

【鉴赏】

中国兵家思想既强调战争道德,反对不义之战,又讲求战争的斗智用谋,主张兵以诈立。战争是敌我双方物质、精神、意志和机智的多重较量。对敌人要善于隐真示假,设计用谋,保存自己,消灭敌人,切不可在作战中采取宋襄公式的"仁义道德"。不过,在儒家先贤荀子看来，"故用国者，义立而王，信立而霸，权谋立而亡"，所以，战场中的权谋和诡诈并不能无选择地适用于国家治理、社会交往和经济活动之中，而是应该因时因地、因人因事而定。

13.远交近攻，上火下泽

形禁势格①，利从近取，害以远隔②。上火下泽③。（《第二十三计·远交近攻》）

【注释】

①形禁势格：受到地势的限制和阻碍。禁，禁止；格，阻碍。②利从近取，害以远隔：先攻取就近的敌人较有利，而越过近敌去攻取远隔之敌则有害。③上火下泽：语出《易经·睽》，睽为卦名，本卦为异卦相叠（兑下离上）而构成。上火下泽（上卦为离为火，下卦为兑为泽），水火相克则又可相生，循环无穷。又"睽"，还有不顺和乖离之意。

【译文】

当受到地理形势限制之时，攻取附近之敌，较为有利；越过近敌去攻击远方之敌。是有害的。这是从睽卦象辞"上火下泽，睽"中悟出的道理。

【鉴赏】

此计运用"上火下泽"相互乖离的道理，说明采取"远交近攻"的不同做法，使敌相互矛盾、乖离，而我则可各个击破。"远交近攻"，大棒和橄榄枝，相互配合运用，不使敌人与自己近邻结盟；对邻国则挥舞大棒，直至武力消灭。相反，如果和邻国结交，恐怕会发生于己不利之变乱。不过，在好战者看来，所谓"远交"也只能是权宜之计。当近邻被消灭，远交之国也就成了近邻，征伐仍将继续。与"远交近攻"相反，还有"远攻近交"，两者大抵是一个民族或国家对待外部世界所采取的战略方针。采取哪种外交战略还得服从一国的整体和长远利益。正如英国外交官哈默·斯顿所说："国家与国家之间没有永恒的朋友，也没有永恒的敌人，只有永恒的利益！"实际上，远交近攻和近交远攻都不是一成不变的，在和平和发展成为世界主题的今天，应该辩证地理解和看待。中国坚持独立自主的和平外交政策，坚持和平发展道路，国家之间反对使用武力或以武力相威胁，正成为维护世界和平的重要力量。当然，现实战争的威胁没有消除，国家利益之争不可调和之时，我们也不能惧怕战争，必定要有以战止战、以战促和的决心和勇气。

14.虚者虚之，疑中生疑

虚者虚之，疑中生疑；刚柔之际①，奇而复奇。（《第三十二计·空城计》）

【注释】

①刚柔之际：语出《易·解》卦："象曰：刚柔之际，义无咎也。"解，卦名。此可解释为：敌众我寡的紧要关头。

【译文】

兵力空虚时,故意显示防备虚空的样子,使敌人难以揣摩,就会使敌方在疑惑中更加产生疑惑。在敌众我寡的紧要关头,用这种阴弱的方法对付阳刚的敌人,这是用奇法中的奇法。

【鉴赏】

说到空城计,人们马上就会想到三国演义中"孔明鸣琴退仲达"的故事。其实,中国古代使用空城计远非诸葛亮一人。自古兵无常势,虚虚实实,变化无穷。在敌众我寡的情况下,偶用空城计便会产生奇妙的功效。它可称得上是一种现代意义上的心理战。心理战是交战双方心智的较量,切不可轻易为之,只能当作缓兵之计。要想真正挽救危局,还要凭借自己的真正实力。人生不可能一帆风顺,可能面临着无数次的风险。一次冒险经历就好比唱了一出空城计。但经验告诉我们,任何人既不可能祈求永远四平八稳,当然也不能天天空城计,步步走钢丝。

第四节 兵家故事

孙膑教田忌赛马

孙膑是战国时期世外高人鬼谷子的弟子,因受同门师兄庞涓迫害,从魏国逃到齐国,投到大将田忌门下。田忌经常与齐威王押赌赛马,每次赌注都是黄金百两。尽管他在战场上叱咤风云,战功显赫,但是在赛马场上却很少赢过。

一次酒席上,田忌和孙膑谈起战略战术,一谈到打仗,田忌便神采飞扬,特别是孙膑睿智的谈吐和惊人的韬略,更使他兴致勃勃。酒过三巡,田忌想起了赛马的事,脸上愁云密布。孙膑觉得纳闷,赶忙问道:"将军,可有什么烦恼之事?"

田忌赛马

田忌沉吟了半天,最后不好意思地吐露了一直郁积在心头的苦恼。

孙膑听他说完后,沉思片刻道:"此事不难,下次您不妨把赌注下大三倍,我保证您能赢!"

田忌半信半疑地问:"您有什么妙计?"

孙膑一副成竹在胸的样子:"天机不可泄露,将军尽管下注就是了。"

到了那天,田忌对齐威王说:"臣与大王赌马总输,我不甘心,今天要千金下注,不知大王允不允许?"齐威王以为他输红了眼,就答应了。田忌当众押了1000两黄金。王公贵族们也笑他:"这次你会输得更惨,看着吧!"

赛马方法是:参赛者都要将各自的马分成上、中、下三等,依次轮赛,上等对上等,中等对中等,下等对下等。比赛完毕,只要你的马能两次名列前茅,你就算赢了。

田忌虽然爽快地押上了赌注,但心里仍然放心不下,愁云不展。这时,孙膑走过来悄声道:"将军,不用担心。您先把您的下等马对他们的上等马,再用您的上等马对他们的中等马,您的中等马最后才用,而他们只剩下等马了。这样一来,您虽输一场,但可胜两场,岂不是稳操胜券?"田忌一听,连拍大腿:"我怎么从来没想到呢?"他连忙吩咐手下,如此这般做了安排。

三场比赛下来,结果不出所料,田忌以两胜一负的战绩赢了齐威王,他顿时满面红光,稳稳地从齐王手中拿走了1000两黄金。

不久,田忌把他赛马上取胜的秘密告诉了齐威王。齐威王赶忙招来孙膑,让孙膑当上了齐国的国师。孙膑在战场上屡屡挫败对手,声名显赫,成为中国历史上最杰出的军事家之一。

围魏救赵败劲敌

公元前353年,魏国决定出兵攻打赵国。当时,魏国有位大将军叫庞涓,他是齐国军师孙膑的同门师兄,精通兵法,谋略也十分了得。他率领军队浩浩荡荡,一直打到了赵国的都城邯郸城下。眼看赵国就面临着亡国的危险,他们连连向齐国求救。

于是,齐威王就叫来军师孙膑,想让他当将军带兵出征。这个想法被孙膑婉言谢绝了,孙膑说:"我受过酷刑,身体有残废,当了大将,恐怕被人笑话,这样不好。"齐威王听了他的话,觉得他考虑周到,很有道理。孙膑见状,就顺势推荐田忌当大将,自己作为军师辅助他,齐威王见孙膑这样谦让,马上就批准了。

田忌接受命令以后,一边马不停蹄准备粮草、军械,一边找孙膑等军师、将领商量破敌的对策。田忌开门见山:"我打算明天一早就挥师邯郸,在城下与魏军决一死战!"孙膑听了,急忙劝阻道:"将军且慢,以我之见,我们不应该去邯郸。"田忌大惑不解,就问:"魏军在邯郸,我们不去那儿去哪里?""将军请听我把话说完,"孙膑冷静地说,"我打两个比方:如果我们要解开乱成一团的绳子,你心急地使劲去扯,肯定是越拽越紧,而如果我们冷静地找出绳子的结头,慢慢顺藤摸瓜,自然会慢慢地解开;又如两个凶狠的人在打架,我们想劝开他们,千万不能自己卷进去和他们打成一团,而要避开双方的拳脚,找个空档猛击其中一个人空虚的腹部,等挨揍的那个人捧着肚子跪了下来,那么原来的局面也就会改变了。"

田忌似乎有点明白了,问:"您的意思说我们现在先不去赵国,是吗?"

孙膑慢条斯理地说:"是的。现在魏国的主力正在一心一意攻打邯郸,自己国内是非常的空虚。我们只要去攻打魏国的首都大梁,占据他们的交通要道,袭击他们守备空虚的地方,那么魏军为了保卫大梁,肯定会马上从赵国撤兵,赶回去抢救。这样,我们既可以解了邯郸之围,同时在魏军回来的路上,我们设下埋伏,他们旅途劳累,经不起打,这样又能狠狠打击魏军。这不是比赶到邯郸去决战要好得多吗?"

田忌连连点头称是，就采纳了孙膑"围魏救赵"的计策，率军直奔大梁。果不其然，当庞涓得到这个消息后，立即丢下了邯郸，慌慌张张撤兵回国解大梁之围，因为他心里非常清楚，国内防御十分脆弱。可是，当魏军赶到半路，却中了孙膑的埋伏。疲惫不堪的魏军刚一交手，就被打得溃不成军。这一仗，庞涓损失了两万人马，自己也险些当了孙膑的俘虏。

诸葛亮斗司马懿

这是一场智慧与智慧的较量，也是一次决策与决策的碰撞！

故事发生在公元234年，蜀汉丞相诸葛亮带34万兵马讨伐魏国，魏国知道后，马上命令大都督司马懿领兵40万迎战。诸葛亮和司马懿是老冤家，互相都知道对方底细，心里都觉得不好对付。两人都不敢怠慢。

诸葛亮分五路兵马，在祁山有利地形扎下十几个营，前后接应，以防不测。司马懿则驻扎在渭水北边，后方也扎营，形成进可攻，退可守之势，准备稳扎稳打。因为蜀军远道而来，比较疲惫，最重要的是粮草难以供应，因此诸葛亮想诱敌出击，速战速决。而司马懿则老练狡猾，看准了对方的劣势，在两次小规模交锋后，就躲在深沟高垒里面，索性不出来了。

诸葛亮觉得这样下去不是办法，决定使个"调虎离山"计。他一面让士兵就地生产粮食，一面派人从很远的地方运来粮草，摆出了一副打持久战的样子。刚开始，司马懿还安坐不动，后来看他从远处运粮草，司马懿他们就慌了，觉得这样他们没有了优势，心想"嘿，他们还不走了？"司马懿招来将领们商量，大家一致认为，毁坏蜀军的粮草是当务之急，于是决定行动。

蜀军这一边，诸葛亮料定司马懿想来破坏粮草，就故意用各种方法营造出一片士兵正与当地百姓在屯粮的局面，好让司马懿觉得他们部队分散，营内空虚，没有作战条件。而司马懿是个老谋深算的人，虽然见到这个样子，也还是放心不下，恐怕中了诸葛亮的"调虎离山"计。于是，他也心生一计，来个"声东击西"，他亲自领兵去攻打蜀军祁山大营，但每次都让主攻部队在前面，自己却走在后面作接应，想着等蜀军来救援大营，再趁机捣毁粮草。然而，这一切没有能够逃过诸葛亮的眼睛。当魏军扑向蜀军大营的时候，诸葛亮安排部队装作慌乱无章，各路都来救援的样子，同时派精锐部队一举夺下了渭水南岸的魏营，自己就在屯粮处等着司马懿来捣乱。

再说司马懿果然中招，看到蜀军从四面八方过来救援，立即叫上自己的两个儿子司马师、司马昭率亲信部队杀了过来。然而，魏延在诸葛亮的安排下，边打边撤，把司马懿的部队引进了山谷，魏军一进去，就被蜀军断了后路，截断了山谷口。一时间，蜀军形成了"瓮中捉鳖"之势，大火熊熊，烈焰冲天。司马懿才知道自己上当了。如果不是老天下了一场大雨，恐怕历史上的司马懿三父子就要在这里被活活烧死了。

孔明乘虚夺三城

话说周瑜在赤壁大败曹军后，就乘胜北进，一心要攻取南郡。有一天，忽然听到手下的人上报说刘备、孔明送贺礼来了，他们还屯兵油江口，周瑜马上就明白了刘备的意思。

诸子百家——兵家

他就以回礼为名,与鲁肃带着3000名骑兵赶到油江口去了。

周瑜到达油江口后看见刘备的军队军容整齐,阵势雄壮,心中不免不安了起来。刘备、孔明将周瑜接到军帐中,设宴招待。谈到军情,刘备说:"听说都督也要攻取南郡,我是特地来帮助的。如果都督不要南郡,那么我就要了。"

周瑜一笑:"我东吴一直想吞并汉江,南郡都已经在我手上了,为什么不要?"

刘备说:"话不能这么说,胜败都还不一定呢,我恐怕都督拿不下来。"

周瑜被他这么一激,大声说:"我如果拿不下,那时随便你。"

刘备马上接话:"鲁肃、孔明两位先生也在这里,他们可以作证,都督到时候不要反悔啊。"

话都说出去了,况且当着别人的面也不好收回,周瑜索性就说:"大丈夫一言既出。驷马难追。"

孔明看形势都在掌控中,就连声笑道:"都督十分公正。先让你们去取,如拿不下,我们再去取,有什么不可以!"

周瑜、鲁肃前脚一走,刘备后脚就开始埋怨孔明:"刚才,是先生教我这么说了,可我后来转念一想,觉得不对啊。目前我们没有立足之地,当下之急就是要得到南郡,如果被周瑜给取走了,我们岂不是一场空?"孔明摇着扇子说:"主公不必担心,尽管让周瑜去拿好了,南郡早晚是我们的。"孔明凑到刘备耳边小声说:"只要……"。刘备听完大喜:"就按您说的办!"

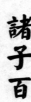

原来,孔明对攻取南郡的整个战局发展过程已了然在胸:料定曹操失败撤回许都前,肯定会对南郡有所安排,求胜心切的周瑜必然中计吃亏。同时也料定,周瑜毕竟不是等闲之辈,吃了败仗一定会想办法报复。好,让他们双方拼杀吧,我在旁边可以乘虚取利。

果然,战争按照孔明的预见进行着。周瑜一去就吃了曹仁的大亏,以后采用诈死之计,引诱曹仁前来劫寨,设下埋伏,用伏兵将曹军杀得落花流水,终于得胜,便得意扬扬地率部往南郡赶去。不料,当他来到城下时,却见城上布满旌旗,刘备的大将赵云已经威风凛凛地站在南郡城头,说:"周都督不要怪罪,我是奉诸葛亮军师之命,已占领了此城。"周瑜很生气,命部下攻城。赵云命城上乱箭射下,周瑜只得气呼呼撤回营寨。谁知探子又来报告:"诸葛亮得了南郡,又拿住陈矫,用兵符冒充曹仁专使,调荆州曹军来救南郡,被张飞乘虚袭取了荆州。"不一会儿,又一探子来报告:"夏侯惇在襄阳,被诸葛亮派人拿了兵符,假称曹仁求救,引诱夏侯惇率军出城,被关云长乘虚偷取了襄阳。"

就这样,孔明乘周瑜和曹仁往来厮杀损兵折将的时候,略施小计,兵不血刃地连夺了南郡、荆州和襄阳三座城池。周瑜气得差点晕了过去。

周亚夫平叛大战

公元前154年,吴、楚等地诸侯王反叛朝廷。危急万分之际,汉景帝刘启想起了父亲文帝临终前的嘱咐:"我死后,如果有什么紧急事故,你可派周亚夫统率汉兵,平定乱事。"汉景帝忙把周亚夫从中尉晋升为太尉,统领全国浩浩荡荡的汉兵,向东进攻吴、楚等七国。

周亚夫风尘仆仆到达淮阳,察明形势后,亲自向汉景帝呈上一份紧急奏章:"吴、楚的军队轻装简从,行动极其神速,无法跟他们正面交战。希望陛下行欲擒故纵之计,暂时放弃保卫梁地,让叛军占领,然后断绝吴、楚的粮道,才能制服这股叛臣贼子。"汉景帝答应了。

周亚夫率兵云集荥阳的时候,叛军正猛攻梁国。梁国告急,屡屡向周亚夫求援。周亚夫却置之不理,偏偏率军向东北驻扎于昌邑城,挖深城池,坚守不出。这下急坏了梁国诸侯梁孝王,他天天派人向周亚夫请求。每次,周亚夫耐心地听完,只是"嘿嘿"笑笑,就是按兵不动。梁孝王恼了,连夜上书向汉景帝告状,说周太尉见死不救!汉景帝也有点着急:"周爱卿太过分了,怎能见死不救呢? 令太尉立即发兵救梁。"

命令传到荥阳军营,周亚夫当着京城使者的面,厉声说:"将在外,君命有所不受。若不能铲除叛贼,周某一人承担罪责!"他仍固守壁垒,使者也只好干瞪眼。

其实,周亚夫也不是什么都没有做。几乎就在同时,周亚夫却已派遣精干的轻骑兵,长驱直入,悄悄断绝了吴、楚军队后面的粮道。吴国军中缺粮,将士们都饥饿难忍,只好屡屡向汉军挑战,汉军就是不见动静。

周亚夫旷日持久的不应战,把吴国军队拖累了,他们急着要寻找突破口。突然有一天,吴王刘濞调兵遣将,围住了昌邑城,开始袭击城的东南角。听完军情汇报,周亚夫又是"嘿嘿"一笑:"刘濞,你瞒得了我? 你在声东击西。你佯攻东南,实欲攻西北!"周亚夫调动汉营士兵悄悄加强西北角的防备。不过一袋烟工夫,吴国精锐部队果真猛攻西北角。周亚夫手下兵将刹那间涌现在城头,矢石如雨而下,吴军哪里攻得进去? 刘濞气得吹胡子瞪眼,手下将士腹内空空,饥饿难当,士气一落千丈,大败而走。

周亚夫长剑一挥,早就准备好的一支精锐劲旅呼啸而出,追击吴兵。吴王刘濞见势不妙,马上抛弃大队人马,只率数千壮士仓皇逃窜。他们直逃到丹徒县,建筑工事,龟缩自保。一个多月后,吴王被越国人斩下了脑袋。吴国叛逆彻底烟消云散。

三个月后,吴、楚等七国叛乱终于平定。汉景帝对周亚夫刮目相看,朝廷文武百官更啧啧称赞:"周太尉当初的弃梁不战,当真是为了保汉平叛大战,确是神机妙算啊!"

贾诩两次追曹军

三国时期,在南阳守卫战中,张绣听从了贾诩的计谋之后,大败曹操。荆州的刘表应张绣之请,乘胜追击,企图要断了曹操的后路。可是曹操也并非等闲之辈,不会任人宰割,在安众一带,曹操施展奇谋,打败了张刘联军。

就在这个节骨眼儿上,曹操有一个谋士叫荀彧,他探听到袁绍要兴兵侵犯许都,派人连夜飞书快报曹操。曹操得到消息以后,是又急又慌,传令全军,即日回师。

不料,张绣的探子也立即得到了曹军的消息,即刻也报知了张绣,张绣听了就要率军追杀。贾诩全力劝道:"如果追杀,我们肯定要吃败仗。"

这时,在旁边的刘表听了就有点不高兴了,不服气地说:"今天如果我们不追曹军,这千载难逢的好机会就会白白地浪费掉! 难道你没听说过,机不可失,时不再来吗?"他竭力劝告张绣率领万余部队一同追击。张绣憋着一肚子气,还是和刘表一起追赶曹军去了,追了十余里路,他们终于赶上曹操后卫。两军就开始接战,没想到曹军表现得十分奋勇,张刘联军难以抵挡,大败而回。

张绣吃了败仗，面对贾诩，十分不好意思，懊悔不迭地对贾诩说："我没有采纳您的劝告，果然败了。"

贾诩却笑道："刚才吃了败仗，但是你们现在可以重整旗鼓再去追杀。"张绣和刘表都大为惊诧，说："军中无戏言！刚才追杀失败，怎么又去追杀？"贾诩严肃地说："你们这次前去必定大获全胜。如果不胜，就杀我的头！"

张绣有了前面的教训，比较相信贾诩的话，胆小的刘表却心有疑虑，不肯发兵同往。张绣就自己率领本部军队前去追赶曹操。接战之后，曹军果然大败，张绣缴获了军马、军械和粮草无数。他正要继续追杀，忽然山后一支军队涌出，拦住去路。张绣不敢恋战，见好就收了。

刘表见状莫名其妙，询问贾诩道："第一次我们用精兵追杀退兵，先生说必败，果然败了；第二次张将军用败兵追杀胜兵，先生说必胜，果然胜了。两次结局都在先生预料之中，这是为什么啊？"

贾诩笑着说："道理很容易啊。将军虽然善于用兵，但并非曹操对手。曹操精通兵法，他虽然败退，但为了防止追军是肯定会部署精兵强将殿后的。第一次去追击，我军虽然精锐，却打不过他的劲旅，所以我知道必败。我料到，曹操之所以急急忙忙退兵，必定许都有突发情况等他回去处理，他打退我们追兵后，当然轻车简从，火速赶回许都，不再作防止第二次追杀的准备，我军乘其不备再予追击，所以必定能取得胜利啊。"

刘表、张绣听了，都佩服得五体投地。

陈轸坐山观虎斗

战国时期，韩国和魏国互相攻伐，打了整整一年，战争还没有停止。

秦惠王想要使这两个国家不要再打了，却没有好的办法，于是他召来群臣问道："我想使韩魏两国停火，你们认为怎么样？"

对此，有的人表示赞成，认为应该和平共处；有的人则觉得事不关己高高挂起。意见不统一，并且没有什么好的建议可以供采纳。

有个楚国人叫陈轸，他说："大王想统一天下吗？"

秦王一听这话来了精神，说："当然想，您有妙计吗？"

陈轸说："妙计谈不上有，不过我有个故事，也许对您有所启发。"

秦王颇感兴趣，说："很好，你讲吧。"

陈轸于是讲了起来——

春秋时期，鲁国有个武艺高强的人叫卞庄子。一天，他到一个地方住宿，听说当地有两只老虎，经常出来伤害家禽，甚至咬伤、咬死人。卞庄子仗着一身好武艺，决定要为民除害。他带了一把寒光闪闪的青铜剑，就要上山找老虎。旅店里有个年轻人也要同去。

他们走啊走，来到一个山谷，忽然看见两只老虎正在争着吃一头牛，这两只老虎虽一大一小，但是争夺猛烈，互不相让。卞庄子见状，拔剑就要冲上去。年轻人说："大哥，不要性急，你看它们都想吃，一定会打起来，还会互相撕咬，小的就一定会被咬死，大的也一定会被咬伤。到时候，你再冲上去，对付一只受伤的老虎，不比同时对付两只健壮的老虎省力得多吗？"

卞庄子连连点头，两人就在树丛里躲了起来。过了一会儿，两只老虎果然为了抢食物斗了起来，又是剪，又是扑，又是抓，又是咬，斗得飞沙走石，尘土飞扬。渐渐地，小老虎支持不住了，咽喉一口被大老虎咬破，一会儿便死了。大老虎也被咬得遍体鳞伤，倒在地上动弹不得。这时候，卞庄子瞅准机会，猛扑过去，一剑刺中老虎要害，大老虎还没反应过来，就断气了。

陈轸讲完故事后说："如今，韩国和魏国互相攻打，一年还不停，这样，他们之间必定互有损伤。您如果想完成统一天下的大业，就让他们继续打下去，到他们伤亡惨重的时候，再出兵征讨，这样就能像卞庄子刺虎那样，一举两得并不费吹灰之力了。您觉得呢？"

野心很重的秦惠王微笑着点点头，决定不去解救他们。最后，魏国受了损伤，韩国被打得破败不堪，秦国军队这时趁机大举进攻，一下子就夺了好几个城池。

郭谋士隔岸观火

袁绍在仓亭被曹操大败后，逃到冀州养病，因为心情极度抑郁，终于得病身亡。他临死前，将小儿子袁尚立为继承人，委任为大司马将军。

而曹操这时斗志昂扬，亲自率领大军前去讨伐袁氏兄弟，想一举平定河北。曹军因为连连得胜，打起仗来势如破竹，短时间内攻克了黎阳，还很快兵临冀州城下。袁尚、袁谭、袁熙、高干等带领四路人马合力坚守，曹军多次进攻，仍然没有太大的收获。

军队不能打消耗战和疲劳战，这是兵家大忌。这时的曹操心中很是不快。曹操有个谋士叫郭嘉，他看到曹操愁眉不展，心里猜出了七八分，就跟他说："丞相不必烦恼，我们是有优势的。"

曹操一听还有下文，就让他继续说，郭嘉娓娓道来："袁绍废除长子继承权。让小儿子坐上老大的位置，真正的老大肯定不服气，少不了兄弟之间的权力斗争。我们如果急攻，他们就会团结相救；我们如果缓攻，他们就会相互火拼。我们不如且等着拖着，看他们起内讧。趁这个时机，撤回军队到南面去进攻荆州的刘表，等袁氏兄弟内部发生事变，我们再回过头来打他们，我敢说不费吹灰之力，就可以平定河北了。这叫作'隔岸观火'。"

"所言极是！"曹操听了觉得很有道理，留下贾诩守卫黎阳，曹洪守卫官渡，自己率主力南征刘表去了。

果然不出所料，曹操刚撤军不久，袁氏兄弟见战况稍有所缓和，就开始争权。大儿子袁谭不服父亲的安排，同弟弟袁尚为争夺继承人位置动起刀枪，互相残杀。袁谭打不过袁尚，便派人向曹操求救。

曹操就再次出兵北进，杀死袁谭，打败袁熙、袁尚，很快占领了河北。

可故事到这里还没有结束。袁熙、袁尚被打败后，他们又逃往辽东投奔了公孙康。对此，夏侯等人主动请缨："辽东太守公孙康，长期以来不服我们，两袁去了，还不是如虎添翼吗？他早晚是个后患，我们不如乘胜追击，占领辽东。"曹操笑道："不必麻烦诸位将军了。几天后，公孙康自会送来两袁的头颅。"诸将都不相信。但是没过几天，公孙康果然献来了两袁的头颅。众人大惊，佩服曹操料事如神。曹操却说："这都是郭嘉的功劳！"

原来，郭嘉前不久病死，死前曾写了封密信交给曹操，信中说："两袁投奔公孙康，您

诸子百家——兵家

千万不要去进攻。因为公孙康一直忌怕袁家吞并辽东，二袁去投奔，他心里面肯定是有疑虑的。如果丞相去进攻，公孙康就会和二袁结盟拼死抵抗。如果暂时缓兵不动，日子一长，公孙康与二袁必相火拼，那时候就是我们的大好机会了！"大家见了郭嘉的亲笔信后，纷纷惊赞道："这是又一次'隔岸观火'！"

郭嘉真是天下奇才，只不过死得太早了。这也是曹操的遗憾之处。

宋太祖雪夜定江山

五代末期，赵匡胤"陈桥兵变"后，穿上黄袍，摇身变成了北宋的开国皇帝宋太祖。他当了皇帝后，更加雄心勃勃，一心要统一江山。在当时，北宋只是占据中原，北方还有辽国、北汉，南方更有南唐、吴越、后蜀、南汉和荆南等。该从哪里下手呢？到底是先南还是先北，宋太祖举棋不定。

一天夜晚，雪下得很大，宋太祖又一次为了这件事情失眠了。睡不着觉，他索性就起床想策略，想不出来，就叫上弟弟赵匡义，一起去找宰相赵普。到了赵普家，赵普都惊呆了，心想："皇帝这么晚了，天还下这么大的雪来敲自己家的门，肯定有什么大事吧。"

刚进屋坐下，暖和一会儿，宋太祖就开门见山地说了："江山没有统一，叫我怎么安心睡得着觉？"

赵普心里明白了，问："那陛下您有什么打算呢？"

宋太祖说："山西北汉为了跟我们作对，投靠了契丹人建立的辽国，互相称呼为皇叔侄，真是气死我了。我想先进攻太原，攻下他们的都城再说。"

赵普沉默片刻说："恐怕不妥，我跟你想法不一样。"宋太祖忙问他想法，他说："如果我们先打北汉，辽国就马上会成为我们最强大的威胁！到时候，他们南下攻打我们，我们双面受敌，抵御很麻烦。还不如先攻打南方的几个小国家，发展壮大我们的势力，再回过头来攻打北汉。北汉不过是个弹丸小国，晚点打也不迟。"宋太祖一听他是这个意思，长吁一口气。

原来，宋太祖也早有这个想法。早在周世宗的时候，谋臣王朴就向周世宗建议过，"如果要统一天下，应该先攻打江南，江南一收，巴蜀就不远了；南方一平定下来，北方就会看着我们的壮大声势，主动依附了。"宋太祖也赞同这个说法，只是不敢轻易妄自下决定罢了。

这样一来，就在这个风雪交加的深夜，"先南后北"的方略就敲定了下来。事实证明，这个做法是正确的。宋太祖花了十三年的时间，软硬兼施，威逼利诱，相继收服了南方诸国。宋太祖又立即攻打北汉，辽国果然前来相助，宋军吃了败仗，壮志未酬的宋太祖也没有看到统一的那天就病逝了。他的弟弟赵匡义继承皇位，就是宋太宗，他攻打北汉，辽国又来援助，宋太宗截断援助的路线，使得北汉孤立无援，不得不降服了。只是，辽国太强大，难以攻破，北宋对辽国后来一直采取防守的策略。从这一点也可以看出，当时他们的决策是正确的。

韩信木罂渡军计

汉高祖二年的一天，刘邦在荥阳宫大发雷霆，气得直哆嗦，吓得手下连大气都不敢

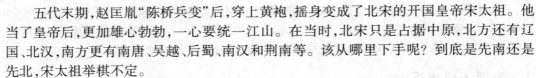

出。为什么汉高祖这么生气呢？他在生谁的气？

原来，已经归顺于汉的魏王豹，看到刘邦在彭城之战中被项羽打败了，就起了逆心，不想跟着刘邦干了，于是编了个理由，说是要回老家探望母亲，但他是一去永不回。魏王豹一回到封地，项羽就派人去游说了，叫他跟自己联合对付刘邦，一起干一番事业。魏王豹本来就有这个心思，于是他们一拍即合，决定叛汉联楚。魏王豹点起10万人马，把守平阳关，截断河口，抗拒汉军，还打算就此跟楚、汉形成"三分天下"的局面。

刘邦实在容忍不了这种事情，并且意识到这种苗头必须被克制住，以给他的手下和子民们一个交代。于是刘邦决定要去攻伐魏王豹。

听说这件事情以后，谋士郦食其谏道："我跟魏王平时有点交情，不如我先去劝他一劝，如果他仍然不服，大王再发兵也不迟。"刘邦同意了。郦食其火速赶到平阳，见到魏王豹，反复跟他说明了利害关系，劝他现在回去归附汉王，一切还来得及。

魏王豹仗着自己手下10万兵马，很不屑地说："汉王把诸侯和臣下都看作奴仆一样，今天骂，明天骂，你们受得了我可受不了！请先生别来游说了！"

郦食其碰了一鼻子灰。刘邦见状，不禁气得七窍生烟，马上任命韩信为左丞相，和灌婴、曹参统帅10万大军渡河击魏，开辟北方战场。魏王豹闻讯，把重兵调集到蒲坂，封锁了黄河渡口临晋关。韩信来到临晋关，派人一侦察，发现对岸全是魏兵，只有上游夏阳地方魏兵不多。

于是韩信决定在夏阳渡河。可是，这么多的人渡河需要大量的木船，而他们只有100多只，远远不够用。怎么办？临时造船显然不可能，可是战机是不等人的，一旦失去以后，就可能影响到整场战争的胜负！事关重要，必须马上渡河！韩信灵机一动，一边马上派人砍伐木材，一边想起了一种小口大肚子的瓶子（古时候叫罂），便叫人四处大量收购。

他这么一做，灌婴和曹参还不是很明白韩信买罂的用意，就请他解释。韩信说："把几十只口小肚大的瓶子封住口，排成长方形，口朝下，底朝上，用绳子绑在一起，再用木头夹住，叫作'木罂'，用它做成筏子可以比一般筏子多载人啊。"灌婴和曹参连声称妙，好不佩服，就各自带着人马去忙着伐木购瓶了。不到几天工夫，一一准备齐全。

等一切准备停当，韩信命令灌婴带领一万兵马和100多只船，在临晋关黄河的对岸排开阵势，假装要渡河的样子。魏王豹率领重兵虎视眈眈，严阵以待。谁料想，韩信和曹参却偷偷地带领大军连夜把木罂运到了夏阳。

陈平白登解围计

汉高祖七年，汉朝新建，由于忙于安抚国内，没有时间顾及塞外，匈奴就趁机南下。这一年冬天，警报像雪片一样飞入关中，刘邦率兵20万亲征，北进到平城的时候，被匈奴冒顿单于40万精锐困在白登山，刘邦被包围了，进退两难，还好山势险要。匈奴人虽然一时没有攻上山去，但他们派几万人围住白登，其余的三十几万兵马分头在要路口上拦截后面的汉军。这样，白登山上的汉军就成了一支内无粮草、外无救兵的孤军了。

当时正值寒冬，连日雨雪不断，刘邦和将士们都饥寒交迫，危在旦夕。到了第7天早上，刘邦、陈平正在山上瞭望，忽见冒顿单于和新得的王后阏氏一起骑马进进出出，一打听，原来他对阏氏宠爱有加，在打仗时也把王后带来了。陈平心想，原来冒顿虽然能打仗,却也不免被妇人美色迷惑,能不能从王后身上下手呢? 他猛然想出一条妙计。

第二天,趁着大雾,陈平派使者去见阏氏,使者带去了许多的金银珠宝,一路上,使者用黄金买通了匈奴将士,所以很快见到了匈奴王后。阏氏毕竟是女流之辈,一看到黄金和珠宝,不禁心花怒放,爱不释手,便收下了。使者看到时机成熟,递给阏氏一幅画,阏氏打开一看,只见画上画着一个绝色美女,这个美女子,眉似初春柳叶,脸如三月桃花;玉纤纤葱枝手,一捻捻杨柳腰;满头珠翠,引得蜂狂蝶乱;双目多情,令人魂飞魄舞。匈奴王后也看痴了,心里面酸溜溜的,很是嫉妒。使者看到阏氏的脸色,故意小声说:"中原皇帝恐怕匈奴大王不肯退兵,就准备选中原最漂亮的女子献给匈奴大王。这是她的像,先给大王看个样子。"阏氏一听,忽然心里一惊:要是单于得了这天下第一号美女,从此我不要被冷落了吗? 忙对使者说:"这个就不用了,请转告汉帝,我一定请单于退兵回去。"

当晚,王后见到冒顿单于,装出一副楚楚可怜的样子,含着眼泪说:"听说汉军的几十万大军明天就要到了,我们还是撤兵吧。再说,汉、匈相争,拼个你死我活的,又能怎么样呢? 赢了还好,如果输了,到时候我们就不能在一起享受现在这样的安乐日子了。"阏氏越发哭得伤心,冒顿单于一时也不知如何劝慰王后,第二天就传令撤兵了。

陈平就是使用这样的妙计,把一场大难化于无形之中。

周瑜火烧赤壁计

曹操在官渡战胜了大军阀袁绍后,统一了北中国,势力日益强大。接着又占领了荆州,起用善于水战的荆州降将蔡瑁、张允,积极操练水军,准备灭吴。

曹军中有个名叫蒋干的人,与东吴都督周瑜有些旧交,向曹操请求去东吴刺探军情。蒋干到了吴营,周瑜察知他的来意,便假造了一封蔡瑁、张允的投降信,信中声言:"不久将献上曹操的脑袋。"蒋干当即偷了这封假信,不辞而去。曹操见信,一怒之下,竟不加查究,杀了蔡瑁、张允。

曹操后来察觉到是中了周瑜的反间计,非常后悔。因为曹军大多是北方人,不惯乘船,渡江中战船摇荡不定,不少将士都得了病,熟知水战的蔡瑁、张允一死,更难训练。

周瑜派庞统假意暗投曹操,"献计"道:"把战船每30只至50只用铁环连锁成排,如此一来,不惯乘船的北方士兵就不怕水上颠簸了。"曹操认为,假如敌人用火攻,就无法躲避了。庞统说:"用火攻须凭借风力,现在正是严冬腊月,一刮起风来,十之八九是西北风,咱们在北岸,东吴在南岸,他们用火攻,不是自己烧自己吗?"曹操中了庞统的连环计,将战船用铁锁联结起来。但由于没有内应,孙刘联军无法接近曹操的船只放火。

一天,周瑜召集将士们,叫他们准备三个月的粮草,一定要把曹军打回去。老将黄盖劝告周瑜归顺朝廷,两人争吵了起来。周瑜气得喝令将黄盖推出去斩了! 将士们苦苦央求,请求从宽处罚,周瑜便吩咐左右把黄盖重打五十军棍,打得他皮开肉绽,鲜血迸流,当场昏死过去。全军上下都暗暗叹息。

第二天,黄盖就派心腹送信给曹操,说他受不了周瑜的气,准备投降曹操。曹操派人打探,听说黄盖确被周瑜打得死去活来,就眼巴巴等着他来投降。过了五六天,黄盖又去一信,说:"周瑜防备严密,一时脱不了身。这几天当中将有运粮船到,江面由我巡查,到时候船上插着青龙旗的就是粮船,也就是投归朝廷的船。"曹操大喜,但他哪里知道,这是黄盖的"苦肉计"。

黄盖骗取曹操的信任后,准备了几十只大船,船上装满了干草、芦苇,灌饱了膏油,上面盖着油布,船头插着青龙旗。一切布置停当,请周瑜检查。那天正刮着大风,水花直打到岸上来。周瑜看着看着,突然头晕眼花,差点倒下。回到营里,就病倒了。

在东吴游说孙刘联盟的诸葛亮这时前来探视,说:"我有药方,可以给您顺一顺气。"说完写了16个字:欲破曹公,宜用火攻;万事俱备,只欠东风。

周瑜说:"您既知我的病源,该怎么治,请赐教!"

诸葛亮说他有借风的法术,便叫人搭起法坛,故弄玄虚,祭天借风。其实诸葛亮懂得天文。旧说"冬至一阳生",此时阳气初动,会刮东南风。

果然,到了冬至那天,刮起东南风来了。黄盖又去了一封信给曹操,约定当晚带几十只粮船到北营投降。晚上黄盖率一队快船直扑曹营。曹操正端坐帅船静候佳音,忽听一声锣响,水面上霎时出现十几条火龙,"连环船"不能躲避,烧成一片火海。孙刘大军乘机全线出击,打垮了曹操的几十万大军。曹操带了一些残兵败将落荒而逃。赤壁之战后,曹操势力削弱。于是,魏、蜀、吴三国鼎立的局面便形成了。

刘国杰布铁钉阵

公元1301年,贵州彝族土司之妻蛇节举兵反叛元朝。元朝统治者知道这件事情以后,就派湖广行省平章(官职名)刘国杰领兵前往平定叛乱。

刘国杰领命以后,就率领大军浩浩荡荡奔赴那里,此时正是隆冬时节。

其实,刘国杰对蛇节的部队并不是十分了解,蛇节部队所在处是山区,也不为外人所知。刘国杰可能认为自己领的是正规军,打这些"土匪"没有问题,所以有些轻敌。可是,当两军已经在战场上摆开阵势,准备交手时,刘国杰才着实大吃了一惊:蛇节起义军大多是精锐骑兵呀!但是一切都有点晚了,说时迟那时快,对方雄健的战马昂首长嘶,万马奔腾,直扑过来,大有压倒一切之势。刘国杰的部队一下子被蛇节的骑兵击得溃不成军。

第一仗就打败了,并且还败得很惨,刘国杰返回军营后,心里很不是滋味:"这么多的好士兵给马践踏为泥,无脸对江东父老啊。"但他在这些打击面前,没有过于悲伤,马上就表现出了一名指挥员的冷静。他开始沉思了一会儿,突然眼前豁然一亮:"敌军多马,不正好巧用盾牌吗?"他还进一步考虑到,光用普通的盾牌是没有太大的杀伤力的,必须要在兵器上做点文章。

很快,他就命令士兵们搬来一块块盾牌,一扎扎大铁钉。"砰砰砰!"这锤子声音响了半天后,5000块盾牌上面都钉满了大钉子。

刘国杰一声令下,5000名精壮士兵集合在他面前。刘国杰高声发布命令:"你们的任务是每人拿一块敲上大钉的盾牌,看我的令旗挥动,见机行事!"

第二次交战开始了,两军刚一接战,刘国杰突然举起红色令旗向后一挥,手下士兵像潮水般向后面退去,本来在最前面的5000名持盾牌的士兵,一下子成了断后之兵。他们连打连退,到了一定时机,装作很害怕,怪叫着纷纷扔下盾牌,夺路而逃。那样子像是惊慌失措,可蛇节部队怎么也没有注意到,这些士兵逃走的时候,把5000块盾牌都是钉尖冲上搁在地上的。

蛇节手下将士正打得过瘾,看见对方溃败,欣喜若狂,哪有不乘胜追击的道理,于是就急急忙忙策马追来。那些马快如闪电冲出,一时收不住脚,一匹匹相继踏在盾牌钉子上,这下子,雄壮的马被扎得全都栽倒在地,连连惨叫。一大半骑兵都从马背上摔了下来,有的互相踩踏,有的被马踩死了,场面很是混乱。

刘国杰见时机已到,令手下勇士敲响战鼓。"咚咚咚!"鼓声震天,刘国杰军队乘机回攻,就这样,他们大败了蛇节军队。

岳飞大破铁塔兵

岳飞是我们从小就熟知的民族英雄,他以母亲在背上刺的"精忠报国"四个大字为做人原则,率领岳家军抗击金兵,受到了人们的爱戴和敬仰。

他是一个勇士,也是一个讲究战术的好指挥员。

南宋初期,岳飞把金兵打得大败,金军统帅兀术对岳飞恨得咬牙切齿,时时刻刻都在找机会,想集中力量,一举歼灭岳家军。

有一次,金兀术听说岳飞驻在郾城,当时手下只带了数量很少的轻骑兵和步兵,他觉得是个极好的机会,就对手下几个大将说:"我要把铁塔兵、拐子马全带上,杀了岳飞,并将他碎尸万段,以消我心头之恨!"

所谓的"铁塔兵",是金兀术的亲随卫队,都是他亲手从金军部队里百里挑一选出来的彪形大汉,这些人骑的马特别结实,装备也很先进,他们头戴铁盔,脸罩铁网,身披铁甲,脚穿铁靴;坐骑也跟人一样,从头到屁股,全盖着铁马甲,只有四条腿因为要跑路,才不得不露出马脚,从上到下,都被裹在铁甲里面。铁人骑在铁马上,远远望过去,真像一座座铁塔,因此被称之为"铁塔兵"。

所谓"拐子马",是跟铁塔兵相配合的左右两翼的轻骑兵。士兵勇猛,马步迅速,铁塔兵在正面厮杀时,它飞快地从两边出动:要是对方人少,就实行包围;人多,就冲击左右。铁塔兵加上拐子马,看着就先让对手害怕几分,他们打起仗来,就好像一柄大铁锤,左右两根狼牙棒,所向披靡,实在厉害极了。

可是,岳飞不怕他们,他早已成竹在胸。

就在金兀术带领一万五千精锐骑兵逼近郾城时,岳飞正把几千将士集中进来,讲述他的战术:"铁塔兵身躯虽然高大,但是笨重;铁甲尽管坚固,那四脚却露在下面。这正好是咱们的盾牌军的用武之地;只要把四只马脚中的一只砍断,整座铁塔就坍啦!再说那个拐子马吧,凶就凶在两翼出击,气势汹汹,咱们干脆全部冲进敌人的中间去,叫拐子马扑个空。等它回过头来,已经丧失了锐气,就跟普通骑兵差不多啦!"

留驻在郾城的岳家军步兵,号称"盾牌军",作战时一手持盾牌护着身子,一手握着麻札刀砍杀敌人。等到两军在战场上相遇时,盾牌军就照岳飞教的战法,对准铁塔兵的马脚,一顿"噼里啪啦"砍将过去,马脚被砍掉后,铁塔兵一个个从马背上摔到地上,很快就被消灭了一大半。岳飞见盾牌兵得胜,立即率领全体精骑兵,像旋风一样冲进了金军阵列。那金兵的拐子马扑了一个空,等它回到自己的阵内,已没有什么威势了。

就这样,岳家军大破了铁塔兵和拐子马。

丛兰田埂边投毒

明代正德年间,蒙古族经常侵扰宣府、怀安等地,那里的人民怨声载道,怨苦难解,一封封告急文书不断送到朝廷,朝廷知道以后,当然不会坐视不管。公元 1511 年秋,就在蒙古小王子又一次向边境发起大举进犯的时候,朝廷委派丛兰率领大军前往抗敌。

一天,丛兰的部队赶到了平虏城南。已经是中午了,部队有些疲顿,于是丛兰按计划命令部队原地休息,补充食物。"停止前进,原地休息,埋锅做饭!"传令兵在队伍前前后后接口喊着。于是,部队在一大片刚刚经过劳作的农田的田埂边,准备架锅造饭。

丛兰也下了马,支起右手遮住阳光,打量着眼前广袤的田野,一种对饱受侵扰之苦的农民的悲悯之心,与对入侵的异族敌人的痛恨之情愈益似烈火焚心。"唉!战争总是令老百姓们遭殃啊!"他长长地叹了口气。"咦!"现下又该是耕耘和播种的时节了。可是,为什么田间地头就没有几个农民呢?"丛兰经过认真观察后,心里很是纳闷儿。

原来,为了躲避兵灾,这一带的农民竟不敢下田劳作,有的田里刚刚翻耕好,有的田里才播种了一半,听说又要开战了,就都扔在那里不管了。丛兰看到这里很伤心,他把目光向右看,突然发现,居然有一个不怕死的老农在耕作。过了一会儿,他又看到一个老妇人远远地走向那个老头。老妇手里提着一个竹篮子,看样子是给老头儿送饭的。这幅画面是那么的和谐,丛兰看着,像在欣赏一幅杰作。

"大人,开饭了。"亲兵过来提醒丛兰。

"噢,不,不准开饭。"丛兰突然像悟出了什么,他急切地发布命令道:"传我命令,把所有的饭菜下毒,乱放在路边。"

"什么?"传令兵一下子没有反应过来。

"照办!"丛兰重复了一遍命令,不容置疑地说。部队接到命令后,马上照办了。"队伍成口袋状朝北散开,埋伏起来,准备战斗。"丛兰接着又发布了新的命令。

不一会儿,只见北方尘土飞扬,远远地可以看到一队蒙古兵骑马奔来。来到近前时,他们从地上发现了什么,纷纷跳下战马,带着疲惫的神情,争抢起田埂边的饭食来。他们以为这些饭菜都是在田里干活的农民仓促逃跑时遗留下来的,因此一个个狼吞虎咽。可是,不一会儿,就一个个捂着肚子在地上打滚了。

明军一看时机成熟,立刻发起围攻,很快就歼灭了这帮入侵者。

陆逊火烧连营计

关羽大意失荆州后,败走麦城,被孙权活捉斩首。消息传到成都,刘备挂孝痛哭。他为给关羽报仇,不顾别人劝阻,率领蜀国精兵 75 万,亲自东征孙权。刚开始,蜀军势如破竹,直达彝陵等地区,深入吴境 600 里,把东吴都吓坏了。危难之际,孙权大胆起用年轻的陆逊为大都督,率军赶往前线迎战。

陆逊到任后,细致地分析了蜀、吴两军兵力、士气、地形等各方面的情况,决定先避一避蜀军的锋芒,不跟他们打,缓一缓他们的锐气,等待时机。很多人这个时候都以为他怯懦,笑话他,陆逊不放在心上,有主动请战的,都被陆逊厉色阻止了。结果形成了两军对峙不战的局势。

时间过得很快，马上就从春天到了夏天，蜀军长时间不打仗，当初获胜以后的劲头也没有了，还渐渐懈怠了起来。加上夏日炎炎，酷暑难耐，蜀军士兵又热又渴。刘备看到这样的情况，就传令全军移驻于山林茂密之处、溪河池塘之旁纳凉，在长江两岸树栅连营扎寨，纵横700余里，分作40余屯。

陆逊

陆逊探听到这个情况，心中大喜："他们果然中计了！蜀军已经开始懈怠，更重要的是军队铺开驻扎于地形复杂、草木丛生的地方是兵法的大忌，我可以动手了。"他马上与部将商量："我受命以来还没有打过一仗。现在我要袭取蜀军江南岸第四营，谁去？"大小纷纷请战。可是在众多人选中，陆逊单单挑选了不怎么厉害的淳于丹，让他带了五千兵马去，随后又叫徐盛、丁奉接应，他们就去了。

淳于丹在一个晚上攻击蜀寨，果然打不过蜀军，自己受了伤，部队也大败而逃，亏得半路被徐盛、丁奉救回。陆逊知道以后，很多人都说："蜀兵实力雄厚，我们恐怕很难打赢啊。"陆逊胸有成竹地说："我们就要大功告成了，不必忧虑。"

再说刘备听到江南四营打了胜仗，心里高兴，更不把陆逊放在眼里。

而陆逊却调集兵马从水路进兵。他料定次日东南风大起，命令各船装载茅草引火物，韩当率军攻江北岸，周泰率军攻江南岸，每人手拿茅草，内藏硫黄硝药，带足火种，当然也拿刀枪兵器，见到蜀营就顺风举火。蜀营40屯只烧20屯，间隔一屯烧一屯。部将奉令各自行动。

次日夜晚，刘备在御营忽见军旗无风自倒，便问部将："这是什么兆头？"

部将说："吴兵会不会来劫营？"

刘备冷笑道："昨天已杀败他们，还敢再来吗？"

初更时，东南风大起，探子报告御营左屯起火。刚要救火，御营右屯又起火。风紧火急，树木全都烧着，四下里都是吴兵冲杀喊叫的声音。这一下来得太突然了，蜀军顿时大乱，士兵们为逃生，自相践踏，乱成一片，光自己人互相踩就踩死了不少。刘备率领残兵败将逃走，幸而被诸葛亮预先派出的赵子龙半路接应，才幸免于难。

裴行俭粮车藏兵

故事发生在唐高宗调露元年。一天，唐朝的单于都护（官职名）萧嗣业的粮车正在道上缓缓行走，忽然，突厥首领阿史德温傅率领一支叛军呐喊着冲杀过来，杀死了这些押车的唐军，夺走了粮车。

第二年，唐高宗任命裴行俭为定襄道行军大总管（相当于元帅），率军前去讨伐突厥人。

裴行俭领兵来到朔州时，叫士兵拉来300辆大车，又挑选了1500名手持大刀强弩的精兵，对他们说："以前萧嗣业的军粮大多被突厥人抢劫去了，所以兵败。现在，突厥还会来这一套的，我们要出其不意，方能打败敌人。"这些精兵领会大总管是将计就计，镇静地藏进粮车之中。裴行俭又让一支部队埋伏在粮车必定经过的险要之处，等待战机。

再说一支突厥的部队远远望见唐军的运粮车又到，喜出望外地说："唐军又送粮上门啦！"于是闪电般冲上前去。押车的都是老弱残兵，一见来势凶猛的突厥兵，故意惊慌地丢下"粮车"。抱头而逃。

突厥兵兴高采烈地驱赶着"粮车"凯旋而归。来到一个碧泉涓涓流动、绿草生意葱茏的地方，他们解开马鞍，让马去喝水吃草。

突厥兵说："现在让我们看看有多少粮食吧。"

于是，他们纷纷放下手中的刀枪，准备去打开粮车。

这时，粮车突然打开，从车中跃出一个个骁勇无比的唐军，突厥军大惊失色，一时手足无措，当场就被砍下无数脑袋。剩下的赶忙夺路而逃。窜到险要之处，猛听得一阵鼓声，又闪出一支唐军，前后夹击，把这批抢粮的突厥兵杀死大半。后来突厥兵再见到运粮车，就不敢轻易接近了。于是，裴行俭运粮畅行无阻，粮草充足，终于打败了敌人。

张巡草人借箭计

公元756年的一天，身穿盔甲的唐朝真源县县令张巡，在雍丘城的城头上巡视。城中只有千余守卒，而城下却有4万敌军。雍丘十万火急！

身为唐朝臣子，张巡誓与雍丘共存亡。去年——公元755年，爆发了安禄山、史思明之乱，10万叛军攻占了都城长安，皇帝唐玄宗逃往成都。张巡没有临阵脱逃，而是去攻打真源县附近的雍丘县城，因为雍丘县令令狐潮投降了安禄山。张巡占领了雍丘，却被令狐潮的叛军重重包围了。

血战两个多月，雍丘的城墙虽然有些破损，站在城头上的守军一个个眼窝深陷，布满血丝，但他们都抱着拼死一战的决心。

张巡在城头上巡视了一番，了解到大家手中的箭都差不多用完了，这对守城是不利的。他正在冥思苦想，忽见一个不肯下火线的伤兵坐在一个稻草捆上休息，他盯着稻草看了一阵，忽然有了主意。

月亮升上冷清清的天空，朦胧的月光安抚着战后的大地。夜，一片宁静。叛将令狐潮睡得正熟，忽然一个部将把他叫醒了："报告，雍丘城头上有情况！"

令狐潮披衣而起，借着月光向城头望去。果然隐隐约约见静悄悄的城墙上，有无数身穿黑衣的士兵从城头上沿着绳索滑下城墙。"哼！张巡想来袭营！"令狐潮判断道，于是下令弓箭手对准黑影万箭齐发。射了好久好久，黑影终于全掉到了地上，令狐潮正要命令停止射箭，却见那黑影又起身，纷纷往上爬，令狐潮忙又命令弓箭手继续给他们一顿乱箭。这样一直折腾到天蒙蒙亮。令狐潮这才看清，吊上城头的"士兵"原来是身穿黑衣的稻草人。

张巡用"草人借箭"之计，白白赚了令狐潮几十万支箭。

几天后，又是月夜，张巡把500勇士缒下城去，令狐潮的哨兵以为又是"草人"，不再去报告主将。谁知那500勇士下得城后,匍匐着摸到敌营,一个偷袭,杀死叛军无数。令狐潮慌乱之中顾不得部队,自己先逃。部下也跟着逃到十多里之外。

清军水灯惑明军

顺治二年的一天晚上,与京口明军隔江对峙的江北清军将军府内,决定最后破敌方案的会议已接近尾声了。

"好!用刚才大家商定的迷敌之计渡江进攻,就这么定了。"清军将领戴上有花翎的武官帽,纷纷步出大将军府,去执行各自的任务。

与此同时,京口明军守将杨文骢的帅府内,杨文骢也在召集各路将领议事。文骢命令士兵加强对江北的观察瞭望,一旦发现敌情,立刻报告。

杨文骢用过晚餐后,伏在案桌地图上思考如何进一步加强京口守备。突然一个卫兵进来报告说江中发现大片灯火。"哦,清兵果然是夜间渡江。"

杨文骢披上衣服,登上了望楼一看,江北果然有大片游动的火光向江中移来,一定是大队渡江的战船。"命令炮火射击!"一时间,大炮轰鸣。在甫岸猛烈的炮火轰击下,那些在江中移动的灯火逐个被击沉熄灭了。

"哈哈,主帅,您看这些清军哪里经得起我大明神炮一击。"副将郑鸿达大笑着赶来向杨文骢报功了。

"哼,就要这么狠打猛攻,方能阻止清军渡江。"杨文骢满意地说。

明军官兵为庆祝刚才的胜利,都开始饮酒作乐,闹成一片。不一会,浓雾弥漫。明军的巡逻兵,在浓雾中再次来到江边巡逻时,隐约听到江中有楫橹"咿呀"的声音。"不好,江中好像有船过来。"巡逻兵定神细看江面,只见大片的清军战船离岸只有几丈远了。"清军过江来啦!"他们声嘶力竭大叫了起来。可是,等到杨文骢清醒过来,清军已经登岸了。仓皇列阵抵抗的明军在清兵的猛烈攻击下大败。

原来,清军为迷惑敌人,用竹木编制了许多渡水大筏,置上灯火,放入江中流动,迷惑明军,吸引其炮火,消耗其战斗力。随后他们又乘浓雾发动真正的进攻。

孙膑减灶诱敌人

孙膑围魏救赵的故事发生后,一晃13年过去了。魏国这次伙同赵国去攻打韩国,韩国频频向齐国告急求援。齐威王又派田忌为将,孙膑为军师,令他们前去救韩。魏王见齐军打来,急忙命令庞涓从韩国回兵救魏,领兵10万,抵抗齐军。孙膑知道庞涓来了,准备好好迎接这个老对手。

孙膑当时是这样分析的:"魏国的军队向来说是比较勇猛,很小看我们,说我们是懦夫,况且,我们的部队经过长途跋涉,现在已经很疲惫了,如果再和他们去硬拼,肯定是要吃亏的。这样的情况下,我们不如将计就计,就按照魏军的想法制造出胆怯的假象。"

田忌说:"如何才能让他们相信呢?"

孙膑接着说:"第一天,我们垒十万个灶,第二天就只垒五万个灶,第三天减到三万个。这样他们肯定会滋长自大情绪,放松警惕,一路追赶过来。我们到时候,再给他们个出其不意。"

田忌听了，连连称妙。

接下来，齐军就按照计划，一连三天急急退却，庞涓按照齐军留下的灶迹派人去数灶，第二天发现齐军留下的灶头数目，只够 5 万人煮饭了；第三天，减少到只够 3 万人煮饭了。庞涓得意地说："我早就知道齐军胆小怕死，进入我国境内才三天，兵士就逃走了大半。"于是他抛下步兵辎重，轻装上阵，昼夜兼程，对齐军穷追不舍。

这一天，齐军退到马陵道，孙膑计算庞涓的行程估计魏军今天也要赶到了。他见这里路狭道窄，两旁又多险阻，很适宜设兵埋伏，就命令士兵砍下一些树木堵塞去路，又选了一棵大树，将那大树面对路的树干，砍去一大块皮，让它露出一大片光滑洁白的树身，然后在上面写上斗大的一行黑字。接着，孙膑命令一万名弓箭手夹道埋伏，对他们说："等魏军来到，大树底下有人点火，就万箭齐发。"

天刚黑，庞涓真的领兵追到马陵道。在士兵们搬拦路的树木时，有人发现路旁大树上的字，忙向庞涓报告。庞涓叫士兵点燃火把一看，上面写着"庞涓死于此树下"几个大字，不由得大惊，立即下令撤退。但是，这个时候已经晚了。齐军伏兵对准火光处万弩齐发，箭如雨下，魏军死伤无数，庞涓也身中几箭，倒在血泊之中。他自知中计，无颜见人，只好拔剑自杀。齐军乘胜追击，俘虏了魏太子申，彻底打败了魏军。这一仗之后，齐国渐渐强大起来，孙膑也因此而名扬天下，他的《孙膑兵法》一直流传至今。

管仲智过鬼泣谷

管仲当了齐国的相国后，推行一系列有效措施，使齐国日益强大了起来。齐桓公也当上了盟主。

可是，战争并没有结束。在齐国北面，山戎民族总出兵攻打与齐国立盟的燕国，企图削弱齐国的势力。燕国君主亲自率两万将士出战，却在一个叫鬼泣谷的地方中了埋伏，只逃出了不到一千人。山戎部落令支国首领密卢山戎连连攻打，一下子打下了三座城，情况十分危急。燕国急忙派使者向齐国求援。

齐桓公知道后，亲自统率 5 万大军开向燕国。无终国的国君也派遣大将虎儿斑率两千士兵助战，管仲是军师。这支部队不负众望，被管仲封为先锋将军的虎儿斑，一连收复了燕国失去的那三座城。但杀到离鬼泣谷不远处，却不敢前进了。他对管仲说："前面是鬼泣谷，如果山戎布下埋伏，我们就是插翅也休想过去。燕国两万大军就是葬身在那里的！"

管仲心里琢磨着这件事情，该怎么办呢？情况十分不利，但这又是必经之地，看来只能这样……

第二天天刚亮，只见一辆辆战车向鬼泣谷驶去。马的嘴是被网笼住的；战车的轮子上绑有麻皮，发出的声音很小；战车上站着的将士则披甲握戈，显得格外高大；齐国的战旗在谷风的吹动下发出"哗啦哗啦"的响声。

这时，山戎令支国首领密卢举着"令"字小黄旗，出现在鬼泣谷的山头上，见齐军进入了他的伏击圈，就一挥小黄旗，喊道："打！"猛然间，箭、石、木齐下，有的击中齐军将士，有的把战车砸得稀巴烂，有的把"齐"字大旗打断了。

密卢挥动狼牙棒，率兵从山上冲将下来。密卢冲到一个身中数箭仍立于战车上岿然不动的齐将前,举起狼牙棒对:这齐将的头部狠击一棒。"咚"一声,把齐将的头盔打掉了。定睛一看,原来被打掉头盔的却是披着衣甲的树桩。密卢知道中计,大惊失色。

此刻,鼓声大作。密卢闻声回头,只见齐国骁将王子成父和赵川率兵直扑过来。密卢大喝一声,挥舞着狼牙棒迎上去。他见远处有一个身材高大的人站在战车上,正观看两军作战,断定是齐国相国管仲,就径直朝那人扑去。所扑之处,齐兵无人抵挡得住。片刻,密卢已杀到管仲面前。说时迟,那时快,战车后数十枚箭齐发。密卢惨叫倒地。他手下一员大将冲进重围,把负伤的密卢抢了回去,往山戎的另一部落孤竹国逃去。就这样,管仲智过鬼泣谷,解了燕国之围。

李广阵前空城计

"飞将军"李广是一个有勇有谋的人!

汉景帝在位时,匈奴大举入侵上郡,皇帝派了一个宦官随"飞将军"李广训练军队。一天,这个宦官带领几十名骑兵,纵马奔向前方,遇到三个匈奴人,就和他们打了起来。这三个人转身射箭,射伤了宦官,并把他带去的骑兵几乎都射死了。那宦官急忙逃回李广那里。

李广领100多名骑兵,飞也似的去追赶那三个匈奴人。走了几十里,追上那三个徒步而行的匈奴人。他两箭就射死二人,剩下的一个被活捉,一审问是匈奴的射雕人。李广喝令把俘虏绑在马上,正准备回营,远远望见几千个匈奴骑兵飞奔过来,李广的骑兵见了对方,大吃一惊,都想掉转马头往回撤退。李广阻止道:"匈奴人不知我们的虚实。现在我们离开大军有好几十里路,如果慌张逃跑,他们追上来一顿乱箭,我们马上就会被杀光。如果我们留下来不走,敌人一定会认为我们在施诱兵之计,那就绝对不敢来攻击我们。"李广接着命令部下向前进发。直到离匈奴阵地约二里远的地方停了下来。

李广又命令说:"大家都下马,把马鞍也卸下来!"有个骑兵问:"敌人是我们的数十倍,又离我们这么近,一个冲锋便到我们眼前,这太危险了。"李广说:"敌人以为我们会退走,谁想我们偏偏都卸下马鞍,他们就更相信我们确是诱敌的骑兵了。"

部下都提心吊胆地卸下马鞍。躺在地上休息。匈奴果然不敢攻击他们。这时,有个骑白马的匈奴将领,出阵来检查他的部下。李广飞身上马,率领十几个骑兵,向那个匈奴将领冲去。李广一箭射死了他,又重回队伍,卸下马鞍休息。一会儿,天色渐渐暗了下去,匈奴人心里十分疑惑,始终不敢发起攻击。

到了半夜,匈奴人生怕汉军会发动偷袭,就悄悄撤走了。第二天天刚亮,李广见敌军已不见影踪,才率队返回军营。李广巧部迷局,利用敌人常遭汉军诱敌伏击,恐遭埋伏的心理定式,智勇相生,以患为利,寡众悬殊之下,化险为夷,活脱脱的一个没有城墙也没有争议的空城计!

杨璇石灰火马阵

"太守大人,您画这稀奇古怪的车辕干吗?"一位部将不解地问零陵郡太守杨璇。

"嗯,我要布一奇阵。现在叛军兵力三倍于我,我们如果按常规打法,就无法取胜。"年近花甲、颇有儒将风范的杨璇,手持画笔,笑眯眯地说,"好,快去把军中工匠叫来。"

一会儿，那位将军领来了军中的工匠。

"请诸位来此，是要给你们一个紧急任务。你们必须在十日之内，给我制造出50辆特大马车。具体规格要求都在这张图纸上了。"

工匠们领命去营造马车。一晃10天过去了。

"太守，离皇上限定我们剿平叛贼的时间已没有几天了。太守到底有什么破敌策略？"零陵城几位副将一起跑到太守府，火急火燎地问杨璇。

"诸位将军莫急嘛。那50辆马车造好了没有？"太守杨璇慢条斯理地问。

"马车已经全部完工。"一位将军回答。

第二天凌晨，零陵城全体军兵整装待发。突然，太守府传出命令。让新做的马车上都装满石灰粉末，让所有的军马马尾上都系上布条。天色微明的时候，战场上刮起了大风。杨璇命令拉着石灰粉的马车走在部队前，让士兵顺风朝着敌阵拼命撒石灰。石灰粉在大风中飞扬。一时间，阵地上遮天蔽日，飞沙走石，处在下风阵地的叛军被飘洒的石灰粉吹得一个个眼睛都睁不开，气透不过，更不用说能看清对方阵地上的阵形。

与此同时，杨璇随即命令士兵们点燃马尾上的布条，尾部燃烧的"火马"，惊恐万状，拼命向敌群中飞奔。一下子冲散了叛军的队形。汉军立刻组织有拉弓箭设备装置的兵车快速攻入了敌阵，向敌人万箭齐发。叛军还没有来得及组织抵抗，就溃不成军了。

这时，杨璇又命令士兵一边击鼓奏钲，一边呐喊，大造声势。叛军实在吃不准汉军究竟有多少人马，在一片灰雾之中，四散逃窜，被杀得尸陈遍野。其首领也在逃亡中被乱箭射死。

此事发生在公元180年。

暗渡陈仓绕项军

话说两千余年前的中国，秦王朝"二世而亡"之后，中原大地拉开了项羽和刘邦之间的"楚汉相争"的序幕。当时的形势是这样的，项羽势力强大，自封为楚霸王，他封刘邦为汉王，把他贬到群山环抱，穷乡僻壤的汉中。刘邦当然不服气，打算与项羽决一死战，萧何知道了就大力劝他说："大王啊，虽然汉中看起来不是什么好地方，但是总比死好多了吧？"于是，刘邦很无奈带领三万士卒翻越高高的秦岭，美其名曰"归封"。

秦岭，西起甘肃，东至淮阳，是一块皱褶断块山地，是长江流域和黄河流域的主要分水岭。其坡短而陡，水流急湍，多山涧深谷，很难通行。古人在绝壁上开凿石洞，支撑木质路面，名曰"栈道"，是汉中翻越秦岭入关中的交通要道。刘邦从栈道通过到达汉中，就采纳了著名谋士张良的建议，烧毁了栈道，断绝了通往关中的道路。这样做有两个意思，第一个意思就是避免项羽雄兵的追缴，第二呢，就是向项羽示弱，表明了自己不再返回关中、争夺天下的心意。项羽听说刘邦这样的做法，又分别封秦朝降将章邯、司马欣、董翳为雍王、塞王、翟王，称为三秦（这是"三秦"说法的来历），统治关中，以御刘邦入侵，至此，楚霸王便觉得高枕无忧，可以睡大觉了。

但是谁也没有想到，这只不过是汉王刘邦韬光养晦的小计谋。他凭借汉中的丰富物产，使汉王军队得以休养生息，厉兵秣马，扩充实力，蓄势待发。刘邦又在汉中南门外筑土为台，拜韩信为大将，采纳韩信的计谋，命令樊哙、周勃带领一万士卒公开修复汉中北面的褒斜栈道，日子一长，兵力也日渐充足了，刘邦叫嚣着要杀回关中，与项羽楚军决一雌雄。

项羽得到消息，大吃一惊，随即调动三秦大军东移，严阵以待，密切关注栈道修复进度。可是过了好长时间，楚军才发现，毁掉栈道是比较容易，但是修起来真比登天还难。汉军虽然废寝忘食，工程进度却异常缓慢，按照目前进度估算，没有三年五载修复不通，项羽又一次受到了麻痹，即令大军在道口以逸待劳，等他们修就是了。

就在同年8月，韩信亲率大军西出勉县转折北上，翻越柴关岭，过凤岭，顺陈仓小道入秦川，渡渭河于陈仓古渡渡口，倒攻大散关。章邯急忙率军赶到陈仓城，与韩信交战。然而这个时候，明修栈道的樊哙、周勃也出了斜谷，与韩信会师。章邯打了败仗，自杀了，司马欣、董翳也先后投降，刘邦就这样平定了三秦。从此，关中成了刘邦打败项羽、统一天下的基地，也从此拉开了他开创汉王朝事业的大幕。

赵奢出奇兵制胜

秦国军队集结在阏与进攻韩国。

赵王问廉颇："能不能去救韩国？"廉颇说："路途很远，而且地势十分险要，不容易攻占。"赵王又向乐乘征询意见，乐乘也这么回答。

问到赵奢（赵括之父）的时候，赵奢说："道路遥远，地势险要，就像两只在洞中打架的老鼠，谁英勇谁就能够取得胜利。"

于是赵王派赵奢率领军队去援救韩国。赵奢带兵离开邯郸三十里，就停下不走了，并且下令说："不准议论打仗的事，否则立即处死。"

这时，秦军驻扎在武安西边，擂鼓呐喊，声震屋瓦。军中有一个谋士请求赵奢赶快去救武安，立即就被拖出斩首。

赵奢在那儿驻扎了二十八天，又加修工事。秦国派探子来侦察，赵奢设宴接待，然后派人把他送回去。

探子回去向秦国大将报告，秦军主将非常高兴地说："赵奢出了京城三十里就不敢前进，还在那儿修筑工事，赵国再也别想要阏与这块地方了。"

谁知赵奢把探子送走以后，马上下令快速行军。用了一天一夜就赶到了阏与，又在离阏与五十里的地方派善射的弓箭手摆下阵势。

工事修筑好以后，秦军得到消息，马上出动人马进行对阵。赵国军士许历请求就军事问题提建议，赵奢说："请他进来。"

许历说："秦军没有想到我国军队会在这里。他们来势凶猛，将军一定要严阵以待，不然必败！"

赵奢点头表示同意，许历又要求将他斩首。赵奢说："等回到邯郸之后再说吧！"许历又来进谏说："后到北山的必败，因此我们必须先占据北山。"

赵奢又采纳了他的建议，马上派兵占领北山。秦军赶到以后，山已被赵军占领，强攻不下。赵奢全军出击，大败秦军，终于解除了阏与的包围。

李光弼地下攻敌

唐肃宗至德二年，朔风正劲，太原守将、唐朝河东节度使李光弼迎着凛冽寒风，心里急啊：自己刚派出主力支援朔方，叛将史思明、蔡希德偏偏带领 10 万大军攻城而来。城内兵力不满一万，如何抵挡呢？

情况虽然很让李光弼头疼，但是在这个时候，他知道，如果一旦慌了手脚，让敌人看出了破绽，必定是没有任何好处。所以，他要开动脑筋想办法。

对方史思明是一个很会用兵的人，在战场上，往往也很讲究战术。史思明想知道对方的底细，就命令手下在城外建起飞楼，蒙上木板作掩护，临城筑土山，想登上土山后，借此攻入太原城。

李光弼站在城楼上，遥望着敌方的动静，见对方筑"土山"，终于想出了一条妙计。因为是土，不如石头那么坚硬，是很容易被挖洞的，于是，他就让手下将士从城内钻地，将敌军筑的土山下面挖空。然而，这一切的动作都是在秘密进行当中，史思明一直被蒙在鼓里。

有一天，史思明在城外设宴、娱乐，边喝边观看歌舞。歌舞杂技轮番上场，如痴如醉。就在他们放松警惕的时候，李光弼派来的人却走出地道，悄悄靠拢史思明的戏台，突然钻出地面，猛地捉走了台上的表演者。

猛地从地上钻出来人，让史思明吓了一跳，也着实大吃一惊，他急急离席，将军营搬到别的地方去了。自此，史思明官兵个个如惊弓之鸟，连走路都瞪圆眼睛盯住脚底下，唯恐自己跌入坑中。

李光弼却在悄悄行动。唐军围着史思明军营底下挖好地道，然后搬来木柱一一支撑，防止塌陷。一切准备就绪，死守多日的李光弼派心腹求见史思明："太原城内一片空虚，我们已支撑不住，请求允许投降！"

史思明大喜过望："对，识时务者为俊杰啊！"

约定的受降之日终于来临，史思明的将士忘了戒备，都涌出来观看。李光弼一面派将领带人出来假降，一面暗暗派人把敌营下面地道里的撑木迅速抽掉。

史思明士兵正伸长颈脖看热闹，脚下突然轰地塌陷，一下子死了 1000 多人。这片刻间，李光弼将士在太原城头击鼓呐喊，派出铁甲骑兵冲向敌营。一场恶战，俘虏和歼灭敌兵几万人。史思明带着残兵败将落荒而逃。

孔明火烧藤甲兵

为了平定南方，以保障北伐曹魏无后顾之忧，诸葛亮采取攻心为上的方针，对南蛮首领孟获实行捉住就放的办法。果然，孟获不是诸葛亮的对手，六次交战六次被擒。诸葛亮又放了他一次。孟获回去后向乌戈国王求援，领了三万藤甲兵来桃花渡口与诸葛亮对阵。诸葛亮派大将魏延迎战，谁知藤甲兵厉害非常，刀剑不入，蜀军难以抵挡，只得败走。藤甲兵也不追赶，返回桃花渡口，因藤甲浸透了油，故而浮于水面，乌戈兵都轻易地渡河而去。魏延向诸葛亮报告此情，左右劝诸葛亮班师回朝。诸葛亮说："我好不容易到此，岂能轻易退兵。"

于是，诸葛亮亲自去踏勘、考察地形，忽到一山，望见一条形如盘蛇的山谷，两边都是悬崖峭壁，没有树木杂草，中间是一条大道，便问土人："这是什么地方？"土人说："这是盘蛇谷。"诸葛亮大喜道："这是上天给我成功的机会。"打道回寨，命令马岱准备黑油柜车、

諸子百家——兵家

竹竿等物置放盘蛇谷两头,命令赵云准备应用之物在路口守卫,命令魏延与藤甲兵交战,在半个月内要连输15仗,丢弃七个营寨,引诱藤甲兵进入盘蛇谷。各将纷纷领命而去。却说孟获见了乌戈国王兀突骨说:"恭贺贵军旗开得胜,蜀军怎是你们藤甲兵的对手? 不过,诸葛亮惯会运用埋伏火攻之计。今后交战,只要见山谷中有树木草卉之处,切切不可进去。"

兀突骨说:"您说得有道理,藤甲怕火不怕水,我们要防止诸葛亮放火进攻。"

不日,魏延与兀突骨交战,每战必败,半月连败15次,连丢7个营寨。藤甲兵大进追杀。兀突骨但见林木茂盛处便不叫前进,派人远望,果见树荫之中隐隐有军旗飘扬,对孟获笑道:"果然诸葛亮想在树林处埋伏火攻,我不上当,他必败无疑。"

第16日,魏延又来挑战,兀突骨打败魏延。魏廷过盘蛇谷而逃,兀突骨率兵追杀,见谷中并无树木。忽见谷口有黑油柜车,蛮兵说:"这是他们的粮车。"兀突骨大喜,放心进谷。忽报谷口"粮车"火起,又被大批干柴拦断。兀突骨心慌,正要夺路,只见山两边乱丢火把,火把到处,地中火药爆炸,3万藤甲兵左冲右突,全被烧死,臭不可闻。作为兀突骨后援的孟获终于又被诸葛亮活捉,至此,他只能口服心服,归顺蜀国了。

战后,诸葛亮会集诸将说:"我料定敌人一定要预防我在树林处伏兵火攻,我故意布置军旗,让他相信。我要魏延连输15次,让他知道我军敌不过他,使他骄傲轻敌,放心朝光秃秃的盘蛇谷追来,让我用火药、黑油等引火物来火攻。我早就听说:'利于水的东西一定怕火。'藤甲是油浸之物,见火必着。"将官们全部拜服在地,赞道:"丞相知己知彼、神机妙算、鬼神莫测!"

诸葛亮木牛流马

诸葛亮屡次讨伐中原,路途遥远,为了供得上粮草,除用牛马外,还设计了人拉手推的车子,称作"木牛流马"。

这一天,诸葛亮命令部将引1000名士兵驾着木牛流马,从剑阁直抵祁山大寨,往来搬运粮草,供应蜀兵。司马懿得到哨兵的报告:"蜀兵用木牛流马运粮草,人不大费力,而且那牛马也不用吃草。"

司马懿大惊,忙命令两个部将各引500名军士,夜间伏在蜀兵运粮的必经之路,夺下数匹木牛流马。然后令巧匠100多人,当面拆开,依照它的尺寸长短厚薄,仿造木牛流马。不满半月,造成2000余只。接着命令几个部将带领1000军士驱驾木牛流马,去陇西搬运粮草,来来往往,没有断绝。

再说蜀兵回去报告诸葛亮说木牛流马被抢去几匹,诸葛亮却笑道:"我只费了几匹木牛流马,以后就得到魏军的许多粮草呢!"部下大感不解。几天后,部下向诸葛亮报告:"司马懿派兵驱驾木牛流马往陇西搬运粮草。"诸葛亮大喜,道:"果然不出我的意料啊!"便命令部将王平:"你带领一千军士,装扮成魏兵,星夜偷越过北原,只说是巡粮军,直接到运粮的地方,将护粮的军士杀散,马上驱赶装满粮草的木牛流马回来。这时,魏兵必定追赶,你便将木牛流马口内舌头扭转,牛马就不能行动了。你们抛下它们就是。魏兵赶也赶不动,牵也牵不动,抬也抬不走。我再派兵前往,你们就再回身将木牛流马之舌扭转过来,长驱直进,那时魏兵必定疑神疑鬼了。"

王平领兵走后,诸葛亮又吩咐部将张嶷道:"你带领五百军士,装成鬼头兽身,用五彩涂面,一手执绣旗,一手举宝剑,身上挂着葫芦,里面藏些能引着烟火的东西,埋伏在山脚。待木牛流马到时,放起烟火,一齐拥出,驱赶木牛流马。魏兵见了,必定怀疑你们是鬼神,不敢来追赶。"

　　张嶷奉命走后,诸葛亮调兵遣将,准备去接应王平、张嶷,并布置一些部队去断绝司马懿的归路。按照诸葛亮的计谋,果然,蜀军夺来了魏军的大批粮草。

江卣用鸡播火种

　　火攻的故事前面已经讲了几个了,这个有关火攻的故事,却与前面的不同。

　　故事发生在公元353年的一天。在东晋守将殷浩的帅府内,殷浩正在召集诸将议事。

　　他们这次面临的敌人是羌族首领姚襄。这个姚襄反叛朝廷,自起兵反叛以来,仗着手中兵多士众,不断对殷浩进行挑衅。今天,他竟然敢违反兵家常规,把营寨扎到离苟陂(殷浩部队所在驻地)只有十里的地方,明显是不把殷浩将军他们放在眼里。

　　商议了很久,殷浩决定这次派江卣去完成任务。江卣是殷浩手下最得力的将领,他以足智多谋、英勇善战著称,曾在许多重大战斗中屡建奇功。

　　"江卣听令,派你为荡灭羌贼的先锋!"中军将军殷浩下令。

　　"末将领命。"江卣回答道。江卣心里也早就看不下去了,一心想着去抗击姚襄,即便殷浩将军不说,他也要主动请缨作先锋不可。

　　敌人的寨栅十分紧密坚固,而且敌我之间的兵力太悬殊。破敌只能靠智取。可是,如何智取呢? 江卣苦苦思索着破敌之策。晚上,他翻开《三国志》,研究起诸葛亮领兵以少胜多的故事来。他发现诸葛亮每到敌我双方力量悬殊之时,总善于借助自然的力量,而他用得最多的是火攻。如今,姚襄连营扎寨在那儿硬攻肯定不行,是否也来个火攻呢? 他想:对! 也来个火烧十里连营。可是这把火怎么烧法呢? 他想到了许许多多办法,最后都一一否决了。

　　夜晚的时间过得很快,不知不觉,又是一个不眠之夜。这时,天开始微亮,远处传来"喔喔喔"雄鸡报晓的声音。他听着听着,不禁眼前一亮。大清早,他就令士兵们去捉来了几百只活鸡,并吩咐在每只鸡的尾巴上系上火种,把它们联结在一起,听候安排。

　　到了晚上,江卣命令士兵把鸡悄悄地带到阵前,朝敌人的营寨放了出去。鸡尾巴上的火种点燃后,鸡便扑腾着翅膀拼命飞跑起来。因为鸡都联结在一起,哪只鸡也飞不远,只在营区内传播火种,不一会,姚襄的营寨全部点燃了。惊恐万状的羌族士兵从被窝中钻出来,乱作一团。这时,江卣趁势指挥精兵掩杀过去,一举歼灭了敌军。

尔朱天光设诱饵

　　北魏永安三年,都督、雍州刺史尔朱天光抗击鲜卑族首领万俟丑奴、万俟道洛的大举侵犯。因为尔朱天光指挥有方,道洛和丑奴的兵将被打得落花流水,仓皇而逃,他们占领了一个险要地点死死守住,倒也在一时半会儿之间奈何不了他们。尔朱天光紧紧尾随其后,见此情景,就下令一气攻人略阳境内,直逼王庆云屯兵的水洛城。

诸子百家——兵家

水洛分为东西二城,尔朱天光指挥精兵强将猛攻东城。东城守兵如惊弓之鸟,城下所有的人都向城上射箭,只看到那箭矢密如骤雨,被射中者惨叫声盈野,一个个都从城上摔了下来,没过多久,东城就失守了。王庆云是一点儿办法都没有,只能纠集残兵败将数万人死守西城。尔朱天光于是下令围城,断掉他们所有的水和食物的供给。果然,两天过去了,城内缺水,士兵们口渴异常,难以忍受,不少人偷偷溜出投降尔朱天光。

尔朱天光知道了这个情况,便料定敌方军心不稳,王庆云势必要想对策突围。他怕对方狗急跳墙,这样对自己也很不利,必须在这个关键时候想出一个既不损耗自己的兵力,又能够一下子拿住敌人的办法。于是,他派出一个能言善辩的将官,吩咐他:"你当使者,设法使王庆云早早出城投降。你若感到王庆云另有打算,就说如还拿不定主意,可请他在今天晚上出城谈判。一切,都需见机行事。"

使者进城,向王庆云转达了尔朱天光的意思后,故意撒下"诱饵":"我们尔朱将军知道你们城里没水喝了,为使谈判成功,他愿意把兵向后撤一点。王将军意下如何?"

王庆云一听,掩不住内心的狂喜:天助我也,突围的良机来啦!他马上连连点头:"今晚,我们一定应邀出城。"显然,他不知道自己就像一只黔驴技穷的野兽一样,正一步步落入猎人的圈套。

使者回来向尔朱天光汇报完毕,尔朱天光笑了:"王庆云,我要让一万支木枪逼你投降,就在今天晚上!"

尔朱天光令士兵们四处寻找了一万根木棍,将木棍的头都削得尖尖的做成一支支木枪(古代把头上削尖的木、竹之尖叫作枪)。天黑时分,北魏士兵扛着这些木枪来到西城东南角。在王庆云突围的必经之路上,将这些木枪尖头朝上,密密麻麻地埋设好。一队一队的精兵强将,悄悄埋伏在四周。

天越来越黑了。王庆云、万俟道洛真的带领一万多兵将,仓皇突围出城。黑暗中,一切隐蔽物都模糊了。当他们策马跑到木枪埋设地时,急奔的战马全扎在木枪上,纷纷惨叫着倒地。这时,伏兵腾地跃起,利索地擒获着一个个正失魂落魄的敌人。王庆云、万俟道洛刚想逃走,四周突然火把四起,尔朱天光一马当先,率兵包抄上来。王庆云、万俟道洛低头叹气,只好扔剑投降。

第五节　兵家典籍

兵家,先秦、汉初研究军事的学术派别。兵家顾名思义,乃得胜制敌之道。《汉书·艺文志》分兵家之书为权谋、形势、阴阳、技巧四家。阴阳、技巧之书,今已失传;权谋、形势之书亦所存无几。

一、姜尚与先秦军事理论集大成之作《六韬兵法》

《六韬兵法》是一部先秦兵家和诸子论兵精华集大成之作。

《六韬兵法》又称《太公六韬》《姜太公兵法》，是我国古代的一部非常著名兵书，在宋代被列为《武经七书》之一。《隋书·经籍志》注云"周文王师姜望撰"，以后，唐宋诸典籍志都承袭了这一说法。

据其书的行文手法及相关考证来看，《六韬兵法》应成书于战国末期。1972 年山东临沂银雀山汉墓出土的竹简本《六韬》和《太公》，进一步证实了本书确系先秦兵书，应为战国兵家集录而成。可以肯定的是，《六韬兵法》所记录的兵家思想及军事理论集中反映了姜太公的军事谋略和兵家思想。

姜望，又名吕尚，字子牙，俗称姜太公，是商周之际著名的军事家、政治家，西周的开国功臣，齐国的始祖。因其祖先曾被封于吕，故名称吕尚。姜太公曾先后辅佐周文王、周武王，在"兴周灭商"的事业中发挥过十分重要的作用，是西周闻名遐迩的大谋略家和军事家。

姜太公生活的年代，是殷商王朝，殷纣王统治下最黑暗、最腐败的时期，姜太公自小便有远大的抱负，立志要出人头地。姜太公一生，饱尝生活的艰辛与苦难。青年时迫于生计，曾做过杂役，后入赘马家，备受欺凌。年七十"屠牛朝歌""卖饭盟津"。因看尽世态炎凉，姜太公更加坚定了自己的鸿鹄之志。为此，他博览群书，通古今之变，而成一家之言。以后姜太公便隐居渭水，以垂钓为生，以期待价而沽。直到周文王渭水打猎，彼此相遇，姜尚知道，他期待已久的明主已经出现。于是，姜太公辅佐文王、武王两代君主于乱世之际，揭起伐纣反暴的大旗，号召天下，一举推翻了殷商的腐败王朝，开建了周朝八百年的基业。

姜太公的军事智慧和用兵谋略在伐纣灭商的实战之中，得到了充分的发挥。姜太公一生的军事思想精华被后世兵家继承传布，总结在《六韬兵法》一书之中，姜太公也被尊为中国兵法的开山鼻祖之一。《后汉书·何进传》曾有言："太公《六韬》有天子将兵事，可以威压四方，"

《六韬兵法》总结了先秦兵家和诸子论兵的精华，通过周文王、周武王与姜太公对话的形式，阐述了治国治军之策和指导战争的理论、原则和方法。

《六韬兵法》在内容上分为《文韬》《武韬》《龙韬》《虎韬》《豹韬》《犬韬》六大部分。前两部分集姜太公一生的军事谋略与治国精华于一体，主要讨论战略问题；后四部分则凝聚了姜太公行军列阵、攻敌制胜的治军方法与作战方法，主要探讨战术问题。

总之，《六韬兵法》一书，是先秦兵书集大成之作。在政治和军事理论方面有所超越，发前人所未发，而且保存了丰富的古代军事史料，如编制、兵器和通讯方式等，具有相当重要的理论和史料价值。周王朝正是借助了姜太公完备的政治、军事理论思想，才得以从一块弹丸之地，逐渐蚕食扩张，伐纣灭商，从而首开周王朝八百年宏图基业！

《六韬兵法》一书，在先秦时期乃至华夏三千年来的军事理论发展史上都占有非常重要的地位。它进一步完善了周代以前古代军事理论体系，并代表了周代以前古代军事理论的最高成就，对后世兵家思想和兵学著作的产生和发展具有深远的影响。

司马迁曾说："后世之言兵及周之阴权，皆宗太公为本谋。"《六韬兵法》是先秦兵书的集大成者，是先秦兵家思想理论的开先河者。宋神宗元丰年间（1076 年—1085 年）把《六韬》列入《武经七书》，定为武学必读之书，颇受重视。书中一些军事规律，至今仍具有现实意义,尤其对于我们研究中国军事思想的发展更具有重要的价值。

从藏书版本研究上来看,现存《六韬兵法》最早的刊本,为南宋《武经七书》本,共六卷,六十篇,二万三千余字。

《六韬》兵书,包括《文韬》《武韬》《龙韬》《虎韬》《豹韬》《犬韬》六个部分,共计60篇。所谓"韬"与"弢"字相通,原指"弓套",含有深藏不露之意,引申为谋略。"六韬"就是指论述战争问题的六种韬略。全书内容极为丰富,涉及政治、军事、经济、外交、战略、策略、军队建设、国防建设与国防动员、参谋与保密工作、军事地理以及各种战术问题,体系完整,包罗万象,堪称我国先秦时期兵学发展的集大成之作。下面我们择其要点分别加以介绍:

司马迁

1.战略问题

《文韬》《武韬》两卷,重点讨论了战略问题。书中特别重视要在政治上战胜敌人,对政治与军事的相互关系有精湛的论述。

该书同孙子的观点相同,认为"兵者,国之大事",强调战争和军事是关系到国家盛衰兴亡的大事,必须服从于夺取天下、安定天下的战略目标。同时,军事目的的实现,又必须以政治、经济、外交等问题的解决为前提和必要条件。《六韬》认为"天下非一人之天下,乃天下人之天下也。同天下之利者,则得天下;擅天下之利者,则失天下";"天下者非一人之天下,唯有道者处之"。旗帜鲜明地提出争夺天下的战略目标。

《六韬》指出,战略的最高境界在于不战而屈人之兵,即"全胜不斗,大兵无创","善胜敌者,胜于无形,上战,无与战"。

为了实现全胜的战略目的,必须以强大的政治、经济实力为后盾,必须实现富国兵强,同时争取人心,以道义号召天下。

《六韬》认为,国家的安危祸福,关键取决于统治者是否贤明,"君不肖,则国危而民乱;君圣贤,则国安而民治","祸福在君,不在天时"。作为国君,应当"修德以下贤,惠民以观天道"。治理国家,必须以爱民为本,必须克制私欲,以义为先,顺乎民心,清静无为。要努力做到赏功罚罪,轻徭薄赋,奖励农桑,抚恤孤苦。只有这样,才能赢得百姓的支持,使老百姓"戴其君如日月,亲其君如父母"。君主必须去除奸佞,举用贤才,严格考察群臣和官吏。此外,还要牢牢把握住事关国家经济命脉的农、工、商三大产业(即"三宝")。只有这样,才能"以全胜争于天下"。

《六韬》特别强调仁人圣君在历史转折关头的重大作用,认为"天下治,仁圣藏;天下乱,仁圣昌"。当天下安定时,仁人圣君就隐而不露,努力积蓄力量,收买人心。而一旦天下大乱、群雄并起时,仁人圣君就会奋起拨乱反正,建功立业,即所谓"发之以其阴,会之以其阳。为之先唱,天下和之"。为了确保胜利,要求圣君必须对整个战略形势做出准确的判断,详观天道、人道,细察人心、人意和人情,等到时机确已成熟方可举事。这就是

《六韬》中所说的"上察天，下察地，征已见年，乃伐之"。

除了不断壮大自身的力量之外，还必须采用各种手段打击和削弱敌人。书中的"文伐"十二法，都是从外交、政治等方面采用权谋诡诈的手段，扩大敌人内部矛盾，分化、瓦解和削弱敌人，为军事上消灭敌人创造条件。作者指出："十二节备，乃成武事。"

2.战争谋略

《六韬》极端强调谋略和策略的重要作用。说："不知攻战之策，不可以语敌；不能分移，不可以语奇；不通治乱，不可以语变。"战争谋略是指导战争的灵魂，直接决定着战场的态势和战争的胜负。

作战的态势要依据敌人的行动而决定，战术的变化产生于敌我双方临阵对垒的具体情况，奇正的运用来源于将帅无穷的智慧和谋虑。

在作战指导上，《六韬》首先强调："凡兵之道，莫过乎一。"即必须集中优势兵力，统一部署，统一行动，统一指挥。根据战争形势的变化，灵活机动地用兵："凡用兵之法，三军之众，必有分合之变。"将统一性和灵活性有机地结合起来。

为了取得胜利，将领要全面准确地判断敌情、我情，适时把握战机，出其不意地打击敌人。《六韬》中说："兵胜之术，密察敌人之机，而速乘其利，复疾击其不意。"一旦战机到来，指挥官的决心必须坚定、果敢，不可有丝毫的犹豫和迟疑。正如书中所说："用兵之害，犹豫最大，三军之灾，莫过狐疑。"同时还必须保证作战行动的突然性，又做到"迅雷不及掩耳，迅电不及瞑目"，兵贵神速，速战速决。

《阴符》《阴书》中强调，将领在运用谋略时力求做到神秘莫测。保证作战意图和作战行动的隐秘性，重视保密工作。要示弱，"夫先胜者，先见弱于敌，而后战者也，故事半功倍焉。"

在作战形式上，力主引兵深入敌境的进攻战。

此外，《六韬》中还详尽列举了通过示形用奇等手段制造神势的 26 种方法，认为战争的成败，"皆由神势"。这也充分反映了该书对于军事谋略的极端重视。

3.军队建设

在军队建设方面，书中首先用大量篇幅论述了将帅问题：

（1）强调将帅的重要作用，认为在选择将帅时必须极为慎重。"将者，国之辅""人之司命"。"得贤将者，兵强国昌；不得贤将者，病弱国亡"，"故置将不可不察也。"

（2）对将帅的素质提出很高的要求。"将必上知天道，下知地理，中知人事"，认为将帅必须具备勇、智、仁、信、忠五种品德，同时尽量避免十种个性品德上的缺陷。

（3）集中介绍了八种选拔和考察将帅的方法（即"八征"），指出："八征皆备，则贤不肖别矣。"

（4）要求君主给予将帅以充分的自主权，强调"国不可以外治，军不可以从中御"，"军中之事，不闻君命，皆有将出"。

（5）强调将帅治军、统兵必须恩威并重，令行禁止，同时要"与士卒共寒暑劳苦饥饱"。只有这样，才能使全军上下同心同德，众志成城，为国效命。

其次，论述了军队的编组和训练问题：

（1）主张根据士兵的不同状况分成不同的类别，组编成不同的分队。这样，平时有利于管理训练,战时有利于发挥各自的特长。

（2）在军队训练方面,强调遵守军纪,步调一致。采用循序渐进的训练方法,从单兵训练开始,然后由一而十、由十而百、由百而千、由千而万,直至全军操练演习。只有这样,才能"成其大兵,立威于天下"。

再次,强调执行战场纪律:"无燔人不积聚,无坏人宫室,冢树社丛勿伐,降者勿杀,得者勿戮。"这样才能使"天下和服"。

此外,在《王翼》篇中,还集中论述了军队指挥机构的构成情况。认为,"王者帅师,必有股肱羽翼,以成神威"。作为统领全军的将帅,最重要的是通晓和了解个方面情况,而不必专精某项专业知识和技能。为此,必须建立一个体系完备、职能齐全的参谋辅助机构,以网罗各方面人才,为将帅指挥战争服务。

4.国防建设和国防动员

国防建设事关国家的安危存亡,是军队进行战争的物质前提。书中强调,"天下安宁,国家无事"的时候,必须居安思危,不忘备战,常修"攻战之具""守御之备",防患于未然等等。

5.战术问题

《六韬》用了三卷的篇幅,广泛论述了各种作战形式的战术问题,其篇幅之大,内容之广泛,论述之详尽,在先秦兵书中是绝无仅有的。如突击战、伏击战、运动战、防御战、遭遇战、攻坚战、夜战以及防止火攻的战法等等。对于每种作战形式的战术都有详尽精辟的论述。

二、向马穰苴与《司马兵法》

《司马兵法》是先秦第一部集成众多兵家思想的军事名著。

《司马兵法》又称《司马法》,被认为是司马穰苴撰。司马穰苴为春秋末期齐国人,著名军事家,一代武圣孙武的祖辈。

但据司马迁《史记·司马穰苴传》记载,《司马兵法》一书应为战国齐威王时,群臣"汇辑"先古兵法与穰苴兵法而成。故此书不独为司马穰苴所撰,而是周初至春秋战国以来,历朝司马兵法思想的集体智慧的总结,而非一时一地一人之作,因此,《司马兵法》一书的具体作者已不可详考。

《司马兵法》的传承流布也是一波三折。该书成书于战国时期,却散佚于随之而来的秦时战火。据《汉书·艺文志》所载,《司马兵法》原有155卷,后多亡佚,现存仅5卷,还是后人多方收集残片章句整理而成,加之清人又辑出《司马法逸文》一卷,终成6卷流传于世。

"司马"原为掌管马匹的官职,后为古代掌管军政大权的军事官员的官职代称。

《司马兵法》就是周初以来流传于历朝历任司马中间的兵法思想的集体智慧的总结。它代表了先秦众多军事家的思想与观点,凝聚了众人的心血与智慧,因此,他是先秦中兵家掌管国政、军政宝贵经验的集成之作。

《司马兵法》一书的军事思想精华,集中表现在以下几个方面:

从对国政的指导意义而言,《司马兵法》是中国古代最早提出"仁本"思想的兵家著作,它比后来孔孟儒家所提出的"仁政"治国思想要早六百多年,这种"仁本"思想,既是周王朝的立国原则,也是周王朝兴盛于世八百余年的理论基础。

"仁本第一",也直观地反映了《司马兵法》的战争观和战争的指导思想。《司马兵法》还提出了"天子之义",指出了君主的职责与义务,在一定程度上限制了君主的绝对权利和自由,这在当时来说是具有非常的进步意义。"天子之义第二",既集中体现了《司马兵法》的治国之策和治军之法,同时还体现了先古及周朝以来古代军事制度的基本特色。

从对军政的指导意义而言,《司马兵法》首先提出了战争的立场与原则,认为发动战争的目的最终是为了消灭战争。指出:"杀人安人,杀之可也;攻其国爱其民,攻之可也;以战止战,虽战可也。"非常客观地分析和阐述了"战争"这一邪恶概念的底蕴和精神,将"战争"这一社会历史现象的理念进行了高层次的升华。

其次,《司马兵法》"定爵第三"讲到战争准备,总结了布阵原则和战时法规。而"严位第四"和"用众第五",则主要概括了战略战术和将帅指挥的兵家实战思想精华。

另外,《司马兵法》还倡导在战争的过程中应当提倡人道主义思想,提出"逐奔不过百步",指出战争是以消灭战争而不是以杀戮为最终目的。还认为"敌若伤之,医药归之",这种人道主义胸襟首次在兵学著作中加以阐述,使后世兵家得以继承和发扬光大。司马迁称其"宏廓深远,虽三代征伐,未能尽其意、如其文也"。

总之,《司马兵法》所提出战争的最终目的是为了消灭战争并尽可能减少伤亡的观点,昭示着"战争"这一具体行为的最高精神境界,对后世历代兵家的作战风格具有深远的影响。《司马兵法》一书,在中国几千年来的军事理论发展史上具有非常重要的地位,对维护和平,促进社会的繁荣安定也有一定的现实指导意义。

三、孙武与《孙子兵法》

《孙子兵法》是中国历史上最早的一部震古烁今的兵法宝典,史称《兵经》。

《孙子兵法》是中国兵法始祖之作,历代兵家"五经"之首,后世尊称为"武圣"。

宋元以来,历朝武状元"武举"必备之书。

《孙子兵法》又称《孙武兵法》《吴孙子兵法》,简称《孙子》,为春秋末期吴国名将孙武所著。

孙武,字长卿,(?—前484年),他的先祖本是陈国的公族,姓妫,后迁居齐国,改姓田。齐景公时(前547年—前490年在位),他祖父田书因功封于安乐(今山东惠民),赐姓孙,父亲孙冯亦位居齐卿。孙武年轻时,很想有一番作为,但看到齐国统治集团内部矛盾十分激烈,执政的贵族间不断倾轧残杀,颇为失望,不得已离开齐国,来到了南方新兴的吴国。

孙武到吴国后,居于都城姑苏(今苏州)附近的乡间,潜心研究军事,写作兵法,并结识了楚人伍子胥,两人经常在一起切磋学问,讨论天下强弱大势和吴国的政治动向。不久,吴王阖闾当国,任命伍子胥为吴国行人(掌握朝觐聘问之官),参与计议军国大事。伍子胥深知孙武的军事才能,竭力向吴王推荐他。吴王开始不以为然,后来读了孙武写的

13篇兵法,不觉大为叹赏,很想起用他为将军,但又担心孙武从未打过仗,会不会是个纸上谈兵的角色,便决定试他一试。

吴王从宫中挑选出来的180名宫女分为两队,指定吴王最宠爱的两位美姬为操练队长。因两位队长不听指挥,队伍无法操练,在不得已的情况下,孙武把不遵守军纪的两个队长杀掉,另换了两个队长继续操演,并在很短的时间里,把这180名宫女,训练成有素的军队。吴王痛失爱姬,非常恼火,但在伍子胥的极力劝阻下,吴王终于正式任命孙武为将军。

在孙武的主持下,吴军经过几年的训练,日益强盛。公元前512年,吴王派孙武、伍子胥率兵讨伐庇护吴国叛臣的徐国和钟吾国,一举获胜,牛刀小试,初战告捷。

数年后,吴王见伐楚的时机已经成熟,便派孙武为将军,伍子胥、伯嚭为副将,倾全国之兵力,并联合唐、蔡等同,大举出兵攻楚。

在这场战争中,孙武指挥数万吴兵,以少击众,打破楚军20万,五战克郢,表现了高超的军事指挥艺术。经此一战,吴国声威大震,楚国受到了立国以来最大的打击。

孙武不仅用兵如神,还写下了中国第一部军事理论著作《孙子兵法》,对后世军事学的发展产生了巨大而深远的影响

《孙子兵法》的问世,是世界军事史上具有划时代意义的大事,它比色诺芬(前403年——前355年左右)的号称古希腊第一部军事理论专著《长征记》,以及古罗马弗龙廷(约35年——103年)的《谋略例说》,韦格蒂乌斯(4世纪末)的《军事简述》还早,不仅成书早,学术性强,而且有独特的思想体系,因而在国际上也享有盛誉。公元7世纪时,《孙子兵法》便传到日本。18世纪以后,又被译为法、英、德、俄等多种文字,受到各国军事理论家的高度赞扬,他们公认"孙子是古代第一个形成战略思想的伟大人物"。

《孙子兵法》一书,对中国军事科学的发展影响巨大。它在内容上具备精深而完整的军事思想体系;在战争观、战争的重要性和可观性、战争理论、战略战术、军队建设等方面,都有精辟的论述和杰出的贡献。孙武的军事思想精华主要体现在以下几个方面:

在战争理论上,孙武认为:

第一,战争与国家利益休戚相关。指出:"兵者,国之大事,死生之地,存亡之道,不可不察也。"他把战争和国家命运紧密地联系在一起,明确地指出战争的目的在于确保国家的生存和发展,把战争作为国家大事来看。孙武提出了一系列根本性的战争指导原则。认为凡战必从国家大局出发,注意利用国家政治、经济、军事等各种条件,分析敌我双方情况,而且必须首先立于不败之地。孙武还把战争看作国家、军队以及普通百姓求生存的一种手段,必须持谨慎和严肃的态度,告诫君主"亡国不可以复存,死者不可以复生",反对感情用事,切不可"怒而兴师""愠而致战",应慎之警之,以察"安国全军之道"。

在充分认识到战争重要性的前提下,孙武还注意到战争与政治的密切关系,认为政治是决定战争胜负的首要因素。所谓"道者,令民与上同意者也,故可以与之死,可以与之生,而不畏危"。指出"善用兵者,修道而保法",应"令之以文,齐之以武""与民相得",以作为修明政治,取得胜利的必要保障。可见,孙武视"道"为战略内容的首要因素,倍加重视。

第二,在战争与经济的关系上,孙武认为:"凡用兵之法,驰军千驷,革车千乘,带甲十

万,千里馈粮;则内外之费,宾客之用,胶漆之材,甲车之奉,日费千金,然后十万之师举矣。""军无辎重则亡,无粮食则亡,无委积则亡",表明战争的胜利必须建立在物质充盈的基础上,经济是实施战争的物质基础。在没有充分的物资条件准备下仓促出战,只会招致失败。

第三,孙武同时也认识到战争的破坏性和危害性,反对穷兵黩武,对战争始终报以十分慎重的态度。认为,只要战争发生,无论参战的哪一方,都得付出惨痛的代价:"带甲十万""日费千金",必将耗费大量的财力物力;"顿兵挫锐""屈力殚货",必将使军力受损;而"内外骚动",则必将使人心混乱,影响国家繁荣安定,他国易"乘其弊而起",威胁国家安全,继而提出"非危不战"的理论原则。

第四,孙武认为,积极备战是保障国家安全的重要措施。指出:"无恃其不来,恃吾有以待也;无恃其不攻,恃吾有所不可攻也。"认为"以虞待不虞者胜"。在种战备思想的基础上,孙武强调必须在物资上做好战争准备,以达到"有备无患""立于不败之地"的目的。

第五,孙武还十分注重战争的客观条件。其"兵贵胜,不贵久"的速胜思想,就是从战争对人力、财力的依赖关系出发的。孙武提出先知敌情,"不可取于神鬼","必取于人"的观点,以及"治乱""勇怯""强弱""劳逸"等对立转化的观点,具有朴素的唯物论和辩证法思想。

总之,战争作为一种社会历史现象,有其固有的客观规律。孙武在《孙子兵法》中所提出的战争理论思想,对于现代战争及其理论也同样具有重要的现实意义。

在战略战术思想上,孙武总结了春秋以前的战争经验,提出了一整套系统的带有普遍性的战略战术理论,把先秦兵家思想提升到了一个前所未有的高度。其表现在:

第一,孙武首次提出了"庙算"的战略概念,指出应"未战而庙算","立于廊庙之上,以诛其事"。

第二,孙武提出了以"五事"为基础的战力要素。指出"故经之五事,校之以计,而索其情:一曰道,二曰天,三曰地,四曰将,五曰法。"孙武把战略上的胜负判断归结为五大因素,并在"五事"的基础上对政治因素、军事因素、自然因素、国际因素等各方面与战争之间的关系进行了深入的分析与精辟的论证。今天看来,即使是现代的各种军事战略专著,也无不从这几个方面入手;无论哪个国家,无论哪支军队,也无论是过去还是现在,都没有超出《孙子兵法》早已提出的那些基本因素的范围。

第三,孙武还提出了"不战而屈人之兵"的战略原则,主张"全军为上,破军次之;全旅为上,破旅次之;全伍为上,破伍次之""不战而屈"的全胜战略,即能避免"顿兵挫锐、屈力殚货",又能达到"兵贵胜,不贵久"的速战速决的效果。

第四,孙武的用问思想,更是把春秋以来的战略战术发挥到了极致。孙武认为:"三军之事,莫亲于问,赏莫厚于间,莫密于问。非圣智不能用间,非仁义不能用间,非微妙不能得问之实。微哉!微哉!无所不用间也。"纵观《孙子兵法》全篇,我们可以看出,"知己知彼,百战不殆"是孙武所有战略战术最集中的体现。这一治军理论,揭示了战争的重要规律,成为历代兵家奉为镇军之宝的座右铭。

第五,孙武还强调战术的灵活性,提出"兵无常势","因敌而制胜";又提出"避实击虚""攻其必救",有效使用兵力的原则;以及"兵以诈立""攻其无备,出其不意"等出奇制

诸子百家——兵家

胜的方法。

总之，孙武的军事思想谋略，闪耀出智慧的光芒，引导着中国几千年来兵家思想的发展。即使在世界军事理论发展史上，也没有任何一部兵书像《孙子兵法》这样具有久盛不衰的恒久生命力和跨越时空的强大影响力。《孙子兵法》当之无愧可以成为人类文明史上一部永垂不朽的军事名著。

《汉书·艺文志》著录《孙武子兵法》82篇，《齐孙子兵法》89篇，今日所见之《孙子兵法》乃是前者，又传之《孙子兵法》只剩13篇，然而参照《史记·孙武传》中阖闾的说法，《孙子》原本就应是13篇，盖82篇中，后人"附益"甚多，所附益者皆不传，我们今天所见的《孙子兵法》，正是《孙子》的原本。

四、吴起与《吴子兵法》

諸子百家——兵家

《吴子兵法》是一部中国军事理论发展史上地位仅次于《孙子兵法》的先秦军事名著。《韩非子·五蠹》篇说："境内皆言兵，藏孙吴之书者家有之。"《史记·孙子吴起传》："世俗所称师旅，皆道《孙子十三篇》，《吴起兵法》世多有。"吴子与孙子并称于世，而《吴子兵法》也与《孙子兵法》并行于世，两者都具有非常显出的地位，深受后世兵家所推崇。

吴子(？—前381年)，名起，战国时期杰出的军事家和政治家。

吴起是卫国左氏(今山东曹县北)人，曾师从于孔学大儒曾参。因此，在吴起的军事思想体系中，带有非常浓厚的儒学色彩，但吴起平生为人不淑，当世及后人多有非议。

吴起年少时游学四方，仕途不畅，且家道败落。因常遭族人嘲笑，年轻气盛的吴起愤而诛杀多人后，于星夜仓皇逃离卫国，行前曾与母诀别，发誓不至卿相绝不返乡。吴起于亡命途中，千里寻师，终于拜在孔子弟子曾参门下。不久，惊闻母亡，吴起无颜回乡奔丧，故惹曾参大怒，认为吴起不孝，师生之缘就此终了。

无奈之下，吴起投奔鲁国，杀妻求将，遂有功名。此时的吴起，因善于用兵且"多有奇谋"而初露锋芒。后因鲁国君相疑，辞官入魏，魏文侯惜其有功盖穰苴的用兵才华，拜为魏将。吴起遂率军击败秦军，攻取五城，被魏文侯任命为西河守，以抗拒秦、韩两国。

文侯死后，吴起再次见疑于魏，转而逃奔至楚国，得到楚悼王的信任与重用，委任宛守，防御魏、韩。吴起为报楚悼王知遇之恩，倾其才能，大展抱负，率兵南平百越，北并陈、蔡，东却三晋，西伐强秦，终使楚国盛兵强，鼎足群雄。后吴起升为令尹，辅佐楚悼王变法，因厉行削减权贵之半，结怨于士卿。

楚悼王死后，吴起即遭奸佞谗害，被车裂致死，吴起变法也就"无疾而终"。

《吴子兵法》成书于战国，共分"图国、料敌、饴兵、论将、应变、励士"六篇，其治国治军的基本原则与实际应用继承和发展了《孙子兵法》的兵学思想，反映了战国初期的实战经验和兵法特点，是当时重要的兵家著作。吴起的思想属于儒家体系。吴起吸收前人的战略思想和作战经验，并在其理论基础上加以阐述和发挥，并进一步深化，逐渐形成了一套属于自己的军事理论和战略体系。

在治国理论上：

第一，吴起提出了"民本"思想。他看到了平民对于国家的重要性，告诫其君当爱其民。认为治国"内修文德,外治武备""图国家者,必先教百姓而亲万民"。指出:"民知君之爱其命,惜其死,若此之至,而与之临难,则士以进死为荣,退生为辱。"

第二,吴起明审法令,限制公族权利,徙贵族到边境,以充实"广虚苍凉"之地。缩小了贵贱等级的差距,有效地缓和了阶级矛盾。

第三,吴起还提出了裁减冗员,节省开支,以供养"选练之士"的主张,并一针见血地指出了官府衙门人浮于事的种种弊端。吴起的这种观点就是对今天各行各业的"减员增效"而言,也不无裨益。

第四,吴起还整顿史治,严禁私门请托,有效地控制了政府部门的腐败现象。吴起变法的诸多举措,对于今天的"反腐倡廉"仍具有积极的借鉴意义。

在治军方面:

吴起认为应"教之以礼,使有耻"。第一,吴起分析了战争产生的原因有五大因素:"争名",曰义兵;"争利",曰强兵;"积恶",曰刚兵;"内乱",曰暴兵;"因饥",曰逆兵。提出"义必以礼服,强必以谦服,刚必以辞服,暴必以诈服,逆必以权服"的必要措施与解决方案。同时,吴起还分析了战争的性质,强调战争的两重性及其发展变化,由此可以看出吴起朴素的军事哲学思想的闪亮之处。

第二,吴起对将领和士兵提出了严格的要求,认为"总文武者,军之将也;兼刚柔者,兵之事也",并提出一整套鼓励将士立功的方法,达到"发号布令而人乐闻,兴师动众而人乐战,交兵接刃而人乐死",要"有功而进饷之,无功而劝勉之",集中体现了吴起"内修文德、外治武备"的战略思想。

第三,吴起认为行事要因时、因地、因人等各种环境的不同,合理加以变通,"我众彼寡,分而乘之;彼众我寡,以方从之",提出用兵有四机:"气机""地机""事机""力机","得之国强,去之国亡"。吴起总结了在作战中"击之无疑"或"避之无疑"等各种情况,发明了新出现的骑兵兵种与车、步兵配合作战的各种战术,这是吴起随机应变战术方法的集中体现。

第四,吴起还提出了"以治为胜""教戒为先""进有重赏,退有重刑"等一系列治兵原则,反映了吴起严肃治军、重视军队建设和激励机制的军事思想。

总之,吴起的军事思想为后世用兵奠定了理论基础,提供了实战范例。战国以来,《吴子兵法》已成家喻户晓的一部军事名篇,并对后世的军事理论研究和军事实战应用产生了极其广泛而深刻的影响。

五、尉缭与《尉缭子兵法》

《尉缭子兵法》是一部杂取法、儒、墨、道家思想而论兵,博采众长、独具一格的先秦兵家著作。在宋代,与《孙子兵法》《吴子兵法》一同被编入《武经七书》。后来它又流传到国外,被译成多种文字,影响很大。

《尉缭子兵法》是一部融军事于政治、经济、法律体系之中,视野开阔、立论精确的"兵学杂家"名篇。

先秦兵家,孙吴之后以尉缭最为著名。清朝学者朱庸著《五经·七书汇解》言:"七子谈兵,人人挟有识见。而引古谈今,学问博洽,首推尉缭。"

尉缭,被称为尉缭子,战国时魏国人,著名军事家和政治家。汉代刘向《别录》称尉缭与梁惠王同时代,因治商"君学"而颇负贤名,其余史无可考。相传梁惠王沉迷于《黄帝天官书》,以为阴阳卜卦、吉凶征兆,可求百战百胜,并以此求教于尉缭。尉缭正告惠王,战争成败在人,实无侥幸可言。可见,在群雄争霸的战国动乱时代,诸侯谋臣无不汲汲于急功近利,唯尉缭独能超然例外,殊为可贵。

"人本思想"周流贯通于古代兵法之始终,而在《尉缭子兵法》中得到了最充分的发挥,这是《尉缭子兵法》一书最大的特色。尉缭兵学思想精华,集中体现在以下几个方面:

首先,尉缭继承和发展了《孙子》《吴子》的军事思想,反对用天命观来指导战争,提出"天官时日,不若人事"的朴素唯物主义战争观,认为"刑以伐之,德以守之,非所谓天官、时日、阴阳、向背也,人事而已矣"。所以,战争胜败的根本因素在于是否充分发挥了人事的作用。

其次,尉缭还指出制度、纪律、法令的颁订与贯彻实施是治国、治军的重要保障。所谓"凡兵,制必先定;制先定,则士不乱;士不乱,则形乃明","金鼓所指,则百人尽斗;陷行乱阵,则千人尽斗;覆军杀将,则万人齐刃,天下莫能挡其战矣"。指出"民非乐死而恶生",所以"号令明,法制审,故能使之前。明赏于前,决罚于后,是以发能中利,动则有功"。认为"赏如日月,信如四时,令如斧钺,制如干将,士卒不用命者,未之有也"。尉缭这种"兵学法治"思想,广为后世统治者所推崇。

第三,尉缭认为战争有正义与非正义之分,主张"凡兵,不攻无过之城,不杀无罪之人"。认为战争并非屠戮、争夺,而是维护和平的一种手段和方法,这与姜太公所言"以战止战"的思想有异曲同工之妙。尉缭也反对发动战争,认为"兵者,凶器也;战者,逆德也;争者,事之末也;将者,死官也。故不得已而用之","王者,伐暴乱,本仁义焉"。尉缭总结的"仁义"为本这一战争根本性指导原则,对于那些以侵略、攻掠为目的的战争狂热分子来说,当是一记当头棒喝!

第四,尉缭除对军事与政治、经济的关系做出精辟论述外,还提出君臣官吏应明确职权,各司其职,各务所事。认为"官者,事之所主,为治之本也","守法稽断,臣下之节也;明法稽验,主上之操也"。君臣官吏只有各守本务,不相逾越,才能使国家这个有机体正常、有序地运行。而且,尉缭还提出"往事不可及,来世不可待,求己者也"这种朴素唯物主义观点,体现了这位杰出的军事家、政治家的远见卓识与先锋理念。

第五,在战术上,尉缭主张"权敌审将而后勇兵",提出"正兵"与"奇兵"灵活运用的作战方法,反映出尉缭科学的治军思想。

六、孙膑与《孙膑兵法》

一部在中国历史上沉寂两千年,几成千古之谜,近年方才得以重放异彩的先秦兵家名著。

一部失传久远、争议不断的传世兵书。

《孙膑兵法》是一部将《孙子兵法》兵学思想发挥到极致的古代兵法宝典。

诸子百家——兵家

《孙膑兵法》为战国中期著名军事家孙膑所著,在中国军事理论史上享有崇高的地位。孙膑兵法又称《齐孙子》,曾广泛流传于战国末期和秦汉初起。1972年4月,《孙膑兵法》在失传了近两千年之后,从山东临沂银雀山一座西汉前期的墓葬中出土,竹简《孙膑兵法》的重新面世,终结了这一争议的千古悬案。

　　孙膑,战国时齐国人,是古代兵学奠基人、一代兵圣孙武的后代子孙,可谓将门之后,其实真实姓名及生卒年已不可详考,应予商鞅、孟轲同时期。

　　孙膑出生于齐国的阿(今山东阳谷东北)、鄄(今山东鄄城北)之间。他自幼生活孤苦,却胸有大志,一心想成就一番事业。长大以后,便拜当时隐居深山的鬼谷子为师,跟随老师学习兵法和纵横之学。孙膑有一位同窗好友名叫庞涓,天资聪颖,学习优秀,学成后投奔了魏惠王,做了将军。魏惠王很信任他,派他南征北战,打了不少胜仗。但庞涓心里很清楚,他的军事才能远远不如孙膑,万一哪一天孙膑下山,无论是到魏国还是其他国家,对自己都是一个极大的威胁。为了一劳永逸除掉后患,庞涓心生一计,派人上山骗孙膑到魏国来,然后捏造罪名对孙膑施以膑刑(去膝盖骨),使其永远不能站起来,不能领兵打仗。

　　孙膑无辜遭此大难,且为同窗好友陷害,心中悲愤莫名。他决心活下去,最终干出一番事业来,令世人刮目相看。为了摆脱庞涓的监视,他表面上装疯,暗地里加紧研读兵书,准备有朝一日逃离虎口,利用自己的智慧、才能报仇雪恨。果真,庞涓放松了警惕,孙膑被齐国的使团悄悄救走。

　　孙膑到齐国后,被齐国大将田忌待为上宾。通过众所周知的"田忌赛马"的事实,展示了自己的才华,赢得了田忌的信任。田忌将孙膑推荐给齐威王,孙膑畅论兵法,使威王深为折服,遂命为军师,辅佐田忌去解赵国之围。

　　公元前345年,中国中原大地"七雄并立",征战频繁。作为七雄之一的魏国,这年派大将庞涓率领8万精兵强将包围了赵国都城邯郸。眼看着赵国都城邯郸城陷、国亡,赵国向齐国求救。孙膑运用"围魏救赵"的军事战略,经过"桂陵之战"和"马陵之战"两大战役,战胜了强大的魏国,射死了庞涓,报仇雪恨,终于威服诸国,称霸中原。

　　1972年4月,一群考古工作者挖开了山东临沂银雀山的一座古墓,竟意外地发现了一大批陪葬的竹简,经专家确认,为《孙膑兵法》。该书的内容共计16篇,共222简,近5000字。从这部分《孙膑兵法》的残简来看,孙膑在继承祖先孙武军事思想的基础上,提出了很多新的思想观点和作战原则。其主要内容有:

　　在思想体系上:

　　孙膑根据战国中期七雄并立,混战不休的现实,充分肯定了统一战争在历史上的作用,认为奢谈仁义礼乐是无助于制止战争的。

　　首先,他接受了杰出的法家代表人物商鞅所提出的"以战去战,虽战可也;以杀虽杀,虽杀可也"的法家思想,提倡法家提出的富国强兵的"耕战"政策,只有"战胜而强立",以战争手段实现国家统一,才能真正解决问题。主张用暴力扫除封建诸侯割据势力,用战争来实现国家的统一。

　　其次,强调提高人的素质,以为强兵的基础。对将帅不仅提出德、信、忠、敬等要求,还强调要有上知天道地理,下知民心、敌情、八阵部署的能力;对士兵不仅要严格选拔,精心组建，而且要进行系统的政治教育、列队训练、战法训练，使之能够适应严酷的战争需要。

再次，提出要认识战争的规律（"道"），并在此基础上创造有利态势，运用大规模野战机动训练的方式，批亢捣虚，围魏救赵，从而争取主动，克敌制胜。

在战争观上：

孙膑主张"举兵绳之""战胜而强立"，承认"以战去战"的可行性，认为战争不可避免。同时，孙膑也对战争持慎重态度。他指出："战胜，则所以在亡国而继绝世也；战不胜，则所以削地而危社稷也。"认为"兵不可不察""乐兵者亡，利胜者辱"。因此，孙膑也强调"事备而后动"，非常注重战前的准备工作，认为"城小而守固者，有委也；卒寡而兵强者，有义也"。只有准备充分，才能"兵出而有功，人而不伤"；反之，"用兵无备者伤"。这一观点，无一不体现出其深思熟虑与远见卓识。

在战略战术上：

诸子百家——兵家

孙膑也显示出超人的智慧与盖世的谋略，其兵学思想精华主要体现在以下几个方面：

第一，以寡击众，以弱胜强。"敌众我寡，敌强我弱，用之奈何？""以一击十，有道乎？"孙膑针对这些问题，提出了"让威"，避开敌人锋芒，然后再寻找合适的时机，迂回取胜；"坤垒广志，严正辑众，避而骄之，引而劳之"，激励己方士气，劳敌方之兵；"告之不敢，示之不能"，激起敌方骄怠的心理；"营而离之，我并卒而击之"，迷惑敌方，分散敌方兵力，各个击破，做到"能分人之兵，能按人之兵"。孙膑这种"以弱胜强"的战略思想，体现了这位伟大的军事家大无畏的将军气概和杰出的指挥才能。

第二，孙膑提出了"必攻不守"的战术主张，提倡一种以进攻为主的作战姿态，这也是为了实现齐国从一个"负海之国诸侯的必要方略，是适应当时的社会历史发展趋势的，因此具有进步的、积极的意义"。

第三，孙膑强调在战前创造有利的作战态势，掌握主动权。认为"势"是可以创造的，事物可以向其反面转化，这合乎辩证唯物史观。孙膑认为："有生有死，万物是也；有能有不能，万生是也；有所有作，有所不足，形势是也。"他认为必须给己方创造有利的形势，"易则多其车，险则多其骑，厄则多其弩"，做到"居生击死"，己方"进不可迎于前，退不可绝于后，左右不可陷于阻"，使己方"四路必彻，五动必工"从而使敌方"四路必穷，五动必忧"，达到克敌制胜的效果。

第四，孙膑特别强调灵活运用各种战法。他认为"夫兵者，非恃恒势也"，有利的形势不是经常可以拥有，因此指出"以一形之胜，胜万形，不可"，要"料敌计险""因地之利，用八阵之宜"，根据敌情、地形采用不同的战略方法。

第五，孙膑非常注重城邑的攻取，这在当时来说已堪称先锋思想。他将先秦兵学理论和战略思想发展到了一个前所未有的高度。孙膑第一个看到城市对于战争双方的重要性，认为对城市控制在一定程度上左右着各方兵力和国力、局势的优劣和强弱，进而在一定程度上决定了战争的最后结局。这种观点今天看来，也是客观的和唯物辩证的。

第六，反对战争，也是《孙膑兵法》的主要特色之一。孙膑把战争看作万不得已的政治手段，视战争为保国卫民的必要措施，这显示出孙膑捍卫和平、悲天悯人的坦荡胸怀。

《孙膑兵法》虽然失传上千年，直到 1972 年 4 月才重新发现，但孙膑的一些思想观点通过其他古籍流传于世，在历史上颇有影响。孙膑所提出的"围魏救赵"战法，成为战争舞台上的经典之作，深得后人的赞扬。

七、黄石公与《三略兵法》

《三略兵法》是一部最古老的兵法之一。

《三略兵法》是一部汉家四百年江山的重要兵书。

《三略兵法》曾被收入《武经七书》，是中国古代一部影响很大的兵书。

《三略兵法》是我国古代第一部专讲战略问题的专著，内中关于政治战略的论述尤其充分，其论说核心是如何收揽人心，选贤任能。

《黄石公三略》又简称《三略》《三略兵法》或《圮上老人兵法》，相传为姜太公兵法之一，后经黄石公厘定，于下圮桥传给张良，故被称为黄石公所撰。现代学者一般认为《三略》虽托名为授"太公兵法"于张良的黄石公所撰，实际上却成书于东汉末年，是汉末兵家的著述，其作者是否是西汉留侯张良的师傅，至今还没有定论。

张良

张良，字子房，汉代名臣，以军师身份，辅佐刘邦打下天下，功劳显赫，名垂青史。相传，张良正是得受黄石公秘传，并根据《三略》的兵学思想，加以应用和发挥，辅佐刘邦灭秦亡楚，平定天下，建立汉朝四百年基业，后被封为留侯。汉高祖因此盛赞其"运筹帷幄之中，决胜千里之外"。

《三略兵法》旨在"为衰世作"。其思想精华主要体现在：

第一，杂采儒、法、墨、道诸家治国安民的政治主张，分析和论述了政治对军事的影响作用。认为"能柔能刚，其国弥光；能弱能强，其国弥彰；纯柔纯弱，其国必削；纯刚纯强，其国必亡"。还认为只有能"图制无疆，扶成天威，匡正八极，密定九夷"，"如此谋者，为帝王师"。指出了国家兴衰、战争胜败的根本道理。

第二，《三略兵法》是中国古代阐述用人之道最为透彻、最为具体的一部兵书。首先，《三略兵法》认为治国平天下，必须礼贤下士，赏禄有功。提出"夫主将之法，务揽英雄之心"。认为"治国家者，得人也；亡国家者，失人也"。其次，还认为在用人方面应分"贤"与"民"的主次关系，应该使他们相互之间完美地协调起来，才能组成一个有序的有机体。"为国之首，恃贤与民。信贤如腹心，使民如四肢，则策无遗，所适如四肢相随、骨节相救，天道自然，其巧无间"。

第三，《三略兵法》还强调体察民情，对不同的民众应采取安抚措施。认为"军国之要，察众心，施百务"，"危者安之，惧者欢之，叛者还之，冤者原之，诉者察之，卑者贵之，强者抑之，敌者残之，食者丰之，欲者使之，威者隐之，谋者近之，谗者覆之，毁者复之，反者废之，横者挫之，满者损之，归者招之，服者居之，降者脱之"。可见《三略兵法》对民众在战争中的作用极为重视，强调了向背是战争胜负的决定因素。

第四，《三略兵法》还对将帅提出应与士卒同甘共苦的要求。认为"夫将帅者，必与士卒同滋味而共安危，敌乃可加，故兵有全胜、敌有全囚"，应"与之安，与之危"，"则其众可合而不可离，可用而不可疲"，认为"蓄恩不倦，以一取万"。客观地指出，只有上下同心，紧密团结，才能发挥和保持军队等最佳战斗力。

第五，《三略兵法》不乏有效的治军方法，如提出应以"号令""礼赏"来约束士兵，鼓舞士气。所谓"将之所以为威也，号令也；战之所以全胜者，军政也；士之所以轻战者，用命也"，"香饵之下，必有悬鱼；重赏之下，必有勇夫"。认为"礼者，士之所归；赏者，士之所死"，还提出"士可下而不可骄，将可乐而不可忧，谋可深而不可疑"。从而确立了控制与激励士卒的根本原则，这种激励机制，即使放在今天，也不乏借鉴意义。

总之，《三略兵法》的重中之重是对用人之道淋漓尽致的精辟论述与分析，这是前所未有的。在这方面，《三略兵法》不仅超越了先秦兵家，而且为后世治国理政、求贤任能开辟了一条全新之路。

八、诸葛亮与《孔明兵法》

《孔明兵法》是一部畅言为将之道的治军圣典。

《孔明兵法》是一部关于作者争议最大的古代兵书。

《孔明兵法》又称《将苑》，一种说法是为三国时期蜀国两朝丞相、著名政治家、谋略家、军事家诸葛亮所作，但未有定论。

诸葛亮（181年—234年）字孔明，琅邪阳都（今山东沂南）人。东汉末年避乱荆州，隐居邓县隆中，因博学多才而自比管仲、乐毅，待价而沽，人称"卧龙"。建安十二年，刘备三顾茅庐，向诸葛亮请教天下大计，诸葛亮纵论天下大势，就是著名的"隆中对"，未出茅庐，已知天下三分。此后，诸葛亮出山辅佐刘备，成为其帐下的首席谋士。先施奇计结好孙吴，于赤壁大败曹操；再乘胜取荆州、破成都、逐刘璋，成就了三足鼎立的天下局势。刘备称帝后，诸葛亮任丞相。后辅佐后主刘禅，封武乡侯，领益州牧。成为千古名相，人之楷模，中国古代智慧与谋略的化身，成为千古佳话。

诸葛亮一生足智多谋，熟读兵书战策，在治军上有杰出的才能，尤精于用人之道。《孔明兵法》一书便是其治军经验的精华所在。《孔明兵法》是中国古代对为将之道阐述得最为系统、具体、精辟的兵学著作。诸葛亮指出："夫将者，人命之所县（悬）也，成败之所系也，福祸之所倚也。"认为一军之制，全在于将。纵观诸葛亮的兵学思想，其精华可归纳为：

第一，他分析了"将"与"权"之间的关系。指出："夫兵之权者，是三军之司命，主将之威势"，"操兵之要势，而临群下，譬如猛虎"；反之"若将失权，不操其势，亦如鱼龙脱于江湖"。

第二，诸葛亮指出身为将帅者最重要的是人品。指出人品"美恶既殊，情貌不一"，"奸伪悖德之人，可远而不可亲也"。还主张用"高风亮节""孝悌""信义""深思熟虑""力行"五种准则来考核将帅。认为："高节可以励俗，孝悌可以扬名，信义可以交友，沉思可以容众"。从而进一步分析了将帅的种种弊端，指出"善将者，不恃强、不怙势；宠之而不喜，辱之而不惧；见利不贪，见美不淫"，应"其刚不可折，其柔不可卷"，才能"以弱制强，以柔制刚"。

第三，诸葛亮对将帅者的才能提出要求。认为为将帅者必须"善知敌之情势，善知进退之道，善知国之虚实，善知天时人事，善知山川险阻"。还指出，要想战争取得胜利，则"战欲奇、谋欲密、众欲静、心欲一"。

第四，诸葛亮注重将帅对于谋略的应用，并强调了战机的重要性。指出"夫必胜之术，合变之形，在于机也"，"古之善用兵者，揣其能而料其胜负"，"夫为将之道，必顺天、因时、依人以立胜也"，认为"善将者，必因机而立胜"，"事机作而不能应，非智也；势机动而不能制，非贤也；情机发而不能行，非勇也"。此外，诸葛亮还进一步分析了天时、地利、人和对于战争的重要性，对于不同的地形提出了不同的战术主张。诸葛亮还强调了"善败者不亡"的指导性原则。

第五，诸葛亮指出，为将帅者必须具备很强的备战意识。认为"国之大务，莫先于戒备"，"战士能勇，恃其备也"。因此，士卒必须经常加以训练，"以一当百"，方可巩固国防。

第六，诸葛亮认为治军必须令出如山，赏罚严明。指出"示之以进退，故人知禁；诱人以仁义，故人知礼；重之以是非，故人知劝；决之以赏罚，故人知信"。"尊之以爵，赡之以财，接之以礼，厉之以信，蓄之不倦，法若划一，先之以身，后之以人，小善必录，小功必赏"，是以"战必胜，攻必取"，"将之所指，莫不前死矣"；反之，"赏罚不明，法令不信，金之不止，鼓之不进，虽有百万之师，无益于用"。

第七，诸葛亮还认为为将帅者必须与士卒同甘共苦，同舟共济。"有难，则以身先之；有功，则以身后之"，"饥者，舍食而食之；寒者，解衣而衣之"，则"所向必捷矣"。

总之，《孔明兵法》是中国古代非常优秀、极具特色的兵学著作，在用人和治军方面有特殊的成就与贡献，对后世的政治、军事，乃至现代的企业管理都有着深远的影响和积极的指导作用。

九、李靖与《李卫公问对》

《李卫公问对》是一部中国历史上最古老的问答体兵学著作。

《李卫公问对》是一部大唐武举确立后最具有代表性的传世兵书。

《李卫公问对》又称《唐太宗李卫公问对》，简称《唐李问对》或《李靖问对》，一般人认为是唐代著名军事家卫国公李靖所著。

李靖（571 年—649 年），唐初军事家，大唐的开国功臣，李靖原名药师，京兆三原人，因军功盖世被李世民封为卫国公，故称李卫公。李靖在南征北战的过程中，表现了其卓越的军事才能，为大唐的长治久安立下了赫赫战功，并因此而名垂青史。

《李卫公问对》全书一万余字，以唐太宗与李靖论兵问答的形式，阐述了李靖在政治谋略和军事理论上的观点与主张，深入讨论了李靖在各种军事问题上新的认识与发现，同时也体现了李靖在军事实践上的突出成就。可见，《李卫公问对》是唐代重要的兵学著作，被刊定:勾《武经七书》之一，在中国军事理论发展史上占有重要地位。《李卫公问对》一书所反映的李靖兵学思想精华，其主要成就有:

第一，李靖进一步明确了先世兵法中"奇正"的关系与运用。提出"战势不过奇正。奇正之变，不可胜穷。奇正相生，如循环之无端"，认为"形人而我无形"乃"奇正之极致"等，并进一步指出"奇正者，所以致敌之虚实也。敌实则我必以正;敌虚则我必以奇"。精确细致入微地用唯物史观分析了战争中"奇"与"正"之间的辩证关系。

第二，李靖还论述了增强军队战斗力的有效方法及军队的编制管理。提出"以诱待来，以静待躁，以重待轻，以严待懈，以治待乱，以守待攻"的战略主张，给己方创造有利的战争形势，增强战斗力。在军队编制上把军队分为士、军校、裨将三等，分相统辖。大将军"稽考制度、分别奇正、誓众行罚"，统筹全局，则"临高观之，无施不可"。

第三，李靖论述了指挥作战的重要战略思想与指导原则。在选将用人上提出了独到的见解，如"用众在乎心一，心一在乎禁详去疑""兵有分有聚，各贵所疑""诡道可使由之，不可使知之""攻是守之机，守是攻之策"等战略思想。同时还指出"用兵之法，必先察吾士众，激吾胜气，乃可以击敌焉"。这些统军、用人之法，对后世治国、治军均有重要的指导意义。

总之，李靖论兵，既有对古代兵制、战争、兵学的总结与评述，又兼论治军与用人，但其兵学思想的要旨还在于练兵与作战之法，而关于"奇正"的阵法理论更是其兵学精华所在。

十、《三十六计》

《三十六计》是中国古代军事谋略的集大成之作，是中国历代战争实践中宝贵经验的总结与升华。作为一部古代佚名兵法名著，《三十六计》被后人广泛应用于政治、军事和外交斗争当中，传承至今，仍不乏其普遍的实践意义。

《三十六计》原书，至今无准确年代和作者可考。书中全计共分六套，即胜战计、敌战计、攻战计、混战计、并战计、败战计。每套六计，总共三十六计。

《三十六计》是一部系统化、理论化的兵学谋略著作，和所有的兵书一样，"取胜"是其最直接的目的。而要达到取胜的目的，就必须采用相应的策略，是为制敌之要诀，计谋之经典。

《三十六计》又是一部极为凝练的军事理论著作。古人的谋略智慧是无穷的，计谋多种多样，手段纷繁庞杂、精细奥妙、变化万端。但《三十六计》能把这些艰深的军事理论在如此生动灵活的计名中体现出来，把无穷的智慧与战争实践有机地融为一体，这是中国古代其他任何一部兵法都无法比拟的。所以说，《三十六计》堪称集中国古代政治家、军事家、外交家们审时度势、随机应变、巧遇运筹的谋略之大成，其现实意义和实践意义至今仍为人们所高度重视。

诸子百家——兵家

第六节　兵家智慧

一、用兵的准备——选将与兵备

为将之道,知礼有谋

凡人论将,常观于勇。勇之于将,乃数分之一尔。夫勇者必轻合,轻合而不知利,未可也。故将之所慎者五:一曰理,二曰备,三曰果,四曰戒,五曰约。理者,治众如治寡;备者,出门如见敌;果者,临敌不怀生;戒者,虽克如始战;约者,法令省而不烦。

受命而不辞,敌破而后言返,将之礼也。故出师之日,有死之荣,无生之辱。

——《吴子兵法·论将》

【译文】

人们评论将帅,常常只看到勇敢这个特质。但事实上,勇敢之于将帅,不过是将帅应有素质的数分之一罢了! 勇敢的人往往会轻易地与敌人交战,轻易地交战而不知道利害,这是不行的! 所以将帅所要谨慎的地方有五点:第一点叫作"理",第二点叫作"备",第三点叫作"果",第四点叫作"戒",第五点叫作"约"。所谓的"理",是指治理多数人就好像治理少数人一样;所谓的"备",是指一出营门就应该有遭遇敌人的准备;所谓的"果",是指面临敌人而不怀有生存的欲望;所谓的"戒",是指虽然战胜了却要有才开战的戒备之心;所谓的"约",是指军中的法令简省而不烦琐。

接受作战的命令而不推辞,打败敌人之后才有返国的念头,这是将帅的礼仪。所以出动军队之后,有战死沙场的荣誉,没有苟且偷生的侮辱!

【经典案例】

唐代宗广德二年(公元764年),朔方节度使仆固怀恩反叛,他纠集回纥、吐蕃等民族的军队共二十多万人,气势汹汹地杀入大震关(今甘肃清水东)。途中仆固怀恩暴死,回纥和吐蕃的军队继续东进,一度攻入京都长安。唐代宗命长子李适为元帅驻守关内,命老将郭子仪为副元帅,率兵赴咸阳御敌。

在平定安史之乱时,郭子仪曾与回纥人建立了友好关系。他勇敢善战,身先士卒,回纥人十分钦佩,都称他为"郭公"。郭子仪决定利用这种友好关系拆散回纥与吐蕃的联盟,把回纥拉到自己这边,共同对付吐蕃。于是,郭子仪派部将李光瓒去"拜访"回纥头领药葛罗。药葛罗得知郭子仪来了,十分惊异,因为他在出兵前就听仆固怀恩说郭子仪已经死了,怎么突然来了呢? 因此他提出要见见郭子仪。

回到军营,李光瓒将药葛罗的话转告给郭子仪。郭子仪立即决定亲自到回纥军营去

諸子百家 ── 兵家

跟药葛罗见面"叙叙旧"。郭子仪的儿子和众将领纷纷劝说他不能去冒险,并说:"即使去,最少也要带数百精兵做护卫,以防万一。"

郭子仪笑着说:"以我们现在的兵力,绝不是吐蕃和回纥的对手;如果能说服回纥退兵,或者能使其与我们结盟,那就能打败吐蕃。冒这个险,我看值得!"说罢,只带领几名骑兵向回纥军营进发,同时派人先去那里报信。

药葛罗及回纥将领听说郭子仪要来了,都大惊失色。药葛罗唯恐有诈,命令部队摆开阵势,他本人则弯弓搭箭立于阵前,时刻准备战斗。郭子仪远远望见,索性脱下盔甲,将枪、剑放在地上,独自打马走上前去。药葛罗见来者果然是郭子仪,立即召唤众将跪迎郭公入营。郭子仪见状,慌忙下马,将药葛罗及众将搀起,携手同进入回纥军营。

分宾主落座后,郭子仪对药葛罗说:"回纥人曾为大唐平定安史之乱出过不少力,唐王也待回纥人不薄,这次为什么反要来攻打大唐呢?"

药葛罗羞愧地说:"郭公在上,我们回纥人不说假话,这次出兵实在是被仆固怀恩骗来的。他说郭公已不在人世,如今郭公就在眼前,我们马上退兵!"

郭子仪说:"我们大唐兵多将广,像安禄山、史思明这样的叛乱都能被平定下去,吐蕃与安、史相比尚且不如,哪里会是大唐的对手!如果回纥能与大唐联手,共同打败吐蕃,我们的皇帝一定会感谢你们的。"

药葛罗激动地说:"我们听郭公的!就这么办!"说罢,命令士兵取酒来,要与郭子仪盟誓,郭子仪连连拱手致谢。回纥人十分讲信义,盟誓之后,立即调兵遣将,向吐蕃发起攻击。郭子仪也倾全军精锐向吐蕃发起进攻。吐蕃大败,损兵数万人,仓皇逃命而去。

郭子仪凭着自己的大智大勇,未费一刀一枪,将"劲敌"回纥化为朋友,又借助回纥人的力量打败了吐蕃,捍卫了大唐的疆域。

【鉴赏】

吴起在《吴子兵法·论将》中强调,要选拔"得之国强,去之国亡"的良将。要求良将能"总文武""兼刚柔",即文武双全,能刚柔并用;又懂得用兵"四机",即能掌握士气、利用地形、运用计谋、充实战斗力;还要能以自己的威信、品德、仁爱、勇敢,做全军的表率;而且能果断决策,适时指挥;在出征作战中,宁可光荣战死,不可忍辱偷生。

在吴起心中,只有满足以上条件的将领才是合格的、优秀的、能够取得战争胜利的。

吴起的这些选将标准,即使在现代复杂的军事斗争以至商业经营中,也可以成为选才用人的标准而不过时。

知兵之将,安危之主

故知兵之将,生民之司命,国家安危之主也。

——《孙子兵法·作战》

【译文】

深知用兵之法的将帅,是民众命运的掌握者,是国家安危的主宰者。

诸子百家——兵家

　　齐桓公是春秋时期最先称霸的霸主。由于实力相当雄厚,他不断对外发起战争,扩大领土。公元前681年,齐国与鲁国多次交战,鲁国屡战屡败,鲁庄公只好割地求和,双方约定在柯(今山东阳谷东)地举行签约仪式。

　　鲁国有位大臣姓曹,名沫,力大无比,又有智谋,对齐桓公以强凌弱的做法大为愤慨,但是又奈何不了他。思来想去,决心乘鲁、齐两国在柯地会盟之机,狠狠地教训一下齐桓公。

　　齐桓公带着重兵到达柯地,曹沫作为鲁庄公的侍卫也参加了会盟仪式。仪式开始后,鲁庄公和齐桓公同时登上会盟仪式的"坛"。突然曹沫跳到坛上,一手抓住齐桓公,一手拔出藏在袍下的匕首,对准了齐桓公。这突如其来的袭击吓得齐桓公魂不附体,企图挣脱,但曹沫力大,齐桓公挣脱不了,只好颤巍巍地问道:"你……你想干什么?"

　　曹沫答道:"你们齐国以强自专,到处欺负我们小国,我们鲁国已经没有多少土地了,你还不放过,我现在只求你把齐国夺走的土地归还给鲁国,否则我和你一起死在这里。"

　　齐桓公望着寒光闪闪的刀刃,心中害怕,不得已地说:"这……好办,我答……答应就是。"

　　曹沫说:"这样答应不行,你要当着坛下的贵宾与所有人宣布,齐国要归还鲁国的土地!"

　　坛下的齐国将士想上前营救齐桓公,但又害怕曹沫出手刺死齐桓公,一个个束手无策。齐桓公迫于无奈,只好照着曹沫的话当众宣布要归还鲁国的土地。

　　仪式结束后,齐桓公非常气愤,本想拒不归还鲁地,但迫于舆论压力,还是很不情愿地遵守了自己的许诺。曹沫单枪匹马,不畏强威,为国家利益挺身而出,正是孙子所谓"国家安危之主"。

　　"知兵之将"是孙子对将帅素质的根本要求。因为战争是关系国家和人民生死存亡的大事,而它的成败常常又系于将帅一身。尽管并非都是这样,但将帅确实起着重要的作用。这里从表面看是提出了将帅要深知用兵之法的问题,而实质上是提出了注重将帅的基本素质问题,因为后者是达到前者的内在条件。如果这些基本素质不具备,那么任何将帅都无法深知用兵之法,也不能驾驭战争的规律,就会在战争中失败。所以孙子说:"将者,智、信、仁、勇、严也。"意思是说,所谓"将",就是指将帅的智谋才能、诚信、仁爱、勇毅果断、军纪严明等。历来军事家都认为这是将帅所不能缺少的基本素质,即"五德"也。

　　在将帅的"五德"之中,"智"摆在首位。这是由于在战争中往往是智慧、谋略优于片面使用武力的缘故。因此,古往今来那些智勇兼备的将帅,历来受到人们的称赞。当然,对今天的领导者而言,"知兵之将"的素质要求有着新的时代内涵。"智"就是战略智慧,有先见之明,审时度势,能运筹帷幄,多谋善断,制定正确的方针、计划。"智"的意义在于"胜人以智",处处棋高一筹,才能在工作中稳操胜券。"信"对领导者来说就是诚实与信用，领导者的言行要使人深信不疑才有可能做到令行禁止，这就是所谓"待人以信"。"仁"即为领导对部属要有仁慈之心，关心大家的感情，保护大家的利益，才可使组织有较强的凝聚力，这就是所谓"得人以仁"。"勇"就是要勇敢果断，知难而进，不怕失败，不避风险，处事果断明快，决策及时敏捷，这才能及时抓住机遇，实现"趋时以勇"。"严"就是要严明纪律，赏罚严明，有法必依，执法必严，而且不仅要严以律人，首先要严以律己，处处以身作则，持身以正，才能做到"驭众以严"。显然，这样的领导者素质，才是符合时代要求的。

武力为表，智谋为里

兵者以武为植，以文为种。武为表，文为里。能审此二者，知胜败矣。文所以视利害，辨安危；武所以犯强敌，力攻守也。

——《尉缭子·兵令上》

诸子百家——兵家

【译文】

战争，武力是根茎，智谋才是种子。武力是外在的表现形式，智谋是内里的真实方法，能明白这二者之间的关系的，就可以知道战争的胜败了。智谋能够识别利害，分辨安危；武力可以进犯强敌，保国守土。

【经典案例】

战国时候，诸侯国郑国与周王室的关系相当亲密。但是，随着时间的流逝，周王室与郑国的关系却出现了裂隙。后来，随着这个裂隙的逐渐发展扩大，竟然导致双方以交换人质来谋求暂时的和平相处，而且即使如此，也并没有阻止住双方关系的进一步恶化。恶化的结果是，双方不得不兵戎相见，终于引发了一场使周天子地位大降的战争。

周桓王十三年（公元前707年），周天子夺取了郑庄公在王室的全部权力。郑庄公一怒之下，也不再去朝见天子。这年的秋天，周天子发动诸侯各国，组成由天子率领的联合军团，声势浩大地征讨郑国。郑庄公则亲自率领军队抵御。

周天子亲自带领他的御林军为中军，卿士虢公林父率领由蔡国军队和卫国军队组成的右军，周公黑肩则统率由陈国军队组成的左军。三路大军成品字形，中军居前。

面对周天子亲率大军来征讨，郑国公子子元建议郑庄公也分设左方阵以抵挡蔡国和卫国的军队，设右方阵以抵挡陈国军队。他进言说："陈国现在正处于内乱，它的军队也就没有心思作战；如果我们先冲击陈国的军队，它一定首先混乱溃逃；周天子如果顾及已经溃败的陈国军队，他的军队阵容也必定会发生混乱。蔡国和卫国的军队在如此局势下就会支持不住而逃走。这样，我们就可以集中全力攻击天子的中军，一定能取得成功。"郑庄公听从了子元的建议，按计重新布置成阵。

双方展开了大战，郑庄公对右、左方阵说："大旗舞动以后，你们就击鼓出兵攻击。"双方一经接触，周军的左右两翼蔡国、卫国、陈国三国的军队果然一起溃逃，周天子的中军也因此而一片混乱。郑国的左右方阵各自完成任务后，又与中军会合，共同攻击天子的中军，周军大败。在一片混战中，郑国的祝聃一箭射中了天子的肩膀。

祝聘请求乘胜追击，郑庄公说："君子不可以逼人太甚，何况这是天子，就更不能欺凌了。我们只是自卫，国家完好无损，就已经足够了。"当天夜晚，郑庄公还派人到周军中慰劳周天子，并慰问了他左右的随从。

周郑之战，郑国军队将攻击点选择在敌方兵力薄弱的两翼，致使周军的两翼都发生了溃逃，郑军再集中兵力合攻天子的中军，周军遂全线崩溃，郑军从而取得了胜利。

【鉴赏】

古人对于如何作战而获取胜利，向来是主张走最简捷、最容易、既省时又省力的路径。《尉缭子》中提出了许多制胜的方法，这些方法既有斗智的，也有斗力的。尤其重要的是，他指出了智谋在战争中的指导性作用。

一场战争的胜败，外表上是武力的强弱来决定的，而实际上却是由双方智慧和谋略的比拼来决定的。任何军队都有许多易于被对方攻击的地方。那么，如何战胜对方呢？这就需要迅速判明对方的最薄弱环节，从对方的薄弱处发起攻击，这是一条制胜的原则，也是智谋的体现。

善于战者，择人任势

故善战者，求人于势，不责于人，故能择人而任势。

——《孙子兵法·势》

【译文】

所以，善于指挥打仗的将帅，要求部下顺应形势，而不苛求部属，因而他就能选到适当的人才，利用有利的形势。

【经典案例】

公元前 550 年，齐庄公煽动晋国的逃臣栾盈带领人马占领了曲沃，自己随后起兵接应，准备两面夹攻，以求占领晋国的首府绛都。栾盈攻占曲沃后，径直杀向绛都，吓得晋平公钻进宫里躲了起来。

晋国的大夫赵武等连忙率兵迎敌。栾盈手下有一员虎将名叫督戎，杀得晋军魂飞胆落，无人敢与他对阵。赵武麾下也有两员骁将，一位叫解雍，一位叫解肃，很是不服。他们在赵武面前夸下海口，定要捉拿督戎以建大功。结果一交手就被督戎打得落花流水，解雍重伤而亡，解肃万幸逃得性命。赵武又调来勇士牟刚、牟劲俩兄弟，与解肃合在一起，三个人战督戎，但仍不能取胜。

就在赵武等无计可施的时候，有一名叫斐豹的奴隶自告奋勇地跑来说："我原是奸臣屠岸贾手下的人，屠岸贾作乱满门抄斩，我也受到株连，丢了官职，成了奴隶。我的名字已上了丹书（奴隶的文书档案），您若是能把我的名字从丹书上去掉，我就去杀死督戎。"赵武求才心切，答应了他的要求。

第二天，督戎又来到阵前大呼挑战，斐豹手提一把五十多斤重的铜锤，单身赴敌。

斐豹对督戎说："别人怕你，我可不怕你！你要是有胆量，就把兵车退后，我与你双手对双手,兵器对兵器,单个较量,拼个高低,如何?"

督戎哪里把无名小卒斐豹放在眼里,跳下兵车,徒步与斐豹战将起来。酣战许久,二人都不见败象,忽然,斐豹虚晃一下,向早就侦察好了的一道短墙逃去。督戎以为斐豹力竭,穷追不舍。斐豹跳过短墙,躲在墙下,待督戎跳过墙的一刹那间,冷不防从背后用铜锤朝督戎头上砸去。督戎躲闪不及,立时脑浆迸出,一命呜呼了。

督戎一死,栾盈失去了臂膀,不久兵败被杀。齐庄公闻讯,也连忙中途撤军回齐国去了。

赵武等懂得"择人任势"的策略,大胆起用沦为奴隶的斐豹,在危急关头打败了督戎,化解了晋国的一场危机。

【鉴赏】

"择人任势"是孙子提出的战争活动中的人才使用原则。知兵识将,择人任势,是兵家权谋的重要内容,也是保证权谋得以实现的前提条件。作为领导者能否把那些智勇之士识别与筛选出来,委以重任,常常关系到时局的转变和战争的胜败。当然,选择人才必须排除各种世俗偏见及陈规陋习,要敢于从民间、从卒伍、从基层中发现他们之中的藏龙卧虎者,敢于破格使用,及时把他们提拔到特别需要的岗位上来。

其实,人才各有长短。用人宛如用器,贵在用其长而避其短。虽一般之人,若用得恰到好处,可收到排难解危之效。否则,即便是顶天立地的盖世英豪,用之不当,也不会发挥大的作用。尤其高级将领向下属交代任务,必定首先估计部属的能力,弄清他们是勇士还是懦夫,战术技术是高还是低,使所用的人都恰如其分,这才是善于治理军队的将领。

众未居胜,少未居败

众者胜乎?则投算而战耳。富者胜乎?则量粟而战耳。兵利甲坚者胜乎?则胜易知矣。故富未居安也,贫未居危也;众未居胜也,少未居败也。

——《孙膑兵法·客主人分》

【译文】

人数众多就能取得胜利吗?那只要数数计数用的算筹就可以决定胜负了;财富雄厚就能取得胜利吗?那只要量一量粮食的多少就可以决定胜负了;武器装备精良就能取得胜利吗?那么胜负也就太容易知道了。所以说:财富雄厚的未必就会安全,国贫民穷的未必就有危险;人多兵广的未必就一定会胜利,兵少人稀的未必就一定会败亡。

【经典案例】

战国后期,秦国的强劲势头在历次的战争中已经磨炼出来了,成了当时战争中的常胜国。秦国的势力及其发展方向一直是东方,遂对那里发起了频繁的军事进攻,韩、魏、赵三个国家在秦国强大的军事打击下,几乎丧失了还击的能力,在军事上胜少败多;在土地上,国土被秦国一点一点地蚕食,从而变得日渐狭小;在声势上,三国频繁遭受秦国的攻击,在无奈的军事失败面前自然也是理不直气不壮。

当时,赵国在名将廉颇、赵奢和贤臣蔺相如等人的扶持下,还能苦苦地支撑着危局。公元前259年,秦国的军队与赵国的军队相持于长平,一场决定赵国命运的大战就在兵奋马嘶的气氛中拉开了。此时,一代名将赵奢已经死去,蔺相如生了重病,赵国只得派出老将廉颇领兵抵抗秦军。廉颇虽然是一个领兵多年的名将,也是一个常胜将军,但在秦军猛烈的进攻面前,廉颇所指挥的赵国军队却连连失败。廉颇只好指挥赵国军队加固军营的防守,避免与秦军交战,减少失利的可能。

秦军在多次挑战,而廉颇却拒不应战,久攻不下的情况下,秦国就派人到赵国搞离间计,说:"秦国最担心的事,唯独害怕赵奢的儿子赵括作为将领。"而此时赵国的君主也对廉颇的多次失败心怀不满,又怪廉颇固守不敢与敌交锋,遂听信了秦国间谍的话,任命赵括为将,准备代替廉颇。

蔺相如听说后,不顾重病之身前来劝谏,说:"大王您以虚名使用赵括,是不可以的。赵括只是熟读了他父亲的兵书,却没有实战的经验,不知道通权达变。"而赵王不听,最终任命赵括为将,到前方去代替了老将廉颇。

赵括自小就学习兵法,也熟读兵书,每当谈起军事问题的时候,就自以为天下没有能够抵得上他的。有一次,他曾经与父亲赵奢谈论起如何用兵作战,赵奢竟难不倒他,但是赵奢却不认为他能领兵。赵括的母亲遂问赵奢什么缘故,赵奢便道出了理由:"用兵作战,是事关个人生死及国家存亡的大事,而赵括却认为是很容易的小事一桩。假使赵国不任命赵括为将也就算了,如果一定任命他为将,破灭赵国军队的也就一定是赵括。"

就在赵括受命即将出行的时候,他的母亲还向赵王上书说:"不可派赵括为将。"

赵王忙问原因,赵括的母亲说:"我起初侍奉他的父亲赵奢,当时赵奢已经是将军了,他亲自捧着饭菜服侍他人吃饭的人就有几十个,以朋友对待的人有上百人,大王及国家所赐封给他的财物,他全部分给了军中的官兵,他从受命的那一天起,就再也不过问家里事。现在赵括一做了将军,召见官兵的时候,官兵们没有人敢抬头看他的,大王赐给他的财物,都藏到家中,他看到便利的良田和华美的住宅可以买下的就买下。大王您认为他和他父亲相比怎么样?他父子俩不一样,请求大王您不要让他去。"

但是,赵王的决心已定,并答应赵括的母亲,万一赵括失败,不会罪及家人。

赵括代替廉颇到长平后,更改了原先军中的命令,同时替换了军中的一些官吏。赵军遂做出了一副要与敌死拼的架势。秦国将领白起听说赵括为将,就以奇兵与赵军交战,假装失败,引诱赵军来追。赵括带领四十余万大军直追到秦军营前,却不能攻破秦军营垒。这时秦军的另两支军队从赵军背后形成了对赵军的合围之势,同时切断了赵军的粮食补给通道。赵军被围四十余天,赵括所率领的四十余万大军冲不出秦军的包围,最后矢尽粮绝,以至于相食人而求生,最终被秦军全部俘虏并坑杀。赵括自己在乱军中被乱箭射死。

赵括遂成了纸上谈兵的可笑人物。长平一战,赵国损失四十五万人,从此元气大伤,再也无力抗秦了。

【鉴赏】

《孙膑兵法》中的这一段是分析战争情势的精彩论述,孙膑用几句话就道出了决定战

诸子百家——兵家

争胜负的关键因素——不仅仅是人力、财富、武器装备等就能看出结果的。那么，一场战争的胜负到底由什么来决定呢？是时机？地形？还是智谋？孙膑也不能回答——没有人能准确地回答，

但我们却能从孙膑这段话中看到另一种思想——既然战争的结果有太多的变数，以致无法预料，那么就尽可能地不要发动战争。孙膑说："国富人众未必就一定会胜利，国弱民少也未必就一定会失败。"我们也可以理解为：国家富强了也不要穷兵黩武，人身体强壮了也不要挑衅滋事，因为结果有时并不仅仅以你的强大就能决定了。

五事七计，知之者胜

故经之以五事校之以计而索其情：一曰道，二曰天，三曰地，四曰将，五曰法。道者，令民与上同意也，故可以与之死，可以与之生，而不畏危。天者，阴阳、寒暑、时制也。地者，远近、险易、广狭、死生也。将者，智、信、仁、勇、严也。法者，曲制、官道、主用也。凡此五者，将莫不闻，知之者胜，不知者不胜。故校之以计而索其情。曰：主孰有道？将孰有能？天地孰得？法令孰行？兵众孰强？士卒孰练？赏罚孰明？吾以此知胜负矣。

——《孙子兵法·计》

诸子百家——兵家

【译文】

要从以下五个方面分析研究，来比较交战双方的各种条件，以预测战争的胜负：一是"道"，二是"天"，三是"地"，四是"将"，五是"法"。所谓的"道"，是指民众与国君的意愿相一致，这样，民众在战争中就可以为国君出生入死而不畏惧危险。所谓的"天"，是指昼夜、晴雨、寒热，以及四季的更替等天时条件。所谓的"地"，是指路程的远或近、地势的险阻或平坦、作战地域的宽广或狭窄、地形是否利于攻守进退等地理条件。所谓的"将"，是指将帅的智谋才能、赏罚信誉、关爱士卒、勇敢果断、管理严明。所谓的"法"，是指军队的组织编制、将吏的统辖和职责划分、后勤供应和管理制度。以上五个方面，将帅没有不知道的，只有了解掌握了这些才能打胜仗，否则，就不能取胜。因此，要从以下七个方面来分析比较，以求预测战争的胜负结果：哪一方的国君比较贤明？哪一方的将帅比较有才能？哪一方占据比较有利的天时地利条件？哪一方的法令能切实贯彻执行？哪一方的军队实力强盛？哪一方的士卒训练有素？哪一方赏罚严明？根据以上分析对比，就可以判断谁胜谁负了。

【经典案例】

公元前341年，魏惠王出兵攻打韩国，韩国忙向齐国求救。

齐王早有讨伐魏国之心，立刻召集群臣商议救韩之计。相国邹忌认为，救韩得不偿失，万一失败更加不利，不如不救。大将田忌则认为，如不救，韩国必将归降魏国，那就对齐国无益了，应该马上出兵相救。二人争论不下，齐王问计于军师孙膑。

孙膑说："从各方面情况比较分析，魏国攻打韩国，我们不能不救；但出兵过早，等于是我们齐军替韩国去打魏军，实为下策。我们应等魏、韩两国打得疲惫不堪时再出兵，方能大获全胜。"

　　齐王采纳了孙膑的策略,亲自召见韩国使者,答应派兵援韩。韩使回国复命,韩王信心大增,令三军拼死抵抗,给魏军以极大打击。齐国看时机成熟,便令田忌为大将,孙膑为军师,率兵救援韩国。

　　田忌采用了孙膑"围魏救赵"之计,统率大军直取魏国都城大梁。魏王忙令进攻韩国的魏军班师回国,随后又命太子申为监军,庞涓为大将,率十万精兵与齐军决战。

　　孙膑对田忌分析战况说:"魏兵悍勇,庞涓骄横,交战之时,我军可佯装败退,引敌冒进,然后因势利导,消灭魏军。"接着讲出一条妙计,田忌大喜。按孙膑的计策,第一天撤军,田忌令兵士挖了供十万人做饭的军灶;第二天撤军,只挖了供五万人做饭的军灶;第三天撤军,军灶的数量减少到仅能够两万人用。魏军统帅庞涓见齐军军灶的数量急剧减少,认为是齐兵怯懦大量逃跑的缘故,不由喜形于色。他嫌步兵行动迟缓,便丢下他们仅带少数精骑猛追,沿途又见齐军丢下许多辎重,庞涓更认为齐军已经混乱,竟一直深入到齐国境地。

　　庞涓率军追到马陵时,天色已晚。这里地形险要,道路狭窄。庞涓突然发现路边一棵大树被刮去树皮写上了字。他一时看不清楚,就让兵士点燃火把照看。只见上面赫然写着:"庞涓死于此树之下!"他情知中计,急令撤退。但为时已晚。早已埋伏在那里的齐军看见火光,万箭齐发,魏军顿时大乱。庞涓领兵舍命拼杀,想冲开一条血路,无奈齐军重重包围,已然冲不

孙膑

出去了。惨败之下,庞涓又羞又愤,挥剑自刎。齐军乘胜追击,俘虏太子申,十万魏军全军覆灭。从此,魏国一蹶不振。

　　马陵之战是中国历史上一次著名的战争,也是通过"五事""七计",进行"校计索情"取得胜利的战例之一。孙膑在分析战争的"道、天、地"之后认为齐国必须救韩,权衡"七计"后又做出不可出兵过早,以免损耗实力的决策,转而围攻魏都大梁。战争中审时度势,根据魏军特点以精密周详的布局,引诱其上当,战胜了轻敌的庞涓。这样,齐国既救了韩国,又打败了不可一世的魏国,可谓一箭双雕。

【鉴赏】

　　孙子在《计篇》中说,作战之前可通过对敌我五种因素的分析,七种情况的比较,来探索战争胜负结果。"五事"是:一为"道",指民众和统治者的意愿一致;二为"天",指天时;三为"地",指地势地形;四为"将",指将领的才能;五为"法",指组织、编制、制度等因素。

　　对"五事七计"的比较和分析。实质上概括了通过比较研究敌我双方的各种条件,以预见战争胜负,从而制定相应决策的作战指导原则。"五事七计"的内容,今天看来仍然是国防和军队建设的一些基本策略,也是衡量战争胜负的重要依据。当然,由于时代的发展变化,它们的范围将会更为广泛,内涵也将会更为深刻。

实际上，孙子"校计索情"的谋略不仅可以使用在战争中，在其他领域，如政治、经济、社会生活中也被广泛运用着。

将有五危，不可不察

故将有五危：必死，可杀也；必生，可虏也；忿速，可侮也；廉洁，可辱也；爱民，可烦也。凡此五者，将之过也，用兵之灾也。覆军杀将，必以五危，不可不察也。

——《孙子兵法·九变》

【译文】

将帅有五种致命弱点：有勇无谋，只知死拼，就可能被敌人诱杀；临阵畏怯，贪生怕死，就可能被敌人俘虏；急躁易怒，一触即跳，就可能受敌羞辱而妄动；廉洁好名，过于自尊，就可能被敌侮辱而失去理智；只知"爱民"，就可能被敌烦扰而陷于被动。以上五点，是将帅易犯的过失，是用兵的灾害。军队的覆灭、将帅的被杀，都是由于这五种致命弱点造成的，这是为将帅的人不可不慎重考虑的。

【经典案例】

战国时期，赵国将领李牧在镇守北部边境期间，针对匈奴人骄横的特点，专门下了一条规定：一旦匈奴入侵，赵国全体将士一律回营，不得抵抗。

后来，匈奴每次入侵，赵军都是避而不战。匈奴以为李牧胆怯，更加骄横轻敌。

过了许久，李牧见时机已到，便派精兵 16 万人设下埋伏，尔后让边民和部分士兵将牲畜全部赶出来放牧，以诱匈奴来抢。匈奴单于果然中计，率领大军前来抢掠。李牧指挥伏兵出击，把匈奴打得人仰马翻，杀死匈奴骑兵十万余人。

匈奴将领不懂得"将有五危"，致使大军惨败。此后，一连十多年，都不敢接近赵国边境。

【鉴赏】

"将有五危"是孙子提出的将帅所需具备的基本素质和品德修养要求。这种素质与要求从方法论的角度，强调了将帅要注意自己的素质和修养，否则，就可能由于自己心理的缺陷与致命弱点，导致军事行动的受挫与失败。

当然，这里列举的五种致命弱点只是主要的方面，还有一些弱点并没有全部列出。"将有五危"的告诫，旨在说明明智的将帅必须慎重对待自己的诸种缺陷与弱点，自觉克服它们，明于律己，才能使自己立于不败之地。同时，也可以运用此谋略，故意利用敌人将领的这些缺陷与弱点，使之犯各种错误，促使敌军的失败。

兵非益多，取胜而已

兵非益多也，惟无武进，足以并力、料敌、取人而已。

——《孙子兵法·行军》

诸子百家——兵家

【译文】

打仗不在于兵力愈多愈好,只要不轻敌冒进,并能集中兵力,判明敌情,也就足以战胜敌人了。

【经典案例】

汉末,曹操经过官渡会战后,统一了中国北方,遂乘胜挥戈南下。

公元208年10月,曹操率20万大军,先是夺占了战略要地荆州,击败了刘表和刘备,尔后顺流东下,直取江东。

面对强敌,孙权、刘备集团中的主战派正确地分析了敌我双方的形势,决定联合抗曹。10月,曹操军队与孙、刘联军相遇于赤壁。由于曹军多是北方人,不习水战,战斗力大减,第一次作战便吃了败仗。曹操只好退守长江北岸,与孙、刘军队隔岸对峙。

为了减少船的颠簸摇晃,避免军士晕船,曹操命令工匠用铁链把船连在一起,上铺木板,自以为有了"连环船",扫平东吴便指日可待了。

吴军得知这一情况后,先锋黄盖便向主帅周瑜献策用火攻破曹。为能在宽广的江面上接近曹军,将带火的船冲向敌船,周瑜和黄盖又使出"苦肉计",黄盖有意与周瑜闹翻,被周瑜打得皮开肉绽。尔后去信向曹操诈降,曹操信以为真,双方约定了黄盖前来投降的时间与信号。

到了约定日期,黄盖率领几十艘战船,扯满风帆,直驶北岸。曹营将士见他们船上插着约定的信号,不知有诈,纷纷站在船上观望。不料,黄盖的船队靠近后,突然放起火来。黄盖的几十艘战船瞬间成了"火龙",直扑曹军水寨。曹军战船因被铁链锁住,无法散开,军士无处藏身,最后不是掉进江里淹死,就是被火烧死。南岸的孙、刘联军乘势渡江,发起总攻,曹操兵败,带领残兵败将逃回北方。

赤壁之战,孙、刘联军以5万之兵击败曹军20万之众,是中国战史上一个以少胜多的辉煌战例。从将帅指挥角度看,此战抓住了"兵非益多"的三个环节:并力、料敌与取人。先是并力,孙、刘联合抗曹,齐心协力。再是料敌,孙、刘联军能准确判断敌情,针对曹军人虽众却不习水性,连环船笨重呆滞,曹操又骄傲轻敌等弱点,实施诈降和火攻。最后是取人,孙、刘联军上下齐心协力,同仇敌忾;黄盖以"苦肉计"骗取了曹操的信任,又施之以火攻,产生了"敌虽众,可使无斗"的效果,导致了曹军的大失败。

【鉴赏】

"兵非益多"是孙子提出的作战要用计谋和部队建设要重视质量的一种谋略。孙子还在《计篇》中曾提出"五事""七计"是判断战争胜负的基本条件,推崇"全胜"战略以求用最小的代价换取最大的胜利,强调巧妙运用"诡道""示形"等制胜之术以掌握战争的主动权,所以"兵多"不是决定战争胜负的主要因素。同时,这一谋略也含有建军重质量的深刻思想,阐明了军队良好素质对战争胜利的重要意义。

坚持"兵非益多"的谋略思想,不仅表现在作战指挥上要用计谋,注重实施正确的指挥,也主张兵贵在精而非多。平时一支训练有素的军队,战时即能以一当十,以十当

诸子百家 —— 兵 家

百。乌合之众，人数虽多，又有何益。

进不求名，唯人是保

故进不求名，退步避罪，唯人是保，而利合于主，国之宝也。

——《孙子兵法·地形》

【译文】

所以，(作为一个将帅)不能为了功名而强行进兵，也不能为了逃避罪责而不敢撤军，应该只求民众和军队得以保全，符合于国君的根本利益，这样的将帅才算是国家最宝贵的人才。

【经典案例】

公元208年秋，曹操为彻底消灭刘备，率几十万大军分八路攻取樊城。当时樊城地小粮少，新野县的百姓为避战乱也集中在此地。大家听说曹军大兵压境，十分惊慌。刘备便派人四处张贴告示，晓谕民众，让大家不要互相惊扰，表明自己一定会尽力保护百姓，并积极整军备战，以迎曹军。民众逐渐安顿了下来。

这时，曹操率军已到了距樊城不远的襄阳地带，他的谋士刘晔献策说："丞相初至襄阳，必须先买民心。现在刘备尽迁新野百姓入樊地，如果我军径进，二县玉石俱焚，不如先派使臣招降刘备，他若不降，也可见我方的爱民之心；则荆襄之地，可不战而定。"曹操同意了他的谋略，便派徐庶为使臣，到樊城去劝降刘备。

徐庶与刘备是故交。他奉命来到樊城，刘备、诸葛亮接见，共叙旧日之情。徐庶说："曹操使我来招降使君，是假买民心。现在他分兵八路，填白河而进，樊城恐不可守，应速做行动计划。"刘备和诸葛亮感谢他的情谊，并托他传信给曹操，意思是拒不投降。

曹操见劝降无效，大怒，马上进兵攻城。

刘备与诸葛亮商议对策，诸葛亮说："应该马上放弃樊城。"

刘备说："只好如此了。但是百姓们跟着我许久了，怎么能忍心抛弃他们呢？"

诸葛亮说："您可令人遍告百姓，有愿随者同去，不愿者留下。"

刘备同意了。便先派关羽往江岸整顿船只，再派人在城中大声说："今曹兵将至，孤城不可久守，百姓愿随者，便同刘使君(刘备)一齐过江。"

两县人民，齐声大呼："我等虽死，也愿随使君！"当下扶老携幼，拖儿带女，随军紧急渡河。刘备过河后回顾百姓，发现还有未过河者在望南而哭，便命关羽催船渡之，自己才上马前行。

与刘备同行军民有十余万，大小车辆数千，挑担背包者不计其数。有哨马来报："曹军已进了樊城，正使人收拾船筏，马上渡江赶来了！"众将都说："江陵要地，足可拒守。现在有十几万百姓拖累，日行仅十余里，何日能到江陵呢？倘曹兵到，如何迎敌？不如暂弃百姓，先行为上。"刘备哭道："举大事者必以民为本。今民众归我。我必须尽力保护他们，怎么能抛弃呢？"百姓听了，莫不伤感。就这样，刘备带着百姓，缓缓而行。每日只走十余里歇息，一程程向江陵进发。

诸子百家——兵家

过了几天，曹操选精兵轻骑昼夜兼程，追上了刘备。两军在当阳地区展开了激战。刘备的妻子糜夫人伤重自尽，独生子阿斗失散，亏得赵云救回。刘备始终不放保民之责，仍一再督促部下舍命救护百姓。由于寡不敌众，刘备的数千人马损失很大，老百姓也伤亡惨重，散失无数。然而，刘备尽力保护人民的事，却有口皆碑，传为美谈。大家都说刘备是仁德爱民之主，纷纷投奔效力。这也为刘备以后在蜀称帝，蜀与魏、吴三国在中国历史上鼎足相持数十年打下了坚实的群众基础。

【鉴赏】

世界上人是最宝贵的，这个道理古今中外历代的兵家都很重视。同时，保全军队的最终目的又是为了更好地保证国家和人民生命财产的安全，因此"唯人是保"归根结底也是一条关系国家与人民命运的重要谋略。经过数千年的发展，由此便衍化出了"以人为本""以民为本""民惟邦本""保民而王"等浓郁的、有着一定时代价值的人本主义思潮。在战争实践中，坚持"唯人是保"的策略，对获得人民群众的支持和拥护，夺取胜利，至关紧要。

视卒如子，关爱有度

视卒如婴儿，故可与之赴深溪；视卒如爱子，故可与之俱死。厚而不能使，爱而不能令，乱而不能治，譬若骄子，不可用也。

——《孙子兵法·地形》

【译文】

将帅对士卒能像对待婴儿一样体贴，士卒就可以跟随将帅赴汤蹈火；将帅对士卒能像对待自己的亲生儿子一样，士卒就能够与将帅同生共死，但是，对士卒如果过分宽仁而不能使用，一味溺爱而不能使之服从命令，违反了纪律也不能严肃处理，这样的军队，就好比被宠坏的孩子一样，是不能用来打仗的。

【经典案例】

战国时的吴起治军，以爱惜士卒、与士卒共患难而闻名。

有一年，魏文侯命令吴起统率大军攻伐秦国。西征之中，吴起与普通士兵一样，背着粮袋，徒步行走，而把战马让与体弱的士卒骑。吃饭时候，吴起也不吃"小灶"，而是与士兵们坐在一起，围着大锅，喝大碗汤、吃大碗饭，有说有笑，俨然一名普通士兵。睡觉的时候，吴起还是与士兵们滚在一起，以天为被，以地为席。士卒们深受感动，打起仗来，都愿意为吴起出死力。

当时在吴起的部队里有一名士兵的背上生了个疽（一种毒疮），由于军队正在行军，一时找不到良医好药进行治疗，吴起就亲自为士兵把疽中的浓液用嘴吸出来，为这位士兵治好了病。

这名士兵的母亲闻讯后，竟放声大哭。邻居大惑不解，说："吴将军为你儿子吸毒治疽，你不感谢吴将军，却哭泣不止，这是为什么？"

諸子百家 —— 兵家

这位母亲回答道："不是我不感谢吴将军，我是想起了我的丈夫啊！我丈夫以前也在吴将军手下当兵，也曾长了背疽，也是吴将军为他吸出毒汁治好病的。丈夫感激吴起，打起仗来不要命，终于战死沙场。我儿子一定也会对吴将军感恩不尽，恐怕儿子的性命也不会长久了。"说完，又哭了起来。

由此也可见吴起"视卒如子"谋略的激励作用。

吴起爱惜士卒，士卒甘愿为吴起拼死作战。魏、秦两军交战后，魏军连战连胜，所向无敌，秦军一退再退，接连被吴起攻占了五座城池。魏文侯闻报，非常高兴，任命吴起为西河郡（今陕西华阴附近）守，把保卫魏国西部的重任交给了吴起。当然，吴起也没有辜负魏文侯的信任，他在镇守西河的 27 年里，率军与各路诸侯大战 76 次，全胜 64 次，魏国领土也扩展了千余里。

【鉴赏】

爱兵如子，历来是兵家所推崇的将帅重要的素质和品德。因为在血与火的战场上，只有融洽的官兵关系，才能充分调动广大士兵的积极性，激励大家同生共死，同仇敌忾，努力夺取战争的胜利。但是，对士兵的钟爱必须有个"度"，即有一定的节制。如果过度厚待而不能指挥他们，过度溺爱而不去教育他们，那么士兵就可能因为自觉性不高而经常违犯军纪，在战场上也可能贪生怕死，不能勇敢杀敌，无法完成战斗任务。因此，"视卒如子"的核心是将帅在治军过程中，爱兵而不骄兵，爱兵的目的是为了夺取战争的胜利。

"视卒如子"谋略的核心，还是尊重人，理解人，充分发挥人们的主观能动性，调动人们的积极性，齐心合力地干好事业和工作。这在日常生活中也经常被明智的领导者和管理者所使用，特别在经济管理和企业界运用更为广泛，效果也特别显著。

莫信鬼神，不做类比

故明君贤将，所以动而胜人，成功出于众者，先知也。先知者，不可取于鬼神，不可象于事，不可验于度。必取于人，知敌之情者也。

——《孙子兵法·用间》

【译文】

英明的君主和贤良的将帅，他们之所以一出兵就能战胜敌人，功业超越普通人，就在于能够预先掌握敌情。要事先了解敌情，不可用迷信鬼神和占卜等方法去取得，不可用过去相似的事情做类比，也不可用观察日月星辰运行位置去验证，一定要从了解敌情的人那里去获得，

【经典案例】

战国时期，著名军事家乐毅率领燕国大军攻打齐国，在 6 个月连下七十余城，齐国只剩下莒（今山东省莒县）和即墨（今山东省平度市）这两座城了。乐毅乘胜追击，围困了莒和即墨。齐国拼死抵抗，燕军久攻不下。

这时，有人在燕王面前说："乐毅不是燕国人，当然不会真心为燕国了，不然，那两座

城怎么久攻不下呢？恐怕他是想当齐王吧？"

燕昭王对此倒不怀疑，可是燕昭王不久就死了，其继任者惠王听信谗言，用一个名叫骑劫的亲信取代了乐毅。乐毅深知遭到诬陷，不敢回燕国，只好逃回他的老家赵国。

齐国的守将是非常有谋略的田单，他深知骑劫根本不是将才，虽然燕军强大，但只要计谋得当，一定可以打败他。

田单首先利用两国士兵都有的迷信心理，要求齐国军民，每天饭前都拿上食物到空地上去祭祀祖先。这样，总有成群的乌鸦、麻雀结群地飞来抢食吃。城外的燕军从高处见状，觉得非常奇怪。互相传言说齐国有神师相助，连飞鸟每天都定时来朝拜。结果弄得人心惶惶。

田单的第二招，是让骑劫本人上当。他派人放风说乐毅过于仁慈，谁也不怕他。如果燕军割下齐军俘虏的鼻子，齐人肯定会被吓破胆。骑劫听了信以为真，觉得很有道理，果然下令割下齐国俘虏的鼻子，还掘了城外齐人的坟墓。这种残暴的行为激起了齐国军民无比的愤慨。

田单的第三招，是派人送信，大力夸赞骑劫的治军才干，表示愿意降服于他。还派人假扮富户，带上财物偷偷出城投奔燕军。使骑劫确信齐国已经无力交战了，只等田单开城前来投降就行了。

田单的最后一招则是：他认为齐军人数太少，即使进攻也很难取胜，得另谋取胜之途径。于是，他把城中的一千多头牛集中起来，在牛角上绑上尖刀，牛身上披上画有五颜六色、稀奇古怪图案的红色衣服，牛尾巴上绑一大把浸了油的麻苇。另外，还选了五千名机灵健壮的士兵，都穿上彩色花衣，脸上涂满油彩，手持兵器，命他们紧跟在牛的后面。

这天夜里，田单下令把牛从新挖的城墙洞中放出，点燃麻苇，牛又惊又痛，直冲燕国军营。燕军没有防备，见了火牛来袭，一个个被吓得魂飞魄散，哪里还能够还手？齐军的五千勇士接着冲杀过来，使燕军死伤无数。骑劫也在乱军中被杀，燕军一败涂地。

齐军乘胜追击，收复了七十余城，使齐国转危为安。

【鉴赏】

军事行动，事关生死存亡的大计，保密工作十分重要。但是，从另一方面说，要想取胜，必须"知敌之情"。而为了摸清敌方的真实情况，除了运用侦察等公开的手段以外，还有一个隐蔽的手段，那就是"窃密"和"用间"，从通过了解敌情的人那里获得可靠情报。因此，许多兵书都有论及，《孙子兵法·用间》中专门介绍了一些具体方法。当然，这也从另一方面强调了"保密"和"反间"的必要性。因此，作为一个有智谋的指挥员，在军事行动中必须既做好保密和反间工作，又想方设法搞好窃密和用间的工作，从而使敌人不知我情，我却了解敌情。这对驾驭战局，夺取胜利，实在是十分重要的，自然也是非常不易的。"先知取人"的知敌谋略可以说是从总的要求上，提出了作战中用间获取情报的必要性与重要性。在现代战争条件下，坚持这一谋略的具体方法可能不同，但其基本精神还是具有指导价值的。

这一谋略在日常生活中，运用也十分广泛。各种工作、各方面的人，为了各自不同的利益与目的，常常自觉或不自觉的采用此谋略取胜，其性质也呈现出多元化，难以尽说。

諸子百家 —— 兵家

这需要根据具体情况具体分析,方知善恶。一般来说,把握了准确的情报,可以使人们趋利避害,减少工作损失。

用兵谨慎,安国全军

主不可以怒而兴师,将不可以愠而致战。合于利而动,不合于利而止。怒可以复喜,愠可以复悦,亡国不可以复存,死者不可以复生。故明君慎之,良将警之,此安国全军之道也。
——《孙子兵法·火攻》

【译文】

国君不可以凭借一时的恼怒而兴兵打仗,将帅不可以凭借一时的怨愤而与敌人交战。符合国家利益就行动,不符合国家利益就停止。恼怒了还可以重新欢喜,怨愤了还可以重新高兴,而国亡了就不能再复存,人死了就不能再复生。所以,明智的国君对战争问题一定要慎重,好的将帅对战争问题一定要警惕,这些都是关系到国家和军队安全的根本道理。

【经典案例】

唐朝太宗时,岭南酋长袁盎和他的部落交相攻击唐边境的各州府,这些州府就告发袁盎谋反。当时,唐朝境内有许多重大事情要处理,还来不及过问边境之事。待内部安定以后,唐太宗李世民便要发兵讨伐袁盎。

大臣魏征进谏道:"岭南地区不仅偏远险要,且有瘴疠之气,无法屯集大量军队。况且告发袁盎谋反这件事已经过去很长时间了,到今天并没有见他有什么大动作,可见他并不一定是谋反。倘若派得力大臣前去,表示朝廷对他以诚相待,或者可以避免兴师动众、劳民伤财。"

李世民以为有道理,就派使臣前去传达皇帝的意思。袁盎果然派他儿子随使者入朝拜见皇帝。太宗叹道:"魏征一句话,胜过雄兵十万哪!"于是,他下令重赏魏征500匹绢,作为对他的褒奖。

魏征劝告唐太宗李世民坚持"安国全军"的慎战谋略,避免了可能发生的一场战争,也达到了民族和睦的目的。如果不是这样,一味穷兵黩武,总是妄图以武力征服别人,到头来往往玩火自焚,身败名裂。

【鉴赏】

老子说:"福兮,祸之所伏;祸兮,福之所依。"同理,利与害也是两个并非决然对峙的矛盾因素,他们之间也并非没有互相转化的可能。比如说酒是美味,少喝是口福,而喝得太多,就会中毒而丧命。贪得无厌必自毁。在许多情况下,利与害可以互相转化,害可以转化为利,利可以转化为害。领导者要认清利害之间的关系,创造并利用利害关系的转机,就能趋利避害,指挥若定。

利与害同存一事物中,而且有时利与害的关系不清,领导者要善于预见因果利害,使利的因素正常发展,使害的因素向利的因素转化。领导者如果不能正确地预见因果利害,必然遭到惨败。如果能够正确地预见因果利害,就能大获全胜。

孙子认为,为将者不仅要有谋略,更要有沉稳,坚毅的品格,所谓"主不可以怒而兴军,将不可以愠而致敌"。若意气用事,只能落个兵败如山倒,甚至国破家亡的结局。所以,决定是否进行战争一定要十分谨慎小心。孙子在其兵法中多次强调"不可不察"(《计》)、"非利不动,非得不用,非危不战"(《火攻》)等,反复告诫人们对战争采取慎重态度,不要凭借一时的冲动而盲目兴师,导致人民生灵涂炭,财产受损,国家败亡。尽管他没有在这里全面揭示出战争的性质等因素,对战争缺少科学地分析,但是要求战争决策者对战争采取慎重态度的基本精神应该给予充分的肯定,很有积极意义。所以古今中外的军事家,都十分欣赏孙子关于"安国全军"的慎战谋略。

当然,运用"安国全军"的谋略只是强调人们必须对战争采取慎重态度,而不是不分是非曲直的一味"避战",进行无原则的妥协和退让,甚至去当亡国奴。一旦战争因为某种原因强加于自己头上时,明智的国君和将帅就应该及时唤醒民众坚决去和敌人斗争,同仇敌忾,保卫自己的家园,捍卫国家的安全和人民的利益。

内外之费,一日千金

凡用兵之法,驰车千驷,革车千乘,带甲十万,千里馈粮;则内外之费,宾客之用,胶漆之材,车甲之丰,日费千金,然后十万之师举矣。

——《孙子兵法·作战》

【译文】

凡兴兵打仗,要出动战车千辆,辎重车千辆,军队十万,还要千里运粮;这样一来,前方后方的费用,外交使节往来的开支,器材物资的供应,武器装备的保养补充,每天都要耗费千金,然后十万大军才能出动。

【经典案例】

秦末,在公元前206年到公元前203年间,刘邦和项羽经过大小上百场战争,双方各有胜负,打得筋疲力尽,僵持不下,各自的后方供给也都出现了问题。于是,双方达成协议,以鸿沟为界,暂停激战。

停火撤军后,刘邦的谋臣张良、陈平向刘邦建议说:"如今您已经夺得了大半个中原了,诸侯也纷纷归顺。虽然双方后方供给都很紧张,但大王后方有萧何筹措粮草,足够精兵消耗;而楚军现在已是兵士疲顿,粮草极度紧缺,大王为什么不趁此机会彻底消灭他们,以免项羽缓解了后勤供应之困、恢复了兵力,那时岂不后悔?"

刘邦恍然大悟,立刻调转马头,率军追击项羽。同时派韩信、彭越领精兵南下,合力消灭楚军。

刘邦也正是凭借后方的有力支援和大将、谋臣的出谋划策,一举消灭了项羽,建立了大汉王朝。

诸子百家 —— 兵家

"内外之费",是重要的后勤保障原则,为历代兵家所重视。俗话说:"兵马未动,粮草先行",讲的就是行军打仗不能没有后勤供应。因此,如果物质准备不充分而贸然打仗,就必然将陷入失败的境地。孙子坚持唯物主义的基本立场,对战争所需的物质情况进行了具体的计算,实在难能可贵。当然,不同的时代,由于军队武器装备的差异,环境等各种条件的不同,具体算法也不尽相同,但基本的道理是相一致的。如果说孙子时代还是"日费千金,兴师十万"的话,那么在现代战争条件下,则耗资就多得多了。因此,更要重视后勤保障,否则是无法打仗的。

二、战前的谋划——计谋与治兵

义利相得,仁义使间

故三军之亲,莫亲于间,赏莫厚于间,事莫密于间。非圣智不能用间,非仁义不能使间,非微妙不能得间之实。微哉! 微哉! 无所不用间也。

——《孙子兵法·用间》

【译文】

在军队中,没有比间谍更为可亲信的人;给的奖赏,没有比间谍更为优厚的;没有什么比间谍之事更为秘密的了。不是才智超群的将帅不能使用间谍;不是仁慈慷慨的将帅不能指使间谍;不是谋虑精细的将帅不能分辨证实间谍提供的情报。微妙啊,微妙! 无时无处不在使用间谍啊!

【经典案例】

元朝末年,陈友谅攻陷了太平府,派人约张士诚协同攻打占据南京的朱元璋。

朱元璋得知敌情后,对将军康茂才说:"二敌联合,对我们十分不利,如果我们能先打败他们中的一路,事情就好办了。你能设法诱使陈友谅早一点来打我们吗?"

康茂才略微考虑了一下,对朱元璋说:"主公,真是凑巧得很! 我家有个看门的老人,姓秦。由于无儿无女,有一次饿倒在路旁,是我看他可怜领回家收养下来,一日三餐供他吃喝。老人过意不去,执意要帮我家照看门户。我家哪里用得着让他看门? 可是为了让他心安,便听从他去同那些小厮们一起看门了。这人过去曾侍奉过陈友谅,和他相识。让秦老去诱骗陈友谅先来进攻我们,以分散敌人的力量,我看是有把握的。"朱元璋听了大喜,吩咐要进一步做好老人的工作,安排好进行诱骗的步骤,千万别出了岔子。康茂才领命而去。

康茂才回家后,派人请了姓秦的老人来,好言抚慰了一番。老人拍着胸脯保证必将陈友谅骗来。于是,康茂才就让这个老人带了一封书信,乘小船直到陈友谅军中,诡称:"将军攻打金陵,康茂才愿做内应。"

陈友谅信以为真,急忙问道:"康公现在在哪里?"

老人说:"正把守着江东桥。"

陈友谅又问:"是什么桥呢?"

老人说:"是木桥。"

陈友谅问清情况后,赏给老人许多钱,打发他回去。临别时,陈友谅叮嘱道:"我带领军队赶到会合点后,以招呼老康为暗号。"

老人说:"知道了!"

姓秦的老人回来汇报了情况后,朱元璋大喜,他预先布置好了圈套,结果把自投罗网的陈友谅军杀得大败。

朱元璋

【鉴赏】

孙子提出使用间谍必须坚持义利相得。所谓"义利相得"指既包括对间谍要从思想感情上晓以义理,以诚相待,使之感恩戴德;又指对间谍给予一定的物质利益奖励,所谓"重赏之下,必有勇夫"。这样,间谍才认为使用者对其重视,也才可能竭尽全力去获取对方情报,赴汤蹈火,在所不辞。古人曾将"亲""厚""密"作为用间三原则,缺一不可。显然,这对后人正确使用间谍,是有一定启迪价值的。

"仁义使间"的谋略在政治、经济、文化、生活各领域都广泛运用着,无非是利用"间谍"探听各种各样的信息,以利于我方的行动。但不论怎样,其使用者都应该对自己派出去的人员予以关怀与信任,或者给予重金收买,才能使之为我出力。

兵不厌诈,诡道胜敌

兵者,诡道也。

——《孙子兵法·计》

【译文】

用兵打仗是一种诡诈的行动。

【经典案例】

两晋时期,汉昭武帝刘聪于 316 年攻破西晋的都城长安,西晋灭亡。西晋虽亡,但是西晋的丞相司马睿在建康(今南京)称晋王,建立东晋。

刘聪为了扫平晋在北方的残余势力,就派他的从弟刘畅带领三万大军进攻荥阳(今河南荥阳北),企图消灭驻扎在此的晋军、荥阳太守李矩的军队。

刘畅远道而来,自恃人马众多,不可一世,就派人到李矩军中劝降。而李矩的人马较少,军中人心也不稳,与敌人决战,显然没有取胜的机会。再说刘畅是突然而来,李矩对

诸子百家 —— 兵 家

此也没有做好充分的准备。因此,刘畅的使者来到军中,李矩就隆重地迎接,同时他急中生智,把自己的精锐人马藏匿起来,而让军中的老弱士兵出来,意思是向使者表明,他的军队实在无能力作战了,所以他表示愿意投降汉军。

使者回去向刘畅如实汇报了他所看到的及听到的李矩愿意投降的情况,刘畅高兴极了。而李矩为了表示投降的心意,也派人随同使者给刘畅送去了大量的美酒和牛肉,犒赏汉军。刘畅听到使者的汇报及看到大量的美味,就认为晋军一定会投降,遂大宴众将士,彻夜痛饮,他们的人马都在酒精的麻醉中入了梦乡。

而李矩却趁夜色苍茫,召集众将士,准备乘夜偷袭刘畅。众将士一听,人人面露惧怕的神色。因为他们知道,汉军人马太多,而自己的势力太小。李矩见众将士心怯而不敢拼命,就派将军郭诵带人到附近的子产(春秋时郑国的贤臣)祠中祈祷,并让神巫当众宣布:"子产发下了'神谕,他将派遣神兵相助我们。"众将士听到了神的许诺,信心大增,士气也高涨起来,人人摩拳擦掌,准备在神兵的帮助下击破汉军。

李矩遂命部将精选出英勇善战的勇士千人,在夜色的掩护下袭击刘畅军营。而此时的汉军还在沉酣中,区区千人的晋军在三万汉军的大营中如有神助,没有遇到任何抵抗,人人奋勇砍杀。这一战下来,晋军砍杀了几千人,至于缴获的物资就更不计其数了。

晋汉之间的这场荥阳之战,李矩仅用千人就击溃了三万大军,不能不说是战争史上的一个奇迹。李矩在大破刘畅之军的战斗中,充分利用计谋,以少胜多,不仅创造了一个奇迹,而且再一次说明了军事斗争中诡道的重要性。

【鉴赏】

"兵不厌诈,诡道胜敌"是古今军事家一条基本的用兵原则。最早系统完整提出这一思想的正是孙子。他多次强调"兵以诈立",认为用兵打仗应该依靠诡诈多变取胜,显示了其对战争行为本质的科学把握。正由于诡道反映了战争的指导规律,后世兵家都对孙子"兵不厌诈"谋略推崇备至,并在广泛使用中获得了极大成功。

在实践中运用这一谋略,做到出其不意,必须注意隐蔽自己的真实意图,把握对方的虚实,抓住对方的思维空隙,保持自己行动的突然性。如果自己的行动全在对方意料之中,也就无法收到"诈"的效果。总之,"兵不厌诈"之法形式多样,但本质是出于常规、常法、常识之外,使对方根本就想不到,当然也就不会有什么戒备,自己正是在其不意中出击获胜。

在现代高科技战争中,"诈术"依然发挥着它独特的魅力。20世纪末,世界上唯一的超级大国美国去攻打弱小的南斯拉夫。南军方根据美国以导弹打击为主的特点,设立了许多可迷惑美国导弹的假目标。在这期间,不仅保护了自己的真目标,还成功地击落了一架美国科技含量最高的F—114隐形轰炸机。可见,诈术的灵活运用是军事家们必要的本领。

"兵者,诡道也。"其实,政治也是如此。权力与诡道往往结合在一起,权力没有诡道就不能长久,诡道则依靠权力展现。官场险恶,政治斗争尔虞我诈,凡事都要思考周全,不可掉以轻心,否则很有可能掉进对手早已为你挖好的陷阱。

"诈"就是撒谎。"诈术"就是用虚假的言行掩盖事实的真相。在政治斗争的较量

诸子百家——兵家

中,有时一句谎话可改变一个国家的命运;有时一句谎话可拯救黎民于水火或置黎民于涂炭;有时一句谎话可使敌对双方改变态度;有时一句谎话可使和睦的双方发生战争。可见,谎话不是不能说,而是要分出轻重和利害来。

以治待乱,以静待哗

以治待乱,以静待哗,此治心者也。以近待远,以逸待劳,以饱待饥,此治力者也。

——《孙子兵法·军争》

【译文】

以自己的严整来对待敌人的混乱,以自己的镇静来对待敌人的哗恐,这是掌握军心的方法。以自己的靠近战场来对待敌人长途跋涉,以自己的从容休整来对待敌人的奔走疲劳,以自己的粮足食饱来对待敌人的粮尽人饥,这是掌握军力的方法。

【经典案例】

汉宣帝时,西羌族与匈奴联合,侵入汉地。公元前61年春,汉宣帝任命赵充国为将,率骑兵万余攻击羌人。为了防止羌人阻击大军过河,赵充国命三名军校乘夜先悄悄渡河,在对岸扎营,再指挥大军依次渡河进驻。

正在这时,突然来了数百骑羌兵围绕着汉军大军来回奔驰,口中还"嗷嗷"乱叫。诸将见羌兵少,纷纷请命出战,要将这些羌兵撵跑,免得其扰乱汉军渡河。但赵充国认为,汉军长途跋涉,不可追逐此敌,消灭敌人应以全歼为上,不要贪小失大。同时,他认为这些羌兵骑术高超,如果追赶,必中其诱兵之计。因此,赵充国对这些羌兵的挑逗引诱置之不理,仍然镇定地指挥自己的部队加紧渡河。事后探马来报,离汉军30里有一座绵延起伏的山脉,那里埋伏着万余羌兵,来挑战的少数羌兵正是想通过挑逗,诱使汉军追击入伏。结果,由于赵充国沉着机智,以静待哗,使敌人无功而返。

汉军全部渡河之后,赵充国对羌人作战始终采用稳扎稳打,步步为营的战法。首先派出间谍进行广大范围的深入侦察,洞悉敌情,然后才行军,以防止遇伏。同时要求部队保持高度警惕,行军途中随时随地准备战斗。所宿营垒,也要求必须十分坚固。汉军稳步推进到金城(今甘肃省兰州西北)后,羌兵再三挑战,汉军坚守不出。

为了摸清羌兵情况,减少作战的损失,赵充国派遣了许多间谍深入羌人居住地区。原来,羌分先零、罕、开三部分,前者与后二者有仇。赵充国运用策略,对他们进行了分化瓦解。他对罕、开两部分进行政治安抚,集中兵力部署对先零进行军事打击。先零见汉军长期坚壁不出,就渐渐失去了警惕。6月初,赵充国率大军突袭先零驻地。先零毫无戒备,一触即溃,仓皇逃遁,淹死于湟水者数百,投降与被杀者千余。汉军缴获车四千辆,牛羊十余万头。

汉军进抵罕、开两部的属地,赵充国就下令禁止烧杀。罕、开二部的羌人感恩,遂降汉军。秋天,又有万余羌人在赵充国怀柔政策感召下降汉。赵充国又罢骑兵,兴屯田,"益积蓄","省大费",以待羌敌。第二年秋,先零部内部起了纷争,有人刺杀首领,率四千多人降汉。赵充国平羌大获全胜。

"以静待哗"是指注重人的心理变化规律的作战谋略。惊慌必然失措,将心摇则军心动。自古兵家都把镇定持重、处变不惊视为将帅修养要则。只有以自己的严整来对待敌人的混乱,以自己的镇静来对待敌人的哗恐,这才是掌握军心的方法。因此,以沉着安静的心态,安抚自己,乘机进攻浮躁不安的敌人,或是以冷静的态度控制动荡不安的局面,那么胜利就有充分的把握。现代战争较之冷兵器时代激烈百倍,在瞬息万变、险象环生的战场上能否沉着冷静,不乱方寸,更是对每个参战者非常现实而严峻的考验。

"以静待哗"的谋略,在人们日常工作和生活中被广泛运用着。它能使人们有效控制自己的情绪,甚至能有意刺激对方纷乱的心绪,在对方失控中从容应对,达到取胜的目的。

而"以逸待劳"是注重力量变化规律的作战谋略。在战争过程中,明智的指挥员应尽量发挥主观能动性,有效调动敌人,使之疲惫不堪时,我再出击取胜。对处于劣势一方来说,以逸待劳尤其重要。因为疲劳可以削弱敌人的战斗力,涣散其战斗意志,从而直接减少敌人兵力和武器装备的优势。这样一来,强敌也就变成弱敌了。

消极地说,以逸待劳是静观事物的变化,以做出最后的决策;积极地说就是设法使对方疲于奔命,挫折他的锐气,然后伺机出击,使其一蹶不振。

修道不败,保法必胜

善用兵者,修道而保法,故能为胜败之政。

——《孙子兵法·形》

【译文】

会用兵的人,善于从各方面修治"不可胜"之道,确保必胜之法度,所以他能掌握胜败的决定权。

【经典案例】

齐威王是战国时一位有作为的君主,在人们对他长期的阿谀奉承下,他觉得自己没有什么需要进一步加以改进的地方了,对别人的意见也不愿意听了。于是,策士邹忌经过认真思考后,给他讲了个小故事:

有一天早上,邹忌自己穿戴好衣帽,照着镜子,对他的妻子说:"我同城北的徐公比,哪一个更美?"他的妻子说:"您美极了,徐公怎么能比得上您呢?"城北的徐公,是齐国的美男子。邹忌不相信自己比得上他,因而又问他的妾说:"我同徐公比,谁更美?"妾说:"徐公怎么能比得上您呢?"第二天,有位客人从外边来,邹忌同他坐着聊天,邹忌又问他:"我同徐公谁更美?"客人说:"徐公当然不如您美啊!"

说到这里,邹忌感慨地对威王说:"我的确远远不如徐公美。可是我的妻子因为偏爱我,我的妾因为怕我,我的客人因为对我有所求,便都说我比徐公美。如今齐国国土纵横上千里,有一百二十座城,宫里的妃子和左右的侍从没有不偏爱大王的,朝堂上的臣子没

诸子百家——兵家

有不害怕大王的,全国范围内的人没有不想对大王有所求的;由此看来,您受的蒙蔽一定非常深了。"

齐王听了大受启发,十分高兴,于是下令:"大小官吏和百姓能够当面指责我的过错的,受上等赏;书面规劝我的,受中等赏。"命令刚下达,许多大臣都来进言规劝,王宫门口与院子里好像闹市一样。几个月后,要隔些时候才有人偶然进言规劝。满一年以后,即使有人想进言,也没有什么东西可以讲了。

燕国、赵国、韩国、魏国听说了这件事情,也都到齐国来朝见齐王,表示拜服。这就是由于正确运用了"修道保法"谋略的结果。

【鉴赏】

"修道保法"是《孙子兵法·形》中提出的修治战争内在基础的取胜方略。它符合孙子提出的战争的最高境界——"兵不顿而利可全。""修道"指从政治、经济、军事、文化等诸多方面进行修治,"先为不可胜"之道,即做好在任何情况下均能立于不败之地的准备。"保法"指的是确保必胜的法度。实行开明的政治和管理政策,推行"近者悦远者来"的外交策略,严明法纪,整顿吏治,自然会得道多助,强于天下。这样,就能使自己与别人在无形中化干戈为玉帛,消战祸于未萌。即使有人妄想发动战乱,也必然慑于我之国威,不敢轻举妄动了。这种无智名可闻,无勇功可见,胜于无形的谋略,较之破军杀将,战而后胜者,更为安国全军之上策。

在现代商业经营中,这一谋略同样有其重要的价值。它强调必须强化内部管理,从各方面修明自身,建立完善的、可以制胜的内部机制,也就是建立不被战胜之道。随着市场经济的发展。领导者权力越来越大。如果领导者"有道而贤能",将有利于生产经营,促进生产发展;如果领导者"无道",将严重影响正常的运作。阻碍生产发展。因为任何一个经营实体,都由人、财、物、信息四大要素构成了经营活动的重要内容,而经营者经过计划、组织、指挥、协调、控制五种管理职能对经营活动进行管理。这就是"修道保法",它是经营成败的关键。

令素行者,与众相得

令素行以教其民,则民服;令素不行以教其民,则民不服。令素行者,与众相得也。

——《孙子兵法·行军》

【译文】

平素能严格贯彻命令,管教士卒,士卒就会养成服从命令的习惯;平素不重视严格贯彻命令,管教士卒,士卒就会养成不服从命令的习惯;平时命令能够得到贯彻执行,这表明将帅同士卒之间相处融洽。

【经典案例】

南宋的岳飞,一生不仅以出色的谋略和指挥艺术名扬海内,更以优良的品行与丰富的治军经验为人传颂、感念。他在与金兵多年奋战中,亲手培育了一支作战勇敢、军纪严

诸子百家——兵家

明、百姓爱戴的队伍——"岳家军"。他的治军经验，据他的孙子岳珂总结有六条：一是精选将士；二是勤加训练；三是赏罚公正；四是号令严明；五是严格纪律；六是同甘共苦。

岳飞组织的"岳家军"都是经过严格挑选的有志于抗金事业的青年。他主张用兵之道贵精不贵多。部队平时勤于训练，技艺娴熟，战时皆奋勇杀敌，义无反顾。对于部下，岳飞坚持有功必赏，有过必罚。

"岳家军"有条铁的纪律：对百姓秋毫不犯。无论平时还是战时，岳飞严格约束部下，不许索取民间财物，不准扰乱百姓。若半夜入居民屯，宁宿于门外檐下，也不准惊动主人。百姓开门迎纳，他们也不随便入居。行军打仗，岳家军不践踏农田，不损坏庄稼；若士兵买物不给足价或私取百姓物品，一经发现，立即斩首。军中上下口号是："冻死不拆屋，饿死不掳掠。"于是他们深得百姓的爱戴和支持。"岳家军"每到一地，百姓载道十里迎送。

岳飞对于违抗军令、破坏军纪的官兵，不管亲疏远近、官职大小，均严惩不贷。他的部将傅庆是一位骁勇善战、屡立战功，深受岳飞喜爱的将领和朋友。可是，傅庆高傲骄狂，直至心怀异志，数犯军纪。楚州之战后，当岳飞奖赏战功者时，傅庆竞争功抢赏，扰乱军心。岳飞对傅庆毫不宽容，亲手烧其战袍，碎其金带，并忍痛传令将傅庆斩首示众。这种秉公论处、大义无私的治军态度，对部将和士卒教育极大。

还有一次，岳飞令一部将分发犒赏，不料这位将领却在发放中做了克扣，中饱私囊。岳飞发觉后，申明军纪，立即将其杖杀。

岳飞在治军中尤其注意严于律己，身体力行，以实际行动感化士卒将帅。岳飞自己及家庭的生活十分俭朴。他不贪财，不爱色，终生不纳妾。他规定：全家只穿麻布衣服，不穿丝绵；家具陈设不求精美，饭食也不讲究；诸子平时不准进酒，他自己也立誓不收复河北滴酒不进。起初，皇帝赵构赏其功，曾赐给岳飞一幢住宅，让他在临安（今浙江杭州）安家。岳飞恳辞说："敌未灭，何以家为？"有人问他："天下何时太平？"岳飞回答说："文臣不爱钱，武臣不怕死，天下太平矣。"

所有这一切，都无疑是激励将士、构成岳家军战斗力无比强大的重要因素。正是由于岳飞做到了"令素行者，与众相得"，才使"岳家军"上下一心，团结奋战。金兵畏其军威，相互传言："撼山易，撼岳家军难！"

【鉴赏】

"令素行者，与众相得"是正确处理军队内部关系的谋略。由于军队来源于民众，士兵与民众有着直接的联系，因此孙子强调要关心士兵，重视大众，正确处理军队内部之间的关系。这就要求明智的将帅平时能严格教育士兵认真执行命令，遵守纪律，拥护领导，使官兵之间、上下级之间相互信任，同舟共济，团结得如一人一样，才能得到人民大众的拥护，从而战无不胜。

这一治军策略也广泛运用于各个领域，其实质就是自觉认识人民群众的伟大历史地位，尊重人民群众，热爱人民群众，这样才能得到人民群众真心实意地拥护与欢迎，而使自己永远立于不败之地。

诸子百家——兵家

齐心协力，同舟共济

故善用兵者，譬如率然。率然者，常山之蛇也。击其首则尾至，击其尾则首至，击其中则首尾俱至。敢问兵可使如率然乎？曰可。夫吴人与越人相恶也，当其同舟济而遇风，其相救也，如左右手。是故方马埋轮，未足恃也。齐勇若一，政之道也，刚柔皆得，地之理也。故善用兵者，携手若使一人，不得已也。

——《孙子兵法·九地》

【译文】

善于指挥作战的人，能使部队自我策应如同"率然"蛇一样。"率然"，是常山地方的一种蛇，打它的头部，尾巴就来救应；打它的尾巴，头就来救应；打它的腰，它的头尾都来救应。试问："可以使军队像'率然'一样吗？"回答是："可以。"从前吴国人和越国人互相仇视，但当他们同船渡河而遇上大风时，他们便相互救援，配合默契的就如同一个人的左右手一样。所以，想用把马并缚在一起、深埋车轮这种显示死战决心的办法来稳定部队，那是靠不住的。要使部队能够齐心协力、奋勇作战如同一人，关键在于部队管理教育有方，要使优劣条件不同的士卒都能够发挥作用，其根本在于恰当地利用地形。所以善于用兵的人，能使全军上下携手团结如同一人，这是因为客观形势迫使部队不得不这样。

【经典案例】

汉桓帝时，天下大乱，烽火纷起。荆州一带，更是不得安宁，今天这帮人马杀来，明天那帮人马杀去，只搅得天昏地暗，民不聊生。

荆州刺史度尚，为了保卫家园，便招募本地乡勇，组成州兵，巡逻守卫，屡次攻击其他武装力量，连连获胜。但这些乡勇们是一些刚从军的人，纪律性不严，自律性不够，一杀死敌兵，便把敌兵抢来的财货据为己有。这样打了几次胜仗，敌人也杀死了不少，乡兵们的口袋就逐渐膨胀了起来，便开始为自己着想，不再同心协力、并肩作战，军队失去了往日的威风。

俗话说："法不治众。"乡兵们个个如此，度尚也不能把他们人人治罪！怎样才能使这些乡兵的战斗力得以恢复？度尚左思右想：乡兵们是因为钱财多了失去斗志的，如果让他们没有了钱财呢？……想到这里，他终于计上心来。

过了几天，度尚宣布所有将士外出游猎，捕获野味改善生活，但不许回家。乡兵们听后十分高兴，都相约结伴倾巢而出。眼见众乡兵去远了，度尚叫手下亲信放起火来，一时间，大火连天，把军营烧了个精光，乡兵们原来掠获的财宝等物也都化为灰烬，只有兵器拿出去打猎了，所以损失不多。

乡兵们回营面对着一片灰烬，个个跺脚大骂，痛惜万分。度尚乘机出来说："敌人乘我军空营来烧营房，使大家损失尽了财物，可恨不可恨？"

"可恨！"乡兵们发自内心地喊起来。

度尚又说："金银财宝，绫罗绸缎，敌人那里有的是。兄弟们想要，咱们可以再去夺。"

不久，又有敌人来犯，度尚指挥的乡兵们又恢复了往日的威风，个个以一当十，把敌

諸子百家——兵家

军杀得人仰马翻,逃遁百余里外,财货辎重,尽为荆州乡兵所得。自此,敌人知道荆州兵厉害,再也不敢轻易来犯了。

【鉴赏】

军队的团结是克敌制胜的法宝,只有团结起来才能相互支援、相互救助,以形成合力,这是十分明显的道理。孙子在这里用"常山之蛇"做比喻,强调了军队在战斗中相互救援、团结一致的重要性与具体方法。特别是阐明了即使是仇人,或者意见相左,平时有隔阂的人,一旦到了危险境地,也应精诚团结,互相协作,捐弃前嫌,共渡难关。这是很有见地的。因为只有"同舟而济",才能达到"携手若使一人"的良好效果,获得一定的成功。

借尸还魂,以图再起

有用者,不可借;不能用者,求借。借不能用者而用之,匪我求童蒙,童蒙求我。

——《三十六计·借尸还魂》

【译文】

凡是自身可以有所作为的人,往往难以驾驭和控制,因而不能为我所用;凡是自身不能有所作为的人,往往需要依赖别人以求生存发展,因而就有可能为我所用。这个道理正如《周易·蒙》卦辞说的一样:幼稚蒙昧的人需要求助于智慧的人,而不是智慧的人求助于幼稚蒙昧的人。

【经典案例】

由于秦王朝长期实行暴政,加之秦二世的昏庸腐败,造成了严重的政治危机。当时,天下百姓"欲为乱者,十室有五"。大家都有反秦的强烈愿望,但苦于没有强有力的组织领导者和夺取胜利的谋略。而最早树起义旗的陈胜义军,则搞得有声有色,取得赫赫的战果。这其中有一个很重要的原因,就在于陈胜能够适时运用"借尸还魂"的计谋。

秦二世元年,陈胜、吴广被征发到渔阳(今北京市密云区西南)去戍边。当这些戍卒走到大泽乡(今安徽省宿县东南刘村集)时,因连降大雨,道路被淹没而无法按期到达渔阳了。秦法规定,凡是不能按期到达指定地点的戍卒,一律处斩。陈胜、吴广深知,即使到达渔阳,也会因误期而被问斩的。与其等死,不如一搏,寻求一条活路。他们也深知同去的戍卒也同样都有这种想法,这正是举行起义的大好时机。

但是,陈胜深知自己的地位低下,恐怕没有什么号召力。当时有两个名人深受百姓的尊敬,一个是秦始皇的长子扶苏,他敦厚贤明,早已被阴险狠毒的秦二世伙同丞相李斯和宠臣赵高给谋害了,但老百姓却不知情;另一个是楚将项燕,他功勋卓著,爱护将士,威望极高,而在秦灭六国之后不知去向。于是陈胜,便借这两人之"尸",公开打出他们的旗号,以期得到大家的拥护。他们还利用当时人们的迷信心理,巧妙地做了其他的安排。

有一天,士兵做饭时,在鱼肚子里发现一块丝帛,上写"陈胜王"三个字,士兵看后大惊,暗中传开了。吴广又在夜深人静之时,在旷野荒庙中学狐狸叫,这时,士兵们听到隐隐地从夜空里传来"大楚兴,陈胜王"的叫喊声。他们便以为陈胜非同凡人,肯定是上承

"天意"来拯救大家的。

陈胜、吴广见时机已到,便率领戍卒杀死了朝廷派来监管他们的官吏。陈胜登高振臂一呼,众人便揭竿而起。陈胜自号为将军,吴广为都尉,一举攻占了大泽乡。自此天下响应,所向披靡,连连获胜。后来,部下拥立陈胜为王,国号定为"张楚"。

【鉴赏】

"借尸还魂"的原意是比喻已经死亡的东西,又可借助某种形式得以复活。此计用在军事上,是指利用、支配那些看似没有作为的势力来实现我方军事目标的策略。在战争中往往有这类情况,对双方都有用的势力,往往难以驾驭,很难加以利用。而没有什么作为的势力,往往要寻求靠山。这时候,不失时机地利用和控制这部分势力,往往可以达到取胜的目的。历史上常有这种例子,每当改朝换代之时,都喜欢推出亡国之君的后代,打着他们的旗号,用以号召天下。用这种"借尸还魂"之计,实现夺取天下的目的。

"借尸还魂"之计用于领导谋略上时,"借"就是积极主动地利用和团结属下,利用他们的能力丰富自身能力和创造性,加强组织或企业的实力。借尸还魂,虽为"借尸",意在"还魂"。"借",包含着积极的主动性。"借尸还魂"的出发点,就是自己缺乏强大的实力,并且处在不利的境地,必须借助其他力量来充实自己,并把这些力量迅速转化为自己的力量。"借尸还魂",要找好适当的时机和适当的环境,才能有助于"还魂"。

运用在商业领域上,在企业创业或发展过程中陷于困境之时采用此计,可借助外力或谋略,以求恢复生机,东山再起。"借尸还魂"之运用于经营活动也可使产品焕发二度青春,从而达到"化腐朽为神奇",重新占领市场的目的。在千变万化的市场竞争中,常胜将军不多,而失利受挫是常有的事。因此,重在保持清醒的头脑,寻找可借之"尸",创造可以"借"的机会,才能变被动为主动,转败为胜。

"借尸还魂"之计用在为人处世方面时,是告诫我们要善于利用一切可以利用的机会和条件,把握为人处世的技巧,转变对你不利的因素,争取主动和有利于实现自己的目标。

内修文德,外治武备

昔承桑氏之君,修德废武,以灭其国;有扈氏之君,恃众好勇,以丧其社稷;明主鉴兹,必内修文德,外治武备。故当敌而不进,无逮于义矣;僵尸而哀之,无逮于仁矣。

——《吴子兵法·图国》

【译文】

昔日承桑氏的君主,修行德政,废弃武力,因此导致他的国家灭亡;有扈氏的君主,仗恃人多,崇尚武力,因此丧失了他的国家;英明的君主以此为鉴,所以一定要对内修行德政,同时对外治理军备。所以说面对敌人而不前进攻敌,这不叫作"义";等到士卒们命丧疆场再来对他们表达哀伤之意,这不叫作"仁"。

【经典案例】

战国末期,秦始皇统一天下的脚步显然没有人能够阻挡得住。"六国灭,四海一"的新历史时代已经在血与火的洗礼中露出了曙光。

公元前229年,秦派将军王翦攻打赵国,第二年就消灭了赵国。公元前226年,秦军又消灭了燕国,将燕王赶到了辽东。次年,秦军在回师途中又消灭了魏国。同时,王翦的儿子王贲在楚国的作战也几乎没有失手过。一切似乎都进行得那么顺利、如意。

秦国的一个年轻将军名叫李信的在对燕国的战争中,曾经以数千军追逐燕太子丹,一直追到了衍水(今辽东一带),最终打败燕军并杀死太子丹。这件功劳让秦始皇对李信印象颇好,认为他十分英勇。于是秦始皇问李信:"我想进攻并消灭楚国,对于将军来说,估计用多少兵力可以呢?"

作为常胜将军的李信也颇为自信地回答:"平灭楚国,用二十万人即可。"

秦始皇就此军国大事又问了王翦,王翦却说:"要消灭楚国,非用六十万人不可。"

六十万人的军队,需要多大的军费开支与国力支持,秦始皇当然明白。于是说:"王将军您老了,怎么胆气不足了!而李将军果断有气势、雄壮勇敢,他的话是对的。"

秦始皇遂在公元前224年派李信和蒙恬带领二十万大军南下讨伐楚国。王翦因为意见不被采纳,遂称病回老家休养去了。

李信率领一支军队进攻楚国的平舆(今河南平舆西北),蒙恬率领部分人马进攻另一地,进展都十分顺利,大败楚军。李信随即又南下进攻鄢郢(今安徽寿县),再次打败楚军,于是李

王翦

信率领军队向西,与蒙恬的军队在城父(今安徽亳县东南)会合。楚军却因此尾随上来,追击秦军三天三夜不解甲,也迫使秦军三天三夜没有得到安宁和休息。由于兵力不足,将士不能轮换休息,遂大败于楚军,且损失隆重。失败的秦军只得从楚国撤退了。

秦始皇听到前线的军队失败了,大发雷霆,只好亲自前往频阳,向将军王翦道歉说:"寡人因为不用将军您的计策,果然使我们秦军受到了羞辱。现在听说楚军天天向西推进,将军您就忍心抛弃我吗?"

王翦却推辞道:"老臣我身体多病,神志错乱,希望大王再选择其他有才能的将军。"

秦始皇说:"罢了罢了,请将军不要再说这样的话了。"

王翦见推辞不掉,就说:"大王您一定要用我,我是非六十万人不可。"

秦始皇随即答应下来,并亲自为王翦送行到灞上。王翦带领六十万秦军,进攻楚国,虽然楚国出动了全国的军队来抵御,楚军最终还是失败,楚国也被消灭。

王翦消灭楚国一战,是充分考虑了楚国的实力才确定用多少兵力的。

基于对楚军力量和秦军力量的分析,知道对付楚国,不是区区少量军队就可以的,必须使用大军,才能彻底击垮楚军,达到消灭楚军的目的。

吴起的这段话清晰地表明了他注重内修文德、外治武备的国防观。《吴子兵法·图国》中举例说:"昔承桑氏之君,修德废武,以灭其国。有扈氏之君,恃众好勇,以丧其社稷。"指出重文废武和好战轻文都导致亡国的教训后,提出了"内修文德,外治武备"的治国、卫国方针。如何"内修文德"呢?

吴起在本句话后,道出了他认为的办法:要"先教百姓而亲万民",主张用"道""义""礼""仁"这"四德"来安抚天下,治理国家,动员民众,抚慰民众。指出"四德"修之,国家就兴盛;废之,国家就会衰亡。在修明政治的基础上,"外治武备",要按照"战胜易,守胜难"的规律,对外加强备战,建设一支精锐的常备军:用"礼""义"教育、勉励军民,振奋精神,鼓舞士气;制造兵器,改进军队装备;选募有才能的人,指导备战,以防不测;要使民众安居乐业,亲敬官吏。做到这些,则力量强大时能出战,力量弱小时也能坚守卫国。

谋攻得法,全胜天下

故善用兵者,屈人之兵而非战也,拔人之城而非攻也,毁人之国而非久也,必以全争于天下,故兵不顿而利可全,此谋攻之法也。

——《孙子兵法·谋攻》

【译文】

所以,善于用兵打仗的人,使敌军屈服而不用进行交战,夺取敌人的城邑而不靠硬攻,灭亡敌人的国家而不需久战,务求以全胜的谋略争胜于天下。这样,军队就不至于疲惫受挫,而胜利就可以完满地获得,这就是谋攻的法则。

【经典案例】

大清康熙年间,以吴三桂为首的"三藩"在南方发动了反清叛乱。开始时,由于得到一些地方反清势力的响应,叛乱势力很快蔓延到全国许多地区。

吴三桂手下有一员战将名叫韩大任,曾在湖南与清军作战,失利后败入福建。当时在福建参加平叛的清军是由康王率的部队。韩大任虽然是败军之将,但仍拥有几万人马,对福建构成重大威胁,并扬言要攻取汀州。康王闻言大惊,欲发兵用武力进剿。

这天康王坐帐,正在与大家商讨作战计划,突然站起一个人来,反对发兵进剿,主张用招抚的办法行事。大家一看,此人乃是康王手下的属员吴兴祚,他是汉军正红旗人,曾当过知县,因事得罪了上司,被罢官。适值康王率兵南征,他便前来投奔,被授为太守。此人博学多才,能言善辩,很受康王赏识。康王也感觉自己兵力不足,同意了吴兴祚的建议,并派他前往招抚韩大任。

吴兴祚只带几个随从去见韩大任。两人一见面,吴兴祚便仰天大哭,闹得韩大任莫名其妙。吴兴祚认真地说:"我此番是专程为将军吊唁而来,怎能不哭呢?"

韩大任感到诧异地问:"你说这话是什么意思?"

吴兴祚从容不迫地说:"将军所以威行海内,主要是由于吴三桂格外器重的缘故。现

諸子百家——兵家

在他把大权授予你，深信不疑，是要你建立功业。可是几年来，将军不仅寸功未建，反而经常被清兵打败，还能再得到吴王的信任吗？现在将军铤而走险，来到福建，还要攻打汀州，可是康王的精锐部队早已严阵以待，以告捷之师破久逸之众，还不是如同摧枯拉朽一样吗？所以我说将军死期已近，特意前来预先吊唁。"一席话，把当时的军事形势，韩大任的处境，分析得头头是道，说到了韩大任的心坎上。

沉默了一会儿，韩大任问："你看我归顺康王怎么样？"

吴兴祚要的就是这句话，连忙说："实不相瞒，我这次来就是受康王的委派迎接将军归顺的。这正是将军弃暗投明，为朝廷效力，确保功名的好机会。"韩大任听了大喜，当即表示愿意归顺清朝，并请吴兴祚当晋见康王的引荐人。

吴兴祚晓敌心理，以军威慑敌，说服韩大任而招抚了数万叛军，使福建避免了一场刀兵之灾，显示出他具有过人的才干和谋略。吴兴祚因功得到保荐提拔，一直做到两广总督。

【鉴赏】

"谋攻之法"是《孙子兵法·谋攻》中提出作战时重谋少重力而取胜的攻敌原则。这也可以看作是孙子对"谋攻"问题的一个概括和总结。其主旨仍然强调，用兵尽量重谋略屈敌，少强攻歼敌，以免劳师费力，耗财无功。

行火有因，烟火必具

行火必有因，烟火必素具。

——《孙子兵法·火攻》

【译文】

实施火攻必须具备一定的条件，发火器材必须随时准备好。

【经典案例】

春秋时，齐国有田开疆、古冶子、公孙捷三勇士，很得国君齐景公的宠爱。这三人结为异姓兄弟，自诩为"齐国三杰"。他们仗着有功，横行霸道，目中无人，甚至对齐王也经常"你我"相称。于是，乱臣陈无宇、梁邱据等乘机把他们收买过去，阴谋推翻齐王，夺取齐国政权。

齐国的相国晏婴眼见这股恶势力逐渐壮大，危害国政，忧心如焚。他明白奸党的力量在于武力，三勇士就是王牌，无人能敌；同时如果明着把三人干掉，但他们正得宠，又怕齐王不依从，会弄巧成拙。思来想去，一直没有条件，便迟迟不敢动手。

有一天，邻邦的国君鲁昭公带着臣子叔孙诺来访问，会见齐景公后，景公立即设宴款待他们。相国晏婴担任司礼，文武官员全体列席，以壮威仪。三位勇士也全副武装奉陪左右，摆出一副盛气凌人不可一世的骄态。晏婴心中一喜：除掉三人的机会终于来了！

酒过三巡，晏婴上前奏道："日下御园里的桃熟了，难得有此盛会，可否摘些请宾客尝鲜？"

景公点头应允，即派掌园官去摘取。晏婴却说："此桃是难得的仙果，必要我亲自去监摘，这才显得庄重。"不一会儿，金桃摘回来了，装在盘子里，每个碗口般大，红艳艳、香喷喷的。

景公一见就问："只有这么几个吗？"

晏婴答道："树上还有几个未成熟，只可摘回这六个。"

两位国王、叔孙诺、晏婴各吃了一个。

盘里还剩下两个桃子。晏婴复请示景公，传谕两旁文武官员，让各人自报功绩，功劳深重者得食此桃。

勇士公孙捷立即挺身而出，激昂地自夸起来，唾沫横飞地说："从前我跟主公在桐山打猎，亲手打死了一只吊眼的白额虎，解了主公的危难，这功劳大不大呢？"

晏婴连忙说："这是擎天保驾之功，应该受赐！"

公孙捷很快抢一桃在手，几口就咽下肚里去了，还翻开傲眼向左右横扫了一下。

古冶子也忙站起来说："打虎有什么了不起！我当年在黄河的惊涛骇浪中，浮沉九里，斩妖龟之头，救回主上一命，你看这功劳怎么样？"

景公接口就说："真是难能可贵，那次若不是将军合身相救，怕一船人都要溺死了！"说着，便把剩下的桃和酒赐给了他。古冶子接桃在手，也毫不客气地吃了起来。

这时，另一位勇士田开疆气冲冲地发起牢骚来了。他说："本人曾奉命去攻打徐国，俘虏了五百多人，逼徐国纳款投降，威震邻邦，纷纷上表朝贡，为国家奠定了盟主地位。这算不算功劳？能不能受赐呢？"说完，把眼光四下一扫，似要把各同僚压低一寸。

晏婴立刻回奏景公说："原来，田将军的功劳，确比公孙捷和古冶子两位将军大十倍。但可惜桃已赐完了，可否先赐一杯酒，待桃成熟时补赐呢？"

景公也安慰田开疆说："田将军！算来你的功劳最大，可惜你说得太迟……"

田开疆却听不下去了，气愤地按剑大声嚷了起来："斩龟打虎，有什么了不起？我为国家跋涉千里，血战沙场，反被冷落，而且在两国君臣之前受此侮辱，为人耻笑！我还有什么脸面活在世上呢？"立即拔剑自刎而死。

公孙捷大吃一惊，亦拔剑而出，说："我们功小而得到赏赐，田将军功大，反而吃不着桃，于情于理，绝对说不过去！"顺手一剑，就把自己结果了。

古冶子也跳了出来，拔剑在手激动得几乎发狂地说："我们三人是结拜兄弟，誓同生死，今两人已亡，我岂可独生？"话刚说完，人头已经落地，景公想制止也来不及了。

晏婴运用"行火有因"的谋略，及时创造条件，惹出了古冶子等三人的"心火"，不露痕迹地顺利除掉了对手。这就是中国历史上有名的"二桃杀三士"的故事。

【鉴赏】

"行火有因"是孙子提出作战时运用火攻必须具备一定条件的胜敌谋略。实行火攻要具备一定的条件，火攻器具要随时准备好。放火必须看准有利时机，纵火要选择有利日期，还要有必要的兵力相配合。同时，要注意火攻只能借助风势从上风开始，而不能从下风进攻，否则就会引火自焚。应该看到，这些论述还仅限于当时的历史条件，但他对火攻的基本认识和总结，却为后来的军事家们开辟了新的军事领域和战术手段。还需要指出的是,孙子还同时讲到了水攻问题,从实质功能与方法上讲应与火攻是一致的。

现实生活中运用"行火有因"的谋略,有时也不一定是"明火",而可以是"隐火",即并不是人们能够看得见烧得着东西的实火,而是一种"心火"。这种"火"潜藏在人的心中,善用者通过创造一定条件,进行"挑灯拨火"的工作,引起对手"恼火",在对手发怒失去理智时迫其就范,达到自己的目的。

远交近攻,利从近取

形禁势格,利从近取,害以远隔。上火下泽。

——《三十六计·远交近攻》

【译文】

当军事发展的势头受到不利的地形影响之时,攻取邻近的敌人就有利,攻打远处的敌人就有害。这是从《周易·睽》的卦辞"上火下泽"中悟出的道理。

【经典案例】

春秋时期,诸侯争霸,而周天子的地位,实际上已被架空。这时,群雄并起,逐鹿中原。郑庄公在这种混乱局势下,巧妙地运用"远交近攻"谋略,取得了霸主地位。

当时,郑国的近邻宋国、卫国与郑国结怨很深,矛盾非常尖锐,郑国随时都有被夹击而亡的危险。

郑国在外交方面,采取积极主动的态度,先后与邾、鲁等国结成盟国,不久,又与实力强大的齐国订立盟约。

公元前 719 年,宋、卫两国联合陈、蔡两国共同攻打郑国,鲁国也派兵前来助战,将郑国的东门围困了五天五夜。虽未被攻下,但郑国已经感到自己与鲁国的关系还存在问题,便千方百计要与鲁国重修旧好,以共同来对付宋、卫两国。

公元前 717 年,郑国以替邾国报仇为名,发兵攻打宋国。同时,向鲁国积极发动外交攻势,主动派使臣到鲁国去,商议把郑国在鲁国境内的一些权益归还给鲁国。这一举动果然奏效,鲁、郑两国重归于好。齐国则出面调停郑国和宋国的关系,郑庄公当即表示尊重齐国的意见,暂时与宋国修好。齐国因此也加深了对郑国的友好之情。

公元前 714 年,郑庄公又以不朝拜周天子为由,代替周天子之令攻打宋国。郑、齐、鲁三国派重兵很快地攻占了宋国的大片国土。而宋、卫两国的军队避开联军的锋芒,乘虚攻入郑国。郑庄公把攻占的宋国土地全部送给了齐国和鲁国,以巩固远邻的关系,并迅速回兵,大败宋、卫大军。郑国乘胜追击,击败了宋国,卫国被迫求和。从此,郑国在远邻的帮助下,实力得到了大大的提升,取得了霸主的地位。

【鉴赏】

"远交近攻"本来是战国时秦国采用的一种外交政策,秦国用它实现了并吞六国、建立统一王朝的目的。《战国策·秦策》中说:"王不如远交而近攻,得寸,则王之寸;得尺,亦王之尺也。"《读史方舆纪要》卷一也记载:"秦用范雎远交近攻之策,先灭韩,次灭赵、次灭魏、次灭楚、次灭燕、并代,乃灭齐。"后:来也指待人处世的一种手段。用于军事战争上是指:分化瓦解敌方联盟,各个击破,结交远离自己的国家而先攻打邻国的谋略。

古人认为,在纷乱攻战的局势中,任何一方,都会不择手段谋取自身利益。因而,对远方之敌不可攻取,而可以给些好处,与其结成互利的外交关系。对邻近的敌对之国,万不可随意结交,不然,反倒会遭受致命的危害。

五间俱起,神妙莫测

故用间有五:有因间,有内间,有反间,有死间,有生间。五间俱起,莫知其道,是谓神纪,人君之宝也。因间者,因其乡人而用之;内间者,因其官人而用之;反间者,因其敌间而用之;死间者,为诳事于外,令吾间知之,而传于敌间也;生间者,反报也。

——《孙子兵法·用间》

【译文】

间谍的运用方式有五种,即因间、内间、反间、死间、生间。这五种间谍同时使用起来,就能使敌人无法捉摸我方用间的规律,这就是使用间谍神妙莫测的方法,也正是国君克敌制胜的法宝。所谓因间,是指利用敌人的同乡做间谍。所谓内间,就是利用敌方的官吏做间谍。所谓反间,即是利用敌方间谍为我所用。所谓死间,是指故意制造散布假情报,通过我方间谍将假情报传给敌间,诱使敌人上当受骗,但是真情一旦败露,我方间谍就难免一死。所谓生间,就是侦察后能活着回来报告敌情的人。

【经典案例】

南宋时期,金军南侵,兵围济南。济南知府刘豫在金人利诱下,杀害抗金将领关胜,投降了金国,后被金人,册封为所谓"大齐"国傀儡皇帝。他对金人感激不尽,甘心充当鹰犬,引诱、网罗了一大批无耻之徒,成为南宋北伐抗金、收复失地的一大障碍。

岳飞得知刘豫巴结金国大将粘罕(金太祖的侄子),而金太祖的四子金兀术却很讨厌刘豫这一情况后,认为可以利用两人之间的矛盾,铲除刘豫。恰在这时,岳飞的部属抓获了一名金兀术军中派来的间谍。于是,岳飞传令把奸细押到账前。那间谍跪在地上索索发抖,不敢仰视。岳飞看了一眼,故意大声斥责道:"你不是张斌吗?我派你到大齐去约同刘豫诱骗四太子,想不到你竟一去不回!你说你干什么去了?"

那间谍被问得莫名其妙,他害怕被杀头,一句话也不敢回答,只是一个劲地叩头。岳飞又说:"刘豫以答应今年冬天以联合出兵入侵长江为借口,把四太子诱骗到清河(今河北清河西)来。我且问你,为什么违背我的命令而没有把信送到?"那间谍听到这儿才明白过来:岳飞认错了人,把他当成什么张斌了!他为了保住性命,就顺水推舟冒认了张斌,连声道:"小的该死,元帅饶命……"岳飞见计谋得逞,赶紧修书一封,上面写着与刘豫合谋害死金兀术的全部计划。

岳飞把信写完后封入蜡丸内,一边封一边对间谍说:"我先饶你这一回,再派你到刘豫那里去问清起事日期。速去速回,不得再误。"岳飞说完,让士兵割开那间谍的大腿把蜡丸藏在里面,然后又告诫道:"千万不可泄露这一机密。"间谍以为得到了重要情报,急

诸子百家——兵家

忙回到金营,又忍痛把蜡丸取出交给了金兀术。

金兀术剥开蜡丸一看,又惊又怒,当即派人飞马把蜡丸书交给金熙宗。金熙宗想起不久前,有人几次告发刘豫同南宋宰相张浚派遣的使者有来往,相约图金之事。况且当初金国立"大齐"也有把它当作金与南宋之间缓冲地带的意图,期望刘豫能够辟疆保境,而金国则可以按兵息民。没想到"大齐"建立起来,屡次向金乞兵援助,且每每以兵败告终。想到这里,金熙宗当即让金兀术等人以"有急公事,欲登门同议"为名,将刘豫诱骗出京,裹挟而去,因于金明池。刘豫被废去齐王,伪齐政权至此告终。

岳飞采取"反间利用"之谋,假借敌方间谍废掉刘豫的事例,其效果相当于"借刀杀人"。

【鉴赏】

怎样通过知敌人之情的人了解情报?孙子具体提出了许多方法与途径,其中之一就是利用对方的同乡来提供。即"因间者,因其乡人而用之",因为这种关系比较容易接触对方的秘密,对方也不会轻易怀疑自己的同乡,一般来说这些人所供的情报也比较稳定、可靠,也比较容易。当然,对这些情报当事者一定要认真进行分析研究,去伪存真,掌握规律,才能正确运用。对于其他各种方法途径所获得的情报,也是如此。

"内间"是通过收买敌国官吏而实现的知敌谋略。也有人将"内间"解释为利用敌人内部派别之间的矛盾进行间谍活动。总之,内间即出自敌人营垒之内。在敌人的营垒特别是官僚机构中,能够成为"内间"的人,有贤而失职者,有过而被刑者,有受宠而贪财者,有屈在下位者,有不得任使者等等。概言之,这些人或不得志,或贪财好色,或因种种原因对其主将满腹怨愤等,都可以暗地里进行联系,包括政治争取和重金收买,使之为我方服务。

古代,"反间"一词,兼有今天"双重间谍"和"间谍的逆用"的含义。孙子所讲"反间"是指使敌人的间谍为我所用。这又分为两种情况:一是以利收买敌人的间谍,让其"明明白白"地为我方服务;二是假装不知其为间谍,故意让他弄些假情报回去,"糊糊涂涂"地为我方服务,使我方有机可乘。自古以来,"反间"使用的成功率很高,因为它是我方对敌人间谍加以收买和利用,在客观上又最容易取信于敌。使用"反间",首先要加强反间谍的工作,关键在于注意发现潜入我内部的间谍,这就是孙子所说的"必索敌人之间来间我者"。一旦发现敌人的间谍后,就应该慎重考虑采取何种方法对待之,以便为我所用。

"死间"的作用就是传递假情报给敌人,在兵力部署、作战计划、行动方向等方面"诳"给敌人以假象,用来掩盖我方的真实情况和意图。这种情况,会有因传递假情报而被杀掉的危险,这就需要自己的间谍有为了战争的胜利而甘愿牺牲自己的无畏精神。

"生间"是相对"死间"而言的。就其内容来说,是选拔贤能之士,或游说于列国之间,或打进敌人官僚机构之中,或以各种职业做掩护混入敌方长期潜伏,或为着某一具体的作战情报速去速回,或以诈降迷惑对方,或为今后作战充当内应等等。"生间"既可达到知敌之目的,又能保全己方间谍之性命,所以,在条件允许的情况下,将帅都用"生间"不用"死间"。

諸子百家 —— 兵家

法令彰明，赏罚有信

武侯问曰："兵何以为胜？"

起对曰："以治为胜。"

又问曰："不在众乎？"

对曰："若法令不明，赏罚不信，金之不止，鼓之不进，虽有百万，何益于用？"

——《吴子兵法·治兵》

【译文】

魏武侯问吴起说："军队以什么取胜？"

吴起回答说："以严格的管理取胜！"

魏武侯又问说："难道不在于人多吗？"

吴起回答说："如果法令不明确，赏罚不公正确实，鸣金时不止步撤退，击鼓时不奋勇向前，即使有百万大军，又有什么用呢？"

【经典案例】

战国时卫国人吴起，到魏国受到魏武侯的信任，当上了将军。他认为，兵不在多，"以治为胜"，也就是要治理得好，使全军遵章守纪，训练有素。

有一次，魏武侯问吴起说："军队依靠什么打胜仗？"

吴起回答说："要靠治理得好。"

武侯又问："难道不在于人多吗？"

吴起肯定地回答说："如果法令不明，赏罚不严，鸣锣不收兵，擂鼓不冲锋，即使有百万大军，又有什么用处呢？"因此，吴起建议武侯对有战功的将士要加倍赏赐；对临阵逃脱的要重重地惩罚；对死难将士的家属，每年都要派人慰问，加以抚恤。

吴起特别强调军队必须服从命令，认为这是治理好军队的前提，不然的话，部队平时就要发生混乱，战时就要打败仗。只有守信用，讲政策，明法令，才能做到你发号施令，将士们坚决执行。你兴师动众，将士们乐于替你出征；交兵接刃，将士们乐于为你拼命。

对这一点，吴起本人也身体力行。吴起在镇守西河时，秦国有个小小的烽火亭垒在临近魏国的边境，妨碍农民耕作，吴起打算拔掉这个钉子，可又不值得动用大军。于是，他把一个车辕靠在城北门外的墙根下，下达命令说："有谁把它搬到南门外去，就赏给他好田好住宅。"开始谁也不动，后来有人大胆地去搬了。等那人回来后，吴起果然按照许诺赏了他。不久，吴起又将一担豆子放在城东门外，命令说："有谁把它挑到西门外去，同样赏给他好田好住宅。"话未说完，人们抢着挑。吴起看到大家对他的命令十分信任了，就在这以后的一天，他下命令说："明天要攻烽火亭了，谁先登上亭子，就让他担任大夫的职务，并且赏给他好田好住宅。"命令一下，人们争先恐后地向前冲去，只用了一个早晨的时间就把烽火亭拔除了。

还有一次，魏国与秦国打仗，两军尚未交锋，一个士兵不等吴起下令就非常迅速地冲过去，砍了两个敌人的脑袋回来，吴起却立即把他杀了。事后掌管军法的官吏对他说：

"这小伙子勇敢杀敌,杀掉太可惜了。"

吴起严肃地说:"勇敢倒是真勇敢,可是没有我的命令,任意行动,非杀不可。"

据说吴起制定的政策法令实行了三年,魏国的士兵听到秦军入侵的消息,就主动穿戴盔甲,做好准备,只待一声令下,就奋起抗敌。

【鉴赏】

吴起的治军观是"以治为胜"。《吴子兵法·治兵》指出,兵不在多,贵在治,据此提出了"以治为胜"的建军思想。其治军标准是:"居则有礼,动则有威,进不可当,退不可追,前却有节,左右应麾,虽绝成阵,虽散成行。与之安,与之危,其众可合而不可离,可用而不可疲。投之所往,天下莫当,名曰父子之兵。"这是说,要把军队建设成:平时守礼法,战时有威势,攻不可挡,退不可追,进退有节制,左右移动听指挥;被隔绝时能保持阵势各自为战,被冲散时能恢复阵法、序列。上下同乐共患难,团结一致不离散,连续作战不怕疲惫,指向哪里就打到哪里,天下无敌,这叫父子兵。

吴起还提出了"教戒为先"的训练方针,主张用"礼""义"对军队进行政治教育,培养士卒的荣辱感,以增强战斗力。在军事训练上,要求"一人学战,教成十人;一万人学战,教成三军"。学会灵活运用战术,就能增强战力,减少伤亡,多打胜仗。

存亡之道,谋划为先

兵者,国之大事,死生之地,存亡之道。不可不察也。

——《孙子兵法·计》

【译文】

战争是国家的大事,关系到人民的死生,国家的存亡。因此,不可不认真考察研究。

【经典案例】

公元 1074 年,宋与辽发生边境事端。双方派代表在代州边界上的黄平谈判。但由于辽方一再设置障碍,致使谈判不欢而散。第二年,辽方派使臣肖禧到宋京,声称:"不解决问题,誓不返辽。"宋方官员经常与肖禧通宵达旦谈判,因辽方无理纠缠,谈判毫无进展。

神宗忧心忡忡,他既不想与辽军交战,又不愿割让领土求和,最后决定派遣沈括前去谈判。

沈括早年对宋、辽边界做过仔细研究,这次接到出使辽国的使命后,又查阅了档案、典籍,并向有关官员进行了解,弄清辽方两次所提疆界前后不一。第一次所提与第二次所提有争议的黄克山,相差 30 里。他连夜草奏,上呈神宗。神宗看了奏章,向群臣说:"以往主持谈判的大臣不究本末,贻误国事。沈括精神如是,朕无忧矣。"神宗按沈括提供的资料,还亲自绘制了一张地图。

第二天,沈括携带地图到馆舍拜会辽使肖禧。沈括说:"下官受皇上的委托,奉陪阁下,贵国有何要求,请向我提出。"

肖禧以十分傲慢的口气说:"宋朝违背条约,侵犯我大辽边界。我们早有照会,要求重定边界。大辽皇帝派我来东京,此事不解决,我无法回朝复命。"

沈括面带微笑道:"本人对边界情况略知一二。贵国在照会中说的有争议地界,较原协议向前推进30里。不知阁下这次来东京,是为解决边界争议,还是要索取领土呢?"

肖禧毫无思想准备,故作镇静道:"大辽只要求按原协议重定边界,对宋朝绝无索要领土的要求。"

沈括从袖中取出地图,说:"既然阁下声称并无索要领土的要求,那就好谈了。此图乃御笔绘制,请阁下过目。"

肖禧察看地图,只见山川河流无不详细,一时无言答对,只好委婉地说:"既然如此,我只好及早回国向大辽皇帝报告。"

肖禧走后,大家沉浸在喜悦之中。沈括却非常忧虑,他知道辽使虽然离去,边界争议并未解决。目前辽国大军压境,如不急速赴辽,面见辽帝,将此事圆满解决,辽方随时都可能挥师南下。他遂将自己的想法面呈神宗,神宗深表赞同,并派沈括出使辽国。

谈判会场设在一个宽敞的帐篷内。辽方代表是杨益戒宰相,是辽国手握实权的人物。他开门见山地说:"辽、宋地界需要重新划定,我们大辽多次派使臣赴宋,久未见答复。此次贵使前来,希望及早商定,免得又动干戈!"

沈括从容答道:"宋、辽地界早有定议,但是贵国所提黄克山为分水岭问题,文书上并没有记载,敝国不敢从命。我携带文书在此,请阁下过目。"随从人员将两国签订的文书,摆到谈判桌上,文书中明文记载:"黄克山以大山脚下为界。"

杨益戒无言以对,最后用威胁的口吻说:"贵国连数十里之地都不忍割让,难道要断绝两国友好关系吗?"

沈括答道:"此言差矣,若北朝弃先君之大信,以威用其民,那可并非仅是对我朝不利啊。"

杨益戒见沈括态度强硬,言辞锋利,只好宣布休会。

在第二次谈判中,杨益戒见逼索土地不成,便放弃黄克山地界之事,又提出天池子之归属问题。天池子属于宋国的领地,这在宋、辽签订的协议中早已确定,但协定允许一部分辽民在天池子牧马。

沈括说:"天池子乃宋国疆土,岂能更改!"

杨益戒说:"辽民在此牧马,极易引起冲突,有损两国关系,请阁下三思。"

沈括说:"天池子归属两国乃先帝所定,本朝无权更改。至于武装冲突,本朝容忍是有限的,也请贵国三思。"

双方共进行了六次会议,沈括有问必答,言辞犀利。杨益戒未料到宋朝竟有这样杰出的使臣,又听说宋朝正在边界集结军队做应战的准备,只好放弃逼索土地的要求,维持原协议所确定的边界,草草结束谈判。

沈括胜利完成赴辽使命,返回汴梁。神宗为嘉奖沈括的功绩,任命他为翰林学士。

【鉴赏】

"不可不察"是《孙子兵法》开宗明义而发出的议论,显示了他科学的战争观。

纵观战争史可以发现：凡是对战争抱着这种慎重态度与科学精神者，无论进攻还是防御，都往往应付裕如，最后获得满意的结果；反之，对战争采取轻率态度、不进行认真谋划就随便开战者，则常常身败名裂，误国害己。所以，孙子开篇第一段话，就是针对统揽大权的国君与将帅们讲的。战争是国君、将帅们"不可不察"的"国之大事"，因为它直接关系到国家和人民的生死存亡，也直接影响到他们的生死荣辱。

如果将这个道理推广运用到军事以外的领域，就是只有处处采取慎重的、"不可不察"的科学精神，才能获得满意的效果。在商场如战场的经济领域，更是如此。

调虎离山，用人以诱

待天以困之，用人以诱之。往蹇来反。

——《三十六计·调虎离山》

【译文】

利用不利的天时地利条件来困扰敌人，再诱之以人为的假象。假若向敌方发起进攻仍有困难，那就引诱敌方出战，反倒更为有利。

【经典案例】

东汉末年，军阀纷起，各据一方。占据东南的孙坚不幸早死，他的儿子孙策，年仅十七岁，年少有为，继承父志，逐渐扩大了势力范围。

公元199年，孙策欲向北推进，准备夺取江北的卢江郡。卢江郡南有长江天险可以凭依，北有淮水阻隔，易守难攻。当时，占据卢江的军阀刘勋势力强大，野心勃勃。孙策深知如果用强攻是很难获胜的。他便与众将商议定出一个调虎离山的妙计。

针对刘勋极为贪财的弱点，孙策便派人给刘勋送去一份厚礼，并在信中把刘勋大肆吹捧了一番。信中说，刘勋威名远扬，令人倾慕，并表示要与刘勋交好，还以弱者的身份向刘勋求救。信中称，上缭经常派兵来侵扰我部，而我部力弱，不能前去征讨，请求刘将军发兵降服上缭，我方将感激不尽。

刘勋见孙策在信中极力讨好他，便显得万分得意。而上缭一带，十分富庶，刘勋早就想夺取，今见孙策软弱无能，便免去了后顾之忧，立即决定发兵上缭。对此举，部将刘晔则极力劝阻，可刘勋哪里听得进去？他已经被孙策的厚礼和甜言所迷惑。

孙策时刻监视刘勋的行动，见刘勋亲自率领几万兵马前去攻打上缭，城内空虚，便心中大喜，说："老虎已被我调出山了，我们快去占据他的老窝！"立即率领人马，水陆并进，袭击卢江，几乎没遭到顽强的抵抗，而十分顺利地控制了卢江。

刘勋猛攻上缭，却一直不能取胜。正在此时，突然得到报告，知道孙策已经攻取了卢江，知道是中计了，却已后悔也来不及了，只好灰溜溜地投奔曹操去了。

【鉴赏】

"调虎离山"原意是用以比喻为了便于行事，设法引诱别人离开原地。这是一种调动敌人的谋略。也就是说，如果敌方占据了有利地势，而且兵力众多，防范严密，这时，万万不可硬攻。正确的方法应为以计相诱，把敌人引出坚固的据点；或者，把敌人诱入对我军有利的地区，从而聚而歼之。与"引蛇出洞"有相同之处。《孙子兵法》中说："攻城是下策。"倘若不问条件硬攻，那是自己寻求失败。敌人既然占据了有利地形，就不要拼死力去争夺，况且，敌军兵力很强大，又已经做了临战的准备。敌方有了准备，如不以利相诱，它就不可能前来攻击；敌方兵力强大，如果不把自然和人为的条件结合利用，也就很难把它打败。在这里，"虎"喻强敌，"山"喻对敌有利之地形、时机等条件，虎在山中，威风八面，则很难以制服。同理，敌人在有利的条件下就难以战胜。智者引虎出山，于平阳捕之，良将审时度势，明察战局，诱敌以利，驱敌以害，或用智谋激怒敌人使之阵脚混乱，行动错误，自蹈死地。

　　一般来讲，人们都争取能在自己熟悉的地方和对手过招，谁能将对手调离其熟悉的环境，谁就会争取到主动权。这样有利于利用自己的天时地利去打击对手，制造人为的谋略引诱对手就范。正面交锋有危险，就设法把对手引出后，在"运动"中制服对手。"调虎离山"，重在一个"调"字，或者用外交手段说服对手离开他的地盘；或者用小利引诱对手——具体的手法还要面对具体的对手，选择最适合的方式来运用。对强劲之敌，要善于用谋，用假象使敌人离开驻地，诱他就我之范，丧失他的优势，使他处处皆难，寸步难行，由主动变被动，而我则出其不意而致胜。

用兵之害，犹豫狐疑

　　凡兵战之场，立尸之地，必死则生，幸生则死。其善将者，如坐漏船之中，伏烧屋之下，使智者不及谋，勇者不及怒，受敌可也。故曰：用兵之害，犹豫最大；三军之灾，生于狐疑。

——《吴子兵法·治兵》

【译文】

　　凡是两军交锋的战场，都是动辄丧命的地方，抱着必死的决心就能存活，侥幸想要生存反而会死亡。在战场之内，一个领导卓越的将帅，就好像与军队坐在正漏水的船里，伏在着火的屋下，使智者来不及谋划，使勇者来不及发怒，如此就能让军队遭遇敌军了！所以说：用兵的害处，犹豫是其中最大的；而三军的灾害，则发端于狐疑。

【经典案例】

　　公元218年，刘备领兵10万围汉中，曹操闻报大惊，起兵40万亲征。而定军山一役，蜀将黄忠计斩曹操大将夏侯渊。曹操大怒，亲统大军抵汉水与刘备决战，誓为夏侯渊报仇。蜀军见曹兵势大，退驻汉水之西，两军隔水相拒。

　　一天，刘备与军师诸葛亮到营前观察两岸形势，谋划破敌之策。诸葛亮见汉水上游一带有土山，可伏兵千余。回营后命赵云领兵500，都带上鼓角，伏于土山之下，或黄昏、或半夜，只要听到本营中炮响一次，便擂鼓吹角呐喊一通，但不可出战。诸葛亮自己却隐在高山上观察敌军动静。

　　第二天，曹兵到阵前挑战，见蜀营既不出兵，也不射箭，叫喊了一阵便回去了。到了深夜，诸葛亮见曹营灯火已灭，军士们刚刚歇息，便命营中放炮为号，令赵云的伏兵鼓角齐鸣，喊声震天。曹兵惊慌，疑有蜀兵劫寨，赶忙披挂出营迎敌。可出营一看，并不见有什么蜀兵劫寨，便回营安歇。待曹兵刚刚歇定，号炮又响，鼓角又鸣，呐喊又起。一夜数次，弄得曹兵彻夜不得安宁。一连三夜如此，致使曹操惊魂不定，寝食不安。

刘备

有人对曹操说："这是诸葛亮的疑兵之计，不要理睬他就是了。"

曹操说："我岂不知这是疑兵之计，但不加防备也是要吃大亏的！"曹操犹疑了再三，无奈只得传令退兵30里，找空阔之处安营扎寨。

诸葛亮吓退了曹兵，便乘势挥军渡过汉水。蜀军渡水后，诸葛亮传令背水扎营，故意置蜀军于险境，这又使曹操产生了新的疑惑，不知诸葛亮又将使什么诡计。因为曹操深知"诸葛一生唯谨慎"，认为他如果不是胜券在握，是决不会走险棋的。而诸葛亮正是看透了曹操这种心理，偏走此险棋来疑他、惊他。

曹操在惊疑中，为了探听蜀军虚实，下战书与刘备约定来日决战。战斗刚开始，蜀军便佯败后退，往汉水边逃去，而且将兵器马匹弃于道路两旁。

曹操见此，急令鸣金收兵。手下的将官疑惑地问曹操："为何不乘胜追击，反令收兵？"

曹操说："看到蜀军背水扎寨，我原本就有怀疑；现在刚交战他们就败走，而且一路丢下许多兵器马匹，更说明是诸葛亮的诡计，必须火速退兵，以防上当。"

然而，正当曹兵开始掉头后撤时，诸葛亮却举起了号旗，指挥蜀军返身向曹兵冲杀过来，致使曹军大溃而逃，损失惨重。

【鉴赏】

吴起说："用兵之害，犹豫最大；三军之灾，生于狐疑"，严正地指出犹豫、狐疑是用兵之大忌，强调将领在战争中要果断决策，适时指挥作战。

吴起还说："进有重赏，退有重刑"，"三军服威，士卒用命，则战无强敌，攻无坚阵。"就是说，把严明军纪、三军畏服威严和一切行动听指挥，作为战斗力的因素、克敌制胜的保证，就没有打不败的强敌，没有攻不破的坚阵。

用兵之法，变化多端

凡用兵之法，将受命于君，合军聚众，圮地无合，衢地交合，绝地无留，围地则谋，死地则战；涂有所不由，军有所不击，城有所不攻，地有所不争，君命有所不受。故将通于九变之地利者，知用兵矣；将不通于九变之利者，虽知地形，不能得地之利矣。治兵不知九变之术，虽知五利，不能得人之用矣。

——《孙子兵法·九变》

诸子百家——兵家

【译文】

大凡用兵的方法,主将受国君的命令,征集人员编成军队。在"圮地"上不要驻扎,在"衢地"上不要与邻国结交,在"绝地"上不可久留,在"围地"上要巧出奇谋,陷入"死地"就要殊死奋战;有的道路不宜通行,有的敌军不能攻击,有的城邑不可攻占,有的地方不该争夺,国君的命令有的可以不执行。所以,将帅能通晓九变好处的,就懂得用兵了;将帅不通晓九变好处的,虽然知道地形情况,也不能得地利。治兵而不知道九变的方法,虽然知道"五利",也不能充分发挥军队的作用。

【经典案例】

东汉末年,张绣割据称雄于南阳一带。当时的丞相曹操率军讨伐。

战争进行到一半时,曹操因后方有事,便命令全军撤退。

这时,张绣欲率军追赶,谋士贾诩说:"不能去追,否则一定要失败。"

张绣不听,果然被曹操打得大败而还。

贾诩看到垂头丧气的张绣,又对他说:"您现在率兵再去追击曹军,一定会取胜。"

张绣惭愧地说:"我没有听从你的话,已遭惨败,为什么还可以去追击呢?"

贾诩说:"兵势是不断变化着的,火速进兵,定可获胜。"

张绣听信了贾诩的话,复又派兵追击,果然大胜而归。

张绣得胜回营,十分迷惑不解,便问贾诩说:"开始我用精兵去追击曹操,你说必败;后来用败兵追击曹操的胜兵,而你说必胜;结果都如你所言,这是什么原因呢?"

贾诩笑着说:"这很容易得知。将军虽然善于用兵,但还不是曹操的对手。曹军虽然后退,但曹操一定会亲自带精兵强将断后。你要知道,曹操向将军发动进攻,前前后后没有失策的地方,实力犹存,可是他急忙撤兵,不过是他的后方发生了变故。我们追击的军队尽管精锐,也必然敌不过曹军。然而,曹军在打败了将军的追兵之后,一定会轻军速退,不再留意后方。所以,虽然用败兵击之,却能取胜。"

张绣大悟,感叹着对贾诩说:"您真是懂得了兵法中'九变之术'的精髓了啊!"

【鉴赏】

"九变之术"是孙子提出要灵活多变运用原则的作战谋略。孙子的"九变之术",表面上看都是针对作战指导中的一些特殊情况提出的具体对策,他所列举的"圮地"是指难于通行的地区;"衢地"是指四通八达的地区;"绝地"是指交通困难、又无水草粮食,难于生存的地区;"围地"是指地形四面险阻,出入通道狭窄的地区;"死地"是指前不得进,后不得退,非死战就难以生存的地区。都属于特殊的作战环境。而"涂(途)有所不由"等"五不",也是在特殊条件下的作战方法。

其实贯穿"九变之术"谋略内涵的是为了更好地追求战争的胜利之道。因此治兵通"九变之术"的实质,主要是强调将帅要根据不同情况采取不同对策,根据战场上瞬息多变的战情,因地制宜,因时制宜,因敌而变,因机而动。谋法而不囿于法,布势而不拘于势,从而攻敌不备,出奇制胜。在瞬息万变的战场上,兵家名将只有善通"九变之术",才能保持主动,灵活制胜。

指桑骂槐,惩一戒百

大凌小者,警以诱之。刚中而应,行险而顺。

——《三十六计·指桑骂槐》

【译文】

强大的凌虐弱小的,要善于用警示的方法去诱导它。这就像《周易·师》中所说的:适当的强硬手段可以被接受,施用险恶的手段可以使之顺从。

【经典案例】

秦末,刘邦在汉中整军备战,他拜韩信为大将军,令其出兵进攻关中。

韩信暗自计划出了"明修栈道,暗渡陈仓"的谋略。于是,他令樊哙、周勃,带领一万人去修复栈道,限期三个月完工,并扬言大军东征,将从栈道通过。

可是,烧毁的栈道接连有三百多里,地势险恶。上万人马苦干了十几天,才修复了短短的一段。官兵们不知修栈道是韩信用的疑兵之计,怨声载道,都为根本无法按期完工而抱怨韩信指挥不当。再说韩信出身寒微,投奔到刘邦手下时还资历不深,本来出任大将军众将就不服。所以修栈道的官兵军心浮动。尤其是跟刘邦征战多年的猛将樊哙更为恼火,公然发难说:"这么大的工程,就是用十万壮丁,即使一年,也无法完工。"这样,不仅使"明修栈道"的声势受影响,而且危及韩信作为全军统帅的权威。

韩信得知这一情况后,不向部下做任何解释,而是继续严令修栈道的众将士加紧施工,并将樊哙等人撤职惩处。结果,大伙再也不敢乱发牢骚、消极怠工了。由此,韩信大将军的威严在全军也得到确立,保障了他率汉军主力"暗渡陈仓"、奇袭关中的作战行动的成功。

从故事中我们可以看出,严明的军纪和将帅的威严,是构成军事战斗力量的重要因素。一支军队,倘若令不行,禁不止,兵不服将,将不服帅,那就成了乌合之众,是不可能打胜仗的。

【鉴赏】

"指桑骂槐"又作"指狗骂鸡"。比喻表面上骂这个人,实际上是在骂那个人。用于军事上是指:运用"杀鸡儆猴""敲山震虎"等警示性的手段,以达到树立威严和统领部下的计谋。

古人认为,统领一向不听从调遣的部队对敌作战,如果有令不止,而用金钱去拉拢反而会引起怀疑。这时,可以故意制造事端,责罚他的过错,借以暗中示警。所谓警告,是从另一方面使之折服,这便是使用强硬而凶险的手段慑服部属的方法。所以,也是调兵遣将的一种方法。

心威于刑，不可不严

夫鼙鼓金铎，所以威耳；旌旗麾帜，所以威目；禁令刑罚，所以威心。耳威于声，不可不清；目威于色，不可不明；心威于刑，不可不严。三者不立，虽有其国，必败于敌。故曰：将之所麾，莫不从移；将之所指，莫不前死。

——《吴子兵法·论将》

【译文】

鼙鼓金铎，是用来振动耳朵的；旌旗麾帜，是用来刺激眼睛的；禁令刑罚，是用来震慑心神的。振动耳朵的信息来源于声音，因此声音不可以不清楚；刺激眼睛的信息来源于色彩，因此色彩不可以不明确；震慑心神的信息来源于刑罚，因此刑罚不可不严格。这三件事不能够确立，则虽然拥有自己的国家，也一定会被敌人打败。所以说：将帅所指挥的方向，士卒们莫不遵从命令移动；将帅所指挥的地方，士卒们莫不拼死前进。

【经典案例】

周景王十八年（公元前527年），齐景公拜穰苴为大将，命令他带领兵马前去抵御晋国和燕国的进犯。穰苴向景公奏道："臣出身寒微，您骤然提拔我为大将，恐怕人心不服，请求派一位您最亲近的大臣做监军，才能震慑人心，令出必行！"

景公接受了穰苴的请求，派大夫庄贾做监军，命令他与穰苴一道领兵拒敌。

庄贾接受景公的授命后便问穰苴定于何日出兵？

穰苴回答说："兵贵神速，出兵日期就定在明日午时吧！届时我将在军门恭候，务请准时到达，万不要误了行期啊！"说罢二人便分手了。

到了第二天午前，穰苴先到军中，命令士卒立木为表，观察日影，同时派人催促庄贾迅速前来军中报到。可庄贾却倚仗自己素受景公宠爱，骄气十足，加上自己授命为监军，职位与穰苴相当，以为凡事可以自由做主，便全然不把穰苴的军令放在心上，任凭穰苴多次派人催促，他却只顾与亲友喝饯行酒，一直喝到日影西斜，还顾不上去军中报到。

却说这边校场上，穰苴久等庄贾不到，便决定不再等待了，他命令士兵将木表放倒，自己一人登坛誓师，严厉申明各项军纪号令。直到日薄西山，远远见到庄贾领着一班人，坐着高车大马，缓缓到来；到了军门，又被左右簇拥，走上将台。

穰苴把这一切都看在眼里。他端坐在将台之上，一动也不动，神情极为严肃。等庄贾在将台就座之后，穰苴先厉声喝问一句："监军为何迟到？"

庄贾满不在乎地回答道："这次远道出征，亲属故旧饯行，所以来迟了一步！"

穰苴见他回话之中丝毫没有愧疚之意，便更厉声责问道："你作为监军，也是三军之将，应知受命之日，即应忘其家；在军中执行军纪号令，即应忘其亲；在前线冲锋陷阵，即应忘其身。今日敌国侵凌，边境骚动，主上寝食不安，以三军之众，托付你我二人，期望我等旦夕立功，解民倒悬，你却还有闲心与亲属故旧饮酒作乐呢？"

庄贾听了穰苴的责备，以为是小题大做，依然毫不介意地笑着说："好在我还没有耽误行期，元帅何必如此认真？"

穰苴听了庄贾的狡辩，更是怒不可遏，厉声呵斥道："你倚仗主上宠爱，胆敢怠慢军心，倘临阵作战，岂不贻误大事?!"说着便问军政司："按军法，整军誓师，迟到者该当何罪？"

军政司回答："依军法，当斩首！"

庄贾听说一个"斩"字，才觉有些慌张，便想跑下台溜走。穰苴大喝一声，命令军士将庄贾拿下，立即推出辕门斩首示众。吓得庄贾魂飞魄丧，哀叫饶命。庄贾的从人连忙跑去宫中向景公求救。景公听说自己的宠臣即将问斩，大吃一惊，急命人持节前往军营，唯恐迟了不济于事。岂知这一切努力已属枉然，不等来到军营，庄贾的首级已经挂在辕门上了。使臣一时心急，冲进军营大门时竟没有看见。

这时，穰苴又令军士将使臣阻住，并再问军政司："按军纪，军营之内，不得骑马驾车，此人身为主上使者，违犯军令，该当何罪？"

军政司回答说："依军律也应斩首。"

吓得使臣面如土色，跪地求饶说："我是奉君主之命而来，一切不干我的事呀！"

穰苴说："既是奉命而来，可以不斩首，但军法不可废，应毁车斩马，以代死罪。"使臣这才保全了一条性命，抱头鼠窜而去。

三军将士见穰苴执法如山，一个个不寒而栗，人人相互招呼务必严守军令，不得疏忽。一时间，军容严肃，士气大振，不等穰苴的兵马走出国境，晋军即已望风退走，燕军也渡河北归。穰苴领军乘胜追击，击杀万余人，燕军大败，愿意缴纳金银财物向齐国请和，齐军胜利班师之日，齐景公亲自到郊外劳军，并拜穰苴为大司马，掌管全国兵权。

【鉴赏】

鼙与鼓是古代军队用来发出前进信号的乐器；金与铎是用来发出停止及后退信号的乐器。都是属于听觉信号的产生工具。旌旗麾帜古代都是指挥行动方向的旗帜，属于视觉信号的产生工具。吴起说，只有使耳朵和眼睛感到强烈的振动和刺激，这些信号才能发生作用。

同样的道理，刑罚能否达到震慑心神的效果，就取决于它是否够严格。只有足够刺激和震慑，才会有吴起所说的"将之所麾，莫不从移；将之所指，莫不前死"的天下无敌之师。

上智为间，必成大功

昔殷之兴也，伊挚在夏；周之兴也，吕牙在殷。故惟明君贤将，能以上智为间者，必成大功。此兵之要，三军之所恃而动也。

——《孙子兵法·用间》

【译文】

从前殷商的兴起，在于重用了曾在夏朝为臣的伊尹，他熟悉并了解夏朝的情况；周朝的兴起，是由于周武王重用了了解商朝情况的姜子牙。所以，明智的国君，贤能的将帅，能够任用智慧高超的人充当间谍，就一定能建树大功。这是用兵上的关键步骤，整个军队都要依靠间谍所提供的敌情,决定军事行动。

【经典案例】

战国时期,私人收养情报人员十分盛行,其中魏公子信陵君最为突出。他平时对隋报人员(食客)极好,不仅供养他们自己,遇到这些食客家中有事,信陵君还资助钱粮衣物给食客解决困难,大家都十分敬仰信陵君。于是,信陵君便将一些情报人员打入许多国家的内部,直接获取别国许多秘密情报。

《史记·信陵君传》记载信陵君"致食客三千人"。并说:"当时是,诸侯以公子贤,多客,不敢加兵谋魏十余年。"由此可见魏信陵君"食客"所起的作用。信陵君通过这些"食客"广收各国情报,做到遇事先知,心中有数。

魏国原是中原地区的一个强国,初立诸侯时,曾多次打败过秦、楚、齐、韩等列强。可是自魏惠王即位,开始走下坡路,国力大衰,屡屡受到其他诸侯国的侵扰。为此常常需要派人刺探别国动向,以便应付可能发生的入侵。

有一次信陵君同魏王正在下棋,突然北方边境传来报警的烽烟,说赵国的军队进犯魏国,已经过了边界。

魏王听后,推开棋盘,准备召集大臣商议对策。可是信陵君却异常镇静,对魏王说:"这是赵王在打猎啊,并不是进犯我国,请大王不要紧张!"

魏王对此甚感惊奇,便问信陵君是如何知道赵王的事,信陵君答道:"臣有能探得赵王隐秘之事的人,赵王所为,他们立即报臣,臣以此知之。"

由于信陵君用食客以保国,在一定程度上延缓了魏国被灭的速度。

【鉴赏】

用间的重要性和用间所承担的巨大风险是毋庸置疑的,因此,在物色和培养间谍人员时,在保证其绝对忠实于己的前提下,还要求他们具备超人一等的才智。一方面,间谍在敌方内部,充满了危险,必须智慧超群,勇敢果断,富有洞察力和判断力,能经受各种挫折和磨难,否则就不能完成使命。另一方面,敌我双方都会用间,也都会使用反间诱骗对方,如果不是睿智之人,就容易受骗上当,误传敌情,使统兵的将帅判断失误,进而导致战争的失败。

孙子特意举了两个例子,一是商朝的开国功臣伊尹,一是周朝的开国元勋姜子牙,他们都是历史上有名的贤相,但同时也是出色的间谍。都曾深居敌营,明晓敌方底细,甚至连对方统帅的个人品行爱好都了如指掌,所以才能细致入微地分析敌情,制定出相应的作战方案,为"灭夏""图商"立下了大功。他们所做的一切,就不是一般间谍所能做到的。

打草惊蛇,查明敌情

疑以叩实,察而后动;复者,阴之谋也。

——《三十六计·打草惊蛇》

带着疑虑对敌情一一查实，待查实之后再采取军事行动；反复侦察敌情，是发现敌方是否设下圈套的重要手段。

【经典案例】

公元前 627 年，秦穆公发兵攻打郑国，他想和安插在郑国内部的奸细里应外合，夺取郑国的都城。然而，大夫蹇叔却不赞同，他认为秦国离郑国较为遥远，这样兴师动众长途跋涉，郑国肯定会做好迎战准备，而且还可能会遭到别国的袭击。秦穆公不听劝阻，便派遣孟明视等三帅率部出征。

蹇叔在部队出发时，痛哭流涕地警告说："恐怕你们这次袭郑不成，反倒会遭到晋国的伏击，只有到崤山去给你们收尸了。"果然不出蹇叔所料，郑国得到了秦国要前来袭击的情报之后，逼走了秦国安插的奸细，做好了迎战的准备。

秦军见袭郑不成，只得回师，但部队经过长途跋涉，显得十分疲惫。当部队经过晋国的崤山时，毫无提防之意。他们以为秦国曾对晋国刚死去不久的晋文公有恩，晋国不会攻打秦军。可哪料到，晋国早已在崤山的险峰峡谷中埋伏了重兵。在一个炎热的中午，秦军发现晋军的小股部队，孟明视十分恼怒，便下令追击。当追至山谷险要处时，晋军突然不见踪影。这时，鼓声震天，杀声四起，晋军的伏兵蜂拥而上，大败秦军，生擒孟明视等三帅。秦军不察敌情，轻举妄动，终因遭晋军的"打草惊蛇"之计而惨败。

【鉴赏】

"打草惊蛇"亦作"打草蛇惊"。原意用以比喻做事不周密，使对方借以警觉起来而加以预防。在军事上，是指当敌方的兵力没有 暴露、行踪诡秘、意向不明之时，切不可轻举妄动，应当查明情况后再做决策。当然，也可以反其道而行之：诱敌自我暴露，然后战而胜之。这与"引蛇出洞"的语义相近。古人认为，敌方的兵力不暴露，行踪诡秘，意向不明，万不可冒失进击，应当立刻弄清其主力与突击目标的所在之处。草是蛇生活栖身的场所，与蛇最相关，动草蛇必知，打草必然惊蛇。"打草"是"惊蛇"的手段，"惊蛇"就是"打草"的真正目的。以草观蛇，既伤不到自身又可明了敌情。为了猛、准、稳地捕获对手，采用的技法应当是不露声色，佯装无事。等到对手麻痹大意、心理轻弛以后，再一下擒住对手的要害。这是对于受困之敌，通过侦察手段，查明情况，攻击一点，震动全局，然后将敌围歼的一种计谋。

"打草惊蛇"的要点在找"草"。因此，在实施此计之前，要认真调查、研究分析、预测，掌握好对方的一举一动，及各个大小环节，尔后再实施，以保"惊蛇"的准确性和有效性。政治活动中，在很多特殊的情况下都不能直接明说，这时就需要找好时机，打准位置，给对方以有效的暗示，这样既达到了自己的目的又叫别人说不出什么不是来。

引申到商业管理中，"打草"就是市场调查，"惊蛇"是找出经营的隐患。完全依照市场机制运行的西方工商企业，面对确定经营方向、选择生产品种、制定行销策略以及把握细分市场、了解竞争对手、认识消费对象等各个环节，十分注意调查核实，不肯放过任何

诸子百家

——兵家

一个疑点，以保证行动的准确有效。企业经营中，产品销售是决定企业生存和发展的关键。市场是企业进行销售活动的场所，交易是市场营销的重点，没有交易的成功，市场营销活动便是无果之花。企业生产产品，是在可行性调查的基础上试产的。一般新产品投放市场要有一个试销过程，依此过程之销售情况决定是否成批生产。"试销"便是"打草惊蛇"的商业运用。

"打草惊蛇"用于为人处世上则是一种让对方自露马脚的策略。大凡人做了亏心事，都怕鬼敲门，即所谓"做贼心虚"。这时只要细心察看，精确分析，判断准方位进行"打草"，则很容易引"蛇"出洞。"蛇"一出，便要重拳出击，以免留下后患。

无恃不来，无恃不攻

故用兵之法，无恃其不来，恃吾有以待也；无恃只不攻，恃吾有所不可攻也。

——《孙子兵法·九变》

【译文】

用兵的法则是，不要寄希望于敌人不来，而要依靠自己做好了充分的准备使敌人不敢来；不要寄希望于敌人不进攻，而要依靠自己拥有使敌人无法进攻的力量。

【经典案例】

春秋末期，晋国的权臣智伯联合韩、魏两大家族，攻打赵氏家族。赵家族长赵襄子找来谋士张孟谈，向他请教防御的方法。

张孟谈回答说："董阏于是先公赵简子的才臣，和尹锋一起治理晋阳时，一直因善政被人赞美，其遗风仍留传至今。先公曾说过，如果赵家有难，晋阳准备充分，不可离开晋阳太远。依我看，还是坚守晋阳为好。"于是赵襄子便转移到晋阳。

可是，等他们到了晋阳城后才发现，不但城郭崩坏，仓库没有存粮，府库没有金钱，兵器库没有武器；就连四周的村落，也没有任何防御设施。

赵襄子大感失望，对张孟谈说道："在一无所有的状态下，叫我如何御敌呢？"

张孟谈说："圣人之治，储藏财物于民间，而不在库府；致力于教化人民，而不注重营造城郭。这样人民则无不心服。因此，如今下令要人民保留三年的生活必需品，而多余的金钱和粮食都必须交出，让那些年轻的人修筑城池，人民是会服从命令的。"赵襄子下令之后，第二天人民就送来了大量的粮食、金钱及兵器；五天后，城郭修理完毕，一切防备用具也都重新整治。

赵襄子了解了情况又说："这里没有箭，该怎么办呢？"

张孟谈说："董阏于治晋阳时，屋舍的旁边都种有大树，现在已经长到一丈高了，可以砍下来用了。"赵襄子立即将其砍下，制成箭杆，但有了箭杆而没有箭头，又该怎么办？张孟谈又说："董阏于在这里建筑的屋舍的柱子，都是炼铜打造成的，你尽管拆除下来使用就是了。"赵襄子马上用柱子上的铜，制造所需箭头。

不久，智伯的军队来攻，赵襄子出战迎敌，最终将智伯杀死，消灭了他率领的军队。在凯旋庆功宴上，赵襄子感叹地说："亏得前人董阏于想得深远，真是有备无患啊！"

诸子百家——兵家

"恃有以待"这一谋略强调了有备无患、常备不懈的备战思想。优势而无准备,优势会变为劣势;劣势而有准备,则可以以劣胜优。安不忘危,治不忘乱。有备才能无患,无备则后患无穷。历代兵家关于常备不懈的论述,已为无数战争史实所证明。

多算必胜,少算不胜

夫未战而庙算胜者,得算多也,未战而庙算不胜者,得算少也。多算胜,少算不胜,而况于无算乎? 吾以此观之,胜负见矣。

——《孙子兵法·计》

【译文】

在开战之前,"庙算"能够胜过敌人的,是因为计算周密,胜利条件多;开战之前,"庙算"不能胜过敌人的,是因为计算不周,胜利条件少。计算周密,胜利条件多,可能胜敌;计算不周,胜利条件少,不能胜敌,而何况根本不计算、没有胜利条件呢? 从这些方面来考察,谁胜谁负就可看出来了。

【经典案例】

汉高祖元年(公元前206年),秦朝被各地起义军推翻后,项羽由于最有实力,兵力达四十万,遂自立为"西楚霸王",并撕毁与刘邦谁先入关谁为王的约定,封刘邦为汉王,管辖巴、蜀和汉中之地,却将关中地区一分为三,分给了秦朝的三个降将:章邯、司马欣、董翳,用以防止刘邦东进。

项羽和刘邦及其领导的军队在推翻暴秦统治的过程中,起着决定性的作用。他们二人也都是胸有大志的,都希望天下听命于自己。项羽做了天下的霸王,自然意气风发。刘邦也自然对封自己为汉王心有不甘,只是鉴于实力不及项羽,无奈地暂时听命于项羽罢了。但是,刘邦并没有消极地听从命运的安排。在进入汉中的路上,拜丞相萧何极力推荐的人才韩信为大将军。

拜将之后,刘邦就向韩信问取天下的计策,说:"丞相多次在我面前提到将军您,将军有什么高明的计策教导我?"

韩信敬谢不敏,并反问刘邦:"大王您要攻取政权于天下,对手难道不是项羽吗?"刘邦说:"正是他。"

韩信又问:"大王您自己考虑一下,您在勇敢、强悍、仁慈、实力等方面,比得上项羽吗?"

刘邦沉默思考了好久说:"我哪一方面也不如他。"

韩信听后,又拜贺说:"就是我韩信也认为大王不如他。然而我曾经在项羽手下做过事,我就说说他为人的情况吧。项羽发怒大喊时,千人皆伏,那是勇猛到极点,但却不能任用贤能的部将,所以说他只不过匹夫之勇。项羽对人恭敬慈爱,说话体贴,他人若生病,他就痛哭流涕,亲自端药喂饭,至于有人立功而应当封爵,刻好的官印在他手里都磨平了边角,他还不合得将印授予人,所以说他的仁慈只是妇人之仁。

"项羽虽然称霸天下、臣服了诸侯,却不在关中建立都城,而建都于彭城(今江苏徐州)。项羽背弃了与您的誓约,而将自己亲信的人封王,因此诸侯们对此都深感不公正。项羽所经过的地方,没有不残忍灭绝的,天下百姓对此多有抱怨,因此,百姓也就不亲服他,只不过都害怕他的威猛和实力罢了。项羽在名义上虽称霸天下,实际上却失去了天下人心。所以说项羽的强盛很脆弱。

"现在大王您若能反其道而行,任用天下的勇武之士,天下哪一个人不可以被您诛杀? 用攻下的城邑分封给功臣,哪一个人不服从您? 况且关中的那三个王:章邯、司马欣、董翳本是秦朝的降将,他们带领关中子弟多年了,死在他们手里的子弟更是不可胜数,他们又欺骗部下而投降了诸侯军,在新安那个地方,项羽还坑杀了二十多万投降的秦朝子弟,唯独章邯、司马欣、董翳他们三个人保住了性命,秦朝的父老对这三人怨恨到了极点,可以说是恨入骨髓。项羽凭强大的威势封了这三人为关中的王,而关中的秦人却没有喜爱他们的。

"大王您进关后,秋毫不犯,废除秦朝的严苛法令,并与秦人约定法律。虽只有那简单的三章,但关中的秦人没有不希望大王您来关中为王的。您入关之前,义帝与您及诸侯誓约:谁先入关谁就为关中的王。大王您第一个入关,您应当被封为关中的王,这一点,关中的民众是都知道的。后来的结果却是,大王您不能王关中,而去汉中为王,关中的秦民对此没有不痛心疾首的。现在大王您若起义挥师东下,关中地区仅仅发布一个檄文就轻易地得到。"

刘邦听后,十分高兴,自认为得到韩信太晚了,并且马上听从韩信的计划,部署各个将领向东进发,和项羽的军队展开了持续五年之久的楚汉战争,最终攻取了天下,建立了汉朝。

韩信与刘邦的一席话,周密地分析了刘邦和项羽各自的优劣长短,以及天下形势,计算他们的得失胜负,做出了东进的战略决策,可谓是一个卓越的"庙算",体现了"多算胜少算败"的道理。

【鉴赏】

"庙算胜敌"是孙子提出的重要谋划原则,为历代兵家所重视。在我国古代,战争是一个国家生死存亡的大事,每次战争前,国君和将帅们都要在祖庙里进行讨论分析,以判定双方的各种利弊、战略战术的安排,以及胜负结果,就叫"庙算"。战争指挥者通过庙算,讨论并决定作战所坚持的方针、策略与计划。在战前经过计算周密、条件充分的就能取胜;如果计算疏漏,条件不充分而硬要蛮干,就会失败。

战争的胜败在某种程度上取决于士兵的肉搏能力已经很小了。尤其是现代战争。实质上的较量是双方统帅之间的较量,既包括其反应能力、效率和决断力,也包括为备战而进行的大量工作和情报、外交努力。

刘邦能得天下,张良"运筹帷幄之中,决胜千里之外"功不可没;刘备建立蜀汉政权,成三分天下之势,全赖诸葛亮神机妙算之功。能庙算者,便能把握先机,掌握主控权。我们常说一着失算,满盘皆输,就是这个道理。

诸子百家——兵家

说到"算计"，人人皆知。对于它的作用，很多人都能信口说几句，但绝大多数人又不能用得明白，皆因不知"算计"的奥妙。孙子说："将听吾计，用之必胜，留之。将不听吾计，用之必败，去之。"可见，孙子头脑中有一套征服人心的妙计。简单来说，孙子提供了八点计策：一是，因利而制权；二是，用而示之不用；三是，远近相互交错；四是，用利益打动人；五是，在混乱中取胜；六是，避开强大对手；七是，善于激怒对手；八是，能够攻其不备。一句话。这些都是算计。所谓"多算胜，少算不胜"表明：算计应先于行动，算则胜，不算则败。

随着科学技术的发展与战争形态的演变，"庙算"的地位和作用更趋重要，方法、手段也不断改进。在现代高技术条件下局部战争中，从战略决策到战役战斗的实施，从组织作战决心的生成到作战过程中的情况处置，都将与现代"庙算"——科学的定性与定量分析相结合休戚相关。

同时，这种方法对于人们日常工作与生活，也有着重大的启迪价值。战争如此，政治、为人处世、经商，莫不如此。

成功的领导者总是事前决断，而不是事后补救的。政治斗争，波谲云诡，谁能把握先机，谁就能取得主动。因此在交锋之前一定要认真调查，仔细研究。有时，哪怕只是一个细枝末节未算到，都会使己方蒙受损失。

在商业经营领域，一个优秀的企业家，必须要具备"大智""大勇"的能力，所谓"大智"，是指有学有识，能够认识把握事物运动、变化与发展的一般规律，而且能够运用这些规律去正确地预测未来，做出科学的决策。商业中的机会往往稍纵即逝，如果没有很好的"庙算"能力，是很难在激烈的市场竞争中站稳脚跟。为了保证"争战"的顺利，必须进行"庙算"——预测，准确预测，慎重制定战略、策略。在进入某一市场前，必须针对相关的消费倾向、生产趋势及市场变化进行分析和预测，以此作为经营决策的依据。

疑中之疑，反间破敌

疑中之疑，比之自内，不自失也。

——《三十六计·反间计》

【译文】

在敌人怀疑、犹豫的情况下，再设一重疑阵。勾结、利用敌方派来的间谍为我方服务，可以收到保全自己，战败敌人的效果。

【经典案例】

三国时期，赤壁大战前夕，周瑜巧用"反间计"杀死了精通水战的曹将蔡瑁、张允，为自己取得胜利做出了准备。

当时，曹操率领号称八十三万的大军，准备渡过长江，攻取南方。孙权、刘备联合抗曹，但他们的兵力要比曹军少得多。

曹操的军队都是由北方士兵组成的，善于陆战，而不善于水战。正好有两名精通水战的降将蔡瑁、张允可以为曹操训练水军。曹操把这两个人当成宝贝，厚待有加。一次，东吴主帅周瑜见对岸曹军在水中摆阵，井井有条，十分在行，心中大惊。他便产生了一定要除掉这心腹之患的念头。

曹操一向爱惜人才，他深知周瑜年轻有为，是个军事奇才，便很想拉拢他。曹营谋士蒋干与周瑜曾是同窗好友，愿意过江劝降。曹操就立即派蒋干过江去说服周瑜。

周瑜见蒋干前来，立刻明白了他的来意，一个"反间计"就已经酝酿成熟了。他热情款待蒋干。酒席上，周瑜让众将作陪，炫耀武力，并相约只叙友情，不谈军事，堵住了蒋干的嘴巴。

周瑜佯装大醉，约蒋干同床共眠。蒋干因周瑜不让他提及劝降之事，心中非常不安，哪里能够入睡？于是，他便偷偷下床，见周瑜的案头上放着一封信。他偷看了那封信，原来是蔡瑁、张允写来的，信中约定与周瑜里应外合，以击败曹操。正在这时，周瑜说着梦话，翻了翻身子，吓得蒋干连忙上床。又过了一会儿，忽然报告说有人要见周瑜，周瑜便起身和来人谈话，还装作故意看看蒋干是否睡熟了。蒋干便装作沉睡的样子，只听周瑜同那个来人小声谈话，听不清说了些什么，只听见提到蔡、张二人。于是，蒋干对蔡、张二人同周瑜里应外合的计划，就更加确信无疑了。

等周瑜办完公务，又睡着后，蒋干偷了那封信连夜赶回了曹营，让曹操看了那封信件，曹操顿时火冒三丈，立即将蔡、张二人问斩。待冷静下来之后，曹操方知是中了周瑜的反间之计，连连叫苦不迭，但也只能是无可奈何了。

周瑜

【鉴赏】

"反间计"是指巧妙利用敌方间谍为我所用的计谋。古人认为，间谍的任务之一，就是设法挑拨敌军内部互相猜疑；反间则是利用敌方离间我方的阴谋，再转嫁给敌方。

《孙子兵法》中有"知己知彼，百战不殆"的名言。"知己"容易，而"知彼"可就有困难了，除了从外围调查外，主要的手段就是通过间谍来获取。而"反间"是一种利用敌方间谍为我服务的计谋，它不仅在军事、政治上被广泛应用，还在现代商业经营中也常常运用，以此来增强自己的竞争实力。

令之以文，齐之以武

令之以文，齐之以武，是谓必取。

——《孙子兵法·行军》

【译文】

要用政治道义教育士卒，要用军纪军法来统一士卒步调。这样就必定会取得部下的敬畏和拥戴。

【经典案例】

公元前 512 年，孙武经自己的好友伍子胥反复推荐，得到了吴王的接见。

见面以后，吴王称赞他说："先生的兵法，寡人已经逐篇拜读，实是耳目一新，受益不浅啊。"

孙武谦逊地说："草野之人，学疏才浅。承蒙君王夸奖，实不敢当。"

吴王说："先生不必过谦，你的兵法确是前所未见，但看起来复杂多变，不知实行起来如何，可否用它小规模地演练一下，让我们见识见识？"

孙武回答说："当然可以。甚至能够试之于妇人！"吴王点头同意，便下令去挑选宫女，并同孙武约定了练兵的时间。

中午时分，孙武来到王宫后边的练兵场，把挑选来的 180 名宫女分为左右二队，指定吴王最宠爱的两位美姬为左右队长，让她们带领宫女们进行训练。同时指派自己的驾车人和陪乘担任军吏，负责执行军法。

孙武站在指挥台上，认真宣讲操练要领。

他问道："你们都知道自己的前心、后背和左右手吧？"

众宫女觉得问得可笑，都心不在焉地回答："知道。"

孙武接着说："向前，目视前方；向左，视左手；向右，视右手；向后，视后背。一切行动，都以鼓声为准。你们听明白了吗？"

宫女们笑着回答："听明白了。"

孙武宣讲完毕，就令军吏扛来执法的大斧，立在练兵场的一侧，并指着大斧，反复申明军法。准备妥当以后，孙武这才派人去请吴王来到看台上。

吴王漫不经心地向大臣们指东说西，耳边忽然响起一阵鼓声。这是命令"士卒"向右方前进。宫女们从没见过这样的阵势，听到鼓声，只觉得有趣、好玩，一个个掩口而笑，哪里还管什么号令不号令。

孙武见了严肃地说："我宣讲规定还不够明确，你们对号令不熟悉。这是我的过错。"说罢，又把军法军令和操练的要领细细交代一遍，接着又特意训示两位队长，要求她们带头听从号令，带好队伍。

三令五申之后，孙武亲自操枹击鼓，命令"士卒"向左方前进。两位队长和宫女们你推我搡，仍然笑得前仰后合，有的连剑盾也丢了，队形大乱。

孙武一见，心中大怒，厉声说道："既然我已经宣讲明白，你们还明知故犯，就是你们的罪过。"说罢，就要按军法行事，下令处死两名队长。

坐在看台上的吴王，见孙武要杀掉自己的爱姬，大为惊骇，马上派人传命说："寡人已经知道将军能用兵了。没有这两个美人侍候，寡人吃饭也没味道。请将军赦免她们。"

孙武毫不留情地说："臣既然受命为将，将在外，君命有所不受。"执意要杀掉两位队长。吴王不忍心看着美人被处死，又不好发作，一气之下，拂袖而去。

孙武把吴王的两名爱姬斩首示众以后，又令两队的排头充当队长，继续练兵。宫女们如同换了个人一样，鼓声令左，就一齐向左，鼓声令右，便一齐向右。不管鼓声如何指令，众宫女前后左右，进退回旋，跪爬滚起，全都合乎规矩。人人全神贯注，紧张严肃；个个目不斜视，口不出声。

孙武见已训练整齐，就派人进宫去报告吴王说："队伍已经训练好了，请吴王前去检阅。这样的军队，君王愿意怎么支配都行。就是让她们赴汤蹈火，也不成问题。"

吴王怒气未消，没好气地说："让他回去休息，我不愿再去看了！"

孙武听了回话，淡然一笑，说："君王只是喜好兵法上的词句，并不想真正去实行。"

吴王一连六天，没有再去过问孙武的事。孙武见如此，便准备到别地去。伍子胥得知孙武要走，立即跑进宫去，劝谏吴王说："臣闻知，战争是凶险的事情，练兵总是要有惩罚的。为将的不能执法，就难以治军。君王正在用人之际，如果放走了孙武这样少有的将才，依靠谁去率兵伐楚，争霸天下呢？"经过伍子胥的开导，吴王又去亲自挽留孙武。

见面以后，孙武先是向吴王谢罪，接着便申述杀姬的理由。他说："令行禁止，赏罚分明，这是兵家常法，为将治军的通则。用众以威，责吏从严，只要三军遵纪守法，听从号令，才能克敌制胜。"听了孙武一番解释，吴王怒气消散，便丢掉杀姬之恨，拜孙武为将军。

在孙武的严格教导下，吴军很快便成为一支纪律严明，训练有素的部队。

【鉴赏】

"令之以文"同"齐之以武"一起，提出了治理军队要文武并用，刚柔相济，恩威并施。这就要求将帅必须以身作则，与士卒同甘共苦；严明军纪要宽仁厚爱、严赏明罚相结合；一支纪律严明、内务整肃，有战斗力的军队，是靠平时严格教育训练出来的。

"令之以文"侧重从思想教育角度感化士兵，阐明了教化在军队夺取战争胜利中的重要作用。因为人都是有思想、有感情的，在进行军事训练和战争过程中，向大家讲清道理，启发人们的自觉性，可以减少阻力，获得事半功倍的效果。

"齐之以武"阐明了法纪和管理在军队夺取战争胜利中的重要作用。在进行军事训练和战争过程中，也要对违犯军纪法规者进行严肃的处罚。这样才能使全军上下思想和行动达到高度统一，对夺取战争的胜利奠定良好的基础。孙子关于"令之以文、齐之以武"的治军谋略一直受到兵家高度推崇。

三、用兵的策略——作战与布阵

以迂为直，以患为利

军争之难者，以迂为直，以患为利。故迂其途，而诱之以利，后人发，先人至，此知迂直之计也。

——《孙子兵法·军争》

两军争夺中最难的地方,在于如何通过迂远曲折的途径达到近直的目的,化不利为有利。故意迂回绕道,并用小利引诱而迟滞敌人,这样就能做到比敌人后出动而先到达必争的要地,这就叫作懂得"以迂为直"的计谋。

【经典案例】

公元前507年,楚国的属国蔡和唐的国君,因屡受楚国欺负,便请吴国出兵攻楚。

孙武当时正在吴国,他力劝吴王乘机联合唐、蔡二国,利用其有利地形夹击楚国。于是,吴王派伍子胥、孙武为将,又派人游说晋国,使其中立,然后兵分两路,一路正面佯攻;另一路由孙武率三万精兵,从唐国、蔡国秘密绕道前行,攻击楚国的腹地——江汉平原。

有人劝孙子,绕道前行不仅要耗费时日,而且将士也十分辛苦,不如走大道直取楚国。但孙子认为那样容易被楚军过早发现,失去战斗的突然性,要战胜在本土作战而且强大的楚军是很难的。因此,他毅然率领部队绕道数千里崎岖山道,十分隐秘地到达了战地。

当时,楚国倚仗自己有二十多万人马,便排兵布阵迎敌。楚国左司马沈尹戌对令尹囊瓦说:"孙武善用兵,必从汉水而来。你带人马在汉水堵截,不要让他渡过汉水;我出兵攻占淮河上游,烧掉吴军的战船,然后抢占九里关、武胜关,切断吴军的退路。我们前后夹攻,一定能打败吴军。"囊瓦同意了左司马的建议。然而,楚军分兵后,囊瓦属下为了贪功,力劝囊瓦冒进,破坏了左司马的作战方案。

孙武抓住战机,连败楚军。囊瓦收拾残卒,退守柏举。吴军追至柏举,孙武审时度势,命人率五千精兵攻击楚国主帅囊瓦,囊瓦溃逃,楚军大乱,吴军乘胜追击,一路势如破竹,五战五胜,直逼楚国国都郢城,楚昭王弃国出逃,吴军遂入郢都。左司马沈尹戌得知郢都陷落,回师来救,被孙武设计伏击,力战而死。吴军大获全胜。

【鉴赏】

"以迂为直"是孙子提出的通过迂远曲折途径达到近直目的的的作战谋略。任何事物的发展都不是笔直的,聪明者在于能看到直中之曲和曲中之直。战场上两军对阵,谁都想通过径直的方法抢先制胜。但是,结果却往往相反。在这种两军相争中,如何才能避免失败,获得胜利,难就难在"以迂为直,以患为利",即要把迂回的道路变为直路,又要把不利转化为有利。孙武认为,有时故意采取绕远路的办法,用小利引诱敌人,这样就能比敌人后出去而先到达两军必争的战略要地,这就是掌握了以迂为直的计谋。因此在孙子看来,"以迂为直"至少包含着三方面的内容:一是从地理位置而言,与敌交战,直取戒备之敌,距离虽近,但难以达到目的,故虽近犹远;而迂回虽距离远,却能出其不意,攻其不备,容易达到目的。二是从时间上讲,直取的距离近,部队出击的时间就短;迂回的距离远,部队出击的时间就长。然而,直取与迂回一旦与敌人兵力部署的虚实强弱相对立,时间的长短就会向相反方面转化。迂回敌虚者,易攻而费时少;直取敌实者,难攻而费时多。三是从谋略角度看,以迂为直主张实行迂回,是教人高瞻远瞩,不要从眼前的局部利益出发,而要着眼于长远的、有关全局的利益,由此生发出各种"诈术",导致敌人判断失误,便为己方创造乘隙而进的良好战机,达到直取的目的。总之,"以迂为直"的谋略教人看问题不要简单化和绝对化,注意在迂回曲折中取胜。

任何事物的发展都不是一帆风顺的,总是要经过曲曲折折,才能到达终点,这里就涉及"迂"与"直"的问题。如果要登山,从山下直往山顶,可为捷径,但颇为艰难;如果你盘山而行,也可到达山顶,只是颇为费时。直接登山,可能葬身深谷,永远无法到达终点;盘山而行,可保平安,到达终点且不成问题。以生命的宝贵,似乎盘山而行,颇为可取。这就是"以迂为直"。

"以迂为直"就是去争夺天时、地利,去争夺取胜的基本条件,为主动权的掌握创造条件。而有了主动权,就有了胜利的希望。"以迂为直"对于各行各业而言,都不失为制胜的法宝。

"以迂为直"也是商业经营活动中常用的谋略。有时为了达到某项预定的目标,但由于人力、物力、财力、技术等条件所限,无法直接实现。于是通过其他途径,迂回曲折,同样可以达到预定目标,这便是间接路线。"以迂为直"的谋略,它的关键之处在于预定目标的可行性,然后是找出有关的条件不利因素,利用其相互关联的矛盾,迂回绕道,达到目标。

"迂"是手段,"直"是要达到的目的。引申开来,就是说要达到某种目的,过于"直接"的方式反而达不到目的。而以"迂"为手段,更能加快这种目的的实现。

在为人处世方面,明知不能直接达到目的的情况下,换一种角度考虑,采用"以迂为直"的方法。未尝不可以达到目标。这是一种为人处世的好方法。同时,避免了正面阻力。在一定程度上,也可以加速达成目标的进程。

乘隙插足,反客为主

乘隙插足,扼其主机,渐之进也。

——《三十六计·反客为主》

【译文】

乘着对方的空隙,插足其中,以扼制敌人的主力机构。这是从《周易·渐》中悟出来的循序渐进的道理。

【经典案例】

隋炀帝大业三年,李渊联结突厥,率兵 3 万从太原出发,兴兵起义,向关中进军。行军途中遭遇大雨,只得暂时驻扎下来。这时,李渊接到军报,说是李密率数十万大军也起兵反隋了。李渊考虑到自己势单力薄,怕李密打击他,就和儿子李世民商议后决定:不和李密作对,而与其联络,欲与结盟,以安自己的后方。于是,李渊便写信给李密。信中对其大肆颂扬,说:"现在天下大乱,亟须有人能统一全国,您李密功高望重,这天下之主非您不可;而我李渊年事已高,无心天下,故对您诚心拥戴,只求您登位后,能封我为唐王就行了……"

李密收到信后，看到李渊如此宾服，就许诺不会攻击他。这样，李渊免去了后顾之忧，一路高歌西进，攻取了长安，第二年就自立为帝，称唐高祖。

而李密自从与李渊结盟后，率军东进，所到之处也是攻城略地，节节胜利，只剩下东都一地由隋将王世充坚守，久攻不下。正当李密踌躇满志，决心攻下东都自立为王时，却因他骄傲自大，刚愎自用，而两次遭到王世充的诡计所骗，以致大败，数十万大军只剩下两万。走投无路之际，只好退入关内去投奔李渊。他还希望李渊会念及结盟之义，借兵给他，以图东山再起。不想李渊这时已是"反客为主"，只封他一个闲职，赐了个空头爵号，根本就不让他掌管军队了。

李密未受重用，心中不满，未过多久，便与人勾结起兵反唐。但他早已不是李渊的对手，结果全军覆没，自己也身死沙场了。

【鉴赏】

"反客为主"其意为：变被动为主动。用于军事上泛指：在战争中，要努力变被动为主动，尽量想办法钻空子，抓住有利时机，兼并或控制对方。古人认为，被人支使的是奴仆，受人尊敬的是客人；不能立足的是临时的客人，能够站稳的是永久的客人；长期做客而不能参与军机的是贱客，能够参与其事又能逐渐握有大权的，那才是真正的主人。此计的原意是：主人不会待客，反受客人的招待。引申为在处于被动地位时，想办法争取主动，变客位为主位。在军事上，争取主动是用兵的最高原则。被动意味着挨打，居于客位意味着受人支配。只有摆脱被动局面，处于主人的地位，才能控制对方，稳操胜券。

"反客为主"就是处于被动地位的要设法争取主动权与控制权，使主受客的支配与摆布。无数事实早已证明，只有掌握主动权与控制权，就可以夺取胜利。

"反客为主"，换句话说，就是反控制，也就是占上风，能占上风，才能维护自己的利益不受损害，在形势对自己不利并且危机四伏的时候，一定要善于利用各种错综复杂的关系，摆脱对手的控制，来一曲反弹琵琶，变被动为主动。运用"反客为主"之计，还要懂得抓住时机，同时果断行动，不给对手以可乘之机。

在现代商业经营方面，商务交往中的对手，无不设法挂上对方的"内线"、牵住"牛鼻子"，把握成交的主动权。实施此谋略有对人、对物两个方面。对人要不露痕迹；对物要"揭彼之短，显己之长"，取得打开和长期占领市场的优势，对知识密集型产品尤须如此。在商业经营的过程中，往往都要经过一个"反客为主"的过程。比如某种商品投入市场，开始时局面没有打开，市场形势于己不利，此时就要甘居"客位"，等到通过一系列的努力之后，逐步增强自己的竞争实力，才能占据"主位"，同样，如果企业在市场竞争中暂居"主位"，也要不断创新、开发新产品，满足市场消费的新需要。否则，其主位仍有可能转化为客位。所以，客位和主位、被动和主动是可以相互转化的，这种转化需要一定的时间、一定的条件。经营者善用此道，能力争变客位为主位，变被动为主动。就是要努力找出这种转化的条件，促使其向有利情况转化。若已处于主位，也要防止向不利的情况转化，并努力从有利的条件中引出更好的结果。商战中的主客易位之事屡见不鲜。尤其在市场竞争异常激烈的今天，曾一度如日中天的大型企业很快便日落西山，是典型的各领风骚三五年。因此，在经商活动中，如果开始时局面没有打开，就要甘居"客位"，等到通过一

诸子百家——兵家

系列的努力,逐步增强自己的竞争实力之后,再占据"主位"。同时,如果现在居于"主位",也要不断创新、开发新产品,跟上市场发展的步伐。如果坐吃老本,不锐意进取,其"主位"仍有可能转化为"客位"。

釜底抽薪,剪草除根

不敌其力,而消其势,兑下乾上之象。

——《三十六计·釜底抽薪》

【译文】

我方的力量还不足以战胜敌方之时,可以削弱它的气势。这是从《周易·履》中领悟到的以柔克刚的谋略。

【经典案例】

公元前154年,野心勃勃的吴王刘濞,串通七个诸侯国,联合发兵叛乱。他们首先攻打忠于朝廷的梁国。汉景帝当然不能放任不管,便派周亚夫率三十万大军前去平叛。

这时,梁国也派人向朝廷求援,说刘濞大军攻势强劲,梁国损失惨重,已经抵挡不住了,请朝廷急速发兵援救。景帝就命令周亚夫先发兵前去梁国解危。

面对严峻的形势,周亚夫认为,刘濞所率领的联合大军,素来强悍无比,如今士气正旺,若与他们正面交锋,恐怕难以很快取胜。景帝也很担心,问周亚夫准备有什么计谋能打败敌军。周亚夫说:敌方发兵征伐,粮草供应特别困难,我方如能断其粮道,敌军定会不战自退。荥阳(今河南省荥阳市东北)是扼守东西二路的要冲,必须抢先控制。如成功的话,我方就占得先机了。"于是,周亚夫派重兵控制了荥阳,然后又兵分两路袭击敌军的后方:一支部队袭击叛军供应线,以断其粮道;另一支由他本人亲自率领袭击敌军后方重镇昌邑。很快汉军攻下了昌邑。此时周亚夫才松了一口气,下令加固营寨,准备坚守。

刘濞等闻讯大惊,他无论如何也没想到周亚夫根本不同他正面交锋,却神速般地包抄了他的后路。于是,他立即下令队伍迅速向昌邑开进,想夺回昌邑,打通粮道。刘濞的数十万大军气势汹汹,扑向昌邑。而周亚夫则避其锋芒,坚守城池,拒不出战。敌军多次攻城,都被城上的乱箭射回。刘濞无计可施,数十万大军只好驻扎城外,而粮草却已经断绝。双方就这样对峙了几天,周亚夫看到敌军经数天的饥饿之后,士气大为衰弱,已经毫无战斗力了。认为时机已到,便调集军队,突然发起猛攻。精疲力尽、软弱无力的叛军不战自乱。

叛军大败,刘濞落荒而逃,在东越丧命。

【鉴赏】

"釜底抽薪"一语,系出自北齐时撰写《魏书》的"北朝三才子"之一魏收所写的檄梁朝文,里面有句"抽薪止沸,剪草除根",因而引申过来,即凡事应从根本解决之意。此计用于军事上,则指在战争中不要只靠正面攻击取胜,而是设法攻击敌方的弱点,如粮草辎重、水源、归路等,借以削弱它的战斗力,从而把它击败。

諸子百家 —— 兵家

我们都知道，在古代条件下，水的沸腾，只能是靠着一种力量，那就是火的力量。火烧得越旺，火势就越大，就越发迅猛而不可阻挡。柴草是火的灵魂，也就是火势的根基。但是，柴草本身却不凶暴，靠近它也不会受到伤害。所以，强大的力量虽然不可阻挡，但是从气势上使之自行瓦解的妙计，还是有的。那就是"釜底抽薪"。在战争中，运用此计就是：在互相对垒、剑拔弩张的时候，避免做正面的主力攻击，而从对方的背后去下功夫，从而达到战胜对手的目的。它还是预防事件爆发或爆发后寻求彻底整顿的一种手段，是一种治本的办法。主要是从对方的背后去下功夫，侧面暗算，扯其后腿，拆其后台，使它不知不觉间变成了一个泄气的皮球。不管在战场、商场或政治舞台上，此计大用大效，小用小效，所以说，釜底抽薪之术，是最阴险毒辣的阴谋。

"釜底抽薪"也是现代商业经营上常用的竞争手段。它比打一场拼资金、拼设备、拼工艺的硬仗少了许多硝烟和刀光。"抽薪"的办法，可以长驱直入，也可以迂回曲折；所抽之薪，可以是"硬件"，如机器、原料等制高点或控制权的把持；也可以是"软件"，如管理方式、技术力量和设计成果的为己所用。使用得法，强手可以"兵不血刃"地叫弱者束手就擒，弱者亦能以柔克刚地制服强手。关键是所抽之"薪"必须是对手的死穴。

"釜底抽薪"之计用在现实生活中，要求人要以静制动，以柔克刚，无论竞争双方哪一方实力强大，哪一方实力微弱，都可以借用最厉害的计谋、最可靠的帮手来削弱竞争对手的势力，如果运用得巧妙，将会使对方彻底失败，难以翻身。现实生活中，赖以立身处世的往往是一些关键地方在起作用，比如企业总得有自己的一两个拳头产品，谋职求生总得有某一方面的专长。如果一旦这些优势的东西失去了，则像鸟儿断了翅膀，想飞也无力了。因此，为人处事，需善谋断，多观察、找准对方的要害部位，抓住根本。当然，也要看护好自己的"薪"，以免被别人"抽"去。

假真真假，间以得行

人不自害，受害必真；假真真假，间以得行。童蒙之吉，顺以巽也。

——《三十六计·苦肉计》

【译文】

任何人都不愿意自己受到伤害，一旦受到伤害必定会令人深信不疑；假的可以变成真的，真的也可以变成假的，真真假假相互并用时，离间之计就能够得以实行了。这是从《周易·蒙》中的："童蒙之吉，颐以巽也"一语悟出来的道理。

【经典案例】

春秋时期，阖闾杀了吴王僚而夺得王位。但他十分惧怕吴王僚的儿子庆忌为父报仇。因为庆忌正在卫国扩大势力，准备攻打吴国，以夺取王位。

阖闾整日提心吊胆，要大臣伍子胥替他设法除掉庆忌。伍子胥向阖闾推荐了一个智勇双全的勇士，名叫要离。

阖闾见要离矮小瘦弱，便说："庆忌人高马大，勇力过人，你如何杀得了他？"

要离说："刺杀庆忌，要靠智力，不靠武勇。只要能接近他，事情就好办。"

阖闾说："庆忌对人防范甚严，怎么能够接近他呢？"

要离说："只要大王砍断我的右臂，杀掉我的妻子，我就能取信于庆忌。"阖闾觉得太残酷，不肯答应。要离说："为国而亡家，为主而残身，我心甘情愿！"

于是，阖闾开始按计行事。不久，吴都忽然流言四起：阖闾弑君篡位，是无道昏君。吴王下令追查，原来那流言是要离散布的。阖闾下令捉住了要离和他的妻子，要离当面大骂昏王。阖闾为了追查同谋，未杀要离，而只是斩断了他的右臂，把他夫妻二人关进监狱。

伍子胥

几天后，伍子胥令狱卒放松看管，让他寻机逃走。阖闾听说要离逃走了，就把他的妻子杀掉了。

这件事不仅传遍了吴国，其邻国也都知道了。不久，要离便逃至卫国，求见庆忌，请求庆忌为他报断臂杀妻之仇，庆忌接纳了他。

要离果然接近了庆忌，他为庆忌伐吴出谋划策，成了庆忌的亲信。在庆忌乘船向吴国进发时，要离乘庆忌不备，从他的背后用矛狠狠刺了过去，穿透了庆忌的胸膛。庆忌的卫士要捉拿要离。庆忌却说："敢杀我的也是个勇士，放他去吧！"庆忌因失血过多而死。

要离完成了刺杀庆忌的任务，家毁身残，也自刎而死。

【鉴赏】

"苦肉计"是利用"人不自害"的常理，进行自我伤害。以取信于敌方，从而进行间谍活动的计谋。

古人认为，间谍就是要利用矛盾使敌人互相猜疑，反间谍就是要利用敌方间谍窃取我方预设的假情报，并千方百计让其信以为真。运用苦肉计，就是要假装受到迫害以便打入敌人内部，再借机进行间谍活动。凡是派出与自己有矛盾的人去诱骗敌人，不论是作为内应，或是协同作战，都是属于苦肉计之类的计谋。

避其锐气，击其惰归

故三军可夺气，将军可夺心。是故朝气锐，昼气惰，暮气归。故善用兵者，避其锐气，击其惰归，此治气者也。

——《孙子兵法·军争》

【译文】

三军可以挫伤其锐气，将帅可以动摇其决心。军队初战的时候，士气比较旺盛；经过一段时间之后，就逐渐怠惰；到了后期，士卒就会气竭思归。所以善于用兵的人，总是避开敌人的锐气，等到敌人松懈疲惫了才去打它，这是掌握军队士气的方法。

公元前 684 年春天，齐国的军队在大将鲍叔牙率领下，进犯鲁国。鲁庄公不顾自己国小：兵弱，决定动员全国兵力与齐国决一胜负。国人曹刿主动请求与庄公一起出战，庄公答应了。军队出发迎敌时，鲁庄公让曹刿与自己同乘一辆战车，以便及时请教。

齐将鲍叔牙从前曾率军打败过鲁军，视鲁庄公为手下败将，所以齐军倚仗兵强马壮，一开始就气势汹汹地向鲁军逼来。而鲁军兵微将寡，处于劣势，决定后撤，一直退到长勺（今山东莱芜北）才停止。齐军前进到长勺后，立即向鲁军发动了猛烈进攻，一心想打败鲁军，活捉鲁庄公。一时间，战鼓齐鸣，喊杀震天，兵士挥舞着大刀长矛如潮水般冲了过来。

鲁庄公着了慌，连忙下令擂鼓出击。曹刿赶忙制止说："且慢！我军只宜严阵以待，不能出击。"说话间，齐军已随着咚咚鼓声冲杀过来，眼看就要突破鲁军阵地。鲁军突然万箭齐发，齐军抵挡不住，退回本阵。

齐军求胜心切，士兵喘息未定，便又击鼓出击。但仍被鲁军乱箭射回。齐军的两次进攻均未能与鲁军正式交锋，无功而返，士气开始低落，将士们也显得疲劳了。但鲍叔牙却认为鲁军胆小不会出战，稍做休息，便又擂鼓第三次冲锋。

曹刿听见齐军第三通鼓响，冲锋的队伍不像前两次锐猛，开始有些松懈了。他立刻对鲁庄公说："我军可以出击了！"庄公便下令擂响了复仇的战鼓。

鲁军一闻自己的战鼓，个个如猛虎出山，迅雷不及掩耳地冲杀了过去。齐军未及防备，慌忙招架，被鲁军杀得七零八落，大败而逃。

鲁庄公见打了胜仗，赶忙下令追击。曹刿又劝阻说："请稍等一会儿。"他跳下战车，仔细察看地上齐军战车留下的车辙，又登车扶着车前的横木瞭望齐军的旌旗，然后才对鲁庄公说："可以大胆追击了！"鲁军一口气追杀了几十里，齐军狼狈逃回了齐国，鲁军大获全胜。

庆功宴上，鲁庄公不解地问曹刿："为什么要在齐军三次击鼓冲锋后，我军才发起反击？为什么齐军已败退我军还不能马上追击？为什么您要仔细察看齐军的车辙和旗帜？"

曹刿微微一笑，侃侃而谈道："打仗依靠的是士兵的勇气。第一通鼓时敌军的士气正旺盛，二鼓时士气就有些低落了，到了三鼓时他们的士气已经丧失殆尽了。这时，我军擂鼓出击，士气正旺，所以能一鼓作气地大败齐军。至于没有马上下令追击，是由于齐国是大国，我们难以了解它的虚实，担心齐军是诈败，暗设埋伏。后来我见齐军的车辙杂乱，指挥的旌旗也倒下了，证明是真的败逃。所以，我才请您下令追击。"

【鉴赏】

"避其锐气，击典隋归"，是孙子提出的注重士气变化规律的作战谋略。一般来说，部队作战，初战时气锐；过了一段时间，力量有所消耗，士气也逐渐懈惰；到了后期，士气就会衰竭。这一谋略要求尽量避开敌人初来时的锐气，待其懈惰、衰竭时，再去打击它。实质是应根据敌人士气情况，选择决战的时机问题。优秀的军事家们总是避开敌人的锐气,等待敌人松懈之时再去攻击,对于己方是要在士气最盛之际发起进攻。齐鲁之战中,鲁国大胜靠的就是这招"避其锐气,击其惰归"。

拿破仑曾说,一支军队的实力,四分之三是由士气构成,是否准确,不可考。但士气确实是战争胜负的重要因素,这一点毫无疑义。

"避锐击惰"的谋略,在日常生活中也被广泛地运用着。不过,要运用成功,一定要先避开对方的锋芒,接着找准对方的薄弱之处,然后再伺机反击。当然,这种反击要因人而异,有的可以当面教训,有的也可以置之不理,让当事者自己去体会。特别是这一谋略也是人们规劝别人的有效方法。当有人身上存在缺点或犯有错误的时候,如果你想帮助他,但是他往往认为"真理"在他手中而不接受你的道理,有时甚至发生吵闹,结果适得其反。而巧妙地运用此谋略,采取教而不语的方法,比起双方开始就"顶牛"起来,效果要深刻得多。

偷梁换柱,抽其劲旅

频更其阵,抽其劲旅,待其自败,而后乘之。曳其轮也。

——《三十六计·偷梁换柱》

【译文】

设法改变敌方的阵势,借机把它的主力调开,待其颓败之时,就乘机前去攻打它。这就像《周易·既济·象》中说的一样:只要拖住车轮,就能够控制车的运行。

【经典案例】

汉末,公元200年,北方枭雄袁绍率精兵十万人,在官渡(今河南省中牟县)与曹操的军队对峙。曹操的兵力很弱,当时只有三、四万人。

二月,袁绍派遣大将郭图、颜良攻打曹操的东郡,把曹军守将刘延围困在白马(今河南省滑县东南)。与此同时,袁绍亲率大军开赴黎阳(今河南省南浚县),准备渡黄河。

四月,曹操率军北上,前去援救刘延,以解白马之围。曹操谋臣荀攸根据袁强曹弱的情势,提出先调开敌军主力,再解白马之围的建议,被曹操采纳。

于是,曹军北进延津(今河南省延津北)佯渡黄河。袁绍果然分兵西进。曹操乘机去救白马,斩杀了大将颜良,大破袁军,解除了白马之围。

【鉴赏】

"偷梁换柱"原意是用以比喻玩弄手法,暗中改换事物的内容以达到欺骗的目的。又作"偷梁易柱"。用在军事战争上是指:在战争中对友军或敌军设法调开它的主力,将其全部控制或消灭的谋略。

古人认为,阵势有东西南北方位,首尾相继列队的"天衡"是阵中之"梁",即阵势的大梁;而位居阵势中央列队的"地轴"是阵势的"支柱"。梁、柱之间的兵力部署,必须由主力承担。因此,观察敌方的阵势,就能发现它的主力之所在。如果与友军联合作战,就应当随时改变它的阵势,暗中更换它的主力,或派出我方部队以代替它作为梁、柱,这样,

诸子百家——兵家

该部队就无法守住阵地，我方便可立即将其吞并，并马上把这部分兵力投入其他战斗中。这就是吞并一股敌人，再去攻击其他敌人的主要谋略。

明修栈道，暗度陈仓

示之以动，利其静而有主，益动而巽。

——《三十六计·暗度陈仓》

【译文】

把佯攻的行动故意显示给敌方，利用敌方静态固守的态势已经确定之时，我方便以迂回战术，给以致命一击。这是从《周易·益》的卦辞中演变出来的。

【经典案例】

秦朝末年，由于朝廷政治昏庸、腐败，而造成各路英豪并起，纷纷打起反秦义旗的局面。其中刘邦率部首先攻入关中，攻下咸阳。而势力强大的项羽进入关中后，则逼迫刘邦退出关中。在项羽设的鸿门宴上，刘邦险些丧命。刘邦这次脱险后，只得率部退驻汉中，为了麻痹项羽，刘邦退走时，将汉中通往关中的栈道全部烧毁，表示不再返回关中了。直到公元前206年，汉王刘邦才逐步强大起来，开始有了反击的力量，便派大将军韩信出兵东征。

出征之前，韩信先派出了许多士兵前去修复已被烧毁的栈道，摆出了要从原路杀回关中的架势。关中守军闻讯后，便密切注视修复栈道的进展情况，并派主力部队在这条路线各关口要塞加紧防范，以便拦阻汉军的进攻。

韩信"明修栈道"的举动，果然奏效。由于此举吸引了敌方的注意力，敌方便把主力调往栈道一线。而韩信却派大军绕道至陈仓，发动突然袭击，一举打败了守敌章邯，消灭了关中雍王、塞王、瞿王，平定了三秦，占据了关中，为刘邦统一中原迈出了决定性的一步。

【鉴赏】

"暗度陈仓"之计其义为：以正面佯攻、佯动等迷惑手段，伪装攻击线路和突破点。此计正是汉代大将军韩信创造的出奇制胜的用兵计谋，来自正面的攻击。如果没有正面攻击，就不可能有出奇制胜的用兵计谋，这正像不去"明修栈道"，就不会有因"暗度陈仓"而取胜的道理一样。"暗度陈仓"与"声东击西"相比只是目标暴露更明确更单一，只求将敌人引至此地而非使之混乱。"明修栈道"者，掩敌耳目之用也。使敌人相信我方必沿栈道而攻并集结兵力把守，而令我方欲渡之"陈仓"空虚，即时出击，敌方便难于应付，遂可取胜。此计的妙处就在于利用"正"做诱饵，而以"奇"为真正的行动。利用敌方被我方"示之以动"的迷惑手段所蒙蔽的机会，我军趁此机会乘虚而入，发动对敌军致命的一击，以达到军事上出奇制胜的功效。"明修栈道"是虚晃一枪，这一枪要有力量才能牵制敌人兵力，"暗度陈仓"才能出其不意，攻其不备，易于得胜。

政治活动中，有时候为了遮人耳目或不得已的原因，常常要用到"暗度陈仓"之计。

诸子百家——兵家

既然选择走"暗道",那么就要掩盖声势,伪装着自己的计谋悄然行进。只有达到目的之后,才可将其曝光。故"暗度陈仓"要想成功,必须在"暗"上下功夫,能了无踪迹自是高手;同时"明修栈道"也要讲究,不必"明"得耀眼,但一定要使别人相信。

在现代商战中,此计可引申为:故意暴露自己的行动意图,用以迷惑或麻痹竞争对手、或以此吸引顾客,暗地里却准备另一个行动,以达到出其不意,战胜竞争对手或赢得顾客的目的。"暗度陈仓"之计,实际上就是"偷袭"的动作,但"暗度"先要"明修",这就要求经营者先做好部署,另树目标,以转移竞争对手的视线,为"暗度"铺好获胜的前奏。

在现实生活工作中,"暗度陈仓"之计要求做人者善于制造假象,在表面上不与对方斤斤计较,甚至可以处处忍让对方,以此从正面迷惑对方;以侧面或暗地里精心策划,周密布置,小心行动,一直到将对手要被击败时,他还蒙在鼓里。这才是此计的妙处所在。路有很多,或大或小,或长或短,或明或暗。如果你选择了走"暗道",那么就要掩盖声势,装着自己的计谋悄然行进。只有到达目的地之后,才将其曝光,这是对"暗度陈仓"最通俗的解释。可惜,有许多人做不到这一点,总是喜欢不分场合地在别人面前显能耐、显实力。

兵形似水,避实击虚

夫兵形象水,水之形,避高而趋下;兵之形,避实而击虚。水因地而制流,兵因敌而制胜。故兵无常势。水无常形,能因敌变化而取胜者,谓之神。

——《孙子兵法·虚实》

【译文】

用兵的规律像水,水流动的规律是避开高处而流向低处;用兵的规律是避开敌人坚实之处而攻击其虚弱的地方。水因地形的高低而制约其流向,作战则根据不同的敌情而制定取胜的策略。所以,用兵打仗没有固定刻板的态势,正如水的流动不曾有一成不变的形态一样。能够根据敌情变化而灵活机动取胜的,就可称作用兵如神了。

【经典案例】

秦孝公二十四年(公元前338年),纵横家苏秦游说秦惠文王失败后,身上穿着破旧的衣服,脚上穿着破草鞋,肩上挑着担子,十分狼狈地徒步回到自己的故乡洛阳。他不顾兄嫂和妻子的嘲笑,关起门来勤奋读书,困倦时便以锥刺股。一年之后,学业有成,苏秦又开始了他的游说活动。此次出行,苏秦的目的是要使燕、赵、韩、魏、楚、齐六国缔结联盟,共同对付秦国,这就是历史上著名的"合纵抗秦"之策。

苏秦首先北上说服了燕文侯,燕文侯十分高兴地对苏秦说:"我的国家是个小国,力量薄弱,西边受到强秦的威胁,南边又靠近齐国和赵国,齐、赵两国都是强国,现在你以合纵抗秦之策来开导我,让燕国参加合纵以安定燕国,我愿意率领全国百姓听从你的安排。"

燕文侯死后,燕易王即位,齐国趁燕国办丧事之机向燕国发动进攻,夺取了燕国的十个城池。苏秦得知此事,便为了燕国去游说齐威王,齐威王以上宾的礼节接见了苏秦。

諸子百家 —— 兵 家

苏秦首先向齐王跪拜两次,祝贺齐国夺取了燕国的十座城池,紧接着又仰面朝天,为齐国吊丧。

齐王非常震惊,按戈倒退了几步对苏秦说:"你这个人先是庆贺,后又吊丧,究竟是何居心?"

苏秦不慌不忙地回答说:"人们在饥饿的时候,也不吃毒药附子,是因为它虽然暂时可以吃饱肚子,终究还会死去,这与饥饿而死,同样都是令人痛苦的。现在燕国虽然弱小,却是强秦的女婿,燕易王的妻子正是秦惠文王的女儿,大王贪图燕国的十座城池,却和强秦结下了深仇。您的这些做法,是想促使燕国成为进攻齐国的先锋,使强秦作为燕国的后盾,把天下最精锐的秦兵招来进攻齐国,这恰恰如同是吃了毒药附子一样。"

齐王听了,非常恐惧,问苏秦说:"如此说来,那该怎么办呢?"

苏秦回答说:"圣人处理事情,就是要转祸而为福,因败而为功。大王如能听取我的建议,不如归还燕国的十座城池,谦恭地向秦国谢罪,秦王知道大王是因为秦国的缘故才归还燕国的十座城池,一定会感激大王;燕国不费吹灰之力而收回了十座城池,也一定会感激大王,这就是摈弃深仇而建立厚谊的办法。如果秦国和燕国都侍奉齐国,大王发出的号令,天下诸侯各国谁敢不服从? 这种做法,就是使您以空洞的言辞去顺从秦国,并以退还燕国十座城池换取了号令天下的成果,这也正是称霸天下的事业,转祸为福、转败为功的事业,大王您为什么不赶快去做呢?"

齐王听了,高兴万分,马上将燕国的十座城池奉还,并赠送黄金一千斤给燕国的王后,向燕国表示歉意。苏秦离开时,齐王一路上不断叩头,表示愿意与燕国结为兄弟之国,并且向秦国表示谢罪。

【鉴赏】

"避实击虚"是科学选择攻击目标的谋略,也是历代兵家用兵作战的一条基本原则。"实"与"虚"都是传统军事理论中两个重要的基本概念。"实"指敌人的强大之处;"虚"指敌人的薄弱之点。"避实击虚"谋略之所以能克敌制胜,主要是虚弱之处容易被进攻。而虚破则实损,攻下了虚弱处,敌人也就由实变虚,难免失败了。

"实"与"虚"既有数的含义,也有形与势的含义。就数而言,以众击寡无疑是以实击虚;就形而论,以饱待饥,以逸待劳也是避实击虚的具体体现;而势指的是军队所依赖的外部条件。敌对力量的虚与实不是静止的,在一定条件下会发生转化。或以虚化实,或以实待虚,战争中攻守的形式有多少种,避实击虚的战术也就有多少种。比如,出其不意,攻其不备,避勇击怯,避强击弱,避难击易,避主击次,避锐击惰,等等。它的核心就是避开敌人坚实强大之处,集中力量攻击其虚弱和要害;同时要防己之虚,造己之实,不给敌人以可乘之机。

在现实生活中,避实击虚的指导原则,被广泛运用于政治、经济、日常工作和生活等各方面。不过要使其奏效,一定要努力摸清对方"实"与"虚"究竟何在;同时还要采取正确手段,否则就可能适得其反,达不到应有目的。商业竞争中的避实击虚,往往是经济实力不足的一方向经济实力雄厚的一方发动攻势而采取的一种谋略。若想进入某行业某领域,或想在此行业此领域有所作为,就应先避开行业或领域中强大对手的最具优势的

诸子百家——兵家

一面,而选择其相对薄弱的一面为突破口,或以此进入或以此崭露头角。

"兵无常势,水无常形",一般来说,用兵作战有常规的战略战术,但没有一成不变的战略战术,这正如水没有固定的形态一样。明智的指挥员必须根据敌情、我情和环境的变化,随时更新并制定符合客观实际的作战方针和方法,随机应变,因敌制胜,才能称得上是用兵如神。在现代战争条件下,高科技发展日新月异,无论敌情、我情,还是其他情况每时每刻都在不断发生新的变化,因此要取得战争胜利,更要注意对这一原则的科学运用。

"兵无常势"的谋略在人们日常工作、生活中,也被大量运用着。特别在市场经济条件下的商业经营中,市场竞争变化莫测,没有固定不变的模式。企业要想在复杂多变的市场竞争中取胜,也必须灵活机动、随机应变,才能获得良好的效益。

射人射马,擒贼擒王

摧其坚,夺其魁,以解其体。龙战于野,其道穷也。

——《三十六计·擒贼擒王》

【译文】

摧毁敌军的主力部队,捉获敌人的首脑,以使其整体瓦解。这就像《周易·坤》中说的:与离开海洋的蛟龙激战于田野,就能使其陷入困境。

【经典案例】

唐安史之乱期间,安禄山气焰嚣张,连连大捷。安禄山之子安庆绪派部将尹子奇率十万大军进攻睢阳(今河南商丘南)。

唐将御使中丞张巡驻守睢阳,见敌军来势凶猛,决定固守城池。尹子奇率部二十余次攻城,均被击退。尹子奇见士兵已经疲惫不堪,只好鸣金收兵。

晚上,部队刚刚准备休息时,忽听到城头战鼓隆隆,喊声震天。尹子奇便急令部队准备与冲出城来的唐军激战。而张巡则"干打雷不下雨",不时擂鼓,像要杀出城来,可是一直紧闭城门,没有出战的迹象。

尹子奇的军队被折腾了一整夜,没有得到休息,将士们已经极度疲乏,眼睛都睁不开了,便倒在地上呼呼大睡起来。这时,城中突然一声炮响,张巡率领守军冲杀出来。敌兵从梦中惊醒,惊慌失措,乱作一团。张巡一鼓作气,接连斩杀五十余名敌将、五千余名士兵,叛军更为慌乱了。

这时,张巡急令捉拿敌军首领尹子奇,部队便一直冲至敌军的帅旗之下。但是张巡从未见过尹子奇,根本不认识他;现在,尹子奇又混在乱军之中,更加难以辨认。张巡心生一计,让士兵用秸秆作箭,射向敌军。敌军中不少人中箭,他们以为这下没有命了。但是,他们马上发现中的是秸秆箭,心中大喜,以为张巡军中已经没有真箭了。于是,便争先恐后地去向尹子奇报告这情况。

张巡见状,立即辨认出了敌军首领尹子奇,便急令神箭手、部将南霁云向尹子奇放箭,正中尹子奇的左眼。这回可是真箭。只见尹子奇鲜血淋漓,抱头鼠窜,仓皇逃命而

諸子百家 —— 兵 家

去。敌军在一片混乱中，大败而逃。

【鉴赏】

"擒贼擒王"的原意是：用以比喻做事要先抓住要害。《悟真射法拾遗》："马上之贼，只当重大的，射马不可射人。谚云：'射人先射马，擒贼先擒王'是也。"此计用于军事方面，是指要首先打垮敌军的主力，捉拿敌军的将领，使之彻底瓦解的谋略。就是要在交战中，抓住要害，首先捕杀敌军首领或摧毁其首脑机构，从而使敌方陷于混乱状态，以便于我方彻底击溃之。如果错过时机，放走了其主力和首脑，就如同放虎归山，留下无穷的后患。一支军队之中统帅是灵魂，地位举足轻重，擒得贼首，自然贼兵必败。

凡事都有许多方面的问题，而许多的问题和最重要的问题必有不同，能抓住关键的，其他方面也就迎刃而解。具体实行时可从三方面着手：一是擒其首领，使其群龙无首，必乱作一团；二是击其要害，抓住关键，就会事半功倍；三是提纲挈领。纲举目张，理清头绪，抓其主干，方可掌握全局。俗话说"打蛇打七寸"，就是说在打蛇的时候要朝它的要害处下手，如不击中其要害，必致被反咬一口。"王"（首领）是握有实际大权而且具有重大影响力的人物，他是一个组织团队的核心，是集体行动中的一个枢纽。如能"擒王"即可捣乱其组织，破坏其活动系统，最起码也能使它的内部发生变化。常言说："树倒猢狲散"，即是如此。"擒贼擒王"不仅仅可以治敌，有时还可用它克敌自救，达到一箭双雕的效果。

现代商战的取胜之道也有"打蛇打七寸"一招。常用的战法是："挖脑""猎头"，即把对手的主力、骨干拉来为己所用；将对方的首脑、主管或排挤或取而代之。在西方经济界，"擒王"之计也不排除用"摆得上桌面"的种种好处去影响左右政府首脑和主管官员，让他们为企业获得厚利提供保护和便利。从另一个方面理解，商战中的"王"一般都是在某个行业占有重要地位，具有相当的影响力和感召力。擒住了这个"王"，其他事情就会迎刃而解。这就是我们常说的宁钓一条大鱼吃一年，也不愿天天都出去只钓些小鱼回来够吃一天。现代商战，攻克下关键的、有代表性的行业"领头羊"似乎是一条最快速取胜的捷径，但你的产品品质也必须过硬，否则，就算你路有千条，也会不战自溃。

在现实生活和工作中，"擒贼擒王"之计是要求为人处世者在和对手竞争的过程里，不要去争抢那些微不足道的小利，以及没有多大阻碍和竞争力量的人物，而把主要力量用在对你构成最大最直接威胁的竞争对手上，战胜此种人，其他都会不战自退。这一谋略还体现在对解决问题或困难的方法上，解决问题要抓要害，找重点。不斤斤计较于一些蝇头小利。现实生活中，我们常常会碰到诸如利益的取合、失误的弥补等等问题。这时候，就需要我们站得高看得远，不为一些表面现象迷惑。千万不要合本逐末，捡了芝麻，丢了西瓜。

火发于内，应之于外

凡火攻，必因五火之变应之。火发于内，则早应之于外。

——《孙子兵法·火攻》

诸子百家——兵家

【译文】

凡是火攻,必须根据五种火攻所引起的情况变化,适时地运用兵力策应。从敌人内部放火,就要及早派兵从外部策应。

【经典案例】

三国时期,刘备失了荆州后,义弟关羽、张飞死于非命。他急欲为他们报仇,便不听诸葛亮的再三劝阻,执意起全国兵马几十万,发誓要踏平东吴。开始时,刘备倚仗兵多将广,多次获胜,孙权求和不允,定要灭吴。在此紧急关头,孙权任陆逊为主帅,抗击刘备。

陆逊权衡利弊,决定先采取坚守不出的战术,使蜀兵懈怠,然后再寻找有利时机,击败敌人。并料到刘备求战不得,一定会移营山村、林木间,那时便可以运用火攻。

果然,刘备见东吴牢守关隘,无法进攻,时值盛夏,天气炎热难当,遂命各营都移于山林茂盛之地,近溪傍涧扎营700里相连,准备过夏到秋,再并力进军东吴。陆逊知此消息后,高兴地说道:"我等的就是刘备走这一着棋啊。"

他见火攻的条件已经成熟,便召集各将士听令:使朱然于水路进兵,来日午后东南风大作,用船装载茅草,依计而行。韩当引一军攻江北岸,周泰引一军攻江南岸。兵士每人手执茅草一把,内藏硫黄焰硝,各带火种,各执枪刀,一齐而上,到蜀营时顺风举火。蜀兵40屯,只烧20屯,每间一屯烧一屯。各军预带干粮,不许后退。如果蜀军败退,吴军要昼夜追击。吴军众将受命后,十分振奋,各依计而去。

蜀军尚未防备,陆逊军突至。吴军先烧刘备御营左屯,后烧御营右屯。风紧火急,树木皆着,喊声大震。两屯军马齐出,奔离御营中。御营军自相践踏,死者不知其数,江南江北的蜀军营中,也是一片火光冲天,照耀如同白日。刘备只好逃遁。他遥望遍野火光不绝,死尸重叠,塞江而下。刘备以几十万大军征吴,最后仅存数万人。这一仗大失了刘备的元气。此后,诸葛亮虽六出祁山,也不能挽救蜀汉的危机局面了。

陆逊正确运用"火发于内,应之于外"的谋略,耐心等待条件成熟,从而举火焚烧蜀军连营700里,取得了重大胜利,使之成了中国军事史上以少胜多的范例。

【鉴赏】

"火发于内,应之于外"是孙子提出火攻必须内外相互配合的谋略。孙子认为,运用火攻有五种方法:一是焚烧敌军人马,二是焚烧敌人积蓄的粮草,三是焚烧敌军辎重,四是焚烧敌人仓库,五是焚烧敌人的运输线路。当然这只是列举主要的,具体的可以有许多。

在古代,由于技术的原因,火攻一般只能制造一些恐怖气氛,或者仅仅烧掉对方的营房、物资等而已,而对其战斗人员的伤亡一般来说威胁并不大。因此,聪明的军事家应该在火攻的同时,趁乱出兵攻击敌方,这样使其更加混乱和恐慌,便于己方取胜。

破釜沉舟,拼死一战

帅与之深入诸侯之地,而发其机,焚舟破釜。

——《孙子兵法·九地》

诸子百家——兵家

率领军队深入诸侯的国土,要像击发弩机射出箭一样,使其一往直前。烧掉船只,砸烂军锅,下定必死决心。

【经典案例】

秦朝末年,秦二世胡亥派大将章邯统率大军击败了陈胜、吴广的起义军。然后,秦军又北渡黄河,进攻赵国,将赵王歇包围在巨鹿(今河北平乡西南)。危急之中,赵王歇慌忙向楚国求救,楚怀王派宋义为上将军,项羽为次将,范增为末将,统率大军援救赵国。

宋义知道秦将章邯是个骁勇善战的老将,害怕与他交战。援军到达安阳(今河南安阳西南)后,宋义就按兵不动,一住就是46天。

项羽对宋义说:"救兵如救火,我们再不出兵,赵国就要被章邯灭掉了!"

宋义根本不把项羽放在眼里,对项羽说:"冲锋陷阵,我不如你;运筹帷幄,你就不如我了。"并且传下命令:"如有人轻举妄动,不服从命令,一律斩首!"

项羽忍无可忍,怒气冲天地拔剑斩杀了宋义,自己代理上将军,并令黥布将军率两万人马渡过漳河,援救赵国。

黥布成功地截断了秦军粮道,但却无力解赵王歇的钜鹿之围。赵王歇再次派人向项羽求救。项羽亲率全军渡过漳河,到达北岸后,项羽突然下令:将渡船全部凿沉,将饭锅全部打碎,将营房全部烧掉,每个人只带三天的干粮,以示死战的决心。

将士们惧怕项羽的威严,谁也不敢多问。项羽对将士们说:"我们此次进军,只能前进,不能后退,后退就是死路一条!"

将士们眼见一点退路也没有了,在项羽率领下,人人抱着死战到底的决心与秦军拼杀。结果,项羽率楚军以一当十,九战九捷,章邯的部将苏甬被杀,王离被俘,涉间自焚而亡。章邯只得狼狈逃走,钜鹿之围遂解。

项羽"破釜焚舟",在巨鹿之战打出了楚军的威风,从此名扬天下,成为"西楚霸王"。

【鉴赏】

当部队陷入危险境地时,如果犹豫彷徨,举棋不定,必然引起决策失误,也就必然会带来战斗的失利。明智的军事家应该审时度势,下定决心,想方设法激励部队殊死战斗,就有可能杀开一条血路,冲出险境,转危为安。

激励士气的方法是多样的,古代采取"焚舟"和"破釜"的办法,以表示从必死中求生存。这一谋略的核心在于用大家最关心的生死问题和利益攸关的问题做文章,激励起高昂的士气,从而打败敌人。

树上开花,借局布势

借局布势,力小势大。鸿渐于陆,其羽可用为仪也。

——《三十六计·树上开花》

【译文】

借助其他势力布成阵势,使本来兵力很小的部队显得声势浩大。这是从《周易·渐》中悟出来的道理,意为鸿雁慢慢地降落在大地上,全靠它那长长的羽翼来助长气势。

【经典案例】

公元前 206 年,秦末时楚汉相争,彭城一战,项羽打败了刘邦。这年六月,原来已经归附刘邦的魏王豹又叛汉投楚,并率兵占据了刘邦去关中的交通要道——蒲津关。刘邦派谋士郦食其前往魏营争取魏王豹,遭到拒绝,于是,便命韩信率兵攻取。魏王豹则派重兵把守黄河东岸的蒲坂(今山西忻县),封锁了黄河渡口临晋津,阻止汉军渡河。

这一天,韩信等领兵到达临晋津,望见对岸尽是魏兵把守,不便径直渡河,于是便命令就地安营扎寨,与魏兵隔河相峙,暗中则派遣精干兵勇探索上流形势。不久,得到探报,说是上流各段都有魏兵严密把守,只有夏阳一处,魏兵较少,防备空虚。韩信听了这一探报,认真分析,想出一条计策来。他先召曹参入帐,命令他立即领兵进山砍伐木材,不论大小,都可有用。接着,又命灌婴派出士兵分头前往市中购买瓦罂数千只,每只瓦罂须能容二石粮食。灌婴听了不知韩信要瓦罂用途何在,想问个究竟,韩信不予回答,只教遵令行事。事隔两日,曹参、灌婴先后将所办齐的木材、瓦罂向韩信缴令。韩信又命他们二人按自己的设计制造出一种木罂底,四周缚成方格,用绳绊住,一格一罂,数十罂合为一排,数千罂分成数十排。

韩信

灌婴听了韩信这番安排更加纳闷,便问曹参道:"大军渡河需要用的船只已经征集了,为何还要这种木罂呢?"

曹参回答说:"此事我也不太清楚,就按元帅命令行事吧!"

于是,二人日夜督工制造,不消几天,数千只木罂就制齐了。韩信亲自验收,等当天黄昏时候,韩信命令灌婴领数千人在原地不动,并交代只准摇旗擂鼓,守住船只,不得擅自渡河,有敢违命者斩。而韩信自己则与曹参一道督促大军,搬运木罂,趁夜赶到夏阳,并立即将木罂放入河中,每罂装载士兵二、三人。士兵坐在罂上用器械划动,行进时四平八稳,并不倾覆;韩信、曹参也跟着坐罂渡河。顺利到达对岸,全体将士跳上岸去,整队前进。

却说临晋津渡口魏国守将只是率军严守,听到对岸汉军战船列成一排,声声呐喊,更是越加小心,一步也不敢离开。就是魏王豹也只注意临晋津方向而忽视了夏阳,误以为夏阳平日没有船只,汉军根本无法渡过。可谁知韩信竟用木罂把汉军主力渡过河了呢?

汉军在夏阳偷渡成功后，一路前进，并无大碍。小有几战，也总是魏军仓促应战，一战即败，汉军又乘胜前进，再取安邑，直捣魏都，魏王豹亲自领兵迎敌，又遭大败。魏军弃甲投戈，纷纷请降，魏王豹也迫于大势已去，只得下马伏地，束手就擒了。

【鉴赏】

"树上开花"原意为本来不开花的树突然开了花，含有新奇之意，是从"铁树开花"转义而来。此计用在军事上是指：当自己的力量比较弱小时，可借助友军的势力或其他有利因素，来壮大自己的声威，从而慑服敌人的计谋。它是借外界的力量来慑服敌人的一种谋略。在战术、战略上，借外界的局势布成有利的阵局，纵使原来的兵力弱小，也会显示出强大的阵容，从而收到异乎寻常的效果。就像树上的花朵借助树枝的宏势，可以令人眼花缭乱；鸿雁横空列阵，凭借丰满的羽翼来助长气势一样。

树上本来没有开花，但可以用彩色的绸子剪成花朵粘在树上，做得和真花一样，不去仔细看，就难辨真假。此计的使用，关键在于善于借某种因素制造假象，以此来壮大自己的声势。可见，"树上开花"的谋略是斗智的最高境界，但要达此目的，还必须配合其他阴谋或阳谋才可以。

在现代商业经营过程中，为了拓宽市场，既要专注于良好的行销环境的营造，又不能忽略对别人优越条件的利用，比如他人的销售渠道、信息沟通网络等。用通俗的话说就是"就汤下面"。当然，挑选的汤必需爽口，自制的面也得鲜美。如此，汤与面的结合才会散出独特的风味。这也给经营者提供了一个具有重要价值的谋略思想，那便是造势。"善战者，求之于势"，只有在激烈的市场竞争中大造声势，大量投放广告，以适时、准确、广泛、生动的宣传，提高本企业的知名度，增强消费者对企业的信任感和企业产品对消费者的吸引力，以达到抢占市场，扩大销售的目的。此外，借助产品的规格、型号、式样、包装等等，或借装潢商店，修饰门面，形成庞大、丰富的阵容，也可以吸引消费者，提高竞争能力。这就是"树上开花"在商战中的妙用！

"树上开花"这一计策的运用，既可指借他人的力量增强自己的实力，也可指借某种因素制造假象。但如何"开花"是一个关键，既不能太过于唐突，而让人一眼看出是伪造，也不能过于死板而起不到效果。所以，要尽量做到水到渠成而又引人注目，才能有更多的胜算。

出奇制胜，无穷如天

凡战者，以正合，以奇胜。故善出奇者，无穷如天地，不竭如江河。

——《孙子兵法·势》

【译文】

大凡作战，一般都是以常兵当敌，以奇兵取胜。所以，善于出奇制胜的将帅，其战法如天地那样变化无穷，像江河那样奔流不竭。

诸子百家——兵家

【经典案例】

隋炀帝大业十一年(公元615年)八月,隋炀帝巡游北部边塞,突厥的可汗率领骑兵数十万,想乘机偷袭隋炀帝,原嫁在突厥的义成公主将这一情况派人告诉了隋炀帝,隋炀帝急忙率领随员来到了雁门(今山西代县),突厥的人马也随即包围了上来。隋军与突厥的军队交战几次,隋军都失败了,被困在城中。隋炀帝发出诏令,号召天下各郡招募兵马,前来救援。各地救援军队的到来,迫使突厥军队撤退了。

时任山西、河东大使的李渊和马邑太守王仁恭奉命防备并阻击突厥。他们与突厥的一支军队在马邑相遇,由于隋军失利。王仁恭就认为众寡不敌,心中十分害怕。李渊却说:"现在皇上巡游在外,身处孤城而没有援助。我们假若不拼死作战,就难以图谋万全了。"于是,他挑选出精兵四千骑,并亲自率领这支精兵作为游军,居处饮食,随煮水草,和突厥人的生活习俗完全一样。在遇到突厥的侦察骑兵的时候,李渊就与他的军队奔驰游猎,做出一副轻视突厥的样子。如果遇到突厥的大部队的时候,则使军队犄角布阵,并选出擅长射箭的士兵组成一支专门的军队,拉开弓箭严阵以待。这使突厥人不能揣测他的意图,也不敢与他们决战。就在突厥军队犹豫不决的时候,李渊派出一支奇兵发动突然袭击,打了敌人一个措手不及,隋军乘胜全部出击追杀敌人,结果俘获了敌首领的骏马,杀死敌人一千多。

李渊打击突厥入侵一战,他不仅计谋出奇,使自己的军队生活完全与敌人一样,以适应游牧民族军队的习性,而且使用奇兵制胜。因为他仅有精兵四千,势力与敌相比要弱小得多,正面与敌人交战恐怕胜算不多,所以他遇到敌人时,使用由弓箭手组成的步军使敌人不敢进攻,然后用奇兵袭击敌人,从而获得了胜利。

【鉴赏】

"出奇制胜"是孙子提出的用兵作战的重要攻击取胜原则。它同"奇正相生"一样,阐明了使用"奇兵"取胜的要求。不过,这里所强调的重点在"奇"上。也可以理解为在敌人料想不到的时间和地点,以敌人料想不到的方式与方法,对敌人实施突袭,夺取战争胜利。

正所谓英雄所见略同,大约与孙子同时的老子说过:"以正治国,以奇用兵",说的也是这个意思。

围魏救赵,分敌取胜

共敌不如分敌;敌阳不如敌阴。

——《三十六计·围魏救赵》

【译文】

与其攻打集中的正面之敌,不如先用计谋分散它的兵力,然后各个击破;与其主动出兵攻打敌人,不如迂回到敌人虚弱的后方,伺机歼灭敌人。

【经典案例】

公元前353年,魏国包围了赵国的都城邯郸。赵国火速向齐国求救,齐王立即任命田忌为将,孙膑为军师,出兵前去救赵。

当时,田忌本打算率军直奔邯郸,以解赵国之困。但是,军师孙膑却建议:当前魏国的精锐部队都投入到邯郸的围困战中,国内非常空虚,所以我们应当采取进攻魏国都城大梁的谋略。这样,不仅能够解除赵国的危机,还能使魏国腹背受敌而疲于奔命。

田忌欣然采纳了孙膑的计谋,率兵直奔魏都大梁。魏军果然马上放弃了对邯郸的围困,日夜兼程回援大梁。当魏军走到桂陵时,齐军使用"以逸待劳"的战术,几乎使其全军覆灭。

这便是运用"围魏救赵"计谋而以巧取胜的最早的成功战例。

【鉴赏】

古人认为,对敌作战就像治水一样:对来势凶猛而强大的敌人,采取疏导分流的方法,从而避开它恶浪般的冲击,待其力量因分散而日渐削弱的时候,再集中兵力一举将它消灭;而对弱小之敌,则要采取筑坝截流的方法,必须抓住它的弱点,一举歼灭。所以,当齐国前去救援赵国时,孙膑对田忌说:"理开乱丝和绳结,只能用手指去解,不能用拳头去捶打,同样,调解搏斗的办法,只能用口加以调解,而不能动手直接参与。"只要避实就虚,攻其要害,使敌方的势头受到遏制,就会自然而然地解围了。古人说:"治兵如治水。"面对来势凶猛的强敌,盲目出击,无异于以卵击石。不如避其锋芒,或攻击敌人的薄弱之处牵制它;或袭击敌人要害部位威胁它;或绕到敌人背后打击它。能如此,敌人就不得不放弃原来目标而返身解救自己的危难,"赵"就得救了。

围魏救赵在军事上是一个成功的谋略,历代被人屡用不鲜。围魏救赵在政治斗争中则表现为:围攻第三者,从而解救处于险境的人。这里围攻的情况又有多种。如果把围魏救赵提高到哲学角度加以分析后,就可以看出这是事物辩证发展普遍存在的一条规律。当人们掌握与使用它时,就是一种策略;当人们具体运用与操作时,就是一种方法论。不但古代战争可用,现代战争也可用,各行各业都可用,并且都会获得奇迹般的效果。

在经济活动中,商业竞争对手之间不管在技术水平、产品质量、信誉和知名度,还是在经济实力方面,都有高低强弱之分。技术水平低、经济实力弱的企业如果硬碰硬地跟实力雄厚的企业竞争,十有八九要败阵。"围魏救赵"之计的核心,就在于"避实击虚"。企业经营者运用此计,关键在于避开强大的竞争对手,不与之发生正面交锋,而要侧面出击或者绕道进取,捕捉机会,乘虚而入。实际操作上,可以从两方面着手:一是在经营方向上。要在充分调查的基础上,认真分析商品市场的虚实所在。哪些产品市场已经饱和,哪些产品市场缺乏,哪些产品滞销,哪些产品畅销。根据这些情况,预测市场需求趋势,开拓新产品,钻空当,走冷门。二是在市场营销中。商品市场之大,总是有可乘之隙。经营者在产品推销中,要善于面对实际,到市场上去找微小的空白。销售某种产品时,如果遇到某一地方的市场已经饱和,或出现滞销,就要到其他地方去寻找市场。

"围魏救赵"一计用于现实生活中,就是要求你能抓住对手的实质,采取避实击虚、后发制人的技巧,或者说以"佯攻"来造成对方的错觉,信以为真,一旦时机成熟,你就司以与其竞争,以达到对自己有利而对对手不利的目的,从而赢得竞争的最后胜利。中国人为人处世最讲究迂回之术。特别是在与强劲的对手交锋时,迂回的手段高明、精到与否,往往是能否变被动为主动的关键。值得注意的是,实行"迂回"之术,一定要把握好事物变化规律,掌握好切入的时机。

"迂"乃迂回之义,"直"就是如直线般地一通到底。意谓领兵进攻时切勿急于短兵相接,迂回前进反而能快速到达目的地。欲速则不达,亦即这个道理。这是"围魏救赵"之计的一个内涵。

隔岸观火,坐收渔利

阳乖序乱,阴以待逆。暴戾恣睢,其势自毙。顺以动豫,豫顺以动。

——《三十六计·隔岸观火》

【译文】

当敌方内部产生争斗、秩序混乱时,我方应静观以待;敌方内部的反目为仇、厮杀争斗,势必自取灭亡。这就像《周易·豫》中所说的一样:要达到令人喜悦的目的,必须顺应时势,不宜操之过急。

【经典案例】

东汉末年,袁绍兵败身亡,他的几个儿子为争权夺利而展开勾心斗角的争斗。曹操决定用计谋击败袁氏兄弟。

袁尚、袁熙兄弟二人投奔了乌桓,曹操便派兵打败了乌桓。袁氏兄弟只好又去投奔了辽东太守公孙康。诸将向曹操进言,要一鼓作气,平定辽东,捉拿二袁。

曹操听后哈哈大笑,说:你等勿动,公孙康会把二袁的头颅送上门来的。于是,下令班师,开回许昌,静观辽东局势的变化。

公孙康听说二袁来降,心存疑虑。袁家父子一向都有夺取辽东的野心,现在二袁兵败,如同丧家之犬,无处存身,投奔辽东而来,实属迫不得已。此时收留他们,必生后患,而且此举肯定会得罪势力强大的曹操。如果曹操来攻辽东,那只能收留二袁,以利于共同抗击曹军。现在,曹操已经回师许昌,并无进攻辽东之意,收留二袁就有害无益了。于是,他预设伏兵,召见二袁,一举将他们擒住,割下他们的首级,派人送给了曹操。

曹军众将都赞曹操料敌如神,请教原委。

曹操笑着对众将说:"公孙康向来惧怕袁氏吞并他,这次二袁亲自登门请降,他顿生疑心。如果此时我们急于用:兵,反会促成他们合力对抗。此时我们退守而静观其变,反倒会促使他们自相残杀。而这结果,果然不出我的意料。"

【鉴赏】

"隔岸观火"之计的要点是:不介入敌:疗内部互相残杀、自相火并、互相倾轧等激烈

诸子百家——兵家

的矛盾冲突;应坐以静观,相机而动,从中渔利。这与"坐山观虎斗"有相同之处。古人认为,当敌方内部自相倾轧之时,如果随意施加压力,就会适得其反,遭到致命的反击;如果远远避开,那它的矛盾就会更加激化。此计原意是指在河的这边看对岸失火。比喻在别人出现危难时,袖手旁观,待其自毙,以便从中取利。使用此计的先决条件是"火"和"岸":无"火"便无混乱局面可"观",无"岸"相隔作为凭依也有风险。一般在自己不宜出战或无力出战之时,皆可采取"隔岸观火"之策。此计含义有三:一要能坐得住不轻举妄动;二是坐看敌人受损;三是坐收渔人之利。

在生活中,"隔岸观火"是指当那些往往无中生有、搬弄是非的人,当别人发生矛盾冲突、相互争斗时,自己可采用"坐山观虎斗""渔翁得利"的态度。一旦两败俱伤,形势发展有利于自己时,就采取行动,轻易地实现自己的目的。

竞争之道不在于勇,而在于巧。当一群人在一起为一点利益相互较量时,你可以躲在远处,静观事态的变化,从而借机从中捞到一点利益。暂退一旁,不意味着与人无争。真正的竞争高手,总是先看、后想、再行动。

瞒天过海,常见不疑

备周则意怠,常见则不疑。阴在阳之内,不在阳之对。太阳,太阴。

——《三十六计·瞒天过海》

【译文】

防备的十全十美,就容易斗志懈怠;平时司空见惯了的,也就不容易引起怀疑了。秘计就存在于公开化的事物里,而不存在于与公开形式相对立之中。非常公开的往往隐藏着非常机密的。

【经典案例】

公元 589 年,隋朝要大举进攻陈国(公元 557 年,陈率先称帝,国号曰陈)。

战前,隋将贺若弼频繁地对沿江守备部队进行调防,并规定每次调防,都要在历阳(今安徽省和县地区)集结,插上许多旗帜,并在野外搭建很多账幕。

开始,陈国以为隋军就要来进犯,马上便调集了国内的全部兵力进行防范,事后才了解到是隋军的正常调防。于是,便将已经集结的部队又撤了回去。

此后,隋军三番五次地这样搞,陈军渐渐地习以为常了,就不再做什么相应的反映了。

当陈军彻底放松了警惕后,隋军便乘机轻易地过江来,一举攻占了陈国的阵地。

【鉴赏】

瞒天过海,实际上是利用人们对待社会现象的习惯定势。人们对于熟视无睹的现象经常是信而不疑的心理,利用人的错觉,以假象骗人。一般军事上利用人们的这种心理,以假乱真,最后以假代真,达到出其不意的效果。而在商业经营中,也可以假象为基础,达到渔人之利的目的。但此计不同于"掩耳盗铃",那是一种愚蠢的自欺欺人的办法,而瞒天过海则恰恰相反,它是愚弄对方于掌上的高明之策。面对有充分准备的竞争对手,不施奇谋就无法取胜。而隐起真情，制造假象的"瞒天"与出其不意、攻其不备的"过海"，正是为了促成"乘隙潜袭"的良机。

瞒天过海计用在领导艺术方面，就是领导者要善于控制自己积极的工作热情，不要把自己急躁、不安、失落的情绪带到工作中去，而是要引导下属一起跟你"战斗"；如果一有情绪，就流露出来，会弄得下属心绪不宁，无心工作。因此高明的领导者善用"瞒天过海"之计，把委屈、失落掩藏在心头，用热情去激励下属。另外，权势之争的官场，顺风时乘风破浪，逆流时则需竭尽全力。瞒天过海，其目的就是麻痹对手，包羞忍涩之计。一般来说，人们在观察处理世事中，出于对某些事情的习见，自觉不自觉地产生了疏漏和松懈，在这个时候，如果能够隐藏自己的真实意图与力量，以敌手常见的、没有威胁的形象出现，示假而隐真，并在令对手放松警惕之后把握时机出手，往往能出奇制胜。

在现实生活和工作中，瞒天过海计可以说是最常见的，也是应用最广的。在生活中运用"瞒天过海"之计绝对不能恶意骗人，而是在合情合理的范围内，巧妙地"哄"一"哄"对方，暂时延缓激烈的矛盾冲突。"哄"与"遮"是两种最典型不过的方式了。"哄"能把激烈后的矛盾化解掉，"遮"能把问题的严重性暂时挡一挡，等到最佳时机再去处理。每个人都有自己的做人原则，有些人可能喜欢平淡从容，有些人可能喜欢锋芒毕露。我们会发现踏踏实实的人很容易与人相处，而锋芒毕露的人则没有什么太好的人缘。人缘可不是小问题，它的好坏直接影响着你社交的成败。因此要学会瞒住你的聪明。

攻其必救，乖其所之

我欲战，敌虽高垒深沟，不得不与我战者，攻其所必救也。我不欲战，虽画地而守之，敌不得与我战者，乖其所之也。

——《孙子兵法·虚实》

【译文】

我要决战，敌人虽然有高垒深沟，也不得不与我决战，这是由于攻打的是敌方必须救援的地方。我不愿意决战，哪怕是画地为营而固守，敌人却不能与我决战，这是由于反其意而行的结果。

【经典案例】

唐朝自安史之乱后，又陷入了藩镇割据，长期动荡的困境。唐德宗建中二年（公元781年），魏博节度使田悦联合淄青的李纳、成德的李惟岳通谋背叛朝廷，田悦率领三万兵马包围了邢州（今河北邢台）及临洺（今河北京丰东），朝廷命令河东节度使马燧带领步兵和骑兵两万与昭义节度使李抱真、神策行营兵马使李晟共同救援临洺，经过多次交战，在这年十一月，马燧大败田悦军，斩杀数万人，逼迫田悦退兵，从而解除了田悦对邢州的围困。

建中三年（公元782年）正月，田悦向李纳和李惟岳求救。李纳派大将卫俊带领一万兵马救援，李惟岳也派出三千兵前来救援。田悦又召集了被打散的士兵共有二万多人，驻扎在洹水。李纳的军队在田悦军的东面，李惟岳的军队布置在田悦军的西边，三股军队首尾呼应,构成了一字长蛇阵。马燧则率领军队迎战,他见田悦突然有了新生力量,又请求朝廷派兵增援,朝廷遂命令河阳节度使李芃率领河阳军队与马燧会合。唐军会合后渡过漳水,与叛军对峙。当时,唐军粮草严重不足,这一点田悦看得很清楚,所以他采取坚壁不战的办法以对抗唐军。

马燧命令士兵拿足十天的粮食,继续进军,与田悦夹洹水住了下来。

李抱真、李芃问马燧说:"我军粮少反而深入敌人的地区,为什么这样做?"

马燧解释说:"我军粮少,争取速战对我有利,兵法上曾经说:善于作战的人总是使敌人前来就我,不是自己前往就敌。现在田悦、李纳、李惟岳三人的联军首尾相顾,他们的计划是不与我们交战,希望使我军师老兵疲;我们如果分别攻击敌人的左右两翼,兵力太少就未必能击破他们,况且田悦必定救援他们,那样我军腹背受到敌人的夹击,作战一定对我不利。兵法上所谓的进攻就是进攻敌人必定救援的地方,这样敌人就应当出来应战了。我马燧与诸位必定击败他们。"

马燧命令士兵在洹水上造了三座浮桥,每天带一支军队过河挑战,而田悦却不敢应战。这时,李惟岳的兵少,害怕被马燧吞并,遂归入田悦的军营。马燧天天挑战,似乎也激怒了田悦。田悦在军中下令,如果马燧明天继续挑战,就设下万人的伏兵,偷袭马燧。而马燧则命令各支军队在半夜时分就早早开饭,在鸡叫前就击鼓吹号,暗中沿着洹水径直奔向田悦的根据地魏州(今河北大名东北),并且告诫军队说:"得知敌人临近了,我们就要停下来列阵。"又令一百多骑兵击鼓吹号,都留在后面,各自拿好干柴和火种,等待大军都出发完毕以后,他们就应停止击鼓藏匿起来,等候田悦的军队渡过河后,就纵火烧掉浮桥。马燧的大军前进了十作余里后,田悦得知他们是想袭击自己的后方,急忙率领他全部的军队四万多人过桥尾随跟进,一路上顺风纵火,敲锣击鼓地前进。

马燧得知敌人被调动跟了上来,就命令军队停止前进,铲除地上的杂草荆棘,开辟出一块大小有数百余步的战场,列阵等待敌人的到来。马燧从军阵中走出来,又当场招募勇士五千多为前锋。等到田悦的军队赶来后,他们点的火也熄灭了,匆匆追赶了十几里后,田悦的部队开始疲劳气乏,士气低落。马燧不等敌人稳定,就指挥军队冲了上去,田悦的军队大败。在激战中,神策军、昭义军、河阳军都有点抵挡不住敌人,略微后退,但是他们看见马燧的河东军取胜了,也再次发起冲锋,遂全面击败敌人。田悦率领残兵败将急忙向洹水军营撤退,马燧等人挥兵紧追。等田悦来到洹水时,那三个浮桥早已被预先埋伏在那里的唐军烧掉了,田悦的部队立刻大乱。后有追兵,前无进路,叛军纷纷下水过河,结果溺死无数。唐军追上来又斩杀了敌人两万多,俘虏三千多,几乎全军覆没,田悦只带了残兵一千余人逃回了魏州。

马燧对田悦洹水一战,唐军军粮少,希望速战速胜,而田悦得到了增援部队,构成了首尾相应的牢固阵势,不理会马燧的挑战,想拖垮马燧的军队,使其师老兵疲。马燧却做出舍弃田悦不顾、径直去袭击田悦的后方大本营魏州的军事行动,"攻其所必救",使坚壁不战的田悦不得不率领军队尾随唐军,正中了马燧的求速战计谋。结果,一战下来,田悦几乎全军覆没。

诸子百家——兵家

一场战争的爆发,并不仅仅是在某一地点上进行,它往往是在一条线或一个面上全面地展开。从某个点上有所突破,一直是历代兵家在实战中千思百虑的。孙子总是强调抢占战争主动权的重要性。

我要攻克的,敌人不得不与我作战;我不想打的,敌人纵来进攻,我固守却不与之交锋,使敌人对我无可奈何。孙子的这一军事思想对指导战争有其重要的意义。

抛砖引玉,类以诱之

类以诱之,击蒙也。

——《三十六计·抛砖引玉》

【译文】

用类似的事物去诱惑敌方,使之因被蒙骗而受到意外的攻击。

【经典案例】

公元前 700 年,楚国发兵攻打绞国。

楚军行动迅速,很快就兵临绞城,而且气势正旺,绞国自知出城迎战,凶多吉少,便决定坚守城池。

绞城地势险要,易守难攻。楚军多次进攻,均被击退。两军相持一个多月。楚国大夫屈瑕仔细分析了双方的形势,认为绞城只可智取,不可力克。他便向楚王献上一条"以鱼饵钓大鱼"的计策。他说:"攻城不下,不如利而诱之。"

楚王向他详问诱敌之法,屈瑕说:"趁绞城被围月余之机,城中缺少薪柴之时,派些士兵装扮成樵夫上山打柴往回运,这时敌军一定会出来抢夺柴草。头几天,让他们先得些小利,待他们麻痹大意时,就会派大批士兵抢夺柴草,这时,先设伏兵断其后路,然后聚而歼之,乘势夺城。"

楚王担心绞国不会轻易上当。

屈瑕说:"大王请放心,绞国势小且人浮躁,而浮躁则少谋略,易中计。再说,有这样香甜的钓饵,不愁它不上钩。"于是,楚王依计而行,派出一些士兵装扮成樵夫去上山打柴。

绞侯听探子报有樵夫进山打柴的情况,忙问这些樵夫有无楚军保护,探子说,他们是三三两两进山的,并无士兵跟随。绞侯马上布置人马,待"樵夫"背着柴禾出山之时,便突然袭击,果然顺利得手,抓了三十多个"樵夫",抢到不少柴草。一连好几天,果然收获不少。

见有利可图,绞国士兵出城抢夺柴草的,就越来越多了。

楚见敌人已经吞下钓饵,便决定马上捉"大鱼"。到了第六天,绞国士兵仍像以往一样出城劫掠,"樵夫"们见绞军又来了,吓得没命地奔逃,绞国士兵紧紧追赶,不知不觉中被引入楚军的埋伏圈内。只见伏兵四起,杀声震天,绞国士兵哪里抵挡得住,便慌忙败退,却又遇上伏兵,后路也被切断了,绞军死伤惨重。楚军趁机攻城,绞侯方知中计,叫苦不迭,但已无力对抗,只得请降。

【鉴赏】

"抛砖引玉"原意为:用粗浅的、不成熟的意见,引出他人高明的、成熟的意见,以示谦恭之意。此计用在军事上是指用类似的事物去迷惑、诱骗敌人,从而借机取胜的谋略。"抛砖"的目的是"引玉",其关键在于怎样"抛砖"。迷惑敌人的办法很多,最巧妙的办法,不是用似是而非的、容易引起敌人猜疑的办法,而是要用类似的方法:凡是用张设旗帜、擂响战鼓去迷惑敌人的,那是用似是而非的方法;凡是用老弱残兵、军粮柴草去迷惑敌人的,那才是用类似的方法。"抛砖"就是利用敌人爱占便宜的弱点,先给一些甜头,引诱其上钩,慢慢麻痹对方,使其付出更大代价——亦即"引玉"。

这是一种先予后取的策略,己方付出较少代价却得到较多好处;做出较小牺牲,却赢得较大胜利。抛砖引玉,有以小引大,得而不失;有以小换大,得比失多;还有以小抵大,敌人损失比我方多。此谋略使用的范围很广,不受时空限制,小施小效,大施大效。若将"抛砖引玉"作为一种谋人之术,就是指一种以小利谋取大利的诱骗术、掠夺术、谋取术。抛出"砖"后,专等"玉"来,"玉"不来,则使用各种手段索取,或者诱取,或者骗取,或者巧取,或者强抢。但是,使用此术,必须充分了解对手的情况,比如他们的战斗力、心理素质、军需储备情况等等,这样才能有的放矢、发挥出较好的效力。

在商业经营中,抛出一块不值钱的"砖"却能换来一块价值连城的"玉",何乐而不为呢? 善于经营者皆善用此道。以义取利、合小求大,赢得名誉,那么就会在众人心中留下美好的印象,最终获得巨大的经济效益。"抛砖引玉"的关键在于要精打细算,若能算准,可谓一本万利,若算不准可能血本无归。好利是人的本性,商业经营中,要想达到自己的商业目的,不抛点东西出去,是不会吸引很多人的注意的。于是我们便会经常看到商家搞的。销售大酬宾""赔本大甩卖""买一赠一"等诱人的活动。这可以说是现代商业经营对"抛砖引玉"最经典的诠释。表面上看,抛出去的一些东西,是一种损失,但从长远看,它实则是一种赢法。顾客因此而得到了实惠,商家也因此而留住了大量的顾客,实现了商业利润的最大化。

"抛砖引玉"之计用在为人处世上时,就是要先给对方一点甜头,以便让自己得到更大利益。聪明的人总是在恰当的时机给对方一些好处,你给时可能很自然、很顺手,不费一点力气,而对方却会感恩戴德。当然,人际交往中的"抛砖",必须是让对方真正感动的"砖"。如果对方根本不需要这种"砖",则你抛得再多也是白抛。所以,"抛砖"时,须知人知时,拿捏好火候,以免"砖"抛出去,"玉"没有引来,反倒砸了自己的脚。

藏于九地,动于九天

善守者,藏于九地之下。善攻者,动于九天之上。

——《孙子兵法·形》

【译文】

善于防守的人，像藏于深不可知的地下一样，使敌人无形可窥。善于进攻的人，像行动于高不可测的天上一样，使敌人无从防备。

【经典案例】

汉朝时的公元前154年，吴、楚等七个诸侯王发动叛乱。汉景帝命周亚夫为将，率军向东进击吴、楚联军。

此时，吴国军队正在攻打不肯叛乱的梁国，梁国地处吴、楚联军西进而夺取关中的必经之地。

周亚夫针对楚军凶悍、吴军精锐的实际情况，决定暂时采取"藏于九地"的防守原则。他以梁国为诱饵，迟滞、消耗敌军，而汉军主力则据守昌邑要地，进行决战的准备。

周亚夫率军进至昌邑后，即高悬"免战牌"，命令部队坚守不战。吴楚联军多次前来挑战，亦不为所动。

此时，梁王派遣使者请求周亚夫增援，周亚夫从大局出发，派出精锐轻骑兵袭击吴、楚后方，切断了其运粮道路，从而使敌人陷入绝粮力疲的困境，最后不得不引兵后撤。

周亚夫见吴楚联军已经疲惫，粮食断绝而陷入困境，认为决战时机已到。于是，他立即亲率大军猛烈追击，终于大败吴、楚联军，取得了平定七国叛乱战争的决定性胜利。

周亚夫

【鉴赏】

"藏于九地，动于九天"是孙子提出的战争防守和进攻的基本原则。"藏于九地"就是要做到"待敌可胜"中的"先为不可胜"，使自己首先立于不败之地。它与"动于九天"一起，构成了战争中防与攻的一对基本矛盾。它们相互区别、相互联系、相互渗透，又在一定条件下相互转化，不过其侧重点有所不同罢了。九地，形容极深的地下。善于防守的人把军队隐蔽起来，像藏于深不可测的地下一样，使敌人无迹可寻。纵然有疑兵出现，也没有反应；即使有"饵兵"引诱，也不会出击。防守是在己方力量弱小时不得不采用的一种作战形式，但它并不是消极、被动的。一旦时机成熟，深藏之军就会如猛虎下山，在猛烈的进攻中灭敌于不意之中。因此，"藏于九地"的真谛是符合积极防御战略思想的。

"动于九天"是说善于进攻的军队，行动如在高不可测的云天之上，使敌方无法探知虚实，而我方则可寻机而动，出敌不意获得成功。一般而言，进攻是一种主动的作战形式，进攻者可以自主地选择攻击时间、地点、方式和手段，但这并不是说，进攻者就一定占据优势,如果对据山河要塞的戒备之敌也贸然进攻,则往往会不知其所攻而受挫。因此,孙子提出"善攻者,动于九天之上"。要达到这一点,关键在于保持攻击的突然性和速度的迅捷性。或集中优势兵力,先发制人;或以各种伪装佯动,欺骗蒙蔽敌军,造成敌人的错觉;或利用天时、地利、空间和新奇的战术,在敌人失去戒备的地点与时间,给敌人以突然打击。

实战中运用"藏于九地,动于九天"的谋略,常能转守为攻,反败为胜。把它运用到非军事领域,也往往能收到奇效。

四、攻守的谋略——进攻与退守

攻其不备,出其不意

威王曰:"以一击十,有道乎?"
孙子曰:"有。攻其无备,出其不意。"

——《孙膑兵法·威王问》

【译文】

威王问兵法于孙膑说:"如果敌方兵力雄厚,甚至数倍于我方,我方还有取胜的可能吗?"

孙膑回答说:"有啊。在这种情形下,就要攻击敌方没有防备的地方,在敌人意想不到的情况下采取行动。"

【经典案例】

唐玄宗时,安禄山起兵造反。叛军一路杀来,使洛阳吃紧,江淮告急,唐王朝陷入岌岌可危的境地。

这时,真源县(今河南鹿邑)县令张巡,不畏强敌,挺身而出,聚集了不足两千人马,据守雍丘城(今河南杞县)奋勇抗敌。而敌方叛将令狐潮拥有四万人马,力量对比十分悬殊。但是,由于城中军民同心协力,叛军连日攻城竟未能成功。

张巡与部下分析:叛军知道我城中虚实,轻视我军,我若能够出其不意地发动攻击,可使敌人惊慌溃逃,再乘势追击,敌人必定损失惨重。于是,张巡便分兵千人登城守卫,自己带领部队分数路杀出城,直逼令狐潮军,令狐潮军措手不及,惊慌溃逃,损失果然惨重。不久,令狐潮凭其兵多将广,又多次前来攻城。时间一长,张巡的箭镞已消耗殆尽,情况十分危急。

怎么办? 张巡思索良久,计上心来。依然决定运用"出其不意"的方法骗取敌箭。他令部队割来蒿草,扎了一千多个草人,套上黑衣,在夜晚用绳子系着往城下放。令狐潮的士兵在远处看不真切,以为城中守兵突围,便万箭齐发,向草人射去。这样连续几次,叛军才发觉受骗。张巡以草人得箭数十万支。之后,张巡又趁夜暗从城上坠放草人,敌军见此情景都暗自发笑,以为又是骗箭之计,就不予理睬了。

于是，张巡决定再运用"出其不意"的方法打击敌人。就在敌人对城上坠放草人之事已习以为常时，张巡挑选了500名精兵组成"敢死队"，身穿黑衣，又乘夜暗从城上而下。当敌人还未完全清醒过来时，500名勇士早已奋勇杀入敌营，乘乱点燃了营寨。敌军猝不及防，大败而走。令狐潮恼羞成怒，又增兵围攻雍丘。

此时，城内的烧柴、饮水已用光，张巡便欺诈敌军说，只要令狐潮军后撤60里，以保证安全，我方即可撤离此城。令狐潮又未识破其计，就同意了。张巡迅速率部队出城30里，拆掉当地房屋，取走木料之后，又返回雍丘城加强守备。

令狐潮大怒，把雍丘又团团包围起来。张巡镇静地对令狐潮说：你需要这个县，就送30匹马来，我就让出此城。令狐潮又信以为真，果真送去骏马30匹。张巡将马分给了勇敢的部将，要求等叛军来时，每人要擒一名敌将。第二天，令狐潮责问张巡为什么还不走？张巡回答说："我要走，将士不听，怎么办呢？"令狐潮十分恼怒，准备攻城。还没等他摆好阵势，张巡的骑将又出其不意地冲杀出来，擒得敌将14名，斩敌士卒一百多人，缴获了一批器械和牛马。令狐潮围攻雍丘四个多月，损兵折将，毫无进展，最后领残兵退到陈留，不再应战。

张巡之所以能在兵临城下、众寡悬殊的情况下连连获胜，其中一个重要的原因，就是他屡施"出其不意"的战术，不断诱使敌人判断失误、行动失策，而后抓住有利战机，一举破敌成功。

【鉴赏】

"攻其不备，出其不意"是孙膑在《孙膑兵法》中着重提出的重要进攻原则。运用这一谋略，做到出敌不意，必须注意隐蔽自己的作战意图，把握对方的虚实，抓住对方的思维空隙，保持自己行动的突然性，才能使敌人措手不及。如果自己一方的行动全在对方意料之中，也就无法做到出其不意。因此，古今中外许多有作为的军事家，都十分善于巧妙地抓住战机，出其不意地获胜。

在军事以外的政治、商业经营和生活中要运用这一谋略取胜，也是如此。

假道伐虢，有言不信

两大之间，敌胁以从，我假以势。困，有言不信。

——《三十六计·假道伐虢》

【译文】

处在两大敌对强国中间的国家，当敌方以武力胁迫他屈从时，我方凭借强势，许诺要前去救援，处在这样困境中的国家能不相信吗？这是从《周易·困》的卦辞"困，有言不信"中悟出的道理。

【经典案例】

公元前658年，晋国大夫荀息建议晋献公，用本地有名的良马和美玉，赠送给虞国君主，以借其道路进兵去攻打虢国。

晋献公有些舍不得,对荀息说:"这都是我国的珍宝,不能这样做吧?"

荀息说:"如果以此微利能实现向虞国借到进兵的道路,这些珍宝如同暂藏在外面府库中一样,是丢失不了的。"

晋献公又说:"虞国有个忠臣宫之奇,他一定会阻拦这件事的。"

荀息说:"宫之奇这个人很懦弱,不会强力规劝的,况且他从小在虞公身边长大,虞公把他当作亲昵的人看待,即使劝阻,虞公也不会听他的。"

晋献公觉得有理,便派荀息向虞国借道。荀息到了虞国先吹捧了虞公一通,又送上名贵礼物,虞公乐不可支,不仅答应允许晋军借虞国之路去攻打虢国,还主动提出虞国准备发兵充当先头部队去攻打虢国。宫之奇竭力劝阻,然而,正如荀息所料,虞公置之不理。夏天,晋国令里克、荀息率大军在虞军配合下攻打虢国,很快占领了虢国的国都下阳。

公元前655年,晋献公又向虞国借路进攻虢国。宫之奇再次劝阻,虞公还是坚持不听,又借路给晋国进攻虢国。这一年的八月,晋国派兵围攻虢国迁移后的国都上阳。十二月,晋国终于消灭了虢国。

晋军回师,驻军于虞国。乘其不备,发动突然袭击,轻而易举把虞国也消灭了。

【鉴赏】

"假道伐虢"又做"假途伐虢",其意为借路。《左传·僖公二年》:"晋荀息请以屈产之乘,与垂棘之璧,假道于虞以伐虢。"所以说,他属于军事征伐的另一种类型。

古人认为,向一个国家借道出兵的举动,不是靠花言巧语就能骗成的。这个国家必须处于这样的形势下:不是受到一方的威胁,就是受到双方的夹击。在这种情况下,如果敌人以武力相威胁,那么,我方则应以不侵犯其利益为诱饵,利用它的侥幸图存的心理,立即把力量扩展进去,以控制全局。这样一来,其国势必失去自主权,所以,未经战争就能将其全部控制。

兵贵神速,攻其不戒

兵之情主速,乘人之不及,由不虞之道,攻其所不戒也。

——《孙子兵法·九地》

【译文】

用兵之理,贵在神速,乘敌人措手不及的时机,走敌人意料不到的道路,攻击敌人不加戒备的地方。

【经典案例】

三国时期的公元227年,魏国的新城太守孟达,秘密联结蜀国和吴国而谋反。

屯兵于宛城的魏军都督司马懿得到这一情报后准备征讨,但是按照朝廷的规定,没有得到皇帝的授权是不能起兵的。当时如果派人禀报魏主,从司马懿驻军地宛城到达皇城洛阳往返有1600里的路程,需走半个多月的时间。待领回旨意后,再发兵往谋反处又有1200里的路程,也需走十几天。这样算来,司马懿军到达孟达处就需要一个月的时间。

司马懿找来粮草官,仔细询问了军中的粮草问题。粮草官说仅够支撑一个月的,也就是接到朝廷旨意后,再领兵到达新城也就没有粮草可用了。然而据得到的情报,孟达的屯粮充足,可用一年。当司马懿分析了这些情况后,认为"兵情主速",不能等到朝廷旨意来后再举兵平叛,而应同时进行,即一面举兵,一面向洛阳禀报求旨平叛。

于是,司马懿立即传令:火速发兵朝谋反处疾进,两天的路程并作一天走。最后司马懿的军队只用了八天时间就到了谋反地点。

而叛将孟达同司马懿所计算的时间基本一样,他也以为司马懿最快也要一个月才能到达,所以正以缓慢的速度进行着战备。当司马懿率军突然到达城下时,城池因工事还未修完,在司马懿军强行攻击下,无防可守。结果司马懿仅用了十六天时间,就全歼了孟达之军,孟达本人也被乱军所杀。一场叛乱,就在萌芽阶段被平息了。

【鉴赏】

以快制胜是战争中取胜的永恒法则,"兵情主速"也是兵家重要的战术手段。在现代高技术条件下,这一谋略更是大有用武之地。战争中的反应速度和实战速度是决定战争胜败的关键性问题,战争双方谁的速度快,谁就占据战争的主动权,相反,谁反应得迟缓,谁就会被动挨打,处于被歼灭的危险境地。

用兵作战,只有行动迅速、果敢,才能有效地防止泄密,在敌人没有防备的情况下迅速夺取战争的胜利。俄国著名军事统帅苏沃洛夫把军队的迅速机动和闪电般的冲击,说成是战争灵魂——"一分钟决定战斗结局,一小时决定战局胜负,一天决定国家的命运!"因此,在战争中,速度越来越明显地成为战争的属性了。时间就是胜利,也早已成为兵家所认真崇奉的重要原则。

在现代商业活动中,快速搜集情报、快速传递信息、快速更新产品、快速周转货物、快速投入市场,是商业竞争制胜的重要因素。一个"陕"字,道出了个中奥妙。对于企业生产而言,坚持"丘情主速"的原则也很重要。企业经营者针对各种现实情况,及时做出反应,尽快拿出适销对路的产品,并迅速投放市场,必将使企业迎来一个个新的高潮。

时间就是金钱,速度就是效益,这已是社会共识。一旦瞄准了行情,就要雷厉风行,"该出手时就出手"。否则,贻误战机,终将失败。正如《孙子兵法》所说,要"乘人之不及,由不虞之道,攻其所不戒也"。

敌兵强众,不可以战

将多兵众,不可以敌,使其自累,以杀其势。在师中吉,承天宠也。

——《三十六计·连环计》

【译文】

敌方将多兵众,力量强大,我方万不可与之死拼,应当施用计谋使它受到牵累,借以削弱他的强势。这就像《周易·师》中所说的:将帅用兵得当,就如同有天神相助一样。

【经典案例】

大宋朝政昏庸,国力衰败,在北方兴起的金国就屡次南侵。为抗击侵略,宋朝将领毕再遇,曾巧施连环计,打了一场漂亮仗。

金国大军来袭,毕再遇经过认真分析认为:金兵强悍,骑兵尤其勇猛。在这种形势下,如果与敌正面交锋,定会给己方造成重大的伤亡,要付出沉重的代价,且难以取胜。所以,他主张用兵交战时,要抓住敌人的致命弱点,设法钳制敌人,寻找良好战机,一举取胜。

一次,与金兵遭遇,他命令部队不得与敌正面交锋,可采取游击流动战术。敌人前进,他就命令队伍后撤,待敌人刚刚安顿下来,他则下令出击,等金兵全力反击时,他又率部逃得无影无踪。就这样,退退进进,打打停停,神出鬼没,把金兵搞得疲惫不堪。金兵想打又打不着,想摆脱又摆脱不掉。

到了夜晚,金兵人困马乏,正准备回营休息。毕再遇命人准备了许多用香料煮好的黑豆,偷偷地撒在阵地上。然后,又突然袭击金兵。金军无奈,只得尽力反击。毕再遇率部与金军战不几时,又全军败退下来。金军气愤至极,就乘胜追击。谁知,金军的战马一天来,东追西跑,又渴又饿,正在这时,闻到地上那香喷喷的味道,用嘴一探,才知道那是可以填饱肚子的粮食发出的香气。战马便一口一口地只顾抢着吃,任你用鞭抽打,死活不肯迈步。就这样,金军调不动战马,在黑夜中,一时没了主意,显得十分混乱。

毕再遇这时调集全部兵力,从四面包抄过来,直杀得金军人仰马翻,尸横遍野。

毕再遇巧施连环计,打了一次大胜仗。

【鉴赏】

"连环计"是指一次连续施用两个以上的计谋胜敌的谋略。它是使敌人行动不灵并自相钳制,然后,再运用围歼的谋略。前计为累敌之计,后计为攻敌之计,两计结合运用,任何强敌都将被击败。《兵法圆机·迭》中说:"大凡用计者,非一计之可孤行,必有数计以勷之也。以数计勷一计,由千百计练数计,数计熟,则法生若间中者,偶也。适胜者,遇也。故善用兵者,行计务实施,运巧必防损,立谋虑中变,命将杜违制。此策阻而彼策生,一端抑而数端起,前未行而后复具;百计迭出,算无遗策。虽智将强敌,可立制也。"可见,在实战中,常常数计并用。

全师避敌,走为上计

全师避敌,左次无咎,未失常也。

——《三十六计·走为上计》

【译文】

为了保存全军的实力,实行撤退,这没有什么罪过,因为它并没有违背用兵的常道。

【经典案例】

春秋初期,楚国日益强盛,楚将子玉率师攻打晋国。同时,楚国还胁迫陈、蔡、郑、许四个小国出兵,配合作战。这时,晋国的晋文公刚攻下依附楚国的曹国,深知晋、楚之战不可避免,也有所防备。

子玉率部浩浩荡荡向晋国进发,晋文公闻讯后,分析了形势。他对这次战争的胜败没有把握,认为楚强晋弱,且敌势汹汹。于是,他决定暂时后退,以避其锋芒。

晋文公对外假意说:"当年我被迫流亡,楚国先君对我以礼相待。我曾同他有过约定,将来如我能返回晋国,愿意两国修好。如果迫不得已,两国交兵,我一定要退避三舍。现在,子玉伐我,我当实行诺言,先退三合(当时一合为三十里)。"

于是,他便率部后退九十里,旁依黄河,背靠太行山,统兵御敌。还事先派人前往秦国和齐国求援。

子玉率部追到城濮(今河南省开封市陈留附近),晋文公早已严阵以待。晋文公了解楚国的左、中、右三军,以右军最为薄弱,右军前头为陈、蔡两国的士兵,他们本是被胁迫而来,并无斗志。大战开始了,子玉命令左、右军先进,中军继之。楚右军直扑晋军而来,晋军忽然撤退,陈、蔡的将领以为晋军因惧怕而要逃跑,就紧追不舍。忽然晋军中杀出一支队伍,驾车的马头上都蒙上老虎皮。陈、蔡军的战马以为是真老虎,被吓得乱蹦乱跳,掉头就跑,士兵哪里控制得住。楚右军大败。

晋文公派士兵假扮陈、蔡士兵,向子玉报捷:"右师已胜,元帅赶快进兵。"子玉登车远望,只见晋军后方烟尘滚滚,他大笑道:"晋军果然不堪一击。"

其实,这正是晋军的诱敌之计,这是他们在马后绑上树枝,来回奔跑,故意弄得烟尘冲天而制造出的假象。子玉急命左军奋力前进。而这时,晋国的中军故意打着帅旗,往后撤退。结果,楚左军又陷于晋国的伏击圈内,遭到歼灭。待子玉率中军赶到,晋军三军合力,已把子玉团团围住。子玉这才发现,他的左、右两军都已被歼,自己也深陷重围中。于是,子玉便急令突围。虽然他在勇将的护卫下,逃了性命,但部队伤亡惨重,只好悻悻而归。

这个故事中的晋文公的几次撤退,都不是消极逃跑,而是主动退却,其目的是为了寻找或制造战机。所以,"走"为上策。

【鉴赏】

"走为上计"又作"走为上""走为上着"。其意为:在敌我力量对比相差悬殊的不利形势下,采取主动而有计划的退却,以避开强敌,重新寻找战机,从而以退为进。这在计谋中,也应看作上策,因为世上没有常胜将军。《南齐书·王敬则传》中有:"檀公三十六策,走为上计。"《孙子兵法·虚实》中也说:"退不可追者,速不可及也。"

当敌军占有绝对优势,而我方毫无战胜的可能之时,其出路只有投降、媾和、退却这三条路可供选择。投降是彻底失败,媾和是一半失败,而退却与失败却根本不同,而是转败为胜的关键之所在。

始如处女，后如脱兔

始如处女，敌人开户。后如脱兔，敌不及拒。

——《孙子兵法·九地》

【译文】

开始要像处女一样沉静，使敌人放松戒备。然后像脱逃了的兔子一样迅速行动，使敌人来不及抗拒。

【经典案例】

唐高宗时，西突厥可汗都支及李遮匐勾结吐蕃造反，逼近安西。

唐朝要发兵征讨，大臣裴行俭建议说："吐蕃叛乱，干戈未息，现今波斯王去世，他的儿子泥涅师在京城押作人质，以致群龙无首。依我之见，还是差使节到波斯去册立泥涅师为王，途经西突厥时见机行事，或许可平息叛乱。"唐高宗听从了裴行俭的话，命他将封册送交波斯王。

裴行俭领命后，经过一番准备，马上就起程了。他们一行来到了西州，当地人夹道欢迎裴行俭。裴行俭在这里招收了豪杰子弟一千多人，继续向西行进。时值盛暑，他对部下说："现在天气实在太炎热了，等到了秋天天气凉快一点，我们再继续前进。"于是，便找了靠近水源的地方，安营扎寨，就地休息。

都支一直都在窥探着裴行俭的一举一动，探听到这一消息，以为裴行俭要等天气凉快后才进攻，也就放松了防御的准备。裴行俭召集安西四镇诸蕃的酋长豪杰，对他们说："我过去曾来过此地，我想重温一下过去的时光，找一些人陪我再去打打猎，谁愿陪我去？"这时，蕃酋子弟竟有一万多人愿意陪同前往。

不几天，裴行俭就召集并整顿好了人马。不过不是去打猎，而是以打猎为名，向都支部落进发。离都支部落十余里的地方，裴行俭派人向都支问安，看起来并不像讨伐他们的样子。后又派人去召见都支。都支得知裴行俭到来的消息十分惊诧，他原与遮匐商量好了，等秋天时，双方联合起来同裴行俭的军队作战。现在突然听说裴行俭的军队已经兵临城下，都支一时竟不知如何是好。在这样的局势下，反抗已无济于事了。裴行俭兵不血刃，就这样轻而易举地擒获了都支等人。

经过工作，都支愿意归顺唐朝。于是，裴行俭又让都支传出令箭，把各部酋长招来，一网打尽，然后乘胜前进。途中，他们正好碰上遮匐派往都支部落商议联合作战的使节。裴行俭让他们告诉遮匐，都支已束手就擒归顺朝廷了，希望他们也放下武器，归顺唐朝。遮匐看到自己势单力孤，不是唐军的对手，就乖乖地投降了。

裴行俭奉命平叛，运用"始如处女"的谋略，兵不血刃地获得了成功。运用这一谋略，必须后发制人，要沉着、冷静，掌握好攻击时机，使自己的反击切中要害。

【鉴赏】

"始如处女"是一个作战行动开始时要沉静稳重的惑敌谋略。它同"后如脱兔"一

諸子百家——兵家

起,构成了一个完整的攻防相互配合、前后相互统一的歼敌谋略。在战争开始之前,我方要像处女那样沉静,诱使敌人松懈戒备,暴露弱点;当战争展开后,要像逃脱的野兔一样迅速行动,使敌人措手不及,无暇抵抗。显然,二者的侧重点有所区别。"始如处女"重在开始时的沉稳,带有一定的防守意味,因此可以迷惑和麻痹对方,便于我方行动。但这并不是说这一谋略就只"防"不"攻",而是说开始时要在重点弄清对方情况后,再接着展开攻击。

"后如脱兔"重在战争展开后的行动一定要迅速勇猛,使敌人来不及抗拒。但这并不是说这一谋略就只"攻"不"防",而是说在先弄清对方情况再进行攻击时,一定要快速、准确、勇猛。

旗鼓相当,为之奈何

齐威王问用兵孙子,曰:"两军相当,两将相望,皆坚而固,莫敢先举,为之奈何?"

孙子答曰:"以轻卒尝之,贱而勇者将之,期于北,毋期于得。为之微阵以触其侧。是谓大得。"

——《孙膑兵法·威王问》

【译文】

齐威王问用兵的道理于孙膑,说:"如若两军兵力相当,两军之将对峙相望,而且又都是攻守兼备的精锐之师,此时陷于谁也不敢轻举妄动的境地,怎么办才好呢?"

孙膑回答说:"可以派很小一部分兵力试探进攻,用非重将但勇敢的人率领,要有败的准备,不要期望取胜。而以大部分隐蔽的兵力袭击出战敌军的两侧,一定能取得大的胜利。"

【经典案例】

东汉末年,天下大乱,各地军阀纷纷割据混战。关中的各位将领如马腾(即马超之父)、韩遂等各拥兵争强。曹操派钟繇镇守关中,节制各路兵马。汉献帝建安十六年(公元211年),曹操对中原地区已经有了绝对的优势,准备对汉中的张鲁用兵。这年三月,曹操派钟繇讨伐张鲁,又派夏侯渊等从河东进发与钟繇会合。

当时,关中诸将马超、韩遂、杨秋等见钟繇开始发兵,怀疑他要袭击自己,就发动叛乱,控制了关中。曹操任命曹仁领兵征伐,马超等人率领军队屯驻在潼关,阻挡曹军。曹操得知部队受阻,就命各位将领说:"关西的兵卒十分强悍,你们应坚壁固守,不要与他们交战。"曹仁的部队就与马超对峙在潼关。

这年七月,曹操亲自率领大军前去讨伐,来到潼关与马超对峙。对峙不是曹操的目的,他想彻底消灭马超等人,以平定关中。如何先将兵马渡过黄河去,就成了曹操面临的第一要务。

曹操问计于徐晃,徐晃说:"您在这里摆出强大的兵势,敌人却不派兵驻守蒲阪,这就知道敌人是有勇无谋。现在请您给我一支精兵,我从蒲坂津渡过河去,作为先头部队,从里面截击敌人,敌人就能被我们擒获了。"

曹操对此深以为是。于是,曹操每天向马超挑战,却暗中派徐晃、朱灵等带领步骑精兵四千在夜里从蒲阪津(黄河古渡口,为历代兵家必争之地,今山西永济西蒲州)渡过黄河,在黄河西岸安营扎寨。有了这支奇兵后,曹操随即率领部队从潼关以北渡河,就在曹操还没有上船渡河的时候,马超率领军队赶来阻击。曹军匆忙应战,因无思想准备,一时间手忙脚乱,难以抵挡。就在紧急关头,渭南县令丁斐忙赶出许多牛马用以诱惑马超的军队。结果,马超的军队看见大批的牛马后,自乱军阵,纷纷抢夺牛马,曹操则乘机过了黄河。

曹操过河后命令部队沿河修建甬道慢慢向南推进。马超等人见曹军已经过河,并且修建了工事,就发动了几次攻击,见曹军并不应战,自知难以取胜,就后退到渭水河口,组织防御。曹操用兵向来多智谋,他布下许多疑兵迷惑敌方,同时暗中派兵进入渭水,架设浮桥,并在夜里派一支部队渡过河去,在渭水的南岸扎营。曹操的攻势可以说是咄咄逼人。马超见曹军分散在渭水两岸,认为有机可乘,在第二天夜里就偷袭渭水南岸的曹军。而曹操已经预料到马超会来偷袭,就在军营附近布下许多伏兵,专等马超的袭击。结果马超偷袭时被曹操打得大败。

最后,曹操又使用离间计破坏马超等人之间的关系,使关中各将领间出现了矛盾,然后将其一一击破,平定了关中。

【鉴赏】

在各类兵书中,直接阐述攻防战法的很少,因为战争事态千变万化,情形各种各样,为了避免出错,各兵家都只讲谋略,但孙膑除外。如果说《孙子兵法》是兵家谋略的指导书,那么,《孙膑兵法》就是一本实战指导手册。

《孙膑兵法·威王问》中所说的情形,在古今中外战争史上屡见不鲜,以我们这些普通大众而言,旗鼓相当的两军相对时,进不能必胜,退不能保全身,实在是令人头疼的问题。而孙膑寥寥数语,就简单清楚地教给我们一个取胜之道。这一简单有效的战术,不仅在战争中可以直接引用,在现代社会竞争中,同样有我们可以借鉴学习的地方。

乱而取之,利而诱之

乱而取之、实而备之、强而避之、怒而挠之、卑而骄之、佚而劳之、亲而离之、利而诱之。

——《孙子兵法·计》

【译文】

对于内部有乱的敌人,就要设法攻取;对于实力雄厚的敌人,就要谨慎地防备;对于强大的敌人,就要小心地避开;对于易怒的敌人,就要不断地骚扰挑逗;对于鄙视我方的敌人,就要使其更骄傲;对于休整得充分的敌人,就要设法使其疲劳;对于内部紧密团结的敌人,就要谋划离间;对于贪利的敌人,就要用小利引诱。

明朝末年,李自成领导的起义军攻陷了北京城,崇祯皇帝逃到万寿山上吊自尽了。李自成建立大顺,当上了皇帝。整个起义军上上下下都认为"大功告成",便都飘飘然、昏昏然起来,在京城内到处抄没明朝高官的宅院,抢掠富贵人家的财宝,搞得人心惶惶,鸡犬不宁。而对近在咫尺的明朝驻山海关总兵吴三桂和一直觊觎关内大好山河的清兵,缺少必要的防范。更有甚者,李自成听信谗言,错杀了智勇兼备、屡立大功的大将李岩;大顺丞相牛金星将吴三桂的父亲关押起来,威逼吴三桂投降;大将刘宗敏强占了吴三桂的爱妾陈圆圆……混乱的局面使问题更加复杂起来。

吴三桂是明朝名将,统领十万兵马镇守山海关一线,抵御清兵。此时得知父亲被关押,爱妾被人霸占,本一心想投降大顺的心彻底乱了方寸,冲冠一怒,拍案而起,将已经写好的投降书撕得粉碎,决心与大顺政权势不两立。吴三桂一边操练兵马,准备回师讨伐,一边暗中进行谋划和部署。吴三桂知道李自成有四十多万人马,猛将如云,谋士如雨,而自己只有十万兵力,未必能打得赢。况且,身后的宿敌——清军,也一直虎视眈眈地欲找到机会置自己于死地。被仇恨煎熬的吴三桂失去了理智,把救助的目光瞄向了清军,欲联合清军攻打大顺,他已顾不上考虑家仇私恨和国家大义孰轻孰重了。

当时,清顺治帝年幼,一切军国大事都由摄政王多尔衮定夺。多尔衮见中原烽火不断,明王朝与起义军正在火并,早想来个浑水摸鱼,趁机取利,无奈吴三桂大军把持要害,一直不能如愿。这时得知吴三桂欲归顺自己,要借兵攻打大顺,心中大喜,立即应允,两人商定了具体计划,由吴三桂以为明朝崇祯帝报仇的名义,先行发兵,向南进攻起义军。

李自成听说吴三桂起兵的消息还是不以为然,他以为那不过是一些残兵败将,不足为虑,并坚持要亲自统率大军征伐。两军相遇,双方进行了激烈的搏杀。战斗正酣,突然一声炮响,从吴三桂军队的侧翼杀出大批人马。原来是多尔衮设的伏兵,趁两军都打得筋疲力尽之际,猛然出击,猝不及防的农民军大败而退。吴三桂军与清军合并一起,乘胜追击,几天之间就直捣京都,李自成弃城西逃,清军占据京城后,以追剿农民起义军为名,继续南下,终于如愿入主中原了。

【鉴赏】

"乱而取之"是指:选择敌方发生混乱,或者乘敌方发生内乱之时,乘机攻取它。因为敌方发生危难之时发起进攻,往往更容易得手。运用这一谋略,不仅要善于抓住客观存在的"乱"机,而且还可以智慧地主动制造有利于己的"乱"机,以达到自己的目的。这种策略在战争中屡见不鲜,同时,它在政治、经济和其他领域里,也经常被人们广泛使用。

"强而避之"则强调对于强大的敌人,不可以蛮干强攻,而要暂时避开它。"避"并非一味地逃跑,要避敌锐气,蓄己盈待敌竭,然后伺机取胜。从而实现由劣势到优势,从被动到主动的转变。

"怒而挠之"是根据人的心理特点而运用的谋略。人都有自尊、好胜之心,一旦遭到他人侮辱、挑逗的刺激,情绪就会受到干扰,进而失去理智变得轻举妄动。因此,把握"怒而挠之"的谋略,一方面自己不能随便发怒,以防失去理智而上当;另一方面,当对手易怒时,就尽量去刺激他,使其失去理智而犯错,达到取胜的目的。

争斗总是围绕一定的利益而进行的。因此,"利而诱之"谋略应用在作战过程中屡见不鲜。不过,这一谋略的有效实施,是有条件的。对贪利者,可引诱其上钩;对不贪不愚之辈,则难奏效。但是,任何参战的双方莫不为利,聪明的将帅总能设法诱敌上当。

在现实生活中,这一谋略也被各个领域的人们广泛使用着。商业经营中,大多数消费者对商品的价格极为敏感,甚至超出了对商品质量与性能的关注。商家的"利诱"就是从这开始的。他们有效地利用这一消费心理就可以创造无尽的财富。如果你是商家,就去制定各式各样的、确实能让消费者得到实惠的"诱饵",保你赚个钵满盆盈;如果你是消费者,就要注意商家设下的圈套。要注重商品的质量,而勿受"小利"之诱。

顺手牵羊,乘机取利

微隙在所必乘;微利在所必得。少阴,少阳。

——《三十六计·顺手牵羊》

【译文】

对敌人的微小的纰漏,必须及时加以利用:对敌人"给予"的极小良机,也要力求获取。变敌方小的疏漏,为我方小的战果。

【经典案例】

公元 383 年,前秦统一了黄河流域,势力强大。前秦王苻坚坐镇项城(在今河南省沈丘),调集九十万大军,打算一举歼灭东晋。

他派其弟苻融为先锋攻下了寿阳(在今安徽省寿县),初战告捷。苻融判断东晋兵力不多,并且严重缺粮,建议苻坚迅速进攻东晋。苻坚闻讯,不等大军齐集,便立即率几千骑兵赶到寿阳。

东晋将领谢石得知前秦百万大军尚未齐集,决定抓住时机,击败敌方前锋,挫其锐气。谢石先派勇将刘牢之率精兵五万,强渡洛涧,杀了前秦守将梁成。刘牢之乘胜追击,重创前秦军。谢石率师渡过洛涧,顺淮河而上,抵达淝水一带,驻扎在八公山边(在今安徽省淮南市西),与驻扎在寿阳的前秦军隔岸对峙。苻坚见东晋军阵势严整,便立即命令坚守河岸,等待后续部

苻坚

队。谢石感到敌兵势力强大,只能趁其未全速战速决。于是,决定用激将法激怒骄狂的苻坚。他派人送去一封信,称:我要与你一决雌雄,如果你不敢应战,还是趁早投降为好。如果你有胆量与我决战,你就暂退一箭之地,让我过河与你一比高低。

苻坚看信后大怒不已,决定暂退一箭之地,待东晋军队渡到河中间时,再回兵出击,

诸子百家——兵家

将东晋兵全歼于水中。但他哪里料到此时前秦军士气低落，撤军令一下达，便顿时大乱。秦兵争先恐后，乱作一团，怨声四起。这时指挥已经失灵，几次下令停止退却，但如潮水般撤退的人马已成溃败之势。

这时，谢石指挥东晋军队，迅速渡河，乘敌大乱之际，奋力搏杀。前秦的先锋苻融被杀死在乱军之中，苻坚也中箭受伤，慌忙逃回洛阳。前秦大败。

在这次淝水之战中，东晋军抓住战机，运用"顺手牵羊"计谋，乘虚取胜，创造了我国古代战争史上以弱胜强的一个著名战例。

【鉴赏】

"顺手牵羊"用在政治上是指抓住有利时机，窃取别人的利益，"牵"要牵得漂亮，要不带一点痕迹，要因利乘便，顺势而得。当然，运用"顺手牵羊"计，要通盘慎择，切勿因小失大，得不偿失。值得注意的是，政治环境异常复杂，情况可能随时会发生变化，必须要在新的形势下，随机应变，找寻新的机会，获得胜利。因为敌人的漏洞可能是突然暴露出来的，我方也是事先没有预计到的。这就有个条件，就是时间充裕，不致打乱全局计划。来去顺路，夺之顺手，赢之得利，并且不影响主要战略目标的实现，是这一谋略的最主要特征。

在现代商业经营中，当"顺手牵羊"成为一条计策时，自己创造条件就已成为计策的一部分。因商业竞争越来越激烈的今天，不会有现成的"羊"等你来"牵"。只有靠胸襟、胆识、谋略、才干，为自己创造机会。一旦有顺手"牵"的机会，就要以最快的速度开发它、利用它。机会稍纵即逝，快一步天高地阔，慢一着满盘皆输。

现实生活中，"顺手牵羊"一计比喻乘便获得，毫不费力，有顺手取利、顺路取利、顺时取利的意思。既可理解为趁势取得些小恩小惠，也可以是将计就计化解突如其来的窘境。当然，我们也要提防现实生活中的一些势利小人，他们往往见风使舵，为了自己的私欲而为所欲为。

夺其所爱，敌听我令

敢问："敌众整而将来待之若何？"曰："先夺其所爱，则听矣。"

——《孙子兵法·九地》

【译文】

试问："如果敌军众多而且阵势齐整地向我进攻，该如何对待呢？"

孙子回答说："先攻取敌人的要害之处，这样，敌人就会听任我的摆布了。"

【经典案例】

春秋时期，晋灵公奢侈腐化，不惜民力。有一年他下令建造一个九层的高台，这无疑会给老百姓造成沉重的负担，使国力衰竭。因此，大臣和老百姓都一致反对，但晋灵公坚持己见，并且在朝堂上严厉地对大臣们说："敢有劝阻建高台的，立即斩首！"气氛十分紧张。一些想保全身家性命的大臣，都吓得噤若寒蝉。

这时,有个叫荀息的大臣求见。君臣见面后,荀息对灵公说:"我能把九个棋子摞在一起,上面还能放上九个鸡蛋。"晋灵公不信,但又急于一饱眼福,便说:"我还从来没听过和见过这种事。今天请你给我摆摆看!"晋灵公叫人拿来棋子和鸡蛋,荀息便动手摆了起来。他先是小心翼翼地把九个棋子摞了起来,然后又小心地将鸡蛋放置在棋子上。只见他放上一个鸡蛋,又放第二个,第三个……

这时宫里的气氛十分紧张,只能听到鸡蛋碰棋子的声音,围观的大臣们屏住呼吸,生怕鸡蛋掉下来。荀息也紧张得额头冒汗。

晋灵公看到这情景,实在耐不住了,上气不接下气地说:"危险,危险!"

晋灵公刚说完"危险",荀息忙接茬说:"我倒感到这算不了什么危险,还有比这更危险的呢!"

晋灵公惊诧道:"还有什么比这更危险的呢?"

荀息手里握着正要置放的鸡蛋,慢条斯理地说:"建九层之台就比这危险。三年都不一定能建得成,这三年之中,要征用全国的丁壮服劳役,男不得耕,女不得织,国库空虚,户口减少,人民活不下去,就会逃亡别国,大王您自己也就完了。这岂不比摆棋子和鸡蛋更危险十分吗?"

一席话,说得灵公吓出一身冷汗。他忙对荀息说:"建九层之台,是我的过错。"立即命令毁了正在施工中的高台。

处于劣势的一方要运用"夺其所爱"谋略使强方就范,必须选准对方的关键与要害之处,如果选的是对方的不"痛"不"痒"之处,他就不会"听"你的。只有选准了这些"痛""痒"之处,对方才能"听矣",乖乖让你指挥。

【鉴赏】

"夺取所爱"是《孙子兵法·九地》中提出的注意打击强敌要害和关键之处的制敌谋略。它与孙子的"攻其必救"谋略基本意思一致,只是侧重点有所不同罢了。"攻其必救"侧重在敌人处于防御地位,我方进攻敌人的关键和要害之处,迫使敌人与我作战;"夺其所爱"侧重在敌人处于进攻地位,我方为了防御而主动攻击敌人的关键和要害之处,迫使敌人不敢与我作战或被动听从我方调动。但是,其基本精神都是一致的,即通过积极主动的进攻,调动或影响敌人,以服从我方的目的。

佯北勿从,饵兵勿食

故用兵之法,高陵勿向,背丘勿逆,佯北勿从,锐卒勿攻,饵兵勿食,归师勿遏,围师必阙,穷寇勿追,此用兵之法也。

——《孙子兵法·军争》

【译文】

用兵的法则是:敌人占领山地就不要去仰攻,敌人背靠高地就不要正面迎击,敌人假装败退就不要跟踪追击,敌人的精锐之师就不要去攻击,敌人的诱兵不要加以理睬,对退回本国途中的敌军不要正面阻遏,包围敌人时要留出缺口,对陷入绝境的敌人不要过分

诸子百家——兵家

逼迫。这些都是用兵的法则。

【经典案例】

公元 618 年,秦王李世民率军进击割据陇西而自称秦帝的薛举之子薛仁杲。

当时,薛仁杲正率兵屯据折墌城。唐军进至高墌(今陕西武功北),薛仁杲派大将宗罗睺率军抗拒。李世民鉴于薛军兵多气盛,先是采取坚壁不出,以待敌疲而后战的方针,与宗罗睺部相持六十余日。当宗罗睺部粮尽兵疲时,才主动出击,在浅水原打败了宗罗睺。

宗罗睺大败而逃,李世民率少数骑兵乘胜追击,对败敌穷追不舍。一直追到折墌城下,对据城固守的薛仁杲军,形成四面合围之势。守城的薛军士气低落,加之城内缺衣少食,兵士们都纷纷溜出城外,投降唐军。薛仁杲见大势已去,被迫率兵万余人开城投降。

战后,唐军将领们异口同声地向李世民询问战胜之道:"兵法上云'归师勿遏',而您在浅水原大破宗罗睺军后,却率少数骑兵直逼折墌城下。大家都不相信能够破城降敌,但最终却攻了下来,这是什么原因呢?"

李世民解释说:"打败宗罗睺部时,我军虽胜,但击杀俘获敌军并不多,若这时缓慢追击的话,溃败之敌会及时逃入折墌城,敌方两军相合我们就不易战胜他们了。相反,如果紧追不合,不给其以喘息之机,败兵就无法逃回城里安然休整,折墌城自然就好攻克。此时,薛仁杲已吓破了胆,又没有时间另谋对策,不能获得补充后卷土重来,只能开城投降。"

一席制胜之道,说得众将无不折服。

【鉴赏】

"高陵勿向,背丘勿逆、佯北勿从,锐卒勿攻,饵兵勿食,归师勿遏,围师必阙,穷寇勿追"是孙子提出的用兵"八则"。这八则看上去简单易懂,但要能真正做到却又实在不容易。拿"佯北勿从"来说,从字面上很容易理解,就是敌人诈败假逃时不要追击。而实战中必须能识别敌人的败逃是真是假,如何识别才是问题的关键,真逃不追会贻误战机,假逃却追会上当中伏。所以,孙子真正想说的是切勿盲目出击。

"饵兵勿食"则阐明了作战时要注意识别敌人的小利引诱,防止上当受骗的谋略。因为战争总是与一定的经济、政治等利益相联系的,所以为利而战者,就极易被利益所惑而导致失败。香饵之下,必有悬鱼,善用兵者,在作战时要既能注意警惕和防止自己中敌人"饵兵"之计,又能利用敌人贪利的弱点而巧用"饵兵"计以战胜对方。

"归师勿遏"则是针对退战之敌时应掌握的谋略。当然,孙子受历史条件和认识能力上的限制,对这一谋略解释的还不够全面,在运用时要综合各方面的情况,不可对"归师"一律"勿遏",而应查明原因,对症下药,这才是真正的科学的态度。

最能体现孙子智慧的是"围师必阙"。这是要求对自己围困住的敌人要故意留下一个缺口,然后在缺口处设伏制敌的谋略。单从形式来看,似乎是消极的,但我们都听过"困兽犹斗"的成语,若将敌人死死围住,往往会使其拼死争斗,反而加剧了作战的难度。故明智的军事家也常常是"围三缺一,虚留生路"。

金蝉脱壳,存形完势

存其形,完其势。友不疑,敌不动。巽而止,蛊。

——《三十六计·金蝉脱壳》

【译文】

保持阵地已有的战斗阵容,完备继续战斗的各种态势。使友军不怀疑,使敌方也不敢轻举妄动。这是从《周易·蛊》中领悟来的,意思是说:我方可以在敌方极其困惑之中,秘密地完成主力的转移,以脱离险境。

【经典案例】

宋朝开禧年间,金兵屡犯中原。大宋名将毕再遇与金军对峙,打了几次胜仗。金军又调集了数万精锐骑兵,要与宋军决战。这时,宋军则只有几千人马,如果与金军决战,那就必败无疑。

毕再遇为了保存实力,准备暂时撤退。但是金军已经兵临城下,如果事先知道宋军撤退,那是肯定会追杀的。这势必使宋军遭受渗重的损失。毕再遇苦苦思索骗敌脱身之计。这时,只听得帐外马蹄声响,使毕再遇受到启发,立即计上心头。

毕再遇暗中做了撤退的部署,当晚半夜时分,下令士兵擂响战鼓。金军听到鼓响,以为宋军趁夜劫营,急忙集合队伍,准备迎击。可哪里知道只听得宋营战鼓隆隆,却不见有一个宋兵出城。宋军连续不断地击鼓,搅得金兵整夜不得安宁。于是,金军的将领似有所悟:宋军可能是在运用疲兵之计,用战鼓搅闹,使人不得安宁。那好吧,你擂你的战鼓,我却不予理睬,我们再不会上当了!

宋营的鼓声连续响了两天两夜,而金兵则根本不加理会。直到第三天,金兵发现,宋营的鼓声在逐渐减弱,金军将领便断定宋军已经疲惫了,就派兵分几路包抄,小心翼翼地靠近宋营,却见宋营毫无反应。金军将领一声令下,金兵蜂拥而上,冲进宋营后,这才发现宋军已经全部安全撤离了。

原来,毕再遇使用了"金蝉脱壳"之计。他令士兵将数十只羊的后腿捆好绑在树上,使倒挂在树上的羊的前腿拼命蹬踢,又在羊蹄下放了几十面鼓。羊腿拼命蹬踢,鼓声连续不断。毕再遇巧施计谋迷惑了敌军,利用两天的时间安全转移了。

【鉴赏】

"金蝉脱壳"又作"脱壳金蝉",原意用以比喻用计逃脱,而使对方不能及时发觉。用于军事上是指:用伪装的办法,摆脱敌人,撤退或转移主力,以实现战略目标的谋略。

古人认为,要仔细明察敌人的态势,如果发现别处有敌人,就必须保持原来的阵势而分兵对敌。运用这一计策,并非一走了之,它是分兵合击胜敌的战术。因而,在我方主力转移之后,仍要旗帜招展、战鼓齐鸣,很逼真地保持原来的阵势。这样,就可以使敌人不敢轻举妄动,而友军也不会怀疑。"金蝉脱壳",就是在对敌作战时,暗中抽调精锐部队去袭别处敌军的计谋。

以逸待劳，损刚益柔

困敌之势，不以战，损刚益柔。

——《三十六计·以逸待劳》

【译文】

围困敌军的进攻态势，不用实战攻击，待敌精疲力尽，声威锐减，攻防双方的态势发生逆转之时，我方便可以变被动为主动了。

【经典案例】

战国末年，秦国将军李信率二十万大军攻伐楚国。刚一开战，秦军便连克数城，锐不可当。但过了不久，李信中了楚将项燕的伏兵之计，丢盔弃甲，狼狈而逃，损失惨重，大败而归。

后来，秦王又起用了老将王翦。王翦率六十万大军，陈兵于楚国边境。楚国马上派重兵迎击。而老将王翦却毫无进攻之意，只是专心营造城堡，摆出一派坚壁固守的态势，两军相持一年有余。楚军急于击退秦军。而王翦却在军中鼓励将士养精蓄锐，吃饱喝足，休养生息。秦军将士个个身强体壮，精力充沛，平时苦练战技，士气空前旺盛。王翦非常高兴，取胜的信心倍增。

一年以后，楚军速战取胜的心态早已开始懈怠，斗志消磨殆尽，误以为秦军确为防守自己，并无进攻之意向。于是便决定东撤。王翦见时机已到，便下令追击正在撤退的楚军。秦军将士靠着已经养足的虎虎生气，只杀得楚军溃不成军。秦军乘胜追击，势不可挡。

公元前 223 年，楚国终被秦灭。

【鉴赏】

两军对垒，逸者胜，劳者败。对强大之敌，可积极地骚扰，使其屡屡出击却总无所获，最终筋疲力尽，实力大减，则己方则以强干之师，以锐不可当之势横空出世，定能一举战胜敌人。但计谋并非教条，能因时因地因敌而用之，方能操得胜券。"以逸待劳"所强调的重点在于：要在战争中获胜，不能完全一律采用进攻之法，关键在于掌握主动权，相机而动，以不变应万变，以静制动；积极调动敌人，创造战机，而决不让敌人调动自己。所以，决不可把以逸待劳的"待"字，理解成守株待兔式的消极等待。只是消极被动地等待，绝不是"以逸待劳"的本来含义。

古人认为，"以逸待劳"的最终目的，不仅在于选择有利的地形，等待有利的战机，而且其重点应当是以少胜多，以不变应万变，以小的变化应付大的变化，以静止状态应付活动态势，这便是获胜的关键之所在。"以逸待劳"，以己之逸养我方之锐气，耗敌方之士气。待敌方"一鼓作气，再而衰，三而竭"之时，必然懈怠，而我方士气正盛，谋划已成，倾力出击，故能克敌。"逸"，必先能避开与敌对峙之势，躲其锋芒，寻求安定或相对安定之环境，以图自强；又必能选择最恰当之时机，当己最盛之时而敌方则日益低迷之际，一战

诸子百家 —— 兵家

2027

而决。使用"以逸待劳"这种策略的时候,务必要沉着冷静,把自己和对方的环境、意图,以及彼此间的实力估计清楚,机警地、随时随地注意事情的变化,时机未成熟时要稳如泰山,机会一来就要排江倒海。

此计用在领导谋略上也是一种很高明的策略,即是以不变应万变,变被动为主动,身处危难的环境,要做到"泰山崩于前而色不变",要沉着,消耗和回避对手的锋锐,抓住对方疲惫之际,转守为攻。"逸"不是无为和高枕无忧,而是养精蓄锐,积极准备。"待"不是守株待兔,而是选择战机,创造战机。另外,作为领导者,解决下属矛盾,也可以用"以逸待劳"之计,即不用急着非要弄个张家长,高家短,而是先停一停,观察一下,再找方案。

此计用在现代商业竞争中时,为了迫使对手处于困难的境地,不必采取直接进攻的手段,可以根据刚柔相互转化的原理,实行积极的防御,逐步消耗、疲惫对手,使其由强变弱,我方则因准备充分而变被动为主动,再行出击。就是在现代商战中,企业经营者善于牵动和疲劳竞争对手,而我自从容,养精蓄锐,保存实力,待机而动,后发人。商战中的"以逸待劳",其实并不轻松,需要细致考查市场需求,审慎地制定自己的经营策略,并善于利用竞争对手的漏洞。盈不骄,亏不急,稳坐钓鱼台,方能指挥若定,出师而捷。孙子说过的"善守者藏于九地之下,善攻者动于九天之上"讲的也是类似的道理。

"以逸待劳"之计用在日常工作生活中时,要求我们面对强大的对手,以善于休整,养精蓄锐,不急不躁,能忍则忍,能让则让地做人技巧来对付劳顿疲乏,急功近利,表面强硬于对手的策略。待时机成熟后,再找机会战胜对方。因为做人其实是一个斗智斗勇的过程,同时也是一种意志的考验,耐得住诱惑,忍得一时之勇,才是你战胜对手的关键。正所谓"文武之道,一张一弛",治国如此,为人处世也应讲究张弛有度。凡事不可太过急进。有时退一步路更宽。暂时退却或放弃,是养精蓄锐,重新筹划,这样再进便会更快、更好、更有力。现代竞争更是如此,除了良好的心态和缜密的谋划外,最终拼的就是人的耐力和精力了。

进不可御,退不可追

进而不可御者,冲其虚也;退而不可追者,速而不可及也。

——《孙子兵法·虚实》

【译文】

前进时,敌人的无法抵御是由于冲向敌人防守薄弱的地方;退却时,敌人的无法追及是由于行动很快,敌人追赶不上。

【经典案例】

在汉武帝时,汉朝和匈奴连续打了多年的仗。由于双方多年的交战,匈奴人将汉将李广视为最厉害的对手,称他为"飞将军",可见匈奴人对李广的畏惧和佩服。

有一次,李广率一万人马从雁门关出发攻打匈奴。匈奴人千方百计想捉拿李广。因此,他们在迎战李广不远的地方设下重兵埋伏。李广与匈奴人交手后,杀得敌人落花流水,匈奴人迅速逃去。李广杀得性起,举兵穷追,但哪里知道,这是匈奴人的诱兵之计。

诸子百家——兵家

不幸,李广被匈奴人包围,寡不敌众,负伤后被匈奴活捉了。这下可把匈奴人乐坏了,他们高兴得手舞足蹈。用一个绳网将李广放在上面,吊在两匹马之间,凯旋回营。

李广虽然负了重伤躺在吊床上,但他一直注意观察着周围的动静。押送他的匈奴士兵认为李广身负重伤,已昏死过去,所以只顾谈论回营领赏的事情,根本没有防范李广。大约走了十几里地的时候,李广偷偷观察到一个匈奴兵骑在一匹马上从他身边慢腾腾地经过。机会到了,李广猛地一挣扎,纵身一跃,将那个匈奴兵推下马,他自己急速骑上马鞍,并夺了那个匈奴兵的弓箭,打马疾驰而去。这一举动,把毫无思想准备的匈奴士兵都惊呆了。傻愣愣地看着李广逃去而不知所措,待匈奴兵反应过来后,李广已跑出一段路程。

于是,匈奴兵们发疯似的追了上来,李广在马上忍住伤痛,张弓搭箭,将追在最前面的几个匈奴兵都射于马下。其他的匈奴追兵见此状,再也不敢追击了,只好眼睁睁地看着到了手的"雄鹰"又飞走了。

【鉴赏】

"进不可御"是攻击敌人要迅猛使之无法抵御的作战谋略。这里提出了不仅在进攻中要迅速和勇猛,而且要使敌人无法招架和抵御的基本要求。这一谋略的施行必须注意两点:一是要"准",即要事先切实找准敌人的空虚与薄弱之处;二是要"狠",即进攻时不拖泥带水,必须以迅雷不及掩耳之势攻击对手,使其无从抗拒和抵御。这两点相互联系,缺一不可,第一点是第二点的基础,第二点是第一点的发展和结果。只有达到"准"与"狠"的有机统一,才能使自己以最小的代价迅速夺取战争的胜利。

"退不可追"是撤退时要迅速而使敌人无法追寻的作战谋略。在战争中,进攻与防御是一对矛盾,二者既相互联系,并在一定条件下相互转化。在作战过程中,进攻与防御总是如影随形,相互纠缠在一起的。因此,防御也是战争的必要环节,而退却又是防御的重要手段。当兵力不够或条件不具备战胜敌人时,必须实行退却,以避免不必要的牺牲和损失,便于自己积蓄力量,创造条件胜敌。这就需要指挥员在组织自己的军队退却时要果断迅速,使敌人无法追上,否则,就会被强敌所歼灭。即使个人的退避,也是如此。汉将李广就曾经运用"退不可追"的策略智脱虎口的。

乘其阴乱,混水摸鱼

乘其阴乱,利其弱而无主。随,以向晦入宴息。

——《三十六计·混水摸鱼》

【译文】

乘敌方内部混乱之机,利用它的软弱无力而又没有主见的弱点,使其顺随于我方。就像《周易·随》中所说的一样:一到夜晚,人们必须顺从天时入室休息。

【经典案例】

在著名的赤壁之战中,曹操吃了大败仗。为了防止孙权北进,曹操派大将曹仁驻守南郡（今湖北省公安县）。这时，孙权、刘备都想攻取南郡。

当时的吴军统帅周瑜因为主持了赤壁之战而正在得志之时，就盲目地下令发兵攻取南郡。而刘备也把军队调到油江口（今湖北省公安县北）驻扎，两眼也死死盯住南郡。周瑜知道后向人表示：为了攻取南郡，我东吴花多大的代价都行，南郡对我来说是唾手可得，刘备就别想做夺取南郡的美梦了！刘备为了稳住周瑜，先派人到周瑜营中去祝贺。周瑜心想：我一定去见见刘备，看他打的什么算盘。于是，在第二天，周瑜亲自来到刘备营中回谢。

在宴席上，周瑜单刀直入地问刘备："你驻扎油江口，是不是要攻取南郡啊？"

刘备说："听说都督要攻打南郡，特来相助。如果都督不攻取，那我就去占领。"

周瑜听后大笑说："南郡指日可下，我为何不取？"

刘备故意激将说："都督不可轻敌，曹操的大将曹仁勇不可当，能不能攻下南郡，还很难说。"

周瑜一向狂傲自负，听刘备这么一说，很不高兴，脱口而出："我若攻不下南郡，就听任你刘备去攻取。"

刘备盼的就是这句话，马上说："都督说话可要算数，子敬（鲁肃）、孔明（诸葛亮）都在场，就让他们作证吧。我先让你去攻打南郡，如果攻不取，我就去攻取。你可千万不能反悔啊！"

周瑜一笑置之，哪会把刘备放在心上？周瑜走后，诸葛亮建议按兵不动，让周瑜先去与曹兵厮杀。

周瑜发兵，先攻下彝陵（今湖北省宜昌市），之后乘胜攻打南郡，却中了曹仁的诱敌之计。连他本人也中箭受伤了，不得已只好暂停攻城，退后扎营。

曹仁打探到周瑜中了毒箭，且伤势很重，非常高兴，便每天派人到周瑜营前叫战。周瑜只是坚守营门，不肯出战。一天，曹仁亲自带领大军，前来挑战。周瑜带领数百骑兵冲出营门，大战曹军。交战不多时，忽听周瑜大叫一声，口吐鲜血，坠于马下，被众将救回营中。原来这是用以欺骗敌人的计谋，进而故意传扬周瑜中箭身亡的消息；周瑜营中奏起哀乐，士兵们也都戴了孝。曹仁闻讯不知是计，大喜过望，决定借周瑜刚刚死去、东吴军没了主帅无心恋战的时机，前去劫营，以便割下周瑜的首级，到曹操那里去邀功请赏。

当晚，曹仁率大军前去劫营，曹营中只留下少数士兵守护。当他率军趁黑夜之机冲入周瑜大营时，却见周瑜营中寂静无声，空无一人。曹仁情知中计，便急忙退兵，但是已经来不及了。只听得突然一声炮响，周瑜率兵从四面八方杀了过来。曹仁好不容易冲出重围，退返南郡，却又被东吴伏兵半路阻截，曹仁只好向北夺路而逃。

周瑜大胜曹仁后，立即率军直奔南郡。可是当周瑜率部赶到南郡时，却只见南郡城头布满旌旗。原来，赵云已奉诸葛亮之命，乘周瑜与曹仁激战正酣之时，轻易地攻占了南郡。诸葛亮又利用搜得的兵符，连夜派兵冒充曹仁的援军，轻而易举地骗取了荆州（今湖北省江陵县）、襄阳（今湖北省襄阳市）。

周瑜此时才知上了诸葛亮的大当，气得昏死过去。诸葛亮巧施"混水摸鱼"之计，获取大胜。

诸子百家——兵家

"混水摸鱼"又作"浑水摸鱼",原意用以比喻趁混乱之机捞取好处。古人认为,在动荡混乱的形势下,总是存在着几种相互冲突的力量。而弱小者依从谁或反对谁都没有确定,敌方又多半被蒙蔽而无觉察,我方则应当果断地随手把它们夺取过来。

在浑浊的水中,鱼儿辨不清方向,在复杂的战争中,弱小的一方经常会动摇不定,这时就会有可乘之机。由于乱生于内,而形于外。因此,设谋乱敌最有效的办法莫过于去钻进敌人内部,乘机搅"混水",以便从中"摸鱼"。但更多时候,这个可乘之机不能只靠等待,而应主动去制造混乱。

攻其不守,守其不攻

攻而必取者,攻其所不守也。守而必固者,守其所不攻也。

——《孙子兵法·虚实》

【译文】

进攻必然得手的,是因为攻击敌人不注意防守或不容易守住的地方。防守必然稳固的,是因为扼守敌人不敢进攻或不易攻破的地方。

【经典案例】

三国时,公元263年,魏国准备大举讨伐蜀国,派征西将军邓艾率3万人从狄道进攻甘松、沓中,钳制蜀国姜维部队;派雍州刺史诸葛绪率3万余人自祁山进至武街桥头,断姜维退路;派钟会率10万余人分别从斜谷、骆谷、子午谷进攻汉中。

8月,魏军从洛阳誓师出发。不久,钟会攻克阳平关,汉中等地蜀将投降。邓艾也打败了沓中的姜维,姜维退走白水,与廖化、张翼、董厥等,集中兵力防守剑阁。

邓艾率军至阴平,挑选精壮兵士,准备和诸葛绪从江油进袭成都。由于姜维摆好阵势扼守险要,钟会久攻未能克。加之运粮道路遥远危险,部队缺粮,钟会准备撤退。

邓艾不同意撤退,他说:"敌军已经遭受挫折,应趁势进军。如果从阴平小道经汉中德阳亭到涪城,出剑阁西一百里,去成都三百余里,奇兵冲击腹心,出其不意,攻其不守,防守剑阁的部队必然回援涪城,这样钟会就可以率战车并列前进;如剑阁的部队不去增援,则救援涪城的兵力就会很少,涪城必破。"

于是,邓艾遂自阴平经人烟稀少的地区行军七百余里,凿山开道,造桥梁修栈道。山高谷深,极为艰险,而且运粮困难,军队即将断炊,几乎陷于绝境。邓艾为了尽快到达目的地,就用毡子裹着身体从山上滚下去,将士们也都抓着树枝藤条,沿着悬崖陡壁,一个紧接一个前进。抢蜀援军之先到达江油城,蜀守将措手不及,只得投降。蜀将诸葛瞻率各部队抗击邓艾,到涪城停止前进。尚书郎黄崇多次劝诸葛瞻应迅速前进,占领有利地形据险防守,不要让敌人到达平原地区,诸葛瞻犹豫不从;黄崇再三劝说,甚至痛哭流涕,诸葛瞻坚持不听。邓艾遂长驱立进,击败蜀军前卫,诸葛瞻又退守绵竹。

邓艾写信劝诱诸葛瞻说:"如果你投降,我一定要请示皇上封你为琅玡王。"

诸葛瞻大怒，斩杀邓艾使者，列阵等待邓艾。邓艾率军与蜀军大战，斩杀诸葛瞻及黄崇。

蜀军料想不到魏军突然到达心腹之地，遂陷于混乱不听指挥状态；老百姓听说邓艾大军已进入平原地区，也惊慌失措，纷纷向山泽逃窜，不可禁制。蜀后主刘禅派遣侍中张绍等带着皇帝的御印，向邓艾投降。邓艾成功运用"攻其不守"的谋略，比钟会早到成都，抢了灭蜀的头功。

【鉴赏】

"攻其不守"是指要攻击敌人不注意防守或不容易守住的虚懈之地的进攻谋略。"不守"才是敌人真正的虚懈不实之处，也是敌人的最薄弱之处，包括地形、武器、兵力、将领、后勤保障等构成战斗力的诸因素。因此，我方要通过各种手段切实弄清其"不守"之处后，就应该迅速出击，在准确打击敌人后夺取战争的胜利。

"守其不攻"是指要注意扼守敌人不敢进攻或不易攻破之地的防御谋略。它与"攻其不守"谋略可谓相反相成，其重点在防守过程中使用。这种防守，不能是消极防御，而应该是积极的防御。一方面，通过各种手段查明敌情我情，懂得我守之地是敌人不会或不敢来进攻的；另一方面，也可以通过"示形之法"，欺骗和调动敌人不来进攻我守之地。这样，我方的防守就必然是稳固的。

这种"守其不攻"的谋略，用于战场上的防御是至关重要的，同时这一谋略也可运用到其他领域。人们在日常工作生活中，难免会遇上一些不愿做又盛情难却之事，如果巧用"守其不攻"，就会摆脱许多麻烦。

声言击东，其实击西，

敌志乱萃，不虞，坤下兑上之象。利其不自主而取之。

——《三十六计·声东击西》

【译文】

当敌方神志慌乱，不能正确预料和应对事情的变化或复杂的局面时，我方必须利用这一态势，迅速把敌人消灭。这是从《周易·萃》中的"坤下兑上"一语悟出来的道理。

【经典案例】

东汉时期，班超出使西域，其主要用意是联合西域各国共同抗击匈奴。为此，必须首先打通南北通道。地处大漠西边的莎车国，却煽动周边小国归附匈奴，以反对汉朝。

班超决定首先平定莎车国，莎车国王遂向龟兹国求援。龟兹国王遂率五万人马，前来援救莎车国。班超便联合于阗等国，但只募集兵力二万五千人，敌众我寡，难以力克，必须智取。于是班超遂定下声东击西之计，以迷惑敌人。

班超派人在军中散布对他的不满言论，制造不敢与龟兹较量，准备立即撤退的假象，并且故意让莎车俘虏听得一清二楚。一天的黄昏之时，班超命于阗大军向东撤退，自己率部向西退却，还显得慌乱异常，还故意让俘虏趁机逃脱。俘虏逃回莎车国后，急忙报告汉军慌忙逃脱的消息。龟兹王大喜过望,误以为班超此举是因惧怕而慌忙逃窜,想借此机会,前去追杀班超。他立即下令兵分两路,追击逃敌。龟兹王亲自率一万精兵向西追杀班超。

而班超却胸有成竹,趁夜幕笼罩沙漠之机,撤退仅有十里地,大队便就地隐蔽。龟兹王求胜心切,率领追兵从班超隐蔽处飞驰而过。班超立即集合队伍,与事先约定的东路于阗人马,迅速回师,杀向莎车追兵。

班超的队伍如同从天而降,杀得莎车兵猝不及防,便迅速瓦解了。莎车王惊魂未定,又逃脱不了,只得请降认输。而龟兹王气势汹汹地追赶了一夜,却未见班超队伍的踪影,又听到莎车已被平定的消息,只有收拾残部,悻悻地回到龟兹去了。

【鉴赏】

"声东击西"其意谓:我方声称击东,实际上为攻西,即打即离。制造假象,从而巧妙地使敌方做出错误的判断,然后乘机一举将敌歼灭。古人认为,运用声东击西这一计谋,必须首先视敌方指挥的意向而定。当敌方的意向混乱之时,运用此计便能成功;否则,却有战败之虞。所以,这是一条险计!在敌我双方力量相差悬殊之际,善用"声东击西"之计,以少量兵力诱使敌军主力上当,而将我方主力调到敌方疏于防备的地方,是保存我方实力的高明之策。因进可以打敌方一个措手不及,退可以牵着敌方鼻子走,令其疲于奔命。

《百战奇谋》中说:"声东而击西,声此而击彼;使敌人不知其所备,则我所攻者,乃敌人所不守也。"一句话,声东击西就是制造假象,扰敌视听,使其做出错误判断,然后乘其不备,攻其要害,夺取胜果。此计一般用于我方主动进攻之时。"声东"是虚,"击西"是实,使敌方以虚为实,然后避虚就实便是"声东击西"。"声东击西"计的关键是迷惑对手的意志。就是讲求"虚虚实实",即真相与假象之间可以随意转换的技巧,才能使迷惑术屡试不爽。但使用此计有一个前提很重要,那就是本身的企图和行动要绝对保密,这样才能时刻争取主动,否则就会处处被动,处处受牵制。此计的用法很多,或制造谣言,混淆视听,增加对方顾虑,迷惑其意志;或故布疑阵,使对方力量分散,削弱其防卫。但自己的意思和行动却要绝对保密,从而争取主动。

在现代商业经营中,市场竞争日趋激烈,各种关系错综复杂,经营者更需要善于制造假象,隐蔽自己的真实意图,以转移消费者或竞争对手的注意力,在产品研制、生产和市场促销中占领主动地位。经商本身就是智力的角战,在各种竞争中,谁的智谋高,谁就会占上风。企业经营者运用此计,可以采取的方法很多。欲买而示之以卖,欲卖而示之以买,欲推销这类产品而示之以推销其他有关的产品。欲生产某种产品,却放风说要转产;或制造谣言,混淆视听,增加对方顾虑,迷惑其意志;或假意合作,套出对方情报等等,不一而足。只要认真掌握,都可以取得良好的效果。

在现实生活中,"声东击西"是以假象造成对方的错觉,使对方陷于对自己毫无提防,毫无警觉之中,然后因情势的发展而用计,出其不意地击败对方,以达到自己的目的。尤其在碰到非常尴尬的场面时,解脱、分辩不是好办法。这时只好避开这个话题,顾左右而言他。以子之矛攻子之盾,对方往往会措手不及,而自己则赢得上风。一个人的一切行

诸子百家——兵家

为如果都被别人掌握，这个人肯定已经犯了许多低级错误。反过来，如果你施展飘忽不定的套路，就会让对手摸不着、猜不透，从而可以声东击西，左右开弓，打开一条成功的通道。

践墨随敌，以决战事

敌人开阖，必亟入之。先其所爱，微与之期。践墨随敌，以决战事。

——《孙子兵法·九地》

【译文】

敌人方面一旦出现间隙，就要迅速地乘虚而入。首先夺取敌人的战略要地，但不要轻易与敌约期决战。实施计划要随着敌情的变化而不断加以改变，以求战争的胜利。

【经典案例】

公元 1399 年 8 月，明朝建文帝命大将耿炳文率师征讨反叛的燕王朱棣。这时朱棣刚打了几场大胜仗，军队斗志昂扬，进军真定城，准备迎战耿炳文。

大战之前，耿炳文的部将张保投降了朱棣，禀告说："耿炳文共有大军 30 万，先期到达的不过 13 万，分别驻扎在滹沱河南北两岸。"燕王朱棣好生抚慰了张保一番，让他返回敌营，谎称自己兵败被俘，趁守卒困乏，得以逃脱，还让他细说南路兵败的惨状，同时透露燕王的军队马上杀到的消息。

燕王帐下诸位将领不解其中之意，疑惑地说："我军眼下应当抄艰难小道接近耿炳文军，不让他们知晓，乘其不备而攻之，怎么反而派张保去报信呢？"

朱棣说："开始我们不知敌人的虚实，所以想要偷袭取胜。如今已经知道耿炳文的人马扎营在滹沱河的南北两岸，就应叫他们知道我们的大军已到，这样一来，他们两岸的兵力必然要

朱棣

转移到河的北岸来同我们拼命死战，我们就能引蛇出洞，一举歼灭他们。我让他们知道兵败的消息，是为了挫伤他们的士气。这就是兵法上所说的'先虚后实'的道理。如果直接逼近真定城下，在北岸虽可获胜，但南岸的兵众，会乘我军筋疲力尽之时，大举过河，这就会给我们造成不利处境。"

第二天，朱棣只带几个骑兵飞驰到真定门下，突然冲进敌人运粮车队中，抓住两人。经过盘问，才知道耿炳文南岸的人马果然已经调到北岸。接着，又率轻骑数十，绕道出现在真定城的西南，突破敌人的两营。耿炳文出城迎战，燕王派部将出击，诸将率众奋力拼杀。燕王以奇兵出现在耿炳文的背后，沿城夹击，横穿敌军南阵，耿军望风披靡，自相践

诸子百家——兵家

踏。死三万余人,丢盔弃甲而降者三千余人。耿炳文大败,只好撤回。

朱棣运用"践墨随敌"的谋略,根据战场敌情的变化及时改变作战计划,调整了部署,打败了耿炳文强大的军队。

【鉴赏】

世界上没有一成不变的东西,一切事物都处于永恒的变化之中。孙子在此强调了战局多变的规律。他以木工下料施绳墨为例,说明打仗与其之间的区别。木工下料施工必以绳墨为准,一丝不苟,是因为木料不会随时改变形状的缘故。而实施作战计划则不然,敌情处在不断地变化之中,作战计划不合战场变化甚至完全不同于作战计划所估计的情况都可能出现。因而不能把计划看成僵死的、不变的。明智的指挥员一定要在实施计划时随着敌情变化而随时加以改变;也要根据战场具体变化情况,相应地改变具体战法。这一重要的作战应变谋略,就叫践墨随敌。

同样,在现实生活中,任何事物都处在不断地变化、发展之中,人们要想获得生活与工作的胜利,就必须不断适应已经变化了的客观情况,才能达到自己的目的。掌握了这一点,对于人们在日常生活中及时解决许多实际问题,提高应变能力,具有直接的指导价值。

趁火打劫,就势取利

敌之害大,就势取利。刚决柔也。

——《三十六计·趁火打劫》

【译文】

当敌方发生严重危机,处境艰难的时候,我方就要乘势发兵,坚决果断地打击敌人,以取得胜利。这是从《周易·夬》中的"刚决柔也"一语悟出来的道理。

【经典案例】

春秋时期,吴国和越国互相攻伐,战事不断。经过长年征战,越国终因不敌吴国,而俯首称臣。

越王勾践被扣押在吴国,失去了人身自由。但是,勾践决不屈服,他立志复国雪耻,而卧薪尝胆,立下了"十年生聚,十年教训"的宏图大志。他表面上顺从吴王夫差,终于骗取了他的信任,被放回越国。

勾践回国之后,依然臣服吴国,年年进献财宝,以麻痹吴王夫差。在国内,勾践则采取了一系列富国强兵的措施。经过数年的发愤图强,越国的实力大大加强了,人丁兴旺,物丰给足,人心稳定。而吴王夫差却被胜利冲昏了头脑,被勾践的假象所迷惑,从没把越国放在眼里。他骄横跋扈,拒纳谏言,杀死了名将忠臣伍子胥,重用奸臣,闭目塞听;生活淫乱,奢侈无度;他加紧搜刮,大兴土木,搞得民穷财空。

公元前473年,吴国几乎颗粒无收,弄得民怨沸腾。而正在此时,吴王夫差又北上会盟,以谋取中原霸主地位。越王勾践认为时机已到,便举兵伐吴。而吴国内部空虚,无力

诸子百家 —— 兵家

还击,很快就被越国打败。

　　勾践的这次取胜,正是乘敌方内部的危机,而就势取胜的典型战例。

　　【鉴赏】

　　"趁火打劫"之含义有:明助暗夺,入伙分利,乘危取利,落井下石。"打劫"的方法应值得注意,若用不当,引火烧身。古人的兵法中认为,敌方有内忧,便趁机占领它的国土;敌方有外患,便趁机劫掠他的民众;敌方内忧外患交迫之时,这便是吞并它的国家的最好时机。一言以蔽之,就是把自己的利益建筑在别人的痛苦之上。此计用在军事上是指:当敌人遇到麻烦或危难的时候,就要乘此机会出兵攻击,制服对手。在政治斗争中则表现为,当对手内部有乱或处于险境时,要趁机打击他,这同落井下石有相通之处。在现代的经济斗争中,其应用与政治和军事上有相同的含义,即趁对手处于危险境地时,落井下石,从而使自己获得利益。

　　"趁火打劫"关键在于找"火"。所谓"火",即对方的困难、麻烦。敌方的困难不外有两个方面,即内忧、外患。天灾人祸,经济凋敝,民不聊生,怨声载道,农民起义,内战连年,都是内患;外敌入侵,战事不断,都是外患。总之抓住敌方大难临头的危急之时,乘虚而入。

　　两利相较取其大,两弊相较取其小,做到不以小利害大利,不以小局害大局,不以眼前害长远。这是一切领导者都熟知的原理。

　　在现代商战中,"趁火打劫"之计可引申为:当竞争对手遇到困难和危机,或者市场发生变化,趁机出手,凭借自己的优势战胜对方或夺取市场,以削弱对方,发展自己。在西方社会,一旦某个企业濒临破产,其他财团、企业往往会蜂拥而至,以各种手段千方百计地抢夺它的设备和技术人员。在这个时候"趁火打劫",最为有利。企业经营者运用此计关键要掌握两点:一是要善于寻找"火"源,生意场和战场一样,竞争激烈,形势错综复杂,经营者要广泛地了解市场信息,准确掌握竞争对手的产品优劣、市场销售行情,瞄准"火"源,抓住对方的弱点和消费市场的新需求,大力开展促销活动,以占领市场;二是要抓住战机"打劫",生意场上变化万千,在变化中许多原有的优越条件丧失,同时又会给新的发展提供机会,所以经营者要看准"火"源,分析"火"势,抓住战机,抢先一步。

　　在现实的生活环境中,处世做人至关重要,趁火打劫能助你事业的成功而起独特的作用,该计用于现实生活中即是乘人之危,大捞一把,就是以自己最少的付出,取得最大利益。但必须选择好最佳时机,才能在同行竞争中取得事半功倍的效果,增强你的凝聚力和晋升的实力。趁火打劫,用在正道上,可用最少的付出,取得最大的利益;用于邪道,则乘人之危,落井下石。"趁火打劫"有明有暗,明着是趁人救"火",无暇顾及时抢;暗着是偷,神不知鬼不觉得到好处。

　　当然,对于现代人来说,这是一个小人之计,对于小人打劫,须严加防范。

笑里藏刀,刚中柔外

　　信而安之,阴以图之;备而后动,勿使有变。刚中柔外也。

——《三十六计·笑里藏刀》

【译文】

要想方设法取信敌人,使它安定、松懈,从而失去戒备之心,而暗中则要做好消灭它的图谋;做好充分准备之后再采取行动,其间,千万不能让敌方察觉到其中的变故。这便是外表温和而暗藏杀机的计谋。

【经典案例】

战国时期,秦国为了对外扩张的需要,要夺取地势险要的黄河崤山地区,便命商鞅为大将,率兵前去攻打魏国。

商鞅率部直抵吴城。这座吴城是魏国名将吴起苦心建造的,地势险要,工事坚固,很难从正面攻下。

商鞅苦心思考攻城的计策,他探知魏国守将是曾与自己有过交往的公子印,心中暗自高兴。于是,他马上写了一封信函,主动与公子印套近乎。

商鞅在信里说:"虽然现在我俩各为其主,但回想起我们过去的交情,还是两国罢兵,订立和约为好。"信中怀旧之情,溢于言表,他还建议约定时间会谈议和之事。信送出去后,商鞅还故意摆出主动撤军的姿态,命令秦国的前锋部队立即撤回。

公子印看罢来信之后,又见秦军撤退,非常高兴,马上回信约定会谈日期;商鞅见公子印已经钻入圈套,便暗自在会谈地设下伏兵。会谈那天,公子印带了三百名随从到达会谈地点,他见到商鞅带来的随从很少,而且全都没带兵器,就更加相信对方的诚意了。会谈的气氛十分融洽,两人重叙昔日之友情,表达双方的友好情意。商鞅还设盛大的宴席来款待公子印。

但是,正当公子印兴冲冲入席,还未坐稳之时,忽听一声令下,伏兵从四面包抄过来,公子印和他的三百名随从反应不及,就全部束手被擒了。然后,商鞅利用被俘的随从,去骗吴城之门卫,顺利地占领了吴城。

魏国兵败城破,只得割让河西一带,向秦国求和。

【鉴赏】

"笑里藏刀"的原意是指一种人品:外表和气,内心阴险,口蜜腹剑。《旧唐书》卷八十二《李义府传》:"义府貌状温恭,与人语必喜怡微笑,而偏忌阴贼。既处权要,欲人附己。微忤意者,辄加倾陷。故时人言:义府笑中有刀。"其作为计谋用于军事上则是指:运用政治外交上的伪善手段,欺骗麻痹对方,来掩盖自己的真实用意,以寻求有利时机而显露杀机,进行发难。古代兵书上写道:"敌方的言辞谦恭,其实它正在加紧战备;没有订立条约而前来媾和的,准是另有图谋。"所以,凡是敌方强作笑脸、花言巧语,这都是在使用阴谋诡计的具体表现。

人会笑,可笑有真假之分。真笑坦荡开怀,假笑则暗藏杀机。故要提防笑面虎,勿信奉承言。此计是典型的表里不一的两面派手法,面善而心毒。恶者善用此计,善者亦不必避而不用,在敌不过强而有力的对手时,为了求得生存,或者跟该对手不发生正面冲突而欲削弱对方的力量时,笑里藏刀不失为一个好计谋。此计,用在政治上,实在是一种很阴险、使人防不胜防的策略。表面上的甜言蜜语、不动声色,实际上却掩饰着极其阴险诡诈的用心。在外表上麻痹对方的同时,暗地里却进行着你死我活的争斗,并积极准备,一旦时机成熟,隐藏的刀就会刺向对方。但使用此计的时候,一定要把握好伪装的尺度。

"笑里藏刀"之计用在现代的生意场上,可以向对手表现出温和优柔、慈顺依人的假象,既可以隐蔽图谋、暗做准备,又可以使强硬严厉、优越自信的竞争对手不知凡几、掉以轻心,最后只得以愤怒和懊恼对待胜利者的微笑。现代商战,公关的方式五花八门。"笑里藏刀"是最让人防不胜防的一种计谋。因为,一般来讲,对别人的"糖衣炮弹"或美酒佳肴,人们往往会盛情难却。这样,便在迷迷糊糊中掉入了竞争对手设置的圈套。因此,对别人的盛情或无缘无故的好,一定要提高警惕。因为稍一疏忽,你就可能会有巨大的损失。

因为笑是美丽的,哭是丑恶的,所以上哭的当的人少,而上笑的当的人却很多。即所谓哭声不会淹没英雄,而笑声则足以埋葬豪杰。由于口蜜腹剑的人太多,所以饱经世故的人,最提防的是见面笑嘻嘻,握手亲亲热热的人。与人交往,不可不防;非常之时,不可不用。生活中,笑里藏刀的人不在少数,他们成事不足,败事有余。对这种人,要睁大你的双眼,还需要有明察的智慧。

知己知彼,百战不殆

知己知彼者,百战不殆;不知彼而知己,一胜一负;不知彼不知己,每战必殆。

——《孙子兵法·谋攻》

【译文】

了解自己也了解对手者,打一百场战争也不会失败;不了解对手,只了解自己的,胜负概率各占一半;不了解对手也不了解自己的,每战都必将失败。

【经典案例】

东晋安帝义熙五年(公元406年)三月,刘裕要征伐南燕的慕容超,大臣们对此展开议论,多数人认为不可行,只有左仆射孟昶、车骑司马谢裕、参军臧熹认为能够成功,并激励刘裕出兵。

于是,刘裕从建康(今南京)出发,率军登船走水路来到下邳(今江苏邳州市西南),留下船舰和辎重,然后步行进军。晋军经过的路上,修筑了许多城池,并留下部分军队守护。

有人对刘裕说:"燕人如果堵塞住大岘(今山东沂山穆陵关)关口,或者采取坚壁清野,我军一旦深入敌人内部,不仅无法建立功绩,而且也不能安全地回来,那时您怎么办?"

刘裕说:"这事我已经考虑好久了,心中也了然有数。鲜卑人贪婪而没有满足,不知道长远地谋略,他们进攻的时候以俘获人、物为利,后退防守的时候又爱惜禾苗。所以,他们一定会以为我军是孤军深入,不能持久。我的推测是敌人前来阻挡,不过只是进军到临朐(今山东临朐),退守也只是固守在广固(今山东青州),敌人一定不会守在险关、坚壁清野,我敢为诸位保证这一点。"

南燕听说晋军将至,就召集群臣商议应对方案。征虏将军公孙五楼说:"东晋的军队英勇果敢,利在速战,不可与敌人对抗。应该占据大岘的险要地势,使敌人不能进入,拖延时日,挫败敌人的锐气,疲劳敌人。然后选出二千精骑,沿海南下,阻断敌人的运粮路线,再以驻守梁父(今徂徕山南)一带的兖州军队,沿山东下,侧击敌人,对晋军形成腹背夹击之势,这是上策。如果命令各地的官员各自凭险固守,准备下他们足够用的物资后,其余的全部焚烧掉,铲除田野中的禾苗,使敌人得不到任何的利用,晋军没有粮食,又得不到作战的机会,不出一个月,敌人就会不战自败,这是中策。而放纵敌人进入大岘山,我军出城迎战,这就是下策。"

慕容超却说:"现在岁星正在齐地,从天道上推算,我方不用作战就能战胜敌人。客与主的势态又不同,从人事方面说,晋军远路而来自然征途疲惫,势必不能持久。我有广大的土地,拥有众多的民众,铁骑万匹,麦苗布满了原野,怎么能铲除禾苗迁移百姓,先自己表示软弱! 不如让敌人进入,我再以精骑攻击敌人,何必忧虑不能战胜敌人呢?"

其他一些大臣纷纷劝阻,苦苦进谏,而慕容超却听不进去。

太尉慕容镇也劝说:"陛下必定认为骑兵利于平地作战,就应该出兵大岘迎战敌人,如果作战不胜,还可以退守。不应纵敌深入,自动放弃险要地势。"

这一合理建议也没有被采纳。于是,南燕将驻守在莒县、梁父的军队撤回,修筑城池,整顿兵马,等待东晋军队的到来。

刘裕率领军队顺利地通过了大岘,没有碰到一个南燕的士兵。刘裕用手指着上天,喜形于色,高兴极了。

左右的人就问他:"将军您还没有看见敌人就先高兴起来,这是为什么?"

刘裕说:"我们已经通过了最危险的关口,士兵们都有了必死的决心,而且粮食都在田野里,我们就没有缺乏粮食的问题,敌人的命运已经在我的手掌中了。"

慕容超先派公孙五楼等将军率领步兵、骑兵五万屯守在临朐,他闻听晋军已经进入了大岘,也亲自率领步兵、骑兵四万继后,命令公孙五楼等领骑兵进发占据临朐南面的巨蔑水(今弥河),以控制水源。及至,却为晋军的前锋孟龙符击败,公孙五楼等只得后退。刘裕乘机进发,他以四千辆车构成两翼,和燕兵主力在临朐南展开了激战,从早上一直打到下午,还没有决出胜负。参军胡藩向刘裕建议说:"燕国所有的军队都出来作战了,临朐城中防守的兵力必定很少,我愿意带领一支奇兵从小道去攻取临朐,这是以前韩信攻破赵国所用的战术。"刘裕当即派胡藩等带领一支军队绕过燕兵,直取临朐,结果一举攻破临朐。慕容超只好单身独骑从城中逃出,去投奔城南的部队。刘裕乘机指挥晋军大举进攻,燕兵大败,晋军斩杀十余名将军。慕容超带领燕兵退回广固,晋军跟进并包围了广固,最终消灭了南燕。

这一战,刘裕善于料敌,知彼知己,知天知地,利用敌人的失误,以战车阻挡南燕的精骑,扬长避短,最终取得了胜利。相反,南燕慕容超却弃险不守,致使纵敌深入,从而国破身亡。

諸子百家——兵家

孙子在其兵法中多次提到要"知彼知己",不仅如此,而且还要求"知天知地"。天时、地利都是用兵作战不可或缺的重要条件,一个明智的将帅必定通晓这些东西,掌握其运动变化的基本规律,才能在战争实践中运用自如,获得战争的胜利。

这即是说,作为影响战争的三个重要因素:人(己与彼)、天(天时与气候)、地(地利),对每一个优秀的军事家而言,都应有全面的了解,才能确保战争的胜利。

长期以来,"知彼知己,百战不殆"这句名言早已是家喻户晓了,它不仅是一个军事规律,而且也是一句哲理名言。人类的一切实践活动,包括学习与社会生活,无论是要克服一个困难,还是解决一个矛盾,都必须做到"知彼知己",才能"百战不殆"。因为人类的生存,本身就是一个面对自我、面对世界的"彼"与"己"的关系。

同样,在经济领域要想取得成功,做到知彼知己也十分重要。因为从事企业生产、商战,也必须谋划。谋划得当,就会进展顺利,就会赢利;谋划不得当,就会进展缓慢,甚至失败,遭受损失。不可设想,一个企业生产处于无组织状态,产品还会质量上乘、声誉良好。所以企业生产、商业运营,都必须进行谋划。

要进行谋划,就必须比较判断,如何组织、协调,才能发挥最大的潜力。比较判断就是"知彼知己"。所以孙子说:"知可以战与不可以战者胜;识众寡之用者胜;上下同欲者胜;以虞待不虞者胜;将能而君不御者胜。"这些都值得我们现代人学习借鉴。

在商战中,各种因素并不总是很清晰明朗,相关的各种条件含混不清,只能通过认真的调查研究与分析,才能使经营活动顺利开展。因此,"知己知彼"是重要的,只有"知己知彼",才能"百战不殆"。

"己"指的是自身条件和内部环境,包括财力、物力、人事、技术、经营场地、地利条件、商品种类、商业信誉、商品来源等等。"彼"既可指竞争对手,又可指贸易伙伴,乃至你的产品所针对的消费者,总之,与之进行业务往来的团体或个人,都可以称之为"彼"。若是竞争对手,"知彼",就是要通过各种方式、方法、手段,了解对手的经济实力、商业信誉、人员素质、技术力量、管理水平、发展趋势、经营动态等等。"知彼"还要探明对方的强弱虚实、长短优劣,便可避实击虚,扬长避短,攻击其弱点。

特别是在信息时代,信息对经营的重要作用是众人皆知的。"知"的内容和方法都必须符合现代要求,不仅要知道本企业与同行的技术水平、生产能力,更重要的是要洞察经营的外部环境,以判断正确的经营方向,从而掌握经营主动权,及时抢占"制高点"。因此,在激烈的经济竞争中,经营领导者只有做到知彼知己,才能避免被动,把企业引上通往胜利的坦途。

上屋抽梯,断其应援

假之以便,唆之使前,断其应援,陷之死地。遇毒,位不当也。

——《三十六计·上屋抽梯》

故意给敌方一些"方便",以诱使敌方向前开进,然后,截断它的前应和后援,使之陷入死地,将其彻底歼灭。这是从《周易·噬嗑》中的:"遇毒,位不当也"一语悟出来的道理。

【经典案例】

秦朝灭亡之后,各路诸侯逐鹿中原。到后来,只有项羽和刘邦的势力最为强大。其他诸侯有的被消灭,有的忙着寻找靠山。赵王歇在巨鹿之战中,看到项羽最强大,所以,在楚汉相争期间,便投靠了项羽。

刘邦为了削弱项羽的力量,命令韩信、张耳率两万精兵去攻打赵王歇。赵王歇听到消息后,心中暗笑,想到自己有项羽做靠山,又有二十万人马,何惧韩信、张耳?

赵王歇亲自率领二十万大军驻守井陉关(今河北省井陉山上),准备迎敌。韩信、张耳也率部向井陉关进发,在离井陉关三十里处安营扎寨。两军对峙,一场大战即将开始。

韩信分析了双方形势,认为敌军人数要比自己的多上十倍有余,硬拼强攻,肯定不是敌方的对手,如果打持久战,又经不起消耗。经反复思考,他定下一条妙计。

于是,他召集众将领在营中部署,对一将领下令,说:"你率两千精兵,到山谷树林隐蔽之处埋伏。等主力与赵军开战后,我军佯败逃跑,这时,赵军肯定会倾巢出动,追击我军。你们便借机杀入敌营,插上我军的旗帜。"接着,又令张耳率军一万,在绵延河东岸,摆开背水一战的阵势。韩信自己则亲率八千人马正面佯攻。

第二天拂晓,只听得韩信营中战鼓隆隆,韩信亲率大军向井陉关杀来。赵军主帅陈余,早有准备,立即下令出战。两军直杀得昏天黑地。韩信早已部署好了,此时一声令下,部队立即佯装败退,并且故意丢弃大量武器及物品。陈余见韩信军败退,大笑道:"区区韩信,怎能是我的对手!"他便下令追击,一定要全歼韩信军。

韩信带着队伍退到绵延河边,与张耳军会合。他对士兵们说:"前面是滔滔的河水,后面是追击的敌军,我们已经没有退路了,只有背水一战,击溃敌军,否则将必死无疑。"士兵们知道已无退路,便个个奋勇争先,要与赵军拼个你死我活。

韩信、张耳突然率部杀了回来,这大大出乎陈余的意料。他的部下本以为以多胜少,胜利在握,斗志已不旺盛,加上为争夺路上的战利品,就更是乱作一团。

锐不可当的汉军奋勇冲进敌阵,只杀得赵军丢盔弃甲,一派狼藉,正是兵败如山倒。陈余见状,立即下令收兵回营,准备休整之后,再与汉军决战。但当他们退到自己的大营时,营中竟飞来无数箭矢,纷纷射向赵军。陈余在慌乱中,才注意到营中已经插遍汉军的旗帜。而在赵军惊魂未定之时,营中的汉军已经冲杀出来,与韩信、张耳军从两边夹击赵军,张耳一刀将陈余斩于马下,赵王歇也被生擒,二十万人马的赵军全军覆没。

【鉴赏】

"上屋抽梯"又作"上楼去梯",或"上房抽梯"。依据《孙子兵法·九地》中"帅与之期,如登高而去其梯;帅与之深入诸侯之地,而发其机……"而来。用在军事上是指:诱敌深入，使之前来就范。然后以包围、迂回、背后突袭和切断退路等战法，将敌全部歼灭的计谋。古人认为，所谓唆使，就是以利去引诱敌人。如果只引诱而不给敌人一些方便，敌人就会犹豫不前。因此，凡是运用"上屋抽梯"计谋的，要故意暗示给敌人，使它相信这里确确实实有梯子可用。要运用"上屋抽梯"，先得"置梯"诱敌，故意露出破绽，给对手提供便利，引诱它冒进向前，然后断其前应和后援，使它陷入孤立无援的境地之后再加以围歼。此计要旨就在于此。成大事者不是想到什么，就干什么，而是懂盘算布阵，懂一步一步地连接关系。这样才能稳扎稳打。"上屋抽梯"，即有这方面的精深之含义，值得反复琢磨。

在当今商业竞争中，企业经营者在经营活动中，如能善于运用此谋略中"诱敌"的思想，假装给竞争对手或顾客造成可乘之机，或让其占便宜吸引顾客了解产品并乐意购买，便可达到扩大销售，占领市场的目的。在这里，巧设"梯子"的方法莫过于以利相诱。先抛出去一个大的诱饵，待其上钩之后，步步诱导，最后断其后路，逼其就范。比如很多商家都会给第一次光顾的顾客发放一定面值的优惠券，诱使你一次次地去消费他们的产品，就是典型的"上屋抽梯"之计。总之，商业中的"上屋抽梯"，必须得让竞争对手或顾客先尝到甜头，才能发挥出它的效用。

在为人处世方面，"上屋抽梯"之计要求做人者善于给对手以便利，故意露出自己的无知，引诱对手看不起你，然后在他不注意的情况下，使之陷入你预设的圈套。其实也就是你故露破绽，引诱他深入，然后切断他的前应和后援，在断其援助之后，也不应一律使其陷入永不翻身的境地，应根据对手和你竞争的利害关系不同对待。

以近待远，以逸待劳

以近待远，以逸待劳，以饱待饥，此治力者也。

——《孙子兵法·军争》

【译文】

以自己接近战场等待敌人的远道而来，用自己的安逸休整等待奔走疲劳的敌人，用自己的饱食等待饥饿的敌人，这是掌握军队士兵战斗力的方法。

【经典案例】

东汉光武帝建武十一年（公元35年），刘秀命令将军岑彭、吴汉率领大军会师荆门（今湖北宜昌东南），讨伐在今天四川一带割据称帝的公孙述。岑彭攻破荆门后，率领大军进入蜀的腹地，吴汉则留在了夷陵（今湖北宜都），修理舟船，准备乘船而上。当年十二月，他将舟船修理完毕后，就率领所部三万人逆江而上。这时，岑彭却被公孙述所派的刺客刺杀身亡了，吴汉只得兼领着岑彭所部的军队。

建武十二年春，吴汉率军向四川进军，与公孙述的大将魏克、公孙永大战了一场，大破蜀军，汉军随即北上进攻武阳（今四川彭山）。公孙述派史兴前来救援，吴汉又击败了史兴，遂攻占了武阳。汉军一路上接连击败前来阻击的敌人，使沿途各县的守城将领都不敢出来与吴汉交战。刘秀诏命吴汉直接进军夺取广都（今四川双流），占据敌人的心腹地带,吴汉当即挥师攻克广都。汉军的兵锋已经逼近了成都,公孙述的部将中许多人投降了吴汉,光武帝想方设法让公孙述也投降,但是公孙述却始终没有投降的意思。

双方胶着到了秋天,刘秀写信告诫吴汉说:"成都还有十多万兵,不可轻视他们。你只要坚决地固守广都,等待敌人前来进攻,不必与敌人争强。敌人如果不来攻你,你才可向前推进以逼迫敌人,等到敌人力尽疲倦了,就可击败敌人了。"

但是,吴汉求胜心切,未把刘秀的告诫当回事,率领步骑二万进逼成都,在距离成都十余里的江北为营,又在江上架设浮桥,派副将刘尚带领万人屯守江南,两营相去二十余里。刘秀得知这一情况后大惊,立刻派使者责备吴汉:"以前我早就告诉你许多细节、办法,为什么临事又糊涂昏乱!既然你已经轻敌深入,且与刘尚分别为营,事情一旦有变,你与刘尚如何相互联系?如果敌人出兵攻你,同时以大军攻刘尚,一旦刘尚被攻破,你也会没有退路的。幸亏现在还没有什么严重的事发生,你马上率领军队退还广都。"

还没有等使者来到吴汉军营,公孙述果然在九月间派谢丰、袁吉率领十余万大军,分为二十多个军营,围攻吴汉,又派万余兵攻打刘尚,使他们不能相互救援。吴汉与敌人激战一天,最后兵败,退守营中,谢丰则乘机包围了汉军。吴汉招集各部将激励他们说:"我和诸位跋山涉水,历尽险阻,转战千里,深入到敌人的腹地,直打到成都城下。现在我们与刘尚两处都受到了敌人的围攻,严峻的局势使我军不能相互援助,这样的祸患无法估量;我打算暗中使军队接近江南的刘尚,合并兵力,一同抗击敌人。假若我军上下同心同力,全力拼战,那么我军就能立大功;如果不这样做,我们失败就没有任何商量的余地了。是成功还是失败,就在此一举了。"

各位将军都答应了。于是,吴汉犒赏将士,喂饱战马,闭营三天,不与敌人交战。在军营中又立起许多军旗,使营中的烟火不断。到了夜晚,吴汉悄悄地带领军队与刘尚会合了。而敌人竟然没有发觉。第二天,谢丰发觉后率军追赶,吴汉以小部分军队在江北抵御谢丰,他自己率领大军攻击江南的敌人。从早晨激战到傍晚,汉军大败敌人,并在混战中斩杀了谢丰、袁吉。此后,吴汉与公孙述又大战于广都,八战八捷,包围了成都。

吴汉在与谢丰的交战中,他兵力不仅少,而且分散在两处,激战一日失败。吴汉认识到了他兵力分散的危险,就闭营三天,犒赏兵士,恢复士兵们的体力,激励他们的斗志,最终击败了敌人。吴汉于危机中及时休整军队,改变用兵计划,最终取得了胜利。

【鉴赏】

这是《孙子兵法·军争》中提出的如何掌握军队战斗力的四个方法。在古代战争中,胜负往往是经过双方军队短兵相接的激烈交战而后分出来的。短兵相接,不仅需要勇气,更需要力气,强壮勇武、力气大的显然在肉搏中易占上风,力弱的一方则往往处于不利的地位,这是至为明显的道理。

因此,如何使自己军队保持充沛的体力,就成为自孙子以来每位兵家所极为关注的重要军事问题。敌人的体力可以在运动、饥饿、焦虑、恐惧中消失,而己方的体力则在饱食、等待、安静中得以保持。孙子所谓的疲敌、劳敌,甚至远近、险阻等,都是从消耗敌人体力角度说的。

诸子百家 —— 兵家

小敌困之，关门捉贼

小敌困之。剥，不利有攸往。

——《三十六计·关门捉贼》

【译文】

对于弱小之敌要加以围困、歼灭。这是从《周易·剥》中悟出的道理，隐意为：对待垂死挣扎之敌，如果任其逃逸而又穷追不舍，那是极其不利的。

【经典案例】

战国后期，秦国攻打赵国。秦军在长平（今山西省高平北）受阻。长平守将是赵国名将廉颇。他见秦军势力强大，不能硬拼，便命令部队坚壁固守，不与秦军交战。两军这样相持四个多月，而秦军仍攻不下长平。

秦王广征良策，最终采纳了谋臣范雎的建议，用离间之计，使得赵王对廉颇产生怀疑。赵王中计后，调回廉颇，派赵括为将到长平与秦军交战。

赵括来到长平后，完全改变了廉颇坚守不战的策略，要与秦军决一死战。秦将白起故意让赵括尝到一点甜头，使赵括的军队取得了几次小胜。赵括果然得意忘形，派人到秦营下战书，此举正中白起的下怀。他兵分几路，构造了一个大口袋，形成对赵军的包围。

第二天，赵括率四十万大军，来与秦军决战，而秦军一战即走，慌忙逃跑了。因为之前赵军小胜秦军几次，赵括自认秦将无能，更加得意忘形，哪里知道正中了秦军的计谋。所以，赵军大为放心地追击秦军，一直追至秦营。秦军坚守不出，赵括连攻数日也没能取胜，只得退兵。而这时，他突然得到消息：自己的后营已经被秦军攻占，粮道也被秦军截断；秦军已经把赵军全部包围起来了。在四十六天中，赵军粮绝无食可进，乃至发生士兵杀人相食事件。赵括只得拼命突围。而白起早已严密布置，多次击退企图突围的赵军，最后，连赵括本人也中箭身亡，赵国的四十万大军也全部被秦军歼灭。

白起

这个只会"纸上谈兵"的赵括，在真正的战场上，中了秦将白起的"关门捉贼"之计，一败涂地，害了自己，也害了国家。

【鉴赏】

"关门捉贼"原意是指盗贼进屋行窃之时，关门将其捉住。与之相近的还有"关门打狗"。用在军事战争上是指：对弱小的敌人要采取四面包围、聚而歼之的谋略。

"捉贼"之所以必须关上门，不仅是为了防止他逃走，而且更是怕他逃走后反被别人利用。况且，对逃跑之敌不可再追击，这是为了防止中了他的诱兵之计。这里所谓的"贼"，是指突然来犯、出没无常的敌人。他们的用意是使我方疲惫不堪，以便实现其阴谋。当然，如果运用得当，还可以围歼敌人的主力部队，古今中外都不乏类似的经典战例。

五、兵家的境界——胜战与不战

用兵如神，不战而胜

百战百胜，非善之善也；不战而屈人之兵，善之善者也。

——《孙子兵法·谋攻》

【译文】

能够百战百胜，还不是高明中最高明的；不用战斗而使敌军屈服，才是高明中最高明的。

【经典案例】

东汉光武帝建武四年（公元 28 年）秋，刘秀派王霸与马武各领一支军队征讨在垂惠（今安徽蒙城北）割据称雄的周建。而另一个割据称雄的人苏茂与周建相互呼应，得知周建受到了汉军的攻击，就急忙率兵四千余人援救周建。

苏茂先派一支精锐的骑兵袭击马武运送军粮的队伍，迫使马武前来营救，而周建则乘机领兵从城中冲出来夹击汉军。马武的军队认为有王霸的援助生力军，遂在战斗中都不尽力，结果就被苏茂及周建的军队打得大败。

马武率领军队退败经过王霸的军营时，大声呼喊，请求救援，然而，王霸却按兵不动，并对马武及其败军说："敌人兵力太强，我如果出营，咱们两个都会失败，你们还是自己努力吧。"他部下的将官们都争着请求去营救马武。王霸又说："马武的士兵全是精锐，人数又多，却对敌人心存惧意，而且他们认为有我们相依靠，所以不尽力与敌作战，我们两军的思路不同，这是失败之道。现在我闭营固守，表示决不援助他们，敌人一定会乘胜轻易冒进；马武及其所部见不到我们的援助，一定会奋战自保。这样的话，苏茂的部队就会疲劳，我们乘敌人疲劳时再出击，就可以打败他们了。"

苏茂、周建见无人援助马武，果然出动全部军队围攻他。马武及其部队得不到友军的救援却受到敌人的猛烈攻击，也只好人人奋力杀敌自保，双方遂陷入了激战胶着状态。并且由于激战了很久，双方也都逐渐显露出久战后的疲惫状态。王霸的军队作壁上观，对此情况看得十分清楚，于是军中人人激奋，还有几十名壮士断发请战。王霸知道士兵们已经斗志高涨，遂打开军营的后门，出动精锐的骑兵袭击敌人的背后。苏茂、周建军队前后受到夹击，惊慌失措，大败逃走。王霸、马武也各自回到军营中休整。

諸子百家

兵家

不久，周建等又聚集起残兵败卒前来挑战，王霸却拒不应战，而在军中与士兵们饮酒作乐。苏茂令部队放箭，乱箭像雨一样落到王霸的军营中，其中一支箭还落到王霸面前的酒杯中，王霸依然安坐不动。

诸位将官说："苏茂前几天已经被我们打败过，现在我们就更容易击败他了，为什么将军却不出战？"

王霸说："不是这样。苏茂是客兵，远道而来，他的粮食不足，所以他就多次来挑战，希望拼死一战能侥幸求胜。现在我们闭营休息，迫使敌人自动退却，正是兵法所谓的'不战而屈人之兵'。"

苏茂、周建接连数日不得交战，遂领兵回到自己的军营。然而周建的侄子周诵向汉军示降，关闭城门不让他们入城，周建、苏茂连夜领兵逃走了，周诵就以垂惠城向王霸投降了。

王霸讨伐周建、苏茂之战，在初战胜利后，即闭营休息，针对苏茂远道而来粮食不足的弱点，对敌人的多次挑战不予理会，不给对方以可乘之机，迫使敌人自行退却；同时，周建军队的内部矛盾也因战争而加剧，致使周诵以城投降，从而达到了"不战而屈人之兵"的目的。

【鉴赏】

"不战屈兵"是孙子在《谋攻篇》中提出的作战全胜谋略。战争是力量的对比，主要包括军力与经济力。此外，政治、文化力量的对比也起着重要的作用。在实际进行过程中，人的主观能动性的发挥，往往又起着十分重要的作用。因为军力、经济力、政治力等，都需要人去掌握和运用。

所以，在既定条件下，以一定的优势力量为后盾，充分发挥指挥员的谋略，做到不战而使对方屈服，从而避免双方的流血冲突发生，使人民的生命免遭涂炭之灾，实在是一种全胜策略。这就需要指挥者在一定物质条件基础上，缜密谋划，精心实施，不断调节，才能达到目的。

孙子认为，为兵者的最高境界并不仅仅是取得战争的胜利，而是能"不战而屈人之兵"。孙子既把它作为战略决策的最佳选择，也作为具体战术的手段。战史表明，要实现"不战而屈人之兵"，是军事实力与谋略，乃至于天时、地利等各个方面的结合作用促成的。

孙子的"不战而屈人之兵"，作为以"全胜"谋略为核心的战争思想，不仅具有理论创新意义，而且有实践指导意义。《唐太宗李卫公问对》里记有太宗评介孙子这一理论的一句话：

"然！吾谓不战而屈人之兵者，上也；百战百胜者，中也；深沟高垒以自守者，下也。以是较量，孙武著书，三等皆具焉。"由此可见孙子高深的境界。

欲擒故纵，兵不血刃

逼则反兵，走则减势。紧随勿迫，累其气力，消其斗志，散而后擒，兵不血刃。需，有孚，光。

——《三十六计·欲擒故纵》

【译文】

逼迫敌军过急,便会遭到疯狂的反击,而任其溃逃,则会削弱他的强攻势头。故而,要紧密地跟踪敌军而又不逼迫他,借以不断耗损他的气力,以瓦解他的斗志,待其溃散之后,再加以擒获。这样用兵,可以避免无谓的流血。这是从《周易·需》的卦辞悟出的道理。

【经典案例】

三国时候,蜀国后主刘禅即位之后不久,南蛮王孟获便带领十万蛮兵,不断侵掠蜀国边境,诸葛亮于蜀建兴三年(225年)亲自带兵五十万前去征讨。

孟获是南方的酋长。他英勇善战,为人侠义,在南人中很有威望。他听说蜀兵南下就率兵迎战,远远看见蜀兵,队伍交错,旗帜杂乱,心里想:"都说诸葛亮用兵如神,看来言过其实了。"孟获率兵冲出阵去,对方迎战。没有几个回合,回头就跑,孟获放胆追杀,追赶了二十多里。忽然喊杀声四起,有蜀兵截断了退路。南兵大败,孟获冲出重围,前面又有一队军马拦住去路,孟获慌忙逃进山谷。路狭山陡,后边追兵渐近,孟获只得丢下马匹爬山。忽然又是一阵鼓声,原来诸葛亮早就调查了这一带地形,派兵将在这儿埋伏,结果活捉了孟获。

孟获被押至帐中,诸葛亮问:"现在你被我活捉了,你服吗?"孟获说:"我是因为山路狭陡才被捉住的,怎么能服呢?"诸葛亮道:"你既然不服,我放你回去如何?"孟获答得倒也干脆:"你要是放了我,我重整兵马,和你决一雌雄,那时再当了俘虏,我就服了。"诸葛亮立即让人给孟获解开绑绳,酒肉招待以后,放出营帐。

诸葛亮放了孟获,众将领都不理解,问诸葛亮说:"孟获是蛮兵的首领,擒住他南方才能平定,丞相为何把他放了?"

诸葛亮笑着说:"我要想抓他,如同探囊取物,但只有降了他的心,他才不会再反。"诸将领都不相信诸葛亮能让孟获从心里归顺。按说,擒拿敌主帅的目的已经达到,敌军在短时间内也不会有很强的战斗力了,此时乘胜追击,便可大破敌军。但是诸葛亮考虑到孟获在西南夷中的威望很高,影响很大,只有让他心悦诚服,主动请降,才能使南方真正安定。如若不然,南方各少数民族部落仍不会停止侵扰,蜀汉的后方就难以安定。于是,诸葛亮便决定对孟获采取"攻心"战,断然释放孟获。孟获回寨后,重整军马,准备再战。他手下的两个洞主曾被俘虏后放回,这次孟获派他俩迎战,但他们又打了败仗。孟获说他俩是故意用败阵来报答诸葛亮的不杀之恩,把他们痛打了一百军棍。这两人一怒之下,带了一百多个南兵,冲进孟获的营帐,把喝醉了的孟获牢牢绑住,献给了诸葛亮。

诸葛亮笑着对孟获说:"你曾经说过,再当俘虏就服了,现在还有什么话说?"孟获振振有词道:"这不是你的本领,是我们自相残杀,怎么能让我心服呢?"诸葛亮说:"好吧!我再放你一次。"诸葛亮命令刀斧手给孟获松了绑,带他出营观看蜀军如山的粮草和明亮的刀枪。孟获则一边走,一边注意各个营寨的位置和情况。参观完后,诸葛亮亲自为他送行。

孟获回到本寨,对弟弟孟优说:"我已经知道了蜀营的虚实,现在可以一举打垮蜀军了!"两人当下定了一个计谋。

次日,孟优带着一百多名南兵,抬着许多金银珠宝来到了诸葛亮的大营。孟优见了诸葛亮说:"我哥哥感谢丞相不杀之恩,让我先送上这些宝贝,作为劳军之用,哥哥去银坑山收拾宝贝,明天就送来,献给天子。"诸葛亮见孟优的随从一个个身强力壮,知是诈降而来,当下设宴款待,并用药酒将他们全都迷倒。当晚,孟获率兵前来劫寨,他原以为诸葛亮没有防备,又有孟优做内应,肯定可以活捉诸葛亮。谁知这早就在诸葛亮的意料之中,孟获再次陷入诸葛亮的圈套,第三次当了俘虏。

诸葛亮笑问孟获:"这回服了吗?"孟获仍然不服地说:"这是因为我弟弟贪杯误了大事,怎能心服?"诸葛亮说:"那就再放你回去!"说罢,把孟获兄弟连同所有的兵将全部放回。就这样捉了放,放了再捉,直到孟获第七次被活捉。

这一次诸葛亮也不和孟获说话,只是给他解了绑,送到邻帐饮酒压惊,然后派人对孟获说:"丞相不好意思见你了,让我放你回去,准备再战。"孟获听了这话,双眼流泪,对左右说:"七擒七纵,自古未有,我要是再不感谢丞相的恩德,可就太不知羞耻了。"说完来到诸葛亮面前,跪倒在地,说道:"丞相天威,南人永不造反。"诸葛亮问道:"你果真服了吗?"孟获哭着说:"我们子子孙孙都感谢丞相再生之恩,怎么能不心服呢!"于是,诸葛亮请孟获入账,摆下酒宴,庆贺民族的友好。诸葛亮当场封孟获永远为南人洞主,蜀兵占领之地全部退还。

【鉴赏】

"欲擒故纵"又作"欲擒先纵"。其原意为:为了要捉住敌人,先故意放开他,以使他放松戒备。以喻为了更好地控制,就先故意放松一步。此计用于军事是指:为了造成消灭、瓦解敌人的有利战机,而暂且放纵他,让他逃逸,尔后,加以擒获,并聚而歼之。此计有两种用法,一是对于强敌要避其锐气,消耗其物力,瓦解其斗志,使之放松警惕;二是"围三阙一,虚留生路",以表面上的"纵",达到实际上的"擒"。诸葛亮七擒孟获,就是我国古代军事史上的一个"欲擒故纵"的绝妙战例。古人认为,这里所说的"纵",并不是对敌人放任不管,而是尾随其后,显得宽松一些罢了。兵书说:"对溃退之敌,不要穷追不舍",也就是这个意思。这里所说的不追,并不是不尾随跟踪,只是不过分紧逼而已。

一日纵敌,百日之患。可见,纵敌需有保证,即擒敌。纵敌并非要使之日益强大,而是要消耗其体力,瓦解其斗志,以便于在缓和的局势之中,顺利征服敌手。诸葛亮七擒孟获是为使之心悦诚服,永不悔叛。而项羽于鸿门宴上放走刘邦则终被其逼死乌江。当纵则纵,不当纵则切不可放过。纵不可过,过则损己。因此,使用欲擒故纵之计,必须有过人的忍耐力和不惜牺牲的决心,表面上做得干脆利落,骨子里却要磨刀霍霍。但在一个尖锐复杂的战斗场面,手到擒来而又顺手放走,有时又有纵虎归山的危险,自己也会吞食恶果。所以此计使用时也一定要慎重为是。

施行欲擒故纵之计,需要等得、忍得、输得起,绝不为小利小惠而斤斤计较,原因是一计之行使,不能被对方识破,如被对方识破,则一切等于泡影。欲擒故纵之计首先重在"擒"字,因为"故纵"乃是一时的权宜之计,所谓放长线钓大鱼的长线是也,这条长线必须有韧性,既要牢牢缚住那条大鱼,还要收发由心,实在不是简单的事。"擒"是目的,

诸子百家——兵家

"纵"是手段,手段为目的服务,一方面是有目的放松,"跑累了再抓",以防狗急跳墙,带来欲速则不达的后果;另一方面也是虚留生路,网开一面。

在现代商业竞争中,对陷于困境的竞争对手,网开一面,让其败退而走,不必穷追猛打立逼其破产,而宜尾随不放,使之在进退无路的挣扎中,丧失斗志,请求收容接纳。商业场合的欲擒故纵更多的是带一些要挟的味道,要想抓住要点,更多得利,就看谁掌握的条件更多更好,应用技巧更高。另外,在日常生活中,我们在平日购买商品讨价还价时便常有此种现象,你越是急切要买,他便越是不肯让利;你似乎漫不经心,他却抓住你不放,一再"出血"降价。

在现实生活中,很多人利用"欲擒故纵"之计,把本来想得到的东西,却装作表面上的不闻不问,表现出无所谓的样子。但暗中却深谋策划,紧紧跟踪,一旦捕住有利时机,就马上出击。"欲擒故纵"与"打草惊蛇"虽然都是由曲折而达到目的,但一个隐蔽,一个张扬,可谓殊途同归,异曲同工。

兵家诡道,无泄于外

靖曰:"兵家自古诡道。存之则余诡不复增矣,废之则使贪使愚之术从何而施哉?"

太宗良久曰:"卿宜秘之,无泄于外。"

——《唐太宗李卫公问对·中卷》

诸子百家——兵家

【译文】

李靖说:"自古以来,兵家作战就讲究智谋、诡诈之术。掌握这些诡诈之术后,敌方的计谋就不会得逞,不懂得这些诡诈之术的,用什么方法使敌人变成又贪又愚呢?"

唐太宗思忖良久,说道:"这个道理你要保密啊,万不可泄露给别人。"

【经典案例】

三国时候,魏景元年七月,魏主司马昭遣镇西将军钟会带兵十万由长安出发,直取汉中,安西将军邓艾由陇右出击,兵指沓中牵制蜀将姜维,向蜀汉展开了全面进攻。汉中很快失陷。沓中的姜维也被邓艾四面围攻打败,情势十分危急。

姜维听说汉中失守,欲重整兵马去救汉中,不料去汉中的必经之路——阴平桥,又被魏将诸葛绪占领,此刻姜维仰天长叹说:"这是天要丧我在此地呀!"

在此绝望之际,副将宁随对他说:"现在魏兵虽然切断阴平桥头,但雍州兵力必然空虚,我们如果抄近路去攻雍州,诸葛绪必然撤阴平桥守军去救雍州,这时我们再快速回来取阴平桥去守剑阁,那时便可以收复汉中了。"姜维想,这也是唯一的绝路逢生之计了。于是依计而行。

据守阴平桥的诸葛绪,听说姜维去攻雍州了,心想,雍州是我的守地,如果一旦失守,上方怪罪下来,我可担当不起,便撤军去守雍州,桥头只留少量军兵把守。

姜维率兵走出三十里左右,见魏兵奔回雍州,便回兵轻而易举地占领了阴平桥,烧毁敌寨,率兵直奔剑阁。

诸葛绪回到雍州后,听说姜维又返军取了阴平桥,这时才知中了姜维之计。当他再回到阴平桥时,姜维已率军过去半日了,他因此受到了主将钟会的责罚。

【鉴赏】

"卿宜秘之,无泄于外",这八个字就能说明诡诈之术在用兵谋略中的地位。

事物有强有弱,弱者有强的方面,强者也有弱的方面。如果以强者对弱者,结果可想而知;如果以弱者之强对强者之弱,情况自会大为改观。这也说明了一个道理,"避实击虚",必将取胜。当然,强者也可以利用弱者的方面,一击而就。"实"示人为"虚","虚"示人为"实",这不正是诡诈之术吗?

在现代商业经营中,"实"和"虚"表现在饱和与需求、密集与稀疏、优质与平庸、先进与落后、昂贵与价廉、充足与短缺、知名与无名、灵活与呆板、新潮与旧式等方面。"避实击虚"要从市场调查入手,了解市场的消费结构、消费趋势、消费变化、消费心理以及竞争对手的商品信誉、销售手段、商品价格、市场覆盖面等。然后,以自己的质量优良击败对方质量低劣,以自己新潮样式击败对方落后样式,以自己品种、花色齐全击败对方单一、短缺,等等。总之,"避实击虚"是要尽量避开对方长处,而以己之长击敌之短,也就是"以实击虚"。

"诡道之术"大有妙用,可以应用于生活的各个方面,从而使生活更加绚丽多彩。

李代桃僵,舍小就大

势必有损,损阴以益阳。

——《三十六计·李代桃僵》

【译文】

当战争局势发展必然要有所损害的时候,要心甘情愿地舍弃局部的次要损失,以增强整个战局的优势。

【经典案例】

战国后期,赵国的北部经常受到匈奴的骚扰,边境极不安宁。赵王便派大将李牧镇守北部的门户雁门郡。

李牧到任后,天天杀牛宰羊,犒赏将士,并且下令只许坚壁自守,不许与敌交锋。匈奴人摸不清底细,也不敢贸然进犯。李牧借机加紧训练部队,以养精蓄锐。几年以后,兵强马壮,士气高昂。

公元前250年,李牧准备出击匈奴。起初,他只派遣少数士兵保护边寨百姓出去放牧。匈奴兵见状,就派出小股骑兵前去劫掠,而李牧的士兵也不与敌人交手,假意败退,丢下一些人和牲畜。匈奴人占了便宜,得胜而归。匈奴单于以为,李牧一直不敢出城征战,说明他果然是一个不堪一击的无能之辈。就亲自率大军直逼雁门。

这是李牧意料之中的事。于是,李牧率部严阵以待,他兵分三路,给单于设下一个大口袋。由于单于轻敌冒进,而被李牧分割成几部分,然后逐一歼灭。单于兵败,落荒而逃。李牧成功地运用李代桃僵计,用很小的代价,换得了全局的大的胜利。

诸子百家——兵家

【鉴赏】

"李代桃僵"的原意是指亲兄弟要像桃李共患难那样互相帮助，互相友爱。《乐府诗集·鸡鸣》："桃李露井上，李树生桃旁。虫来啮桃根，李树代桃僵。树木身相代，兄弟还相忘？"此计用在军事上，是指在敌我双方势均力敌，或敌优我劣的情况下，用小的代价，换取大的胜利的谋略。此计中"李"指做出牺牲的一方，"桃"指受保的一方。"桃李"必能相互替代，而"桃"比"李"更具重要性。古人认为，敌我双方的情况，是互有优劣的。在战争中，企图从各方面都胜过敌方，是难以做到的。战争的胜负，取决于双方力量的对比，占优势的一方往往获胜。但是，为使我方取得全局战斗力对比的优势，应当合弃局部优势，而顾全大局。

两军对垒时、政治纷争上、商业竞争中，想绝对地得益而无害往往不现实，很多时候需付出一定代价。此时原则是"两利相权取其重，两害相权取其轻"，顾大局，看长远，保大利。因为无论什么事，都有一个主次之分。基于这种思想，在自己的实力和对手相当或者劣于对手的时候，就可以让敌人来攻击自己将要合弃的那部分力量，从而得以保存自己的有生力量。这也实在是不得已而为之的最好的一种办法。

"李代桃僵"，用在政治上，则表现为为了整体和长远的利益，必须放弃局部的利益，要勇于做出牺牲，即所谓的"丢车保帅"，尤其在敌我双方实力悬殊时，就可以在危急的环境中保存实力以图他日东山再起。因李代桃僵，是桃李共生，若桃僵，则李必僵。故以李代桃，以小死求大生。

在现代商战中，"李代桃僵"有更强烈的现实意义，聪明的商家不会只是简单地从表面上看输赢，而是从全局、从实质上看成败。如果仅仅为了一点点小利而放弃了商业规律，那损失的将不仅仅是那一点小利，将会损失更多，甚至葬送掉企业的前途。

在现实生活和工作中，"李代桃僵"之计要求我们不要为小利所诱惑，也不要为小害所影响，不要只简单地从表面上看输赢或地位的高低，而应从全局从实质上看成败。如果与对方为了点小利益闹得寸步不让，那将得不偿失，高明的人，往往会"以退为进"，着重考虑总体利益，这样才能获得最终成功。为人处世，把"李代桃僵"计用在正道上，则多少有些悲壮和凄凉的色彩。大难当前，有人主动站出来代人受苦受难是一种"代僵"法；为了渡过暂时的难关而被迫放弃眼前的利益也是一种"代僵"法。但若把"李代桃僵"计用在邪道上，常见的是一些流氓恶棍头子用一些鱼虾式的小人物来替罪，以逃避法律的制裁，则我们不得不防。

奇正相生，变化莫测

太宗曰："吾之正，使敌视以为奇；吾之奇，使敌视以为正，斯所谓'形人者'欤？以奇为正，以正为奇，变化莫测，斯所谓'无形者'欤？"

靖再拜曰："陛下神圣，迥出古人，非臣所及。"

——《唐太宗李卫公问对·上卷》

唐太宗说："我方正常的用兵方法，要使敌方以为是特殊的；我方特殊的用兵方法，要使敌方以为是正常的。这就应该是所谓的'有形'吧？而我方不拘常理，把特殊的当成正常的，把正常的当成特殊的，变化莫测，这就是所谓的'无形'吧？"

李靖心中拜服，说："陛下圣明神武，超越古人，实在不是臣下所能及的。"

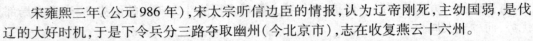

【经典案例】

宋雍熙三年（公元 986 年），宋太宗听信边臣的情报，认为辽帝刚死，主幼国弱，是伐辽的大好时机，于是下令兵分三路夺取幽州（今北京市），志在收复燕云十六州。

战争初期，宋军势如破竹，连接夺地克城，可是由于宋将曹彬率领攻打幽州的主力部队没按宋太宗事先布置的计划行事，而是在众将的要求之下贪功冒进，直取涿州（今河北涿州市），又因粮草不济不得不退出涿州，结果给辽军造成可乘之机，10 万大军在歧沟关（今河北涿州市西南）被辽兵打得大败，伐辽取燕云十六州的计划破产了。中路和西路军也不得不后撤。

西路大军由潘美、杨业率领。在后撤时，宋太宗下令将境内的百姓迁入内地。在掩护百姓后撤过程中，主帅潘美不明形势，听信谗言，临阵逃走，致使杨业兵败战死。杨业作战英勇，人称"杨无敌"。辽兵对他十分害怕。杨业的死，使得北部边防缺少了一员大将。由谁来填补这一空缺呢？这令宋太宗颇为费神，于是他向近臣寻访合适的人选。这时，左谏议大夫张齐贤主动请求镇守北边，宋太宗便任命张齐贤为代州（今山西代县）知州，同潘美一道统领兵马抗击辽兵。

张齐贤从小便勤学苦读，颇有远大志向。宋太祖到西京洛阳（今河南洛阳）巡幸时，张齐贤以布衣百姓的身份拦住宋太祖的马，向宋太祖献上 10 条治国之策。宋太祖回到京城后，对宋太宗说："我去洛阳，唯一的收获便是得到了一个张齐贤，我不打算给他封官，还是让他以后为相来辅佐你吧。"

宋太宗即位后广开科举，张齐贤中进士。入朝为官后，张齐贤在许多重大问题上都提出了自己的独到看法；对北征伐辽，他认为应以人为本，疆土为末，宜先本而后末，安内养外。

张齐贤到代州上任后不久，辽兵便自湖谷（今山西崞县西北）入侵，大军直抵代州城下。代州城中的神卫都校马正率所部在城南门外列阵迎敌，但是人数太少，而副将又惊慌害怕，领着本部兵马躲在城中自保，张齐贤见到这种情况，便在从事劳作的厢军中挑选 2000 人，慷慨誓师，然后亲自率领，从马正的右侧杀出，辽兵见宋军来势凶猛，便从城下退走了。

当辽兵来犯时，张齐贤便已派人给潘美送信，让他发兵，以便联手将辽兵击退。但是，张齐贤派出送信的人在回来的路上被辽兵俘获，张齐贤因此很担心潘美出兵的事已泄露，万一潘美率军前来，就会遭辽兵伏击。正在张齐贤担心的时候，潘美派人来送信说，大军从并州（今山西太原市）出发，刚到柏井（今山西阳曲县东北）便接到了宋太宗的密诏：宋军在君子馆（今河北广县西北）同辽军的会战中大败，数万人战死，并州的兵马不准出战,所以潘美率大军已退回并州。张齐贤得知潘美的大军不再前来,心中松了一口气,但如何击退眼前的辽兵,张齐贤又开始了思考。当他问明目前辽军的分布和四周的山川形势之后,一个破敌计划在心中形成了。

张齐贤先将潘美派来的送信的密使软禁起来,严密封锁潘美退兵的消息,然后对众将说:"辽兵知道潘美要率兵前来会战,却不知道潘美已退兵,这正是我们破敌的大好时机。"于是,在半夜时分,张齐贤派出200人,每人手持一面旗帜,肩背一捆柴草,到距代州西南30里的大山中,遍地插旗,燃烧柴草,虚张声势;然后又派出2000步兵,在土橙寨(今山西宁武县东)设伏。辽兵远远望见代州城西南有火光,火光中还有旗帜飘动,以为潘美的大军已然到达代州城外,便慌忙向北逃走,这正让土橙寨设伏的宋军候个正着,宋军一通掩杀。打得辽军大败。这一仗,宋军俘获了很多辽军将领,斩首数百人,缴获了2000多匹战马,还有许多兵器、铠甲。

后人在评论宋军歧沟关大战失利后的对辽作战时说:大小几十余战,唯有张齐贤打了一场漂亮的胜仗。

【鉴赏】

唐太宗李世民随父李渊南征北战,于天下大乱之机,建国开元,他戎马半生,自然会对战争有许多感悟,不足为奇,但读过《唐太宗李卫公问对》,又不禁对其刮目相看——他对兵法谋略的掌握堪称皇帝里的第一。

"奇"与"正",在古代兵法中是相反相成的两种用兵手法。"正"是指用兵的常法或一般的规律;"奇"是指用兵的变法或特殊的规律。在这里,唐太宗君臣强调的是"奇"与"正"的配合使用,也就是将帅应该巧妙处理这一辩证的用兵谋略。有史以来,人类战争无数,胜利者大都有"奇"兵之战例。近代战争中"奇"兵之战例更多。中国工农红军二万五千里长征中所创造的"四渡赤水""飞渡大渡河"等神奇之战例都说明,在战争中谁将"奇"演化得好、演化得精。谁就将赢得战争的主动。在局部战斗中占尽优势,才能在大的战役中有胜利的把握,从而导致在战略上更加主动和彻底打垮对手。

兵家讲求以奇取胜。一个"奇"字,道出个中之妙,既要在对方意料不到的地方下手,又要充分发挥己方的优势,令敌人防不胜防。

同样,为人处世也讲究一个"奇"。打破常规,标新立异,逆向思维都可以出奇招。奇,是出奇制胜,出人意料。现实生活中,人们总是对一些司空见惯的事见怪不怪,习以为常了。这时若能换一种思路,打破常规,则往往会收到意想不到的效果。但是一定要把握好尺度。切忌标新立异、哗众取宠,那样不但不会成功,反而会当作人们茶余饭后的笑柄。

借刀杀人,不出自力

敌已明,友未定,引友杀敌,不自出力,以《损》推演。

——《三十六计·借刀杀人》

敌方的情况已经明确,友军的意向却不稳定,这就要想方设法诱导友军前去杀敌,以避免过分消耗我方的战斗力。这是根据《周易·损》中"损下益上"的道理推演而形成的谋略。

【经典案例】

春秋末年,齐简公封国书为大将,要他率军前去攻伐鲁国。鲁国力小势弱,不堪一击,形势非常严峻。当时在鲁国的儒家大师子贡分析形势之后,认为只有吴国的实力可以同齐国抗衡,可以借助吴国兵力打败齐军。

于是,子贡便前去游说齐相田常。田常当时急欲铲除异己。子贡以理相劝,要他不要让异己在攻伐鲁国的战争中轻易得手而取得主动;而应让他们去攻打吴国,借以铲除异己的势力。田常为之心动,但苦于齐国已做好伐鲁的部署,如在此时转而攻吴,怕是出师无名。

子贡对他说:"这事不难,我前去劝说吴国救鲁伐齐,这不就有了攻吴的理由了吗?"

田常听了非常高兴,说:"只要吴国来攻齐国,我就能使齐军不去伐鲁,而去攻吴国。"

子贡便来到吴国,对吴王夫差说:"如果齐国攻下鲁国,它的势力必定得以强大,接着必将伐吴。大王不如先动手,联鲁攻齐,吴国不就可以借此与强晋分庭抗礼,成就霸业了吗?"

吴王夫差同意子贡的观点,但他担心自己的近邻越国会乘机攻打吴国,不敢出兵。

子贡就又去越国,说服越王派兵随吴伐齐,以解除吴王的后顾之忧。

子贡这次穿梭游说,实现了预期的目的。但他又想到吴国战胜齐国之后,必然又要威胁鲁国,而使鲁国不能真正解除困境。于是,他又暗自来到晋国,向晋定公陈述利害关系说:"吴国伐齐国成功之后,必定转而攻晋,以争霸中原,我劝晋国能有所准备,以防吴国的进犯。"

公元前484年,吴王夫差亲自统率精兵十万多人(其中有越国兵三千人),北上攻打齐国,鲁国立即派兵助战。结果齐军大败,主帅国书及其他几员大将则死于乱军之中。此战以齐国请罪求和而告终。夫差大获全胜之后,便立即率军转而攻晋。因为晋国早就有所准备,顺利击退了吴国的进攻。

这样,子贡充分利用了齐、吴、越、晋四国的矛盾,智于周旋,借吴国之"刀",击败齐国;借晋国之"刀",灭了吴国的威风,使鲁国从弱势而危难之中,得以彻底的解脱。

【鉴赏】

古人认为,在敌对势力征象已经显露,而另一股势力也在不断发展,并且将要发挥重大的作用时,就要果断地借助这股势力,去打败敌人。这就叫"借刀杀人"。它是为了保存自己的实力而巧妙地利用其他势力的矛盾的策略。

"借刀杀人"之计是政坛上政治家们惯用的方法。因为把别人的梯子搬到自己的脚下,爬到自己想爬的地方去,这要比自己先造梯,再登梯要来得快,来得巧。善借势,才能巧赢。此计用在领导谋略上,一方面可以推而广之,理解成领导者向下属学习,丰富自身知识;另一方面则是以人制人,以牵制对手。"借刀杀人",是借他人之手或他人之力来铲除异己或达到自己目的的一种手段。故"借刀杀人",不需自己赤膊上阵,不需消耗自己的实力,更不会招致"杀人凶手"的罪名。但借刀杀人,巧在一个"借"字,但借刀必须有条件。或陈明利害,或许以重利,或制造敌人内部矛盾。"借"要巧妙,"杀"要干净利索,以免留下后患。借刀有明暗之分,有强借诱借之别,能不费吹灰之力制敌手于死地且毫无蛛丝马迹方是高手。可借人力、物力、财力、势力等等。此计是阴谋而非阳谋,平常之时,不可不防,非常之时,不可不用。

"借刀杀人"之计被历代军事家广泛运用,现代商战中的"借刀杀人"更是花样翻新,屡奏功效。在激烈的商战中,常常出现强者一统天下,弱者夹缝求生的情况,弱小企业者欲赢得市场,由小而大,须巧用借术,以最小的投入创造最大的产出,实现"四两拨千金"的效应。"借刀杀人"是一个把握性较大的发展谋略。

在现实生活中,"借刀杀人"一计也被广泛地运用。或借别人之名来抬高自己。或为了保存自己的实力,自己退避起来,借自己以外的人、事和物来达到自己的目的。"借刀杀人",对于正人君子,即使不会用,也得学会识破它,切莫被人当刀使。因人际关系中,总有阴险之人为其不可告人之目的而欺骗别人,利用人性中的弱点而做"杀人"的刀,自己则站在幕后看热闹,不可不防。

兵强攻将,将智伐情

兵强者,攻其将;将智者,伐其情。将弱兵颓,其势自萎。利用御寇,顺相保也。

——《三十六计·美人计》

【译文】

对兵力强大的敌人,就要设法攻击它的将帅;敌方将帅有智谋时,便要设法动摇他的斗志。将帅的意志被"弱化",士气就会萎靡,从而使敌军的气势衰颓、瓦解。这就像《周易·渐》的卦象所启示的:要利用敌人的弱点来防御敌人,顺利地保存自己。

【经典案例】

汉献帝九岁登基,朝廷由董卓专权。董卓为人阴险,滥施淫威,并有谋朝篡逆的野心。满朝文武,对他既恨又怕。

司徒王允对此十分担心,朝廷出了这样一个奸贼,不除掉他,朝政难保。但董卓势力强大,正面攻击,还无人能斗得过他。董卓身边有个义子,名叫吕布,骁勇异常,并且对董卓忠心保护。

王允观察这"父子"二人,狼狈为奸,不可一世,但他们有一个共同的弱点:都是好色之徒。于是,王允想何不用"美人计",让他们自相残杀,以除后患?

王允府中有一歌女,名叫貂蝉。这个歌女,不但才艺俱佳,而且深明大义。王允向貂蝉谈了用美人计诛杀董卓的想法。貂蝉为感激王允对自己的恩德,决心以死相报,以除祸害。

诸子百家 —— **兵家**

于是，王允邀请吕布来家喝酒，宴席上，王允主动提出将自己的"女儿"貂蝉许配给吕布。吕布一见绝色美人，喜不自胜，十分感激王允，便决定选择良辰吉日完婚。

第二天，王允又请董卓到家里来，设盛宴相待，席间，召貂蝉前来献舞。董卓一见貂蝉，便垂涎欲滴。王允见状，便说："太师如果喜欢，就把这个歌女奉送给您吧。"董卓假意推辞一番，便高高兴兴地把貂蝉带回府中去了。

吕布得知后，勃然大怒，当面斥责王允。王允巧言哄骗吕布说："太师要看看自己的儿媳，我怎敢违命！太师说今天是良辰吉日，决定带回府去与将军成亲。"

吕布信以为真，只待董卓为他办喜事。但是过了数日，却杳无消息，再一打听，原来董卓已把貂蝉据为己有了。吕布气愤冲天，心生怨恨。

一日，董卓上朝，却忽然不见身后的吕布，心生疑虑，马上赶回府去。只见在后花园内，吕布与貂蝉抱在一起。他顿时大怒，就用戟向吕布刺去。吕布用手一挡，没能击中。吕布怒气冲冲离开了太师府。原来吕布与貂蝉幽会，是貂蝉按照王允的计谋，用以挑拨他们"父子"关系。

汉献帝

王允见时机已经成熟，便邀吕布密室相商。王允大骂董卓强占了他的"女儿"，夺去了吕布的"爱妻"，实在可恨。吕布也咬牙切齿地说："不是看在父子关系上，我真想宰了他！"王允忙说："将军错了，你姓吕，他姓董，这算什么父子关系？再说，他强占了你的妻子，还要刺杀你，哪里还有什么父子之情？"吕布说："感谢司徒的提醒，不杀老贼，誓不为人！"

王允见吕布主意已定，立即假传圣旨，召董卓上朝受封。董卓耀武扬威，前来受封。不料吕布突然一戟刺来，直穿咽喉，当场毙命。奸贼已除，人们拍手称快！

【鉴赏】

"美人计"指的是对用军事手段难以击败的敌方，要用"糖衣炮弹"（主要是用女色），先从思想意志上瓦解敌方的将帅，使其贪图安逸享乐，斗志涣散，内部分崩离析，再从而将其打垮的计谋。《六韬·文伐》中说："养其乱臣以迷之，进美女淫声以惑之。"《兵法圆机·女》中也说："男秉刚，女秉柔。古之大将，间有借柔者。文用，以愚敌玩寇；武用，则作战驱车、济艰解危。运机应变，皆有利害。男不足，女有行。"

古人认为，势力强大，兵强将智，这样的敌人不能与其正面交锋，在一个时期内，只能用假意屈服的办法对付它。这办法有多种多样，如割让土地、馈赠财物等，但这些都是下策。最好的办法是运用美人计，这可以消磨敌军将帅的意志，削弱他的体质，还可以增加部下对他的怨恨情绪。

在政治活动中，"美人计"是被运用得最为淋漓酣畅的，其方式也是多种多样，比如直接给对手美人宝货，或实行政治联姻，将自己的血脉掺和在其家族中，以颠覆、同化对手。

諸子百家——兵家

不管哪种方式，其目的都是腐蚀对手的心智，使其在纵情声色不能自拔时一举而除掉对手。使用"美人计"时，一般都是和其他计谋连用，比如"反间计""连环计"等等。对不同的对手要制定不同的应对策略。自古"情关不易度，色界最难堪"。"美人计"可以说是代价最小，成效最著名的一种计谋。其实质就是攻击人性中最薄弱的环节——欲情、亲情。在军事上，此计往往被广泛运用。但"美人计"也不一定是针对男子的。

在现代商战中，争夺市场的常用妙法是把丽人、佳媛充当广告的主角，迎合消费者的爱美心理或感官刺激。然而其间却隐有技巧与风格的高雅粗俗之分、含蓄直露之别，唯选择机智干练、幽默风趣的应用策略，才可击败对手，取得"兵强攻其将、将智伐其情"的功效。在商业竞争中，运用"美人计"的手段多种多样，除了用"美人"时广告宣传外，还可以公关，甚至猎取经济情报等。但更重要的是，突破军事上的"美人计"的局限性，进行创新运用，关键在两点：一是从"美人计"据以生效的基础，从人类的爱美之心出发，利用健康、有益的"美"为经济生产、商业经营服务。二是把美学应用于生产、经销、服务等各种领域，用美学思想指导商战。使消费者从商品广告消费中得到美的享受和精神上的满足，增加经济效益，增强社会效益。这才是将"美人计"用到正道上。

在为人处世方面，"美人计"是指利用人们的爱美之心，人皆有之的心理，来达到以柔克刚的目的。他们借助如公关、明星的效应、三陪服务等等，确实迷倒了许多竞争对方或上司，终为我用，由于这些人爱屋及乌，使"美人计"更显神通。"没有不花钱的午餐"，"天上不会凭空掉馅饼"，爱情也一样，凭空而来的"桃花运"背后往往有着不可告人的目的。为人处世时一定要经得住美女金钱的诱惑，若一见美女就迈不动步，则很有可能陷入一个又一个圈套之中。君不见许多高官纷纷落马，又有几个不是与美女有关系的呢？

乱生于治，弱生于强

纷纷纭纭，斗乱而不可乱也，浑浑沌沌，形圆而不可败也。

乱生于治，怯生于勇，弱生于强。治乱，数也；勇怯，势也；强弱，形也。故善动敌者，形之，敌必从之；予之，敌必取之。以此动之，以卒待之。

——《孙子兵法·势》

【译文】

战旗纷乱，人马混杂，在混乱之中作战要使军队整齐不乱；在兵如潮涌、混沌不清的情况下战斗，要布阵周密，保持态势而不致失败。

向敌诈示混乱，是由于己方组织编制的严整；向敌诈示怯懦，是由于己方具备了勇敢的素质；向敌诈示弱小，是由于己方拥有强大兵力。严整或者混乱，是由组织编制的好坏所决定的。勇敢或怯懦，是由作战态势的优劣所造成的。强大或者弱小，是由双方实力大小的对比所显现的。所以要善于调动敌人，伪装假象迷惑敌人，敌人便会听从调动；用好处引诱敌人，敌人就会前来争夺。总之是用利益引诱敌人上当，再预备重兵伺机打击他。

唐朝初年,唐高祖下诏书让李靖同河间王李孝恭攻打占据着江陵的萧铣。当时正值秋潦,江水猛涨,水势险恶,萧铣认为李靖等不可能沿江而下,没有什么准备。

唐军众将也请求李靖等江水退后再进兵。李靖说:"兵贵神速。现在我们的军队刚刚集结,萧铣还来不及得知消息,如果我们乘水势凶险时进军,迅雷不及掩耳,萧铣仓促应战,是没有力量来抵御我们的。"河间王李孝恭同意了他的意见,随即带领着两千多艘战舰东下,攻占了荆门、宜都两镇,直达彝陵。

当时萧铣的军士们正回家务农,只留下千名护卫,听说唐军到了,萧铣只好把现有的士兵全部调来抵抗,河间王准备进攻,李靖阻止说:"那是一支临时凑成的挽救败亡的军队,他们所采用的对策也并非早就确立了的,势必不能持久。我们不如暂且驻守南岸,他们必定会分兵,有的留下来抵御我们,有的退回去自守,他们的兵力分散后力量就会更加减弱,我们可以乘他们懈怠之机向他们进攻,定会取得胜利。现在如果惹急了他们,他们就会齐心协力拼死战斗,那样反而不容易对付。"

但河间王不听李靖的意见,他认为自己的军队兵多将广,士气很高,肯定能势如破竹,打败敌人。于是,他留下李靖守营,亲自率精锐部队出战,结果萧铣军拼死抵抗,河间王战败逃回,奔回南岸。

这时,萧铣原先治理得齐心协力的士兵都放弃了所乘船只,乱纷纷地赶来掠取唐军中的财物。李靖见萧军已由治变乱,便果断挥师痛击,大败敌军,乘胜直达江陵,还缴获了敌人舰船400余艘。

李靖令将士们把这些舰船都散放在长江中。将领们不明其意,说:"这是打败了敌人后缴获的,应为我所用,为什么都扔了去资助敌人呢?"

李靖说:"萧铣所统治的地区,南边超出了岭表,东边到洞庭,我们孤军深入,如果江陵没有攻下来,而敌人的援军从四方而来的话,我们势必里外受敌,进退不成,即便有船,又有什么用呢? 现在我们扔下这些船舰,让它们堵在长江中,沿江而下,前来援助萧铣的军队见了,一定会认为江陵已被攻破,不敢贸然进军,而会派人来探探情况。这一来,他们就会迟十天半月才发兵,我们就定能攻占江陵了。"

果然,萧铣的援军看见船只,犹疑不定,不敢前进。李靖靠近江陵城扎营,迅速击败了萧铣的几位大将,俘敌四千余人,萧铣见大势已去,只好投降了。

【鉴赏】

"乱生于治"是《孙子兵法·势》中提出的战争力量转化原则。它同"怯生于勇""弱生于强"一起,构成了在作战过程中,敌我力量在一定条件下互相转化的链条。当然,仅从孤立的字面上理解,似乎只讲了"乱"可以由"治"产生的问题,但是,如果把上下文联系起来,同时也将孙子积极的军事谋略贯通起来看,这里不仅含有可以将敌人的"治"转化为"乱",反过来也含有将我方的"乱"及时转化为"治"的问题。特别这后一层意思,可以通过正确有力的指挥,对于我方变乱为治,化被动为主动,夺取战争的胜利,有重要的指导价值。

"怯生于勇"不仅含有可以将敌人的"勇"转化为"怯",反过来也含有将我方的"怯"及时转化为"勇"的问题。特别这后一层意思,可以通过任势,即根据情况采取相应的措施,对于我方变"怯"为"勇",化被动为主动,夺取战争的胜利,有重要作用。

同理,"弱生于强"不仅含有可以将敌人的"强"转化为"弱",反过来也含有将我方的"弱"及时转化为"强"的问题。特别这后一层意思,可以通过自己努力创造一定条件,使实力发生转换,对于我方变"弱"为"强",化被动为主动,夺取战争的胜利,同样有重要意义。

上兵伐谋,其次伐交

上兵伐谋,其次伐交,其次伐兵,其下攻城。

——《孙子兵法·谋攻》

【译文】

指导用兵的手段,上策是挫败敌人的战争图谋,其次是挫败敌方的外交同盟,再次是野战,最下的策略是攻城。

【经典案例】

春秋时期,晋平公想进攻齐国,但又没有必胜的把握,便派范昭先到齐国查看一下齐国的政治现状。

范昭来到齐国,齐景公设宴招待,当酒喝得兴高意浓的时候,范昭竟不守礼节地提出要用景公的酒杯喝酒。

景公也很尴尬,勉强说道:"把我这个酒杯斟满,给客人进酒。"

范昭喝完景公杯中的酒后,齐国国相晏子冷冷地说道:"把这些酒具拿下去,重新换一套来。"

范昭听出了晏子的不满之意,有些生气,遂假装喝醉了,很不尊重地跳起舞来,并对主管音乐的太师说:"你给我演奏西周的乐曲,我跳舞给你看。"

太师说:"我这个瞎眼人不熟悉西周的音乐。"范昭遂不高兴地快步走了出去。

范昭出去后,齐景公对晏子说:"晋国是个大国,派人来我国,现在你激怒大国的使者,他们要是领兵来攻,我们怎么办呢?"

晏子说:"那范昭的为人,并不是一个孤陋寡闻而不懂礼节的人,他是打算试探试探我们君臣底气的,若是我们示弱了,他们反而会派兵来欺凌,因此我拒绝了他。"

景公又对太师说:"你为什么不能给客人演奏西周的乐曲?"

太师说:"西周的乐曲,是天子享用的,演奏它,一定要君主跳舞。而范昭只是一个臣子,却想用天子的乐曲跳舞,所以我不为他演奏。"

范昭回到晋国后,报告晋平公说:"齐国不能讨伐。我想试探齐国的国君,但是被晏子看破了;我想冒犯他们的礼乐,却被太师知道了。他们的大臣聪明勇敢,而且讲究礼制,说明他们政治清明,所以不能现在征伐齐国。"

于是,晋国中止了征伐齐国的图谋。

孔子听说此事后说："好啊！不出酒宴之间，却战胜了千里之外的敌人，说的就是晏子吧，而太师也参与其中了。"

晏子及太师在酒宴之间，接连阻止晋国使者范昭的无礼要求，使晋国不敢贸然发起对齐国的战争，挫败了晋国的企图。达到了"不出樽俎之间，而折冲于千里之外"的所谓上兵伐谋的目的。是一场兵家伐谋的精彩战例。

还有一个"伐交"的案例：战国时期，周赧王二年（公元前313年），秦国打算攻打齐国，而当时齐国与楚国合纵为盟，关系亲密。于是，秦国派大名鼎鼎的张仪出使楚国。楚怀王闻听张仪将要来，布置好华贵的宾合给张仪住。

怀王见到张仪后，问道："我们是地处偏僻、文化落后的国家，您有什么高见要教诲我吗？"

张仪对怀王说："大王您如果确实能听从我的话，就闭关和齐国断绝合纵之约，我将献给您秦国商於周边的六百里地，使秦国的女子成为大王您的箕帚之妾；从此秦国和楚国相互娶妇嫁女，永远结为兄弟友好之国。这是您向北削弱齐国，向西联合强大秦国的计划，再没有比这更好的计谋了。"

楚怀王听后十分高兴，就答应了张仪的要求。楚国的朝臣们听说后，也都来向怀王祝贺，而唯独陈轸忧虑这件事。

楚王发怒说："我不用兴师发兵就得到六百里地，所有的大臣都来祝贺，只有你忧虑这事，为什么？"

陈轸回答说："这件事有点不对。在我看来行使这一谋略的结果是：商於那块地方我们不仅得不到，而秦、齐两国却会联合起来。秦、齐一旦真正联合，那么我们楚国的祸患也就随后跟来了。"

楚王又问："你这话有什么根据吗？"

陈轸回答道："秦国之所以看重楚国，就是因为楚国有齐国这个强大的同盟。现在您闭关和齐国绝交，那么楚国就孤立了。秦国这样一个贪婪、孤立的国家，怎么会给楚国商於六百里的土地呢？张仪回到秦国，一定会辜负、背叛大王您的。这样，楚国北方与齐国绝交，西方与秦国产生祸患，而他们两国的军队也就一定都来攻击我们了。我为大王出个计策：不如先暗中与秦国结交而并不与齐国绝交，派人跟随张仪到秦国。秦国如果真给楚国土地，再与齐国绝交还不晚；如果秦国不给我们土地，也还保有齐国这个盟友，岂不是两全其美吗？"

楚怀王根本不听，并且不高兴地说："希望陈先生闭嘴，不要再说话了，你就等着看寡人我得到秦国的土地吧。"

于是，楚怀王就将相印交给张仪，并送给他丰厚的礼物，同时在北方闭关和齐国绝交，并派一个将军跟随张仪到秦国准备领取土地。

张仪回到秦国，假装失足坠车受伤，三个月不去上朝。楚怀王得知后，说："这一定是张仪认为我们和齐国还没有完全绝交呢。"遂又派一个勇士到宋国，借宋国之符，向北大骂齐王。齐王得知后大怒，遂与秦国联系、交好。

直到这时，张仪才出面上朝，他对楚国的使者说："有奉邑六里地，愿意献给楚王。"

楚使者说："我从国君那里接受到的命令是商於之地六百里，不曾听说六里地的事。"

楚使者知道中计受骗了，急忙回到楚国报告楚怀王，楚王大怒，要发兵攻打秦国。

　　陈轸此时对楚怀王说："我可以张开口说话了吗？攻打秦国不如割地以贿赂秦国，和秦国共同发兵而攻打齐国，这样，我国虽然割地给了秦国，却能从齐国取得土地作为补偿，大王的国家还可以生存下去。"

　　楚王盛怒之下如何肯听，最终还是派兵攻打秦国。秦国和齐国则共同出兵攻击楚国，杀掉楚军八万人，楚国的大将军也战败被杀，秦国遂夺取了楚国丹阳、汉中等地。楚国又再增加兵力而继续抗击秦国，大军进至蓝田，与秦军展开大战，楚军再次大败。于是，楚国只好再割出两个城池给秦国以讲和。楚国的实力受到严重打击。

　　在秦、齐、楚三国的关系中，秦本来想攻打齐，由于楚、齐同盟而有顾虑，于是派张仪到楚国破坏齐、楚的同盟关系。张仪凭借三寸不烂之舌，使糊涂昏聩的楚怀王言听计从，最终与齐国绝交。而秦国却没有送地给楚国，引起楚王大怒，在失去理智的情况下发兵攻秦，结果被秦、齐两国的军队击败。楚国再次发兵攻秦，再次大败。损兵折将不说，还在战争中丢失了许多国土。张仪的"伐交"手段可谓高明。

【鉴赏】

　　"上兵伐谋"是说战争中最好是以谋取胜。孙子反复强调"谋而后胜"，它同"不战屈兵"一样，都是注重在既定条件下，坚持以一定的物质力量为后盾，充分发挥指挥员的主观能动性，发挥谋略的巨大能动性，做到不战而使对方屈服的一种全胜策略。不过，此策略更加明确地强调了"谋"在战争中的重要地位，认为这是用兵的"上策"。所以，孙子接着说"其次伐交，其次伐兵"。

　　在天下混乱、各地势力蜂起的年代，要想谋取战争的胜利，以外交活动联结同盟是必不可少的。孙子充分注意到了外交对于军事的辅助作用，从而将"伐交"列为仅次于"伐谋"的最佳用兵选择手段。伐交的目的是孤立敌方，使它的同盟破裂，失去同盟的支持，造成有利于我攻击的态势。

　　谋略的内容与形式是多种多样的，但其基本点都是在一定实力基础上，搞好"出点子"，"用计策"的工作，而不搞死打硬拼。所以，"上兵伐谋"的策略受到了古今中外历代军事家所垂青，并得到了广泛运用，获得了良好的效果。

虚者虚之，空城退敌

　　虚者虚之，疑中生疑；刚柔之际，奇而复奇。

——《三十六计·空城计》

【译文】

　　本来就兵力空虚，就故意把空虚的样子显示给敌人，使敌方更加难以揣测；在敌强我弱的紧急关头，运用这种奇妙的计谋，就会收到神奇莫测的功效。

【经典案例】

　　春秋时期，楚国令尹公子元，在他哥哥楚文王死去之后，非常想占有他的漂亮的嫂子文夫人。他用各种方法去向她讨好，而文夫人却始终无动于衷。于是，他想建功立业，显显自己的能耐，以此讨得文夫人的欢心。

公元前 666 年，公子元亲自率军车六百乘，浩浩荡荡，前去攻打郑国。楚国大军一路连下几城，直逼郑国国都；郑国国力较弱，都城内更是兵力空虚，无法抵挡楚的进犯，郑国危在旦夕，群臣惶恐，有的主张纳贡请和，有的主张拼一死战，有的主张固守待援。而这几种主张在当时都难以解除危局。

这时，上卿叔詹说："请和与决战都不是上策。固守待援，倒是可取的方案。当年，郑国和齐国订有盟约，而今我们有难，齐国会出兵相助的。只是空谈固守，恐怕也难守住。公子元伐郑，实际上是为了邀功图名，用以讨好文夫人。他一定急于求成，又特别害怕失败。我有一计，可以用来使楚兵撤退。"

于是，郑国就按照叔詹的计策，在城内做了安排。命令士兵全部埋伏起来，不让敌人看见一兵一卒。令店铺照常开门，百姓往来如常，不准露出一丝慌乱之色。大开城门，放下吊桥，摆出个完全不设防的样子。

楚军先锋到达郑国都城城下，见此情景，便起了疑心：莫非城内设下埋伏，诱我中计？于是，不敢轻举妄动，只等公子元前来决断。公子元赶到城下，见状也觉得好生奇怪。他率众将到城外高地瞭望，见城中确实空虚，但又隐隐约约看到了郑国的旌旗甲士。于是，公子元便认为其中必定有诈，不可贸然进攻，先派人进城探听虚实，再做决断。

这时，齐国接到了郑国的求援信，立即联合鲁、宋两国发兵救郑。公子元闻报后，知道三国援军即将开来，楚军不能取胜。好在已经打了几次胜仗，还是赶快撤退为妙。而他又害怕撤退时郑国军队会出城追击，于是，下令全军连夜撤走，人衔枚、马裹足，不出一点声响。所有营寨都不拆走，旌旗照旧飘扬。

第二天清晨，叔詹登城一望，便说道："楚军已经撤走了。"众人见敌营陈设一切如旧，便不信此言是真。叔詹说："如果营中有人，怎会有那么多的飞鸟盘旋上下呢？他们也用空城计欺骗了我们，急忙撤兵了。"

这是中国历史上第一个使用空城计的战例。

【鉴赏】

"空城计"是利用虚虚实实的惑敌手段，诱使敌方的攻势终止或落空的计谋。这是一种心理战术。军事战争中只在敌众我寡的情况下，为解燃眉之急使用。它靠的不是用实力战胜敌人，而是通过研究敌人主帅的心理活动，以谋胜敌。其诀窍是：兵力空虚再显示空虚而不设防，使敌人疑上加疑，在敌众我寡的紧急关头大胆运用这种策略，更显得奇之又奇，无从揣摩。

做大事需要两样东西：胆识和智慧。为什么有些人实力弱小，却战胜了强者，因为他具备这两样东西。一个人如果敢用"空城计"，证明此人必能有所作为。施行"空城计"有两种情况：一种是情况突发，已经没有准备之余暇，被迫而故布疑阵，淆惑敌方耳目，希图其临时缩手，然后再加以布置，杀敌制胜，这是消极的方法。另一种是诱敌深入，在内有埋伏，外有强兵的情势下，聚敌人而歼之，这是积极的方法。但总体来说，其实质就是迷惑对方，转移敌人的注意力，以掩盖自己的真正实力和动向。只要摆出"空城计"，对攻方和守方都是一道难题。这就要考验攻守双方的判断与选择、胆识和勇气了。使用此计往往有赌博的成分，既然是冒险之举，使用时应慎之又慎，万万不可露出破绽，一旦被敌人识破，那将是险上加险。另外，军事上的"空城计"仅是一种缓兵之计，真正达到退兵目的还需要借助别的力量。

在现代商业经营中，竞争中的弱家装作不加防备，就仿佛有意进入兵家所设计的特殊背景："坐漏船之中，伏烧屋之下。"对手一见会疑虑丛生，既担心你有"杀手锏"，又担心自己误入圈套，最终贻误战机。这是商战中一种"使智者不及谋，勇者不及怒"的心理攻势。假如在激烈的市场争夺中，因错用主将而痛失要地，万般无奈而困守空城，那就有丧尽元气，倒灶关门的危险了。在商业竞争中，运用"空城计"关键在于有意显示自己实力不足，或者隐瞒自己强大的实力，使多疑的竞争对手或者顾客造成错觉，有利于经营。比如通过限制销售而有意识地使自己的产品在市场保持供不应求的紧张局面，以此来刺激消费需求，扩大市场；或者产品滞销，却故意造成产品脱销的假象，诱发消费者的购买欲。在经营活动中，运用"空城计"成功的关键在于抓住顾客、消费者或竞争对手的心理，或以实示虚，或以虚示实，使消费者或竞争对手产生疑惑，从而一举获胜得利。所以，作为企业领导者，必须要有胆识和智慧，能左右市场而不被市场牵着鼻子走。

在现实工作生活中的为人处世方面，"空城计"更多的是一种心理应用技巧。当自己处于劣势、竞争能力远远不如对方时，不妨以大胆的计划、新奇的想法、令人意想不到的行动，使对方判断失误，或趁对方惊愕之际给他当头一棒，这样往往能扭转乾坤，取得最佳效果。

无中生有，化假为真

诳也，非诳也，实其所诳也。少阴、太阴、太阳。

——《三十六计·无中生有》

【译文】

用假象诳骗敌方，但又不完全是假象，因为在假象中又有真实的行动。最大的隐秘行动，往往是在非常公开的、大的军事行动中进行的。

【经典案例】

宋明帝泰始元年（465年），刘彧杀了亲兄刘子业，自己当了皇帝。权力更迭，引起了一片混乱。泰始二年，刘子勋在浔阳称帝，进军繁昌、铜陵，直逼刘彧的国都建康。刘彧调遣主力部队前去讨伐。

刘子勋派部将孙冲文镇守赭圻，派刘胡镇守鹊尾。刘彧派龙骧将军张兴世率水军沿江南下，攻占了两座城镇后，便在鹊尾受阻。

在两军对峙的形势下，张兴世主张用一支精干部队占据上游要点，切断刘子勋军前后联系，以寻找战机，出奇制胜。而钱溪位于钱江上游，地形险要，江面水流湍急且有漩涡，来往船只到此都要停泊，是刘子勋军的咽喉要地。

于是，张兴世决定从这里突破。钱溪守军刘胡的部队力量不弱，张兴世便决定智取。

諸子百家——兵家

他派出几只船快速向上游行驶,钱溪守军发觉后正要采取行动,张兴世的船只却马上掉头往回走了。一连数日,天天如此,钱溪守军也就习以为常了。一天晚上,张兴世率大批战船,扬帆猛进,刘胡起初以为又是虚张声势,不加理会,后来听说来的真是大批战船,才派出一部分船只,监视张兴世的动向。第二天傍晚,张兴世在景江浦停下来,刘胡的船也在对岸。晚上,张兴世率全部战船迅速地进入钱溪,刘胡派去监视的船只一时弄不清敌人的目的,又不明白自方主将的意图,眼睁睁看着张兴世的战船全部进入钱溪了。待到刘胡明白过来,再派船队攻打时,张兴世已经做好防守准备。刘胡的船队慌忙中进入江中漩涡,拥挤不堪,行动缓慢,与陆上步兵又失去协同,终于大败而走。

【鉴赏】

"无中生有"其意为:本无其事,虚拟成真。用在军事方面则指的是:用假象迷惑敌人,使之上当之后,再于假象掩盖之下采取真实行动,使敌人由于判断失误而导致行动的失误,从而被打败。老子说过:"天下万物,无生于有,有生于无。"《尉缭子·战权》说:"战权在乎道之所极;有者无之,无者有之。"运用此计要注意两点:第一,敌方指挥官性格多疑,过于谨慎的,此计易于奏效。第二,要抓住敌方思想已经迷惑不解这个机会,迅速变虚为实,变假为真,变无为有,出其不意地给敌以重创。在此计中,"无"是迷惑敌人之假象,"有"是我方欲实现的真实意图。同时,"无"亦可指没有条件,"有"指创造出的条件,"无"既可直接生"有",亦可间接生"有",关键是要无破绽。"无"中显示"有",这是一种骗局;但是骗局不能持久,容易被人识破,所以不能总是保持"无",而是要弄假成真,由虚转实。所以,靠"无",不能打败敌人;变"无"为"有",才能打败敌人。

在政治斗争中,是非有无并不总是泾渭分明的,趁乱过关或瞒住对手,不使其明白真相都能使"无中生有"成为可能。"无中生有"在政治斗争中并不是无理取闹,胡搅蛮缠,它反映了强势集团的意愿,因而本来是无的"有"便有可能获得承认。"无中生有"是迫于另一势力下不得已而为的策略,掩人耳目之所需。但通过一定强度的宣传,它也可能真的被众人认为是"有"。"无中生有"有三种含义:凭空捏造、以假代真,无事生非。"无中生有",就是真真假假,虚虚实实,以假乱真,以真代假,让敌人摸不着头脑。"无"是假的现象,目的是为了掩盖真的意图。无中生有的妙处在于使敌人防不胜防,其关键在于掌握对手的心理。可以说,无中生有的应用是高级将领斗智的最高境界。

经济领域中的"无中生有",本意可理解为"白手起家""从零开始"的创业思想。但作为一种策略,则是指经营者以无作有,控制局面,占据主动,争取时间的一种权宜之计。但是,在现代商战中,"无中生有"也常常被用作骗术,欺骗顾客,这种"空手套白狼"的占便宜心理最好还是不要有。另外,能使竞争对手产生错觉,也是生意场上出奇制胜的一种战法。示之弱而迎之强、示之柔而迎之刚。声言东进而实则西取,正是实现这种战法的有效计谋,尤其是在对手不辨情况、指挥失度、缺乏应变能力的时候。

在为人处世方面,"无中生有"之计是指能制造诱惑对手的假象,把没有的想法说成有,把少的想法说成多,使对方真假难辨,信假为真,即以假乱真,假中有真,真中有假,假假真真,真真假假,变假成真,乱中取胜。一个人完善自我,创造自我,也是无中生有的一个扩展应用。深刻体会此计并灵活运用,可妙中生妙。

假痴不癫，韬晦之术

宁伪作不知不为，不伪作假知妄为。静不露机，云雷屯也。

——《三十六计·假痴不癫》

【译文】

宁肯装作痴者而不有所行动，也不自作聪明而轻举妄动。暗中谋划，不露天机，这就像迅猛激烈的雷电，蓄势于冬季，伺机爆发一样。

【经典案例】

三国时期，魏国明帝去世，即位的曹芳年仅八岁，朝政便托付给太尉司马懿和大将军曹爽二人共同执掌。曹爽是宗亲贵胄，飞扬跋扈，怎能让异姓司马氏分享权力？他就用明升暗降的手段剥夺了司马懿的兵权。

司马懿战功显赫，如今却大权旁落，心中十分怨恨。但他深知此时曹爽的势力强大，恐怕斗不过他。于是，便称病不再上朝。曹爽当然非常高兴，但心里也明白，司马懿是他的潜在对手。不久，他派亲信李胜去司马懿家探听虚实。

其实，司马懿早已看破曹爽的心思，已经有所准备。李胜被引到司马懿的卧室，只见司马懿面容憔悴，头发散乱，躺在床上，由两名侍女服侍。

李胜说：“好久没来拜望，不知您病得这么严重。现在我被命为荆州刺史，特来向您辞行。”

司马懿假装耳聋听错了，说：“并州是边境要地，一定要抓好防务啊。”

李胜忙说：“是荆州，不是并州！”

而司马懿还是装作听不明白。这时，两个侍女给他喂药，他吞服得很艰难，汤水还从口中流出一些。装作有气无力地说：“我已是命在旦夕，我死后，请你转告大将军，一定要多多关照我那几个儿子！”

李胜回去向曹爽做了报告，曹爽听后喜不自胜，说：“只要这老头子一死，我就没有什么好担心的了。”

没过多久，天子曹芳要去济阳城北扫墓祭祖。曹爽带着他的三个兄弟和亲信等护驾出行。

司马懿得知这个消息后，认为时机已到。马上调集家将，召集过去的老部下，迅速占领了军营，然后进宫威逼太后，历数曹爽的罪状，要求罢黜这个奸贼。太后被逼无奈，只得同意。司马懿又派人占据了武库。

待到曹爽闻讯赶回城时，大势已去。司马懿以篡逆的罪名，诛灭曹爽全家，终于独揽大权。曹魏政权从此也名存实亡了。

【鉴赏】

假痴，即装聋作哑；不癫，即不发疯狂。全词意为表面上似痴如呆而内里却非常清醒。此计用在军事战争上是指：虽然自己具有相当强大的实力，却故意不锋芒外露，表面上显得软弱可欺,用以麻痹和骄纵敌人,然后伺机给敌人以措手不及的打击。

古人认为"谋出于智,成于密,败于露"。当进攻的机会未到时,应镇静待机,切勿冒失行动,否则就会暴露战机,引起猜疑,导致失败。运用"假痴不癫"之计的关键在于:宁可伪装成糊涂而不行动,也不要自作聪明而轻举妄动。冷静沉着,不露机锋,好像风雷蓄而不发一样。

"假痴不癫"是"大智若愚"的同义语。外表好像茫然无知,其实什么都很清楚。假装痴傻,实际上是判断时机,或是待机而动。战机未成熟的时候,只是待机,装成痴呆样子。如果心粗气傲地采取行动,不只是暴露战机,而且错误的行动会招致人疑惑。因此,装傻的人可取胜,轻举妄动的人必定失败。作为领导

司马懿

者,有时候要装聋作哑,装痴卖傻,貌似平庸,内心明如镜,清如水,藏机不露,以退为进,这也是后发制人的一种计谋。

此计用于政治谋略上,就是韬晦之术,在形势不利于自己时,表面上装疯卖傻,给人以碌碌无为的印象,隐藏自己的才能和抱负,往往能够避免引起政敌的警觉,然后伺机实现自己的抱负。在商业经营方面,现今的世界经济强人大多有大智若愚之举,于市场激烈竞争之中,甘愿给人以"犯傻""笨拙"不敢越雷池一步的印象。只是在几经搏杀之后,竞争对手和世人才能看出他们胸有良策、腹有计谋的真面目。到那时,他们既杀败对手获利亿万,又为操纵市场扩张事业垫下坚实的基石。另一方面,经营者能冷静地把握市场中潜在的长远商机,利用"假痴"掩盖自己的经营意图,在竞争对手惘然无知的情况下,伺机运作,就能获得更大的成功。

"木秀于林,风必摧之",在为人处世中做到大智若愚,韬光养晦。为人处世,该清醒时必须清醒,该糊涂时就要糊涂,在沉静中不显山露水,不露机巧。让别人摸不着你的真实意图,这是最高明的韬晦之术。装傻不是真傻,虽貌似平庸,而内心明如镜、清如水,以退为进,这也是后发制人的一种计谋。

立于不败,而后图之

善战者,立于不败之地,而不失敌之败也。

——《孙子兵法·谋攻》

【译文】

善于作战的人,总是使自己立于不败之地,而又不失去使敌人失败的机会。

诸子百家——兵家

后梁开平四年(公元910年),梁太祖朱全忠任命宁国节度使王景仁为统帅,率领精兵七万进至柏乡,企图消灭占据镇州的赵王王镕。

出发前,朱全忠对王景仁等人说:"如今我把所有的精兵都交给你们了,镇州即使是铁铸的,你们也要给我攻下来。"

面对来势凶猛的敌人,王镕知道自己的力量难以抵御,遂急忙向晋王李存勖、燕王刘守光求援。刘守光为了保存实力,不愿出兵,而李存勖则认为,赵被灭后,梁的兵力就会施加到自己的头上,有被梁各个击破的危险,因而他出动所有的军队开赴赵州,与赵军联合抵抗梁军。

到了年底,李存勖带领军队在距柏乡三十里的地方驻扎下来,与王景仁的军队遥遥相对。李存勖派大将周德威带领一支骑兵到梁军军营前挑战,梁军却不应战。第二天,李存勖遂率领军队进至距柏乡五里处扎营,再派出骑兵挑战,谩骂激怒对方。梁军副帅终于被激怒了,他率领步骑三万分三路出击。梁军气势强盛,他们衣服华丽,铠甲光彩夺目,晋军见后,不仅大为气馁。

周德威对李存勖说:"敌人只是想耀武扬威罢了,他们的意图并不想与我们战斗。不挫一挫敌人的锐气,我军的军威就难以振作起来。"遂领精骑千余分两队向梁军的两翼发起了迅猛攻击,斩俘敌人百余,又迅疾退回。梁军没想到晋军的千余人也会突然发起攻击,所以即使敌人撤退,也不敢恋战,遂收兵回营。

周德威回营后对李存勖说:"敌人人多势众,兵锋正盛,我们应按兵不动,静观其变。"

李存勖则说:"我们孤军远来,救他人的急难,和赵的联合实在是乌合之众,我们只有速战才更有利。"

周德威又说明自己的理由:"我们所依赖的是骑兵,有利于在平原旷野上作战,那样可以任意地奔驰突击。现在我军靠近敌人的军营,骑兵没有施展的余地。况且敌众我寡,如果敌方知道了我们的实情,就危险了。"

李存勖见周德威继续坚持他的意见,十分不高兴。

周德威出来后又对监军说:"大王因为以前曾经战胜过敌人而傲慢轻敌,不自量力以求速战。现在敌人近在咫尺,敌我之间只隔一条野水(今柏乡境内的槐河)。敌人如果架桥来攻击,我军就有被全部歼灭的可能。我看不如退守高邑(今河北高邑,在柏乡西北),派出骑兵前去诱敌出营,敌出我归,敌归我出。再派一支奇兵切断敌人的粮道,抢掠敌人的粮草,用不了多久,就可以战胜敌人了。"

监军认同这一谋略,遂进营劝说李存勖,而李存勖也正在思考这个问题。正好有个梁军士兵前来投降,李存勖问他梁军的动向,这个降卒说:"梁军正在造浮桥,准备渡河与晋军决战。"李存勖随即打消了与敌速战的想法,率军退到高邑。

由于粮草供应不足,梁军的战马无草可吃,梁军只得将房屋上的茅草喂马,许多战马都给饿死了,致使梁军的骑兵几乎丧失了作战能力。周德威率领三千骑兵到梁军营前挑战,这使王景仁等十分恼怒,遂全军出营与晋军作战。周德威且战且退,希望将敌人引至利于骑兵的开阔地带,而梁军在心情愤怒之下,果然追击到了野水。李存勖带领一支军

诸子百家——兵家

队在野水岸边，遂与梁军展开了激烈战斗。

战至午时，未分胜负。李存勖对周德威说："两军已经交战了，现在的势态是如此危急，我军的存亡，在此一举！我先出击，你随后跟上。"

周德威却说："看梁军的架势，我们可以以逸待劳，不能以力取胜。他们离开军营才三十里，虽然都携带着干粮，却来不及吃，等日头偏西以后，敌人内有饥渴之忧，外有刀兵相困，士卒会很疲劳困倦，一定有退兵的欲望。到那时，我再用精骑乘机出击，一定大胜。现在还不可出击。"李存勖遂按兵不动。

直至太阳落下时分，梁军也未能击败晋军的步兵，士兵们一天没有吃饭，都失去了斗志。王景仁遂令军队稍微后退一点，想离开晋军远些，等吃饭后再与晋军决战。周德威在阵前看见梁军阵脚有后退的迹象，遂大声高呼："梁军逃跑了。"晋军闻言，也都高声大呼，奋勇向前，冲入敌阵，一时间杀声震天。而失去斗志的梁军则惊慌万分，遂致溃散，一败而不可收拾。晋军与赵军奋力追杀，将敌人七万精兵全部歼灭，王景仁等人仅在几十个骑兵的掩护下逃了性命。

【鉴赏】

"立于不败之地"反映了孙子力主有准备、力争主动的、积极的作战指导思想。

战争中使自己一方立于不败之地固然十分重要，这只是保证了己方不被敌方击败，但这还不够，如何战胜敌人，就需要指挥员能够敏捷地抓住机会，给敌人以重击，取得彻底的胜利。

后梁与晋的这场柏乡大战，晋军面对强大的梁军，在周德威的谋划下，先确立了自己的不能被敌人击败的地位，疲劳敌人，激怒敌人，并且选择了有利于自己的骑兵作战的平坦开阔地带，在与梁军激战一天后，又能抓住梁军饥渴交困没有斗志而稍微后退的时机，发起猛烈攻击，从而歼灭敌人，取得了胜利。孙子所谓的"善战者，立于不败之地，而不失敌之败也"的提示，在此一战中得到了充分的证明。

第八章　纵横家

第一节　纵横家史话

纵横家的鼻祖——鬼谷子

纵横家的鼻祖是鬼谷子。鬼谷子是住在"鬼谷山洞"里的一位先生。

鬼谷洞在今河南淇县境内。当然其他地方也有名为鬼谷的洞，大概鬼谷先生所住的洞不止一处。

鬼谷先生究竟姓甚名谁、何许人也？不知道。人们推测，他大概是战国时期的一名隐士。何为隐士？就是看透了那红尘滚滚、物欲横流、尔虞我诈、杀伐不断、世风日下、人心不古的大千世界，心里有点烦，于是乎便隐去姓名、遁迹山林的那帮人。幸亏那时还没有搞旅游开发，否则，隐而无处也。

既然隐而去也，还要姓名何用？无名无姓的用意，就是要让地球人都不知道他：要么你见不到他；要么你就是见了他也不认识他。

比如，老子。他骑着青牛，向西而去。把守函谷关的关吏望见紫气东来，料定有真人出现。于是强行耍赖，把老子拦下，逼他留下《道德经》五千言（即《老子》），才放他出关。从此，便再也没有了老子的下落。太史公司马迁多大的能耐？他也死活搞不清楚老子到底上哪儿去了。"只在此山中，云深不知处"。司马迁也只能望山兴叹："老子者，隐君子也。"

隐士未必都是不食人间烟火的仙。隐士多属黄老道家人物，学问很好。黄老道家的特点就是顺其自然，无为而无不为。顺其自然的意思，就是该出手时就出手，而不是该出手时也从来不出手。既然出手，就会涉入世事；不仅如此，他们一旦出手，还往往成为推动历史前进或转折的重要动力。颇有点马拉多纳"上帝之手"的意思。

他们影响世事的方式，主要是教徒授业，通过学生干预现实生活。当然，这些学生往往也不知道老师的底细，就像授书张良的白胡子老头黄石公，只把秘笈兵法送给张良，便飘然而去，无影无踪了。再就是，在重大的历史转折关头，他们会突然出现在重要历史人物的面前，指点江山，激扬文字，抛出方略，然后拂袖而去，"峡云无迹任西东"了。

鬼谷先生就是这一类人物。他没留下姓名,却很"著名"。因为他写了一本叫《鬼谷子》的书。《鬼谷子》未必就是鬼谷先生一人写成。以他为主,在本书流传的过程中,也有其他隐士进一步发挥、充实,把自己的思想塞进去,搭"顺风车"。这就叫"伪托"。伪托"鬼谷"之名,传播自己的思想。好在他们不计较产权、版权什么的,只要自己的思想能够传播,别的什么也不说!

《鬼谷子》主要讲洞察人心的方法和游说的技巧。《鬼谷子》是时代催生出来的。

春秋以来,天下大乱。周天子失去了应有的权威,名为天下的共主,实际上与普通的诸侯王没有什么不同;不仅如此,他还得看大国的脸色行事,受大国的窝囊气。既然乱了,就得有人出来主持公道,于是大国诸侯便纷纷打出"尊王攘夷"的旗号,出来主持天下的工作,拿不听话的诸侯说事儿。能做到这一点的叫"霸主",春秋时期,共有五个诸侯出来主持天下的工作,称为"春秋五霸"。

到了战国末期,经过数百年的杀伐兼并,数百个诸侯已被七大诸侯所兼并,这七个诸侯是:齐、楚、燕、韩、赵、魏、秦,称之为"战国七雄"。七雄之中,当以秦国的力量最强,所以历代秦王均虎视眈眈,恨不得一口吞下山东六国。所谓"统一天下之志,并吞八荒之心"。山东六国当然也不白给,于是便上演了一出出兼并与反兼并、侵略与反侵略历史活剧来。

春秋战国是社会大动荡的时代,也是思想空前解放、学术空前繁荣的时代。知识分子空前活跃,他们接受时代的召唤,以天下为己任,纷纷自费出游,向各国君王宣传自己的社会理想,兜售自己的治国方略。像孔子、孟子,这些当时有名的大学者都曾不辞辛劳,周游各国,作义务宣传。到了战国时期,便出现了一个特殊的社会阶层——"策士"。他们就是专门为当政者出谋划策的人。他们年富力强,学富五车,凭借自己的三寸不烂之舌,奔走呼号,说动君王,以实施自己的治国方略。游说一旦成功,他们便一人之下,万人之上,伴君左右,一言九鼎,好不风光!

以阐释洞察人心的方法和游说君王的技巧为主要内容的《鬼谷子》,正是这个时代的产物。孔子说:"凡人心,险于山川,难知于天。天犹有春秋冬夏旦暮之期,人者厚貌深情。"这位睿智而世故的圣人在洞察人心方面也时常走眼,所以才有"险于山川,难知于天"的感叹。因此,这就需要专业训练。《鬼谷子》就是应这个急需而产生的。

鬼谷先生也收徒授业。据说,而且很多人说,战国时代那两个叱咤风云的纵横家苏秦和张仪,就是鬼谷先生的学生。

何谓纵横家?南北为纵,东西为横。就战国的形势而言,鼓动山东六国,结成联盟,共同抗御强秦的侵略,这叫"合纵"。鼓动秦国远交近攻,逐一蚕食,以破坏山东六国联盟的,这叫"连横"。兜售或合纵或连横方略的策谋之士,就叫作纵横家。战国末期最著名的纵横家就是苏秦和张仪。

苏秦在山东六国倡导合纵,"六国纵亲,以御强秦"。他一人佩挂六国相印,统一指挥六国协调行动,六国君王对他唯命是从,所以他实际上掌握了军权、财权、用人权,他比联合国秘书长可"牛"多了。

张仪则在秦国倡导连横,远交近攻,蚕食六国,以破苏秦的合纵。这两位同学把他老师《鬼谷子》的理论在实践中发挥演绎得淋漓尽致、炉火纯青。他们俩把整个天下玩于股掌之上达数十年,令人瞠目。苏秦、张仪的时代是纵横家的巅峰时代,作为苏秦和张仪老师的鬼谷先生自然也就被人们尊崇为纵横家的鼻祖了。

苏秦和张仪未必真是鬼谷先生的学生。鬼谷先生是当时有名的隐士,他的学说又在民间广为流传;而苏秦和张仪又是纵横家的翘楚,人们会想象,他们不是鬼谷先生的徒弟还能是谁的徒弟?

还有一种可能,就是苏秦和张仪他们俩故意造的谣。

这两个鬼东西,什么事都能做得出来!

内忧与外患时代背景

春秋时期是"礼崩乐坏"的时代。

礼崩乐坏,就是没了规矩。周天子虽然还是名义上的共主,但各诸侯王根本不听他的号令,大欺小,强凌弱,是家常便饭。所以,诸侯之间打打杀杀的,周天子也只有"坐山观虎斗"的份儿了;尽管各路诸侯是由他们家分封的。

赶在这时候做天子也够倒霉的了。

鲁国是个小国,常被大国欺负。

但鲁国还是个文化大国,有孔夫子以及他的一帮子身怀各路绝技的学生。所以想欺负鲁国可不是件容易的事。

齐国是个大国。主要靠的是齐桓公称霸诸侯时打下的基础。尽管当下的齐国早已风光不再,霸主的地位早已被别人取而代之,但瘦死的骆驼比马大,虽不能称霸天下,但做个区域大国,时常炝炝蹶子、吓吓人,还是绰绰有余的。

兴兵打别的国家未必都是为了抢人掠地,大包小包往家搬。还有别的目的。

比如,齐相田常发兵,直奔鲁国而来,也正是为了他个人的那点私利。

春秋时期,天下大乱。乱就乱在,不但各诸侯王不听天子招呼,彼此攻伐频仍,而且各诸侯国内部的大臣们,也时常有不臣之心,看着王位心痒痒,梦想着时机成熟,取而代之,过把瘾再死也值;即使不成,也想弄个大权独揽,顺我者昌,逆我者亡。

齐相田常,就是这样的整日做国王梦的强臣。田氏家族在齐国经过七世的经营,到田常时已经根深叶茂了。尽管他贵为齐相,一人之下,万人之上,但也曾几次想为自己晋封诸侯。由于几个强族的反对,都未能如愿。于是,他便横刀立马,剑指弱小的鲁国,想借战争的声威壮大自己的势力。

鲁国虽然相对弱小,但有孔夫子。孔子得到了消息。

亡国灭种的威胁迫在眉睫!

这天,孔子把自己的学生们叫到跟前。他依旧从容不迫,气定神闲;他依旧循循善诱,和风细雨,说:

"鲁国可是我们的父母之国、祖坟所在之地。国家面临如此大的危难,你们不至于无动于衷吧?"

弟子们纷纷请缨,为国效力。最后,孔子决定派子贡前往齐国斡旋。

子贡,即端木赐。比孔子小三十一岁,巧辞善辩,连孔子也让他三分;还善做生意,手里有钱,是孔子的得意门生之一。子贡曾问孔子,你看我是什么样的人?孔子说,你是"器",是贵重之器。那意思,子贡是可派大用场的。

子贡能言善辩,又腰缠万贯,孔子派他出使,一点也不迂腐吧?

子贡见了田常,上去就给田常弄了一头雾水:

"您打算攻打鲁国可是个天大的错误!鲁国是难以攻打的国家。您看,它的城墙又薄又矮,幅员狭小,国君愚笨不仁,大臣伪诈无用,将士和人民又厌恶兵甲战事。这样的国家可打不得。您不如去攻打吴国。吴国城墙高大厚实,国土辽阔,兵甲精良,军饷充实,又有贤明的大夫统帅守御。它才是最易攻打的国家。"

田常如坠云里雾中,傻愣了一会儿,愤然作色道:

"您所说的难,是公认的易;您所说的易,是公认的难。拿这些傻子都懂得的歪理来教导我,您没发高烧吧?"

"原来您是真的不明白啊!"子贡装着遗憾的表情,继续说:

"忧患在内者应该去攻打强国,忧患在外者应该去攻打弱国。这,您不会不懂吧?难道您的忧患不是在内部吗?我听说您曾三次试图晋封而没有成功,原因是一些大臣不买您的账。如今您又打算攻打鲁国以拓展齐国的版图,战胜鲁军使您的君主更加骄横,击破鲁国而使带兵的大臣们的地位更受尊崇,而所有这些却显示不出您的功劳,这样您与齐君的关系就会更加疏远。您该知道这场战争的结果是什么了吧?这结果无非是:于上,使主上更加骄横;于下,使群臣更加恣意妄为。您还想成就大事业?难啊!"

子贡见田常一脸的惊诧,便不依不饶,继续轰炸:

"主上骄横则得意忘形,臣下骄横则争权夺利。这样,您上与齐君不和,下与大臣相争,您在齐国可就处于危险的境地了。所以我说,不如去攻打吴国。如果伐吴不胜,则百姓在外大量战死,朝内大臣因带兵打仗而空。这样,您上无强臣为敌,下无百姓拿您的过错,一手遮天,控御朝政,不就惟您莫属了吗?"

田常如梦方醒的样子,说:"您讲得太好了!只是我大军已向鲁国进发,突然舍鲁攻吴,大臣们必定怀疑我心中有鬼,该如何是好?"

子贡说:"这好办。您暂且按兵不动,请允许我前往吴国,说服吴王发兵救鲁伐齐,您不就可以名正言顺地掉转枪头,迎战吴国的军队了吗?"

田常连连点头称是,并催促子贡尽快南下吴国。

就这样,子贡三言两语,就把齐国搞定了。

谚语说人人都有"死穴"。子贡点到了田常的"死穴"。

《鬼谷子》说:"说人主者,必与之言奇;说人臣者,必与之言私。"

因为,言奇则惊人耳目,言私则笼络人心。惊人耳目,就能赢得发言权;笼络人心,就能赢得人的信任。

子贡则是"奇""私"并用,双枪上阵,直打得田常服服帖帖,点头就范。难易颠倒,正话反说,这是言"奇";患在内攻强,患在外攻弱,这是言"私"。重在言"私"。

子贡的言私,真"私"得可以。他"奇"完之后,便瞄准田常急于晋封的软肋,直捅他心窝。你想,田常三封而不成,正气急败坏。为了壮大自己的声威、实现自己的晋封目标,不惜以国力耗损、人民死伤、发动国与国的战争为代价,可见,他那心中的"私"是多么

诸子百家

纵横家

迫切，多么丧心病狂！你能提出实现他的目标的万全方案，突然之间，乌云消散，前景灿烂，他还能不乐颠颠儿，听你的摆布？

子贡虽然没有止住战争的步伐，但他保卫了自己的祖国。

他还偷着乐呢

子贡说服了齐相田常，使他放弃了攻打鲁国的打算，大军转向，准备进攻吴国。

下一步，子贡的目标就是说服吴王夫差，发兵北上，救鲁伐齐。他要给田常提供舍鲁攻吴的口实。因为田常不能朝令夕改，平白无故地掉转枪头，去进攻强大的吴国。他毕竟是齐国的相，哪能拿战争当儿戏呢！

只要吴王肯发兵，鲁国就能从战争的灾难中挣脱出来，从容不迫，坐看云卷云舒，静观天下之变了。

子贡日夜兼程，来到吴国，向吴王夫差说：

"我听说：做国王的不能灭国绝世，做霸主的不允许有劲敌存在。虽有千钧之重，铢两之加就会使力量的天平发生倾斜。"

夫差为之一惊！这话分量重！

夫差心想：这又从何说起！我就是天下的霸主，难道有劲敌存在？难道力量的天平要发生倾斜？不由得瞪大了眼睛，竖起了耳朵。

其实，吴王夫差还不是天下公认的霸主。

什么是霸主？霸主就是在周天子式微、礼崩乐坏的时代，打着"尊王攘夷"的旗号，出来为周天子收拾残局，主持天下的工作的诸侯。诸如定期召集诸侯王会盟，解决诸侯间的纠纷；振臂一呼，马上就会有诸侯跳出来，摇旗呐喊，列兵响应，拿不听话的诸侯说事儿；还会有一些希望得到保护的诸侯时不时地给他孝敬点奇珍异宝什么的。关键在于能召集诸侯会盟。

吴王夫差还做不到这一点。那是他父亲吴王阖闾曾经做到过的事。阖闾虽然已经作古，但时间不长，余荫未散。夫差算是国际大腕的后代，虽然还未曾召集过诸侯会盟，但他自认为他理应是天下的霸主。

霸主就得承担起"兴亡继绝"的责任。如果谁要是多了几个臭钱，就烧得头脑发胀，欺凌弱小，甚至不惜穷兵黩武，想灭谁就灭谁，做霸主的却视而不见，不管不问，那还算什么霸主！

没有"兴亡继绝"的担当，就做不了霸主。"兴亡继绝"是做霸主的名片和旗帜。

当年，齐桓公做天下霸主的时候，在今山东曹县一带主持诸侯会盟。江、淮之间的小国江国和黄国也来参加会盟，希望借此得到齐桓公的保护，以免受楚国的欺负。齐相管仲向齐桓公说，江、黄是江淮间的小国，就在楚国的眼皮子底下，齐国鞭长莫及。如果江、黄受到楚国的攻击，齐国救还是不救？救则不及，不救则失掉诸侯的信赖。所以，千万不能接受江、黄来参加会盟。齐桓公没有接受管仲的建议。后来，果如管仲所料，楚国以迅雷不及掩耳之势灭掉了江、黄两国，齐桓公救之不及，由此信誉凌迟，逐渐失去了霸主的地位。

可见，"存亡继绝"是霸主的生命！

所以说，子贡的"做国王的不能灭国绝世"这句话，一下子就捅到了吴王夫差神经的敏感点上。他本能般地意识到，问题严重了！

子贡情绪激动，加重了语气，继续说：

"大王您还不知道吧？如今号称万乘之国的齐国，以优势兵力向区区千乘之国的鲁国杀将过来，这分明是向大王您挑战，与吴国争强。您大概不会坐视不理吧？救援鲁国，可以使大王显名；讨伐齐国，可以使吴国获利。发兵救鲁，可以抚慰泗水一带的诸侯，这是显名；出兵伐齐，则可兵威强大的晋国，这是获利。名义上挽救了濒临灭亡的鲁国，实际上困住了跃跃欲试、想与吴国争强的齐国，这一石两鸟的好事，您上哪儿找去？何去何从，利害分明，富于智慧的人是不会犹豫的。"

夫差说："您讲得太好了！不过，您也知道，我曾经与越国交战，越王勾践战败，现栖于会稽山中。他苦其身，养其士，有报仇雪耻之心。您等我先把越国收拾了，一定发兵救鲁。"

诸子百家

——纵横家

"那怎么可以！"子贡说，"越国的力量不过与鲁国相当，吴国的强大也不过与齐国相当。您把齐国放下去打越国，等您打完越国，鲁国早成了齐国的刀下鬼了。大王您想过没有，您现在打的正是'存亡继绝'的旗帜，却要讨灭小小的越国，而畏惧强大的齐国。这可不是以勇猛和公正而著称的您的风格。"

夫差还是放不下越王勾践，心里在打鼓。

子贡只好亮出了他最后的杀手锏，说：

"勇者不避难，仁者不穷约，智者不失时，王者不绝世。您如果能保存越国，向天下诸侯昭示您宽仁的胸怀，救鲁伐齐，威加晋国，天下诸侯必定竞相向吴国朝拜，您的霸业也就成功了。如果您实在放心不下越国，请允许我去见越王，让他出兵，随您出征。这样，实则使越国空虚，名则是您率领诸侯讨伐无道的齐国。这下您该放心了吧？"

夫差喜不自胜！因为有诸侯跟着讨伐无道，那才是霸主的风光。

夫差亲自为子贡送行。子贡火速东下。

子贡说吴王之举，打得是"名"牌。"循名"而"责实"。

"名"由实力而得；既由实力而得，关键时候你就得显示自己的实力。尽管夫差的"名"是由子贡"无私"赠予的。

当然，这"名"也是夫差自封的。因为在他看来，既然他父亲是霸主，他也应该是。

名高而危。夫差既然顺着子贡给他的竿子往这"名分"上爬，也就顾不得那么多了，哪怕摔下来会很痛。

《鬼谷子》说："揣情者，必以其甚喜之时，往而极其欲也，其有欲也，不能隐其情；必以其甚惧之时，往而极其恶也，其有恶也，不能隐其情。"

夫差正在兴头上，偷着乐呢。他父亲吴王阖闾，曾是天下公认的霸主，他从父亲手中继承了一个强大的吴国，能不高兴？尽管他父亲死了。

子贡正是在夫差志得意满的时候给他送"名分"的。

这"名分"把吴国推向了战争的深渊。

卧薪尝胆

越王勾践卧过薪,还尝过胆。卧薪是在山里,尝胆是在宫中。因为吴国。

吴国和越国是有世仇的。

当年,吴王阖闾在与越王勾践的打杀中受伤,不治身亡。临终前,拉着太子夫差的手说:"你不会忘了是越王勾践杀了你的父亲吧?"
夫差当即发誓要给父亲报仇。夫差继位,当上
国王后,练士卒,教战射,三年,就把越国打败。
越王勾践和他仅剩的五千将士被困栖于会稽山
中,风餐露宿,惶惶不可终日。后来,越相大夫
文种用美女珍宝贿赂吴太宰伯嚭,又威胁夫差:
如吴王不受降,勾践将杀掉妻子儿女,焚毁全部
珍宝,率五千精兵与吴王拼个鱼死网破。伯嚭
趁机说动夫差,勾践才得幸免一死。但王为夫
差臣,妻为夫差妾。勾践是以奴隶之身才得以
走出山林,返回国都的。

卧薪尝胆

勾践贵为一国之君,却以奴隶的身份住在宫中,总觉得怪怪的。他苦身焦思,屁股下坐着胆,抬头望着胆,吃饭尝着胆,意在以苦自省,不忘国耻。他亲自耕作,夫人自织,食不加肉,衣不着彩,礼贤下士,厚遇宾客,振济贫苦,吊慰死伤。并时常自砺:"难道你忘记会稽之耻了吗?"他认定,斗转星移,自然轮回,总有一报。

吴王夫差也不傻。他不相信越王勾践会甘心一辈子做自己的奴隶。更何况勾践的所作所为已隐隐刺痛了他的心结。所以,当鲁国的子贡前来游说,要他救鲁伐齐时,尽管他也很想带兵北上,讨伐齐国,威胁晋国,做中原的霸主,但是最担心的还是勾践乘虚抄他的后路。当子贡向他担保,勾践也将出兵,随他北上时,夫差悬着的心才算掉进肚里了。

子贡就为此而来。他必须说服勾践出兵助吴,因为只有勾践肯出兵,吴国才可能北上伐齐,鲁国才可能免遭齐国的屠戮。

勾践此时正急得团团转。他的耳目众多,早已得到了子贡来访的消息。于是清扫道路,列出仪仗,在郊外隆重迎接。他还以国王之尊,亲自驾车把子贡送到馆舍。宾主刚一坐定,勾践就急不可耐,问子贡:

"敝人身处蛮夷之国,先生您何以俨然辱身光临?"

子贡也不客气,开口就把勾践最为之心焦胆寒的消息甩给了他:

"我刚在吴国劝吴王夫差出兵北上,救鲁伐齐。他很乐意,可又担心您抄他的后路,说'待我灭了越国再救鲁伐齐不迟'。果真如此,越国也就完了。大王您该懂得:没有报仇之心却被人怀疑有,是很笨拙的;有报仇之心而被对手知晓,是很危险的;大事还未发动,消息已满世界跑,是更危险的。这三项,是举事的大患。"

勾践的眼珠子滴溜溜转了两圈,就明白了子贡的来意。于是敞开胸怀,顿首抱拳,将

心事和盘托出：

"我曾经不自量力，与吴国交战，困于会稽，痛心疾首，深入骨髓，日日夜夜，唇焦舌干，只想与吴王同归于尽，这就是我最大的愿望。请先生指教。"

"吴王为人凶猛残暴，群臣苦不堪言，连年征战，国家凋敝，将士疲惫，百姓怨声载道，大臣酝酿内变，子胥因直谏而死，太宰伯嚭把持朝政，顺从国君的过失以满足自己的私欲。以上种种，都是残败之国的政治作为。大王如果能发兵助战以怂恿其北上之志，呈献珍宝以讨好其贪婪之心，谦恭卑辞以满足其好礼之意，吴王必定北上伐齐。如果他北伐不胜，正是大王您的福分；若胜，必定耀兵中原，威胁晋国。请允许我北上说服晋王共同攻击吴军，定会达到削弱吴国的目的。这样，吴国的精兵锐卒滞留齐国，重甲劲旅困于晋国，而大王您正可乘吴国之敝而起，灭掉吴国就是必然的了。"

子贡一番话，直把那勾践乐得皮笑肉也笑，屁颠颠儿的，当即承诺按子贡的设计行事。

傻子才不这样做呢！

子贡火速回到吴国，报告吴王：

"我慎重而恭敬地把您的话告诉了越王，越王十分惶恐，说他人生不幸，少时失去先人，又不自量力，得罪吴国，军败身辱，栖身于会稽，国家荒芜空虚，幸赖大王您的恩赐，得以延续香火，死不能忘，岂敢有什么不轨之谋？"

五天后，越王派大夫文种来到吴国，向吴王拜谢道：

"听说大王将要高举义旗，诛强救弱，困暴齐而抚周室。请允许我主尽发境内之兵三千人，随大王出征。我王勾践愿披坚执锐，身先士卒，冲锋陷阵。"接着，代表越王向吴王进献铠甲剑矛、奇珍异宝等，一色的名牌。

吴王十分高兴，将此事告诉子贡，并问："越王愿意亲自率兵跟随寡人出征，可以吗？"

子贡坚定地说："不可以。您想，空人之国，悉人之众，又使人的国君随从，这是不义之举。您应该笑纳他的财，接受他的兵，辞谢他的国君出征。"

吴王允诺。于是征发九郡之兵北上伐齐。

子贡当然要阻止越王随军出征，否则，岂不坏了他使大国相互制衡、鲁国坐收渔利的大计？

子贡办妥了吴越的事情，又来到晋国，嘱咐晋国秣马厉兵，准备迎战吴军。至此，他便完成了他的穿梭外交，回到鲁国，静待大国相争。

吴王挥师北上，与齐军战于艾陵（今山东莱芜东北），大败齐军。又兵临晋国，成吴、晋争强之势。后来，晋、吴大战，吴军大败。越王勾践得知吴军战败，乘机袭击吴国，吴王被迫撤军，与越王三战不胜，终被越国所灭。

越王不忍心杀吴王夫差，大概念及夫差对自己曾有不杀之恩，于是，力排众议，派使者对夫差说，可以让他得到百家的封邑，以终天年。

夫差摇了摇头，说："我老了！不能再侍奉君王！"遂拔剑自刎。

夫差是带着霸主的梦想，带着父亲的遗愿，带着人生的遗憾和悔恨，带着宁死不辱的倔强走的。

司马迁不无感慨地说，子贡一出，一存鲁，二乱齐，三破吴，四强晋，五霸越。

看来，他也挺佩服子贡。

安全的后方危在旦夕——苏秦登场

秦国在商鞅变法之前就是诸侯四强之一。其他三强是齐、晋、楚。三家分晋后就是齐、魏、楚。

秦国的强大，与它地处西北，同西北各戎狄部落长期打杀是分不开的。

在冷兵器时代，文明程度较高的农耕民族是打不过文明程度较低的马背民族的。而秦国正是在与这些狩猎民族的打拼中历练出来的。再加上秦与中原各国交往密切，就使得它既具有西北戎狄部落的剽悍，又具有中原民族的机巧，所以，秦国的强大也就没有什么可奇怪的了。商鞅变法，对秦国来说是锦上添花，不是雪中送炭。

秦的先人是颛顼帝的后代，舜赐姓赢，有功于殷、周。到周孝王时（约前9世纪初）封在秦邑（今甘肃天水），延续赢氏祭祀，号秦赢，目的是让他统御和安抚西部剽悍好战的各戎狄部落。这一特殊的地理位置和人文环境就好比太上老君的炼丹炉，练就了秦国的泼皮耐打、争强好斗的性格。再加上春秋以来，天下大乱，各诸侯纷纷打着周天子的旗号，炫耀武力，称王称霸，秦王更是看在眼里，痒在心头，凭啥我秦国只有看热闹的份儿？于是乎便参与其中，形成了四强逐鹿、杀声震天的局面。

到了战国末期，秦已成为诸侯国中最强大的国家，它的胃口再不仅仅是到中原分一杯羹了。它想把其他诸侯逐一吃掉，混一中原，统一天下。

这可不是痴心妄想。特别是自前359年商鞅变法以来，秦国的国力更加强大，优势更加明显。商鞅变法的主要内容是奖励耕战，对百姓实行半军事化的组织管理，并以严刑峻法作保障，达到富国强兵的目的。你可别小看了这"奖励耕战"四个字，落在实处，那可是"刀刀见血"。种粮多织布多的可以免除徭役；吊儿郎当，不善经营，导致贫穷的，连同妻子儿女沦为官奴婢。对战功的奖励更刺激人，秦国的爵位分二十级，斩敌首级一个，加封一级，以爵位级别的高低来决定享受田宅和奴婢的数量。所以秦人在战场上个个玩命地干，看着敌方那鲜活的人头就好比看到了爵位和荣华富贵，立马垂涎三尺，还能不红着眼地玩命？"天下熙熙，皆为利来；天下攘攘，皆为利往"。人性如此，有什么办法？

国富兵强，还想再富再强；要想再富再强，就得发动战争，掠夺土地和人口；有了更多的土地和人口，就会更加强大。这就是他们的思维逻辑。商鞅变法后的二十多年，秦国与山东六国较大规模的战争有十余次，几乎都是秦国首先发动的，而且大都是以秦国取胜而告结束。

秦国咄咄逼人，六国本该捐弃前嫌，团结抗秦，但情况并非如此。自商鞅变法以来的二十多年间，面对秦国的威胁，六国之间仍然狼烟四起，爆发的较大规模的武装冲突就达二十余次，像孙膑导演的"围魏救赵"、智擒庞涓的"桂陵之战"，逼庞涓自刎的"马陵之战"等，这些脍炙人口的战争故事都是这二十年间发生的。

有点不可思议吧？

六国君王大概觉得，为了在秦国步步进逼的锋芒面前争取主动，就必须扩大自己的地盘和实力；只有强大，才不致被消灭。他们好像也懂得落后就要挨打的道理。但结果却是鹬蚌相争，渔翁得利。事实上，秦国也一直施尽浑身解数，变着法儿地让他们相争。

战争与和平的大潮汹涌澎湃，涛声阵阵。

洛阳的穷书生苏秦，与时俱进，跳到了时代大潮的浪尖上，随着潮起潮落，他也给我们留下了许多精彩的故事。

春秋以来，诸侯争霸、攻伐频仍的国际大势，造就了一个特殊的社会阶层——策士。策士就是经常游走于诸侯之间，专司为各国君王出谋划策的人。他们谙熟天下地理山川形势、各国风物民情，具备军事学的基本知识，了解各诸侯朝内的政治生态，更重要的是他们能说善辩，巧舌如簧，话语动听，能挠到君王们的痛处和痒处。其治国用兵方略一旦被某国君王采纳，他们一夜之间就能大红大紫，飞黄腾达。

苏秦就是这一类人。

苏秦出身布衣，但心气比天都高。司马迁记述中国古代的民间谚语说："用贫求富，农不如工，工不如商，刺绣纹不如倚市门。"苏秦可不这么看。他对种粮没有积极性，对工商亦不感兴趣。做生意虽然可能赚到很多钱，但商人的社会地位低，与出入王宫、伴君左右、仪仗豪华、指点江山的策士怎可相提并论！为了一步登天，苏秦可是花了血本的。据说，他就是那个神秘隐士鬼谷子的学生。鬼谷子就是那本流传至今，被誉为纵横家的经典之作的《鬼谷子》一书的作者。

苏秦一心想做名人，急不可耐，自认为得了鬼谷先生的真传，匆匆忙忙，踏上了游说之路。奔波几年，盘缠花光，一事无成，破衣烂衫，满脸菜色，回到家中，一家人白眼相待，讥讽相迎，羞得苏秦无地自容。于是发奋苦读，瞌睡时用清水浇头，再不行，就拿锥子往大腿上扎，直扎得鲜血顺腿流，瞌睡还敢来吗？就这样干了一年，自认为火候到了，又背着行囊出发了。

苏秦也看到了秦国势头强劲，行情看涨，就先来到秦国，想劝秦惠王以武力统一天下。秦王大概也知道苏秦的名声，这个前几年疯癫儿一般奔走而没人搭理的人，能有什么锦囊妙计？于是也没心思听他瞎白话，三言两语就给打发走了。这下苏秦可有点恼火了。你秦王真是狗眼看人低！苏秦掉头往东，准备换个思路，游说六国团结抗秦。你秦国的力量再强大，还能比六国一体更强大吗？

苏秦把目光盯住了六国中最为弱小的燕国。

你看他对燕文侯怎么说。

他先讲燕国的山川形势，幅员辽阔，物产丰饶，精甲数十万，战车六百乘，战马六千匹，粮食储备可支数年，如此等等，这些当然都是与英明燕王的正确领导分不开的。为燕王挠完了痒痒，趁他正得意之时，苏秦提了一个他也许从未考虑过的问题：

"要说国家安乐无事，不见覆军杀将的场面，诸侯国中没有任何一个国家能像燕国这样。大王明白这是什么原因吗？"

这问题够分量！

不等燕王回答，苏秦继续说："燕国之所以从未遭强寇侵犯，兵甲无事，是赵国作为燕国的南部屏障护卫着燕国的缘故啊。秦、赵两国曾五次交手，秦两胜而赵三胜。两国相耗，人困马乏，而大王您却能以完好无损的燕国坐镇后方，这就是燕国不受甲兵之苦的原因。假设秦国要进攻燕国，需要越过云中、九原、上谷、代（以上均为燕、赵地名，相当于今内蒙古、河北、山西等省区相连接的广大区域），长途跋涉数千里，即便占领燕国的城池，秦人自己也明白是守不住的。所以,秦国构不成对燕国的威胁是明摆着的道理。假如赵国要进攻燕国,那情况可就不同了。号令一发,不需十日,数十万大军就能进抵东垣(属赵地,今河北正定),北渡滹沱、易水,再用四五天,就兵临燕都了。所以说,秦若攻燕,战于千里之外;赵若攻燕,战于百里之内。不担忧百里之患而顾虑千里之外,攻防计划没有比这更糟糕的了。有鉴于此,愿大王与赵国纵亲,天下为一,燕国必定能无忧无患,卧听渤海惊涛,闲食燕山栗枣,过太平的日子。"

苏秦的话干净利落,担忧中带着几分超然,同情中带着几分冷漠。燕文侯是个明白人,他知道合纵对燕国的意义,也知道凭燕国的实力和地位,还不足以号召六国。于是便说:"您讲得太好了。只是燕国弱小,西迫强赵(燕国西南与赵国相邻),南近强齐。齐、赵是两大强国。您真要合纵安燕,我愿以国相许,助您完成合纵大业。"

于是,苏秦带着燕王赠予的车马金帛,兵甲仪仗,浩浩荡荡,南下赵国去了。

苏秦苦读奔波,一年又一年,终于尝到了一点玩口舌的甜头,享受了一把高峰体验。他得意,他爽。

爽就爽在他一刀划开了问题的要害:你小小的燕国,何以能在这烽烟四起、群雄逐鹿的混战中坐观六国厮杀、刀枪见红? 是因为燕国小而不小(毕竟为七雄之一,比宋、鲁、卫等国大),大而不大(在七雄中最为弱小)的特殊国情,暂时还是大国争取的对象,大国还未顾得上你;一旦拿你说事,亡国就在旦夕之间。话到此处,燕王还能有什么其他的选择? 苏秦先拿大而不大、小而不小、危机感最重的燕国开讲,操钓临渊,投饵得鱼,确实是得了鬼谷先生的真传。

好一个鸟喙

燕文公在其行将就木的前一年,终于做了一件惊天动地的大事。

这位一生碌碌无为的燕王突然心智开窍,资助名不见经传的苏秦游说赵、韩、魏、齐、楚与燕国结成了抗秦联盟,挥写了他在战国历史上重重的一笔。"六国纵亲,以御强秦"的态势初步形成,秦国的锋芒也不得不有所收敛。不仅如此,秦惠王也一改过去对燕国不屑一顾的神态,急急慌慌把自己的亲生女儿嫁给燕太子做夫人,一贯俯首低眉的燕国终于可以挺起胸膛,尝尝做大国的滋味了。毕竟人家与强大的秦王结为儿女亲家了。

六国纵约初订,还有些脆弱。考验马上来了。

燕文公在完成了他的惊世之作后的第二年,便驾鹤西去,燕太子即位,他就是燕易王。

就在燕国举国哀丧、新主初立之时,齐国趁势下手,一口气攻下了燕国十座城池。燕王当然不干了,他把苏秦叫来,不无讽刺地说:

"以前,先生来到燕国,是先王慧眼独具,资助先生前往赵国,得以拜见赵王,这才有后来的六国盟约。您也曾红口白牙,答应先王,只要有了六国盟约,燕国就可永保太平,世世安康。如今,先王尸骨未寒,齐国先伐赵,后伐燕,燕国也因为您而为天下诸侯所耻笑。先生能把齐国侵占我们的城池夺回来吗?"

苏秦听了这不温不火却句句带刺的话,如坐针毡,当即拍着胸脯,答应去齐国讨回十城。

　　苏秦见了齐王，先为齐王的德政、齐国的强大庆贺一番，接着又说齐国将大患临头，表示一番哀悼。这一贺一吊，可把齐王搞糊涂了。他愣愣地看着苏秦，不知他唱的究竟是哪一出。苏秦说：

　　"饥肠辘辘的人之所以不拿鸟喙充饥，是因为这样充腹所造成的危害与饿死并没有什么不同。如今的齐国正拿鸟喙来果腹，我作为抗秦联盟的总指挥当然要向您表示哀悼了。"

　　齐王瞪着一双眼睛，直勾勾地望着苏秦。

　　"大王还不明白？"苏秦继续说，"如今燕国虽然相对弱小，但燕王毕竟是秦王的女婿呀！大王您得了燕国十城之利，却与强秦结下了怨仇。假如现在就使弱小的燕国打前阵，而秦国作为后盾，招募天下精兵，摆在齐国面前，这不就等于大王您吞食了鸟喙吗？"

　　齐王听后，脸色顿时变了，急切地问："那该如何是好？"

　　苏秦说："我听说，古代善于谋事的人，能够转祸为福，因败为功。大王如果能听我的话，就赶快把那十座城池还给燕国。燕国唾手而得十城，好比天上掉了馅饼，必定大喜过望；秦王得知齐国因为他的原因而把十城归还了燕国，也必定大喜过望。这正所谓化仇敌而为牢靠的朋友。燕、秦两国都来事奉齐国，大王据此以号令天下，谁敢不听！大王这样做，是以虚辞蒙住秦国，又以十座城池取天下呀！"

　　齐王说："您讲得太好了！"于是就把十座城池还给了燕国。

　　"以十城取天下"纯属夸张，秦、燕会因此而向齐国示好，却此言不虚。你想，燕国与齐国毕竟是同盟关系，齐国又归还了所侵占的燕国领土，燕国还能不因此而好话说尽、虚与委蛇？燕国既需要利用姻亲关系携秦以自重，更需要与六国的盟约以自保。毕竟，与齐国相比，燕国处于抗秦一线，没有六国一体作后盾，它就是盘里的菜，随时都会送到秦国的嘴里。谁都清楚，所谓"秦晋之好"是靠不住的。

　　当年，郑武公打算讨伐胡国，就先把自己的女儿嫁给胡国的国君做妻子。借机问群臣，我打算对外用兵，你们看征伐哪个国家胜算最大？一大臣回答，打胡国胜算最大。郑武公大怒："胡国与我结为婚姻，亲如兄弟，你却要我打胡国，是何道理？"随即杀了这位大臣。胡国的国君听说后，感动得一塌糊涂，认为郑武公真是够哥们儿，为了他的女儿和女婿不惜杀掉了自己的大臣。没想到的是，正在他感动得意、忘乎所以时，郑国向胡国发起了突然袭击，一举灭掉了胡国。

　　前车之鉴，想必燕国也不会因为与秦国联姻而昏了头。所以它一定会向齐国示好。

　　至于秦国，更不会拿不好的脸色给齐国看。因为远交近攻是秦国对付六国的一贯方略，不管它与燕国是姻亲关系也好，是仇敌关系也罢，都需要首先稳住齐国。齐国是六国的大后方，不把齐国稳住，秦国就不可能解决五国中任何一国的问题。

　　所以，苏秦给齐王展现的光辉前景并非瞎白话，起码是可以看到曙光的。他号准了燕、秦的三寸脉，说话滴水不漏，要不然，他凭什么满世界地忽悠人？

如此诚信

　　让苏秦讲诚信就好比让秦始皇讲民主一样滑稽。

諸子百家——縱橫家

苏秦是著名的游说专家,是玩嘴皮子的。他见人说人话,见鬼说鬼话,无限夸大,无限缩小,抓住一点,不及其余,以至于威胁、利诱、阿谀、奉迎、瞒天过海、声东击西,甚至于空穴来风,无中生有,胡萝卜加大棒,蜂糖加狗屎,如此等等,可谓无所不用其极。他有什么诚信可说?

他当然有。而且有根有据。

孔夫子说:"君子贞而不谅。"意思是君子有操守,但未必诚信。

又说:"信近于义,言可复也。"意思是信约大致符合义的要求,这样的诺言才可以履行。也就是说,如果没有了"义"的内涵,"信"也就随之没有什么意义了。

叶公曾经向孔子说,我们乡里有一位坦诚正直的人,他父亲偷了人家的羊,他亲自出来作证。孔子听后摇了摇头说,我们乡里也有坦诚正直的人,不过与你说的正好相反。做父亲的为儿子隐瞒,做儿子的为父亲隐瞒,正直就体现在这里。

这就是苏秦的立足点。

什么是"义"? 义者,宜也。可以托六尺之孤,可以寄百里之命;路见不平,拔刀相助。这是义。"风萧萧兮易水寒,壮士一去兮不复还";桀狗吠尧,运筹帷幄,不战而屈人之兵,这也是义。如此说来,只要与大势相宜,与本国利益相宜,与所处的环境相宜,甚至与主上的利益相宜,就是义。

就这个角度看,作为外交家的苏秦,在谈判桌上的手段、伎俩,也就无可厚非了。实际上他招来的非议够多了。

苏秦只身一人到了齐国,连蒙带唬,把齐国侵占的燕国领土要了回来。回到燕国,燕王不冷不热,不但没有给苏秦任何嘉奖,反而把苏秦晾到竿子上了。其实,苏秦在齐国时便得到了消息。原来,趁苏秦不在,燕王身边有人蛊惑说,苏秦是一个左右卖国反复无信的贼臣,将来定会作乱。燕王听信了谗言,便把苏秦搁置起来,不予重用。

苏秦对燕王说:"我苏秦本来是洛阳的一名普通百姓,没有尺寸的功劳,大王却在宗庙为我拜授官职,在宫廷里给我很高的礼遇。如今我为大王退去了齐国的军队,收回了被齐国侵占的十座城池,大王本来应该更加亲近我、器重我,可大王反而夺了我的官职。究其原因,必定是有人在大王面前用不讲诚信来诋毁我。我不诚信的品质正是大王的福气呀!"

燕王瞪大了眼睛,等着苏秦往下说。

"我听说,所谓忠信,是自为的品质;所谓进取,是为人的品质。况且,我这次去游说齐王,难道是靠欺骗成功的吗? 我并没欺骗他们。我把老娘扔在家里,远赴燕国,本来就是抛弃自为的修炼而实行进取的事业。如果现在有行孝如曾参,廉洁如伯夷,守信如尾生者,由他们来事奉大王,大王意下如何?"

燕王回答说:"果真如此,我也就满足了。"

苏秦说:"孝如曾参,按孝道的要求,不能离开自己的双亲在外借宿,哪怕一宿,您又怎么能使他步行千里,来事奉弱小燕国以及处于危难之中的国王呢? 廉洁如伯夷,仗义不做孤竹君的子嗣,不肯做周武王的大臣,不受封侯,最后饿死在首阳山下,像这样廉洁的人,您又怎么能使他步行千里,行进取之事,到齐国去夺回已经失去的城池? 守信如尾生,与女子约定在桥柱子下相会,女子没有如期前来,大水却汹涌而来,尾生义不爽约,不肯离去,最后抱柱而死,像这样守信的人,您又怎么能使他步行千里,去宣扬燕国的威力,迫使强大的齐国军队撤退呢? 其实,我正是因为忠信才得罪大王的啊!"

燕王问:"还有因忠信而得罪主上的事吗?"

苏秦说:"毫无疑问! 我的邻居中有一家,丈夫远出为吏,他的妻子在家与人私通。丈夫快要回来时,与她私通的人很是忧虑。妻子说,没有什么可担忧的,我已经为他准备好毒酒了。三天后,丈夫回来了,妻子就指使小妾向丈夫进酒。小妾知道酒中有毒,如果进上就会毒死主父;告诉他酒中有毒,主母就会被赶出家门。于是就假装跌倒,把毒酒抛洒在地上。丈夫盛怒之下,打了小妾五十竹板。小妾弃洒毒酒之举,于上保存了主父的性命,于下使主母不致被逐出家门。如此尽忠,却不免挨板子。怎么能说忠信就不会得罪主上呢? 我眼下的遭遇,和小妾弃洒之举相类似呀!"

燕王听罢,当即为苏秦恢复了原职,而且更加厚待他。

如果说苏秦到齐国讨回十城所运用的方法,是胡萝卜加大棒,多少带些王者霸气的话,这一次却是哀兵制胜。他把自己比作舍身救主上而又可怜兮兮的小妾,最能打动人心。不仅如此,他的"哀"中有"刚"。他结合七国大势、燕国之危,把历史上孝、廉、信的三个典范抛给燕王,由他们去挽救处于秦国虎口下的燕国,燕王傻眼了。

话说到这份儿上,还怕他燕王不束手就范? 如果还执迷不悟的话,那他不是白痴,就是脑袋进水了。

令人发指的请求

世上还有临终前强烈要求把自己车裂的人,你信吗?

苏秦就是。

车裂就是五马分尸。惨吧?

苏秦是六国抗秦联盟的总指挥,当时叫"纵约长"。纵约长可威风了,他一人佩挂六国相印,带着庞大豪华的仪仗,奔走六国之间,六国君王对他言听计从,秦国君王对他无计可施。在人才辈出、谋士云集的战国时代能混到这份儿上,你想是什么概念?

苏秦是靠燕国起的家。是燕文侯资助他游说各国君王,建立起了抗秦统一战线,才有了苏秦今天的威风。不幸的是,苏秦的才气和人格魅力在打动燕文侯的同时,也打动了文侯夫人。他和燕文侯的夫人私通了。

这事儿不大,但也不小。毕竟你拿一国之君开涮,能算小事? 燕文侯死后,燕易王即位。让苏秦不安的是,易王对自己的母亲和苏秦的好事视而不见,听而不闻,对苏秦厚爱如初,甚至尊崇有加,这就使苏秦乱了方寸:虽然我曾以一人之力,凭借三寸不烂之舌,为燕国退去了齐国的几十万军队,要回了被齐国侵占的十座城池;六国联盟没有我苏秦谁也玩不转,但一码归一码,要知道,与国母娘娘在床上的那点事,本来是不杀不足以平民愤的啊! 苏秦的头也不多,他害怕了。他想脱身。

一天,他对燕王说:"我在燕国未必能使燕国在列国中的地位得到尊重,如果我去齐国,就一定能提高燕国的地位。"燕王说:"尊重先生的选择。"于是,苏秦又耍了一个花招,假装得罪燕王而逃到了齐国,齐宣王拜苏秦为客卿。客卿就是高级政策顾问。

苏秦是因为怕杀头才离开燕国的，但他对燕国的忠心可一点也没变。毕竟燕王对他有大恩。当年，苏秦游说诸侯数年，一事无成，破衣烂衫回到家里，兄弟姐妹妻嫂甚至小妾都不正眼看他，数落他，挖苦他。苏秦受到极大的伤害，于是闭门不出，发奋读书，一年有余，自觉本领见长，便又踏上了游说之途。他先去见周显王，未被理睬，又去见秦惠王，劝惠王以武力吞并天下，称帝而治。惠王说，羽毛未成，不可以高飞；文理未明，不可兼并。时机未到，先生您该上哪儿玩去上哪儿玩去吧。苏秦折头向东，到了赵国，赵国不搭理。没办法，北上到了弱小的燕国，在燕国盘桓一年多，才得以见到燕王。燕王一见倾心，力挺苏秦建立起了六国抗秦联盟，苏秦一夜之间由一个乡下穷书生变成了"时代超男"。他的仪仗路过洛阳，慢说兄弟姐妹妻嫂小妾匍匐在地，不敢仰视，就连周显王也要清扫道路，亲自到郊外迎接。能有今天的派头，苏秦一辈子也报答不尽燕王的知遇之恩啊！

所以，他现在齐国做官，并未忘记他曾对燕王做过的承诺，他要强燕弱齐。齐宣王死后，齐闵王即位。苏秦认为时机来了，就劝闵王厚葬宣王以宣扬自己的孝心，加高宫室扩大苑囿以壮大齐国的国威，实际上则是要借此机会消耗国库里的金子，使齐、燕的国力此消彼长，达到强燕弱齐的目的。

这招数够损吧？

不过，机关算尽太聪明，反丢了卿卿性命。齐闵王虽然对苏秦宠爱有加，言听计从，但齐国的大夫们则妒火中烧，视苏秦为眼中钉、肉中刺，必欲除之而后快。因为苏秦风头太过，太猛，太他妈的狂，而他们这些齐国的贵族们则被边缘化了。他们可不管什么"纵约"不"纵约"的，统统见鬼去吧！他们只要苏秦的命，雇用杀手，刺了苏秦。不过，还留了一口气，半死不活的。

齐王失去了苏秦，像掉了魂儿似的，没了主心骨。他下令有关部门一定要把凶手缉拿归案。齐国朝野声势浩大，慌慌张张，可查来查去，就是不见杀手的踪影。苏秦躺在床上，动弹不得，但脑子还算清醒。他明白，凶手是永远也抓不到的，除非凶手本人主动出来招了。

苏秦不是做梦吧？会有这样的凶手？有。苏秦让凶手主动出来招了。

苏秦已到了弥留之际，齐王来到他的床前。苏秦对齐王说："我快要死了，您要想抓到凶手，现在就把我车裂，并游街示众，告诉百姓说，苏秦是燕国派来的伺机在齐国作乱的间谍。这样，自然就会找到凶手了。"

齐王立马起了一身鸡皮疙瘩，但咬咬牙，还是照苏秦的吩咐做了。刺杀苏秦的那位老兄果然沉不住气，马上跳出来炫耀自己的丰功伟绩，大概想领点赏金什么的。齐王下令把这家伙的头砍了。

燕国人听到了这个消息，不禁惊出了一身冷汗。他们感慨万端：齐人用这样的方法为苏秦报仇，真令人发指啊！

苏秦抓凶手的这一招的确够"狠"。不过，令人不解的是，苏秦干吗要耍那么多花招？你到齐国去非要假装得罪燕国才去得成吗？你不是纵约长吗？既然联合抗秦是大局，干吗要强燕弱齐呢？这对六国联盟有什么好处？苏秦死后，机密大泄，齐由此怨恨燕国，在秦国"连横"的攻势下，六国纵约逐渐解体。

令苏秦没想到的是,他抓凶手的这一狠招,在为自己报仇的同时,也替齐国人出了一口恶气。毕竟到后来,齐国人恨死苏秦了。

想想车裂那一幕,能不解气?

本是一家人

韩、赵、魏本是一家,都是晋国的大夫。前453年,三家把晋分割,五十年后,周王室被迫承认三家为诸侯,晋国灭亡。

三家中魏国最强,但韩、赵并不甘示弱,特别是赵国。因此,三家为拓展各自的势力范围,攻伐不断。这样一来,秦国得利了。

从前403年三家分晋以后的七十年间,赵国发动或参与的较大规模的战事有二十余次,除了联合韩、魏伐齐、伐楚的四五次战争外,其他十几次,都是针对魏国的。直接攻打魏国的战争较少,主要是打中山国和卫国。

赵国的版图相当于今河北中南部及山西北部,它北与燕国相邻,但中间还夹一个中山国;南与魏国相邻,但中间还夹一个卫国。如果能把中山国特别是卫国吃掉,从军事地理的形势说,赵国就处于非常有利的地位。比如,卫国就控御着被称为"轵道"的交通孔道,这条道是从今河南济源向西通往山西的要道,为兵家必争之地。卫国实际上是魏国的附属国,打卫国就等于往魏国的脸上打,魏国能不还手吗?毕竟魏国也是大国。所以,三家内主要是赵、魏较劲。别说,还真较出不少流传千古的精彩故事。

最著名的就是"围魏救赵"之战。发生在前353年。它不仅成就了中国军事史上最辉煌的战例之一,还为我们留下了诸如"解杂乱纷纠不控拳""救斗者不搏击""批亢捣虚""形格势禁"等闪耀着智慧光芒的格言警句。但给魏国留下的却是无尽的愤怒和哀伤。此战之后,又爆发了"马陵之战",齐国军师孙膑用"减灶诱敌"之计,将魏军诱至马陵伏击圈内,万弩齐发,魏军大败。魏太子申被俘,大将庞涓自刎,军力遭到严重挫伤。这些战役虽然是由齐国主打,但说到底都是由赵国和魏国的冲突引起的,赵、魏之间的裂痕很深。此后二十年间,赵、魏又爆发五次较大规模的武装冲突,都是赵国首先发动的。赵国恨魏国,魏国也恨赵国。

这时,苏秦来到了赵国。他的任务是要说服赵王与他的老敌手魏国结成联盟,共同抗击秦国。您看,这事可不大好办吧?

不过,现在的苏秦已不是前几年那个破衣烂衫满世界跑而没人愿意搭理的人了。他已成功说服了燕王参与合纵,并带着车马金帛、豪华仪仗到赵国来了。以前,也就是在说服燕王之前,他曾先到赵国,想首先说服赵王倡导合纵,但由于赵王的弟弟奉阳君为相,他不喜欢苏秦,苏秦连赵王的影子也没见着,无奈,才转而北上,到了燕国。如今,赵国的奉阳君已死,又有燕王做后盾,所以,今日的苏秦已非往日可比了。

苏秦见了赵王,先表忠心。他说,天下无论卿相人臣,还是布衣之士,都很敬仰大王的贤明与仗义,想为大王效忠尽心已经很久了,只是因为奉阳君专权任事,嫉贤妒能,天下宾客游士才无从靠近大王。如今,奉阳君已驾鹤归天,我苏秦才有了向大王进献愚计的机会。

诸子百家——纵横家

苏秦说这话的意思是：他先到燕国去是没有办法的事；这不能怪他。

接着，苏秦就向赵王提出了"安民无事"的治国方略。他说，治国之本，在于安民；安民之本，在于择交。择交正确，则民得安；择交不正确，则民终身不得安。

"安民无事"这稀松平常的四个字，在烽火连年的战国末期可谓字字千金。兼并的大潮汹涌澎湃，你想安民无事，谈何容易！但苏秦认为好办。只要办好外交，一切问题迎刃而解。

苏秦说，秦、齐为两个能与赵国相匹敌的国家，能使赵国百姓不得安宁的就是它们：倚秦攻齐而民不得安，倚齐攻秦民也不得安。大王若与秦结盟，则秦必然削弱韩、魏；若与齐结盟，则齐必然削弱楚、魏。魏弱则割河外（战国时期称黄河以南及以西地区为河外），韩弱则丢宜阳（在今河南西部、洛水中游）。秦国若得到了河外和宜阳，则通往上郡（今陕西榆林周围至内蒙古鄂托克旗一带）的道路也就断绝了；楚国若被削弱，则韩、魏便失去了有力的外援。这三项，大王不可不认真考虑。

以上所说，一旦成为现实，后果不堪设想。苏秦进一步分析说，如果秦军出轵道，则南阳（太行山以南、黄河以北地区，相当于今河南济源至获嘉一带）便处于危险的境地；秦国占领了韩国的南阳，不仅包围了周都洛阳，而且赵之邯郸与闻金戈铁马之声，就不得不操兵自守了；接着，秦军东向，攻取卫国，占领卷邑（战国魏地，在今河南原阳县原武镇西北），则齐国就会主动向秦示好。这时，秦国要想在山东站稳脚跟，必定向赵国发起攻击。秦兵渡过黄河，涉过漳河，占据番吾（战国赵地，今河北磁县境内），接着秦赵两军就战于邯郸城下了。这是我为大王担心的。

当今之时，山东诸国，没有比赵更强大的。赵国方圆二千余里，带甲之士数十万，战车千乘，战马万匹，粮食储备可支数年。西有常山（即恒山，在今河北曲阳西北），南有漳河，北有燕国。燕国是一个弱小的国家，不足畏惧。在秦的眼中，赵国才是它并吞六国的最大隐患，然而，秦国却不敢贸然举兵伐赵，原因何在？是秦担心韩国与魏国抄其后路的缘故啊！所以说，韩、魏是赵国的南部屏障。秦国若进攻韩、魏，没有名山大川的阻隔，采用逐渐蚕食的战略，就能攻到两国的国都。韩、魏抵御不住秦国的蚕食，必定向秦称臣。秦国打消了后顾之忧，兵祸必定指向赵国。这又是我为大王所担心的。

谈完了危机，苏秦又祭出了他最善运用的古今对比的激将法。他说，我听说，尧没有三大夫分割一国的幸运，舜没有咫尺的封地，最终却享有天下；禹手无百人之众，竟然称王诸侯；商汤、周武甲士不过三千，战车不过百乘，战士不过三万，最终立为天子。这些都是战略战术运用得当的缘故。因此，圣明的君主对外善于分析其对手的强弱，对内善于把握其士卒的贤能与不肖，不待两军交战而胜败存亡之机早已了然于胸，岂能为众人之言所遮蔽，糊里糊涂处断国家大事呢！

我曾认真分析过天下地图，诸侯的土地是秦国的五倍，诸侯之兵大致是秦国的十倍。假如六国合纵为一，兵锋西向，秦国必定为我所败。令人遗憾的是，强大的赵国却向秦俯首称臣。大王想想，攻破秦国与被秦国攻破，以秦为臣与向秦称臣，岂可同日而论哉！

主张连横的人，都是想割诸侯之地给秦国。秦国的目的如能达到，这帮人则高台榭，美宫室，听竽瑟之音，前有豪宅名车，后有长姣美人，国家濒临灭亡而他们却无忧无虑。因此，他们才不辞辛苦、夜以继日，拿秦国恐吓诸侯，以割诸侯之地为务，愿大王加倍小心。大王是明主贤

诸子百家——纵横家

君,定能绝疑去谗,摒弃流言,使我苏秦的尊主扩地强兵之计得以贯彻实施。

为大王长远之计,不如韩、魏、齐、楚、燕、赵六国合纵为一,令六国将相会于赵国洹水之上,互通人质,刭白马而盟誓:六国纵亲,以御强秦;诸侯有不遵守誓约者,则五国之兵共伐之。

苏秦还向赵王陈述了六国针对秦国不同的兵锋所向而应采取的不同的用兵部署,并建议将其载入誓约。赵王听后,精神为之一振,立即表示加入盟约,并送苏秦豪华车辆一百乘,黄金千镒,锦绣千匹,白璧百双,以助其南下约诸侯合纵。

苏秦游说赵王仅用三招。

第一招,提出理想,"安民择交"。"安民"为君王之所慕,民心之所向;而安民之本,在于"择交",特别是在七雄逐鹿的格局中,稍有不慎,轻则割地赔款,重则国破家亡。安民之本在于择交的命题,深深打动了赵王。

第二招,尊秦、齐而贬韩、魏。苏秦说,七国中只有秦、齐才有资格与赵国对话,韩、魏不在话下。这话赵王听了心里舒服。然而,无论与秦结盟还是与齐结盟都不能保证赵国的安全,因为这样会使韩、魏、楚更加削弱;韩、魏、楚削弱,赵国便失去南部屏障,使赵国暴露于秦国的兵锋之前,而秦国毫无后顾之忧。

第三招,顺势推舟。既然单方面倚秦或倚齐都不符合赵国的利益,只有与魏、韩捐弃前嫌,合纵为一,才能扼制秦国大举东进的态势。苏秦为了使赵王与魏、韩结盟,并不直接讲与魏、韩结盟的好处,而是讲与秦、齐单方面结盟的坏处,牵着赵王慢慢走到魏、韩一边。只有"慢",才"成"。毕竟,赵、魏之间的仇很深。

鬼谷先生说:"与贵者言,依于势。"苏秦所依之"势"为天下大势。这大势,就是秦国步步进逼,而六国内斗、逐渐式微之"势"。这"势",直关赵国的存亡。苏秦讲明了大势,尊贵的赵王也只能跟着苏秦,顺"势"而为了。

宁为鸡口,不为牛后

"宁为鸡口,不为牛后。"这句民间谚语大概很古老了。有多老?至少,前4世纪苏秦游说韩宣王,引用这句话时前面有"臣闻鄙谚曰"五个字。"鄙谚",就是民间谚语。很显然,这谚语并不是苏秦的发明,在他那个时代,这句谚语就已经流传很长时间了。这样算来,到现在也有三千年了。古老吧!

为什么会流传这么久?想必是它为大多数人所认可。大家心服,才会往下传。为什么心服?因为它讲得太平实,太真切,太招人忌,太令人不得不如此。鸡口虽小,毕竟可以进食;牛后虽大,却是用来排便的。不能再解释了。

近似玩笑的一句话,有时能够成大事。苏秦为激励韩宣王加入六国盟约,就用了这句近似玩笑的"狠话"。宣王听了这句话,真的被激怒了。《史记·苏秦列传》描写韩王当时的情态:"韩王勃然作色,攘臂瞋目,按剑仰天太息……"他脸色通红,手按着宝剑,瞪着眼睛,挥动着胳膊,仰天呼号……这情状,绝对是汹涌澎湃。

到底怎么回事?

自前359年"商鞅变法"以来的二十多年间,世界形势可谓复杂多变,风云激荡。由于秦国的变法比较彻底,秦国的国力及军事优势逐渐显现出来,它向六国发动的十余次进攻,几乎次次得便宜。秦国的目标非常明确,就是消灭六国,统一天下。六国当然不会束手就擒,特别是赵、魏、楚等大国与秦交手最多。不过,面对秦国军事威胁,六国之间并非铁板一块,一致对外。相反,他们之间打得更热闹。这二十多年间,六国与秦国共十余战,而六国之间爆发的较大规模的武装冲突却达二十余次。当然,六国之间的会盟也有十余次。会盟,就是给战争做个交代,就是和解,就是妥协,就是割地赔款。山东六国,燕、赵、魏、韩、齐、楚,除了齐国地处东方,未与秦国交过手外,其余五国与秦国均有过恶战;而六国之间的战争也几乎没有停止过,当然,会盟和解也没有停止过。策士满天飞,间谍满地跑。他们都是拿七国说事儿的,这些"事儿",无外是与谁合,与谁分,与谁战,与谁和。这样,你大概就该明白为什么面对秦国的军事威胁,六国之间依然打杀不断、谈判不断了。一句话,都是为了各自的国家利益。

这时,洛阳的穷书生苏秦,已经凭借自己对天下大势及六国未来的基本分析,成功说服了燕、赵两国捐弃前嫌,参与合众,共同抗击秦国。特别是赵肃王,最有战略眼光,他毫不含糊,凭借赵国强大的国力,以丰厚的金银财货资助苏秦,嘱他尽快约合魏、韩、齐、楚,结成抗秦联盟。

秦国的情报部门也没有睡着。为了破坏苏秦的"合纵",秦国加强了对赵、魏两国的军事进攻。

前332年,魏献阴晋(今陕西华县东)给秦国;

前331年,秦公子卬与魏战,虏魏将龙贾,斩首八万;

前330年,秦继续攻魏,进围焦(今河南三门峡西)与曲沃(今三门峡西南),魏割河西给秦国;

前329年,秦攻魏,取汾阴(今山西万荣)、皮氏(今山西河津)、焦与曲沃等地。

前328年,秦攻赵,败赵军于河西,杀赵将赵疵,取蔺和离石(两地均在今山西离石)。

这五年间,还有齐、楚之战,赵、魏之战,齐、魏与赵之战等。这形势够复杂了吧!

面对这样的形势,这位被司马迁称为"智有过人者"的苏秦,也着实紧张了起来。稍有疏忽,游说燕、赵两国的成果就将毁于一旦。他越过魏国,直接来到了韩国。他大概觉得,魏、赵疲于对付秦军,无暇相互支援,而韩国尚有余力。如果韩国答应加入六国盟约,他苏秦手里就有了一支对付秦国的战略预备队,可以随时用来抄秦军的后路,形成对秦军东进的有力钳制和对赵、魏的有力支援。同时也就为六国结盟赢得了宝贵的时间。所以他急急忙忙来到了韩国。

看他对韩宣王怎么说。

韩国北有巩(在今河南巩义市)、成皋(在今河南荥阳汜水镇),西有宜阳、商阪(即商山,在今陕西商县东南)四大险塞,东有宛(河南南阳)、穰(河南邓州)、洧水,南有陉山,地方九百余里,带甲数十万,天下之强弓劲弩皆出自韩国。溪子、少府时力、距来三种弓弩,均可射六百步之外。韩军将士跨步而射,百发不止,远者穿臂洞胸,近者则直刺心窝。韩军将士所用剑戟,均是出自棠溪、墨阳、合赙、宛冯、龙渊、太阿等地的名剑,这名剑无不陆断牛马,水截鹄雁,当敌则斩,还有坚甲铁幕,劲革木盾,无不具备。以韩军将士之勇,披挂坚甲,跨射劲弩,腰带利剑,以一当百,不在话下。以韩卒之劲与大王之贤,却西面事奉秦国，交臂而服，使社稷蒙羞而为天下人所耻笑，也无过于此了！所以，愿大王深思熟虑。

大王若事奉秦国，秦必然提出割宜阳与成皋的无理要求。您把两地呈献给它，明年它还会继续提出割地要求。应许则无地可割，不应则前功尽弃而遭受秦祸。况且，大王之地有尽而秦的贪婪要求无尽，以有尽之地而应无尽之求，这就叫作买怨结祸，不战而使国土蚕食殆尽了。我曾听说有这样的民间谚语：宁为鸡口，不做牛后。如今，大王西面交臂而臣事秦国，与做牛后何异？以大王的贤明，韩国的强大，以及将士善战，却背上"牛后"的名声，我真为大王感到羞耻。

苏秦

韩王听后，勃然震怒，按剑发誓说："寡人虽然不肖，也决不会西面臣事秦国。今天先生以赵王的教导启发我，我愿以倾国之力参与合纵。"

就这样，苏秦把韩王摆平了。

《鬼谷子》中有"摩情"十字诀，这十字是：平、正、喜、怒、名、行、廉、信、利、卑。所谓"摩"，就是"磨"，就是"蹭"。把对方的"情"磨出来，蹭出来，并引导到我的"情"上来，为我所用。用什么"磨"？用以上十字就够了。因为人们的所愿所想，所憎所恶，无非是围绕以上十宗展开的。苏秦游说韩王至少用了使韩王喜，使韩王怒，使韩王有名，使韩王有利四项。

韩国的四处险塞，两处（宛、穰）粮仓，将士的骁勇，弓、剑的精良，以及君王的贤明，这足以让人"喜"；以强国之力而西面向秦俯首称臣，足以让人"怒"；民间谚语"鸡口牛后"之比，足以让人有"名"（只不过这"名"太臭而已）；而合纵抗秦之决，足以使人有"利"。

或者说，苏秦先"激"，再"羞"，后"辱"，搞定了。

当然，关键在于"利"，苏秦所说，符合韩国的国家利益。

疲惫的魏国

魏国已经打累了。因为它打得太猛。

自从前403年，韩、赵、魏三大夫把晋国分割（史称三家分晋）后的八十年间，魏国与六国间的战争就达五十余次，其中与秦国交战二十余次，与山东五国（燕、赵、韩、齐、楚）交战三十余次。

战争可不是儿戏。《孙子兵法》说：大凡用兵作战，出动战车千辆，辎重车千辆，军队十万，还要从千里之外运送粮食，总计前后方的费用，招待诸侯使节、说客的开支，维修军用器械的费用，车辆、盔甲的保养经费，每天都要支出巨额资金，然后十万大军才能出动。

諸子百家——纵横家

所以孙子说,任何强大的国家也支付不起长期的战争,"百战百胜,非善之善者也;不战而屈人之兵,善之善者也"。

八十年间,五十余战,想想是个什么概念!

魏国为啥打得这么凶?大势所逼。

首先是秦国所逼。秦、晋接壤,晋国解体后,实力相对削弱,秦国便加强了对三晋(即韩、赵、魏三国)的攻势。魏国是三晋中的老大,魏文侯时,起用西门豹、吴起、乐羊等贤臣良将辅政治军,又兴修水利,革除旧俗,魏国大治,称强于三晋。秦国拿三晋说事儿,魏国当然挺身而出,颇有点"舍我其谁"的豪迈和侠气;何况现在是为自己而战。秦国最初也把魏国作为主要对手。双方各不相让,自然打作一团。

其次是三晋之间以及与齐、楚、燕的领土之争。原来,晋国的领土相当于今山西、陕西、河北的广大地区及河南一部,三家分晋后,领土并没有分割整齐,三家领土呈条块分割状,你中有我,我中有你,均没有形成战略纵深,这对三国都不利。三家为了使自己的领土连成一体,也是互不相让,谈谈打打,打打谈谈。

魏国的西面是秦国,北、东、南面则是赵国和韩国,国都在安邑(今山西夏县)。处于三国的包围之中,战略形势十分不利。前361年,魏惠王毅然把国都从安邑迁往刚从楚国手中夺得的大梁(今河南开封),冲出了秦、赵、韩的包围,从此据有了向中原发展的立足点。经过三十年的打拼,魏国终于在中原站稳了脚跟。这其间的恶战,除了与秦国,还有赵、韩、齐。此时的魏国虽然还是强国,但五十余次的战争消耗,国力空虚,将士疲敝,已无力单独与秦国相抗衡。前331年,秦公子卬率军与魏战,生擒魏将龙贾,斩首八万;第二年,秦继续攻魏,进围焦(今河南三门峡西)、曲沃(三门峡西南),魏被迫割河西之地给秦国;第三年,秦继续伐魏,取魏之汾阴(今山西万荣)、皮氏(今山西河津)、焦与曲沃等地。

此时的秦国何以这等威猛?因为此时,以奖励耕战、富国强兵为主要内容的商鞅变法在秦国已推行二十余年,秦国爵位分二十级,在战场上斩敌首级一个,晋爵一级,秦军将士在战场上人人争先,个个玩命;再者,秦国不像魏国,处在六国的包围之中,四面出击,疲于奔命,秦国是自西向东,进寸得寸、进尺得尺地蚕食,它周围没有那么多烂事儿。所以秦国是愈战愈富,愈富愈战。

魏国在战场上频频失利,大大动摇了魏国朝野与秦血战到底的决心,主张与秦连横、臣事秦国的呼声甚嚣尘上。魏惠王心有不甘,却无计可施。

正在这时,苏秦来了。

苏秦其人,上文已多有交代,读者诸君想必已有所了解。这时的苏秦已是"国际"风云人物,他已成功说服燕、赵、韩三国结成抗秦联盟,只要魏国和楚国加入盟约,自北向南,就将形成联合抗秦的一字长蛇阵。这一字长蛇阵的军事功用很是了得,如《孙子兵法》所说:击其首则尾至,击其尾则首至,击其中则首尾俱至。果真如此,那虎狼之秦再有能耐,也拿六国没辙。

苏秦豪情万丈,胸有成竹。他带着豪华的车队和仪仗,当然也少不了金银财货美女什么的,来到了魏国。

且看他的说辞。

諸子百家——纵横家

大王幅员广大，地方千里，田间房舍鳞次栉比，人口之众，车马之多，日夜穿行不绝，轰轰然，若有三军之众。为臣我曾估算过，大王国力雄厚，不下楚国。但那些主张连横臣事秦国的人，却想引诱大王与那似虎如狼的秦国交好，以侵扰整个天下，最终使魏国饱受秦患，而他们却毫发无损。这种挟持秦国的威势来胁迫自己国君的勾当，真是罪恶滔天！魏国，是天下的强国；大王，是天下的贤王。居然有意西面臣事秦国，做秦国在东方的藩属，为秦国建造巡狩所用的行宫，接受秦国的文武制度，春秋进贡，以供秦国祭祀之用，我真为大王感到耻辱！

苏秦劈头盖脸，先把魏王羞辱一番。你魏国，王贤，国强，人众，居然有意向秦俯首称臣，真是不知羞耻！他是指桑骂槐，借骂连横之人而骂魏王。当然这骂中有颂（王贤），抑中有扬（国强）。否则，惹恼了魏王，也不是闹着玩的。

苏秦还不罢休，他还要用远古的事迹激励魏王。

我听说，越王勾践以疲敝之卒三千人，在干遂生擒吴王夫差；周武王以兵卒三千人，兵车三百乘，在牧野一战制服了殷纣王。这些名垂青史的战例，难道靠的是军队的数量吗？实是他们能奋起军威的缘故啊。如今我听说，大王的军队，武士二十万，头裹青巾的贱卒二十万，威猛的敢死之士二十万，杂役二十万，兵车六百乘，战马五千匹，这样的实力，比越王和周王的实力强多了去了。然而，大王却打算听信群臣的邪说去臣事秦国。若要侍候秦国，必须以割让土地为代价来证明自己的诚心，如此，未动一兵一卒，国家已先行亏损了。凡主张臣事秦国的大臣都是奸邪之人，不是忠臣。作为人臣，满脑子想的却是割让自己主上的土地以求得与强秦交好，偷取暂时的安宁而不顾将来的灾难，损害公家的利益以谋取个人的好处，凭借外部力量挟持自己的国君割让土地给秦国，望大王明察慎行。

《周书》说："绵绵不绝，蔓蔓奈何？豪厘不伐，将用斧柯。"前虑犹豫不决，日后必有大患。到那时，还能有什么办法呢？大王如果真听从我的建议，六国纵亲，南北合力，天下一心，则必无强秦之患。所以赵王派我来向大王献上愚计，奉上明晰的条约，敬听大王的决断。

这六国盟约对魏王来说，无异于雪中送炭。想想那一字长蛇军阵，想想前不久魏国与秦国单挑，大片的土地沦于秦国之手，想想他那幅员广大的魏国，想想一代君王的威严，何去何从，魏王自然明白。

魏王激动而谦卑，他说："寡人不肖，从未听到过这么贤明的教导。承蒙您奉赵王之命来教导我，我愿以恭敬之心，倾国之力，参与合纵。"

殷实而安闲齐国

齐国很富，是战国时期第一号经济强国。

今日民间夸奖人穿得像样，还常说穿得"齐齐楚楚"，大概就源于齐、楚的富饶。

这不仅是因为齐国濒临海洋，得鱼盐之利，还因为它没打什么仗。别忘了，这可是在战火连天的战国时代。

与魏国八十年间五十余战相比，齐国打的仗还不足二十次，而且大多属于小小的边界摩擦。还有就是与燕、鲁等小国的战事。不过，齐国是不鸣则已，一鸣惊人。由齐将田忌、军师孙膑联袂导演的"围魏救赵"之战、"桂陵之战"和"马陵之战"，属中国军事史上最辉煌的战例之列，至今仍为人们所津津乐道。后来还有田单的"火牛阵"，更是彪炳史册。在七十余城尽失，仅剩即墨和莒两城，亡国灭种迫在眉睫的形势下，田单巧用反间计，并祭出充满异幻色彩的千古绝阵——"火牛阵"，由此反守为攻，逐一收复失地，战胜燕国，狠狠过了一把战争瘾，弥补此前身处战国而无战事的"遗憾"。这是后话。直至前4世纪二三十年代，齐国基本没有什么大的战事，却是不争的事实。

仗，不是谁想不打就不打的。齐国何以能闹中取静，头枕着波涛，没事儿偷着乐？因为齐国本来就是传统的大国和强国。它不找事，谁还敢轻易找它的事？

齐国从姜太公立国开始，就着重发展经济。史书说，姜太公来到齐国后，修明政治，顺其民俗，简化礼仪，通工商之业，便鱼盐之利，而人民多归齐，齐由此成为大国。到齐桓公时，任用鲍叔牙、管仲等人治国，很快就成为天下的霸主。管仲有句名言："仓廪实则知礼节，衣食足则知荣辱。"穷得吃了上顿没下顿，还谈什么理想和主义？还讲什么廉耻与荣辱？所以管仲抓的就是"通货积财，富国强兵"。也许你不相信，这位被孔子美化到了家的管仲（微管仲，吾其被发左衽矣！），甚至把娼妓业合法化，由国家经营，以增加国库收入。他那时就很强调发展，一切都得为发展让路。要不是齐国的强大，齐桓公凭什么做天下的霸主，想拿谁说事儿就拿谁说事儿？从姜太公到齐桓公，数百年间，发展经济、富国强兵的主线一以贯之。百余年后，又出现了名相晏婴。管子不拘小节，晏子则是危言危行，以力行节简而著称于世。二人作为中国历史上的名相，都有著作传世，这就是《管子》与《晏子春秋》（为战国时人根据晏子生前言行事迹编纂而成）。

作为先秦诸子中的两部重要著作，《管子》与《晏子春秋》涉及齐国两位名相，可见齐国的文化底蕴多么丰厚。还有，至今仍然享誉世界的兵学圣典——《孙子兵法》的作者孙武也是齐国人，导演"围魏救赵"之战的孙膑是孙武的后代。所以，齐国不但文化发达，经济发展，而且名家名将辈出，颇令人称羡。

唯其如此，尽管秦国马壮兵强，虎视眈眈，大有混一天下之志，并吞八荒之心，但面对相距数千里，而又在燕、赵、魏、韩、楚五国之后方的齐国，面对在兼并与反兼并的战争中举手投足，都足以使战争力量对比发生倾斜的齐国，秦国除了百般示好，套近乎，还能做什么呢？前288年，秦王自称"西帝"的同时，还派使者专程赴齐，劝说齐王称"东帝"，以示齐、秦同尊，可见秦王用心之良苦。

齐国自然也明白秦国的肉麻，是黄鼠狼给鸡拜年，没安什么好心。但齐国看透不说透，你好，我好，大家好，你来我往，虚与委蛇。所以，齐国与秦修好的同时，并未与燕、赵、魏、韩、楚等抗秦前线的国家翻脸，还特别与楚国结成了稳固的同盟。楚国是抗秦的中坚和主力，齐国自然懂得唇亡齿寒的道理。依我们的理解，既然秦国图谋并吞天下的狼子野心已昭然若揭，齐国地处抗秦的大后方，作为一支庞大的战略预备队，本应旗帜鲜明，割断与秦国的联系，全力支持五大国的抗秦事业，但齐国并没有这样做。

这其中奥妙，想来复杂。

首先可能是因为，齐国并不相信依秦国一国之力能把五大国逐一蚕食掉。人头换人头，人命对人命，哪有这么容易的事儿？其次可能是因为趋利避害的人性所致。齐国地处海滨，远离战火，名君名相，代有人出，百姓弹琴击筑，吹竽鼓瑟，斗鸡走狗，踢球博弈，家给人足，天伦之乐，岂不快哉！干吗要舞刀弄枪，远涉千里，去搅和那"狗娘养的战争"？除非不得已，谁愿提着脑袋，去战场上玩？"闭门不顾窗前月，吩咐梅花自主张"，由他们打去！民心向背，将心比心，我们得体谅齐王的困难。还有就是，自春秋以来，数百年间，列国间杀伐不断，恩怨纠葛，错综复杂。列国之间从没有真正的朋友和长久的朋友，为了各自的利益，可谓无所不用其极。在这样的背景下，要齐国以倾国之力，去支援别的国家，也难。

所以，巧舌如簧的苏秦要想说服齐国加入抗秦纵约，与秦国彻底撕破脸皮，并不是件容易的事儿。此时，苏秦已成功说服了燕、赵、魏、韩四国结成了抗秦联盟，自北向南，形成了一字长蛇军阵，令秦人生畏。楚国虽然还未加入盟约，但楚国与秦国接壤，且有霸主之心，从未想过向秦国投降，何况秦国时下的注意力仍在赵、魏。苏秦并不担心楚国。所以，他先放下楚国，来到了齐国。

苏秦对天下大势及齐人的心态了然于胸，所以，他见了齐宣王，并不像游说其他国家那样，大谈国家面临的威胁，危言耸听，令人心惊。苏秦不会这样做。且看他怎么说。

齐南有泰山，东有琅邪（山），西有清河，北有勃海，正所谓四塞险固之国。齐地方两千余里，带甲数十万，粮食堆积如山。三军之精良，五家（兵制单位）之兵卒，进如锋矢般迅疾，战如雷霆般威猛，退如风雨般神奇。即便有战事发生，也未曾越过泰山，渡过清河，到达勃海（沧州），去征调民役。国都临淄城中就有七万户，为臣我曾估算过，每户不少于三个男丁，三七二十一万，不需征发远县的民力，仅临淄一城的兵力就达二十一万啊！临淄殷实富足，城中百姓无不吹竽鼓瑟，弹琴击筑，斗鸡走狗，博弈踢球，其乐融融。街道之上，车塞车，人挤人，连衽成帷，举袂成幕，挥汗成雨，家给人足，趾高气扬。如此，以大王的贤明与齐国的强盛，可谓天下无双。如今却向西侍奉秦国，我真为大王感到羞耻！

这是苏秦游说的技巧：寓谩骂于颂扬之中。骂齐王胆小，空有圣贤之名而无大国之风。否则，秦国杀声震天，一路向东，你齐王为什么没个态度，还与秦王眉来眼去，勾勾搭搭？不是胆小害怕又是什么！接着，苏秦话锋一转，再说韩、魏等国。

韩、魏等国之所以非常害怕秦国，是因为它们与秦国的边界接壤。假如双方出兵相当，不出十天，胜败存亡，即可决出分晓。假如韩、魏战胜了秦国，则兵力折损大半，已无力守护自己的四方边界；假如战而不胜，国家便随之陷于危亡之境地。这就是韩、魏慎于交战而轻于言和的原因。假如秦国要进攻齐国，形势便迥然不同。它必须越过韩、魏之地，穿过卫国的阳晋要道，经过齐国亢父之险塞；而且这两处险道，战车不得并驾，战马不得并行，百人守险，千人不敢强攻。即便秦国很想深入齐境，狼顾之心却油然而生：害怕韩、魏抄其后路。所以说，秦国即便一路杀来，抵达亢父险塞，也必定警疑、恐惧、气喘吁吁、虚张声势而不敢再前进一步。可见，秦国虽强，却不能动齐国一根毫毛，这是不争的事实。不深入分析秦国奈何不得齐国的形势，而打算向秦国屈服，这是群臣谋划的失误。希望大王抽出时间稍稍留意一下。

苏秦这段话是说，韩、魏可以害怕秦国，你齐国无须怕；韩、魏可以轻言议和称臣，你齐国压根儿也不能有这种想法。因为齐国是强国，齐王是贤王，齐国山川形势又险塞环绕，所以，谁都可以言和，就你齐国不能言和。否则会为天下笑。谁叫你是大国呢！大国

诸子百家——纵横家

就该有大国的责任和担当。苏秦还特别强调,过去的一切都是由大臣们谋划不周造成的,这就给齐王调整外交方略留下了台阶和余地。

齐王加入了盟约,这样更符合齐国的利益。

因为果真秦国将五大国逐一蚕食,齐国将直面秦国的进攻,到那时恐独木难支;再者,齐国加入六国盟约,并不意味着齐国必须全民动员,奔赴战场,立马改变齐人安逸的生存状态。不是这样。齐国加人盟约,主要是一个姿态,这意味着五国拥有了战略大后方和战备预备队,其主要军事活动也主要是后方支援和战略战术的策应。齐王何乐而不为呢?

而对苏秦来说,仅是齐王的一个姿态也就足够了。因为仅仅一个姿态,对秦国来说也是震撼性的。而这正是苏秦此行的目的。

大而无当的楚国

楚国很大。在七大国(齐、楚、燕、韩、赵、魏、秦)中,它的国土面积最大。

大约今天的湖北、湖南、安徽大部,江苏、山东一部,河南南部及中东部,四川东部、陕西南部及贵州,都是楚国的版图。大吧! 楚国气候温和,江河湖泊密布,物产丰饶,何来"无当"之有? 版图既不是笨重而无用的器物,更不是政治家的空话,与"无当"何干?

"大"是指版图而言,而"无当",说的并不是版图。

楚国时常会发生一些令人费解甚至很荒唐的事,与"大"很不相称。找不到更合适的词来形容,故曰"无当"。

别看楚国的版图大得要命,但它却不曾打过一个漂亮仗,更没给中国军事史留下一个可圈可点的战例。春秋时期,楚国横扫江汉及淮河流域数十个小国,奠定了楚国版图的框架。这些小国,与其说是打得来的,不如说是吓唬得来的。因为这些小国小得可怜,有的连名字都没有听说过,根本不具备抵御战争的能力。这也算是"不战而屈人之兵"吧。

楚国虽然很大,却并不被周王室承认。在周王室看来,蛮夷之邦没有做诸侯的资格。春秋前期,楚伐随,随国说我没得罪你,你为啥打我? 楚国没了辞儿,便说,我不打你可以,但你必须帮我到周王室那儿说说情,承认我为诸侯。你看,楚国还得请被它所欺负的国家去向周王室说情,荒唐吧!

泱泱大国而不被承认,深深刺伤了楚王室。楚王室有很深的自卑情结,他们想超越。到了春秋中期,楚庄王讨伐散居在黄河岸、熊耳山一带的陆浑之戎,到达洛水,观兵周郊,并借机问周王室九鼎的大小、轻重。九鼎相传为禹所铸造,象征九州,也象征王权,是夏、商、周的传国之宝。楚王问周王室鼎之大小轻重,即有取而代之的意思。周王室派人对楚王说,"在德不在鼎"。意思是说,鼎之轻重,不是你问的事。即便你铸成九鼎,人民也不会归顺你。你的德还达不到,一边玩去吧!

一个不被周王室承认的冒牌诸侯居然敢去问鼎,荒唐吧! 不过,荒唐得有趣。这事迹给后人留下了一个成语:问鼎中原。

其实,楚国并不善打仗,唬唬小国可以,只要跟大国交手,必败。春秋末期,吴王阖闾率兵伐楚,楚军五战五败,郢都(今湖北江陵)沦陷,楚昭王逃入云梦泽中,又被盗贼击伤。楚臣申包胥到秦国求救,在秦廷哭了七天七夜,秦国才肯出兵相救。名义上秦、楚互为婚姻,亲如兄弟。这也荒唐得有趣。

还有更荒唐而有趣的事。战国末期,秦伐楚,连取八城。秦王于是致书楚怀王,要他到武关(今陕西商南东南)相会结盟。楚王明知秦不可信,但又恐秦王不悦,居然前往,结果被秦国扣留。后借机逃脱,先到赵国,赵不敢留,又到魏国,魏拒之门外,结果被秦兵捉将回去,客死秦国。

诸如此类,不说也罢。

现在想来,如果楚国没有屈原以及后来的项羽,庞大的楚国还有什么可资谈论的亮点!屈原绝望投了江,项羽却不肯过江,拔剑自刎。"生当作人杰,死亦为鬼雄。至今思项羽,不肯过江东"。这位大英雄,的确值得一"思",思到痛处,也觉荒唐。

荒唐归荒唐,但楚人也是为了尊严。

楚武王请随国代向周王室说情,是为了尊严,尽管随国太小;楚庄王在周郊列阵炫耀,并问鼎之大小轻重,也是为了尊严,尽管有点不自量力;楚怀王之所以被秦国扣留,并客死秦国,是因为他誓死不答应秦王割地赔款的要求,是为了尊严;申包胥哭七天七夜也是为了尊严,尽管哭着求救本身已谈不上什么尊严;屈原投江是为了尊严,尽管有点愚;项羽不肯过江,也是为了尊严,尽管有点傻。

总之,楚人有一种深深的自卑情结,以及急于超越自卑的强烈愿望。想想,楚国从不被周王室承认,到怀王被秦国扣留,如此规格的奇耻大辱,深深刺痛了楚人的心。所以,尊严,对楚国人来说,比什么都重要。这是楚人的痛处,也是楚人的痒处。这就是楚国的基本国情。

苏秦要想说服楚国加入六国盟约,他就必须懂得这一基本国情。看来,苏秦的确深知这一点。且看苏秦怎么向楚威王说——

楚国,是当今天下最强大的国家;楚王,是当今天下最贤明的国王。西有黔中、巫郡,东有夏州、海洋,南有洞庭、苍梧,北有陉塞、郇阳,地方五千余里,带甲百万,战车千乘,战马万匹,粮食储备可支十年。这些都是大王成就霸业难得的资本啊!若论起楚国的强大与楚王的贤明,天下还没有任何一个国家能与楚国相提并论。如今您却打算俯首西面,去侍奉秦国;如果楚国这样做,那天下诸侯则无不朝拜于秦王离宫的章台之下了。

想想,急于超越自卑的楚王听了这话,心里该是什么滋味?注意,苏秦最爱用"羞耻"二字去激励他的对手,但在楚国,他相当克制,压根儿也没提起过这两个令人脸红的字,因为楚国已经够可怜了。现代成语"楚楚可怜",不知与楚国的遭遇有什么渊源关系没有。

苏秦为楚王挠完了痒痒,并敷上止痛的膏药,接着便直奔主题,说秦、楚的利害关系:

秦国的最大祸患就是楚国。楚强则秦弱,秦强则楚弱,两国势不两立。所以,为臣我为大王着想,不如六国纵亲以孤立秦国。大王若不参与合纵,则秦必将派出两支军队,一支出武关,一支下黔中,则楚之重镇鄢、郢就会暴露在秦军的铁骑之前了。我听说,治乱应在乱前,抗灾应在灾前。等灾乱来临以后才开始担忧,就已经来不及了。所以,愿大王能及早做出缜密的打算。

楚王似有所动，苏秦进一步吊起楚王的胃口来。

假如大王真能听从我的建议，臣请您允许我命令山东诸国一年四季按时到楚国，向您奉献时令贡品，并聆听您的诏命。将宗庙社稷委托大王保护，训练好自己的军队将士，以供大王召用。假如大王真能采纳我的愚鲁计策，则韩、魏、齐、燕、赵、卫之妙音美人必然充实您的后宫，燕、代之名驼良马必然填满楚国的马厩。所以说，合纵成功则楚国称王天下，连横成功则秦国称帝天下。如今您打算置霸王之业于不顾，而去背负侍奉别人的名声，为臣我认为这是很不可取的。

秦国是一个如狼似虎般凶残的国家，有吞并天下的野心。所以秦国是天下各国共同的仇敌。主张连横的人，说到底，都是要割诸侯的土地去侍奉秦国，此正所谓奉养仇敌的做法。作为人臣，外挟强秦之威，挟持自己的主上，割地予秦，大逆不忠，真是达到了登峰造极的地步。所以说，六国纵亲，则诸侯割地以侍奉楚国；与秦连横，则楚国割地以侍奉秦国。两种策略的效果具有天壤之别，大王选择哪一种呢？故敝国赵王派我来向大王效上愚计，奉上明约，敬请大王定夺。

楚王说：寡人之国西与秦国接壤，秦早有吞并巴蜀汉中的野心。秦，虎狼之国，不可与之亲善。而韩、魏数遭秦患，也不可与之深谋；与之深谋恐奸人将大计告知秦国。这样，谋划还未得以实施，国家便处于危险之中了。寡人也深知，以楚国一国之力难以与秦抗衡，不会取得胜利；内与群臣谋划，又不足以依靠。为此寡人卧不安席，食不甘味，心摇摇然如悬旌旗，无所着落。如今先生打算合天下诸侯为一体，使处于危险之中的诸侯存续下去。寡人愿以整个国家参与合纵。

楚王说得明白，我楚王是不愿与秦议和的，只是诸侯们各怀鬼胎，或战或和，靠不住。现在六国为一，以御强秦，我楚王没得说，一个字，干！

他说的是留面子的话，也是实话。诸侯们谁愿意被秦消灭？只是他们自知打不过秦国，谁也不敢挑头得罪秦国而已。他们的策略都是：能打则打，不能打则和；只要能把祸水暂时引向别的国家，明天的事明天再说。

苏秦六国合一之策，合诸侯们的心。所以，他成功了。

张仪虽有才，但无"运"

张仪是苏秦的同学。他们的老师就是著名而神秘的鬼谷先生。说著名，是因为被奉为纵横家代表作的《鬼谷子》即托他的名而传世；说神秘，是因为所谓的鬼谷先生姓甚名谁，何许人也，我们一概不知。只知道他是一位曾住鬼谷山洞修道、学问很好、居无定所、漂游四方的一位隐士。隐士就是不跟俗人玩，不肯做官，遁迹于山林的人。

张仪就是他的学生，不免身上也沾染了老师的一点"鬼气"和"神气"。

首先，这小子挺幽默，还敢幽自己的默。

张仪是魏国人，能力当在苏秦之上，至少苏秦是这么认为的。苏秦就属"时代超男"一级的腕儿，可想张仪的能耐。张仪学成之后，便开始游说诸侯。游说，就是向各国君王献计献策，一旦计策被君王采纳，就能谋个一官半职，施展自己的拳脚。这一官半职，往往不是小官小职，至少也是君王的政策总顾问，说不定就贵为相国，一人之下，万人之上。

这是条捷径,但不好走。经过全国"海选",极少数人才能成为幸运者。所谓"海选",就是自己提着两条腿,周游列国,奔走呼号,"冒撞"。撞上便一夜走红,撞不上就打包滚蛋。孔子和孟子这两位大圣人,就曾经是没有撞上的倒霉蛋、丧家狗。

有一次,楚国的相国请客,张仪不知沾谁的光,有幸在座。席散之后,楚相的玉璧不翼而飞。门客们立马怀疑是张仪偷了,说:"张仪是个穷鬼,又没有什么值得称道的品行,一定是他干的。"于是大家把张仪捆起来,抽了几百鞭子。张仪死不服罪,无奈,把他放了。张仪遍体鳞伤,逃回家中,妻子见了,埋怨说:

"我的夫啊!您要是不走读书游说这条道,哪里会受这样的污辱?"

张仪也能恶搞,张开嘴,问妻子:"你看我的舌头还在吗?"

妻子笑道:"还在。"

张仪说:"这就足够啦!"

这种所谓的"恶搞",其实不简单。以审美的态度对待人生,敢于幽自己的默,是富于智慧的表现。没有坚强的意志和对人生的自信,是做不来的。

其次,这小子有时也重情义,讲信用。当然,这信用是"有情"前提下的信用。

张仪虽然有才,但无"运"。他的老同学苏秦成为纵约长,一人佩挂六国相印的时候,他还没"游"出个什么名堂来。但苏秦可不以成败论英雄,他认为张仪的才气远在自己之上。他坐在豪华的大堂之上,寻思着:纵约初成,各诸侯国仍然疑虑重重,互不信任;如果秦国不顾一切,猛冲猛打,一诸侯不能如约救援,就可能危及整个纵约。于是他想到了张仪。如果能把张仪放到秦国,并握秦权柄,两位老同学一东一西,一唱一和,岂不妙哉?主意拿定,

苏秦就派人貌似无意地对张仪说:

"您与苏秦关系不错,如今苏秦已成了国际大腕儿,您何不前往拜访,求他帮您一把,实现自己的宏愿呢?"

张仪觉得有理,于是千里迢迢,来到赵国,递上自己的名片,求见苏秦。苏秦已事先安排门卫,不得让张仪进来,但也不能把他气跑。如此数日之后,苏秦才勉强接见了张仪。苏秦坐在大堂之上,让张仪坐在大堂之下,态度傲慢,全然没有老同学的情分。更让张仪不能容忍是,端上来的食物也是供仆役等下人吃的。这还不算,苏秦更放出了狠话:依你的才能,竟然困窘受辱到如此的地步,难道是我没有能力为你说话,使你得到富贵吗?实在是因为你这副德性根本不值得我收留。你该上哪去上哪去吧。

张仪乘兴而来,本以为老同学见面,定能助一臂之力,没想到反而被狠狠羞辱了一回,越想越气,顿时化作了仇恨。思忖着,山东各国已没有我的立足之地,唯有秦国能拿赵国说事儿,于是便来到了秦国。

张仪被气跑以后,苏秦便对自己的门人说,张仪是天下的贤能之士,我根本比不了他。如今我有幸先被重用,但将来能够掌握秦国权柄的人,非张仪莫属。现在只是因为贫困,没有资金用以疏通关系而已。我担心他贪图小利而放弃自己的远大志向,所以才设法把他招来羞辱一回,目的是为了激励他去奋斗。你为我在暗中侍奉他。苏秦向赵王说明用意后,便调发金币车马,派人在暗中跟随张仪,与之同行同住,并设法接近他,以车马金钱相资助,有求必应,只是不向他亮明真意而已。张仪有了这样的资助,得以顺利拜

诸子百家——纵横家

见秦惠王，秦惠王任命张仪为客卿（相当于秦王的政策总顾问），参与谋划讨伐诸侯事宜。

张仪已如愿，苏秦的门人便来向张仪辞行。张仪说，全赖您的相助，才有我今日显赫的地位，正准备报答您的大恩大德，为什么要离开呢？门人说，我并不了解您，了解您的人是苏秦君。苏秦担忧秦伐赵，坏了六国纵约，认为能掌握秦国权柄的人非您莫属，所以才设法激怒您，并派我在暗中奉给您所用之资，这一切都是苏君的安排。如今您已被重用，请允许我回去复命吧。

张仪听后，仰天长叹：

"我的天哪！这些都是我曾学习过的智术啊！苏君用来对付我我却蒙在鼓里，很显然，我不是苏君的对手啊！我刚被重用，怎么可能去图谋攻打赵国呢？请您为我感谢苏君，在苏君的时代，我张仪何敢发言？况且，有苏君在，我张仪又有什么能耐可言！"

张仪知恩图报，一诺千金。苏秦在东，张仪在西，秦国不敢窥视函谷关外达十五年之久。前311年，苏秦死去，张仪这才开始游说六国，破纵连横，展开自己的拳脚来。

张仪这人，还算够哥们儿吧！

张仪这小子也很会耍赖，赖得无耻。当然是对自己的仇人。

张仪不久便做了秦国的相，心里记着楚国的仇。秦国打算攻打齐国，但齐楚有纵亲同盟关系，秦国不好下手，于是张仪便来到了楚国，目的是拆散齐楚联盟。楚怀王听说张仪来了，自然是高规格接待，并问他有何指教。张仪也不绕弯子，说大王如果能听我的话，与齐国断绝纵约关系，请允许我献商於一带六百里地给楚国，并派秦女做服侍大王的婢妾，秦楚两国娶妇嫁女，永为兄弟之国。这样做可以削弱北边的齐国而对西边的秦国有利。楚王很是高兴，答应张仪做这笔交易。

群臣都来向楚王表示祝贺，只有陈轸表示哀悼。楚王大怒，说寡人不动一兵一卒而得六百里地，群臣都来祝贺，唯有你一人来哀悼，是何道理？陈轸回答说，依臣看来，商於之地根本

张仪

得不到，而齐国与秦国却会因此而结成联盟；齐秦一旦结盟，楚国的灾难也就必然降临。楚王问有什么根据，陈轸说：

秦国之所以重视楚国，是因为楚国有齐国作为盟国。如今闭关绝约，与齐断绝往来，楚国也就成为一个孤立无援的国家了。秦国又怎么可能去讨好一个孤绝无援的国家，白送它六百里土地呢？张仪回到秦国，必定有负大王。这样做的结果就是，北与齐国绝交，西招秦国的祸患，两国的军队必定从两面攻击楚国。为大王着想，最好的办法就是阳离阴合，表面上与齐国断交，而实际上仍然与之维持同盟关系，并派人随张仪回国，假如秦给我土地，再与齐国绝交不迟；假如不给我土地，再与齐国谋划共同对付秦国的策略。

楚王不听，掩闭关城、与齐绝交的同时，派一将军随张仪到秦国去受领土地。张仪回

到秦国,假装从车上摔下来,三个月没有上朝露面。楚王听到这个消息,以为张仪还嫌楚国与齐国绝交不够彻底,于是派遣一帮勇士借道宋国到齐国去痛骂齐王。齐王大怒,屈节与秦结盟。这时,苏秦才上朝,对楚国的使者说,愿将秦王所赐的六里封土送给楚国。楚国的使者傻眼了。楚王震怒了,发兵攻秦,秦齐联合攻楚,斩首八万,取丹阳、汉中。楚王接着又发兵攻秦,大败,被迫割两城与秦议和。

楚怀王被张仪玩了一把,气不打一处来。不久,秦国想用武关外的土地交换楚国的黔中。楚王说,愿用黔中交换张仪,不要土地。秦惠王心里想把张仪推出去,却张不开口。张仪心知肚明,主动请行。秦王假装不忍,张仪说秦强楚弱,臣奉王命出使,楚王怎敢杀我!再者说,杀了我果真能为秦国挣得黔中之地,也正合我的心愿。不过,大王放心,臣与楚国的靳尚亲善,靳尚在后宫事奉楚夫人郑袖,楚王对郑袖言听计从。

张仪到了楚国,立马被楚怀王囚禁起来候斩。这时靳尚对郑袖说:

"您知道您将要失宠于楚王吗?"

"为什么?"

"秦王本来不想把张仪交给楚王,听说秦王将要以六县之地贿赂楚国,还要挑选秦国美女嫁给楚王,挑选秦宫中能歌善舞的女子作为楚王的媵妾,以此把张仪赎出。楚王看重秦国送来的土地,必定尊重秦国;尊重秦国,秦女必将受到宠爱,而夫人不就随之失宠了吗?不如替张仪说说情,放他回去。张仪出狱后必然会感激你,秦国也不会让美女来楚国了。"

郑袖日夜不休,缠着楚王说,人臣各为其主,如今楚国还没有把黔中送给秦国,秦国就先把张仪主动交给大王了,这说明秦国非常尊重大王。大王如果无礼而杀张仪,秦王必定大怒而进攻楚国。臣妾请大王允许我们母子迁避江南,免遭秦兵所鱼肉。怀王果然动心,赦免了张仪,待之如初。

张仪能要赖,也很果敢。这次他可是提着脑袋到楚国去的,怎么说他也没有绝对的把握。他不去不行,因为秦王心里愿意拿他的头换土地。令人不解的是楚怀王,三尺孩童都能看明白的事,他为什么就看不明白。他的智商一定很低,否则,张仪会拿一套忽悠小孩的把戏去忽悠他?后来他被秦王骗过去,客死秦国,不是偶然的。

楚国有很多匪夷所思的事。

倾危之士

倾危,就是险诈。

司马迁在为苏秦和张仪盖棺论定时用了"倾危"二字:"要之,此两人真倾危之士哉!"

司马迁为苏秦和张仪作传,虽然极尽讽刺之能事,但也不同意把所有屎盆子都往苏、张二人头上扣。他说苏秦之术,擅长于权变,但最终却背负反间的恶名,遭车裂而死,天下共笑之,这够惨了吧!不知他的老师鬼谷先生泉下有知,当做何感想。然而,苏秦以一介平民,说服六国纵亲,并相六国,说明"其智有过人者"。所以司马迁要列其行事,次其时序,以免他蒙受莫须有的恶声。至于张仪,司马迁说他的所作所为比苏秦更过分。然而,世人大多厌恶苏秦,那是因为苏秦死得早,张仪得以充分暴露苏秦的短处而张扬自己

诸子百家——纵横家

的长处,成就了自己的连横之策。这也说明张仪之智更有过人者,也更险诈。

苏秦死后,张仪开始大显身手,游说六国与秦"连横"。所谓"连横",就是设法使六国分别与秦结盟,臣事秦国。这样,秦国就可以一国打一国,而不是以一国打六国,想打谁就打谁,由弱到强,逐一蚕食,达到消灭六国、统一天下的目的。

张仪借秦国富兵强之威,成功说服了六国君王放弃合纵与秦连横后,志得意满,风尘仆仆回国复命,还未到咸阳,秦惠王死去,秦武王荡即位。武王荡,自打做太子时就不喜欢张仪,大概是嫌他太贼,太阴,太险。这时荡为一国之君,那些嫉妒张仪的朝臣们自然不会坐失良机,纷纷到秦王面前诋毁张仪,说他是一个毫无诚信可言,左右卖国以偷取尊荣的贼臣,秦如果再继续重用他,终将为天下所耻笑。山东诸侯听说张仪与秦武王不和,纷纷放弃连横,重新合纵。

秦武王元年(前310年),群臣中到秦王面前攻击张仪的人,日夜不绝,这时,齐国也派使者来数落张仪的恶行。张仪感到大祸临头,性命难保,于是因便向秦王说,仪有一愚计,愿奉献给大王。秦王冷冰冰地问:"奈何?"显然,秦王很不耐烦。张仪说:

为秦社稷着想,必须使东方发生大的变故,大王才有机会得到更多的土地。如今我听说,齐王非常憎恨我,我呆在哪个国家,他就会兴兵讨伐哪个国家。所以我愿意乞请大王允许我到魏国去,齐国必然兴师伐魏。魏、齐之兵胶着在城下,无暇他顾,大王就可以趁机出兵伐韩,进入三川地区,兵出函谷而不讨伐其他的国家,直接挥师周都,周天子必定献出祭器。大王正可以挟持周天子,握有天下地图和户籍,成就称王天下的大业。

秦王认为张仪说得有理,就用三十辆兵车把张仪送到了魏国。这是张仪第二次到魏国来,秦惠王更元三年(前322年),他从秦到魏国做了五年的相,秦惠王更元八年,张仪又回秦国任相,他还挂过楚国的相印,难怪秦臣们骂他"左右卖国"。他的确有点"左右卖国"。往下看。

张仪到了魏国,齐国果然兴兵来伐,魏王很害怕。张仪说,大王不要担忧,请允许我命令齐国退兵就是了。接着他便派一个名为冯喜的门人到楚国去,征得楚国的同意,由冯喜代表楚国出使齐国,向齐王说:

"大王十分憎恨张仪,出兵伐魏也是为了惩罚张仪,但事实上,大王此举将张仪托付给秦国可谓情义深厚啊!"

齐王说:"寡人恨张仪,张仪到哪个国家,我就出兵讨伐哪个国家,怎么说是将张仪托付给秦国呢?"

"您这样做的确是把张仪托付给秦王了。张仪离开秦国以前,就已和秦王约定说,张仪我愿意到魏国去,这样齐国必定兴兵伐魏,齐魏之兵胶着于城下而无暇他顾,大王就可以乘机伐韩,进入三川地区,出兵函谷而不攻伐,兵临周都,周必定献出祭器,大王就可以挟持天子,掌握天下地图户籍,成就称王天下的大业。秦王认为张仪说得有道理,就派三十辆兵车把张仪送到了魏国。现在张仪到了魏国,大王您果真兴兵讨伐,这样做的结果,对内使国家更加疲惫,对外兵临与自己有纵约关系的国家,树邻邦为敌,并使自己的外交受到制约,更重要的是把张仪料事如神的风采充分展现出来,使秦王更加信赖张仪。这就是我所说的将张仪托付给秦王的道理。"

齐王说,您讲得太好了。于是下令退兵。

张仪这一招,是不是"左右卖国"? 卖得干干净净,而且以"楚人"的口气向齐国卖。确如司马迁所说,张仪的作为"有甚于苏秦"。苏秦也曾因与燕王太后私通而离开燕国到了齐国,不过,他到齐国后,始终不忘燕王的恩德,始终不忘对燕王"强燕弱齐"的承诺,而张仪这一套算什么?

还有,苏秦在朝中不坏别人的事儿,只踏踏实实做自己的事。如有人对他恶意攻击,他便积极防守,以保护自己为目的,仅此而已。张仪就不同了,他经常主动攻击别人。

前面提到的陈轸,也是一名游说之士,与张仪同在秦国做事,二人都颇得秦惠王的器重。张仪受不了。他是那种自己吃得饱饱的,却容不得别人房上冒烟的人。于是便在秦王面前谗毁陈轸说,陈轸带着重金往来于秦、楚之间,名义上是在为国家办外交,但现在楚国对秦国并未表现出多少亲善的举动,而对陈轸却恩爱有加。这说明陈轸为自己打算较多,为大王打算较少。而且我还听说陈轸打算离开秦国到楚国去,大王为什么不听随其便呢?

这番话够阴毒了吧!

秦王也不含糊,干脆直接问陈轸,我听说你打算离开秦国到楚国去,有这回事儿吗? 陈轸也不含糊,顺势而为,说确有其事。秦王倒有点吃惊,这么说张仪说的果然属实啊! 陈轸说,不是唯独张仪明白这一点,连马路上的行人也都明白这一点。以前,伍子胥忠于他的国君,所以天下君王都想聘他做大臣;曾参对自己的双亲很孝顺,天下的父母都想要他做自己的儿子。所以说,将被出卖的仆臣侍妾,还没走出自己的邻里街巷,就已被人买下的,一定是优良的仆妾;待嫁之女能在自己的乡里间找到婆家的,一定是好女子。假如我陈轸对自己的国君不忠,楚国又何以能断定陈轸为忠臣呢? 忠于国君而又遭嫌弃,您说我陈轸不到楚国又能到哪儿去呢? 秦王认为陈轸说得有理,于是善待陈轸如初。

仅就这场较量而言,陈轸比张仪更富于智慧。他讲得穿透人心,入情入理,让人服。而张仪则是赤裸裸地害人。

拿苏秦与张仪相比,许多人比较喜欢苏秦。因为他身上除了机灵,除了贼,还有一股子憨劲儿,一股子傻劲儿,一股子为理想而奋斗的蛮劲儿,一股子不只为自己着想的那种劲儿。

张仪这次在魏国做了一年的相就死了。不知怎么死的,也不知是否得以善终。

中间突破

苏秦游说六国成功,自北向南组成了抵御秦国东进的一字长蛇军阵,加上后方齐国的机动策应,就使得这军阵既具有长蛇的灵活协调,又具有三角形的稳定。这军阵,着实让秦国犯了头痛,否则它也不至于十五年不敢窥视函谷关外。

六国纵亲并不是说六国间铁板一块,亲得像新婚的夫妻。这不可能。六国间仍然互存疑虑,军事摩擦也时常发生。彼此打了几百年的仗,恩怨纠葛错综复杂,局部利益、眼前利益又令人眼花缭乱,哪能说不打就不打? 六国纵亲只是一个基本态势,并不排除短暂的分分合合,打打闹闹。

所以,秦国还有事可做。秦国的战略是实施中间突破,将长蛇阵拦腰砍断,使其首尾不能相顾;同时设法与齐国建立暂时的同盟,使前线国家失去后方支援。实施中间突破的攻击点当然是魏国。首先是因为魏国雄居中原,北面是燕、赵,南面是韩、楚,控制住魏国,既可以切断纵约国的南北呼应,又可以充分利用中原丰饶的物产;其次是因为魏国是强国,控制住强国,就能在诸侯中引起强烈震动,动摇其纵约抗秦的决心。

实施中间突破,不是要把魏国一口吃掉,消灭魏国,秦国还没有这么大的能耐。而是要首先稳住魏国,与魏国结盟(所谓连横),让魏国首先事奉秦国,为诸侯做表率,并对秦国的侵略行径袖手旁观。如此这般,六国合纵之势即被连横所破坏。但形势发展,并不如秦所愿。

在苏秦的奔走呼号下,六国外交活动频繁,关系日趋紧密,秦国忧心如焚。从前325年到前322年仅仅三年时间内,韩、魏两国王会盟三次,韩王朝拜魏王一次,魏王与齐王会盟一次,在魏王的倡导下,魏、韩、赵、燕、中山相互称王以抗秦,还有韩、魏两国王送太子到赵国做人质等活动。特别是五国相互称王一事,虽属越轨之举(只有周天子才是王,其他诸侯国的国君爵位是公、侯、伯、子、男等),但意义非同一般。它意味着对秦王的挑战(因为秦王早已称王),也显示了兄弟平等,团结抗秦的决心。当然,会盟之事在古代对人的刺激也很大。凡会盟,都要喝血酒,盟血誓,或山上,或水边,大有不求同日生、愿得同日死的慷慨与侠气。秦王看到六国经常搞这一类演出,能坐得住吗?

秦惠王的智商可不像楚怀王那样低,他与张仪策划了一个惊天大骗局。

前323年,张仪在楚国与齐、楚大臣会谈后回到秦国,就被秦王借故免去秦相一职;紧接着(前322年)魏相惠施也因联齐无效而被魏惠王解职并逐出魏国;张仪这时却声言将努力以秦、魏、韩三国之力讨伐齐、楚。就在这一年,张仪鬼使神差般被魏王请去做了魏相。这些大事奇妙地聚合,显然是秦王和张仪运作所致。至于如何运作,史书没有记载,反正这手段高了去了。只说张仪到魏国去,名义上为的是秦、魏、韩三家的联合,实际目的则是实施中间突破,劝魏王与秦国连横,为诸侯做个表率。

张仪的工作并不顺利。魏惠王不听他的连横邪说,秦王立刻还以颜色,出兵攻取魏之曲沃(今山西闻喜)、平周(今山西介休)。魏王仍不为所动。魏惠王卒,魏襄王即位,仍不听张仪连横之辞。张仪便密令秦军伐魏,接着又败三晋联军,斩首八万,诸侯震恐。张仪借机向魏襄王说:

"魏国地方不过千里,战卒不过三十万,且一马平川,诸侯四通,没有名山大川等天然屏障。从郑国到大梁,二百余里,车行人跑,不费什么力气就到了。魏国的南面是楚国,西面是韩国,北面是赵国,东面是齐国。戍卒四方守御,长期驻守四境亭鄣者就不下十万。魏国的地理形势决定了魏国是一个实实在在的战场。假如南与楚国结好而不与齐国结好,齐国就会从东面进攻魏国;东与齐结好而不与赵结好,赵国就会从北面进攻魏国;与韩不和,则韩国从西面进攻;与楚不亲,则楚国从南面进攻。这可真是个四分五裂的地方啊!"

张仪这段话水平不高。第一,魏国一马平川、戍卒四方守御的不利形势正说明了与四方合纵的重要性,而不能推出事奉秦国的合理性;第二,张仪说魏若与四方中任何一方不合,就会招致一方进攻,这也反证了魏国与四方合纵的正确性。当然,张仪的前提是合纵是不可能的,至少是不可能长期维持的。他的理由是:一母同胞的亲兄弟还会因为钱财翻脸而大打出手,更何况各怀鬼胎的六国,仅仅凭借一诈伪不实、反复无信之苏秦的能耐,怎么可能维持下去? 这根据也似是而非:亲兄弟为钱财而翻脸,六国面对亡国灭种的威胁,为什么就必然也翻脸? 这,张仪就不解释了,反正你们一定要翻脸。

接着,张仪讲合纵可破的道理。他说,假如魏国不事奉秦国,秦出兵攻取河外,占领卷(今河南原阳)、衍(今郑州一带)、酸枣(今河南延津)一带,劫持卫国,夺取阳晋要道,这样便阻断了赵、魏南北交通的道路,造成赵不得南而魏不得北的南北断绝之势,如此一来,大王再想使魏国脱离危难,恐怕就难了。再进一步说,秦国折服了韩国再进攻魏国,韩迫于秦威必与秦合作,秦、韩为一,魏国亡国,就是立等可待的事了。这是我最替大王担忧的。所以为大王着想,不如事奉秦国。事奉了秦国,则楚、韩必不敢对魏轻举妄动;消除了楚、韩的威胁,大王就可无忧无虑,高枕而卧了。

这是威胁。一旦纵道断绝,韩国屈服,魏国必将大祸临头。接着,张仪便诱之以利,以牺牲楚国来诱惑魏国。他说:

秦国最想要削弱的国家就是楚国,而最有能力削弱楚国的国家就是魏国。楚国虽有幅员广大、国富兵强之名,其实空虚不堪;其兵卒虽多,往往一打便跑,一跑便败,不耐艰苦作战。假如魏国举兵南伐,必定战胜楚国。这样,分割楚国的土地来充实魏国,使楚国亏损而使秦国受益,嫁祸于楚而安邦于魏,这是多么好的事情啊! 大王如果不听我的建议,一旦秦国举兵东进,再想改变主意就来不及了。请大王能审慎拟定正确的策略,并允许我回秦国为大王通好。

魏王终于答应张仪与秦连横并请张仪与秦疏通。张仪回到秦国,又重新担任秦相。魏国在以后的战争岁月里,或纵或横,反复无定。其实,山东诸国,无不如此。

战场频频失利,魏王也不能硬拼。从自己的国家利益出发,魏国也需要调整与休息,哪怕是短暂的。

瘫痪蛇尾

秦惠王与张仪利用反间计,骗魏王聘请张仪任魏相四年。四年间,张仪先事魏惠王,惠王死,又事魏襄王,恩威并施,终于说服魏襄王同意与秦和好(连横)。尽管魏王对秦国的脸色时好时坏,时阴时晴,友好往来不断,战场交兵不绝,但由于魏国首鼠两端,六国纵亲的抗秦联盟已被动摇,秦国完全可以利用秦魏外交时好时坏的时间差,发动对其他国家的军事攻击。事实上秦国也是这么干的。

但仅仅拿下魏国是不够的。秦国的如意算盘是使山东六大国都来臣事秦国,并增强六国间的不信任,激化六国间的矛盾,这样秦国就可以随时进攻六国中的任何一个国家而无后顾之忧:造成在战略形势上是以一国攻六国,而在战役形势上则是以一国攻一国的态势。下一个目标就是把楚国拿下。拿下楚国,就等于瘫痪了一字长蛇军阵的蛇尾。

楚国受秦国的害可大了。仅就最近(前313年)的事儿说,张仪到楚国去,以商於之地六百里献给楚国作诱饵,引逗楚怀王派使者到齐国大骂齐王,彻底断绝了与齐国的纵亲关系。这时张仪无耻要赖,说只有六里地献给楚国。楚王气愤了,举全国之力向秦国发动进攻,大战两场(丹阳之战与蓝田之战),两战皆败,大将及中级将领被俘七十余人,

诸子百家
——
纵横家

战士被斩杀近十万，丢失汉中之地六百里，又割两城与秦议和。魏国与齐国也趁机出兵捞得好处，为六国纵约雪上加霜。这还没完，秦楚大战后的第二年，即前311年，秦王对楚王说，愿以汉中之地交换楚国的黔中之地，楚王说愿以黔中之地换得张仪的人头，不要汉中土地。张仪此时居然像个男人，毅然前往楚国，楚王立马把张仪拿下，准备问斩，张仪早已贿赂楚王的近臣靳尚，靳尚骗得楚王宠姬郑袖为张仪说情，楚王又一次犯浑，不但饶了张仪的命，而且厚待张仪如初。

张仪就这样在楚国待了一段时间，突然听说他的老同学苏秦死了，心中为之一震，认为该是向楚王谈连横，收拾蛇尾的时候了。他对楚王说：

"秦国的国土面积占天下的一半，兵力之强可以抵挡四方邻国的进攻，周围既有大川大河作险障，又有险塞关隘作坚固的防守堡垒。虎贲之士兵百余万，战车千乘，战马万匹，粮食储备高如山丘。法令严明，士卒不怕苦难，不怕牺牲，国君贤明而威严，将帅智慧而勇武。秦不出兵则罢，一旦出兵，就可轻易占领常山之险，折断天下的脊背，天下诸侯，敢迟后屈服的，必定最先灭亡。那些主张合纵的人，无异于驱群羊而攻猛虎，群羊与猛虎压根儿不是相斗的对手，这是再明确不过的事了。如今大王不与猛虎结好却与群羊结好，为臣认为大王的决策实在是太成问题了。

"算起来，天下的强国，不是秦国就是楚国；不是楚国，就是秦国。如果两国相争，其势不两立，必有一伤。大王不与秦国结好，秦出兵占据宜阳，则韩国与北方的交通便被阻绝；秦兵再下河东，取成皋（战国时期的险要关塞，属韩邑，在今河南荥阳汜水镇），则韩必称臣，魏国也必将顺势而动，决不会再考虑什么纵约不纵约。这时，秦国从西面向楚国发起进攻，韩、魏从北面向楚国发起进攻，楚国国家社稷怎么可能没有危险呢？

"那些倡导合纵的人，聚集一帮弱国去攻打最强大的国家，不认真分析敌国的力量而轻言抗战，不顾国力贫弱而时常用兵，这是陷国家于危亡之地的做法。我听说，军力不如人者，不要向人挑战；粮食不如人多的，不要与之持久作战。而倡导合纵的人，只讲些动听而不实的空话，竭力吹捧诸侯王不事奉秦国的气节，只言合纵之利而不言合纵之害，最终蒙受秦祸，却来不及补救。有鉴于此，我希望大王认真考虑。

"秦国已拥有西方的巴蜀，装满粮食的大船从汶山（岷山）出发，顺江漂流而下，到达楚国的都城也不过三千多里，按一天行三百里算，道路虽长，但不费牛马之力，不出十天，便可到达扞关（前377年楚为抵御巴国进犯而构筑，故址在今湖北长阳西）。扞关一旦有警，则此关以东的所有城池都得婴城自守，这样一来，黔中与巫郡就不是大王所能拥有的了。这时，秦军出武关而南进，则楚之北境与南部的联络便被断绝。秦军之攻打楚国，危难在三月之内；而楚国等待诸侯的救援，则在半年之后。这说明战争大势决定了等待救援是来不及的。依恃弱国之救而不顾强秦之祸，这是我为大王最感担忧的。

"大王曾经与吴国交战，五战而三胜，然而，精兵锐卒损失殆尽；为守住新城，幸存之将士痛苦不堪。我听说，功劳大的人反而容易招致危险，百姓疲敝就会怨恨他们的国君。为了得到易于招致危险的功劳，而不惜违逆强大秦国的心愿，为臣我真为大王感到危险啊！

"秦国之所以十五年没有出兵函谷关去攻打齐国与赵国，是因为秦国正暗中策划一举吞并天下的方略。楚国也曾与秦国兵戎相见，先战于汉中，楚人不胜，列侯及有爵位的

諸子百家——縱橫家

大臣战死七十余人,随之丢失了汉中一带的土地;楚王动怒,再次兴兵袭击秦国,战于蓝田。这就是两虎相搏斗的情形。像这样,秦、楚相斗而疲困,韩、魏则得以保存完整的力量进而控制全局,谋划计策没有比这更危险的了。愿大王认真考虑。

"秦若出兵攻取卫国的阳晋要道,就好比锁闭了天下的胸膛,各路诸侯均不得动弹。这时,大王发重兵攻打宋国,不到数月就可拿下宋国;拿下了宋国,再挥兵东向,那么,泗水一带的十二个小诸侯国就全被大王收入囊中了。

"算起来,往来奔走,以纵亲盟约联合诸侯,使他们以信约彼此相固的人也就是苏秦了。他被封为武安君,又做了燕国的相,却暗中与燕王图谋讨伐齐国,以分割齐国的土地。于是就假装有罪逃到齐国,齐王收留了他,并任命为齐相。过了两年被察觉,齐王大怒,将苏秦游街示众并处以车裂之刑。试想,以一个诈伪不实之苏秦,却想要经营天下,混一诸侯,其难以成功,是不言自明的道理。

"秦国与楚国边境相连,从情势上说,本来应该是相亲相善的邻居。大王若真能听从我的建议,我请大王允许我让秦国的太子到楚国做人质,楚国的太子到秦国做人质,并以秦王的女儿做大王的姬妾侍候大王,再奉上一万户大都邑的收入作为大王汤沐之用,两国永为兄弟之国,终身不相攻伐。为臣以为,没有比这更好的计划了。"

依着楚怀王的智商,听了张仪这篇近似天衣无缝的说辞,他便只有接受的份了。

第一,秦国强大,天下无敌。秦土地广大,山河险塞环绕,进可攻,退可守,国富兵强,将士玩命,不服者先亡。第二,秦、楚相斗,必有一伤,伤者必楚。楚国与吴国五战而败,丢失郢都,楚国连吴国都打不过,怎么可能是秦国的对手?丹阳之战与蓝田之战,楚国不但损兵折将,而且丢失土地,即是证明。第三,纵约国根本不可靠,合纵抗秦如驱群羊而斗猛虎,毫无胜算可言;秦出兵宜阳,即可扼断纵约国的南北交通,陷楚国于孤立;再者说,秦楚蓝田大战时,魏、齐两国不但没有向楚国伸出援手,反而趁火打劫,不是在实践上宣告了纵约的破产吗?第四,秦、楚结盟,两国太子互为人质,两国永做兄弟之国,楚国不但可以免受战火,还可得到宋国及泗上诸小国。第五,苏秦已死,群龙无首。

其中,秦、楚两国太子互为人质,并把宋国及泗上十二诸侯送给楚国,对楚王最具诱惑力。楚怀王是那种见了蝇头小利头便发晕的人。他可能根本就没有认真考虑六国纵亲迫使秦国十五年不敢窥视函谷关外的事实,是否如张仪所说是因为秦国正在谋划如何一举吞并天下,单说宋国及泗上十二诸侯就足够楚王晕一阵了。根据何在?当然有。《史记·张仪列传》说楚王看到秦王把张仪送给他任凭发落,但他却不愿把黔中如约送给秦国,于是就想答应张仪的连横建议,与秦结盟,暂保楚国免受秦祸。

不过,张仪施尽了浑身解数而炮制的这篇说辞有一个近乎致命的硬伤:既然秦国之所以十五年不敢窥视函谷关以外,是因为秦国正忙于谋划一举而吞并天下的方略,那么,秦、楚结盟,永为兄弟之国,不就是地地道道的欺人之谈了吗?幸亏这是说给弱智的楚怀王听的。

韩国有宜阳

对秦国来说,韩国虽小,但战略地位十分重要。因为韩国有宜阳城。

诸子百家——纵横家

宜阳，在今河南洛阳西南洛水中游。洛水，今称洛河，是黄河下游的最大支流。它发源于陕西华山南麓，一路东下，经河南卢氏，然后折头东北，至偃师接纳伊水后向东，到河南巩义市的洛口注入黄河。这条水路可直达中原的心脏。宜阳在洛水中游，是函谷关以南又一条通往中原路上的险关要塞。占据宜阳，就可断绝韩国的南北交通；继续东进，即可占领成皋（又称虎牢关，形势险要，在今河南荥阳汜水镇）要塞，切断纵约国的南北交通。所以，张仪威胁六国时，总会说秦若出兵占领宜阳，形势就会急转直下云云。可见宜阳战略地位的重要。

宜阳地理形势险要，易守难攻。占领宜阳并不像张仪顺口说的那样容易，尽管秦为"虎狼之国"秦兵为"虎狼之兵"。后来秦国进攻宜阳时，攻了半年，才勉强拿下，这是后话，暂且不说。现在，张仪已经开始了他的游说六国之行，他先用分割楚国作诱饵说服魏襄王与秦连横，又以牺牲宋国及泗上十二小国作诱饵说服楚怀王与秦结好，紧接着北上来到了韩国。由于魏国与楚国相继弃纵连横，致使抗秦联盟受到重创，韩国一旦受到秦国的攻击，便失去了可能的南北支援，所以张仪见了韩襄王，就不像对魏王与楚王那样苦口婆心，那样"先天下之忧而忧"，做出那样令人感动的样子了，而是赤裸裸的威胁。看他的说辞：

韩国地理形势险恶，百姓大多居住在山区，农耕所种，非菽即麦，人民所食大抵就是些用菽豆做成的饭和用豆叶煮成的汤。一岁不收，人民便不厌糟糠。地广不过九百里，连两年的粮食储备也没有。再算大王的部卒，全部家底不过三十万，而且还包括那些砍柴煮饭运输的贱役在内。除了守御驿亭边塞的士兵，可机动的不过二十万而已。而秦国身披盔甲的战士就达百余万，战车千乘，战马万匹，那些勇猛玩命之士，不带盔甲、力弯弓箭、挥戈执戟、撒欢般直闯敌阵的人，更是不可胜数。秦战马精良，将士众多，行进迅疾，一跃而两丈一尺远的战马，不可胜计。山东六国的将士披甲戴胄而会战，秦军将士则可抛开甲胄、袒胸露臂而迎敌，左手提着人头。右手挟着俘虏，所向披靡。秦兵与六国之兵相比，犹孟贲之与懦夫；以力量而言，秦兵之与六国之兵，犹如大力士乌获之与弱小的婴儿。用孟贲、乌获之类勇猛有力的战士，去进攻敢于不服的弱小国家，无异于以千钧之重砸压于鸟卵之上，鸟卵是绝不可能幸免于难的。

群臣诸侯们不衡量自己土地面积的狭小，而听从倡导合纵者的甜言蜜语，他们结党营私，相互掩饰，都振振有词地说"听从我的建议就可能称霸天下"云云。不顾国家的长远利益而听从短浅之说，没有比这种做法更误国误民的了。

大王如果不事奉秦国，秦出兵占据宜阳，切断韩国的北上之路，再东进攻取成皋、荥阳，那么大王豪华的鸿台之宫，辽阔的桑林之苑，恐怕就不为大王所有了。试想：占据成皋要塞，断绝北上之路，则大王的国家就被截为两段了。从大势来看，山东六国，先臣事秦国则安，不臣事秦国则危。造下祸端却想得到幸福的回报，计谋的眼光短浅而招来深深的仇怨，悖逆秦国而顺从楚国，如此这般，希望国家不灭亡，是不可能的。

所以为大王着想，不如与秦国站在一起。秦国最想要做的事情就是削弱楚国，而最有能力削弱楚国的国家就是韩国。这并不是说韩国的国力强盛，而是韩国所处的地理位置决定的。大王若能西面事奉秦国而攻打楚国，秦王一定很高兴。这样，韩国攻打楚国获地为利，同时转嫁祸患给楚国而又使秦国高兴，计谋策划没有比这样更合适的了。

张仪这篇说辞话语不多,但极具震撼性。先是威胁,用悬殊的国力对比相威胁,尽管极尽夸张之能事,诸如左提人头,右挟俘虏,诸如乌获与婴儿之比,千钧与鸟卵之比,等等,但细想起来,也基本符合实情。好歹韩国也是在几百年的打杀中历练出来的,几句恫吓的话还不至于把韩王吓傻,况且抗秦的纵约还未完全解体。问题在于,魏王与楚王已分别与秦媾和,尽管两国并不真心屈服,但韩国若与秦国硬挺,秦国很可能会利用魏、楚暂时臣服的机会全力对付韩国,给韩国带来灾难性的损失,比如将宜阳拿下。果真如此,倒真应了张仪常说的一句话:"先事秦者安,不事秦者危。"

将威胁的大棒舞了两遭,张仪又祭出了他最擅长的利而诱之、分而离之的外交伎俩,以削弱楚国、蚕食楚国诱韩王上钩。

在战争已成为时代主题、用间的手段已达极致的战国时代,韩王对张仪与楚国已经达成的以"互质太子,永为兄弟之国"为主要内容的盟约必定心知肚明,况且,张仪的车马仪仗浩浩荡荡,他的穿梭外交活动唯恐他人不知,为国家前途命运忧心如焚的韩王不可能不关注张仪的一举一动,不可能不关注其他各国的外交动向。既然如此,韩王怎么可能相信张仪所谓共同削弱楚国的空头许诺呢?

韩王相信秦国最大的心愿是削弱楚国,但他决不会相信秦国愿意在削弱楚国的同时而使韩国日益强大起来。这不可能。韩王还不至于像楚怀王那样糊涂。但韩王确实答应了张仪侍奉秦国的建议。关乎国脉延续问题,韩王不会当儿戏;这是大势所迫,不得已而为之。

现在是前311年。从前317至前311年的六年间,韩国在战场上频频失利。前317年,韩、赵、魏三国之师在修鱼(今河南原阳西南)一带与秦军大战,三国联军大败,被斩首八万,韩国两将军被俘;前315年,秦攻韩,又取一城;前314年,秦军在向魏国发起攻击、夺取两城的同时,又败韩师于岸门(今河南许昌西北),斩首万人;前312年,秦、楚两国军队战于丹阳(今河南西峡西丹水北岸),秦军大胜,斩首八万,接着又败楚师于蓝田(今湖北钟祥),楚被迫割两城与秦和,此战韩国虽未参与,但大国惨败对韩国的震撼是不言而喻的。如今,既然魏、楚两大国为保存自己的实力,纷纷与秦结盟,韩国若依然不屈不挠,血战到底,这不等于拿国家社稷开玩笑吗?韩王必须答应张仪,以便为自己赢得喘息的机会。

再者说,即便楚、魏不向秦国屈服,当韩、魏遇到危机时,楚国能靠得住吗?前述前317年,韩、赵、魏三国联军与秦军的修鱼之战,韩国除了损兵折将的痛,还有楚国这个盟国给韩国带来的刻骨铭心的痛。

修鱼之战,韩国损兵折将,形势危急,楚国无动于衷。韩相公仲侈向韩王出主意说,看来盟国是指靠不住了,如今,秦国要攻打楚国的图谋已经很久了,大王不如通过张仪与秦讲和,贿赂秦国一处名都,并发布全军动员令,与秦联兵攻打楚国,这是以一易二的做法,即以一座名都换取与秦结盟及攻打楚国两项收获。韩王觉得这主意很妙,于是就决定派公仲侈出使秦国,而且千叮咛万嘱咐,准备与秦订立盟约。

楚王得到这个消息,不禁惊出了一身冷汗,急忙招来陈轸问计。陈轸说,秦国想要攻打楚国的图谋已经很久了,如今又将得到韩国的一座名都,以及整装待命的军队,这是秦国常年祈祷、梦寐以求的事,如今得到了,对楚国的攻击看来是不可避免的了。大王最好

诸子百家——纵横家

听从我的建议，向全国发出总动员，集结部队，声言北上救韩，命令将战车塞满道路，派遣信臣赴韩，仪仗车队要庞大，金币财货要丰厚，务使韩王相信楚国救韩的诚意。这样，即便韩王不答应与我结盟的建议，韩王也必定感念大王的恩德，虽然随秦而来，也不会死心塌地，为秦效命沙场，这就造成了秦、韩不和的局面，秦、韩联军虽然兵临城下，也不至于给楚国造成大的危害；假如韩王听从了我们的建议，放弃与秦媾和的打算，秦王必定大怒，与韩王结下深深的仇怨。韩国南与楚国结好，必定轻视秦国；轻视秦国，必定不屑于秦国的外交倡议。这是借用秦、韩军队不同心而避免楚国蒙受兵祸的办法。

楚王听后，觉得此计甚妙，于是依计而行，发布全国动员令，集结部队，声言救韩，战车满道路，派遣信臣，仪仗庞大，财币丰厚，并向韩王传达楚王的话说："不谷（国王谦虚的自称）国家虽小，但已全民动员，疾速北上。希望大王在对待秦国的问题上随心所欲，大展宏志，不谷将以整个国家相殉，与韩国共存亡。"

韩王听了楚王这感人肺腑的话，飘飘然，昏昏然，乱了方寸，立刻中止了公仲侈西行的计划。公仲侈说：

"大王不能这样做。以实实在在的军队与我刀枪相见的是秦国，而虚张声势夸言相救的则是楚国。大王依靠楚国的虚名，而轻视强大秦国的力量并与之绝交，这样做必定为天下人所耻笑。况且，楚、韩并非兄弟之国，又不是素来共谋伐秦的传统盟国，楚人看到了秦、韩联兵转而伐楚的态势即将形成，这才急急慌慌地说要发兵救韩，这一定是陈轸的主意。再说，大王已经派人将秦、韩结盟伐楚的意图告知秦王，现在转而要与楚结盟，这是十足的欺骗秦国的行为。像这样，轻视并欺骗强大的秦国而相信楚国的谋臣，我想大王将来一定会为今天的决定而后悔。"

韩王不听，与秦绝交，秦王果然大怒，继续增兵韩国，大战一场。出乎韩王意料的是，自始至终，没有看到楚国的一个救兵到来。两年后，秦兵又大破韩兵于岸门，斩首万人，韩被迫以太子做人质与秦媾和。

你看，六国间虽然有一个联合抗秦的纵约，但又是多么的脆弱，多么的复杂，多么的善变。究其原因，还是因为秦国太强大了，秦人太玩命了。面对秦国强大的军事进攻，加之秦国的离间之计，六国各怀疑虑，均不愿挑头硬挺，均不愿率先以最大的牺牲唤起其他各国的信任与抗战决心。设身处地想想，可以理解：谁愿以国家社稷作赌注去冒险呢！从这个意义上说，张仪游说韩王成功了；但韩王也没有失败，因为他为自己赢得了时间。

纵横皆宜

现在，张仪已走到了自己人生事业最辉煌的时刻，也就是说到了顶峰。

现在是前311年。距秦始皇统一六国，建立秦王朝，还有九十年。距离张仪去世还有一年。就在这一年，张仪被秦惠王封为武信君，又封赐他五个郡邑的租税供其终身享用。他同时还是秦国的相。尽管他不武也不信。

说他不武，是说他手无缚鸡之力，不能挥戈上阵，覆军杀将，并不是说他对军事一窍不通。他是一位军事战略家，而且水平还不低。他谙熟天下地理山川形势，对天下诸侯国的国力军力、政治生态了如指掌。否则，他凭啥频频实施他的穿梭外交，对六国君王指点江山，激扬文字，循循善诱，引导六国君王臣事秦国，往他的圈里跳？

说他不信，倒是基本不冤枉他。他是这样一种人：自己刚吐的就敢说是狗屎的那种人。他曾以六百里土地为许诺作为楚与齐断交的回报，在楚、齐断交后他又无耻地说只有六里；他不知怎么欺蒙了齐王，以致齐王发誓只要张仪呆在哪个国家，齐国就攻打哪个国家，使张仪死无葬身之地（齐王大概恨极了，才会这样不理智）。总之，他谁都欺，包括他的主子秦王在内。所以司马迁说他是"倾危之士"。

不武归不武，不信归不信，但"其智有过人者"。他的能耐很是了得，连苏秦都认为张仪的能力远在他之上。以秦国强大的军事进攻为后盾，张仪先以分割楚国为诱饵说服魏王弃纵连横，又以牺牲宋国及泗上诸侯小国为条件，使楚国与秦结为"兄弟之国"，接着又以共同削弱楚国的空头支票拉韩王与秦结盟。这样，苏秦费了九牛二虎之力所建立的抗秦纵约联盟已基本瓦解，自北向南，由燕、赵、魏、韩、楚所组成的一字长蛇军阵已被截为两段，首尾无从相顾。你说张仪兴奋不兴奋！

不仅是兴奋，应该是狂喜。否则，他为什么在拿下韩国之后，不顾时间紧迫，突然中断了游说之旅，返回秦国呢？要知道，那时没火车，也没飞机，全凭一辆马车，颠颠儿跑。他一定是极度兴奋，难以自持，才回国向秦王炫耀。依张仪的口才，会轻而易举把困难和成绩都说得像天一样大，让秦王也随着他热血沸腾，所以秦王才毫不犹豫地封他为武信君，并赐他五个郡邑。此时，距他前328年开始任秦相已经整整十七年了。

也确实值得兴奋一把。你想，魏、韩、楚已向秦表示臣服，齐国还敢硬挺吗？更何况齐国远在抗秦的大后方，安居乐业，几乎没有与秦国交过手，前方的国家已与秦结好，齐国决不会放着安稳的日子不过，从遥远的东海之滨跑到函谷关，与"虎狼之兵"玩命；齐国一旦与秦结好，就只剩下赵国和燕国，无论如何也难以支撑下去了。所以秦王为张仪发完奖，就催他赶快上路，奔赴齐国。

齐国的情况不复杂。第一，齐国不像其他五国那样与秦国有很深的恩怨纠葛，血海深仇。自战国以来，齐国参与的战事仅二十余次，大的战事不多，而且从未与秦国直接交过手。齐人不善打仗。第二，齐国很富，有鱼盐之利，人民安居乐业。齐人不愿打仗。第三，齐国地处东海之滨，远离抗秦前线。齐国没必要打仗。第四，齐国是抗秦纵约国的大后方，是抗秦东侵的战略预备队。所以，稳住齐国，对秦国至关重要。

有鉴于此，张仪对齐王的游说策略便是晓之以理，动之以情。情、理之中虽有威胁的成分，但毕竟闪耀着理性的光芒。他对齐宣王这样说：

天下的强国，没有能超过齐国的，朝中大臣多为同姓父兄，人民众多，富足安乐。然而，为大王出谋划策的人，都是从一时的愉快出发，不顾百代以后的利益。倡导合纵的人游说大王，必定会说"齐国西面有强大的赵国，南有韩国与魏国。齐，背靠大海，地广民众，兵强士勇，纵使有一百个秦国，能奈齐国何"。大王赞赏他们的言辞动听，却没有认真分析其实质内容。那些倡导合纵的人结党营私，莫不以合纵为上策。我听说，齐国曾与鲁国三战而鲁三胜，鲁国反而使自己陷入了危亡的境地，虽有战胜之名，却有亡国之实。为什么？这是因为齐国是大国，而鲁国是小国。如今，秦国与齐国相比，犹如齐国与鲁国相比一样。再说秦国与赵国，在漳水岸上交战，赵国两战两胜；又战于番吾（赵邑，在今河北磁县境内）城下，赵国依然两战两胜。四战之后，赵国损失将士数十万，最后只剩下国

诸子百家——纵横家

都邯郸仅存,虽有战胜之名,却无异于国破家亡。为什么?也是因为秦国强大而赵国弱小的缘故。

如今,秦、楚两国嫁女娶妇,为兄弟之国。韩国向秦国献宜阳,魏国向秦国献河外(黄河以南,今河南灵宝东北一带),赵王赴渑池朝拜秦王,割河间以事奉秦国。大王如不事奉秦国,秦国驱使魏、韩攻击齐国的南部,令赵国的军队渡清河,指博关(在今山东聊城),那么,临淄和即墨恐怕就不为大王所拥有了。齐国一旦遭到攻击,到那时,即便想臣事秦国,也来不及了。所以,希望大王仔细考虑。

这篇说辞,虽说有情有理,但情理之中也不乏夸张的成分。说齐国虽然强大,但远不是秦国的对手,这齐王也能认可。又说假如秦、齐交兵,即便齐国取胜,其结果仍然是齐国败亡,根据是齐鲁之战和秦赵之战,这就有点匪夷所思了。战国以来,齐、鲁交手不过五六次,规模不大,且互有胜负,何来鲁三胜而亡之说?至于说秦赵之战赵四胜而邯郸仅存,就更让人不知所云了,翻遍战国以来的历史(截止前311年),也查不到这样的战例。这可能是张仪瞎蒙。莫非齐宣王糊里糊涂,不谙历史,张仪又喝多了酒,所以才有这想象力丰富的演讲?史书记载不详,我们可不能像张仪那样瞎蒙,姑且做此推测。

对齐王最有震撼力的不在于张仪瞎蒙,而在于抗秦联盟已经瓦解,尽管心不甘情不愿,起码形式上已经瓦解。既然魏、韩、楚均已向秦国低头,齐国也没有必要再傻头傻脑地充愣。齐王心里明白:无论你魏、韩、楚怎样与秦国眉来眼去,卑躬屈膝,都是逢场作戏,意在为自己争取时间;一旦秦国现了原形,动起真格,要你们亡国灭种,你们也会毫不犹豫地与秦国玩命,到那时,我齐国自然也会加入合纵阵营中。

对齐国来说,纵也无虑,横也无忧,可谓纵横皆宜。谁叫齐国远离秦国,地处海滨呢!

我想与你决斗

赵国是纵约抗秦的大本营。赵王是抗秦联盟的旗帜。

自前403年三家分晋以来(至前311年),赵国共参与大小战事三十余次,其中与秦国交手不过五次,且规模不大。而魏国的五十余战中与秦交手就达二十次。可恰恰是赵国,而不是魏国挑起了纵约抗秦的旗帜,建立起了以燕、赵、魏、韩、楚、齐为主体的抗秦统一战线,使秦国不敢窥视函谷关以外达十五年之久。

为什么偏偏是赵国而不是其他国家来担当这一使命?或许是因为赵之先人与秦同祖,它对"有虎狼之心"(司马迁语)的秦国有更深刻的认识?或许是因为赵肃侯较之其他诸侯王更具远见卓识,早已成为超级说客苏秦的猎取目标?或许是赵国所处的地理位置决定了赵国更容易接受合纵的主张?抑或是兼而有之?无论什么原因,赵肃侯接受苏秦合纵主张的果决,大量金帛车马资助苏秦游说的慷慨,特别是敢于率先彻底与"虎狼之秦"决裂的胆魄,不仅令山东诸侯王所叹服,也是战国历史上为今人所津津乐道的几个闪光点之一。

赵王室血气十足,且不乏理智。

试举几例。

先说赵朔。三家分晋前,赵氏为晋重臣。晋景公三年(前597年),晋司寇屠岸贾为

诸子百家 —— 纵横家

乱，尽诛赵氏家族。赵朔妻为晋先王成公的姐姐，避难于王宫，有赵朔遗腹子，不久生一男婴。屠岸贾闻讯，立刻派人进宫搜查，赵朔妻急中生智，将婴儿藏于裤腰之中暂得幸免。为确保赵氏血脉无虞，赵朔的门客公孙杵臼与赵朔的友人程婴商议后，施出调包之计：由公孙在民间觅一男婴冒充赵氏男婴躲藏于山中，再由程婴告发，公孙与民间婴儿罹难，赵氏孤儿得以幸免。这就是大家所耳熟能详的"赵氏孤儿"的故事（京戏名为《赵氏孤儿》，豫剧版名为《程婴救孤》，已获国级最高奖，唱得大红大紫）。公孙杵臼与程婴的侠肝义胆至今为人称道（尽管民间男婴无辜丧命），为人熟知，然而人们却忽略了赵朔。屠岸贾将为乱，晋将韩厥将消息告知赵朔，并劝其赶快逃亡，赵朔却说："您决不会让赵氏绝祀，朔死无恨。"依常人看，生命诚可贵，只要有一线希望，也不能把人头交了，因为我们不是孙大圣，交了就再也没了。笔者至今不明白他为什么不出国避难（出国很容易），他凭什么断定赵祀不绝。也许，他认为逃跑是懦弱之辈的作为？笔者不明白，姑且说他血气十足。

　　再说赵肃侯。前述是春秋时期事，现在已到了战国末期。赵肃侯前326年卒，在位二十四年。关于他的事迹，史载不详。但有两件事，确实惊天动地。一是生前，二是死后。在他生命的最后十年内，由于他的号召，山东各国建立起了抗秦统一战线，六国纵亲、以御强秦的态势基本形成，致使秦国不敢窥视函谷关以外达十五年之久，挥写了战国历史上最为精彩的一笔。尽管饱受秦患的并不是赵国，然而赵王不但敢于率先向秦国挑战，而且花费巨资供苏秦约和诸侯，这该怎么解释？笔者的解释还是赵王室血气十足，且不乏理智。赵王可能早已看透秦王的"虎狼之心"，秦、赵之间的恶战迟早会发生，与其态度暧昧，虚与委蛇，倒不如旗帜鲜明来得痛快，这样可以教育国人丢掉幻想。这是生前。

赵肃侯死后，秦、楚、燕、齐、魏五国各派锐师万人到赵国参加葬礼，如此规模的葬仪，在战国历史上是绝无仅有的。就是在当今国际交往中也不曾听说。各诸侯王对赵王的敬畏，于此可见一斑。

　　最后说赵武灵王。就是张仪将要面对的这位。赵肃侯死后，赵武灵王继位。赵武灵王更是一位敢于吃螃蟹的人。他的惊世之举是"胡服骑射"。读过中学的人都应该知道这个故事。胡服，就是改穿戎狄狩猎民族的服装，以便于骑马打仗；骑射，就是招募善于骑射之士。"胡服骑射"的宗旨，就是面对秦国强大的军事威胁，解放思想，实事求是，改革服装型制，教习骑射，达到保家卫国的目的。

赵武灵王

　　"胡服骑射"遭到了来自朝野的激烈反对。此举在今天看来，可能稀松平常。但在古人，这是从文明向野蛮的倒退，地地道道的匪夷所思之举。大家知道，秦国虽然早已跻身于强大诸侯之林，但仍然为山东诸侯所蔑视，为什么？就因为"秦与戎狄同俗，有虎狼之心"；不在于"有虎狼之心"，而在于"与戎狄同俗"。中国古时候就有"华夏中心主义"的观念,所谓"中国",指的就是中原。周边都是野蛮民族,所谓东夷、西戎、南蛮、北狄,华夏不与他们同俗。而赵武灵王居然要让国人(包括朝臣贵族)改穿野蛮民族的服装,向野蛮民族看齐,岂不怪哉?难怪就连赵武灵王的叔伯兄弟们也为此与赵王翻了脸!好比今天,我们有一套我们自认为文明体面的着装习俗,突然法令下达,要我们按照非洲某些部落的习俗着装,无论男女,均袒胸露腹,戴个遮羞布,挂个遮羞草,你干吗?

面对朝野如此巨大的压力,赵武灵王居然能够一一摆平,无论朝臣贵族,还是将士百姓,个个乐呵呵地穿上"胡服",校场演练。这能耐,没有一套深入细致的思想政治工作的经验恐怕不成。

看了这三件事,读者诸君有什么感想?说赵王室血气十足,且不乏理智,能成立吧!

难怪司马迁曾感叹"燕、赵多慷慨悲歌之士"!

张仪将要面对的,就是这位赵武灵王,有胆有识的赵武灵王。

现在的张仪,已达到了人生事业的最高峰。他从前311年开始为秦国游说诸侯,破纵连横。无论是强大的魏国、殷实的齐国,还是幅员广大的楚国、倔强的韩国,在张仪超人的游说技巧面前,均已表示放弃合纵,与秦国站在一起(尽管还是口头的暂时的),仅剩下赵国与燕国。基本形成了在战略上秦国以一国攻六国,在战术上则有可能以一国攻一国的有利态势。秦王也喜不自胜,封张仪为武信君,并赐张仪五个郡邑。张仪的下一个目标就是肩扛合纵大旗,游说纵约国大本营的赵国。

面对有奇思、有胆识的赵武灵王,基于合纵联盟在表面上已基本瓦解的形势,张仪将如何出手呢?他的策略就是"拼命"。你看他对赵武灵王怎么说:

"破敝小城的秦王派我做使臣来向大王奉效愚计。大王将天下诸侯网罗麾下,共同抗拒秦国,使秦兵不敢出函谷关长达十五年。大王的权威畅行于山东诸侯之间,敝邑则恐惧慑服,不敢有所行动。只能修缮铠甲,砺磨兵器,整治兵车坐骑,练习骑马射箭,努力种田,积储粮草,防守四方边疆,心存忧患,谨小慎微地生活着,不敢有丝毫动摇,唯恐大王有意严责我们的过失啊!

"如今,借助大王您的督促之力,我们秦国攻下巴、蜀,吞并汉中,包围了周天子的东、西两周,迁移了九鼎,守卫着白马要津。秦国虽处荒僻偏远之地,但内心满含愤怒的日子已经很久了。现在,秦国有一支敝甲凋兵,驻扎在渑池,正想要渡过黄河,越过漳水,占据番吾,会战于邯郸城下。希望于甲子日与赵国交战,以效仿'武王伐纣'的事迹。因此,秦王非常慎重地派我作为使臣,先来敬告大王及左右臣僚。

"算起来,大王最为信赖并依靠其为大王推行合纵策略的人就是苏秦。苏秦荧惑诸侯,以是为非,以非为是,他本想强燕弱齐,却落得个车裂于市的下场。这样说来,天下诸侯不可能联合为一,是再明白不过的道理。如今,楚国与秦国已结为兄弟之国,而韩国与魏国已作为秦国的东方藩属,齐国更以盛产鱼盐之地臣事秦国,这就等于截断了赵国的右臂。断了右臂还要与人决斗,失去党羽的支持而孤立无援,想要不发生危险,又怎么可能呢?

"现在,假如秦国派出三支军队:其一占据午道(南北交通要道),通知齐国出军渡过清河,扎营邯郸之东;其二占据成皋,驱使韩、魏两国的军队进驻河外(黄河以南地区);其

諸子百家——纵横家

三进驻渑池。约合四国军队共同攻打赵国，赵国被攻破后，必定被四国所瓜分。因此，我不敢隐瞒实情，先告知大王及左右。为臣我私下里为大王着想，不如到渑池与秦王见个面，做个口头约定，请他按兵勿动。请大王做决定吧。"

你看，张仪的话干净利落，是不是在向赵王发最后通牒，一副决斗拼命的架势！

他先以讽刺的口吻吹嘘秦国十五年没有发兵东向是因为正在秣马厉兵，如今已是兵马精良，粮草充裕；接着说秦国国力强盛，举巴、蜀，并汉中，包两周，迁九鼎，满腔愤怒，摩拳擦掌，正要渡河逾漳，会战邯郸城下，再现"武王伐纣"场面，你赵王敢玩吗？最后说韩、魏、齐、楚均已与秦结盟，在赵国右臂已失的形势下，若四国从东、西、南三面向赵国发起攻击，结局便是赵国被四国所瓜分。所以为大王着想，不如到渑池去见秦王，向秦表示臣服。

《鬼谷子》说："与勇者言，依于敢。"勇，即勇敢。敢，有勇气。二字意相通。所谓两强相遇，勇者胜。面对血气十足的赵王室，面对魏、韩、楚、齐均已表示放弃合纵的形势，张仪不再苦口婆心，而是摆出了一副即刻决斗的架势逼赵王屈服。

赵王说："先王在世时，奉阳君专权用事，蒙欺先王。那时，寡人还深居宫内，跟随师傅读书，并未参与国家大计的决策。先王去世后，寡人年幼，继承王位的时间还不长。后来，我心里也颇多疑虑，认为诸侯合纵为一而不事奉秦国，并不符合国家的长远利益。所以从内心深处愿意改弦更张，割让土地以谢前过，并事奉秦国。正要准备车马，前去谢罪的时候，恰好得以闻听您的劝告。"

这不像赵武灵王说的话！即便被迫答应张仪，也没有必要讲得这么情深意切，千方百计为自己开脱。难道赵武灵王真的被张仪的最后通牒吓破了胆？

未必。准确地说，不可能。赵国面临的形势确实严峻，但还远未达到令人心跳的程度。首先，魏、韩、楚、齐口头承诺与秦连横，并不等于会对秦国言听计从，只要秦王一声令下，就会即刻派兵攻打其他传统盟国。他们答应张仪臣事秦国都是权宜之计，因为他们对于秦国的"并吞八荒之心"早已心知肚明，绝不可能轻易出兵协助秦国去灭亡自己的传统盟国。其次，六国的强大及国力的相对均衡是保持天下太平的基本前提，这已成为六国君王的共识。尽管六国之间杀伐不断，但每当一国处于生死存亡的关头，就会有其他诸侯伸出援手，更何况面对秦国的进攻，六国怎么可能眼睁睁看着自己的传统盟国灭亡？再次，赵武灵王如果真的被张仪的威胁吓破了胆，决意向秦国投降，就不可能有稍后的"胡服骑射"。所以，笔者觉得，赵王对秦王的狼子野心早已洞若观火，早已下定了誓死抗战的决心。他那番拒秦与己无关、甘愿臣事秦国的表白，毋宁说是唯恐张仪不信的矫情作态。他在欺骗张仪。只能这样解释。后来，张仪完成了他的六国之行，前脚刚走，六国即告知秦国弃绝连横、重新合纵就是最好的证明。

这样说来，张仪的目的达到了，赵国也并没有损失什么。赵王既没有割地，也没有去赔罪，他只是避其锋芒，稳住张仪，为自己赢得了时间而已。

以情动人

燕王室好像并没有把秦国的威胁看得太重，尽管苏秦所倡导的抗秦统一战线的建立,燕文公是第一推动力。

当年,苏秦游说燕文公,力陈燕国之所以能在战火连天的时代安乐无事,远离秦祸,正是因为赵国作为燕国的南部屏障的缘故。所以,燕国虽然是一个小国,处于抗秦的大后方,但仍有责任与赵国合纵,为建立坚固的抗秦统一战线助一臂之力。否则,一旦赵国被秦国攻破,燕国之灭亡也就在旦夕之间了。燕文公以战略家的眼光和宽阔胸怀,资助苏秦游说赵王,并将纵约抗秦的大旗慷慨让与赵王,苏秦代表赵王奔走呼号,这才建立起了以燕、赵、魏、韩、楚、齐为主体的抗秦统一战线,初步扼制住了秦国东进的势头。

燕国虽然是抗秦联盟的原始动力,但燕王室的注意力并不在日益危急的秦患,而是具有历史渊源的齐祸。燕国与齐国之间有深仇大恨。

战国以来(截止前311年张仪游说燕昭王)的一百五十多年间,燕国参与的战争不过十次,其中与赵国交手仅两次,且属小小的军事摩擦,而与齐国交手就达五次,且规模越来越大。远的不说,近二十年间,齐国对燕国的两次攻击不但规模大,而且深深刺痛了燕人的心。

前333年,也就是六国纵约联盟初成之时,燕文公也许认为自己的历史使命已经完成,于是毅然驾鹤西去,燕易王继位。齐国便趁燕王去世,举国哀丧之时,对燕国发动突然袭击,一口气攻下燕国十座城池。虽然燕王连讽带刺,逼着苏秦到齐国去连唬带蒙,硬让齐王把十座已经到手的城池退还给了燕国,但这并不能抹去燕人内心深处的创伤。乘人之危,最易记仇。二十年后,即前314年,齐国又趁燕国内乱之时大举伐燕,杀燕王哙,擒燕相子之并将其剁成肉酱。在燕人抵抗及诸侯的干预下,齐师退去。燕人立太子平为王,他就是赫赫有名的燕昭王。齐国又是乘人之危,燕王怎能轻易释怀!所以,二十多年后,在燕昭王的导演下,爆发了大规模的燕齐战争,燕国一口气攻下齐国七十余城,仅剩下即墨和莒两座城池,占领齐国达六年之久,齐国几近亡国。这场战争给我们留下了"火牛阵""反间计"等许多精彩的故事。此是后话,暂且打住。

燕昭王可谓受任于危难之际,他所思所想无非就是报仇,报仇,报仇。要报仇就得使国家富强,要使国家富强就得有人才。燕昭王之所以名垂千古,是因为"燕昭王求贤"的故事代代相传,如今已为普通中学生所耳熟能详。他向郭隗请教招揽人才的方法,郭隗也贼,自己举荐不出什么人才,却说服昭王为他修建豪华的宫室,优礼相待,并让昭王在自己面前执弟子礼。他的理论是:像我郭隗这样没什么大本事的人燕王居然视为人才而礼遇有加,何况是真正有本事的人呢?这一招果然灵,天下才俊见燕昭王求贤若渴,于是纷纷奔赴燕国,一时间燕王周围人才济济。

细想,燕昭王与郭隗都有点怪怪的,属奇人一类。郭隗先利己后利国,天衣无缝,令人瞠目;燕王则冒着被人讥为弱智的风险充分展现了自己超人的胸怀,并因为求贤成功而名垂千古。不过,需要再次强调的是,燕王所做的这一切,主要是为了对付齐国而不是秦国。无论对付齐国还是对付秦国,燕王都不可能与赵国翻脸。他可能连做梦也没有想过。

而张仪现在来到了燕国,他要做的事就是要劝燕王断绝与赵国的友好关系,而与秦国站在一起。不是一般的弃绝合纵,重要的是与赵国绝交。因为即便燕国断绝与其他诸侯国的关系,只要与赵国紧紧团结在一起,任凭秦国多么强大,也是拿燕赵两国无可奈何

諸子百家——纵横家

的。但要拆散燕赵联盟，谈何容易！前面已说及，燕、赵两国的关系不是一般的铁，而是铁得很。在烽火连天的战国时代，在一百五十年间的漫长岁月里，燕、赵两国仅发生过两次小小的军事摩擦，这实在是匪夷所思的事情。更何况燕国要想进攻齐国，就必须稳住后方，它不可能放弃自己的传统盟友。

张仪要面对的就是处在这种背景中的燕国，处在这种背景中的燕昭王。他能对燕王说些什么呢？

他既不说燕国地寒气冷，不利耕作，国力不富，兵力不强；也不说秦国富兵强，天下无敌。上来就说赵王的狠毒无信。

他对燕王说，大王最亲近的国家就是赵国。从前，赵襄子曾把自己的姐姐嫁给代王做妻子，然而，他却一心想吞并代国，于是就邀约代王在句注山的城塞相会。同时令一匠人制作了一个金斗，并特意加长斗柄，达到可以用来击人的效果。在与代王相会饮酒时，暗中嘱咐厨子说，等到我们喝得最为兴奋欢乐之时，送上热羹，趁机反转斗柄击杀他。于是厨人遵嘱利用进热羹之机将代王击杀在宴席上，代王脑浆涂地，惨不忍睹。赵襄子的姐姐听到这一消息后，不胜悲切，便取下自己的发笄，磨利后自刺而死。至今还有一座山名为"摩笄之山"。代王及其妻子的惨死，天下人没有不知道的。赵王的狠毒暴戾，毫无亲情可言，为大王所明见，您还认为赵王是可以亲近的人吗？

揭发完赵王的狠毒，张仪又祭出他的胡萝卜加大棒的手段来。说，赵王已到渑池向秦王谢罪，并献上土地以表示臣事秦国。在这种情况下，你燕王还卖傻充愣，不肯臣事秦国，秦王一旦动怒，兵指燕国，什么易水、长城，都将为秦王所有，哪还会有你燕王的日子过？如今的赵国就好比秦国的一个郡县，没有秦王的同意，赵王绝不敢擅自兴兵攻伐。如果大王臣事秦国，秦王必然高兴；赵国看秦王的脸色行事，自然也就不敢对燕国轻举妄动。这样就会造成燕西有强秦之援，而南无齐、赵之患的有利局面。愿大王认真考虑。

燕王听完张仪的话，一点也不含糊，说，寡人像蛮夷一样生活在荒僻偏远之地，虽然是一个大男人，但裁断事情却像个婴儿一样，不能做出正确的选择。幸亏得到先生您的教导，请允许我西面臣事秦国，并愿意献上恒山之麓的五个城邑。

听了燕王的答复，张仪乐颠颠儿的，回国复命去了。

如此简单！像儿戏！

其实也并不简单。首先，读者诸君知道，现在是前311年，距秦统一六国还有近百年，口头上臣事秦国还好说，一旦动起刀枪来，要人家亡国灭种，六国谁也不是吃素的。其次，虽然六国君王允诺张仪是言不由衷之举，而且还不乏欺诈的成分，但这言不由衷并非对六国联盟没有任何伤害。这本身就增加了六国间的观望、猜疑和不信任。张仪中间突破，拿下魏国后，就基本形成了多米诺骨牌效应：既然你们答应了张仪，我干吗冒险伸头，找秦国的打？六国都这么想。都想为自己赢得时间而已。

话说回来，六国间的观望、猜疑和不信任，对秦国来说都是重要的收获，哪怕是短暂的。这也是秦王之所以重赏张仪的原因。

求见

下之于上,卑之于尊,想得一见,必要先"求"。曰"求见"。因为在很多情况下,求而未必得见,况于无求乎?

苏秦、张仪是中国历史上著名的游说之士,纵横家的翘楚。他们刚开始游说诸侯时,也异常狼狈,盘缠花光,受尽差辱,盘桓数年,连君王的影子还没见着。所以,求得一见,就成为游说成功的关键一步。这,也是大有学问可讲的。

求见的方法很多,或金钱铺路,或贵人引见,或上书言事。方法虽多,但成功的并不多。所以说有学问可讲。

苏秦、张仪之后最著名的游说之士就是范雎。他的游说之路颇具传奇色彩,本篇就说说他的事儿。

范雎,魏国人,字叔。他本打算在魏王面前求得重用,由于家里贫穷,没有金钱打点开路,只好先在魏中大夫须贾手下当差。须贾奉魏王之命出使齐国,范雎一同前往。居留数月,仍未达成目的。齐襄王听说范雎是著名的辩士,就派人送给范雎金十斤及牛、酒等,范雎辞谢,未敢受领。须贾闻知此事大怒,认为定是范雎将魏国的隐秘之事告知了齐王,才得到如此丰厚的赏赐。回国后,须贾将此事告知魏相魏齐,魏齐大怒,命门客痛打范雎,结果肋骨被打断,牙齿被打掉。范雎装死,门人就用草席子卷了扔到厕所里。此时,魏齐正在宴请宾客,宾客们喝醉了酒,都在范雎身上撒尿,意在用这种污辱惩戒后人,不得妄言国事。这时,范雎从草席中探出头来对看守的人说,先生如果能放我出去,我以后定会重谢。看守者就乘魏齐喝醉时请求把草席中的死人丢掉,魏齐顺口答应,范雎这才逃得一条性命。后来,魏齐又觉得不大对劲,着人要把范雎找回来。魏人郑安平听说此事,便带着范雎一同逃走,躲藏起来。范雎改名换姓,曰张禄。

这时,秦昭王派谒者(相当于今天的礼宾司长)王稽出使魏国,郑安平就扮作一个小厮杂役侍候王稽。王稽问,魏国有没有贤人愿与我一同西游?郑安平回答说,我同里中有位张禄先生,想拜见您,谈天下大事。只是此人有仇人追杀,不便白天露面。王稽说,那就夜里把他带来。夜间郑安平带着范雎如约前来。范雎还未谈完,王稽就知道他是位不可多得的贤才,于是就打断了他的谈话,当即与其约定了会合地点。办完了外交,王稽如约与范雎会合,带着范雎离开魏国,直奔秦国而去。

车队行至一个叫作湖的地方,远远望见一庞大车队从西而来。范雎便问迎面来者是谁,王稽说是秦相穰侯,东来巡察县邑。范雎说,听说穰侯独揽秦朝大权,最厌恶接纳诸侯国的说客进入秦国,此番相遇恐怕会污辱我,我还是暂且在车内躲一躲吧。过了一会儿,穰侯来到,先对王稽慰劳一番,就站在车上问关东有何变化,王稽说没有什么变化。又问王稽:"谒君大概没有带诸侯的说客一起来吧?这些人毫无用处,只会扰乱人家的国家罢了。"王稽说,不敢,不敢。说完,便各自告别离去。范雎说,我听说穰侯是个富于智慧的人,只是处断事情稍微迟缓一点。刚才他怀疑车内有人,却忘记搜索一下。范雎说着,便跳下车来,边跑边说,穰侯必定会后悔的。穰侯行了十余里,果然又派骑兵回来搜查车子,见并无说客,才作罢。王稽便带着范雎进入秦都咸阳。

此时,秦国的形势对范雎很不利。穰侯魏冉,华阳君芈戎,是秦昭王母宣太后的弟弟,也就是秦昭王的舅舅;泾阳君显,高陵君悝是秦昭王的同母弟弟。穰侯做秦相,其他三人轮流做大将,统率秦国的军队。四人均有封邑,由于宣太后的缘故,四家之富,重于王室。他们不愿看到说客辩士在秦王面前得宠,抢他们的权,分他们的利。这是其一。其二,此时的秦国,南拔楚都郢(今湖北江陵),东破强齐,数困三晋,就连楚怀王也被秦王骗到秦国,幽囚而死,楚国无可奈何。现在的秦国只相信实力和武力,其他什么也不信。当然更不信什么说客辩士。

王稽回到咸阳,在向秦王介绍范雎时说:"魏国有位张禄先生,是天下著名的辩士。他说秦王的国家危于累卵,得到他即可转危为安,但上书不足以达意。所以为臣就把他同车带回来了。"王稽虽然极尽了夸张,甚至有些危言耸听,但仍未能打动秦王。秦王吩咐把范雎放到馆舍中,粗茶淡饭供着就是了。就这样,一年多没人理范雎的茬。范雎像头猪一样,只能吃着。

其实,范雎不但吃着,还在看着。他的眼睛像鹰一样时刻在寻找着猎杀的机会。这时,穰侯打算越过韩、魏,攻打齐国的纲(在今山东宁阳境内)、寿(今山东东平西南),以便将来把它并入自己的封邑陶(今山东定陶)。范雎认为时机已到,于是上书秦王说:

我听说,英明的君王治理政事,有功者不得不受赏,有能者不得不做官,功劳大者俸禄厚,战功多者爵位尊,能治理众人的人官阶大。所以,没有能力的人不敢窃居职位,有能力的人也不可能隐藏起来。假如您认为为臣的话是对的,希望您能采取行动,赐给我一个进言的机会;假如您认为为臣的话是错误的,像这样把我长期留在这里也没有什么用处。常言道:"平庸的君主赏赐自己所喜爱的人,而责罚自己所厌恶的人。英明的君主则不然。赏,一定是赐给有功的人;罚,一定是断给有罪的人。"如今,为臣我,胸膛当不起椹、质等刑具,腰椎经不起斧钺等一击,怎么敢拿自己没有把握的事在您面前尝试卖弄呢?虽然您认为我是低贱的人,可以轻易受辱,难道您就不重视保荐我的人?他是不能也不敢失信于您的!

而且我还听说,周有砥,宋有结绿,梁有悬藜,楚有和璞,这四件宝玉,自然土生,良工玉匠看失走眼,结果却成为天下最著名的宝器。既然如此,难道圣明的君王所遗弃的人,就一定不会帮助国家富强了吗?

我还听说,善于富家的大夫,取之于国家;善于富国的君王,取之于诸侯。天下有圣明的天子,诸侯就不能独自一国富强。为什么?因为,有诸侯一国独大,就会分割天子的权威呀!良医洞悉病人的生死,圣主则明了事情的成败。有利则行之,有害则舍之,有疑虑则稍稍尝试之。即便是舜、禹复生,也不能改变这个硬道理。

深切的话,我不敢写在这里;浅显的话,又不值得一听。我想:虽然我说了这番话,还有可能因为我太愚笨,尚不能打动君王的心?抑或是因为推荐我的人身份低贱,仍不为君王所用?如果不是这样,我希望您得闲能赐给我一两次进宫的机会,拜见天颜。如果我说了一句没用的话,就请把我处死!

这是一篇精彩绝伦的说辞!它婉转而有力,含蓄而明了,而且点到为止,意蕴深长。最后,告诉秦王:深切的话,不敢笔之于书;如果赐予拜见天颜的机会,愿以性命作担保,保证句句中听,招招管用。所以,傲慢的秦王读了这篇上书,也不得不放下架子认输。

诸子百家——纵横家

难怪惜墨的司马迁在为范雎作传时也全文照录这篇说辞呢,他肯定是由衷地激赏。

秦王读了这篇上书后,就把王稽招来,道歉一番,致谢一番,并派人用专车请范雎进宫晋见。

求容

求容,就是求得宽容。万一说错了,别杀我的头。

对于以献策献计为职业、舞唇弄舌的游说之士来说,这可是最要紧的头等大事。

在君王专制的时代,说客策士们一旦触怒了天颜,或者所献计策出现了差失,或者卷入了骨肉相残的宫廷内斗,或者是说不清道不明的原因,掉脑袋,是件很稀松平常的事儿。苏秦被车裂,郦生被锅煮,张仪逃得快,差一点丧命,如此等等。

所谓说客,所谓策士,闹得好,一夜成名,甚至一人之下,万人之上;闹不好,就可能脑袋搬家。从这个意义上说,他们与持戟上阵、纵横疆场的将士们也差不多:都是提着脑袋干活的。

所以,对于他们来说,进得来,走得脱,打得赢就打,打不赢就走,是他们追求的最高境界。这,就需要求得君王的宽容,容不下,起码也要容得走。

范雎在秦国傻呆了一年多的时间,终于凭借自己敏锐的嗅觉,抓住了秦昭王与外戚矛盾即将激化的火候,以一篇颇具诱惑力的上书,打动了秦昭王的心,即将得到秦昭王的召见。但他不会忘记一年前自己在魏国侍奉魏中大夫须贾的遭遇:因与齐国外交活动中的一次误会,被魏相手下的人打得断骨、掉牙、半死不活,抛置厕所,任人践溺。如今,他将要面对的是傲慢的秦王,还要去搅和秦王室的家事、国事、天下事;谁都知道,这比在魏国的处境更危险。虽然往事如烟,但毕竟刻骨铭心。范雎心有余悸。这,也使他变聪明了许多。他还没见到秦王,首先想到的就是求容、求生的方法。

范雎似乎已经胸有成竹,先给秦王来了个下马威。他来到秦王的离宫等待接见时,故意假装不知,往秦王的内宫闯。这时,秦王正好出来迎接,宦官们见秦王来了,就驱赶范雎说,秦王来了! 范雎故意大声嚷道,秦国哪有什么王? 秦国只有太后、穰侯而已。他故意往秦王的痛处戳,意在激怒秦王。秦王听到范雎与宦官们的争吵,赶紧延请范雎,并致歉道:

"寡人早就应该亲自接受先生的教导了,只是因为义渠那个匈奴部落的事情非常紧急,寡人从早到晚请教太后,所以没有空闲向您讨教。现在义渠的事情已经了结,这才有时间聆听您的教诲。寡人自觉昏昧愚笨,故以诚敬之心,宾主之礼接待您。"

范雎自然也辞让谦虚一番。

宾主席地而坐。秦王屏退左右,宫内空无一人。秦王两膝跪地,向范雎请教说:

"先生怎样教导寡人呢?"

范雎嗯嗯两声,没有回答。

过了一会儿,秦王又双膝跪地,向范雎请教说:

"先生怎样教导寡人呢?"

范雎嗯嗯两声,又没有回答。如是者三。

诸子百家——纵横家

秦王仍然跪着问范雎：

"先生真的不肯教导寡人了吗？"

范雎回答说：

"我哪敢这样做呢！我听说，从前，吕尚（姜太公）得周文王知遇时，还是一个渔翁，在渭水边钓鱼呢！在这个时候，他们的交情还很疏远。等到文王赏识了他并封为太师，带他一起回去后，他所说的话就很深切了。所以，周能够得到吕尚的有力辅佐，并称王于天下。假如当时文王疏远吕尚而不与他深谈，这样，周朝就没有求贤的美德，而文王与武王也就无从成就他们称王天下的大业了。如今，我只是一名漂泊无着的羁旅之臣，与大王的交情还很疏远，而所要陈奏的事情都是匡正君王的大事。介入人家骨肉之间的纷争中，情愿向大王效敬愚忠，却又不知道大王内心的真实情感，这就是大王三问而为臣不敢回答的原因啊！

"为臣并非惧怕什么而不敢直言。为臣即便明知今日直言于前而明日伏诛于后，也不敢回避。大王如果相信为臣的话并切实付诸实施，死不足以为臣患，亡不足以为臣忧，以漆涂身、癞病缠身、披发为狂不足以为臣耻。而且，像五帝这样圣明的君王也死了，三王这样仁慈的君王也死了，五霸这样贤能的诸侯也死了，乌获、任鄙这样的大力士也死了，成荆、孟贲、王庆忌、夏育这样的勇士们也死了；死，是所有人都无法逃避的。顺应必然之势，如果能对秦国稍有补益，这就是为臣我的最大愿望。为臣又有什么可忧虑的！当年，伍子胥背着袋囊逃出昭关山，夜行昼伏，逃到陵水（今江苏溧阳西北），无以糊口，便连滚带爬，袒胸露腹，在吴国的市面上吹箫乞食，但他最终却复兴了吴国，使吴王阖闾成为诸侯的霸主。假如使为臣我为秦国出谋尽忠能做出像伍子胥对吴国那样大的贡献，就算在成功之后把我囚禁起来，永远不得再见天日，只要我的学说建议能得到实行，我还有什么可忧虑的呢？像箕子、接舆那样，漆身成癞、披发为狂，采取不合作主义，对他的主上却没有任何益处；假如我像箕子一样漆身成癞，却可以对我所认定的贤能之主有所补益，这就是我无上的光荣，我又有什么感到羞耻的呢？为臣所担心的，唯独就是臣死了以后，天下贤能之士见为臣因为秦尽忠而身死，因此而闭口裹足，不肯再为秦国出力了。

"大王于上畏惧太后之威严，于下困惑于奸臣的谗诈之态，居于深宫之中，不离阿保之手，终身迷惑，不能明察奸恶。这样下去，大者，使宗庙社稷倾覆灭亡；小者，使大王处于孤立危险之境。这就是为臣所担心的啊！至于穷辱之事，死亡之患，臣不敢有所畏惧。假如臣死能换来秦国大治，臣死胜于生。"

秦王十分感动，跪着说道：

"先生这是什么话嘛！秦国荒僻偏远，寡人愚昧不肖，承蒙先生屈尊受辱来到这里，这是上天要寡人扰乱先生，从而使先王的宗庙得以存续啊！寡人能够得到先生的教导，这是上天要降福给先王，而不抛弃他的遗孤呀！先生怎么说出这等话来！事无小大，上及太后，下至大臣，愿先生悉数教导寡人，不要对寡人有任何疑虑。"

这正是范雎最想得到的承诺。

秦王被逼得毫无退路，他不得不做出这样的承诺。范雎的忠心，范雎的胸怀，范雎的无畏，范雎的气度，范雎的担忧，范雎为秦国、为秦王、为理想时刻准备捐躯的无私与狂热，都深深打动了秦王。想必秦王已激动得热血沸腾，热泪盈眶了。人非草木，岂能无情！在那样的语境中,秦王做出这样慷慨的承诺是很自然的。

尽管范雎心中另有盘算,但他想为秦国做事,实现自我,并不是假的。所以他演得逼真,演得动人。他需要这样,因为人的生命只有一次;没有生命,就什么也没有了。

求用

说客、策士,踏破铁鞋,磨破嘴皮,冒着生命危险,奔走呼号,为的就是自己的学说和建议得到采纳,自己也随之得到重用。这就是"求用"。

识人用人,是一个亘古恒新的话题。中国古代典籍对此论议颇详。先秦时期的《鬼谷子》,三国时期的《人物志》,以及唐代的《长短经》,对洞悉人心的方法、游说的技巧以及用人的原则论述繁富细腻,从骨骼到容貌,从心理到言行,从君臣上下到日常生活,结合活生生的历史事实,作了生动有趣的解说。

暂且不说洞悉人心的方法。先说游说的技巧,其核心原则就是因材施教,循循善诱。对于不同的人,如不同的性别,不同的年龄,不同的地位,不同的性格,不同的环境,不同的心境中的人,其游说的方法也就随之不同。这是大道理,谁都懂。关键还在于你能不能拿出既能打动人心又切实可行的干货来。只有学说建议被采纳,才可能得到重用。这就是实践问题了,很难。历史上为此而掉脑袋的人并不少。

《鬼谷子》说:"圣人之所以能成其事者有五:有以阳德之者,有以阴贼之者,有以信诚之者,有以蔽匿之者,有以平素之者。"(《鬼谷子·决篇》)

所谓光明正大的道德教化,阴谋诡计的侵害,诚信言行的感化,瞒天过海的蒙蔽,日常道理的调教,这些还都是抽象的原则,而不是针对具体问题的具体方法。具体问题的具体方法,不在书本中,不在圣人的经典中,而在实践中,在每个人的心中。它是高超的理论智慧与坚实的实践修养在特定场景中的突然迸发。从某种意义上说,它是绝对的,不可重复的。"一沙一世界,一花一天堂"。所以说,游说的成功与否,关键还在于你能不能拿出切实可行的干货来。

那么,上篇所讲的范雎,他从一个落魄无着、任人践溺的丧家狗,在一个偶然的机会,依靠贵人的帮助,传奇般地来到秦国,并在遭秦王冷遇一年多后,终于抓住时机,上书秦王,以他动听含蓄而诱人的词汇赢得了秦王真诚而恭敬的召见;他又以丰富的历史知识,豁达无畏的心胸,忠于秦王的真诚,以及帮助秦王成就霸王大业的渴望,"逼"秦王做出了"言者无罪"的郑重承诺;下一步,他将施出什么样的手段,拿出什么样的方略,赢得秦王的信赖和重用呢?

范雎之前的成功,靠的还是嘴上功夫,是演讲的技巧;现在需要的可是一招既出、面貌一新的真功夫啊。

范雎毕竟是高人,他向秦王提出了"远交近攻"的方略。

范雎之所以先谈外交而不言内政,因为他知道秦王左右窃听者甚多,他们各有自己的主子。宫内之事,无非就是权力的再分配问题。自己立足未稳,秦王意向不明,如果现在就触动外戚的既得利益,很可能遭他们的暗算。所以他先谈外交,以便对秦王的态度做进一步的试探。他说:

诸子百家——纵横家

"穰侯(昭王的舅舅,任秦相,大将)打算越过韩国与魏国,去进攻齐国的纲、寿,这可不是于秦有利的计策。出兵太少,达不到伤筋动骨的效果;出兵太多,则对秦国本土有害。我猜想,大王的计划是想少出兵,而让韩、魏两国军队提供全力支持,这是很不合道义的做法。我们看到我们的盟国不再与我们亲近了,就要越过另外的国家去攻打它,这样做可行吗? 这与秦国统一天下的大计相去甚远啊! 从前,齐闵王挥师南伐,攻打楚国,破军杀将,拓地千里,而最后,齐国连一寸土地也没得到。难道他们不想占有已经到手的土地吗? 是整体态势不允许啊! 诸侯看到齐国因战争而疲惫不堪,君臣上下不和,于是兴师伐齐,大破齐军。齐国军力耗损,文武受辱,于是矛头对准了齐王,责问:'伐楚的馊主意是谁出的?'齐王说是文子(孟尝君田文)的主意。结果是大臣作乱,文子出走。齐国之所以被打得大败,正是因为他们攻打楚国,反而肥了韩、魏两国的缘故啊! 这正是所谓'借兵予贼、送粮予盗'的做法啊!

　　"所以,依臣之见,大王不如远交而近攻。这样,攻下一寸土地,就是大王的一寸;攻下一尺土地,就是大王的一尺。如今却打算舍弃这样的方略,去攻打远方的国家,岂不是太荒谬了吗? 从前,中山国方圆不过五百里,赵国一举将其独吞了。不但功成名立,而且还得到了实实在在的利益。天下诸侯没有人能侵害赵国,就是因为中山国是赵国的近邻。如今,韩、魏地处中原,为天下的枢纽。大王如果还打算称霸天下的话,就必须亲近中原诸侯,使秦国也成为天下的枢纽,并借此威吓楚、赵两国。楚国强大,则亲近赵国;赵国强大,则亲近楚国。楚、赵两国都亲附了秦国,则齐必然惧怕;齐国惧怕,必然卑辞重币来事奉秦国;齐国依附了秦国,则韩、魏两国就可顺势俘虏了。"

　　昭王说:"我很早就想亲近魏国了,可魏国是一个多变之国,寡人不得亲近。请问通过什么途径去亲近魏国呢?"

　　范雎答道:"大王先用谦卑的国书、厚重的货币去侍奉它;不行,就通过割地的方式贿赂它;再不行,只能举兵讨伐它了。"

　　这一招打动了秦王,秦王拜范雎为客卿,相当于政策总顾问,直接参与军事方略的制定。

　　"远交近攻"是此前秦国一直奉行的"连横"策略的进一步完善和发展。张仪的"连横",是以破坏六国的"合纵"为目的,挑拨、制造、利用六国之间的矛盾,并诱之以利,分化瓦解,尽可能使山东六国间矛盾重重,都来事奉秦国,造成秦国在战略上是以一国攻六国,而在战役战术上则是以一国攻一国的有利态势,从而各个击破,统一天下。

　　张仪的"连横",以拆散六国联盟为主要目的,并未制定出秦国进攻六国的路线图。而"远交近攻",不但具有破坏"合纵"的功能(远交),而且还明确提出了进攻的路线图,这是其一。其二,所谓"近攻",并非赤裸裸的军事进攻,而是要通过与地处中原的魏、韩两国的结好,对周边各国施加影响,亲楚附赵,选择于秦最有利的时机拿下魏、韩,控制中原,统一天下。远交是近攻的前提,近攻是远交的目的。远交齐、燕,即可断绝魏、韩、楚、赵的后方支援;近攻韩、魏,即可将南北纵道拦腰截断。其后,三代秦王坚持这一方略,终于把山东六国各个击破,统一了中国。

　　"远交近攻"逐渐沉淀为一个成语流传至今,数千年来,它没有被时间的洪流所湮没,因为它承载着那段波澜壮阔、充满血与火的历史。即便在今天,它仍然具有外交和军事上的参考价值。

第二节　纵横家人物

苏秦

苏秦,字季子,战国时期的韩国人,出身农家,素有大志,曾随鬼谷子学习纵横捭阖之术多年,是与张仪齐名的纵横家。曾奉燕昭王命入齐,从事反间活动,使齐疲于对外战争,以便攻齐为燕复仇。他在齐湣王末任齐相,促成五国合纵攻秦,迫使秦废帝号,归还部分魏赵土地。后燕将乐毅联合五国大举攻齐,不料其反间活动暴露,被车裂而死。

《汉书·艺文志》著录有《苏子》三十一篇,今佚。帛书《战国策》残卷中,存有其游说辞及书信十六篇,与《史记》所载有出入。

为什么要"悬梁刺股"

苏秦在历史上被称为"合纵"之祖。

苏秦生在那样的一个时代,他凭借自己的学识,促成了前所未有的六国同盟。

关于苏秦,我们最熟悉的是他"悬梁刺股"发奋学习的故事。靠着这种精神,他成功了,成为六国拜相的纵横家。

什么叫纵横家呢？就是战国时以纵横捭阖之策游说诸侯,从事政治、外交活动的谋士。

苏秦的故事,和今天在书店看到的一些"励志故事"很有相似之处。

一个没有任何背景的人,出身寒微,仅凭三寸不烂之舌,相继游说燕、韩、赵、齐、魏、楚六国,促成大联合,得以配六国相印,权倾一时,后又为齐国宰相。这样的人,他身上一定有着奇特的故事和经历。

苏秦这个人,志向远大,从小就不甘平凡,决心闯出一片天地来。他曾经去拜访周显王,周显王和苏秦一番交谈后,见他口齿伶俐,脑袋又聪明、反应快,想给他个官做,可他自己已经被架空,有名无权,没有人听他的话。苏秦只好离开。

听说远在西北的秦孝公贴出榜来,广招各地贤才。苏秦就带上不多的盘缠,来到秦国。不巧的是,刚到秦国,就听说秦孝公死了。他也只好硬着头皮去面见秦国的新君秦惠文王。一见面,他就迫不及待地推销自己说:"大王,我读了很多书,口才也好,您如果给我一个做官的机会,我保证能让您用武力统一天下。怎么样？"秦惠文王见他年纪不大,牛皮吹得却不小。而且,眼前的这个叫苏秦的小伙子,实在看不出有什么过人之处,就对他很客气地说:"先生,我听说过一句话:'羽毛不成,不能高飞。'您说得不错,不过,眼下我这里没有什么位置适合您,恐怕还得等几年再说。"

秦惠文王这是在委婉地拒绝苏秦,不想给他官做。可苏秦不想就这么放弃,因为他回家几乎没饭吃,家里实在太穷了。再说了,他自以为读了几年书,有点墨水,这么放弃他做不到,也不甘心。他就离开宫殿,到附近找了个小客栈住下来,天天写奏章,把自己的想法连篇累牍地写下来,提了很多自以为可行的建议。连续十次当面递给秦惠文王,一开始人家还客客气气,到了第八九次的时候,秦惠文王一见到苏秦就躲。

苏秦还是忍着,在秦国一等就是一年。身上那点盘缠早就用完了,肚子已经抗议了。万般无奈,只好狼狈不堪地回老家。一进家门,一年多不见面的父母,见他面黄肌瘦地回来,背过脸去,不和他说话。自己的婆娘呢,就像没看到他一样,照样埋头织布,不予理睬。他饿得没有力气生气,连说话的力气都没了,只好厚着脸皮到厨房求嫂子赏口饭吃,想不到,嫂子冷若冰霜,拒绝了给他东西吃。苏秦连抱怨的力气都没有了,只好忍耐。无论多贫穷,多坎坷,他都选择忍耐。

晚上,躺在破床上,翻来覆去地回想这次游说秦国失败的原因在哪。想来想去,他觉得还是自己知识积累不够,还有,机遇还不成熟,俗话说得好,心急吃不得热豆腐。他还得忍耐几年,储备足够的知识,等待机遇。他将自己的老师鬼谷子送的兵书《阴符》拿出来,日夜苦读。一年多的时间里,他又苦读了其他兵法、医学、经济和法令等方面的书籍。读书困了就用冷水浇头,一打瞌睡,就用锥子往自己的大腿上刺一下。这样,猛然间感到疼痛,使自己清醒起来,再坚持读书。

"刺股"的故事见于《战国策·卷三秦一》:"(苏秦)读书欲睡,引锥自刺其股。""悬梁"的故事见《太平御览·卷三百六十三》引《汉书》:"孙敬字文宝,好学,晨夕不休,及至眠睡疲寝,以绳系头,悬屋梁。"后人为了激励孩子发愤读书,将这两个故事合成"悬梁刺股"或"刺股悬梁"一句成语。

我们接着说苏秦。苏秦终于感觉到,自己的学问大有长进,有了足够的本钱游说各国了。他对当时各国的具体形势,都做了充分的研究。列国之中,齐、楚、燕、韩、赵、魏、秦最为强盛,而七国之中秦国最强。苏秦经过反复研读兵书《阴符》,初步形成了一个促成六国结盟以共同对抗秦国的战略思想,即"合纵"。

他信心满怀地出门,重新踏上了游说各国、求官的道路。

凭三寸不烂之舌成功游说六国

我们的"纵横家"苏秦出发了。

这次,他第一站选择了燕国。因为,当时燕国相对来说最为弱小,相对而言更容易游说成功。尽管那个时代士人的地位很高,但是,苏秦见到燕文公,还是等到一年之后。苏秦对燕文公说:"大王,您知道燕国这么多年为什么不受强秦的侵犯、百姓能安居乐业吗?"燕文公摇头。苏秦说:"这是因为燕国的南面有赵国作天然的屏障。秦国无法越过赵国而攻击燕国。但是,如果赵国要攻打燕国,那一夜之间就办到了。所谓'夫不忧百里之患而重千里之外,计无过于此者。'所以,大王,燕国目前真正的忧患是赵国,而不是秦国。大王如果与赵国结好,就没有忧患了。"燕文公说,"言之有理。"就同意让苏秦带着车马、金帛,出使赵国,游说结盟之事。

初战告捷。苏秦到赵国的派头就不一样了,他是以燕国使者的身份来求见赵王,而且还带着厚礼。赵王带着文武百官出宫数百米迎接。苏秦对赵王说:"大王,强秦欺人太甚，我理解您眼下的处境，迫于无奈，只好向秦国割地求和，但这样下去总不是办法。"

赵王一听，句句说到自己心里，忙虚心地请教苏秦，"先生可有良策？"

苏秦说，"大王，别说是您，任何一国现在都无力单独抵抗强秦，但是，如果六国结成联盟，联合成一个整体，则'地五倍、兵十倍于秦'，那么秦国野心再大，也绝不是联盟的对手，故不敢轻举妄动。那么，各国就可以相安无事，百姓就可以安居乐业。我的良策就是，六国合纵抗秦，由赵王您发起搞一个六国论坛，地点就在赵国的洹水边（在今河南省，也叫'安阳河'）。邀请六国的政要参加，组建六国同盟。"

赵王同意了。苏秦凭着自己那三寸不烂之舌，又成功地游说了其余各国。被赵王封为武安君。六国论坛如期在赵国洹水举行。六国国君都来了，大家交换人质，歃血为盟，达成协议——合纵抗秦。作为六国论坛的筹办人和策划人，苏秦被封为"从约长"，佩六国相印。这个穷小子可谓"不鸣则已，一鸣惊人"。苏秦的宏图大志实现了，他衣锦还乡，带着厚礼，备足车马，侍卫随从众多，周显王亲自到郊外迎接。回到家后，他的妻子、嫂子都吓得跪在地上。想起当年嫂子的样子，他笑着说，"嫂子何不站起来说话？"嫂子说，"不敢。"苏秦说，"嫂子当年那么冷落我，连口饭都不想给我吃，今天为何又这般恭恭敬敬呢？"嫂子说，"如今叔叔做了大官，有钱有势，谁敢不恭敬呢？"苏秦感慨地说，"人还是我这个人，只是有地位了，从前鄙视我的人现在都来巴结我，可悲啊。"

回到赵国之后，苏秦派人将六国盟约之事以公文的形式抄送给秦国国王一份，秦惠文王看了盟约，甚为吃惊，没想到当年被自己冷落的穷小子还真是个人才。从此竟有十五年之久不敢越函谷关一步。

秦王自然不甘心就这么等待下去，如何粉碎六国同盟呢？秦王采纳了张仪的计谋，暗施反间计，用软硬兼施的方法引起六国之间相互猜疑，成功地挑动了齐、魏两国攻打赵国。六国反秦联盟从此瓦解了。赵王责怪苏秦，惶恐的苏秦只得来到燕国。

六国同盟瓦解了，苏秦也不再受重视。又加上当年重用他的燕文公去世，继位的燕易王不太理会苏秦。齐国又趁燕文公去世的时候攻打燕国，燕国大败后，不得不割十城给齐国，换来暂时的安宁。

刚上任的燕易王很生苏秦的气，说如果不是苏秦跑过来劝我们搞什么合纵，燕国还不会白白丢掉十城呢！苏秦也觉得很内疚，亲赴齐国，凭着三寸不烂之舌，竟然说服了齐王将十城归还给了燕国。他怎么办到的呢？原来，苏秦见到齐威王之后，先行祝贺礼，接着又行哀悼礼。齐威王问，"苏秦为什么这样呢？"苏秦说："一个人饿得再厉害也不会去吃有毒的乌头籽，吃得越多，死得也就越快。燕和秦是联姻之国，齐国占领燕国的城池就等于是与强秦结下仇。这就如同饥饿之人去吃乌头籽一样。齐国大难即将临头。"

齐威王一听，大惊失色，忙向苏秦请教解危之法。苏秦建议齐威王归还夺来的城池，这样才能落得平安，燕王喜欢，秦王也高兴。齐威王就这样被说服了，归还了十城。

回到燕国之后，燕易王封赏了苏秦。苏秦趁机表达了自己对燕国的一片忠诚之心。但是，后来，苏秦还是与燕文公守寡的夫人有了奸情，事情败露，尽管燕易王没有加罪于他，他自己却终日惶惶，害怕被杀。他明白自己再待在燕国已经很不安全，就向燕易王请求派自己去齐国搞间谍活动。离开燕国的时候，他情真意切对燕王许下"信如尾生"的承诺。"信如尾生"是什么意思呢？这是一个典故，说有个叫尾生的男子与情人相约在桥下见面，情人未至，而突发洪水，尾生信守约定不离开，直到最后被淹死。苏秦说，"我也愿意为践诺而死，'信如尾生'。"这就是他离开燕国前的誓言。

苏秦假装得罪燕易王，并制造了假象蒙蔽了齐国。就这样"逃"到了齐国。其实是受燕王之托，潜入敌国。齐王封他为客卿。齐国一些大臣不服，雇佣刺客行刺苏秦。

拿人钱财却不替人消灾，终逃不过报应。

后来，苏秦因间谍罪被齐王抓了起来，将其车裂而死，司马迁说，"被反间以死，天下共笑之。"也有一种说法是这样的：临终之前，他向齐王建议，在他死之后，以大罪车裂于市，并悬赏行刺之人，这样就一定能抓到刺客。齐王依计行事，果然不久刺客就伏法就诛。

总之，我们的纵横家苏秦最终被车裂而死，结束了传奇的一生。

张仪

张仪，魏国人，生年不详。魏国贵族后裔，曾随鬼谷子学习纵横之术。战国时期著名的政治家、外交家和谋略家。

秦惠文君九年，张仪由赵国西入秦国，凭借出众的才智被秦惠王任为客卿，筹划谋略攻伐之事。他是秦国置相后的第一任相国。

张仪拜相后，积极为秦国谋划。游说魏惠王，不用一兵一卒，使得魏国把上郡十五县，包括少梁一起献给秦国。《汉书·艺文志》纵横家类有《张子》十篇，汇集了张仪的作品或和他有关的材料，今已佚。

老婆，我的舌头还在不在

苏秦的主要思想是"合纵"抗秦，也就是说把六国联合起来，共同抵抗强大的秦国。和苏秦相反，张仪主张"连横"的策略，也就是说，因为秦国强大，要想保障自己国家的安全，就得与秦国联盟。这是最好的办法。因为有了强大的秦国作为后盾，别的国家都不敢再欺负你，你想对付别的国家，只有占便宜的份。

汉语有一个词叫"三教九流"，"三教"我们知道是儒、释、道这三家，"九流"比"三教"感觉要低一些，"九流"之中有一派叫作"纵横家"。

战国时期，所谓的"纵横家"，基本上就是鬼谷子的学生——苏秦、张仪两个人。一个搞"合纵"，一个搞"连横"，都是一种"术"。纵横术，也名钩距之术，又名长短术。纵横术不是什么理想，也不是什么主义，只是讲现实的利害关系。苏秦、张仪当时的动机，也主要以自己个人的功名富贵为出发点。战国太乱，道德仁义发挥不了作用，没人接受，国君对于道德仁义根本不重视，看得的只是利害关系。比苏秦、张仪两个人早一点的孟子，到处讲仁义，到处碰壁，苏秦、张仪讲的那套实用的"术"就有市场，有国王用，两个人都很吃香，他们将战国末期各诸侯玩弄于股掌之中。司马迁对他们二人的评价是："此两人真倾危之士！"孔子、孟子对于苏秦、张仪的这一套"术"的东西不是不知道，知道了但不愿这么做，"非不能也，实不为也"。权术这套东西，不讲基本的德行，只是讨好当时的国君，然后从国君那里得到个人的富贵、荣耀。这是孔子、孟子的伟大之处。

我们接着来讲张仪的故事。

张仪的出身要比苏秦好得多,他是魏国贵族的后裔。《史记·张仪列传》中说:"三晋多权变之士,夫言纵横强秦者大抵皆三晋之人也。"张仪和苏秦是同学,《史记》上载他们都跟着鬼谷子"学术"。这里的"学术",当然不是今天理解的意思,不是搞什么学问,而是研究权变之术,然后取得功名,封侯拜相。

张仪学成后就到各国游说。他先到了楚国,投奔到楚国令尹(相当于宰相)昭阳的门下,做了门客。张仪当时还是个无名小卒,在众多门客中也不出色,受不到主人的重视。由于他出身贵族,也不像苏秦那样吃了那么多苦,所以他一天到晚看上去就是吊儿郎当的样子。

有一天,这位楚国宰相家里的玉璧不见了,有门客举报是张仪偷的,宰相也不费话,将张仪捆起来一顿揍。张仪伤痕累累地回到家里,老婆见了,心疼地责怪:"相公啊,你说我们在魏国平静地过日子有多好,非要跑出来追求富贵,何必呢?"

张仪有气无力地说,"老婆,你先别忙抱怨,看看我的舌头还在不在? 有没有坏?"张夫人说,"在,当然在。"张仪笑了,说,"老婆,没事,只要舌头没被打掉,就没有关系。我一定会有出头之日。"

张仪知道,自己的本事就是凭三寸不烂之舌游说诸国,然后赢得应有的尊重和地位。舌头在,希望就在。《史记》里有关于韩非子的传记。韩非子再三提到两个字——"说难",他的意思是说,人与人之间说话最难,尤其借说话来沟通政治上的思想,那就更困难了。《张良传》中有句话说,"以三寸舌为王者师。"靠吹牛吃饭,舌头当然最重要。从古到今,吹牛又不犯法。

"大丈夫一怒而天下惧"

这段时间对张仪来说,无疑是人生的低谷。毕业后虽然勉强找到工作,但工作很不体面,又平白无故遭人陷害,差点把吃饭的家伙"舌头"给弄丢了,小命也差点玩完。咳,人倒霉的时候,喝凉水都塞牙,人活着真累。找个好工作比找个好老婆难多了。就这么在家里待着也不是个事,大男人得养家糊口。张仪在想,该去哪里找工作呢? 家里快没米下锅了。

走投无路之际,一个阳光明媚的下午,张仪在街头苦想自己以后的人生路该怎么走,不小心撞到一个商人,忙道歉,那商人并不介意。两个人聊了几句,没想到越聊越投机,越聊越尽兴。

商人看出了他的心思,问他是否遇上了不顺心的事。张仪如此这般把自己最近遇到的倒霉事讲了一遍。商人问他:"你不是有个同班同学叫苏秦吗? 他最近混得很不错呀,国际知名人士,六国国君都买他的账。你何不找他帮忙引荐一下?"

张仪觉得不好意思,不想让老同学看到自己如此狼狈不堪的样子,更何况现在身无分文,连去见老同学的路费都拿不出来,怎么去啊。商人朋友看透了张仪的心事,就说:"你是不是担心路费啊? 这个你放心,我这里有,再说了,我也正巧去那里做生意,路上有个伴,我也不寂寞,是不是?"

张仪同意了。两个人结伴来到苏秦供职的城市,然后暂时分开。商人去做买卖了,张仪就硬着头皮去见苏秦。数年不见,苏秦果然衣着光鲜,身边有保镖,那派头一看就是成功人士。

苏秦居高临下地接见了张仪,并没有任何寒暄话,一上来就带着教训的口气说:"哼,你从前在学校不是不服我吗?不是认为自己了不起吗?我原以为你就早封侯拜相了,没想到你这样的人也放下架子来求我。你瞧瞧你这身打扮,太寒酸,太寒酸了。不过,既然你来了,作为老同学,地主之谊我自然是要尽的啦。"说着吩咐随从为张仪设座,张仪的座在堂下,摆的尽是粗茶淡饭。苏秦自己的座呢,却耀武扬威地设在大堂之上,有多个服务员伺候,有的斟酒,有的夹菜,有的递手帕之类的。被前呼后拥的苏秦,目空一切地享用盛宴。张仪看了苏秦那得意忘形的样子,真想愤然而起,离席而去,无奈自己多日奔波,肚子饿得没力气发火了,只好忍辱吃饭,填饱了肚子再说。

用完了一顿羞辱饭,苏秦对他仍不理不睬,张仪忍无可忍,拂袖而去。回到小客店,就委屈地对商人朋友说,"真没想到,苏秦如今咋变得这么牛?傲慢到如此地步。不帮忙也就罢了,还羞辱人,真是岂有此理。我要努力发达起来,然后报复他。"

商人朋友一听,马上大骂苏秦,真不是个东西,然后道歉说:"都是我的错,我当初真不该劝你来投奔苏秦。我很难过,一定要补偿。你现在计划怎么样报复苏秦?"张仪说:"要混出个人样来,才能报复苏秦这个小人。我想了想,当下想成功,唯一的办法就是到秦国去。我一定要说服秦国,把苏秦搞的联盟给瓦解掉。"

就这样,张仪决定到秦国。商人朋友说,"我刚好也要去秦国做生意。同行吧。"到了秦国,这位朋友出重资暗地里贿赂了秦国的上层官员,让张仪很快获得面见秦惠文君的机会。

苏秦曾经到秦国,见过秦惠文君,说过自己的一套主张,可是,两个人谈不拢,人家秦惠文君不听他那一套,没用。这次张仪去了,同样对秦惠文君鼓动三寸不烂之舌,居然谈拢了,获得赏识,被拜为相国,位居百官之首,筹划谋略攻伐之事。张仪是秦国置相后的第一任相国,从此成为政治家,参与军政要务及外交活动。

那么,这个张仪用什么招来游说成功的呢?

应该说,张仪去见秦王,选择的时机好。当初苏秦去见秦王时,秦国没有明显的危机感,苏秦说的话秦王根本不听,也听不进去。苏秦就回去继续读书,然后不再见秦王,改变了思路,决定联合六国一起来抗秦。苏秦居然说服了六国,把秦国孤立起来。

秦惠文君有点烦。恰巧在这个时候,张仪适时地出现了,秦惠文君这个时候正需要一个人来瓦解六国联盟,张仪毛遂自荐并很容易就说服了他。这个时机也就是天时,选得最好,这是张仪能够成功的原因之一。经历过前面求职的失败,才选中秦国,这是地利。还有一条更重要,那就是人和。张仪去求职,那个商人朋友把上上下下的官员都替他打点了,他得以很快地见到秦惠王,左右官员因为都收了钱,自然都帮忙说张仪的好话。

张仪是个聪明人,他自然看出来了。所以,张仪应聘成功之后,就找到一直帮助他的商人朋友说,要报答他。这个时候,商人朋友才说明自己的身份,原来他是苏秦所派的干将,其职责就是帮张仪在秦国当宰相,所有的费用自然全是苏秦出的。老同学见面的冷淡、苏秦的傲慢,这一切都是苏秦故意的,目的是不让张仪小富既安,刺激出张仪上进的心志,让张仪到秦国成就辉煌。苏秦算着张仪必到秦国,所以就出钱为他在秦国拉关系。秦国恨苏秦,就必定会重用反苏秦的人。张仪和苏秦都是鬼谷子的学生,秦王想整苏秦,必然重用张仪。

这番话不听则已,听了之后,张仪长叹一声:"天哪! 苏秦啊苏秦,我不能不承认,我的计谋在你之下。"

如梦初醒的张仪就问眼前的商人朋友:"你们苏相国如愿以偿了,不知道他想得到什么回报?"

商人朋友:"我们苏相国说了,阻止秦国发兵,就是回报了。"张仪点头答应。找了一个合适的机会,张仪对秦王说:"我知道大王对六国合纵之事有点烦。我劝大王不必放在心上。想想看,六国之间那么多矛盾,能真心'合纵'吗? 不可能的。但是,如果秦国把他们逼急了,他们反而选择'求同存异',暂时团结一致抗秦。只要我们秦国暂时休息一下,他们也必然松弛下来。对外的压力没了,内部就会闹起来,我看不如让他们自相残杀,这对秦国最为有利。袖手旁观,看着他们互相斗,这不是上策吗?"

秦王一听,好,于是就同意放弃对纵约的军事行动。张仪对苏秦承诺的回报兑现了,秦国不打六国了,苏秦也保住了面子。这是一个双赢的结果。

太史公在《史记》特别表扬了张仪,说他是大丈夫,"大丈夫一怒而天下惧,一息而天下安"。

事实上,是苏秦培养了他。他得感谢苏秦,没有苏秦前面的失败,就没有他今天的成功。另外,张仪为说动秦惠王,不惜以自己的脑袋来担保,从而让秦惠王对他的话坚信不疑。

游说天下,成功连横

张仪在秦被拜为相国,这消息很快传到了楚国,因为张仪在楚国曾经出过丑,涉嫌偷东西被打得伤痕累累。这样的人被秦国重用了,极有可能对楚国报复。楚国国君很不安,担心秦国攻打他们。为对付强秦,楚国和齐国结盟了。

公元前313年,张仪奉命出使楚国,目的就是挑拨离间、瓦解他们的同盟。张仪来到楚国后,首先拜访了楚怀王最宠信的大臣靳尚,并将带来的黄金、珠宝送上,靳尚收下了礼物,就在楚怀王面前说张仪的好话。

张仪又用同样的办法贿赂了楚国其他的有话语权的重臣,然后请吃饭、喝酒。过上一段时间,张仪才去拜见了楚怀王。他说,"这次出访楚国,目的是加深秦楚友谊,订立互不侵犯条约,让老百姓安居乐业。"楚怀王一听是为了结盟,高兴地说,"与秦这样的强国结盟,是楚国多年来的愿望。"

张仪继续忽悠楚怀王说,"当今天下,有七雄,秦最强,如果秦与齐国结盟了,那么齐就强大了;如果与楚结盟了,那么,楚国也就强大了。齐与楚将来谁强谁弱,关键在于如何处理和秦的关系。我们秦王让我来传话,说秦非常愿意和楚结盟,帮助楚国制伏齐国。如果您愿意和齐国断交,做个姿态让我们大王信任,那么,秦国情愿把商於之地六百里归还楚国。"

楚怀王听到这里,高兴得都想跳舞了。一番谈判,居然能够收复失地六百里,还能与最强的秦结盟，太好了。楚怀王问朝中众臣，意见如何？除三闾大夫屈原反对外，其他人都说楚怀王的决定英明，功在当代、利在千秋之类。马上和齐绝交吧。

三闾大夫屈原力劝楚怀王说，"张仪是个言而无信的小人，别听他忽悠，千万别上当受骗。"但是朝中收了张仪好处的大臣没有一个人帮屈原说话。

楚怀王迫不及待地想得到秦国归还的六百里土地，狠心与齐绝交，又派使臣跟随张仪到秦国，办理土地归还的手续。

齐王对楚怀王的反复无常无比痛恨，大骂小人。楚国使臣到秦国之后，张仪躲起来了。楚国使臣见不到张仪，就只好对秦惠王说张仪已答应归还土地的事。秦惠王说，"既然张仪答应的事，一定兑现，放心。"

张仪出来了，让楚国使臣去办理接受六里土地的事宜。楚国使臣说，"我们大王说的是六百里呀。"张仪说，"楚王听错了，我说的是六里，不是六百里，而且是我自己的封地，不是秦国的土地。秦国的土地哪儿能轻易送人呢？"

楚国使臣回国后对大王一讲，楚怀王怒吼："妈的，张仪果然是个流氓。"于是发兵十万打秦国，要出口恶气。可是，齐国已经与楚国断交，帮着秦国打楚国，楚国惨败，十万人马只剩了两三万，连楚国汉中一带的土地也被秦国占去了。楚怀王只好忍气吞声地向秦国求和。

张仪又用同样的花言巧语和空头支票游说其他国家，瓦解了几国"合纵"抗秦的计划，推行连横策略，为秦国统一天下立下功劳。秦惠王封张仪为"武信君"，并赐给他五座城邑。

秦惠王死后，其子武王荡继位。张仪是个聪明人，他感觉武王不喜欢他，为避免不必要的灾祸，辞职，走人。投身魏国，直到公元前310年病死。

张仪比李斯明智多了。

诸子百家——纵横家

鬼谷子

鬼谷子，有人"考证"出他姓王名诩（或栩），但没有确切的根据。又名王禅，自号鬼谷，民间称为王禅老祖。和墨子（墨翟）是好朋友。一说是春秋时卫国人，还有一说为战国时期卫国人。详细生卒日不详，道教认为鬼谷先生为"古之真仙"，曾在人间活了百余岁，而后不知去向。

鬼谷子是纵横家的鼻祖，苏秦与张仪是他最杰出的两个弟子。《孙庞演义》还有一种说法：孙膑与庞涓也是他的弟子。

知识渊博，精通政治经济学、兵法战阵学、养生医学和数学预测学。他既有政治家的六韬三略，又擅长于外交家的纵横之术，更兼有阴阳家的祖宗衣钵、预言家的江湖神算，所以世人称鬼谷子是一位奇才、全才。民间传说鬼谷子是命理师的祖师爷。主要著作有《鬼谷子》及《本经阴符七术》。

《鬼谷子》内容十分丰富，涉及政治、军事、外交、谋略、游说等领域，侧重于政治妥协、权谋策略及言谈辩论技巧，书名又叫《捭阖策》；而《本经阴符七术》则集中于养神蓄锐之道。

《鬼谷子》一书完整地保留在道家的经典《道藏》中。

为什么这样神

鬼谷子

鬼谷子，这个人大名鼎鼎，拥有太多"粉丝"了。

鬼谷子神秘莫测。人如其名字，有点"鬼"，让人摸不着头脑。他的身世充满了传奇色彩，他的踪迹和传说简直像神话。

鬼谷本是个隐士，隐居在一个山谷中，这个山谷名叫云梦山谷。

关于这个谷的真实情况，我相信诸位和我一样好奇。我查遍《史记》《论衡》《太平御览》《意林》《拾遗记》《东周列国志》等书，也没有找到详尽的描写。

鬼谷子隐居的云梦山谷到底什么样，距离今天两千五百年了，实在不好描述。

在云梦山谷中长大的鬼谷子，不可避免地带上神秘色彩。

野史上说鬼谷子是个私生子，喝虎奶长大。史书记载，鬼谷这个人只知其母不知其父，生下来就是个苦命的孩子。喝虎奶长大的孩子，天生对周围环境有一种防守的本能，敏感，多疑，注重生存技巧。他从小隐居在一个山谷中，一个偶然的机会遇到一位世外高人，高人传授给他生存方面的绝学，他从此发下宏愿：辅佐明主，谋求天下的统一。

还有另一个版本的传说是这样的：鬼谷子意外得到一部无字天书，书里包罗万象，无奇不有，天文地理，养生长寿，阴阳八卦，兵法策略——尤以兵法战策为重。因天书无字，谁也看不懂，鬼谷子越是看不懂越好奇，终日潜心研究，日夜兼修，有一日忽然开悟，融会贯通，从而成为一代大师，扬名天下。但是他不愿做官，就选了山谷做了隐士。

学有所成后，鬼谷子出谷，游说诸侯，献上治平之策，但由于他的观念太超前，少有人懂得，结果四处碰壁。万般无奈，鬼谷子心灰意冷，再次回到云梦山谷中隐居，从此置身世外，开办了一所"云梦山谷学校"，自封校长，开坛授徒。鬼谷子的学识有多渊博，不知道，但是，他的徒弟个个都是风云激荡的人物。

相传鬼谷子会隐形术，能够在人前把自己的身体藏起来；相传鬼谷子会投胎换骨，能超脱生死；相传鬼谷子能够撒豆为兵，斩草为马；相传鬼谷本是道教的洞府真仙，位居第四座左位第十三人，被尊为玄微真人，又号玄微子。《鬼谷子》一书完整地保留在道家的经典《道藏》中。道教认为鬼谷子为"古之真仙"，曾在人间活了百余岁，而后不知去向。

鬼谷子那么有学问，又不愿抛头露面，是一位大隐，他不愿意让人了解太多也是可以理解的。

关于鬼谷子，有太多太多的"相传"了。

他到底是哪个地方的人？活了多大？"王诩"是否就是其真名？他的学问到底有多深？为什么柳宗元骂他"险盭峭薄，妄言乱世"？为什么儒家的人如此地厌恶他？他是怎么培养出苏秦与张仪这两个叱咤战国的杰出弟子的？这些问题，你一定和我一样关心

诸子百家——纵横家

吧。好，让我们通过故事来逐渐走近神人鬼谷子，还原他的真实面孔吧。

鬼谷子是纵横家的鼻祖。苏秦与张仪就是他最杰出的两个弟子，证据来自司马迁，《史记·苏秦列传》中说："苏秦者，东周洛阳人也。东事师子齐，而习之于鬼谷先生。"

那么，什么叫"纵横"呢？就是吹牛，就是"忽悠"人，就是玩心眼，就是巧言令色。把死人能说活。《隋书》中说："纵横者，所以明辩说、善辞令，以通上下之志也"，"佞人为之，则便辞利口，倾危变诈，至于贼害忠信，覆邦乱家。"也可以说，鬼谷子是智谋策略学的鼻祖，也是策划学的鼻祖。策划一个企业算什么呀，他动辄就策划一个国家，策划国际间的战争。

鬼谷子，为什么起个这么怪的名？既然他叫王诩，为什么不像孔子、孟子一样，叫王子呢？是因为怕引起别人的误会，以为他父亲是国王吗？不是这样。"鬼谷"之名，由其出生地或隐居地（今河南登封市内的归谷山）而得，因"鬼""归"二字同音相近，一音之传，兼之"鬼"字更富传奇色彩，故将"归谷"习称为"鬼谷"。最早记载鬼谷子的是司马迁的《史记》。

还有一种说法，相传鬼谷子的母亲是天上彩霞星，托生在书香门第王员外的家中，取名曰霞瑞。一个偶然的机会，因吃奇特的谷子而怀孕，王员外嫌其败坏门风，盛怒之下将她赶出家门。霞瑞在云梦山中生下一儿子，取名鬼谷子。

鬼谷子是个隐士，而且最终隐居而死。

诸子百家——纵横家

高徒出名师

鬼谷子在云梦山谷的隐居生活，也不全用来静修，他还干了两件影响后代的大事：一为杜门谢客，专心著书。潜心写作，批阅数载，写成传世奇书《鬼谷子》，共三卷二十一篇，内容包括政治思想、军事谋略、心理战术、外交主张和处世哲学等等，从而树立他独有的"诡谲险滑"的学术风格。书甫问世，即引起轰动，一时洛阳纸贵；二为授徒，带出了孙膑、庞涓、苏秦、张仪这样的名徒。

孔子招收学生，门槛很低，任何人只要想入学、带上十斤腊肉的拜师礼就可以了。鬼谷子不一样，他自己亲自去招生，换句话说，他既是校长、老师又是招生办主任。

为了办学，他再次出谷。到世界各地漫游、寻找适合继承自己衣钵的坯子。为什么叫坯子呢？就是说这些入眼的学生只是第一关，最终能否成为鬼谷子学校的正式弟子还两说呢，因为入学后还有几个月的"考察期"，考察不过关，清除，学费全退。就算侥幸成了鬼谷子学校的正式学生，还分三六九等，一般学生只能学习知识、技能，特殊学生——就是被鬼谷子看好的学生，才有可能继承其衣钵。

高徒出名师。鬼谷子之所以能够扬名后世，很大程度上是因为他教出了苏秦和张仪这些出类拔萃的学生。我们知道，孔子学校有弟子三千，其中贤者七十二人。鬼谷子学校开张时，他只选了五百个学生，分几期教授。第一期中最出类拔萃的就是孙膑和庞涓了，第二期也出了两个了不起的学生——苏秦和张仪。鬼谷子也因为这几位弟子而扬名后世。

他能教出这么出息的学生，有什么独到的教学法吗？

鬼谷子的教学就像其为人一样，潇洒自如，自由自在。他的学生听课时也是怎么舒服怎么来,他的态度是:"来者不拒,去者不追。"

《东周列国志》讲过鬼谷子独特的教学法:像孔子毕业考试时,通常是和学生讨论问题,话题一般比较轻松。鬼谷子不一样,一如他的人,连毕业考试都弄得神乎其神,鬼鬼怪怪。毕业考试那天,他专门花钱雇人挖了一个大坑,坑很深,深不可测,阴森可怖。他用事先做好的梯子把毕业班的全体学生放到深坑里,然后抽掉梯子。

主考官就是他本人。专题就是说话。让学生在坑里说,他就在上面听。学生如果能够把话说得流利、漂亮、美丽动听,总之能让鬼谷子听了觉得满意,他就会把梯子放下去,让通过了的学生爬上来,就算毕业了,可以出去找工作了。说得不好、通不过的学生,就不及格,那就得在深坑里待上一段时间,反思一下,爬上来后继续学习。

苏秦和张仪这两个学生,在坑里竟然能够把老奸巨猾的鬼谷子说得"泪下沾襟"。鬼谷子赶紧放梯子,热情地让他们上来,成绩嘛两个人差不多,张仪的更出色一点,苏秦略逊色一点。

鬼谷子对苏秦说,"你的成绩稍微差那么一点火候,尚需磨炼,不过,假以时日,必成大器。你已经毕业了,可以独自去闯天下了。为师我有几句话要嘱咐,你毕业后,无论到哪个国家求职,无论结果如何,都不要气馁。万事开头难,首次求职,万一不顺的话,我这里还特意为你准备了一本书《阴符经》。你要逐字逐句地阅读,不可马虎,要用心领会。如果你全部读懂了,必能助你成就大业。"

苏秦听完老师的话,已经感动得一塌糊涂。"恩师放心,弟子都记下了。"

苏秦拜谢了老师,回到家,第一件事是筹钱办行头,要出去求职,怎么着也得包装一下。堂吉诃德以一个游侠的身份闯天下时候,还有剑、瘦马和仆人桑丘跟随呢,是不是?不然的话,大战风车,连个观众都没有,战给谁看哪。

苏秦到秦国去谋职时,也置办了一身行头:乘坐高车驷马,穿着紫貂皮的大衣,仆从自然也是有的,至少一个吧,见到秦王,一番自吹自擂之后,秦王不吃这套,任你说破嘴,人家岿然不动。苏秦没有气馁,硬挺了一年,秦王还是没有要用他的意思。万般无奈,苏秦只好把仆从打发了,把皮大衣、车马当掉,徒步挑担,打道回府。家人看到他这个灰头土脸的样子,不用问,在外面没混出个人样来。当初苏秦对家人吹牛,说出去一定可以混出个人样来,以自己的学识,肯定能当了大官给家人长脸,让家人无论如何帮忙筹钱当盘缠,现在可好,狼狈不堪地回来了,借人家的钱还不知道怎么还呢。父母见他这样回来,假装没看着,一年不见面的老婆呢,别说亲热了,冷眼相对,坐在织布机上就当没他这个人。饿得实在受不了,到厨房找点吃的,结果,平日对他还不错的嫂子有饭也不给他吃。一个男人,混到这般田地,活着还有什么意思?投河自尽,一了百了算了,免得浪费粮食。就在要跳河的一刹那,忽然想起鬼谷子老师的话,快回家读《阴符经》,还有翻身的希望。

于是,到家捧读《阴符经》,日夜秉烛苦读。可是,《阴符经》实在晦涩难懂,不知所云。读起来就犯困,为了领会其中的奥秘,他采取残忍的自虐法来读书:打瞌睡是吧?将头发悬在梁上,用锥子刺自己的大腿,自然就不困了,好,继续。

就这样自虐了一年,书中大意已全部领会,并能融会贯通。他这才意识到老师的苦心,原来命中注定他要靠《阴符经》成就大事,而真正读懂《阴符经》,必须经历一番失败的磨难。他懂了。这回,他信心满满地重新踏上求职路,秦国不用我是吧,那我到秦国的敌对国赵国试试，然后拉拢其他五国一起联合抗秦。这事就这样成了。六国同时给他封相，缔结合纵盟约，聘他为纵约长。曾经拒绝用他的秦王对苏秦表达了"有眼不识金镶玉"的后悔之意。

《鬼谷子》一书讲什么

《鬼谷子》一书讲述了完整的智谋策略学，内容博大精深，它一反老子《道德经》"言简意赅"的格言体写作，而着重于辩证法和方法论，是一本讲究实用、以道义来保家卫国、救亡图存的罕世奇书。作者到底是谁，还是一个谜。有说是其后学者根据其言论整理而成的，有说作者是他的学生苏秦托名鬼谷子写的，也有人说是鬼谷子自己写的。

《鬼谷子》中很重视"辞说"，别忘了他给学生的毕业考试题目，就是要当场考学生的辞说能力。"辞说"，就是说话，就是说服对方，让对方听你的话就达到目的了。

到什么山上唱什么歌，见什么人说什么话。看菜吃饭，量体裁衣。见人说人话，见鬼说鬼话。尤其是该如何对领导说话，推销自己，让领导有个好印象，这真的很难，需要好好磨炼。比如说，乾隆皇帝身边有个大学士叫汪由敦，有一次天不亮就来上朝，乾隆皇帝就关切问："爱卿这么早就来上朝，吃过早餐了吗？"大学士汪由敦回答："臣家里穷，早餐只吃了四个鸡蛋。"乾隆皇帝何等聪明之人，听了这话，异常惊讶地问："一个鸡蛋需十两银子，四个就是四十两。朕尚不敢如此奢侈，你怎么还说家里穷呢？"完了，完了，汪由敦意识到自己说错话了，只好含糊其词地敷衍说，"那个什么，是我乡下的亲戚来，带来几个，我一时嘴馋，全吃了。"相比之下，翁同龢就比汪由敦聪明多了，关键时刻反应快，会说话。光绪皇帝一天也就吃四个鸡蛋，御膳房账本上记的却是花费三十四两银子，如此算下来一个鸡蛋就值八两多白银。光绪皇帝就问他的老师翁同龢："老师呀，鸡蛋这么贵的食品，您可曾吃过？"

翁同龢没有脱口而出，而是想了想才说。翁同龢当然知道御膳房账本是太监们搞了鬼，但一想，如果说了实话，就会得罪太监们，就对皇上说："这么贵的东西，臣也就在祭祀大典的时候偶尔吃一点。"

由此可见，这说话确实是一门大学问。鬼谷子重点传授的就是这门学问。

该怎么说话，鬼谷子说："与阳言者，依崇高；与阴言者，依卑小。以下求小，以高求大。由此言之，无所不出，无所不入，无所不可。可以说人，可以说家，可以说国，可以说天下。"

意思是说，和高尚正直的人说话，就得把话说得有正气感；和卑鄙的小人说话，你就得讲那些龌龊的话。用卑下的话来笼络小人；用高大漂亮的话来结交大人。用这方法说话，到啥地方，都管用。这一招，你可以用来说服人，可以用来说服家，可以用来说服国，更可以用来说服天下。

也许有人说了，这个鬼谷子心眼太多了吧，心地不够纯正。其实也不尽然。《鬼谷子》里也有这样的话："德为之人，养神之所，归诸道。"他同样强调德，没有德、"心术不通"的人成不了大事。因为，德代表整个人格，是"养"神的地方，神采居于心脏，心脏健康，人才有精神，才会神采奕奕。而这一切，最终都归诸道！

鬼谷子很强调"养"。如果德"养"不好的话，那么，"知类在窍，有所疑惑，通于心术，心术必有不通。其通也，五气得养，务在舍神，此之谓：化。化有五气者，志也，思也，神也,德也,神其一长也。静和者,养气。养气,得其和。四者不衰,四边威势,无不存而舍之。"

"养"德之外,也要"养"气。气又怎么养呢?诀窍在一个"静"字。鬼谷子说,"静和者,养气。养气,得其和,四者不衰;四边威势,无不存而舍之。"

这里,鬼谷子提出了"静和"。现代人的毛病就是静不下来,庸人自扰,熙熙攘攘,太浮躁。鬼谷子说:"心气一,则欲不偟,欲不偟。则志意不衰。志意不衰,则理达矣。理达,则和通。和通,则乱气不烦于胸中。"意思是说,欲念不彷徨,意志就不会衰。意志不衰,人就能明理。明理,身体就感觉平和、通畅,就不会胡思乱想、睡不着觉。

《鬼谷子》同样强调"养"志:"志不养,则心气不固。心气不固,则思虑不达。思虑不达,则志意不实。志意不实,则应对不猛。"

"养"气之外,还要"养"心。《鬼谷子》里说:"心散则志衰,志衰则思不达也。"心一旦散了,那么意志也就没了,意志一衰,思维也跟不上了。按照《黄帝内经》的观点,心脏和心气一旦崩散,那么,心火便不能生脾,这样的话脾脏和脾气就会衰弱。

如何做到这些呢?关键在于"心气"能"一",也就是说,一个字:静。静才能集中精力。静,就不能贪心,就得学会清心寡欲。鬼谷子的方法是"无为而求""安静五脏,和通六腑,精神魂魄,固守不动,乃能内视反听。"

清心寡欲说起来容易,做起来难。所以,鬼谷子说:"兑者,知之也;损者,行之也。"他要求大家要"损兑",要自爱自重,要心存损兑,效法蓍灵的刚劲,自芳自香,不屈不挠。这是一种很仁慈的心。和老子的"戒泰,戒奢,戒甚"殊途同归。

第三节　纵横家名言

1.捭阖者,天地之道

故捭①者,或捭而出之,或捭而纳之;阖②者,或阖而取之,或阖而去之。捭阖者,天地之道。捭阖者,以变动阴阳;四时开闭,以化万物纵横。反击、反覆、反忤③,必由此矣。(《捭阖第一》)

【注释】

①捭:开。②阖:合。②忤:抵触,不顺从。

【译文】

所谓开放,或者要自己出去,或是让别人进来;所谓封闭,或者通过关闭来获取某物,或通过关闭使他人离开。开放与关闭是天地运行变化的规律。开放和封闭是因为事物阴阳变化,四季终而复始促使万物纵横变化。无论是离开、归复、反抗,都是通过开放或封闭来实现的。

【鉴赏】

"捭阖"是世间事物存在的普遍规律,"捭"与"阖""阴"与"阳"相互转化,成为纵横家游说的重要法则。"纵横捭阖"已经成为对那个风云激荡年代独特政治和外交谋略的高度概括。纵横家们突破了仁义的束缚,以追求利益为至上目标,演绎了一幕幕唇枪舌剑的另类战场。它所折射的思想光芒和深邃的游说技巧,仍然适用于今天的对外交往、商贸会谈以及公关协调活动之中。

2.心者,神之主

捭阖者,道①之大化,说②之变也。必豫审其变化。口者,心之门户也;心者,神之主也。志意、喜欲、思虑、智谋,此皆由门户出入。故关之捭阖,制之以出入。(《捭阖第一》)

【注释】

①道:原则。②说:游说。

【译文】

开放和封闭是万物内在规律的运行,用以表现事物的变化形态。人们必须慎重地考察万物变化和事情的吉凶。口是心灵的门窗,心是精神的主宰。意志、情欲、思想和智谋都由口而出入。因此,用开合之道把守这个关口,以控制出入。

【鉴赏】

一捭一阖,开合有度,循环往复,没有穷尽。捭阖是春秋时期纵横家们四处游说的指导思想,也是他们舌战四方、出奇制胜的秘籍。人们要做嘴巴的主人,做思想的主宰;论战时滔滔不绝,静默时三缄其口。切不可让放飞的风筝断线,让思想的奔马脱缰。

3.阳还终始,阴极反阳

为小无内,为大无外。益损、去就、倍反①,皆以阴阳御其事。阳动而行,阴止而藏;阳动而出,阴随而入。阳还终始,阴极反②阳。以阳动者,德相生也;以阴静者,形相成也。(《捭阖第一》)

【注释】

①倍反:背叛。②反:回归。

【译文】

要做小事,要进入无限微小境界(称为"阴");要做大事,要进入无限广大境界(称为

"阳")。诸如补益和损害、离去和接近、背叛和归属,都是在阴阳规律约束下运行的。"阳"指运动前进,"阴"指静止隐藏。"阳"指动而暴露,"阴"指随行潜入。阳环行于终点,开端是阴;阴到了极点就反归为阳。凭"阳之道"运动者,道德就会与之相生;以"阴之道"而运动者,事物在安静中悄悄形成。

【鉴赏】

阴阳是我国古代哲学的一对重要范畴。阴阳最初意思表示阳光的向背,向日为阳,背日为阴,后来引申为气候的寒暖,方位的上下、左右、内外和运动状态的躁动和宁静等。古代哲学家们进而以此说明自然界各种现象之间的相互对立且相互统一的关系。这是一种具有中国风格和特色的辩证法思想,它已经深深烙进我们的民族心理与思维方式之中。

4. 反以知古,覆以知今

古之大化者[①],乃与无形俱生。反以观往,覆以验来;反以知古,覆以知今;反以知彼,覆以知己。动静虚实[②]之理,不合于今,反古而求之。事有反而得覆者,圣人之意也,不可不察。(《反应第二》)

【注释】

①大化者:古代圣人。②虚实:真伪。

【译文】

古代以大道大德教化众生的圣人,总能与无形共生共存。反观而回溯以往,回首以察验未来;既可以知古,也可以知今;既可以了解对方,又可以知道自己。依动静、虚实的运动原理,如果现在得不到实践,就可以反思历史去寻求前人的经验。有些事要反复考察才能有所把握,这是圣人的见解,不可不认真观察。

【鉴赏】

当我们谈古论今之时,古今好像已被隔为两段。实际上,古也曾是今,今又终作古,两者犹如江河之水难以割断。如此看待昨日与今天、历史与现实,眼光会变得深邃,心胸也会变得宽广。我们不能因为今天的不快而嫉恨昨天的历史,也无须陶醉于昨天而拒斥今天的到来。我们要站在历史的基点上,把握今天,展望明天,做一个有历史感和未来眼光的当代人。

5. 因其言,听其辞

人言者,动也;己默者,静也。因[①]其言,听其辞。言有不合者,反而求之,其应必出。言有象,事有比;其有象比,以观其次。象者,象其事;比者,比其辞也。以无形求有声,其

钓语^②合事,得人实也。(《反应第二》)

【注释】

①因:依据。②钓语:如投鱼饵一样在发言时引诱对方,以便引出对方的话头。

【译文】

别人说话叫作动,自己缄默叫作静。要根据别人说话,听出他言辞的内涵。如果对方说话有矛盾,要反复地追问他,直到对方说出真实的意思。语言表达有形象性,描述事物可用比喻;因为有了形象与比喻,所以要仔细观察隐藏于言辞之后的含义。用形象以模拟事件,用比喻以比附言辞。用无形的规律来探求有声言辞的含义,引诱对方说出自己需要知道的事,从而找到与人与事相吻合的真相。

【鉴赏】

俗话说:言为心声,听话听音,人们总会在不经意间暴露自己内心的秘密。鬼谷子说要"因其言,听其辞",孔子也曾说过,"敏于行,讷于言"。

如此这般,我们是否因此就选择沉默是金呢? 实际上,该说时还得说,只不过要讲究说的技巧和效果。鬼谷子要用"说"去钓取对方内心的想法,孔子也要用"说"传播自己的思想。所以,生活于当下的人们既不能夸夸其谈、信口雌黄,当然也不能仅做一只"沉默的羔羊"。

6.欲高反下,欲取反与

故善反听^①者,乃变鬼神以得其情。其变当也,而牧之审也。牧之不审,得情不明;得情不明,定基不审。变象比^②,必有反辞,以远听之。欲闻其声反默,欲张反睑^③,欲高反下,欲取反与。欲开情^④者,象而比之,以牧其辞。同声相呼,实理同归。(《反应第二》)

【注释】

①反听:反过来听取对方言论。②象比:形象比较。③睑:通"敛",收敛。④开情:打开心扉表达思想。

【译文】

所以,善于从反面听取别人言论的人,在于拨开鬼神玄虚而探究事物的实情。他们随机应变恰到好处,控制对手细致周密。如果控制不周密,得到的情况就不会分明;得到的情况不分明,心中底数就不确定。要把形象和类比灵活运用,就要会说反话,以便远远地观察对方的反映。想要听别人讲话,自己就要沉默;想要打开,就先要收敛;想要升高,就先要下降;想要获取,就先要付出。要想知晓对方的内心,就要运用模仿和类比的方法,以便理解和把握对方言辞。同类的声音可以彼此呼应,合乎实际的道理会有共同的结果。

【鉴赏】

古人这种变通、机敏和睿智着实令我们钦佩,这是思维力量的凸显和智慧之光的闪现。它启迪人们如何面对失败与成功、喜悦与懊丧……真理告诉我们:要得到,就要付出;要收获,就要耕耘。这是生活的辩证法,也是事业的指南针。

7.己不先定,牧人不正

己不先定,牧人不正[1]。事用不巧,是谓"忘情失道"。己审先定以牧人,策而无形容,莫见其门,是谓"天神"[2]。(《反应第二》)

【注释】

①牧人不正:管理别人没有规范。②天神:指善于体察实情,达到纵横捭阖、运用圆熟的状态。

【译文】

如果自己不事先确定策略,管理别人就没有规范。做事没有技巧,叫作"忘情失道"。自己首先确定策略才能统领众人,策略隐秘而不让人窥探任何东西,叫作"天神"。

【鉴赏】

知彼知己,百战不殆。这是对信息间较量重要性的充分肯定。当然,仅此一点是不够的,战争双方是信息、机智、谋略、战斗精神等全方位的较量。一个单位领导如同将领一样都面临着如何处理"一"和"多"的关系,处理得当方可得心应手,游刃有余。

8.事事皆有规律

君臣上下之事:有远而亲,近而疏;就[1]之不用,去之反求[2];日进前而不御[3],遥闻声而相思。事皆有内揵[4],素结本始[5]。或结以道德,或结以党友,或结以财货,或结以采邑[6]。(《内揵第三》)

【注释】

①就:接近,靠近。②去之反求:离去反而求取。③御:使用。④内揵:内,指内心、内情;揵,指支持、固守,也有堵塞、闭合之意;内揵:意为内心的思考与谋划。⑤素结本始:君臣之间一开始就相联系。⑥采邑:封地。

【译文】

君臣之间的事情:有的距离很远却很亲密,有的距离很近却很疏远;有的留在身边却

纵横家 诸子百家

不任用,有的离任以后反受聘用;有的天天见到君主却不被信任,有的远离君主却被思念。所有事物内部都有规律,君臣之间一开始就相互联系。或者用道德相结合,或者用朋党相结合,或者靠钱物相结合,或者靠封地相结合。

【鉴赏】

万事万物都有其自身的规律,人们只能发现、运用规律而不能消灭和创造规律。人们只有学会顺其自然、顺应规律,做事才能得心应手、一路坦途,相反则会处处碰壁、步步艰难。

9. 物有自然,事有合离

物有自然①,事有合离②。有近而不可见,远而可知。近而③不可见者,不察其辞也;远而可知者,反往以验来也。巇④者,罅⑤也;罅者,涧也;涧者,成大隙也。巇始有朕⑥,可抵而塞,可抵而却,可抵而息,可抵而匿,可抵而得,此谓抵巇之理⑦也。(《抵巇第四》)

【注释】

①自然:规律。②合离:聚合分离。③反往:既往,过去。④巇:裂缝,缝隙。⑤罅:与“巇”同义,程度略深。⑥朕:征兆,萌芽之态。⑦抵巇之理:堵塞缝隙的道理,是一种普遍使用的谋略。

【译文】

万物都有其自然存在的规律,事情都有其自然离合的道理。有的近在眼前却看不见,有的距离很远却尽知晓。距离近而看不见,是因为没能察知对方言辞;距离远而能知道,是因为经常来往互相体察的缘故。所谓“巇”就是“罅”,“罅”就是裂痕,小裂痕会变成大裂缝。当裂痕刚出现时,常有预兆,就应该设法加以防范堵塞,使其变小,使其不再扩展,直至消失,并从中有所收获,这就是所谓抵巇的原理。

【鉴赏】

抵巇:指堵塞漏洞、消除隐患之意,就是要在游说过程中发现对方的矛盾,然后乘隙而入,创造有利于自己的游说条件,进而说服对方。

事物的运动、变化和发展的根本原因在于其内部矛盾双方的对立与统一。抵巇成败与否在于能否理解和认识事物本身内部存在的客观规律。这些规律不会自动暴露出来,只能依靠我们不断地去学习和掌握它。

10. 经起秋毫之末,挥之于太山之本

事之危①也,圣人知之,独保其用②,因化③说事,通达计谋,以识细微。经④起秋毫之末⑤,挥之于太山⑥之本。其施外,兆萌牙蘖之谋⑦,皆由抵巇,抵巇隙为道术。(《抵巇第四》)

【注释】

①事之危:事情威胁的征兆。②独保其用:能够独自发挥其功用。③因化:顺应变化。④经:起源。⑤秋毫之末:秋天动物所生出的细毛,形容细小。⑥太山:泰山,形容稳壮之物。⑦兆萌牙蘖:形容事物微小的变化。

【译文】

当事情出现危机征兆时,圣人就已知道,并能独自发挥其作用,能说明事情的原委,从而通过各种计谋识别敌手的一举一动。万物都是从秋毫之末开始的,功成之后却能稳如泰山。当圣人的德政推行于外后,奸邪小人的阴谋诡计就会被抵制直至消灭。可见,抵巇敌人就是一种道术。

【鉴赏】

质的飞跃是以量的积累为基础的,任何胜利的取得都是靠无数次的努力才实现的。天上不会掉馅饼,只有永不止境地奋斗,才能换取最后的胜利。目标的达到就是从一点一滴中开始的,在不经意的细节中完成的。人的一生,困难、挫折、误解甚至敌视都在所难免。只要保持一份韧劲和锲而不舍,就能逆势而上,化险为夷,转危为安。

11.圣人者,天地之使

自天地之合离终始,必有巇隙①,不可不察也。察之以捭阖,能用此道,圣人也。圣人者,天地之使②也。世无可抵,则深隐而待时。时有可抵,则为之谋。可以上合③,可以检下④,能因⑤能循⑥,为天地守神⑦。(《抵巇第四》)

【注释】

①巇隙:缝隙,此指叛乱事件。②天地之使:天地派遣的使者。③上合:打击之后加以堵塞。④检下:打击之后得到这些。⑤因:根据。⑥循:遵循。⑦天地守神:为天地守其神祀,意即为国家的统治者。

【译文】

自天地有了离合变化,就有叛乱事件出现,为政者不可不慎察。要用"捭阖之术"观察这个问题,能用此道的就是圣人。所谓圣人乃是天地的使者。假如世间没有可"抵"之事时,就隐形匿行,等待时机;假如世间有可"抵"之事,就挺身而出,为国家谋算。上可以跟君主合作,下可以治理百姓;既有所根据,又有所遵循,真是天地的守护神啊。

【鉴赏】

天地间万事万物千差万别、参差不齐,各有优缺点,彼此有矛盾。所谓谋臣和策士就在于善于"捭阖之术",从蛛丝马迹中发现对方的弱点和矛盾。精通此道者可谓是谙熟自然规律和社会规律的"圣人"。我们崇拜圣人，但无须神话圣人。"世上本无圣，全由自为之"。孔子三岁丧父，十七而孤，一生颠沛流离，所以成就其圣人之名者就在于他那"知其不可而为之"的韧劲和弘毅精神。

12.度权量能，征远来近

凡度①权②量能，所以征远来近③。立势④而制事⑤，必先察同异，别是非之语；见内外之辞⑥，知有无之数；决安危之计，定亲疏之事；然后乃权量⑦之。（《飞箝第五》）

【注释】

①度：量长短，此指揣测。②权：权变，计谋。③来近：意指使近处来投奔。④立势：建立制度。⑤制事：管理事务。⑥内外之辞：真伪之辞。⑦权量：计算长短轻重。

【译文】

只有善于揣度人的智谋、考量人的才干，才能吸引远近人才。要造成一种声势，完成一件事情，就得先观察人们之间的同和异，区别议论的是与非；了解对内对外的各种言辞，判断其有无与真假；商定事关安危的计谋，议定人们的亲疏与远近，然后再权衡这样做的利弊得失。

【鉴赏】

女为悦己者容，士为知己者死。在竞争日趋激烈的今天，人才往往是领先对手、克敌制胜的至宝。如何将人才引进来、留得住、待得久，人们想了很多的办法。鬼谷子的用人之术尤其是"飞箝之术"极其富有特色。"飞箝术"就是用语言诱使对手说话，然后以褒奖的手段箝住对方，引诱对方说出自己内心的真实想法。虽然此法不是那么阳光和道德，但它的这种思路还是值得借鉴的。

13.立身御世，施教扬声

是以圣人居天地之间，立身①御世②，施教扬声明名也，必因事物之会，观天时之宜，因之所多所少，以此先知之，与之转化。（《忤合第六》）

【注释】

①立身：树立自己的身份。②御世：治理事情。

【译文】

圣人生活在天地之间，立身处世为了教化众人，扩大影响，宣扬名声。他们必须根据事物之间的联系，来观察天象，抓住有利时机，根据国家哪些方面有余，哪些方面不足，据

諸子百家

——纵横家

此把握事情的实质,并设法促进事物向有利的方面转化。

【鉴赏】

人过留名,雁过留声。人生在世,何尝不想扬名立万、流芳千古,但能做到者只有凤毛麟角。身为凡人是否因此叹息不已？实际上,只要你去想过、去试过、去努力过,不管是成功,还是失败,这样的人生不是也足够多彩了吗?

14.世无常贵,事无常师

世无常贵,事无常师①。圣人常为无不为,所听无不听。成于事而合于计谋,与之为主。合于彼而离于此,计谋不两忠②,必有反忤。(《忤合第六》)

【注释】

①师:示范的榜样。②两忠:双方都忠实可靠。

【译文】

世上没有永远显贵的事物,做事没有永恒的师长。圣人常常是无所不做,无所不听。办成要做的事在于不违背预定的计谋,如果为了自己的君主。合乎那一方利益,就要背离这一方利益,一个计谋不可能同时忠于两个对立的君主,必然要违背其中一方意愿。

【鉴赏】

人生来就是在各种"规则之网"中生活,它既维持了社会的有序运转,又难免桎梏了许多天才的大脑。人类大脑是用进废退,越用越有创造力;越不用,就越迟钝笨拙。当时异势殊之时,我们要善于突破规则的网络,在平常中搜寻异见,在规则中寻找变通,在创造中实现提升。

15.量天下之权,揣诸侯之情

古之善用天下者,必量天下之权,而揣①诸侯之情。量权不审,不知强弱轻重之称;揣情不审,不知隐匿变化之动静。(《揣篇第七》)

【注释】

①揣:揣摩推测。

【译文】

古时候,善于治理天下的人必然审慎把握国家的发展趋势,揣测诸侯各国的具体情形。如果不能切实地审时度势、权衡利害,就不会知道诸侯国的强弱情况;如果不能周密

諸子百家——纵横家

地揣测形势,就不知道其中隐秘之事的发展变化。

【鉴赏】

好的谋略必然以通晓天下形势为基础,说服对方则以了解对方本意为保证。只有两者结合,谋臣策士才能说服对方。所以说,揣情之术是谋略之根本,是游说之妙法

16.谋之于阴,成之于阳

古之善摩①者,如操钩而临深渊;饵而投之,必得鱼焉。故曰主事日成而人不知,主兵日胜而人不畏也。圣人谋之于阴,故曰神;成之于阳,故曰明。(《摩篇第八》)

【注释】

①摩:揣摩。

【译文】

古代善于"揣摩"的人,就像拿着鱼钩到水潭边上去钓鱼一样;只要把带着饵食的钩投入水中,就一定可以钓到鱼。所以说,主办的事情一天天成功,却没有察觉;主持的军队日益压倒敌军,却没人感到畏惧(才是高明的)。圣人谋划行动总是在黑暗中进行,所以被称为"神";办事成功则显现于光天化日之下,所以被称为"明"。

【鉴赏】

没有盛大的阅兵式,没有激昂的动员令,没有喧闹的奠基礼,没有隆隆的宣传车,却能不战而屈人之兵,不亲力亲为而国泰民安。治国用兵之策历来为国之大事。古人所称道的这种"神明"境界也为今天的富国强兵留下诸多启示。

17.机不可失,久而化成

故物归类,抱薪①趋火,燥者先燃;平地注水,湿者先濡②。此物类相应,于势譬犹是也,此言内符之应外摩也如是。故曰:摩之以其类,焉有不相应者?乃摩之以其欲,焉有不听者?故曰:独行之道。夫几者不晚,成丽不抱,久而化成。(《摩篇第八》)

【注释】

①薪:柴火。②濡:浸,渍。

【译文】

世上万事万物都有各自的规律,抱着柴草向烈火走去,干燥的柴草就会首先燃烧;往平地倒水,湿的地方就要最先存水。这些都是与事物的性质相适应,依此类推,其他事物也是这样,这就是"内符"与"外摩"相适应的道理。所以说,按照事物不同特性而实行

"外摩"之术,哪有不发生反应的呢?根据被游说者欲望而施行"外摩"之术,哪有不听从游说的呢?所以说,只有圣人最能实行揣摩之术。大凡通晓机妙的人都不会丧失时机,有成绩也不居功,天长日久就一定取得成功。

【鉴赏】

　　大机遇总潜藏在大趋势里,只有高瞻远瞩的人才能真正把握。真正的将领既不以自己条件有利就轻易而战,也不因自己条件不利就胆战畏缩。他总是利用一切机会,制造有利于自己的军事态势,从而化不利为有利,变被动为主动。

18.众口铄金,言有曲故

　　故口者,几关①也,所以闭情意②也;耳目者,心之佐助也,所以窥间见奸邪。故曰:参调而应③,利道④函而动。

　　故繁言⑤而不乱,翱翔⑥而不迷,变易而不危者,观要得理。

　　……古人有言曰:"口可以食,不可以言。"言者有讳忌⑦也。众口铄金,言有曲⑧故也。(《权篇第九》)

【注释】

　　①几关:机关。②闭情意:宣布或闭锁情感。③参调而应:参,同"三",指口、目、耳三种器官。④利道:有利的途径。⑤繁言:烦琐的语言。⑥翱翔:鸟在高空飞舞,此指言辞纵横自如,口若悬河。⑦讳忌:隐讳和顾忌。⑧曲:偏邪,不正。

【译文】

　　因此,"口"是人身体的"机关",用它来封锁和传递信息。耳目是心的辅助器官,用它来侦察奸邪。所以说:只要(口、耳、目)三者相互呼应,就会走向成功。

　　所以,虽然语言烦琐却并不乱说,虽然口若悬河却并不迷惑,虽有局势变化却并不危险,就是要在观察事物时掌握其中道理。

　　……古人说:"嘴可用来吃饭,不可随便说话。"意思是说,讲话应该有所忌讳。人多口杂,混淆是非。小心人言可畏,因为它可以把事实歪曲。

【鉴赏】

　　是做嘴巴的奴隶,还是嘴巴的主人?你可能不以为然,认为这是小题大做,故弄玄虚;但论及"一言以兴邦,一言以丧邦"的古训,你又做何感想呢?

19.禽兽用其长,谈者用其用

　　人之情,出言则欲听①,举事②则欲成。是故智者不用其所短,而用愚人之所长;不用其所拙③,而用愚人之所工④,故不困也。言其有利者,从其所长也;言其有害者,避其所短

諸子百家——縱横家

也。故介虫⑤之捍⑥也,必以坚厚;螫虫⑦之动也,必以毒螫。故禽兽之用其长,而谈者知用其用也。(《权篇第九》)

【注释】

①欲听:希望被别人听从。②举事:做事。③拙:此指短处。④工:长处。⑤介虫:介,通"甲",指甲虫。⑥捍:抵抗。⑦螫虫:有毒刺的虫类。

【译文】

此为人之常情:只要自己说出话,就希望有人听,只要办事情就希望能成功。所以说,聪明人不用自己的短处而用愚者的长处;不用自己的短处而用愚人的长处,这样就使自己永远不会陷于窘迫。说到有利的一面,就要发挥其长处;说到有害的一面,就要避其短处。因而,甲虫防卫要用其坚硬的甲壳,毒虫行动一定会用那有毒的螫子。所以连禽兽都知道发挥自己的长处,进谏的人更应该会用游说术了。

【鉴赏】

人无完人,金无足赤;尺有所短,寸有所长。这些古语告诉我们:一个人有缺点很正常也并不可怕,可怕的在于抱残守缺而不思避短扬长。一个人要想做成功人士,就要明确定位,树立信心,培养优势,发挥潜能。

20.百事一道,百度一数

故变生事,事生谋,谋生计,计生议,议生说,说生进,进生退,退生制,因以制于事①。故百事②一道,而百度③一数④也。(《谋篇第十》)

【注释】

①制于事:制约事物。②百事:指世间万物。③百度:指各种法度、法则。④数:术。译文
因为事物不断变化,才能产生问题;因为要解决问题,才需要谋划;只有通过谋划,才会产生计策;只有研究计策,才能产生相应的方法;有了方法,才能游说决策者前进;进而不通,再退一步;进退之中,形成制度,以此制度解决现实中的问题。如此看来,万事万物的变化都是一个道理,而万事万物本有同一法则啊!

【鉴赏】

从"变"中求"道",从"事"中寻"制";一议一说中彰显智慧,一进一退间尽显从容。这种积极进取、奋发有为、机智善变的精神和气质值得充分肯定。

21.仁人轻货,勇士轻难

夫仁人轻货①,不可诱以利,可使出费②;勇士轻难,不可惧以患,可使据危③;智者达

于数、明于理，不可欺以诚，可示以道理，可使立功，是三才④也。故愚者易蔽也，不肖者⑤易惧也，贪者易诱也，是因事而裁之。故为强者，积于弱也；为直者，积于曲也；有余者，积于不足也，此其道术行⑥也。（《谋篇第十》）

【注释】

①轻货：轻视财物。②出费：提供费用、资财。③据危：镇守危险之地。④三才：古代以天、地、人为"三才"，此指文中所说的仁人、勇士、智者。⑤不肖者：品行不好的人。⑥行：表现，体现。

【译文】

有仁德的人轻视财货，不可以用财货引诱他们，却可以让他们提供财货；勇敢的人轻视危难，不能用祸患去吓唬他们，却可以用他们解除危难；智慧的人通达事理，不可假装诚信去欺骗他们，却可以向他们讲明道理，让他们建功立业。这就是所说的三种人才！由此观之，愚昧的人容易被蒙蔽，不肖之徒容易被吓唬，贪婪的人容易被引诱，所有这些都要根据具体情况来判断。所以，强者是由弱小的力量不断积累而变成强大的，笔直的东西是由许多微小曲线而积成的，财富充裕也是从欠缺不足慢慢积累起来的。这是因为规律在发挥作用啊！

【鉴赏】

仁人、勇士、智者，已为后人所称道，而三者合一则更为人们所敬仰。"三才"并非生而有之，而是后天的长期磨炼和陶冶而成。就胆量而言，就是敢于去想别人不敢想、做别人不敢做、为别人不敢为的事。

总之一句话，凡是人家不敢的，你敢，这就是胆量。要成就事业的成功，就必须有胆量。胆量是成功的前提，胆量是成功的基础，胆量是成功的力量之源。但是任何事物都不是绝对的，胆量也是如此。胆量固然重要，但智谋也必不可少。

22.外亲而内疏，内亲而外疏

故外亲而内疏者，说内①；内亲而外疏者，说外②。故因其疑以变之，因其见以然之，因其说以要之，因其势以成之，因其恶以权之，因其患以斥之。摩而恐之，高而动之，微③而证之，符而应之，拥而塞之，乱而惑之，是谓计谋。（《谋篇第十》）

【注释】

①说内：从内心入手游说、说服。②说外：从外表入手游说、说服。③微：悄悄。

【译文】

所以，外表亲善而内心疏远的人要从内心去游说他，对于那些内心亲善而表面上疏远的人要从外部去游说他。所以，可以根据对方所困惑的问题改变自己游说的内容，根据对方的表现来判断游说活动是否见效,根据对方言辞来确定自己游说的要点,根据情势的变化来征服对方,根据对方的厌恶之事去权衡利弊,根据对方所忧虑而加以申斥防范。揣摩之后对之施以恐吓,抬高对方就策划行动,削弱对方之后加以扶正,验证对方真假后决定是否回应他,拥堵对方后加以阻塞,制造混乱以迷惑对方。这些就叫作计谋。

【鉴赏】

纵横家的这种权谋策略及言谈辩技,虽然与儒家所推崇之仁义道德大相径庭,可能为某些君子之士所不齿,但在外交与商战领域被奉为至宝。因为外交较量得益与否,关系到国之安危兴衰;商战谈判是否得当,关系到生意之输赢成败。

23.公不如私,正不如奇

计谋之用,公不如私,私不如结①,结而无隙者也。正不如奇,奇流而不止②者也。故说人主者,必与之言奇;说人臣者,必与之言私。其身内、其言外者,疏;其身外、其言身者,危。(《谋篇第十》)

【注释】

①私不如结:保密不如结党。②奇流而不止:奇袭之法一旦实行就很难罢休。

【译文】

说到运用计谋,公开不如保密,保密不如结党,结党而内部没有矛盾。另外正规进攻不如奇袭,奇袭之法一旦实行就很难罢休。所以说,游说人主的时候,必须先与他谈论奇策;游说人臣的时候,必须先与他谈私交。虽然是自己人,却把家丑外扬,说着有利于外人的话,就会被人疏远。同理,他虽是外面人,却知道许多内情,也会有危险。

【鉴赏】

兵家尚谋,诸如智谋、密谋、阴谋、阳谋等,无不闪耀着哲学之运思和智慧之灵光。"谋"是军事斗争的重要手段,但在为人处世方面还是少一点阴谋,多一点诚实为好。

24.事贵制人,而不贵见制于人

故曰:事贵制①人,而不贵见②制于人。制人者,握权也;见制于人者,制命③也。故圣人之道阴,愚人之道阳;智者事易,而不智者事难。以此观之,亡不可以为存,而危不可以为安,然而无为而贵智矣。(《谋篇第十》)

【注释】

①制:控制。②见:相当于"被"。③制命:命运被控制。

【译文】

所以说:办事情最重要的是控制人,而不是被人控制。控制别人的人,手中握权;被人控制的人则被动受命者。圣人的处世之道称为"阴",愚人的处世之道称为"阳"。聪明的智者容易办成事,而愚蠢的人则成事困难。由此看来,国家灭亡了难以复兴,国家出现危难就难于安定。此时,愚者已是无能为力,只有智者才能挽救它了。

【鉴赏】

人只有做自己的主人,才可能成为别人的主宰。真正的智者之所以做自己的主人,在于其谙熟处世之道,张弛有度,而愚者反之。

25.人主不可不周

人主不可不周①;人主不周,则群臣生乱。家于其无常也,内外不通,安知所开? 开闭不善,不见原②也。有主周。(《符言第十二》)

【注释】

①周:周密,指君主要广泛知道一切事理。②原:源头。

【译文】

作为君主不能不广泛了解外界事物,否则就容易发生社会混乱。世间鸦雀无声是不正常的,内外没有交往,怎么能知道世界的开放与变化? 开放与闭塞不适当,就不能发现事物善恶之源头。以上是说君主要广泛了解外界事物。

【鉴赏】

开放是自信者的表现,闭塞是怯懦者的通病。广开言路和虚心纳谏不仅是君主治国安邦之亟须,也为一个人成就事业所必要。让你的思想插上双翅吧,你将会看到更加绚烂多彩的世界。

第四节 纵横家故事

不管"东西南北",只求有官可做

当代诗人北岛这样说过:"卑鄙是卑鄙者的通行证,高尚是高尚者的墓志铭。"这话透显出了人性与历史的悲剧意识,然而,历史也正是在这样的悲剧意识中愤然前行的。

一般说来,传统中国人的理想是当官,而不是当英雄。当官有权,有了权也就有了钱,荣、华、富、贵四个字真可谓形容尽了当官的好处。一旦当官,不仅在物质享受上得到了满足,被众人艳羡的虚荣心得到了满足,受人尊重、令人敬畏的权欲得到了满足,就是从道德上也得到了社会的承认,所谓光宗耀祖,正是这个意思。当英雄就不然了,在中国历史上,英雄大多没有好下场,"富""贵"往往是没有的,就是"荣""华"也要拜人之赐。所以,中国人是宁愿当官而决不愿当英雄的。

只要当上官,不论你曾采取过什么手段,不论你是为了什么目的,你都是成功者,舆论一般都会站在你这一边。"成者王侯败者寇",说的正是这个意思。中国人虽经常高喊"不以成败论英雄",但在现实当中却很难做到。因此,他们往往并不为了某一理想、某一原则去做官,而是把做官当作目的。春秋战国时期主张南北"合纵"抗秦的苏秦和主张东西"连横"自保的张仪,就是这方面的典型代表,真所谓不管"东西南北",只求有官可做。

苏秦的家庭有一定的社会地位和经济实力,但他不满足于丰衣足食的小康生活,想出人头地、被人羡慕、被人畏惧。于是,他根据当时的形势,努力学习各种权谋之术,分析当时各国的关系,准备去游说秦王,以获取很高的职位。

他穿上貂皮制的华贵衣服,带了一百斤黄金,来到了秦国,上书给秦惠王说:"大王,您的国家西边有巴、蜀、汉中丰富的物产供您使用,北边有胡、代地出产的马匹,向南则有巫山、黔中作为屏障,东边有崤山、函谷关等险阻。秦国真是田地肥沃、人民富足;有万辆战车,有百万雄师;沃野千里,地势险要便利,储藏丰富,这是天府之国,也是可以称雄天下的国家。以大王您的贤能,以秦国众多的人口,以那么多的战车以及纪律严明的军队,足可以并吞诸侯,据有天下,统治四海。希望大王您能听听我的意见。"

苏秦讲了这么一通大道理,秦惠王的回答却客气而又冷淡,其主要原因大概是由于他刚刚杀了卫鞅,不太喜欢外国人,又加上时机还不太成熟,或是苏秦只讲一些大而无用的道理,却无具体方法。秦惠王回信说:"我倒听说过:羽毛如果不丰满,就不能飞得很远;礼乐制度不成,不能够随便惩罚别人;道德修养不够深厚,也不能教导役使别人;政治法令没有理顺,也不能随便去烦扰大臣。现在先生您不远千里来到秦廷上教导我,还是等秦国具备了条件再听您的意见吧!"就这样,苏秦被秦王赶了出来。

秦惠王

苏秦接连上了十多次书,在秦国住了一年多,秦王始终没被说动。看着盘缠已花完了,身上的貂皮裘衣也穿破了,苏秦没有办法,只好回去。一路风尘仆仆,回到家时,只穿着用皮带绑缠着的草鞋,背着书,担着行囊,形容枯槁,面目黧黑,满面羞愧。等回到家里,家人知他求职失败,都不理他。妻子看他回来,连织布机都不下,嫂子也不替他做饭,父母连话都不跟他说。苏秦所受的冷遇够令他伤心的了。

他叹息说:"妻子不拿我当丈夫看,嫂子不拿我当小叔看,父母不拿我当儿子看,这都是秦王造成的啊！我一定要想法报此被辱之仇。"

于是，苏秦当夜就把书都找了出来，在屋子里陈列了几十种，其中有一种是姜太公的兵法《阴符》，专讲权谋之术。苏秦如获至宝，连夜背诵揣摩。就这样，苏秦头悬梁、锥刺股，发愤读书，并告诫自己说："哪里有游说国君而不能获得锦衣美食，不能据有卿相之位的呢？"经过一年的苦读和潜心分析，苏秦各方面的水平都有了很大的提高，他终于充满信心地说："这回确实可以游说国君了！"

苏秦为了向兄弟求得路费，就跟苏代、苏厉谈论太公兵法上的道理，苏秦的精彩分析说服了苏代、苏厉，他们不仅拿出许多钱送给苏秦，自己也开始研究起这些问题，后来也成了有名的说客。

苏秦这回决心合纵抗秦。

他先来到赵国，想结交赵肃侯的兄弟秦阳君，没料到一开始就碰了个钉子。他并不灰心，继续北上，来到燕国。在燕国等了一年多，也未见到燕文公，钱已用光了，只好借了掌柜的一百个小钱度日。一天，燕文公出来，苏秦就趴在地上求见。燕文公听说他就是曾经游说过秦王的苏秦，就把他带回宫里。在那里，苏秦对燕王讲了一通道理。苏秦说："燕国在列国之中并不是个大国家，论土地，只有两千五百里，论军事力量，也只有六百辆兵车，六千名骑兵，十几万步兵。南面的齐国和西面的赵国都比燕国强大得多，却连年战乱不断，只有燕国得保平安。为什么呢？就是因为西面有赵国挡住了强秦，使秦国不能越过赵国来打燕国。赵国一旦投降秦国，那么，秦国马上就会进攻燕国。您现在不同赵国交好，却去同秦国结成联盟，这实在是不正确的策略。况且如果惹怒了赵国，赵国的兵马朝发夕至，您又怎么能抵挡呢？正确的策略应该是同秦国绝交，大家联合起来一起对付秦国。这样，各国才能自保。"

燕文公很同意苏秦的看法，只是怕各国人心不齐，苏秦就主动要求去联合各国。燕文公当然很高兴，就给了他许多车马、黄金和从人。苏秦来到了赵国，赵肃侯很热情地接待了他。苏秦对赵肃侯说："中原最强的国家是赵国，而赵国又与韩、魏接壤，秦国要想向中原发展，就必须先攻下赵国。现在秦国不敢来攻赵，是因为有韩、魏做挡箭牌。但如果秦国奋力攻打韩、魏，韩、魏并无高山大河做险阻，是很容易被打下来的。到了那时，赵国可就首当其冲了。现在各国都同秦国交好，纷纷割让土地，可秦国贪得无厌，非把你的土地吞完不可，这是什么策略呢？中原各国再加上楚国如果能联合起来，地方比秦国大五倍、兵力比秦国多十倍，还怕秦国什么呢？我希望能大会诸侯，订立盟约，六国一起抗秦。"

赵肃侯当时十分年轻，正是一个血气方刚的青年，听到苏秦有合纵抗秦的办法，自然十分高兴。他立刻给苏秦一百辆马车、一千斤金子、一百双玉璧、一千匹绸缎，请他去约会各国的诸侯。正在这时，秦国打败了魏国，魏国献出十座城求和。赵肃侯听了很焦急，害怕秦国接着攻打赵国，就忙请苏秦商量。苏秦一面忙着备战，一面用激将法利用张仪，让张仪在秦国当上了客卿，说服秦国，使它不来攻打赵国。苏秦安定了赵国后，就开始游说其他诸侯国。

由于当时的情势所迫，韩、魏、齐、楚等国都十分同意合纵抗秦，苏秦的游说进行得很顺利，取得了很大的成功。他自己也做了六个诸侯国的宰相，挂了六国相印。他从楚国返回赵国,一路上前呼后拥,威风凛凛,真是史无前例的场面。

苏秦当然不会"三过家门而不入",他正要显示一下自己的威风。在路过洛阳时,他的父母亲自来到路旁迎接,他的嫂子扫地三十里,趴在地下不敢抬头,至于苏秦的妻子,只能远远地躲在一边,侧目而视,正眼都不敢瞧一下,只是竖起耳朵偷听。苏秦问他的嫂子说:"嫂嫂为什么先前对我十分倨傲,而现在对我十分恭敬呢?"苏秦的嫂子说:"因为叔叔您权大位尊而又有很多很多钱啊!"苏秦感慨万分地说:"唉!贫穷的时候连父母都不认你做儿子,富贵以后则亲戚也感到畏惧。人生在世,势力权位以及富贵难道是可以忽视的吗?"

公元前333年,燕、韩、齐、魏、楚、赵六国会于赵国的洹水,歃血为盟,结为兄弟,互相支持帮助,共同抗秦,并推苏秦为"纵约长",挂六国相印,专门办理合纵事宜。

应当说苏秦在一定时间内、一定范围内、一定程度上对减少战乱还是有一定的功劳的。《战国策》就曾这样评价苏秦发起的这次合纵运动:"不费斗粮,未烦一兵,未战一士,未绝一弦,未折一矢,诸侯相亲,贤于兄弟。"但千万不可忘记,苏秦倡导合纵的动机仅是为了能有官做,六国合纵也只是为了自身的利益来缔结暂时的军事同盟。

苏秦的事业不可谓不"辉煌",其独特的外交成就也是绝无仅有的,不过,他的结局却并不完满,其实这也是由他所从事的事情及其行为方式决定的。

秦王听说六国合纵,十分震惊。大臣公孙衍主张先打赵国,因为赵国是合纵的发起人。张仪连忙反对,认为六国刚刚合纵,不宜力取,若是去其一国,五国支援,那就不好办了,不如先拉拢其中的几个国家,慢慢地拆散盟约。可以先把魏国割让的城池退回几座,魏国一定感激,其他盟国一定猜忌,然后再把大王的小女儿嫁到燕国,同燕国结亲。这样,他们合纵的盟约就会被拆散。张仪出这样的计策,一方面确实有效,能够取得秦王的信任;一方面又遵守了不让秦国进攻赵国的诺言。

秦王依照张仪的计策去办,燕、魏果然同秦国交好。赵王很着急,立刻派苏秦去责问燕国,没想到燕王又向他诉苦,说是齐国夺去了燕国的十座城池,要求苏秦替他想想办法,苏秦又被迫来到齐国。苏秦对齐王说:"您如果能退还那十座城池,燕国会很感激,燕王也会信任您。这样,您就有可能号令天下,建立霸业。"齐王本来雄心勃勃,因没有做上纵约长国家委屈得很,苏秦这么一说,正中下怀,就归还了燕国的城池。

燕王虽然十分高兴,但因苏秦跟自己的母亲有私情,所以并不看重他。苏秦心里也明白,六国合纵的首要问题是势力均衡,否则,合纵是绝不会长久的。他见燕王对他冷淡,就对燕王说:"我现在对燕国已无多大的用处了,不如到齐国去,明里做臣下,暗里为燕国打算。"燕王正巴不得他离开,就派他去了。

齐宣王声色犬马无所不好,苏秦就迎合他的毛病,替他广搜美人,大造宫殿,为他父亲大办丧事。齐宣王虽然糊涂,但他的臣下田文等人却看得明白,这是消耗齐国的财力,要弄乱齐国的政治,弄垮齐国。田文等人就背地里派人去刺杀苏秦。刺客把匕首扎进苏秦的腹部就跑掉了。苏秦一时未死,挣扎着去见齐王,小声对齐王说:"我死之后,请把我的头挂在街上悬赏,就说我私通外国,有知道秘密的人快来揭发,就能抓住刺杀我的人。"齐王照着苏秦的话去做,果然抓到了刺客。

苏秦死后,合纵之约瓦解更加迅速,尤其是苏秦替燕国破坏齐国的消息传出以后,齐、燕之间的矛盾更加激化。这样,散纵连横就成为秦国近期的外交目标了。

秦惠文王立即拜张仪为相国,让他办理连横事宜。张仪本是穷苦出身,据说曾同苏秦一起读过书。与苏秦一样,张仪也是一个十分热衷于功名利禄的人。在未仕之前,他也曾经历过了艰苦的漫游过程。他曾做过楚国的下等客卿,一次,楚令尹昭阳家传观和氏璧时,因忽来大雨,大家在纷乱中把和氏璧丢失,昭阳的家人见张仪衣着褴褛,一口咬定为他所偷,把他打得皮开肉绽,几乎死去。后来,张仪听一个叫贾舍人的商人说苏秦在赵国做了相国,就前去拜见,没想到苏秦对他极为傲慢,这使张仪极受刺激,发誓要闯出一条路来。在他衣食无着、山穷水尽的时候,又是贾舍人帮他来到秦国,并替他花了大量钱财打点公门,使他当上了秦国的客卿。张仪对贾舍人万分感激,但贾舍人临走之前说:"这一切都是苏相国一手安排的,连我自己也是苏相国的门客。相国怕您在赵国得到了一官半职就满足了,况且相国认为自己的才能不如您,不宜在一国为官。所以才特意激励您的志气,把您安排到秦国来,希望您以后劝说秦王不要攻打赵国。"张仪听了,既感动又佩服,从此再也不认为自己比苏秦更有才能了。

这次他被秦王任命为相国,楚怀王很害怕,怕他要报和氏璧受辱之仇,就赶紧先下手为强,依照苏秦的想法,会盟六国,一起出兵进攻秦国。但他一连发动了两次进攻,都因各国军队军心不齐、战斗力不强而以惨败告终。

秦惠文王虽打败了六国军队,但齐、楚仍很强大,要想进攻齐国,就必须破除齐、楚联盟。于是,秦王派张仪带了许多礼物来到楚国,张仪先用重金买通了楚王的宠臣靳尚,又把六百里商于之地许给楚国,再加上花言巧语,昏聩贪婪的楚王竟然同意了张仪的要求,派人前去辱骂齐王,同齐国绝交,同秦国建交。但派去接受商于之地的人一年后才回来,终于弄清张仪的话里全是欺骗。楚王大怒,发兵十万攻打秦国,结果楚国在秦、齐两大军事强国的夹击下一败涂地,从此元气大伤。

后来楚怀王曾用黔中之地换得张仪,但经不起张仪蛊惑之术,又把他放回了秦国。楚怀王总是受骗,最后死于从秦国逃回的途中。

张仪功劳很大,秦王封他为武信君,并让他带足钱财,周游列国,实行"连横"计划。张仪首先来到齐国,对齐宣王说:"楚王已同秦王成了儿女亲家,韩、赵、魏、燕四国都送土地给秦国,相结为好,独有您孤立无援,如果六国一起围攻您,您打算怎么办呢?"到了赵国,又对赵武灵王说了这一通话,并拿齐国当幌子,号召诸侯。赵武灵王虽有雄才大略,但毕竟为情势所迫,也只好求和。到了燕国,燕国的新君愿把五座城池奉献给秦国。

张仪可以说满载而归,外交使命完成得非常漂亮。但回秦国时秦惠文王已死,秦武王即位。武王平时很讨厌张仪,张仪就不得不设法脱身。他对武王说:"齐王知道我骗了他,恨我入骨,我如果到魏国去,齐国肯定会攻打魏国。在齐、魏交战时,秦国就可趁机攻下韩国,您也就可以到周天王的都城去看看了,周朝的天下说不定就是大王的。"武王听得心花怒放,就派张仪去了魏国。

魏王拜张仪为相国,齐王知道后立刻派田文通知各国,重新结盟攻打魏国,并以十座城池的赏格捉拿张仪这个骗子。魏王十分着急,但张仪却自有主张。他派心腹冯喜假装成楚人去对齐宣王说:"大王既恨张仪,就不该成全他。我从秦都来,听说张仪离秦赴魏乃是一计。大王如果攻魏,秦国就会打下韩国,占有成周。您如今果真攻魏,不是正中圈

诸子百家——纵横家

套吗?"齐王恍然醒悟,撤回了军队。

魏王当然更加信任张仪,张仪也最终完成了连横计划。

公元前309年,张仪病死。纵观这一段历史,真可称得上是"国际风云变幻"。一会儿南北联合,一会儿东西联合,各个国家间的关系也十分微妙复杂,真是瞬息万变。就是在当今复杂的世界格局中,也很难看到如此变幻无方的国际关系。尤其令人注意的是,这种复杂的关系差不多完全是由两个智谋之人、舌辩之士左右的。先是苏秦的"合纵",后是张仪的"连横",这两个人把战国七雄随意玩弄于股掌之间。

不管你东西"连横"还是南北"合纵",不管你杀多少人,流多少血,不管是正义还是非正义,只要有我的官做,有我的荣华富贵,就一切都无所求了。面对如此"丰富"的智谋遗产的时候,你是否会有深深的感喟呢?

（参见《战国策》等）

运天下于股掌之间

在中国历史上,春秋战国时期的六国合纵是一次较大的历史事件,这不仅因为它改变了当时秦国对六国各个击破的状况,更重要的是它带有相当浓厚的文化色彩,被演绎成各种各样的故事流传后世。而这次合纵行动的主角就是苏秦。

苏秦从燕国来到赵国进行合纵活动。他对赵王说:"天下之人,从卿相、大臣,直到平民百姓,没有一个人不赞扬大王的正义行为,很久以来都希望能够在大王面前亲聆教诲。但是,奉阳君嫉贤妒能,大王不能亲理政事,所以外来宾客和游说之士,无法在大王面前效忠。如今奉阳君已死,大王今后就能够与宾客和游说之士亲近了,所以我才能向大王献上我的愚忠。

"为大王着想,不如让人民过安定闲适的生活,不要多事烦扰。使人民得以安定的根本,首先在于选择友好的邻邦。选择好了邻邦,人民就能安定;选择的邻邦不合适,人民就一辈子不得安定。还是请允许我谈谈赵国的外患:齐国和秦国是赵国的两个最大的敌人,这是人民不得安宁的原因所在,如果依靠秦国进攻齐国,您的人民就得不到安宁;依靠齐国进攻秦国,您的人民也得不到安宁。有的人为了谋算别国,进攻别的国家,常常想方设法地寻找借口,断绝与别国的交往,希望大王千万谨慎,有话不要轻易说出来。

"请大王屏退左右的人,让我说明合纵、连横的利弊。您如果能真正听从我的话,那么燕国一定会送上出产毛毡、裘皮和好马的土地,齐国一定会送上产鱼、产盐的海边土地,楚国也一定会献上出产橘柚的云梦之地,还有韩国、魏国都可以把国内封地奉送给您,这样,大王的宗族和亲戚都可以封侯。从别国割取土地,从别的国家得到财物,这是从前王霸之主不惜损兵折将而追求的东西;给亲族封侯,就是商汤、周武也要用争战和拼杀才能争取到。如今大王毫不费力,种种好处就唾手可得,这是我替大王祝愿的事情。

"大王如果能够联合秦国,那么秦国必然会削弱韩国、魏国;大王如果能够联合齐国,那么齐国必然会削弱楚国、魏国;魏国被削弱就会割让出河外之地,韩国被削弱就会献出宜阳之地。宜阳献出后,上郡的道路就会被阻断;河外之地割让后,就造成道路不通;楚国被削弱后,赵国就会失去援助。因此,对这三项决策,大王的选择不可不十分慎重。

諸子百家

——

纵横家

"若秦国沿轵道而下，南阳就会受震动，再进而攻打韩国，威胁周室，赵国自身就会受到挟制。秦国再占据卫国、夺取淇水，齐国就会臣服秦国。秦国的欲望既然已经施行于山东六国，必然会出兵进攻赵国。秦兵渡过黄河，跨过漳水，占据番吾，就可以打到赵国的都城邯郸了。这是我替大王忧虑的。

　　"如今，山东各国没有比赵国更强的了。赵国土地方圆二千余里，有数十万的军队，战车千辆，战马万匹，粮食可供十年。西有恒山、黄河、漳河，东有清河，北有燕国。燕国本来就是弱国，不足为惧。在各诸侯国中，秦国最怕的就是赵国。然而，秦国为什么不发兵攻打赵国呢？是因为它怕韩国、魏国从后面攻打他。因此，韩国和魏国是赵国南面的屏障。秦国要进攻韩国、魏国就不同了，这两个国家没有高山大川作为屏障，秦国完全可以一点点地吞食，一直逼近到韩、魏两国的都城下面。如果韩、魏无力对付秦国，必然臣服，而韩、魏臣服了秦国，秦国就扫除了进攻赵国的两个障碍，这样祸患就会直接降临到赵国的头上了。这是我为大王忧虑的。

　　"我听说古代的尧在开始的时候地盘不足三百亩，舜没有尺寸之地，而后来都占有了天下；禹聚集的人群不到数百，而后来成为诸侯之王；商汤、周武王的军队不到三千人，战车不足三百辆，而后来都成为天子。这实在是他们实行了正确的策略的缘故，所以，圣明的君主能判断敌国的强弱，能估量自己将士的多少和才能。这样不等到两军在战场上对阵，就对双方胜败、存亡的可能有大致的了解，岂能被众人的胡言乱语所蒙蔽而糊里糊涂地决策呢？

　　"我曾认真地研究过天下各国的地图，发现各诸侯的土地之和是秦国的五倍，兵力约为秦国的十倍。如果六国联合起来，集中兵力，一致向西进攻秦国，秦国必定被攻破。如今各国竟被秦国各个击破，打得七零八落，甘愿向秦国称臣。攻破别人与被人攻破，征服别人与被别人征服，难道可以同日而语吗！

　　"那些主张连横的人，都想让诸侯割让土地来与秦国讲和，与秦国讲和，那些人就会有高大的房屋、豪华的宫室，耳听笙瑟，口尝美味佳肴，前有舞乐，后有宫女，再加上美人迷人的姿态，但一旦秦国为患，却没有人能与君主分忧。因此主张连横的人整天以秦国的权势来恐吓诸侯，以求分割土地。对此，希望大王深思熟虑而且审慎地注意。

　　"我听说圣明的君主遇事不疑惑，不听信谗言，堵塞流言蜚语，反对结党营私。为使君主地位尊贵、土地扩展、兵力强盛，我才在您面前陈述这些。我为大王着想，不如联合韩、魏、齐、楚、燕、赵六国的力量共同对抗秦国，让各诸侯国的将相一起到洹水举行会盟，互相交换人质，杀白马，结盟誓，共订盟约。六国共同约定：如果秦国攻打楚国，齐国、魏国各派精兵援助楚国；韩国断绝秦国的后路，赵国渡过黄河、漳水，燕国把守恒山之北。如果秦国攻打韩国和魏国，那么楚国就断绝他的后路，齐国派精兵进行援助，赵国渡过黄河、漳水，燕把守云中。如果秦国攻打齐国，那么楚国就切断其后路，韩国防守城皋，魏国堵住午道，赵国渡过黄河、漳水，燕国派精兵进行援助。如果秦国进攻燕国，赵国就防守常山，楚国就驻军武关，齐国渡过渤海，韩国、魏国派精兵进行援助。如秦国进攻赵国，那么韩国就驻军宜阳，楚国驻军武关，魏国驻军河外，齐国渡过渤海，燕国派出军队进行支援。诸侯中有首先违背盟约的，其余五国共同讨伐它。如果六国实行合纵联盟对抗秦国，秦国就一定不敢出兵函谷关进攻六国了。这样霸业就成功了。"

赵王说："我年纪轻，执政时间短，没有听过治理国家的长远大计。现在贵宾有心保卫天下，安定诸侯，我愿意让全国听您的吩咐。"于是封苏秦为武安君，给他一百辆装饰华贵的车子、千镒黄金、白璧百双、锦绣千捆，请他去联合诸侯。

苏秦在经过了对秦王连横游说的失败之后，更加成熟。他正确地把握了天下大势，又经过了精心揣摩，终于成竹在胸。通过他对赵国形势的分析，我们可以看出，苏秦实在是一位了不起的国际关系专家，他能够成功地破横合纵，确实有一定的必然性。

晏婴进谏有道

晏婴是春秋战国时期一位十分著名的人物，这倒并不完全因为他出色的政治才能及其突出的民本思想，还由于他的滑稽多智。除《晏子春秋》以外，还有许多书记载了他的事迹，下面就是几则晏婴进谏的故事。不过，读过之后又会使人产生某种说不出来的感觉，一位堂堂正正的大臣，不能用堂堂正正的方式来进谏，反倒要用类似优伶的方式来警醒君主，这多少令人有所感慨。

齐景公有一匹心爱的马，被他的马官杀掉了。景公听说以后，十分恼怒，操起戈就要亲自杀死马官。晏婴看到了，就对景公说："你就这样杀了他，他连自己的罪过都不知道，死了也不明白，我请求为您历数他的罪过。"

景公不知晏婴的意图，就答应了。晏婴举着戈走近马官，对他说："你为我的国君养马，却把马杀掉了，大罪当死；你使我的国君因为马被杀掉而杀掉养马的人，此罪又当死；你使我的国君因为马被杀而杀掉养马的人的事，传遍四邻诸侯，使国君蒙受了不仁的名声，此罪又当死。"齐景公一听，马上说："您放了他吧，不要损害了我的仁德。"

宋宗元评论说，君主的威势雷霆万钧，当他盛怒之时，谁也不能触犯他，他的意志是很难改变的。马官固然有罪，只是不至于以死来惩罚。晏婴历数了他的罪过，故意夸大他的罪行，言外之意责备齐景公滥用刑罚。齐景公也是明白人，他听了晏婴的话，自然会幡然悔悟。晏婴也确实是一位善于劝谏的人。

有一天，一个人犯了一点儿罪，齐景公非常生气，命人把他分尸。又说："谁敢来劝谏我，就杀了他。"

这时，晏婴走过来，左手扶着罪犯的头，右手拿着刀，抬头望着景公，说："从古以来，圣主明君将人分尸，不知从什么时候开始？您能告诉我吗？我也好效法他们。"

景公听了，恍然大悟，立即放弃分尸的刑罚。

有一次，景公饮酒，七天七夜不停，大臣们知道他的脾气，都不敢来劝谏。

弦章忍不住了，进谏说："君主饮酒已七天七夜，希望君王不要再喝酒了。如果不停止饮酒，我就自杀。"

晏婴听说了这件事，去拜见景公，景公说："弦章劝谏我说，希望我不要喝酒了，否则他就自杀。如果听他的，那么我就是被臣下牵制了；不听他的话，又不忍心见他自杀，我该怎么办呢？"

晏婴说："多么幸运啊！弦章遇到的是一位贤君。假使弦章遇到了一般的君主，早就被杀了，哪里还能等到今天呢？"

景公听了晏婴的话,有所醒悟,就不再喝酒了。

有时候,一般的劝谏是不起作用的,而戴高帽往往是一种有效的方式。在中国古代的进谏艺术中,这是一种常用的方式,晏婴此次劝谏齐景公就是巧妙而成功地运用了这种方式。

晏婴不仅才华出众,而且以仁德为怀,受到了国君的尊重,也受到了普通百姓的爱戴。下面这个小故事虽然平淡无奇,却也能反映出晏婴的为人处世之道。

齐景公在一个地方种了竹子,派官吏看守。一天他外出,经过竹林附近,恰巧发现有人砍伐竹子,于是把伐竹的人拘押起来,准备处刑。晏婴知道了这件事,就说:"君王听过先君丁公是怎样行事的吗?"齐景公问:"不知道,是怎样行事的呢?"

晏婴回答说:"丁公打曲沃,攻下曲沃城时,下令任何人不得把财物运出城,而百姓可以自由进出。一天,有人抬着死人出城,丁公觉得很奇怪,叫人打开棺木检验,发现里面全是金玉。官吏建议杀了他们,丁公却说,我们用军队攻占别人的城池,借着人多势众来强取别人的财物,已经是不仁道了,况且治理人民的领袖,应该宽怀大度,慈爱众人,不能随便杀人。于是命令官吏放了那些人。"

景公听了,说:"你的话很好。"就令人放了砍竹子的人。

语言是一门高深的艺术,如何运用这门艺术也是十分有学问的。同一种事物,从不同的人的口里说出来,用不同的语言说出来,也许效果会是大相径庭的。下面这个例子会有助于我们理解文雅和粗野的区别。

景公背上长了个毒疮。高子和国子两个人向齐景公请安,景公对他们说:"你们有必要看看我的疮病。"高子就上前抚摸景公的长疮处。景公说:"毒疮热吗?"高子说:"很热。"景公说:"热得怎样?"高子答:"像火一样。"景公又问:"毒疮是什么颜色?"高子说:"像没熟的李子。"景公又问:"大小如何?"答:"像食豆一样大小。"景公接着问:"瘪进去的地方是什么样子?"高子答:"像旧皮鞋断裂之处的样子。"

高子、国子走后,晏婴求见。景公传话对晏婴说:"我有重病,不能穿衣戴帽出来接见先生,先生能屈尊来看看我吗?"晏婴走进内室,叫内官端来洗手的用具,让车夫取来手巾,用刷子把手洗干净,让手在水中慢慢变热,然后打开景公身上的被子,盖了盖身下的褥子,跪在床边,给景公抚摸毒疮。景公说:"毒疮热得怎样?"晏婴答:"像太阳光一样热。"景公又问:"是什么颜色的?"晏婴答:"像青色的玉石。"景公问:"大小如何?""像玉。"景公接着问:"凹瘪的地方是什么样子?"晏婴答:"像挂玉。"

晏婴走后,景公很感慨地说:"我不见道德修养很好的人,真不知粗鄙之人的愚笨啊!"

晏婴的机智善辩、学识渊博,也使他在外交中显露出与众不同的风格。他政绩卓著,很有"国际"声望,只是身材相貌不太雅观。因此,无聊的国君有时就拿这一点跟他开玩笑。

有一次,晏婴出使楚国,楚王故意作弄他,在城门的旁边开了一个小门,意思是想取笑晏婴的身材矮小。

楚国人请晏婴从小门进去,晏婴说:"如果出使狗国的话,那是应该从狗门进去,现在是出使楚国,不应当从这个门进去。"

接待人员只好让他从大门进去见楚王。

楚王见到了晏婴，说："齐国没有人才吗？"因为晏婴其貌不扬，所以才这样说。

晏婴回答说："齐国光是临淄城就有三千闾（当时一闾等于二十五家），大家举起袖子就会连成帷幕，一挥汗像下雨一般；人挤人，肩挨肩，脚跟接着脚跟，怎会没有人才呢？"

楚王说："既然如此，怎么会派你这种人来呢？"

晏婴说："齐国派遣使者，是以才德做标准的。派贤者出使有贤能君主的国家，派不肖的人出使有不肖国君的国家。因为我最不肖，所以就被派来出使楚国了。"

楚王听了，一句话也说不出来。

晏婴的回答既十分机智，又十分得体，不要说是楚王那样愚蠢的人，就是比楚王再聪明十倍的人恐怕也无话可说。看来，"辱人者必先自取其辱"这句话还是很有道理的。

楚王事先派人绑着一个人来到宫廷，让侍卫押着走过楚王及晏婴的面前。楚王故意把他们叫住，问发生了什么事。楚人报告说："这个齐国人涉嫌偷盗。"

楚王转过脸来，对晏婴说："难道齐国人是擅长偷盗的吗？"

晏婴一点儿也不紧张，非常随意地说："我听说，出产在江淮一带的又香又甜的橘子，一到了江南就变成了又苦又涩的枳。这是为什么呢？是因为环境的关系啊！现在这个齐国人在齐国不偷盗，来到楚国却偷盗，岂非是环境的关系吗？"

楚王无言以对，讨了一个老大的没趣，只好苦笑着说："我想取笑你，没想到却取笑了我自己，对贤明的人真是不可随便开玩笑啊！"

晏婴的故事妇孺皆知，但语言上的智慧绝不仅仅是搬弄口舌，这与他的内在学养和凛然正气是分不开的。

诸子百家

——

纵横家

少年英才巧舌取五城

秦国的甘罗是一位少年英才，十二岁就出使他国，凭着杰出的才能，为秦国争得了很大的利益。

秦国的宰相文信侯吕不韦想派张唐出使燕国，希望与燕国合攻赵国，以扩充秦国在黄河流域一带的领土。

张唐对吕不韦说："我曾经帮秦昭王攻打赵国，赵国是非常恨我的，曾悬赏抓我，说：'抓到张唐的人赏百里的土地。'如果要我到燕国，一定得经过赵国，我恐怕去不了燕国。"

吕不韦很生气，但并未勉强张唐。

甘罗见了，就问道："君侯为什么这么生气呢？"

吕不韦说："我亲自请张唐出使燕国，他却不肯去，真是不像话。"

当时甘罗才十二岁，说："让我试一试，我可以要他去。"吕不韦斥责他说："滚吧！我亲自去请他都不肯，你是一个乳臭未干的小孩子，会有什么好办法要他去？"

甘罗说："当年孔子曾拜七岁的孩童为老师，而我现在已经十二岁了，君侯不妨让我去劝他呀！您何必发这么大的脾气呢？"

吕不韦同意了。甘罗找到张唐，对他说："你的功劳比起武安君（秦国大将白起的封号）的来，谁的更大？"

张唐说:"武安君曾经挫败了南方强大的楚国,威镇北方的燕国,屡战屡胜,攻城略地,攻下的城池不计其数,功劳当然比我大,我怎么能跟他相比呢?"

甘罗说:"那依你看来,以应侯(秦国的故相范雎)在秦国的权力,比起文信侯,哪一位更专权?"

张唐说:"应侯当然比不上。"

甘罗说:"先生明明知道应侯不如文信侯专权,应该也知道当初应侯想攻打赵国,武安君不同意他的意见,结果一离开咸阳,还不到七里路,就被迫死在杜邮,这件事您总该知道吧?现在,文信侯亲自请你去燕国,你却不去,据我看来,你将不得好死。"

张唐听了甘罗的话,如梦初醒,说:"多亏您的提醒,我听您的,这就去。"

张唐出发几天之后,甘罗对吕不韦说:"借我五辆车,让我先到赵国为张唐做一下铺垫。"

吕不韦晋见了秦王,征得了秦王的同意后,派甘罗到赵国。赵襄王到郊外亲自迎接甘罗。甘罗说:"大王知不知道燕国太子丹被送到秦国当人质的事?知不知道张唐到燕国的目的?"

赵王说:"我知道了。"

甘罗说:"燕国太子丹到秦国当人质,表明燕国不敢欺骗秦国,张唐到燕国,表明秦国不敢欺骗燕国。秦、燕一旦合作,是想攻打赵国,以扩充黄河流域的领土,大王不如先给我五座城,用其扩充秦国在黄河流域的领土。然后,秦国把燕国的太子送回,再与赵国一起攻打燕国。"

赵王听从了甘罗的话,立刻把五座城送给了秦国,秦国也把燕国的太子送回燕国。赵国于是攻击燕国,攻占了上谷一带的三十座城,让给秦国十分之一。

甘罗回到秦国,秦王就封他为上卿,又将当年甘茂所有的旧地、房舍赏给了甘罗。不过,一个十多岁的孩子就如此懂得人世的利害,真是令人感慨万千!

范雎入秦,远交近攻

秦国在其发展的关键时刻采取了两项十分及时的措施,一是实行远交近攻的军事和外交策略;二是把分散的大权重新集中到了秦王的手中。而这一切,都是范雎的智谋。

范雎到了秦国,秦昭王在宫廷迎接他,对他说:"我早就应该领受您的教导了,只是近来因为义渠的事情十分紧急,我每天都要请示太后,现在,义渠的事情已经结束,我才能亲自向您请教。我深感自己不敏,请以宾主之礼相见。"范雎推辞谦让。这一天秦昭王会见范雎,在场所有人都因为吃惊而变了脸色。

秦王令左右的人退出,宫中再也没有别人在场。秦昭王跪坐着向范雎请教说:"先生准备用什么来使我有幸得到教诲呢?"范雎只是恭顺地答道:"是,是。"过了一会儿,秦昭王又问范雎,范雎还只是恭顺地答应着:"是,是。"秦昭王问了三次,都是如此。秦昭王长跪在座席上说:"先生是不是不肯指教我呢?"范雎道歉说:"不敢这样。我听说当初吕尚遇见周文王的时候,吕尚身为渔父,只是在渭水之滨钓鱼而已,像他们这样的人,相互间是很生疏的。文王听了他一席话,就封他为太师,和他一起乘车回去,是吕尚的话深深打

动了文王。所以文王果然用吕尚而建功立业，
终于取得了天下，自己也当上了帝王。假使文
王疏远吕尚而不愿意与之深谈，就说明周朝没
有做天子的德行，文王、武王也就无人相助，帝
王之业也就无法建立了。现在我只不过是一名
寄居秦国的旅人，和大王没有什么交情，而我所
想说的又都是军国大事，我虽然很愿献上自己
的愚忠，却不知道大王的心思究竟怎样，大王三
次问我，我都不对答，就是这个缘故。我并非是
恐惧而不敢说，即使知道今天在大王面前把话
说了，明天就被处死，我也无所畏惧。大王如果
相信并采纳我的意见，那么死也不会使我害怕，
流亡不会使我感到担忧，漆身生疮、披发佯狂也
不会使我感到耻辱。像五帝这样圣明的人也要

范睢

死，三王这样仁爱的人也要死，五霸这样贤能的人也要死，乌获这样有气力也要死，孟贲、
夏育这样的勇士也要死。死，是人所不能避免的。处于这种必不可免的情况下，可以稍
有补益于秦国，这就是我最大的愿望，我又有什么可怕的呢？伍子胥藏在布口袋里逃出
昭关，夜晚行路，白天隐伏，到了菱水没有吃的，手膝并用在地上爬行，在吴国的街市上讨
饭，但最终复兴了吴国，帮助阖闾成就了霸业。如果能让我像伍子胥一样进献计谋，即使
对我加以囚禁，终身不再与亲人相见，只要我的计谋得以施行，我担忧什么呢？箕子、接
舆漆身生疮、披发佯狂，对于殷朝和楚国无所帮助，我如果能够像箕子、接舆一样，可以对
贤明的君主有所补益，这是我的最大的荣幸，我又有什么耻辱呢？我所担心的绝不是我
个人的生死，只是怕我死之后，天下人见我为大王尽忠而亡身，因此就闭口停步，不肯再
尽忠于大王了。大王您上怕太后的威严，下受奸臣的迷惑，居于深宫之中，为佞臣所包
围，终身糊涂愚暗，不能识破奸邪。其结果大则国家危亡，小则自身孤立危险。这才是我
所担心的啊！至于我个人，什么困窘出逃，贬窜死亡之类，都不足以使我害怕。如果我死
了而秦国得以治理，这是死而胜于生了。"

　　秦昭王直身长跪在座席上说："先生这话从何说起？秦国偏僻遥远，我又愚昧无能，
幸亏先生到这里来，这是上天让我烦劳先生，使先王的宗庙得以保存。我能够受教于先
生，这正是上天钟爱先王而不抛弃他的后嗣啊！先生又何至于说这样的话呢？无论何
事，上至太后，下至大臣，都希望先生能给我指点，不要有什么疑虑。"范睢听了，向秦昭王
再拜称谢，秦昭王向范睢再拜还礼。

　　范睢说："大王的国家，北面有甘泉、谷口，南面环绕着渭水、泾水，右面是陇、蜀，左面
是函谷关、武关和崤山；有战车千乘，甲士百万，凭着秦国军士的勇猛、车骑的众多与诸侯
作战，就像让天下最快的猎犬去追逐瘸脚的兔子一样，霸主的功业可以成就。如今反而
不敢发兵以探听山东诸侯的虚实，这是因为穰侯不能为国尽心地谋划，而大王的考虑也
有所失当了。"秦昭王说："希望听一听秦国的失算在什么地方。"

　　范睢说："大王发兵，越过韩国、魏国，去攻打强大的齐国，这个考虑是十分不当的。

诸子百家——纵横家

出兵少了,不能损伤齐国;出兵多了,对秦国又造成了损失。我猜想大王是想少出兵,但全由韩、魏两国出兵于情理上又说不过去。现在,秦国发现盟国不怎么可靠,而又要越过这些国家的边境去攻打齐国,这怎么行呢?这在策略上太疏忽了。从前,齐国攻打楚国,获得了很大的胜利,两次辟地千里,结果齐国不曾得到一寸土地,难道是齐国不想得到土地吗?是形势不能允许齐国占有土地啊。诸侯看到齐国军队常年在外,国家十分凋敝,于是联合起来共同进攻齐国。结果,齐王逃走,齐军大败,被天下人耻笑。齐国之所以会落得这样的下场,就是因为它攻打楚国,使韩、魏两国得到便宜。这就实际上是把兵器借给强盗,用粮食来资助小偷啊!大王不如采取'远交近攻'的策略,得到一寸土地,这一寸土地就是大王的土地;得到一尺土地,这一尺土地也就是大王的土地。现在大王舍近而攻远,这不是十分错误吗?再说,从前中山这个国家,方圆五百里,后来被赵国所吞并,利益尽归赵国所有,天下各国都不能把赵国怎样。现在韩国、魏国位居中原,其地理形势是天下的枢纽。大王如要想成就霸业,就必须占据中原以掌握天下的枢纽,以此来威胁楚、赵。赵国强大了,楚国就来亲附;楚国强大了,赵国就来亲附。楚、赵都来亲附了,齐国必定感到害怕,齐国害怕就会带着重礼来听命于秦。齐国亲附于秦国之后,韩国和魏国就可以攻灭了。"

秦昭王问:"我想和魏国结交,但魏国是个反复无常的国家,我无法亲近它,请问我如何才能使魏国与秦国结为盟国呢?"范雎说:"用谦卑的言辞和厚重的礼物去侍奉它;这样如果不行,就割让土地去贿赂它;再不行,就发兵去讨伐它。"

于是,秦国发兵攻打魏国邢丘,邢丘攻下后,魏国请求依附秦国。范雎说:"秦国与韩国的地形,像各种颜色混杂在一起,不如将韩国收服。韩国对于秦国来说,就像树木上的蛀虫,人心腹里的疾病。天下不发生战事便罢,如果天下发生战事,没有哪个国家对秦国的危害比韩国更大的了。"秦昭王说:"我想收服韩国,韩国不服从,我该怎么办?"范雎说:"发兵进攻韩国的荥阳,通往成皋的道路就被阻断了,北面再断绝太行山的隘道,韩国上党地区的军队就不能向南增援。如果能一举攻下荥阳,则韩国就被截为三部分。韩国看到将要灭亡了,还会不服从吗?韩国服从了,秦国的霸业就可成功了。"秦昭王说:"好。"

范雎说:"我住在东方时,只听说齐国有田单,不听说齐国有国君;只听说秦国有太后、穰侯、泾阳君、华阳君,不听说秦国有大王您。只有能掌握整个国家,才能称得上是王;能不受约束地施行生杀予夺的大权,才能称得上是王。现在,太后独断专行,无所顾忌;穰侯擅派使者,也不向大王报告;泾阳君、华阳君处理事情毫无忌讳。国家存在着这样四个权贵,使秦国的大权四分五裂,国家难免陷于破败。国人都处于四个权贵的威权之下,这就是所谓的秦国无王。这样一来,国家的权威怎能不受损害,政令哪能从大王这里发出呢?我听说:'善于治国的君主,对内加强他的权威,对外注重他的权势。'穰侯的使者操持大王的权势,分割诸侯的土地,擅自发号施令,征伐敌国,没有敢不听从的。战胜敌国,夺取土地所获利益都归于陶邑;秦国困顿,就要受制于诸侯,战事失败,百姓生怨,导致国家受祸。《诗》说:'果实太多了,树枝就会折断了,树心就要受伤;封邑的城太大了,国家就要受威胁;臣子的地位太高了,国君的地位就要下降。'淖齿掌握了齐国的大权,他就抽了齐闵王的筋,把齐闵王吊在屋梁上,让他过了一夜才死;李兑在赵国掌权,他不让赵主父饮食,一百天后,赵主父饿死了。秦国太后和穰侯掌权,高陵君、泾阳君帮着

諸子百家——縱橫家

他们，以致外人已经不知道秦国有王了，这就是淖齿、李兑一类的人啊。我今天见大王在朝廷上孤立无助，恐怕后世主宰秦国的就不是大王的子孙了。"

秦昭王听了之后感到十分害怕，于是就夺取了太后的大权，把穰侯、高陵君、泾阳君驱逐出了国都。秦昭王对范雎说："过去齐桓公得了管仲，当时称他为'仲父'。现在我也得到您，也要称您为'父'了"。

远交近攻是秦国在军事上所实行的一个极为重要的策略，自从这一策略实行后，秦国一改困窘的局面，迅速在军事上打破了僵局，进入了一个崭新的发展时期。范雎所提出的这一著名的策略不仅在当时产生了巨大的影响，就是在中国的军事史上，也是一项了不起的贡献。

失一士而国亡

在春秋战国时期，人才是极为重要的，甚至到了关系国家生死存亡的地步。实际上，在这一时期，"得一士而国兴，失一士而国亡"的事是经常发生的，赵国的灭亡便是极好的说明。

文信侯吕不韦被驱逐出秦国后，他的亲信司空马到了赵国，赵王让他做代理相国，正在这时，秦国发兵攻打赵国。

司空马劝赵王说："文信侯在秦国做相国时，是我侍奉他，因为我做过尚书，所以熟悉秦国的情况。现在大王要我任相国之职，我也要熟悉赵国的情况。请让我假设现在秦、赵要交战，我们亲自观察，看看哪一国能取胜。请问赵国与秦国比，哪一个更强大呢？"赵王说："赵国当然不如秦国。"司空马问："以民众和秦国比，谁更多？"赵王说："不如秦国。"司空马又问："以金钱和粮食比，谁更富有？"赵王说："赵国不如秦国。"司空马又问："在国家治理方面，谁更好？"赵王回答说："赵国不如秦国。"司空马又问："两国的相国，哪一方更有才能？"赵王说："不如人家。"司空马又问："两国的将领，哪一方更勇武？"赵王说："赵国当然不如秦国。"司空马又问："两国的法令，哪一方更严明？"赵王说："不如秦国。"司空马说："看来赵国在许多方面都赶不上秦国，那么，赵国就快要灭亡了。"赵王说："您对赵国没有二心，如果能把治国的办法全部告诉我，我愿意接受您的计谋。"司空马说："大王可以分出赵国一半的土地去贿赂秦国，秦国不动刀枪就得了赵国的一半土地，肯定是十分高兴的。秦国也同样会担心赵国内有守备，外有诸侯救援，所以必然会立刻接受赵国的土地，并且不再进攻赵国。秦国得到半个赵国就会退兵，赵国守住半壁江山还可以存在下去。秦国得了半个赵国，就会更为强盛，山东者侯各国自然会因为秦国得到了赵国的土地而担心害怕。诸侯们感到处境危险，他们一定恐惧，感到恐惧就会联合起来共同对付秦国。诸侯一旦合纵，事情就成功了。我请求大王结约合纵，如果合纵，虽然赵国在名义上失去了半个赵国，实际上却得到山东六国的支持，有了六国共同抗击秦军，秦国将不堪一击！"

赵王说："前不久秦国出兵进攻赵国，赵国用河间十二县去贿赂它，结果土地割让了，兵力也衰弱了，最后还是没有避免秦国的入侵。如今又要割让半个赵国去增强秦国的势力，赵国就更没有力量生存下去，只好等待灭亡了。请您换个计策。"司空马说："我年轻

诸子百家——纵横家

的时候做过秦国的文书小吏,以后又担任了不大的官职,迄今为止从未带兵打过仗。请允许我替大王带领全国的赵军去抗击秦国。"赵王不同意,不用他做将领。司空马说:"我献上愚计,大王不采用,这样我就难以事奉大王了,请让我离去。"

司空马离开赵国,渡过平原津。平原津的县令郭遗前来拜访司空马,问道:"秦兵攻向赵国,听说贵客从赵国来,赵国的情况怎么样呢?"司空马讲了他为赵王献计而赵王不采用的过程,并预言赵国不久就要灭亡。平原令说:"以贵客的高见,赵国什么时候灭亡?"司空马说:"如果赵国以武安君李牧为将,还得一年才能灭亡;如果赵国杀了武安君,不过半年就会灭亡。赵王有个大臣叫韩仓,因为专会拍马奉迎,与赵王的关系很亲近,他为人又十分易妒,对有才能的人和有功的人都加以排斥,如今国家处于危亡之中,赵王一定会听从韩仓的话,武安君一定要被杀死。"

韩仓果然谗毁武安君。赵王命人取代武安君李牧的将军之职。李牧从边防回到国都后,赵王派韩仓数说李牧的罪过:"有一次将军战胜回来,大王已赐给你一杯酒,你向大王祝寿的时候,手里却拿着一把匕首,所以应该赐死。"武安君李牧说:"我右胳膊有病伸不直,身体虽然很高,胳膊却很短,手挨不到地,这样我怕因失敬而犯罪,所以让工匠做一块木头接在手上。大王如果不信,请让我拿出来看一看。"于是把木头从袖中拿出来给韩仓看,那块木头的形状很像木橛,用布缠着。李牧又说:"希望您入宫说明此事。"韩仓说:"我接受了大王的命令,赐将军一死,不能赦免,我不敢替您到大王的面前说话。"李牧向北拜了两拜,谢过了赐死之恩,抽出宝剑准备自杀,又说:"做人臣的不能在宫中自杀。"便走过司马门,右手举起宝剑,但因为胳膊短,够不到脖子,于是用口衔着宝剑,对着柱子自杀了。

武安君死后五个月,赵国就灭亡了。平原令以后只要见人就一定为此感叹说:"哎呀,司空马!"他觉得司空马实在有先见之明,又认为司空马被秦国驱逐,不能算作不明智,离开赵国,也不能算作没出息。赵国因为放走了司空马,结果亡国了。赵国之所以灭亡,不是没有贤明的人,而是因为有贤明的人不能被任用。

赵国就是因为失去了司空马这样一个人才而走向了彻底的毁灭,但历史的经验并不是被人们所时刻牢记的,嫉贤妒能、听信谗言、喜欢逢迎是人性的弱点,尤其是身居高位以后,这些弱点就更有了施展的舞台。

鲁仲连义不帝秦

鲁仲连是战国时期人,历来被人们看作义士的楷模,多少年来人们对他讴歌不已,每当国家有难,民族处于危亡关头的时刻,人们总是想起他。这一切都是因为鲁仲连曾经慷慨陈词,说服魏国和赵国,即使蹈海而死,也绝不以秦为帝。

秦国围困赵国的都城邯郸,魏王派大将晋鄙率兵前往救援,但因害怕秦军的威势,在汤阴就停止了前进,等候观望。

魏王派客卿辛垣衍偷偷地潜入邯郸,见到了平原君,通过平原君传话给赵王说:"秦国所以围困赵国,是因为秦王想称帝。先前,秦王与齐王争帝,两人都加上了帝号,后来秦王被迫取消了帝号,是因为齐王首先取消了帝号的缘故。现在的情况已经发生了很大

诸子百家——纵横家

的变化,齐国比当时衰弱了许多,天下最强大的只有秦国了。秦国此次围困邯郸,其真正的目的倒并不一定要夺取邯郸,而是为了赵国能够主动地尊奉秦昭王为帝。如果能这样的话,秦王一定十分高兴,肯定会撤军而去的。"平原君听了这话以后犹豫不决。

其时鲁仲连正在赵国做客,碰上了秦军围困邯郸,听说魏国的使者要赵国尊奉秦国为帝,就去见平原君,问道:"您是不是同意尊秦王为帝了呢?"平原君说:"我哪里还敢说话呢?赵国的百万军队已在国境之外覆灭了,现在秦军又深入赵国的国土,围困邯郸,无法使他们退兵。魏国的使节辛垣衍就在此处,我哪里还敢随便说话呢?"鲁仲连毫不客气地说:"以前我还以为公子是天下最贤能的人呢,现在看来不是这样。魏国的辛垣衍在哪里?请让我来教训他!"

平原君去请辛垣衍,说:"齐国有个鲁仲连先生,此时恰好在邯郸,请让我介绍一下,你们认识认识。"辛垣衍说:"我听说鲁仲连是齐国的高人,我是魏国的使臣,公务在身,还是不相见的好。"平原君说:"可我已经把您的事告诉他了。"辛垣衍没有办法,只好去见鲁仲连。

鲁仲连见到辛垣衍后,一言不发。辛垣衍忍不住主动说话了,问道:"我看在这座邯郸城中,大多数人都是有求于公子,今天看先生的样子,不像是有求于公子,先生为什么不趁早离开呢?"鲁仲连说:"世人一般都以为隐士鲍焦不是从容而死,那是以庸人的心理来揣摩别人。现在一般的庸人都只为自己打算,并没有长远的眼光。秦国是一个尚首功而不讲仁义的国家,以权术驱使士人,以酷刑役使人民。如果秦王真的做了皇帝,那就会更加肆无忌惮,以暴虐来统治天下。我宁愿蹈东海而死,也决不做秦国的臣民。我所以来见您就是想为赵国出一点力。"辛垣衍说:"先生打算怎样出力帮助赵国呢?"鲁仲连说:"我要让魏、燕两国出力帮助赵国,齐国和楚国本来就已经在帮助它了。"辛垣衍听了之后,不以为然,说:"燕国是否帮助赵国,可以听从您的吩咐,至于魏国,我就是魏国人,不知您准备怎样让我们帮助赵国。"鲁仲连说:"那是因为魏国没有看到秦国称帝的危害,如果看到了这一点,魏国也一定会帮助赵国的。"

辛垣衍不解地问道:"那么,秦国称帝对魏国会有什么害处呢?"鲁仲连说:"从前,齐王曾经施行仁义,率先提出诸侯都要去朝见周朝的天子,那时的周室已经十分贫弱了,诸侯们都不肯去朝见,只有齐王一个人去了。过了一年,周烈王死了,诸侯都去吊唁,齐国的使者因为去得晚了,周朝的大臣就大光其火,在给齐国的讣告里说:'天塌地陷,周朝的天子都罢朝守丧,齐国的田婴却最后才到,应该杀了他。'齐王看后勃然大怒,骂道:'您娘是个丫头。'齐王不仅没有落下仁义的美名,这件事还终于成为天下的笑柄。周朝天子在世的时候,齐王前去朝拜,死了便破口大骂,实在是因为忍受不了周天子的苛求的缘故。不过,天子苛求臣下,本来就是如此,不足为怪。"

辛垣衍还是不同意鲁仲连的话,说:"然而,先生没见那些仆人吗?十个仆人侍奉一个主人,难道是力量不如主人吗?是才智赶不上主人吗?是因为害怕主人啊!"鲁仲连说:"那么,魏国对于秦国,难道也是仆人吗?"辛垣衍说:"是的。"鲁仲连说:"既然如此,我可以让秦王把魏王煮成肉酱!"辛垣衍听了有些发怒,说:"先生怎可如此讲话,您怎能让秦王把魏王煮成肉酱呢?"

鲁仲连说:"当然可以,您如果不信,就请听我慢慢地给您讲。从前,鬼侯、鄂侯和文

諸子百家——縱橫家

王是纣王的三个诸侯，鬼侯有个女儿，自己认为长得很美，便献给了纣王，但纣王却说长得很丑，就把鬼侯剁成了肉酱。鄂侯只是为他辩护了几句，话说得直率了一些，就被杀死，晒成了肉干。文王见到这种情形，只是轻轻地叹了一口气，就被抓起来，囚禁到牖里的监狱里，关了一百天，还差点儿被杀死。为什么同样具有称帝的条件，而有的人就落了个被剁成肉酱、被晒成肉干的下场呢？还是让我说一说那些宁死不屈而终于避免了悲剧下场的人吧！先前，齐闵王潜称帝号，他要到鲁国去，夷维子执鞭跟从。夷维子见到鲁国人就问：'你们准备怎样招待我们的国君呢？'鲁国人按照正常的礼节说：'我们准备用牛、羊、猪各十头来款待客人。'夷维子说：'你们怎么能用这种礼节来款待我们的国君呢？我们的国君是天子的身份，天子出来视察，诸侯就应该交出宫室和钥匙，还应该像仆人一样，提起衣襟，站在堂下侍奉天子吃饭，等天子吃完了，你们才可以退下来听政。'鲁国人听了，立即关闭了城门，不让他们进城。齐闵王去不了鲁国，又准备到薛国去。路过邹国时，恰巧，邹国的国君死了，齐闵王想去吊丧，夷维子又对新即位的邹国国君说：'天子来吊丧，你们必须把死者的灵柩掉转个方向，好让天子面南朝北地祭祀，邹国的群臣说：'如果一定要这样做的话，我们宁愿全部自刎而死，也决不受此侮辱！'因此，齐闵王也没敢进入邹国。鲁国和邹国的群臣，在活着的时候不能在天子面前当差，死后也不能按照隆重的仪式装殓，而齐闵王却想让他们以天子的礼节来侍奉他，这当然是办不到的。如今，秦国是有万乘兵车的大国，魏国也是有万乘兵车的大国，两国同样可以称王，只是因为秦国打了一次胜仗，就要尊称秦王为帝，如此看来，韩国、魏国的一群大臣，是远远不如鲁国、邹国这些国家的仆妾呢！"

鲁仲连意犹未尽，接着分析道："秦国的贪心是没有止境的，如果真的称帝了，他就要干涉别的国家的内政，要调换别的国家的大臣，要撤换他认为不行的人，安插他的心腹，他还要把他的女儿和奸佞的小人嫁给诸侯做妻妾，这种人一旦进入魏王的宫中，魏王还能有一天的安静日子吗？而您又靠什么来保住自己尊贵的地位呢？"辛垣衍听得汗流浃背，站起来拜谢道："我原以为先生是平常的人，现在才知道先生是天下最有见识的人。请您允许我告辞，从此再也不敢提尊秦王为帝的事了。"

秦国的将军听说这件事后，也感到害怕，便退兵五十里。此时恰好魏国的公子无忌盗窃了兵符，杀了魏军统帅晋鄙，夺了兵权，亲率大军前来击秦，秦军就解围而去。

平原君决定封赏鲁仲连，但鲁仲连再三拜谢，坚辞不受。平原君设宴款待鲁仲连等人，酒酣之时，平原君为鲁仲连把酒祝寿，并奉上千金为谢。鲁仲连笑着说："对于天下的士人来说，最可贵的莫过于为人排忧解难而功成不受赏。如果接受了报酬，那就如商人一样了，我鲁仲连是不愿意做这样的人的！"

于是，鲁仲连告辞而去，从此再也没有露过面。

鲁仲连之所以备受后人赞赏，主要因为两点：一是坚持气节，义不帝秦；二是为人排忧解难，功成不受赏。这两点是中国传统文化中最为高尚的品德，也是具有恒久价值和意义的文化理想。鲁仲连堪为千古义士，将永远为后人所景慕。至于他的远见卓识以及他的雄辩之才，与他的人格相比，反而显得十分次要了。

堡垒最易从内部攻破

汉朝自建国以来直至汉武帝时期,最难解决的问题之一就是刘姓诸侯王势力过大,不易控制。汉景帝时期的晁错曾经试图用武力和法令直接削藩,结果是吴、楚七国联合叛乱,叛乱各国打出了"诛晁错,清君侧"的旗号,使得晁错被诛,但叛乱的诸侯国并没有因此收兵,汉景帝这才明白诸侯叛乱并不因为晁错削藩,而是要夺取汉朝的政权。最后,汉景帝倾尽全国之力,才勉强把叛乱镇压下去。到了汉武帝时期,主父偃提出了一种新的解决方案,巧妙而又十分有效地解决了这一问题。

主父偃对皇帝说道:"古代诸侯的土地不超过百里,国君很容易控制他们。如今有的诸侯竟然拥有接连不断的几十座城,土地方圆上千里。天下形势平稳时,他们就容易奢侈骄慢,做出淫乱的事来;形势急迫时,则依仗他们的强大,联合起来反叛朝廷。现在如果用法律来强行削减他们的土地,那么反叛的事就更容易产生了,以前晁错实行削藩的政策,其结果是使得吴、楚七国叛乱,就是这种情况。所以,必须采取更加切实可行的方法来控制诸侯国的势力。

"如今,诸侯的子弟有的竟有十几人了,但只有嫡长子才可以世世代代继承封地,其余的虽然也是诸侯王的亲骨肉,却没有尺寸之地的封国,那么皇上的仁爱孝亲之道就得不到显示,希望陛下命令诸侯推广恩德,把他们的土地分割给子弟,封他们为侯。这些子弟必然十分高兴,拥护皇上的措施,因为陛下帮助他们实现了愿望,皇上用这种办法施以恩德,但在实际上却是分割了诸侯王的国土。这样一来,陛下不用减少他们的封地,他们的势力就削弱了。"

汉武帝听了十分高兴,就采纳了他的建议,颁布了"推恩令",终于解决了汉朝自建国以来一直无法解决的诸侯势力不易控制的问题。

所谓"推恩令",就是要求各诸侯国不仅把自己的国土分给嫡长子,还要分给其他的子孙,以显示皇帝的恩德。这样一来,诸侯国的土地就被分得七零八落,再也无法统一起来了,诸侯国的势力就自然而然地被削弱了。各诸侯完全明白这是中央政权在削弱自己的势力,但由于各诸侯国内部的子孙都希望得到一份土地,所以,他们无法抗拒这一法令。主父偃的主张实在是十分高明的谋略。

一次耐人寻味的务虚辩论

每一个智谋都有多种发展的可能性,如果不能充分考虑到各种发展的可能,就不能应付随时出现的各种情况。下面的这个例子极富启发意义,它能使我们看到,每一次谋划实际上都是一个系统工程。

楚怀王死后,其太子仍在齐国做人质。苏秦对薛公说:"您为何不扣留楚太子,用他交换楚国与齐国的接壤之地呢?"薛公说:"这恐怕不行,我扣留楚太子,楚国另立新君,这样就等于我白白地守着一个毫无用处的人质,而且又在天下人面前做了件不义的事。"苏秦说:"不对,如果楚国另立新君,您就可以对新君说:'您如果给我楚国与齐国接壤的土

诸子百家——纵横家

地,我就替您杀掉太子,否则,我将联合其他诸侯国共同立太子为楚王。'这样的话,楚国东边与齐国接壤的土地就一定可以到手了。"

　　苏秦说的这件事,可以有许多实行的办法:一、可以由苏秦自己出使楚国;二、可以让楚王迅速割让东边与齐国的接壤之地;三、可以从楚国割取更多的土地;四、可以因忠于太子而使楚国献出更多的土地;五、可以替楚王放走太子;六、可以以忠于太子之名让太子马上离去;七、可以在薛公面前说苏秦的坏话;八、可以替苏秦请求在楚国封官;九、可以使人劝说薛公善待苏秦;十、也可让苏秦在薛公那里去自我辩白。

　　苏秦可以对薛公说:"我听说:'计谋如果泄露,就会无效;做事如果不坚决,就不会建立美名。'现在您扣留楚太子,不过是为了得到与齐接壤的土地。如果不能马上得到这地方,楚国一旦改变了主意,您只是守着一个没有用的人质,而且会背上被天下人耻笑的恶名。"薛公将会说:"对。那么该怎么办呢?"苏秦说:"我愿意替您出使楚国,如果楚国马上献上东边与齐接壤的土地,那么您就没有什么损失了。"薛公会说:"好。"就会派苏秦出使楚国。所以说可以由苏秦自己出使楚国。

　　苏秦可以对楚王说:"齐国打算尊奉太子,把他立为楚王。据我看来,薛公之所以扣留太子,是为了交换楚东边与齐接壤之地。大王如果不马上献上这一块土地,那么太子就要加倍答应给齐国割地,请求齐国把自己立为楚王。"楚王会说:"我听从您的吩咐。"于是献出土地。所以说可以让楚国迅速割让土地。

　　苏秦可以对薛公说:"从楚国的形势看,还可以多割让土地。"薛公如问:"怎样?"苏秦会说:"请告诉太子事情的缘故,让太子正式提出请求,齐国答应他的请求,以此表示忠于太子,并且要让楚王知道这个消息,这样,就可以增加楚国给齐国的割地了。"所以说可以从楚国割到更多的土地。

　　苏秦可以对楚太子说:"齐国尊奉太子您,要立您为楚君。楚王请求割让土地,让齐国扣留您。齐国嫌楚王割让的地少,太子您为什么不答应加倍割地来资助齐国呢?这样齐国一定会尊奉太子您为楚王的。"楚太子会说:"好。"于是答应加倍割让土地给齐国。楚王听说后,必然感到害怕,又增加了割地献给齐国,并且还害怕事情办不成。所以说可以使楚国增加割让的土地。

　　苏秦可以对楚王说:"齐国之所以敢于要求楚国多割让土地,是因为齐国以太子在齐国为要挟,现在齐国已经割取了楚国的土地,还并不就此为止,是因为太子在齐国与大王势均力敌的缘故。所以我能让太子离开齐国。太子离开齐国,齐国就没有立太子的借口,这样齐国就不能违背与大王的约定了。大王转而与齐国建立友好关系,齐国就会服从您了。如此一来,大王就除掉了仇人,还能与齐国建立良好的关系。"楚王听后会非常高兴,说:"那就请您建立楚、齐之交吧。"所以说可以替楚王让太子马上离开齐国。

　　苏秦可以对楚太子说:"控制楚国政权的是楚王,而以空话许诺割让土地与齐国交换的是您,齐国未必相信您的空话,也显示出楚王确有献地的诚意。楚王与齐国的交换成功了,太子您的处境就必定危险了。请您赶快想办法。"楚太子会说:"我听从您的吩咐。"于是连夜准备了车辆,离开齐国。所以说可以使太子急忙离开。

　　苏秦可以派人对薛公说:"劝您扣留太子的是苏秦。其实苏秦并不是为您打算,而是要有利于楚国。苏秦怕您知道他真正的打算,所以让楚国多割让土地,以隐藏自己的阴谋,如今劝楚太子离开楚国的是苏秦,而您却不知道,我替您感到迷惑不解。"于是,薛公就会对苏秦感到很生气。所以说可以使人在薛公面前说苏秦的坏话。

苏秦还可以派人对楚王说:"让薛公扣留太子的是苏秦。尊奉大王让您取而代之而立为楚君的又是苏秦,订立割地条约的是苏秦,表示忠于太子而又劝走太子的也是苏秦。现在有人在薛公面前诋毁苏秦,认为他薄于齐国而厚于楚国,希望大王知道这个情况。"楚王会说:"我听从您的吩咐。"于是封苏秦为武贞君。所以说可以替苏秦在楚国求封。

苏秦还可以派景鲤对薛公说:"您之所以能够被天下的人所看重,是因为您能招揽士人,并掌握着齐国的大权。如今,苏秦这个人是世上最好的辩士,天下少有的人才,您如果不重用苏秦,就会堵塞言路,天下的士人也都会跟从苏秦,这样一来,您的事情就危险了。现在,苏秦与楚国十分接近,如果不及早地亲近苏秦,就会与他结下怨恨。所以,您不如现在就尊重苏秦,重用苏秦,并趁此机会与楚国搞好关系。"薛公会因此而亲近苏秦,所以说可以劝薛公亲近苏秦。

苏秦的一句话竟然引出了一大通议论,而上述的分析都是合情合理、有实际操作意义的。上述的每一种可能性,如果苏秦努力去做,都有可能变成现实,而这些现实又都不一样,甚至截然相反。在此,我们不仅看到了事物发展的多种可能性,更令人感慨不已的是,庄严的政治和历史有时竟是权谋家的掌中之物。

需要特别指出的是,中国古代史书一般都是以记述史实为主,但上面的这一段选自《战国策》的例子却大异其趣,除了第一段是记述外,其余各段均是以猜测、推断为主,是中国史书中罕见的现象。

治国与打猎

子产是春秋时期著名的政治家。子产为政,郑国兴旺,连孔子都很称赞他。他不仅以仁德治国治民,就是在具体的策略上也处处高人一筹。下面是他与子皮讨论如何选拔和使用人才的一个例子,从中我们可以看出他的才智。

春秋时期,郑国的子皮执掌国政,他见子产有治理国家和选拔人才的才能,便想把国家的政务交给他。有一次,子皮手下有个家臣叫尹何,这个人对子皮十分顺从,子皮很喜欢他。子皮对子产说:"我想让尹何治理我的封邑,您看怎么样?"子产说:"这个人太年轻,不懂得治理国家,恐怕不能让他去当县大夫。"子皮说:"这个人办事小心谨慎,又很听话,我很喜欢他,我想他也不会背叛我。什么事都是学来的,让他学学,他也就知道怎样治理了。"

子产见他固执己见,摇摇头,说:"这不行。别人喜欢一个人,总想着如何对他有利;您喜欢一个人,却让他伤害自己。"子皮非常不理解,子产就说:"尹何不会治理,您却把政事交给他办,就好像一个人不会用刀子,您偏让他去做厨师,到头来只能伤着自己的手指。有谁还敢求得您这样的喜欢?"

子皮听了,默然不语,他在细细地品味着子产的话。子产见子皮默不作声,以为他不高兴,就说:"您是郑国的栋梁,栋梁一折,房屋就会倒塌,连我们也将被压在底下,因此,怎敢不对您讲真心话?"

子皮听了,连声说:"请讲,请讲。"子产问:"您有了漂亮的绸缎,舍得让不会做衣服的人去胡乱裁剪吗?"子皮说:"当然舍不得。"

子产说:"衣服是蔽体的,而封邑是庇护您的身家性命的,它的价值比漂亮的彩绸不知贵重多少。您怎么舍得让不懂治理的人去练手呢?我听说学习以后才做官,没听说把做官作为学习锻炼的手段的。如果您非要如此不可,您一定会受到伤害。譬如打猎吧,只有会射箭、会驾车的人才能获得猎物。如果让不会射箭、不会驾车的人去打猎,他一上车,一心想着如何不翻车,不被压在底下,哪里还有精力去管猎物呢?"

子产的这些比喻实在是太生动深刻了,治国治民就是打猎,如果没有打猎的本领,那就自顾不暇,哪里还能捕获猎物?最终只能车覆人亡,或是为猛兽所伤。这样一来,是先有了治国治民的本领再去做官,还是先做官再学治国治民的本领,就十分清楚了。至于子产把爱惜衣服和爱惜生死攸关的封邑相比,就更是足以警顽拨愚了。

子皮听了这番话,连声赞叹说:"好呀!好呀!我真是个糊涂人。我听说,君子所虑大而远,小人所虑小而近。我真算不上是君子。我只知蔽体衣服的珍贵,从而谨慎待之,不知护身封地的价值,从而轻视之。从前,我认为您治理郑国,我治理家族,就可以国强家旺,现在看来,家族的事也少不了您的参与啊!"

邹阳奇谋救人

邹阳是西汉时期的著名文学家,同时也是一位富有谋略的人。他曾经劝谏梁王不要谋反,被梁王下狱。下面这个例子很能说明他的谋略。

梁孝王(即刘武,文帝的儿子,深受母亲的宠爱)因为刺杀了汉景帝的得力大臣袁盎而触怒了汉景帝,汉景帝十分恼火,将要对他采取措施。他也感到很恐慌,于是想起了邹阳先前对他的忠告,就找邹阳深入讨论,并且表达自己的歉意和谢意,又赠送了千金,请他指点可以消解皇帝怨怒的策略。

邹阳是当时的才子,也是一位极有谋略的人,他与以奇计见称的奇人王先生相识,王先生已经八十多岁了,仍然奇计百出。于是,邹阳就拿这件事去求教他。

王先生说:"这种事情很难办啊!人主有很深的仇恨和愤怒,一定想杀了对方,来消解自己的愤恨。纵使以太后那样的尊崇,以及亲生骨肉、同胞兄弟的深厚情意,都难以制止,何况为人臣下的呢?你应该去求见王长君,以情感打动他,他一定会为你想办法,替你出力的。"

邹阳领悟了王先生的意思,说:"非常感谢,我遵照您的教诲。"于是辞别而去,直接到长安晋见王长君。

王长君是景帝宠姬王美人的兄长。邹阳在长安留了几天,趁着空闲的适当时机向王长君拜请说:"臣下并不是因为长君没有可供役使的人而来服侍您的。臣下愚憨粗鲁,有些自不量力,希望能告诉长君一些事情。"

王长君并没拒绝,邹阳就继续说:"臣下听说长君的妹妹受皇上宠幸,没人能及;而长君的行动作为,有些不依常理,这是人所共知的。如今袁盎被刺杀的事并没了结,正要继续追查下去,梁王很可能因此被杀。这样的话,太后也只能将爱子被杀的悲痛强压在心头,不能对皇上发泄她的怨怒,可是太后可以迁怒皇上所亲近宠幸的妃子和臣子。臣下担心您的处境也将会很不妙。"

王长君听了他的这一番话,一时有些惊慌失措,说:"那要怎么办才好呢? 还是请先生为我想办法。"

邹阳说:"长君若能劝皇上不要再追查梁王涉嫌刺杀袁盎的事,必可以增强你和太后的关系。太后得到你的帮忙,内心必然深深地感激你,那么你的妹妹就同时受到太后、皇上的宠幸,她的地位也就会越来越巩固了。但愿长君好好地为自己想一想。"

邹阳又对王长君说:"以前,舜的弟弟象一天到晚所想的、所做的,就是要怎么把舜杀了;等到舜当上了天子,却将有庳之地封给他。一个仁者,对自己的兄弟是不会长久地怀恨在心的,不会长久记仇,只是更加亲善厚爱罢了,所以后世的人特别赞扬他们,舜也才能成为为后世所称颂的圣人。希望你用这些事例来说服天子,也许天子就不会查办梁王涉案的事情了。"

王长君依照邹阳所教的方法,找了个合适的机会,向皇帝进言,整个事件果然不了了之。

对于这样的事情,直接进言是不行的,甚至还会适得其反,只有采取迂回的策略。而问题的关键还在于选择谁作为进言之人,这一点利害攸关,王长君既是汉景帝的宠幸之人,又是将来要遭殃的人,形势所迫,不得不为,他可谓是最佳人选了。而说服汉景帝的说辞也是经过精心策划的,没有哪一个皇帝不想被别人说成是圣人,所以,以圣人相标榜,汉景帝就容易接受了。

细细品味王先生和邹阳的这一谋略,真会令人感叹不已啊!

苏代合纵

我们喜欢大讲历史"规律",但如果认真看看历史,就会发现,"规律"的弹性实在太大了,有时历史简直成了某些权谋家手中的面团,可以被他们随心所欲地摆弄成各种形状。

苏秦一死,六国又失去了主心骨,各图眼前利益,拆散纵约,各自希望讨好秦国以保平安。苏秦的弟弟苏代历数了秦国的"罪状",才使得燕昭王猛醒,也使得其他诸侯国有所警惕。

秦王召见燕昭王,燕昭王打算到秦国去拜见。苏代劝阻燕昭王说:"楚国虽然得到了枳地,可是同时也失去了大片国土;齐国虽然得到了宋地,也是失了大片的国土。齐、楚都不能因为占有枳地和宋地就去侍奉秦国,为什么呢? 因为取得成功、夺取土地的国家,都是秦国最仇恨的。秦国的目的是夺取天下,实行的不是仁义,而是强暴。

"秦国在实行暴力政策时,首先正式警告楚国说:'蜀地的军队,如果乘着轻舟从汶出发,趁着夏季水涨时顺汉水而下,五天就可到达郢都;汉中的军队,乘船从大巴山出发,乘着夏季水涨而下,四天就能到达五渚;我在宛地东部集结军队向随地进攻,聪明的人来不及谋划,勇敢的人来不及发怒,我的军队就获胜了。大王却要联合天下诸侯攻打函谷关,这种想法不是太不实际了吗?'因为这个原因,楚王十六年来一直侍奉秦国。秦王也曾警告韩国说：'我发兵少曲，十天之内就可以阻断太行山的要道；我再发兵进逼平阳，两天之内，六国没有不动摇的地方；我经过两周进逼晋地，三五天之内你们国家就会被攻破。'韩国害怕了，因此也去侍奉秦国。秦国又对魏国说：'我攻下安邑，堵住要道，再占领韩国的太原。我顺着轵道，取道南阳、封陵、冀亭而下，包围两周，趁着夏季水的涨势，乘着轻快的船，强弓手在前面，长矛手在后，决开荥口，魏国就没有了大梁；决开白马河，魏国就没有了济阳；决开宿胥河口，魏国就没有了虚地和顿丘。在陆上进攻可以击破河内之地，在水上进攻可以灭掉大梁。'魏国信以为真，因此也侍奉秦国。

"秦国想攻打安邑，又恐怕齐国来救援，于是就把宋国交给齐国对付。秦王认为宋王是个无道昏君，因为宋王曾经让人用木头刻成秦王的模样，命人去射木人的脸。秦国和宋国隔着许多险阻，路程太远，不能发兵攻打，齐国如果能够攻破宋国，占有了宋国的土地，就如同秦国自己占有了一样。秦国已经占据了安邑，控制了要道，于是就把攻破宋国当作齐国的罪过。秦国想要进攻齐国，又怕诸侯援救它，就把齐国交给天下诸侯，告诉天下诸侯说：'齐国与我订约四次，四次欺骗我，有三次要率领天下诸侯进攻我。所以，有齐国就没有秦国，没有齐国才有秦国，我一定要讨伐齐国，一定要使齐国灭亡！'秦国已经得到宜阳和少曲，又把蔺和石弄到手，于是又把攻破齐国的罪过推给了六国。秦国想要进攻魏国，所以重视与楚国的交往，于是就把南阳交给楚国去对付，秦王说：'我本来要和韩国绝交的，所以才破坏了均陵。如果楚国能从中得到好处，那就如秦国得到好处一样。'于是魏国就抛弃了盟国而与秦国联合，秦国却把封锁韩国作为楚国的罪行。

"当秦兵在林中被围困的时候，它才想到要尊重燕赵，要把胶东送给燕国，把济西送给赵国。又与魏国讲和，把公子延送去当作人质，于是魏将公孙衍让秦国军队过境攻打赵国。军队在离石受挫，又在马陵吃了败仗。这样秦国更加尊重魏国，就把叶地和蔡地送给魏国。当秦国与赵国讲和后，它又去胁迫魏国，魏国则不肯割让土地。可见，只要秦国处于困境中，就让太后和穰侯去讲和。如果打了胜仗，就是连母亲和舅舅都可以欺骗。以齐国胶东的事向燕国问罪，以济西的事向赵国问罪，以叶地和蔡地的事向魏国问罪，以灭宋的事向齐国问罪。这样循环往复地推论下去还能有完？秦王发动战争就像刺死小虫和绣花一样轻而易举，母亲和舅舅都无法约束他。

"龙贾之战、岸门之战、封陵之战、高商之战、赵庄之战，秦国杀掉的三晋人民有数百万，现在那些活下来的人，大多数都是被秦国杀死者的遗孤。西河的外面，上洛的土地，三川和晋地的战祸，韩国、赵国、魏国的人就死了一半。秦国的兵祸如此之大，可是燕赵朝中的那些亲近秦国的人还都争相劝说他的君主去侍奉秦国，这正是我最为忧虑的事。"

燕昭王听了苏代的这一番话，便不再去秦国。苏代在燕国也受到了重视。燕国又像苏秦在世的时候一样，联合其他国家，共同对付秦国。

张仪破纵连横

张仪是春秋战国时期连横的代表人物，秦国在实行了张仪的连横策略之后，一改过去用力甚勤而收效甚微的局面，在外交和军事领域都迅速取得了发展，为其统一六国奠定了基础。下面是张仪在说服秦惠王采取连横策略时的一段十分著名的话，从中我们可以看出张仪对天下大事洞若观火的政治洞察能力和运筹帷幄的雄才大略。

张仪对秦惠王说："我听说过这样的古训：'对自身不明之事妄发议论，是不明智的；而已明之事却不肯讲出来，却是不忠实的。'做人臣者对君主不忠，那是犯了死罪，所言不实也是死罪。所以，我决定将我所知向大王倾吐，还请大王裁决。"

这当然是说客们客套的开场白，下面才是张仪要说的真正内容。张仪说："我听说四海之内，从北方的燕国直到南方的赵国，又在联合楚国，笼络齐国，还收集了赵国的部分势力，准备再次联合起来，形成合纵之势，共同对付秦国。这在我看来是十分可笑的。我听说世上有三种情况可以导致国家灭亡，而天下有才能的人终会出来收拾残局，大概说的就是今天的这种情况。前人说过：'政治混乱的国家去攻击政治清明的国家是自取灭亡；以武力治国的国家去攻击以仁义治国的国家是自取灭亡；逆乎天理民心的国家去攻击顺乎天理民心的国家是自取灭亡。'如今六国财物匮乏，粮仓空虚，还要扩充军队，动员人民前去赴战，在这种情况下，即使白刃在前，斧钺在后，百姓还是不肯拼力死战，再加上赏罚不明、不能兑现，其失败是必然的。"

张仪接下来以秦国做了对比。他说："现在秦国号令、赏罚严明，所以有功无功之人皆能为国拼力死战。秦国的百姓在父母怀抱之中长大，生来并未见过战阵，并不是天生好战，但一听说作战，都跺脚袒胸，痛下决心，敢于迎着敌人的刀枪剑戟，赴汤蹈火，万死不辞。抱定必死决心的人，比比皆是，这都是由于贤明的君主提倡勇敢、赏罚严明的缘故。这样的战士就可以一人胜十人，十人胜百人，百人胜千人，千人胜万人，万人胜天下。现在秦国的土地，方圆数千里之广，军队有数百万之众，号令严明、赏罚有信、地形优越，诸侯各国皆有不如。凭借这些条件对付、主宰乃至兼并诸侯是不成问题的。如果财物不丰、粮仓不实、人民不安、四邻不服，那不是大王的过错，不是秦国的资源不足，而是臣下不能用命尽心的缘故。"

接下来，张仪对秦国既往的成功与失败之处做了深入而细致的分析。他说："从前，齐国向南攻楚，向东攻宋，向北伐燕，向西征秦，处于中原地带的韩、魏则供其役使。齐国兵多将广，号令四方，别国莫敢不从，战无不胜，攻无不克，可谓威势赫赫。齐国大败了五个国家，却因一次失败就导致了灭亡。由此看出，战争是关乎一个国家生死存亡的大事。我还听说，斩草除根方可不留祸患。过去，秦国与楚国作战，大破楚国，袭取了楚国郢都，占领洞庭湖及江南等地，楚王被迫东逃，退处阵地自守。此时如果继续进军，就可全部占领楚国。占领了楚国，其民则可为秦国所专用，其土地可以为秦国所专用，向东可逼齐、燕，中间可以进攻赵、魏、韩三国。如此一来，一举就可成就霸主之名，诸侯朝拜，四邻宾服。可是，秦国的谋臣却不这样做，反而领兵退回，与楚国讲和了。如今楚人收拾好残破的国家，召集回逃散的人民，另立新君，恢复祭祀，重整旗鼓，又率领诸侯与秦国对抗。这样，当然失去了第一次建立霸业的机会。

"天下诸侯欲有联合，并已屯军华阳，对抗秦国。大王完全可以施用诈计，大破敌军。只要进军到了魏都大梁，围攻数十天，那么大梁可破；攻破大梁，魏国就可全部占领；占领了魏国，那么楚、赵就会打消合纵之念；楚、韩散纵，那么赵国就会处于危境；赵国形势危急，楚国必然孤立；这样向东可以削弱齐、燕，中间可以进攻韩、赵、魏三国。如此，一举就可以成就霸主之名，使四邻的诸侯前来宾服朝拜。可是那些谋臣又不这样做，反而是带

诸子百家
——
纵横家

兵退走，与魏国讲和。使魏国得以收拾将灭之国，招集流散的人民，另立新君，再造祭祀。这样，当然就失去第二次建立霸业的机会了。

"从前穰侯治秦，意图用一国之军队，建立两国才能完成的功业。这样一来，士兵终身在外作战，怨声载道，国内的人民也疲惫不堪，而秦国还是没有成为霸主，第三次失去了成为霸主的机会。

"赵国是一个五方杂处的国家，人民不遵法令，难以管理；赏罚不能实施，地理形势也十分不利；国君也不能体恤人民、充分调动人民的力量。这本是亡国之势，再加上赵国屯兵长平，与韩国争夺上党地区，大王您完全可以施以诈计，大败赵国，攻破武安。此时，赵国上下互不信任，离心离德，其都城邯郸也就无法守住，此时再趁机攻下邯郸，收取河间，再派兵攻下上党。代郡三十六县，上党十七县，兵不血刃即可得到。东阳与河外，不经过争夺就已成为齐国的了；中呼池以北，不用争夺也就成为燕国的了，如此一来，占领赵国则韩国一定灭亡，韩国灭亡了则楚、魏不能独自存在。这样一个行动就破坏了韩国，损害了魏国，控制了楚国，向东削弱齐、燕，最后决开白马渡口，淹灌魏国。此一举可使韩、赵、魏三国灭亡，合纵的联盟就失败了。大王您拱手而得天下，诸侯会接连不断地向您屈服。可是那些谋臣却不这样做，反而领兵退却，与赵国讲和。以大王您的英明，秦国军队的强大，霸主之业未成，反为那些被打败的国家所取笑，这都是因为谋臣太过愚钝懦弱了。"

张仪以赵国为例，继续展开论述，支持自己的论点。张仪说："赵国应当灭亡而没有灭亡，秦国应当称霸而未能称霸，诸侯因此看透了秦国的谋臣，此其一；秦国不仅没有接受教训，反而又调动全部兵力进攻邯郸，却又久攻不下，士兵丢盔卸甲，发抖败退，诸侯因此看透了秦国的实力，此其二；军队退却后，聚集在李邑下，大王又重新组合军队，极力作战，但又不能够取得大的胜利，只好退兵，再次让诸侯看透了秦国的实力，此其三。诸侯看透了国内的谋臣，又了解了我们的兵力。由此看来，我认为诸侯的合纵力确实是很难对付的了。现在秦国军队疲惫，人民委顿，积蓄殆尽，田地荒芜，仓库空虚；而天下诸侯又联合紧密，意图共同抗秦，希望大王认真考虑才是。"

张仪在分析了秦国的一系列失误之后，接下来就对秦惠王提出了劝告。他说："古人说：'为人处世，应当日慎一日。'如果谨慎得法，就能消弭祸端，据有天下。何以知之呢？过去纣王为天子，大军有百万之众，左军还在淇谷饮马，右军已到了洹水，淇谷喝干，洹水断流，声势之大，可以想见。但周武王仅率三千哀兵，只用一天的时间，就打破了纣王的国都，活捉了纣王。周武王灭掉了商纣，据有其国，竟无人为纣王感到惋惜和悲伤，这都是纣王肆无忌惮虐待百姓的缘故。

"晋国的智伯统帅三国的军队，在晋阳围攻赵襄子，掘开晋水灌城，水淹晋阳，城内锅灶生蛙，晋阳灭亡在即。但智伯骄横狂妄，言语不慎，使韩、魏两国遂生叛心。赵襄子与韩、魏两国联合，击败了智伯，灭掉了晋国，赵襄子因而成就了建立赵国的大业。如今，秦国地大物博，方圆数千里，赏罚有信，号令严明，地势优越，其他诸侯国都远远不如。凭借这些条件，完全可以兼并诸侯，将天下据为己有。"

最后，张仪提出了他的连横策略。张仪说："我之所以冒死前来晋见大王，是为了向您陈述一举打破诸侯合纵联盟的策略和使秦国成就霸主之名的道理，大王可以试行，如果赵国不破，韩国不亡，楚、魏不服，齐、燕不亲，霸主之名不成，四邻不来朝拜，大王可杀

诸子百家——纵横家

掉我向全国示众，以惩戒那些为大王出谋划策而不忠的人。"

张仪的话可以暂时告一段落。我们从中可以看出，说客并不仅仅是所谓的舌辩之徒，好的说客实际上是兼政治家和外交家于一体的。他们要具备如下的素质：一、要有十分广博的历史知识，尤其是要对当时各国的史实了如指掌；二、要有独到的见解，能够见别人所未见，言别人所未言，对一些问题的分析要有振聋发聩的深度，能够警醒君王；三、要有超人的胆略、宏大的气魄，还要有藐视一切的气势和无碍的辩才。苏秦和张仪之所以能够成为战国时期的著名说客，可以说他们基本具备了上述的素质。

秦国经历过商鞅变法、远交近攻等一系列的政治、军事的重要发展阶段，但张仪为秦国确定的破纵连横的军事、外交政策在秦国的发展史上有着最重要的意义，甚至对中国历史的发展都有一定的影响。说客的作用，实在是不容忽视的。

李泌弭大祸于无形

李泌在中国历史上也应该算是一个十分有特色的人物，一方面他是一位隐士，在自己认为不能出仕的时候便不出来做官，即使皇帝屡次征召也坚辞不受；另一方面，他又是一位杰出的官场艺术家，在他觉得应该出仕的时候就主动地投奔皇帝，哪怕安史之乱尚未平息，当时的一般人还辨不清风向，不敢做出抉择。他历事三个皇帝，多次解危纾难，在犬牙交错的复杂形势之中真正做到了游刃有余。下面是他通过进谏来说服唐德宗的一个例子，读后自会有一种把惊涛骇浪玩弄于股掌之上、在万钧雷霆之下从容不迫的感觉。

李泌

唐德宗时，有人密告大长公主（太子妃萧妃之母）淫乱，并且以巫术咒人。唐德宗听后大怒，将大长公主幽禁在宫中，并严厉责备太子。太子因此请求与萧妃离婚。唐德宗一时拿不定主意，便召见了丞相李泌，把这件事对他讲了，想听听他的意见。并且对李泌说："舒王近来已有很大长进，孝敬、友爱、温良、仁义，是不是可堪造就呢？"

李泌听了德宗的话，知道他是听信了谗言，想废掉太子，另立皇储，便说："陛下只有一个儿子，为什么要将他废掉而另立一个太子呢？您想一想，陛下对自己的亲生儿子尚且怀疑，又怎么能相信别人的儿子呢？舒王虽然孝敬，但是，从今以后，您可要心中有数，不要指望他对您孝敬了。"德宗说："你违背了我的意思，难道不爱惜你的家族吗？"李泌说："我正是因为爱惜我的家族，所以才不敢不把话说完。如果我贪图一时的恩宠，对您委曲求全，您将来必定反悔，必定埋怨我说：'我任用你为宰相，当时竟不力谏，才把事情弄到这个地步。'因此，您将来一定要杀我。我老了，残年不足惜，但如果杀了我的儿子，立我的侄子为继承人，我未必能享受到今天的祭祀了。"于是痛哭流涕。德宗也流泪说："事情已经这样了，您说该怎么办呢？"

李泌回答说："这是一件大事,希望陛下慎重行事。自古以来,父子相疑,没有不亡国灭家的。难道陛下不记得建宁王是怎么被杀的吗?"德宗说:"建宁王叔确实是冤枉的,只是肃宗太性急了。"李泌说:"我过去因建宁王被杀而辞去了朝廷的官职,发誓不再到天子身边做官,如今又当上了陛下的宰相,又要亲眼看到了类似的事情发生了。当时,先帝(指代宗)自从建宁王被杀以后,常怀危惧之心,在我临别那天,我为先帝朗诵了《黄瓜台辞》,肃宗感到后悔,流了泪。"

德宗听了李泌的这番话,心绪稍稍平缓了一些,问道:"大唐贞观、开元年间,全换了太子,大唐为什么没有灭亡呢?"李泌回答:"从前,承乾(太宗所立的太子)想谋反,事情被发觉了,太宗派他的舅舅长孙无忌与朝廷中的几十个大臣审问他。真相大白后,还有人求情说:'希望陛下不失慈父之爱,让太子留下一条性命。'太宗同意了,并废黜了魏王泰。现在,陛下既然已经知道肃宗性急,也认为建宁王的死是冤枉的,臣感到很庆幸,因为陛下能够明察秋毫,希望陛下能够以此作为前车之鉴,审慎再三,悉心考察,一定会看到太子没有什么阴谋不轨的行为。他如果真的有不法行为,愿陛下按照贞观年间的办法来处置他,废黜舒王,立皇孙。那么百代之后,执掌天下的人还是陛下的子孙。至于开元时,武惠妃诋毁太子李瑛,后来李瑛兄弟被杀,国人都感到怨愤。这是今后的帝王应该引以为戒的,为什么还要效法呢?况且,太子住在宫中,并未接触过外面的人,也没有干预过外面的事,怎么会有异心呢?那些向您进谗言的人,极为狡诈,即使有像晋愍怀那样的亲笔信,有太子瑛穿的兵甲那样的证据,也是不足信,又怎么能因为妻子的母亲有罪就受连累呢?幸亏陛下把此事告诉了我,我敢用我的整个家族来为太子担保,太子不会有谋反之心。假使让从前的杨素、许敬宗、李林甫之流来听从您的旨意的话,那他们就会成为舒王得到天下而定策的人了。"

德宗说:"听了您的话,我想把这事缓一缓,等到明天再考虑吧。"李泌抽回自己的笏板向德宗叩拜,哭着说:"这样的话,我知道陛下的父子将慈孝如初。可是陛下回到后宫以后,一定要自己一个人审思,不要把这些意思露给身边的侍臣。如果泄露出去,他们就会就告诉舒王,那么太子就很危险了。"德宗说:"我明白你的意思。"

又过了一天,德宗来到了延英殿,单独召见了李泌,哭着对李泌说:"如果没有你一番真诚的劝说,我今天后悔也来不及了。太子敦厚仁义,确实没有别的企图。"李泌叩头向皇帝庆贺,并借此机会请求皇帝让他告老还乡。

宋宗元评论说,李泌的话情真意切,见解极其深刻,足以令听者惊心动魄,最终感动了皇帝。要想稳固皇储的地位,该发表意见的时候不能不说话,李泌就是一个范例。据史书记载,李泌在唐朝,前后侍奉过三个君主,多次在父子骨肉之间巧妙周旋,弥缺补漏,救危扶难。世上很多人把他比作汉代的张良,但其实李泌所处的境况比张良更为复杂和棘手。因为张良遇到的是豁达大度的贤君,而李泌所遇到的都是性情多疑而又萎靡不振的平庸之主。

太子的废立,外人是很难发表意见的。如果争辩得不力,无法使皇帝回心转意;如果争辩得太过,则可能激起皇帝的怨愤。历来当皇室亲族内部、骨肉之间发生矛盾、彼此猜疑的时候,大臣们大多以沉默来保住官位,使自己不至于因为选择失误而丢掉了官职乃至脑袋,这样的人当然是不值一提的。即使有一两个敢于说话的大臣,也可能因为触犯了皇帝的痛处而招来祸患，最终对于保护皇储的地位也起不了什么好的作用，还不如缄口不语。李泌在德宗盛怒之下，恳切委婉，言无不尽，始终以诚心来感动他，尤其是引用了不久以前建宁王被冤杀的例子作为前车之鉴，做得更是巧妙极了。用皇帝所能够明白的道理反复劝谏开导，终于使德宗回心转意了。

楚材晋用，终得天下

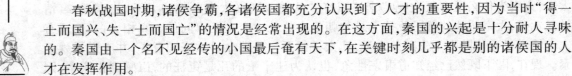

春秋战国时期，诸侯争霸，各诸侯国都充分认识到了人才的重要性，因为当时"得一士而国兴、失一士而国亡"的情况是经常出现的。在这方面，秦国的兴起是十分耐人寻味的。秦国由一个名不见经传的小国最后奄有天下，在关键时刻几乎都是别的诸侯国的人才在发挥作用。

秦国本是个边陲小国，起初连名号都没有，只是因为曾出兵几百人帮助周平王赶走西戎，才受到周天子的重视，答应秦国可以在一定的范围内向四周开拓土地，秦国此时才开始在诸侯中知名。但秦国仍然很小，绝无力量同郑国、齐国这样的东方大国比肩。秦国的国君非常明白，要想发展，就必须对外开放，大力引进"外国"的人才。

秦穆公可以说是秦国人才政策的奠基者。在他执政期间，极力搜罗人才，用五张羊皮换回了虞国人百里奚，又礼聘了晋国人蹇叔，重用了西乞术、白乙丙和公孙枝等人，使秦国的政治和军事日渐强盛。这些文臣和武将虽然来自其他诸侯国，但都能为秦国死心塌地地效力，使秦国在政治、军事、经济和文化等方面都上了一个台阶。

大约过了近三百年的样子，秦国还是处于一个很难迅速发展的时期，虽然很强大了，但要想统一诸侯，却很困难。这时，从卫国来了一个叫卫鞅的人，秦孝公见他很有才能，就充分信任他，让他实行变法。通过卫鞅（商鞅）的变法，秦国果然走上了"法治"的道路，迅速强盛起来。在统一六国的过程中，秦国时时觉得打了这国顾不了那国，刚攻下的土地，又不得不放弃，打了许多年，吃了许多苦，成效却不大。秦昭王重用从魏国来的范雎做国相，范雎就给秦昭襄王出了一个主意，叫作"远交近攻"，意思是对远方的诸侯国要搞好外交关系，而对近邻却要采取攻占的策略。这样一来，秦国攻取一寸土地，就牢牢地占有了一寸土地，再也不用为得而复失发愁了，况且还有远方友好国家的同情和支持。范雎的这一外交政策果然大见成效，终于为秦始皇统一中国奠定了坚实的基础。

然而，就在秦始皇将要统一中国的时候，秦国本土的人因为郑国渠的事件而排斥外国人，秦国的王族、大臣都来对秦王嬴政说："各诸侯国的人来侍奉秦国，不过是为其君主游说离间罢了。希望把所有来秦国的外国人驱逐出去。"来自楚国的李斯也在被驱逐之列。

李斯离开了秦国的国都，快要走出秦国的边境时，他鼓足勇气，写了一封《谏逐客书》送给秦始皇。

李斯说："听说官员们在商议驱逐客卿的事，我私下里认为这样做错了。过去秦穆公求士，在西边戎地得了由余，在东边宛地得到了百里奚，在宋国迎来了蹇叔，在晋国得到了丕豹、公孙支。这五个人亦不生在秦国，而穆公重用他们，兼并了三十多个国家，这才称霸于西戎。秦孝公采用商鞅的变法之策，废除了原来的法令制度和风俗习惯，人民因此而殷盛,国家因此而富强,百姓乐意为国家效力,诸侯才重视秦国,归顺听命。接着,秦国又大败楚国和魏国,扩展了千里的土地,直至现在,秦国的统治都持久不衰。秦惠王用张仪连横之计,攻取了洛阳一带,在西边吞并了巴、蜀,在北边收取了上郡,在南边攻取了汉中,还蚕食了九夷的土地,控制了楚国的鄢和郢;往东占据了险峻的虎牢关,获得了肥沃的土地,于是瓦解了六国的合纵,使他们向西侍奉秦国,其功绩迄今不能泯灭。秦昭王得到了范雎,废除了穰侯,赶走了华阳君,巩固了王室的权力,堵塞了权贵垄断政治的流弊,并逐步地吞并诸侯,使秦国成就了帝业。这四位国君都是由于任用客卿才取得成功的。因此,客卿们没有什么对不起秦国的。假使当初这四位国君拒绝客卿,闭门不纳,疏远外来之士而不加任用,就不会有秦国的富强,秦国也不会有强大的威名。

"现在陛下搜罗昆山的美玉,有和氏之璧,衣服上饰有如月的宝珠,佩戴着太阿宝剑,乘骑着纤离之马,竖着用翠凤之羽毛装饰起来的旗帜,陈列着用灵龟之皮蒙起来的好鼓。这些宝贵之物没有一种是秦国产的,而陛下却很喜欢。要是只有秦国所生产的才能使用的话,那么,夜光之璧就不能装点朝廷,犀角、象牙所制成的器物,就不能是陛下所喜欢的玩物;赵国、卫国的美女就不会充斥陛下的后宫;北方的良马名驹就不会填满陛下的马厩;江南的金锡不会为陛下所用,西蜀的丹青也不会用来做彩饰,用以装饰后宫、广充侍妾。这些爽心快意、悦人耳目的东西如果都要在秦国生长、产生然后才可用的话,那么,耳上的玉环、丝织的衣物、锦绣的装饰就都不会进献到陛下面前;那些娴雅而又善于变化的妖冶美好的女子也不会立于您的身边;那种敲击瓦器,搏髀弹筝,咿咿呀呀的歌唱确是秦国的土产音乐了,如今,陛下却抛弃了秦国的敲击瓦器的音乐,而采用郑、卫淫靡悦耳的音乐,这是为什么呢?难道不是外国音乐可以娱乐耳目吗?可是,现在陛下对用人却不是这样,不问是否可用,不管是非曲直,凡不是秦国人的就要离开,凡是客卿都要被驱逐,这样做,正好说明陛下所看重的,只是声色方面;而所轻视的,却是大众和士人。这不是能用来驾驭天下,制伏诸侯的方法啊!

"我听说,地域广阔必然物产丰盛,国家广大必然民众众多,兵力强大必然士兵骁勇善战。泰山不拒其土壤,所以才能如此高大;黄河、大海不舍弃涓涓细流,所以才能如此博大深邃。为王的人只有不绝众臣百姓,才能建立圣德。故地域没有周围的界限,民众没有国籍之异,一年四季富裕丰足,鬼神也会来降福。这正是五帝、三王之所以无敌于天下的原因啊!现在陛下却抛弃百姓以帮助敌国,拒绝宾客以壮大诸侯,使天下之士退出秦国而不敢往西,恐惧而不敢入秦,这正是人们所说的把粮食送给强盗,把武器借给敌人啊!

"许多东西并不出产于秦国,但被当作宝物的很多;许多士人并不出产在秦国,但愿意为秦国效忠的人并不少。现在,您要驱逐客卿以帮助敌国,减少本国的人民以使敌国强大,其结果是对内使自己虚弱,对外则与诸侯结下了新的怨仇,这样做怎能不使国家陷入危机呢?"

秦始皇看到了李斯的这封信,为之深深地打动,就废除了逐客令,恢复了李斯的职务。

正所谓"山不厌高,海不厌深,周公吐哺,天下归心",李斯在对秦始皇的劝谏中所列举的全是事实,所讲的道理也是正确的。纵观秦国的发展史,真是极其富有意味,可以

诸子百家——纵横家

说，如果没有外国的人才，秦国是不可能发展壮大的。从秦国的发展历程可以看出，得人才者得天下实在是中国历史发展的一条规律。

毛遂自荐

用则满目俊才，弃则遍地粪土。有些人才自己脱颖而出，但更多的人才是你必须将他放到囊中，使他有脱颖的机会，至于你将哪些人放到囊中，那就要看自己的水平了。

秦国围攻赵国都城邯郸的时候，赵王曾经派平原君到楚国求援，希望推举赵国作为盟主，订立合纵盟约，共同联合抗秦。平原君约定与门下智勇双全的食客二十人一同前往楚国。平原君说："如果能通过和平谈判取得成功，那就最好了。如果谈判不能取得成功，那么，也要想办法挟制楚王，在大庭广众之下把盟约确定下来，一定要确定了合纵的盟约才能回国。同去的文武之士不必到外面去寻找，从我们门下的食客中寻找就足够了。"结果选得十九人，剩下的人没有可选的了，无法凑满二十人。

这时平原君的门下食客中有个叫毛遂的人，他找到平原君，向平原君自我推荐说："我听说您要到楚国去，人员不到外面去寻找，而现在还少一个人，您就拿我充个数，一起去吧！"平原君说："先生来到我的门下，到现在有几年啦？"毛遂回答道："已经整整三年了。"平原君说："有才能的贤士生活在世上，就像锥子放在口袋里，它的锋尖立刻就会显露出来。如今，先生寄附在我的门下，到现在已三年了，我的左右近臣从没人称赞推荐过你，我也从未听说过你，这是先生没有什么专长啊。先生不能去，还是留下吧！"毛遂说："我今天就算是请求大王把我放在口袋里吧。假使我早就被大王放在口袋里，就会整个都脱露出来的，不只是露出一点锋尖就完了。"平原君终于同意让毛遂一同去。那十九个人互相使眼色示意，暗地里嘲笑毛遂，只是没有发出声音来。

等到毛遂到达楚国，跟那十九个人谈论、争议天下形势，那些人个个佩服他。平原君与楚王谈判订立合纵盟约的事，再三分析利害关系，从早晨就谈判，直到中午还没有决定下来，那十九个人就鼓动毛遂说："先生应该登堂了。"于是毛遂紧握剑柄，一路小跑着来到了殿堂上，对平原君说："谈合纵不是利就是害，只两句话就可以了。现在从早晨就谈合纵，到了中午还决定不下来，是什么缘故呢？"楚王见毛遂登上堂来，就对平原君说："这个人是干什么的？"平原君说："这是我的随从家臣。"楚王厉声呵斥道："怎么还不下去？我是跟你的主人谈判，你来干什么？"

毛遂紧握剑柄走向楚王说："大王敢呵斥我，不过是依仗楚国人多势众。现在我与你距离只有十步，十步之内，大王是无法依仗楚国人多势众的，大王的性命就握在我的手中。我的主人就在面前，当着他的面，你为什么这样呵斥我？况且，我听说商汤曾凭着七十里方圆的地方最终统治了天下，周文王只是凭着百里大小的土地就使天下诸侯臣服，难道是因为他们的士兵多吗？不过是善于掌握形势而努力发扬自己的威力罢了。秦国的白起，不过是个蠢材，他带着几万人的部队，发兵与楚国交战，第一战就攻下了郢都、鄢城，第二战烧毁了夷陵，第三战使大王的先人蒙受了极大的耻辱。这是楚国百世不解的怨仇，连赵王都感羞耻，可大王却不觉得羞愧。合纵盟约是为了楚国，不是为了赵国。我的主人就在你的面前，你为什么这样呵斥我？"听了毛遂这一番话，楚王即刻变了态度说：

諸子百家——縱橫家

"是,是,的确像先生所说的那样,我一定竭力履行合纵盟约。"毛遂进一步逼问说:"合纵盟约就算是确定了吗?"楚王回答说:"确定了。"于是毛遂用命令式的口吻对楚王的左右说:"把鸡、狗、马的血取来。"毛遂双手捧着铜盘跪下,将其端到楚王的面前说:"大王应先歃血盟誓,以表示确定合纵盟约的诚意。您先饮完了,下一个是我的主人,再下一个是我。"

就这样,平原君与楚王在楚国的朝堂之上确定了合纵盟约。

平原君在完成了使命之后回到了赵国,说:"我真是不敢再观察、识别人才了。我所选拔的人才多说上千,少说也有数百,自以为不会遗漏天下的人才,现在,竟把毛先生给漏掉了。毛先生一到楚国,赵国的地位就比九鼎大吕还要尊贵,毛先生的那张能言善辩的嘴,竟比百万大军的威力还要大,我实在不敢再说我善于识别人才了。"

毛遂自荐、脱颖而出是妇孺皆知的成语典故。通过这个故事我们可以看出,毛遂是不是成功地促使楚国和赵国缔结了合纵盟约倒不是一件重要的事,关键是对人才的观察、识别。所以我们千万不要自高自大、不要随便看轻别人,很多人在合适的条件下就会成为人才。

苏秦一言,价值连城

春秋战国时期,是一个"处士横议"的时期,纵横家在这一时期是很吃香的。然而,纵横家绝不仅仅是骗子,更不是什么江湖术士,往往是些有真本领、大本领的人。用鲁迅的话来说,即使是帮闲吧,也要有帮闲的本领,绝不是随便就可做得来的。且看苏秦的"一言十城"。

秦惠王将女儿嫁给了燕国的太子,这一年,恰好燕文侯去世,太子即位成为燕易王(公元前329年)。燕易王刚即位,国家尚未稳定,齐宣王便趁燕国国丧之际,出兵进攻燕国,攻下了燕国的十座城池。

燕易王对苏秦说:"当初你首先来到了燕国,是我父亲帮你,才使你见到了赵王,完成六国合纵的大业,成就了你的名声。如今,齐国却先攻打赵国,然后又打我们燕国。你主持了六国的合纵之事,现在却弄成了这个局面,天下都在笑你了。你能为燕国夺回被齐国侵略的土地吗?"

苏秦感到非常惭愧,说:"请让我为大王效劳。"

苏秦见到齐王以后,一拜再拜,先是低头庆贺,然后又仰头哀悼。齐王见苏秦这样一副怪样子,便问:"您怎么一会儿庆贺,一会儿又哀悼呢?"

苏秦说:"我听说,饥饿的人之所以不吃鸟儿一口就能吃掉的那一点儿食物,是因为吃了也无济于事,那与饿死没有什么两样。现在,燕国虽然弱小,却是秦王的女婿。大王贪图燕国的十座城,却没有想到与强大的秦国结下了怨仇,就好像燕国是雁阵,却没想到秦国躲在背后。您袭击了燕国,却会招来秦国;您这不等于是饥饿的人吃下了鸟食一般吗?燕国的那点儿土地对于齐国来说实在是无济于事,但却会给您带来灭顶之灾。"

齐王听了他的话,十分吃惊,连脸色都变了,说:"那该如何是好呢?"

苏秦说:"我听说,古时候善于处理事情的人,能转祸为福,反败为胜。大王如果真能听我的话,就请您立刻归还燕国的十座城池。燕国无缘无故地收回了十座城,一定十分高兴;您再派使者告诉秦国,秦王如果知道是为与秦国处理好关系您才归还,也一定十分高兴。这种做法的结果是,齐国少了仇人却得到了两个国家的知交,而一旦燕国和秦国一同臣服于齐国,那么大王如果再号令天下,有谁敢不从?"

苏秦接着说:"大王让秦国得到了虚荣,而大王却用十座城池取得了天下,这就能够完成称霸的大业了,您何乐而不为呢?"

齐王说:"好,您说得很有道理,就照您说的办。"

于是,齐国归还了燕国的城池。

人言义士一言九鼎,那是说信守诺言;而苏秦一番话就能使燕国不费吹灰之力收回十座城池,真可谓价值连城了。

第五节　纵横家智慧

第一捭阖术　把握事物发展的关键因素

本篇着重论述的是如何选择说辞,如何掌握谈话的节奏和技巧。要根据谈话的时机、场合、对象等的不同,适时地采取相应的捭阖之术。本篇也隐含了发挥主观能动性,变阳为阴或变阴为阳的"捭阖阴阳术",还有软硬兼施、刚柔相济的"刚柔张弛术"等。只要我们善于抓住事物的关键因素,便可运用自如、得心应手。

分析形势,顺势而为

【原文】

观阴阳之开阖以命物,知存亡之门户,筹策万类之终始,达人心之理,见变化之朕焉,而守司其门户。

【译文】

通过观察阴阳两类现象的变化来对事物做出判断,并进一步了解事物生存和死亡的途径。计算和预测事物的发展过程,通晓人们思想变化的规律,揭示事物变化的征兆,从而把握事物发展变化的关键。

【鉴赏】

春秋前期,齐国出了位大政治家管仲,他辅佐齐桓公,九合诸侯,一匡天下,使齐国成为五霸之首,鲁国也得听令于齐国。可是,自管仲死后,齐国却一蹶不振。直到春秋后期齐景公时,齐国又出了一位贤相晏婴,国势才又出现上升势头,才又呈现出压倒鲁国

诸子百家
——
纵横家

之势。

但在这时，鲁国却也出现了一位思想家孔丘，并逐渐得到鲁定公的任用。在齐鲁夹谷之会上，鲁国因有孔丘辅佐，齐国就没讨到便宜。为此，齐景公很是忧愁，便对大夫黎弥说："鲁国日见强盛，有压倒我国之势，如何是好？"黎弥说："这个容易。擒贼擒王，把关键人物制住，就不怕鲁国压倒我国了。只要把孔丘挤走，鲁国就强盛不起来。"齐景公说："这道理我也知道。可孔丘如今正得宠，怎能把他挤走呢？"黎弥说："这好办。俗话说：饱暖思淫欲，贫穷起盗心。鲁君本是好色之徒，其手下臣僚中亦不乏好色之辈。孔丘讲'政者正也'，强调国君要做表率的。我们送一队女乐给鲁君，让他沉迷其间。孔丘见国君如此，必定生气，觉得前途黯淡，就

齐桓公

会自动离开。"景公说："好！"便依计而行。令黎弥去挑选了八十名美女，教以歌舞，授以媚术。训练成熟之后，又选出120匹好马，特别修饰，配以雕鞍，连同美女，一起送到鲁国，暂时被安排到鲁都城南门外驿馆中。

鲁国重臣季斯本是好色之辈，抢先得到这一消息，心中乐不可支，便偷换便服，乘车去南门外偷看，以探虚实。只见齐国美女正在轻歌曼舞，妖声遏云，舞态弄风，直把季斯看得目瞪口呆，意乱神迷。自此之后，他天天微服去南门外欣赏，连朝见君主的事也忘了。直到定公三番五次宣召，才把他召进殿里。定公把齐国赠送美女、名马的信交与他看，商量定夺之策。他一口答应，并添油加醋地描述起齐女之美态，直把定公说得按捺不住，立刻换上便服，与季斯前去偷看。其实，齐使是认识这位定公的，见他偷偷来看，便知事情成了一半，于是暗中传令，让舞女使足媚劲，加力表演。舞女得令，摆臀摇胸，扬手亮腿，巧笑媚视，手引眼勾，直把定公看得神荡魂飘，齿酸涎流，立即回宫，传见齐使，接受美女和名马。自此，"春宵苦短日高起，君王从此不早朝"。鲁定公一心只在美女身上，早把国家大事抛在九霄云外。

孔丘闻说，连连叹气，子路便劝他离鲁周游，以求明君。孔丘并不甘心，说："不几天便是郊祭大典了，看国君的表现再说吧！"哪知郊祭那天，定公心不在焉，草草祭完，连祭肉都没顾上分割发送，便急急忙忙回宫享乐去了。孔丘长叹一声，终于下定了决心，离开鲁国，开始了他长达14年的周游。自此之后，鲁国一蹶不振，成了齐国的附属国。

"观阴阳之开阖以命物，知存亡之门户"，就是通过观察阴阳、分合等自然现象的变化，对世间万事万物的变化进行辨别，并进一步了解和掌握事物的本质属性，从而找到解决问题的关键所在。而在处理事件中最关键者莫过于去掉对方的关键人物，这就是"擒贼先擒王"的道理。齐国设美人计麻痹鲁国君臣，气走可使鲁国走向强盛的关键人物孔丘，鲁国从此一蹶不振，并沦为齐国的附属国，从而达到了制服鲁国的目的。

在鬼谷子看来，圣人之所以为圣人，最根本的就是要"守司其门户"。用现代话来说，

就是顺应时代发展的潮流,遵循天下兴亡之道。

秦末项刘争霸之时,刘邦派韩信率兵攻下齐国,齐王田广狼狈逃窜,退至高密(今山东高密西)固守,并派人向项羽求救。项羽派大将龙且支援。龙且急于交战邀功,不听别人劝阻。于是,与齐楚联军在潍河两岸摆开了阵势。

开战前一天晚上,韩信派人先到上游,用一万只沙袋将潍河主流堵住,汹涌的河水顿时减缓了许多。第二天,韩信率领一半人马涉过潍河攻击龙且。

龙且亲率兵马迎战。交手不久,韩信佯装不敌,撤回河西岸。龙且一见大喜,立即挥兵涉河,追杀韩信。韩信命人扒开堵住河的沙袋,积蓄了半夜的河水卷着波涛,汹涌而下,一下子把涉河的龙且兵马截成两半,河中的兵士被冲走。

过了河的兵马一看后无援军,也无心恋战,被韩信返回头来杀得抱头鼠窜,龙且也被杀死。没过河的兵士失去了指挥,也像无头苍蝇般乱撞。河中水流过后,又恢复了平日的流量。韩信带兵渡过潍河,乘胜追杀,大获全胜。

火也是战争中的关键凭借物。火烧赤壁,大挫曹操大军的故事已为大家熟知。几十年后,东吴陆逊又用此计大破刘备。

刘备大将关羽目中无人,被东吴杀掉。刘备为替义弟报仇,不顾联吴大局,率20余万大军杀奔东吴。东吴求和不成,派镇西将军陆逊率5万人马迎战。两军相持了半年,未分胜负。时值盛夏,天气炎热,刘备便命大军沿江扎营。40余座大营相连,绵延700余里。陆逊见状,命人带上火种,顺风放火,隔一营烧一营,霎时,40余营皆被引燃,成了一条700余里长的大火龙。蜀军损兵折将,刘备也险些被俘,自此大伤元气。

"见变化之联焉,而守司其门户",就是及时发现事物发展变化的征兆,从而把握和利用事物发展变化的关键,以求因势利导。水也好,火也罢,作为战争中的关键之物,在于人去运用。两军相争,智者取胜。你若能根据天、地、时等具体情况,巧妙地运用它,你就可能取胜制敌;否则,被敌人运用,你便会惨败。

在现代商业领域,同样也要遵循兴亡之道。一个企业,如果能顺应时代发展的需要,洞悉商业先机,坚持自己的品牌战略,并由一个卓越的领袖带领,就大有可能迈向辉煌。中国香港白花油企业的创业者颜玉莹原是做糖果、面包等小生意的,结婚后,妻子刘氏从娘家带来一则祖传秘方白花油,这种药油由薄荷脑、冬季绿油、桉叶油、熏衣草和樟脑等天然草药配制而成,主治肚痛、感冒鼻塞、防治蚊虫叮咬等小毛病。原本这自制药只是家用,因药效特好,亲朋好友纷纷来讨用。有鉴于此,颜玉莹突发灵感,决定试销白花油。

为了打开白花油销路,使白花油家喻户晓,颜玉莹用出奇制胜的手法大肆进行宣传。他亲自和伙伴们一起,到香港、九龙、新界每个角落张贴街头广告,或钉上铸有白花油字样的铁皮商标以广招顾客。后来他又想法子把铁皮商标钉在流动船只上,以吸引市民注意,而每月付给船主的广告费仅一元或几角就够了。这种广告费用少,收效大。他最成功的一次宣传,也许要算1953年在香港的义卖救灾运动中,因捐钱最多而摘取慈善桂冠了,白花油因此销路直线上升。为了长期吸引人们使用白花油,他还在香港开设了白花油慈善会有限公司。凡报名成为会员的,只要每月购买一瓶白花油,此人去世后,其遗产继承人便可以领取一笔可观的抚恤金。这种做法很吸引人,该慈善会吸收会员最多时达一万人。白花油的声誉也随之鹊起,变得家喻户晓。

白花油所以能够长销不衰,除效果好、宣传有力外,以不变应万变的策略也是很重要的一个原因。该企业从开创至今,60年来,它的配方成分始终没变,就连玻璃瓶子的设计和外壳包装也一成不变。颜玉莹认为,一种为消费者欢迎的商品形象,是经过长年累月的经营才建立起来的,它的包装形象已深入消费者脑中,不应轻易改动。一种药能够风行几十年,是经过了用户的考验,认为确实有效才能生存下来的。既然它已被消费者所接受,贸然更改成分肯定是不明智的。

在商战中,树立商品的品牌形象,"守司其门户",以不变应万变取得成功的不乏其例。白花油企业深谙变与不变的道理,60多年来不变的药油配方成分以及玻璃瓶子的设计和外壳包装,成功地维护了商品的质量品质和固有形象,使自己在激烈的市场竞争中立于不败之地。

纵观古今,可知圣人通过观察阴阳两类现象的变化来对事物做出判断,并进一步了解事物生存和灭亡的途径。计算和预测事物的发展过程,通晓人们思想变化的规律,揭示事物变化的征兆,从而把握事物发展变化的关键,顺势而为,就能克敌制胜。今天的我们,若能学习古时圣人之法,并将其正确地运用于各类所做之事中,定能使自己不断走向成功。

树立目标,向目标进发

【原文】

变化无穷,各有所归。或阴或阳,或柔或刚,或开或闭,或弛或张。

【译文】

事物的变化是无穷无尽的,然而都各有自己的归宿:或者属阴,或者归阳;或者柔弱,或者刚强;或者开放,或者封闭;或者松弛,或者紧张。

【鉴赏】

"变化无穷,各有所归",让我们由此触及鬼谷子思想的精髓。鬼谷子告诉我们,在掌握兴亡之道的基础上,我们应树立正确的目标,充分认识自己的能力,采取灵活多变的处世之道。

战国时代,各诸侯国互相攻杀,争当霸主。后期,一度称雄天下的魏国国力渐衰,可是国君魏安釐王仍企图出兵攻伐赵国。魏国大臣季梁本已奉命出使邻邦,得知这个消息后,立刻半途折回,他还来不及整理一下衣帽,就赶紧去劝阻魏王。季梁对魏王说:"我这次在路上遇到一件很奇怪的事情。"魏王就问他是什么事。季梁说:"我在路上遇见一个人,正急匆匆地赶路。有个路人问他去哪里,那个人回答说去楚国。路人告诉他说:'到楚国去应往南走,你这是在往北走,方向错了,赶紧往回走吧。'那人却满不在乎,说他带了很多盘缠,雇了上好的车,驾的是骏马,车夫的驾车技术也很精湛。路人无奈,只好眼睁睁看他走远了。"讲完故事,季梁对魏王说:"现在大王想要称霸中原,一举一动都应取信于天下,这样才能树立权威;如果仗着自己国大兵多,用武力攻打邻邦,就不能建立威信，离您的理想越来越远了。正像要到南方去的那个人驾着车子往北走一样！"安釐王听后，认为他说得有道理，于是就取消了攻打赵国的计划。

在中国，这个"南辕北辙"的典故可说是人人皆知，其道理十分浅显：无论做什么事，首先都要认清形势、看准方向。如果大方向是错的，再努力也是白费工夫，反而会离最初的目标越来越远。然而，大多数人读到这个故事都只是一笑了之。在人们看来，世界上根本不存在这样愚蠢的人。的确，"南辕北辙"反映的是一种极端的情况，那就是方法与目标背道而驰。而在现实生活中，我们遇到的更多的情形是做事方法不对头，在达到目标之后才发现走了很多弯路。

无论是在国家的政治、军事、经济、外交等领域里，还是个人的求学、创业、致富的过程中，方法与目标的统一都是首要问题。这个问题解决得好，便能为成功打下良好的基础。否则，就可能走很多弯路，甚至功败垂成。解决这个问题并非易事，需要具备远见卓识。然而，天下没有生来就具有远见卓识的人，都需要依靠后天的刻苦磨炼。《中庸》里说，"他人知道一件事，自己要知道一百件；他人了解十件事，自己要了解一千件"，意思就是要勉励自己多下苦功，正所谓"功到自然成"。

对于成功人士来说，他们在迈向成功的道路上，大都绞尽脑汁思考各种方法，而且不轻易放过任何机会。美国人哈德林 25 岁的时候还只是一名穷困的失业青年，但他梦想成为一位大富翁。于是，他尽可能地了解有关投资和不动产的知识，暗暗为自己定下目标：在 30 岁时成为百万富翁。有一次，哈德林从一位房地产中间商的口中得知，有个人急于以 14500 美元的价格卖掉自己的房子。哈德林立即行动，首先，他了解到这所房子坐落于中产阶级住宅区，房子状况极佳，数一流建筑。随后，他找到房主，经过讨价还价，双方以 10000 美元的价格成交。当时哈德林的银行存款不足 500 美元，但他不肯就此放弃机会。他和房主签完约后，返身直奔银行，以借款的方式得到了 10000 美元，付给了房主。接着，哈德林又来到另一家银行，以新购的房产为抵押，贷款 10000 美元还清了第一笔银行的借款。没过几年，他的承租人帮他还清了第二家银行的贷款。就这样，在"致富"这一目标的驱使下，哈德林开动大脑寻找正确的方法，很快成为一名百万富翁。

在通往成功的道路上，我们要看清方向，尽自己的一切能力，以灵活的方式向自己的目标"进军"。

扬长避短，各司其职

【原文】

夫贤、不肖、智、愚、勇、怯有差，乃可捭，乃可阖；乃可进，乃可退；乃可贱，乃可贵，无为以牧之。

【译文】

至于贤良和不肖，智慧和愚蠢，勇敢和怯懦，都是有区别的。所有这些，可以开放，也可以封闭；可能进升，也可以辞退；可以轻视，也可以敬重，要靠无为来掌握这些。

诸子百家——纵横家

【鉴赏】

春秋时期,子产担任郑国的宰相。他不但精通政治大事和治国之道,而且能够根据别人的优点和缺点,扬其长,避其短,挖掘出别人最大的潜能。

伯石是个很有才华的人,但唯一的缺点就是重利益和爱面子,可子产仍然很重用他。一次,子产想派遣伯石独自外出到别的国家办事。临行前,子产还没有交代任务,就问他:"这次出去你任重而道远,要是完成得出色,我会重重赏赐你。你想要什么奖赏呢?"

伯石毕恭毕敬地回答说:"为您做事是我应尽的义务,我愿意为您效忠。还谈什么赏赐呢?"

子产和蔼地笑着说:"有功即可受禄。事成之后,你就搬到西城街上的那幢富丽堂皇的房子里去住吧!"

伯石已经心有所动,但表面上仍然露出一丝难色,答道:"这样不太好吧,一来我还不知道能否完成任务,现在领赏别人会在背后议论;二来我现在的住处和那里相隔甚远,马上就要走了,一时也不能搬过去……"

子产打断他的话说:"这些都是无关紧要的事,你放心去办事。这些事情我会安排妥当的。"

伯石高高兴兴地走了,一旁的门生不解地问子产:"他身为大臣,为国家办事效劳是应该的,而且本身就拿了俸禄,您为何还要另外给他赏赐? 更何况其他大臣从来没有这样的待遇,难道他有什么值得特别嘉奖的吗?"

子产回答说:"每个人的性格都是不一样的,我明白伯石这个人,他很看重利益。虽然他表面上说得很好听,其实那都是虚伪之辞。每个人都有私欲,更何况是他! 如果我给他一点利益,他肯定会尽心尽力地办事,而且我相信他有这个能力!"

"但是你不满足他的私欲也不会有什么坏结果,毕竟那是他分内的事情!"门生还是不解。

"你这样想就错了!"子产回答说,"那样他只是因为畏惧大王的威严去办事,就算完成了,他也会心怀嫉恨。时间长了,说不定会做出什么坏事来。对于这种人就是要利而诱之,才能引发他的能力,为己所用。"

伯石回来后,就住进了那所大房子里。子产又和郑王商量赐给他一座城邑。伯石乐不可支,但是又作势交回封地,子产也就故意收回。过了几天,又重新发布命令赏赐给他。如此这般三次,伯石才接受。

门生又好奇地问:"第一次不要就算了,要么就一次赏给他,为何还要这样推来推去?"

"我是故意这样的。他这个人虚伪,这样既显得他谦虚礼让,又满足了他的私欲,一举两得。"

子产知人善任,不仅没有因为别人的欲望和虚伪弃而不用,还利用了其缺点,做到了人尽其用。由于子产对伯石的优点和缺点了如指掌,在他掌权时,伯石的地位始终没有超过他。

"夫贤、不肖、智、愚、勇、怯有差"意思是说人的性格各不相同,所以对待各色人等的

诸子百家——纵横家

态度和方法也应灵活掌握。子产成功用人之处便是抓住了伯石的虚伪与好利,从而以利诱之,使其忠心为己做事。

正如鬼谷子所说,世上之人有贤、不肖、智、愚、勇、怯等区别。而人们往往愿意展示自己的贤、智、勇,没有人愿意暴露自己的不肖、愚、怯。因此,我们需要练就一双辨人、识人的慧眼,以读懂人心。在倡导"以人为本"的现代社会里,这可以说是任何人成就事业的必备条件。

齐桓公拜管仲为相后,齐国在管仲的治理下日益富强,管仲也被尊称为"仲父"。

不幸的是,他年事日高,身患重病。齐桓公专程探望,见到管仲病中的凄惨模样,不禁在一旁垂泪。

"恐怕我不久就要离开人世,再也不能为您效劳了。您也应该考虑一下合适的人选来填补相国的空缺之位。"管仲说。

"我这些日子也想过,只是不知道把国政交给哪一个才放心!您看鲍叔牙怎么样?"

鲍叔牙是管仲多年的朋友,也是他的恩人。听完齐桓公的话,管仲立即回答说:"鲍叔牙这个人德才兼备,但是他不适合做相国。他对别人的过错和缺点深恶痛绝,一旦牢记在心,就久久不忘。作为相国没有虚怀若谷的胸襟怎么能与其他大臣和睦相处呢? 如果这一点都做不到,又怎么能处理好国政呢?"

"那易牙可以吗?"齐桓公又说出一个名字。

管仲马上摇头,说道:"我正要提醒您呢,易牙、竖刁、开方这三个人千万不能用!"

桓公大吃一惊,问道:"这是为什么? 举国上下都知道他们三人对我忠心耿耿啊。"

"我也知道易牙曾经把自己的孩子杀了,蒸熟了饱您的口福。但是所谓'道是平常心',他这样超乎常情常理的举动,恐怕不是什么好事!"

"但是他爱我胜于爱子,对我仁至义尽,这还有什么值得怀疑的吗?"齐桓公还是有些不解。

"'虎毒不食子',今天他能对自己的亲生骨肉下毒手,明天对您还有什么做不出来的吗?"

桓公又问:"那竖刁呢? 为了能侍候寡人,他阉割进宫,拿自己的身体回报我。这应该没有什么可以怀疑的了吧!"

"这样的人如此狠心,连自己的身体都不爱惜,到关键时刻会不摧残君主您吗?"

桓公接着提起开方,问:"他是堂堂卫国公子,却舍弃尊贵的地位,甘愿做寡人的臣子。人情莫亲于父母,他父母去世时,他忙于辅佐我竟然没有回去奔丧。他对我的忠心日月可鉴,对他,我没有半点怀疑!"

"他舍弃富贵必定是想得到更多的富贵。您想想,一个人对父母尚且如此,还能指望他一心一意地回报他人的恩情吗?您不要一味地为那些人特殊的言行感动,异于常情之举,必定暗藏企图!"

桓公觉得管仲所说很有道理,于是把他的嘱咐铭记在心,渐渐疏远了三人。

"乃可捭,乃可阖;乃可进,乃可退;乃可贱,乃可贵"意思是对所了解的人可以利用,可以废黜,可以使其低贱,可以使其富贵。管仲在以平常心洞察出隐藏在齐桓公身边小人的险恶时,力劝其切不可重用易牙、竖刀等人,所以后来桓公逐渐疏远了三人。

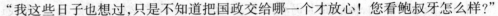

诸子百家——纵横家

世间之人，有贤良与不肖，有聪明与愚蠢，有勇敢者与怯懦者，有仁人君子，也有苟且小人，总之是有差别的，因而针对不同的人品的态度和方法也就彼此不同。对于贤德之人可以迎为上宾，对不肖之人可以拒之门外；对聪明的人可以引进重用，对愚蠢的人可以废黜斥退；对怯懦的人可以使其卑贱，对勇敢的人可以使其尊贵。总之一句话，要顺应人的自然本性，遵循无为而治的原则加以控驭和掌握，可使人尽其才。

寻觅良策，后发制人

【原文】

皆见其权衡轻重，乃为之度数，圣人因而为之虑。其不中权衡度数，圣人因而自为之虑。……捭阖者，天地之道。捭阖者，以变动阴阳，四时开闭以化万物。

【译文】

使对方的实力和计谋全部暴露出来，以便探测出对方的程度和数量。圣人会因此而用心思索，假如不能探测出对方的程度和数量，圣人会为此而自责。因此，所谓开放，或者是要自己出去；或者是让别人进来。开放和封闭是世界上各种事物发展变化的规律。开放和封闭都是为了使事物内部对立的各方面发生变化，通过一年四季的开始和结束使万物发展变化。

【鉴赏】

鬼谷子强调应用捭阖之术要确保周详缜密，攻守兼备。若捭阖不当，反而会让自己门户大开，一败涂地。捭阖得好坏的最关键之处，在于应"闭"时确保能自守门户，韬光养晦，渡过难关，从而占据先机，一役而胜。在历史进程中，凡能建功立业者，无不深谙此道。

战国后期，楚国谋划出兵攻韩，韩国十分紧张，忙向已附属于自己的东周征调兵丁、粮草、武器。但东周此时自顾不暇，哪有多余的人力、物力支援韩国？再说，东周也担心这样一来激怒了邻国楚国，楚国一怒之下会先把自己灭掉。故而，东周王接连好几日忧心忡忡，苏代见状，忙向东周王问原因。听东周王讲了前因后果之后，他笑了笑说："不必担忧。我到韩国走一趟，不但可使他们不再向我们征兵、征粮，还可让他们白送我们一块地盘。"东周王半信半疑地把苏代送走了。

苏代到了韩国，对韩相国公仲侈说："我来之前，曾听说楚国的大臣向楚王说：'韩国久战，已十分疲惫，国空民乏，粮食奇缺，无力持久坚守。我们出兵，不出一个月，定能攻下韩国都城。'但楚王没抓到真凭实据，对这些话将信将疑，没敢发令攻打。但在这样的紧要关头，您却向东周征兵、征粮，这不是正把自己的弊端暴露给敌人，让楚王下决心猛攻韩国吗？"公仲侈说："哎呀！我怎么没想到这一点！您说该怎么办？"苏代说："我为您打算，倒不如这么办：马上停止向东周征调兵丁、粮饷，再把米粮川高都送给东周，以显示自己的实力强大。"公仲侈说："我不征调东周人、粮，已够仁义了，岂能白白将高都奉送给东周？"苏代说："将高都送给东周，东周必然死心塌地跟随韩国。楚国一看，必与东周断

諸子百家——纵横家

交。以高都作代价,取得一个死心塌地的邻国,为什么不办呢?"公仲侈一听,连声叫好,于是依计而行。楚王见了,以为韩国国力强盛,难以攻下,也没敢发兵。而东周不仅没有被征调兵丁、粮草和武器,反而白白得到了米粮川高都,成为最大的赢家。

苏代从东周的立场出发,反对韩国向已附属于它的东周征调兵丁、粮草、武器,因此表面上是在为韩国(为人)谋划,实际却是在为东周(为己)效力。"其不中权衡度数,圣人因而自为之虑",就是说圣人对对方的实力和计谋做出测度和分析,假如这些分析有失轻重之理、不合度量之数,那么圣人也只好舍弃不用,另谋良策了。

可见,捭阖之术用于政治斗争,能使强弱形势相互转化。弱者通过自守门户,能使强者不自觉地打开门户,放松警惕,从而达到以弱胜强的效果。在国家间的外交中,捭阖之术更能产生巨大的威力。

在现代商业领域,一个成熟而有谋略的企业,当它在面临同行的竞争时,往往能采取有效的措施加以应付,在加强自身实力的同时又能削弱对方。这也是捭阖之术可以发挥作用的地方。

在商战中,"迟人半步"的方法往往会收到奇妙的效果,其关键在于这条妙计将强大的进攻融入看似平静的防守之中了。

新产品的开发,国外许多大公司都有自己独到的手段,但"迟人半步"的方法更受人青睐,使采用者受益颇深,被奉为新产品开发的良策。

日本的日产汽车公司,为了开发生产"SANI"汽车,不惜动用大量的人力、物力在全国公开征求车牌,花大钱搞推销宣传,获得了极大成功。这一成功也使得丰田公司欣喜若狂。原因何在? 因为"SA—NI"汽车的大宣传在日本全国激起了人们对汽车的兴趣。这对丰田公司来说,不啻为它铺了一条通向成功的康庄大道,凭借人们对汽车着迷的热潮,丰田公司充分研究了"SANI"汽车的优缺点,制造了比这种车更好的"科罗娜"车。

"科罗娜"投入市场后,使丰田公司获得比日产公司更佳的经济效益。

日本的松下电器公司,也是采用"迟人半步"方法的得益者。有人称它是一家模仿公司,对此,松下公司毫不介意,因为它从这种做法中得到了极大的益处。

美国国际商业机器公司,几乎从未首先在市场上推出过尖端新技术产品,它都是从比它领先的公司中得到教训,吸取经验。正如有些专家们分析说:国际商业机器公司的新产品经常比其他公司设计得好,都得益于比别人慢半步。数字计算机公司总结这方面经验时也说:"我们有意在技术上落后两三年,我们让试用户如政府部门推着我们走,然后,我们研制出一种可靠的商品供最终用户使用。

休勒特—派克德公司更有自己的诀窍:凡是别的公司有新产品问世,他们公司的工程师就会在新产品使用者那里检查探寻该新产品的优、缺点。探寻用户有什么具体要求,用不了多久,他们的推销员就登门来推销完全符合用户自己要求的新产品了。结果是:用户满意,公司收益大增。

这些公司总是迟人半步,甘居第二,这并不是因为他们的技术能力差,而恰恰是在这迟迈的半步上做出了"好文章"。

在商战中,"迟人半步"的方法往往会收到转阴为阳,后发制人的奇妙效果。其关键在于,这条妙计将强大的进攻融入看似平静的防守之中,充分调动企业的主观能动性,积

诸子百家——纵横家

蓄力量，潜心研究，从领先自己的公司中得到教训，吸取经验，创造出设计更先进、更符合市场需求的产品，从而取得更好的经济效益和巨大的成功。

能屈能伸，及时进退

【原文】

阴阳其和，始终其义。……阳动而行，阴止而藏；阳动而出，阴随而入。阳还终阴，阴极反阳。

【译文】

阴阳两方相谐调，开放与封闭才能有节度，才能善始善终。所以说长生、安乐、富贵、尊荣、显名、嗜好、财货、得意、情欲等，属于"阳"的一类事物，叫作"开始"。而死亡、忧患、贫贱、羞辱、毁弃、损伤、失意、灾害、刑戮、诛罚等，属于"阴"的一类事物，叫作"终止"。凡是那些遵循"阳道"的一派，都可以称为"新生派"，他们以谈论"善"来开始游说；凡是那些遵循"阴道"的一派，都可以称为"没落派"，他们以谈论"恶"来终止施展计谋。

关于开放和封闭的规律都要从阴阳两方面来试验。因此，给从阳的方面来游说的人以崇高的待遇，而给从阴的方面来游说的人以卑下的待遇。用卑下来求索微小，以崇高来求索博大。由此看来，没有什么不能出去，没有什么不能进来，没有什么办不成的。用这个道理，可以说服人，可以说服家，可以说服国，可以说服天下。要做小事的时候没有"内"的界限；要做大事的时候没有"外"的疆界。所有的损害和补益，离去和接近，背叛和归附等等行为，都是运用阴、阳的变化来实行的。阳的方面，运动前进；阴的方面，静止、隐藏。阳的方面，活动显出；阴的方面，随行潜入。阳的方面，环行于终点和开端；阴的方面，到了极点显就反归为阳。

【鉴赏】

春秋末年，正当各诸侯国争霸之际，吴、越两国兴起于现在的江苏南部和浙江一带，它们与楚国相邻。开始，吴国较强，越国较弱，两国素来不和。后来，晋国曾联吴制楚，而楚国则联越制吴，吴越两国更成了世仇。公元前496年，越王允常刚逝世，吴王阖闾乘机攻打越国，但由于时机不成熟，吴军被越国打败，吴王阖闾中箭受了重伤而死。

公元前494年，吴王夫差为了报杀父之仇，发动兵马，向越国进攻。吴军在梅山之战大获全胜，越军被打得落花流水，几乎全军覆没，退守在会稽山。越王勾践后悔当初没有听范蠡的劝告而导致了家破人亡，最后与众臣商议，决定跟吴王讲和。吴王提出了一个条件，他要越王夫妇到吴国给自己当仆人。夫差的大臣伍子胥极力反对，要求直接杀死勾践，以绝后患。但夫差有心要羞辱勾践，便拒绝了伍子胥的建议。勾践与大臣文种和范蠡经过一番谋划之后，答应携妻子心甘情愿侍奉夫差。从此以后他们天天侍奉吴王，处处安分守己，时时小心谨慎，为吴王打扫马厩，执鞭牵马，甚至亲口尝夫差的粪便，来观察夫差的病情。夫差叹息道："勾践今日如此对我，这些是我宠信的大臣和儿子都做不到的啊！勾践对我的确忠心耿耿！"感动之余，吴王决定放勾践夫妇回国。

諸子百家——縱横家

勾践回国以后，发愤图强，暗地里笼络群臣，教养百姓。十年卧薪尝胆，国力大大增强，于是他便等待时机讨伐吴国，以雪耻辱。勾践虽然报仇心切，但并未鲁莽行事，他时常对众人说："两国交兵，除将士有必死之心，战马有一日千里之力外，后方补给也是很重要的，有许多国家征伐别国时，都是因为后方补给跟不上，才被迫撤离的。我军若与吴国交战，一战必胜还可，若成两军对峙，便不妙。所以欲灭其国，先灭其粮草，此乃上上之策啊！"于是，勾践趁吴使前来讨债要粮之际，命令百姓将粟米蒸熟，然后来官府换取两倍的生粟米。百姓们见有利可图，都日夜不停地蒸粟米。不几日，勾践便派人将十万斛熟粟米交给了吴王，并称这种粟米最适合播种之用。吴王见米粒大而饱满，便相信他，命人拿去播种。可百姓播种后却都不发芽，吴国因此大闹饥荒。再加上此时的夫差狂妄自大，连年用兵，总想凌驾于众人之上。而且他又迷恋酒色，贪图享乐。尤其是勾践把西施献给他以后，使他感到勾践对他仍是忠心不渝。当伍子胥向他提出忠告时，反而引起了他的憎恶。最后派人给伍子胥送去一把宝剑，逼得伍子胥自杀而亡。

公元前 478 年，越国发动了对吴国的战争，越军获胜。公元前 475 年，越军围困吴国都城姑苏，整整三年，使吴国军民无衣无食，纷纷逃离。吴王夫差见自己已是山穷水尽了，忽然想起了前几天伯嚭曾经对他说过的话："当年越王乞和存越，甚至不惜自身为奴，大圣何不仿效呢？"于是就派人向越求和。勾践就此事问各位大夫的意见。范蠡说："我请大王不要忘记越国的经历。20 年来，我们日夜想念的是什么？世代争夺的是什么？请大王好好考虑！"勾践接着说："对，当年，老天爷把越国赐给吴国，吴国不取；如今，老天爷把吴国赐给了我们，我们岂能违抗天意而不取呢？请你转告吴王，我可以让他当个百户人的君主。"夫差绝望了。随即拔剑而起，仰天长叹："我实在没有脸面去见伍子胥啊！"说罢，伏剑自杀而死。称霸一时的吴国，最终被越所灭。此后，越国曾强盛一时，越、楚之间也有过激烈的争夺。到战国时期，越国逐渐衰弱了。在公元前 306 年，越国为楚国所灭。

从本篇的捭阖之术来看，勾践运用的也是阖术。他先是主动求和，保全了性命；而后忍气吞声在夫差膝下为卑为奴，在柔弱示之的情况下得到信任，被释放回国，从而取得了一雪前耻的最好机会；接着在暗中积蓄力量，又不露丝毫痕迹，以等待有利时机发动反击。在形势对自身有利后，便利用对方力量日渐削弱的时刻，以"捭"术主动出击，从而取得了大胜。

下面是一个我们熟悉的故事。公元前 314 年，齐宣王和楚怀王结成了联盟，声势很大。秦惠文王原计划打算去攻打齐国，但由于齐、楚联盟而无法得逞。苏秦死后，"合纵"的局势并未完全改观，要想实行张仪的"连横"策略，非把齐、楚联盟拆开不可。于是，秦相张仪来到了楚国。张仪聪明过人，更兼巧舌如簧。他先找到楚王最宠信的大臣靳尚，又是送礼又是许愿，极尽拉拢之能事，然后去见楚怀王，表示秦王愿同楚王交好。

楚王直言不讳地说："秦王一向霸道，总是向别人索取土地，不给就打，怎么交好？"

张仪说："现在天下就剩下七个国家，其中又数齐、秦、楚最为强大。如果秦、齐联盟，齐国就比楚国强大；如果秦、楚联盟，楚国就比齐国强大，这就看您怎样选择了。现在秦王愿同楚国交好，还愿把商于一带的 600 里土地送给楚国。你何乐而不为呢？"

楚王是个目光短浅而又刚愎自用的人，一听说能得到商于之地 600 里，就很高兴地说："如果能得到秦国的信任，削弱齐国的势力，更能得到 600 里的土地，我当然愿同齐国

诸子百家——纵横家

绝交。"

大臣们见风使舵，都纷纷拜贺，唯有客卿陈轸反对说："齐、楚联盟，才使得秦国不敢攻打齐国或是楚国。秦国愿送 600 里土地给楚国，目的就是要拆散齐、楚之间的联盟。如果楚国同齐国断了交，而张仪又背信弃义，不肯交出土地，那该怎么办？到那时，如果齐国和秦国再联合起来攻打楚国，楚国岂不是要灭亡了吗？大王不如先向秦国接受商于之地，再去同齐国绝交，这样才能万无一失。"

三闾大夫屈原则当庭斥责张仪是个反复无常的小人，劝楚王万不可信张仪的谎言。只有勒尚已被张仪收买，主张接受张仪的意见。

楚怀王不辨忠奸，被眼前的蝇头小利所蒙蔽，听信了张仪和勒尚的话，一边派人去同齐国绝交，一边派逢侯丑与张仪去秦国接收土地。

张仪工于心计，一路上同逢侯丑聊得火热，使他坚信不疑。等到了咸阳城外，张仪略使小计，装作喝醉了酒，从车上掉下来摔坏了腿，让手下赶紧将其抬到城里去。从此一连三月，逢侯丑怎样求见也见不到张仪。逢侯丑无计可施，只得写信给秦王。

秦王答复说丞相应允的事他一定照办，但他不知楚国是否同齐国完全绝交，所以不能兑现张仪许下的诺言。

逢侯丑把这些情况写信如实地报告给楚王。昏庸的楚王信以为真，居然派人去齐国大骂齐王。齐王十分恼怒，同秦王约定一起攻打楚国。

逢侯丑一直苦苦地守候在张仪上朝的必经之路上。一天，逢侯丑终于见到了张仪，张仪反而问道："你为什么还在这里，难道还没有得到那块土地吗？"

逢侯丑说："秦王说要等您病好了才能交割土地，现在请您和我一起见秦王，具体办理割地事宜。"

张仪这时才露出出尔反尔的真面目，他摆出一副若无其事的样子，吃惊地说："为什么要见秦王？我要把我自己的 6 里土地交给楚国，不必告诉秦王。"逢侯丑此时才恍然大悟，责问张仪为什么表里不一。

张仪坚决地说："秦国的土地都是靠将士的鲜血一寸寸地争夺过来的，岂可轻易送人，别说 600 里，就是 10 里也不行。我没有说过要把秦国的商于之地 600 里割让给楚国。"

逢侯丑一无所获地狼狈回家，把经过跟楚王一说，楚王恼羞成怒，立刻派屈匄为大将，逢侯丑为副将，率 10 万大军征讨秦国，发誓拿到张仪要食肉寝皮，以解心头之恨。

秦国听说楚国来犯，派魏章为大将进行抵抗。秦军本来军容整齐，军纪严明，战斗力强，又加上齐国派兵策应，轻而易举地打败了楚国。楚军伤亡惨重。连大将屈匄、副将逢侯丑都阵亡了，10 万人马只剩下 3 万人逃回楚国。韩、魏等国一见楚国失败，也趁机侵掠楚国的土地。

楚王走投无路，只好让屈原去齐国赔罪，让陈轸去秦国求和，并万般无奈地献上两座城池，这件事情算告一段落。后来，楚怀王不顾群臣劝谏，逞匹夫之勇，一心想杀张仪。居然派人到秦国提出以黔中的土地来换张仪。秦国那些与张仪不和的人就鼓动秦王答应，认为以一个人换大片土地是占了绝大的便宜。秦王尚在犹豫不决，倒是张仪主动要求去楚国。张仪一到楚国就被扣押下来，楚怀王准备选个日子杀掉他祭祀祖宗。谁知张仪果然有通天之能,他竟然买通狱卒,与靳尚取得了联系,并千方百计拉拢楚怀王的宠后郑袖,一起去迷惑怀王,劝他释放张仪。

怀王心无主见,居然答应了他们的请求,释放了张仪。就这样,张仪平安地回到了秦国。后来,秦国在张仪的策划下再次攻楚,并最终灭了楚国。

"阳动而行,阴止而藏"就是说要抓住有利的形势积极运动前进,当遇到不利的形势时就停止行动而隐藏自身。张仪在此便做到了这一点。他不失时机地采取捭阖之术来游说各方:先是以600里土地使楚怀王与齐国绝交,接着拖延时间,直到齐、楚两国断交后才露出本来面目。这两步可以说都是采取了守势,即"阖"术,见机行事。最后,当时机成熟时,就主动出击,采取"捭"术,灭掉了楚国。

楚怀王

一些日本商人深谙谈判之真谛,在谈判场上,他们手法多变,谋略高超,其谈判高手素有"圆桌武士"之称。

中国某公司,正是面对这样一些"圆桌武士",在上海著名的国际大厦,围绕进口农业加工机械设备,进行了一场斗智斗勇的谈判,迫使日商逐步退让,最终达成了交易。

日本生产的农业加工机械设备是国内几家企业都急需的关键性设备。中国某公司正是基于这一需求,与日商进行购销谈判。

谈判开始,按照国际惯例,由卖方首先报价。日方首次报价即为1000万日元,这一报价离实际卖价高出很多。

日方之所以这样做,是因为他们以前的确卖过这个价格。如果中方不了解国际行情,以此为谈判的基础,那么日方就可能赢得厚利;如果中方拒不接受,日方也能自圆其说,有台阶可下,可谓进可攻、退可守。

由于中方事前已摸清了国际行情的变化,深知日方是在放"试探气球",于是便单刀直入,明确指出:这个报价不能作为谈判的基础。

对此,日方分析:中方可能对国际市场行情的变化有所了解,因而己方的高目标恐难实现。于是日方便转移话题,介绍其产品的质量特点和优越性,以采取迂回的方法来支持己方的报价。这种做法既回避了正面被点破的危险,又宣传了自己的产品,还说明了报价偏高的理由,可谓一举三得。但是中方一眼就看穿了对方所设的"空城计"。因为谈判之前,中方不仅摸清了国际行情,而且研究了日方产品的性能、质量、特点以及其他同类产品的有关情况。于是中方明知故问:"不知贵国生产此种产品的公司有几家? 贵公司的产品优于A国、C国的依据是什么?"此问貌似请教,实则点了对方两点:其一,中方非常了解所有此类产品的有关情况,其二,此类产品绝非对方公司一家独有,中方是有选择权的。中方点到为止的问话,彻底摧毁了对方"筑高台"的企图。中方话未说完,日方

诸子百家——纵横家

便领会了其中含义，顿时陷入答也不是、不答也不是的窘境。但他们毕竟是生意场上的老手，其主谈人为避免难堪局面，借故离席，副主谈也装作找材料，埋头不语。

　　一会儿，日方主谈人神色泰然地回到桌前，他已利用离席这段时间想好了对策。他一到谈判桌前，就问其助手："这个报价是什么时候定的？"他的助手早有准备，对此问话自然心领神会，便不假思索地答道："一个月前定的。"于是日方主谈人笑道说："唔！时间太久了，不知这个价格是否有变动，我们只好回去请示总经理了。"老练的主谈人"踢起了皮球"，一下找到了退路。

　　中方主谈人自然深悟此种手段，便主动提出休会，给对方让步的余地。中方深知此轮谈判不会再有什么结果了，如果追得紧，有可能导致谈判的失败。

　　第二轮谈判开始后，双方首先闲谈了一阵，调节了一下场内的气氛，融洽了一下双方的感情。之后日方再次报价："我们请示了总经理，又核实了一下成本，同意削价 100 万日元。"同时，他们夸张地表示：这个削价的幅度是相当大的。

　　中方认为日方削价的步子是不小，但离中方的要价仍有较大的距离，马上还盘还有些难。为了慎重起见，中方一面电话联系，再次核实该产品在国际市场的最新价格，一面对日方的二次报价进行分析，认为日方虽表明这个价格是总经理批准的，但根据情况来看，此次降价是谈判者自行决定的。由此可见，对方的报价水分仍然不少。鉴于此，中方确定还盘价格为 750 万日元。日方听到这个价格时，立即予以回绝，断定这个价格不可能成交。中方与日方探讨了几次。讨价还价的高潮已经过去。中方认为该是展示自己实力、积极进攻的时候了。于是中方开诚布公地指出："这次引进，我们从几家公司中选中了贵公司，这说明了我们成交的诚意。此价虽比贵公司销往 C 国的价格低一点，但由于运往上海口岸比运往 C 国的运费低，所以，你们的利润并未减少。另外一点，诸位也知道我国的外汇政策，这笔生意允许我们使用的外汇只有这些。要增加，需再审批。那只好等，只能改日再谈。"

　　这是一种欲进先退的手法。但中方仍觉这一招分量还不够，又使用了类似于"竞卖会"的高招，把对方推向了一个与"第三者"竞争的境地。中方主谈人接着说："A 国、C 国还等着我们的邀请。"说到这里，中方主谈人把一直捏在手里的王牌摊了出来，恰到好处地向对方泄露情况，把中国的外汇使用批文和 A 国、C 国的电传递给了日方主谈人。

　　日方谈判人员见后大为震惊，他们坚持继续讨价还价的决心被摧毁了，陷入了必须竞卖的困境：要么压价成交，要么谈判告吹。日方一时举棋不定。握手成交吧，对方又感觉利润微薄，有失所望；告吹回国吧，跋山涉水，兴师动众，谈判经费和精力投入不少，最后空手而归，难以向公司交代。

　　这时，中方抓住有利时机，运用心理攻势，称赞日方此次谈判的确精明能干，已付出了很大的努力，但限于中方政策，不可能再有伸缩余地，如日方放弃了这个机会，中方就只能选择 A 国或 C 国的产品了。日方掂量再三，还是认为成交可以获利，告吹只能赔本。中日双方最终以 750 万日元的价格签订了成交合同。

　　"阴阳其和，始终其义"就是说阴阳二气必须中和、协调，那么开放和封闭才会节制有度，阴阳才能各得其宜。用之于谈判，就是要把握"进攻和退却"的时机，及时进退。要根据谈判形势的细微变化，灵活地运用积极进取和消极防御这两种基本策略。

诸子百家——纵横家

以静制动，厚积薄发

【原文】

以阳求阴，苟以德也；以阴结阳，施以力也；阴阳相求，由捭阖也。

【译文】

用阳气来追求阴气，要靠道德来包容；用阴气来接纳阳气，要用外力来约束。阴阳之气相追求，是依据开启和关闭的原则。

【鉴赏】

战国时期，齐国有一位公子名叫孟尝君，他以轻财好施、善待宾客而闻名天下。其他国家的人物都纷纷投奔到他的门下，他所供养的食客多达数千人，家中汇集了各个地方的人才。孟尝君之所以能将这些人才收于自己的麾下，最主要的一个原因就是：无论这些人出身多么尊贵或多么卑贱，他都一视同仁，和他们平等相处。

每当有一个新客人来拜访时，孟尝君总会亲自接见，盛情款待。他和来客坐在一起促膝谈心，亲切地询问客人家中的境况。这时，他会安排自己的侍从隐匿在屏风后，把他们谈话的内容一一记录下来。等客人离开后，孟尝君会派人到来客家中去，奉送丰厚的礼品，表示慰问，他的食客对孟尝君这种一视同仁的态度尤其感激。所有的客人都以为孟尝君对自己最好，和自己是最亲密的，因此每个人都想报答他的知遇之恩。

一天，有两个人先后前来拜访孟尝君。这两个人都不是什么正道中人，没有什么真本领。其中一个人善于学鸡叫，还有一个人竟然是个小偷，模仿起狗来惟妙惟肖。孟尝君打算接纳这两个人，但其他的宾客都反对说："虽然我们也有出身卑微的，但是这种鸡鸣狗盗之徒加入我们之中，实在是难以接受。"孟尝君却坚持收他们为自己的食客。

有一次，秦昭王把孟尝君囚禁起来，准备杀掉他，孟尝君赶紧派人向秦昭王的宠姬求救。那位宠姬说："孟尝君要是把他的那件狐白裘送给我，我就帮他的忙，保证他平安无事，化险为夷。"

孟尝君的确有一件狐白裘。这件狐白裘一袭雪白，一根杂色的毛都没有，价值连城，但他早就把它献给了秦昭王。现在这件衣服还收藏在秦宫之中，唯一的办法就是把这件衣服从宫中偷出来，他向门下的食客求助。那个小偷马上站出来说："偷，我是很在行的！我保证能取出来，而且万无一失。"当夜，他搬出了自己的拿手好戏，装扮成一只狗，潜入秦宫，轻而易举地就偷出了狐白裘。宠姬得到了梦寐以求的狐白裘后，果然在秦昭王面前为孟尝君说好话，最终，秦昭王答应释放了孟尝君。

孟尝君变更姓名，逃出了咸阳，后半夜到了函谷关。可是，秦昭王后来又后悔了，于是立即派人来追，形势危急，而这时城门紧闭。秦国有项规定，鸡叫时才能打开关门，如果等到天亮鸡鸣后再出城，恐怕逃跑就更难了。前有雄关挡路，后有秦军追赶，形势十分危急。孟尝君的门客中那个善学鸡叫的人得知公子的危险后，决定帮他脱险。他一声长鸣，远近村庄的鸡都跟着叫了起来。守关人虽然觉得天色尚早，但听得一片鸡叫，还以为

诸子百家 —— 纵横家

天要亮了,马上开关,于是孟尝君趁机顺利逃出城外。

孟尝君供养的那几千食客,原来都同他素不相识。但他从不担心他们不为他效力,他对他们一律给以关怀和馈赠,不会计较什么小人、君子的地位和出身。结果正是这些"鸡鸣狗盗"之徒救了自己的性命。

"以阳求阴,苞以德也"的意思是欲想以阳势求助于阴势,需要用恩德去感召。孟尝君之所以能从秦国逃脱,依靠的正是不被人看好的鸡鸣狗盗之士。其中的主要原因就是:无论出身多么尊贵、多么卑贱的人,孟尝君都一视同仁,和他们平等相处,从而赢得了更多人的尊敬。

在为人处世中我们要以德服人,以阳求阴,而在军事上,同样也要善于用此种计谋。

四川益州自古是兵家必争之地,历朝历代都派能人去镇守。张方平曾奉朝廷之命调任益州太守。正准备起程上任时,突然传来一个很坏的消息:西南少数民族中的依部川的首领四处散播谣言,说壮族首领依智高在南诏正蓄积粮草,大队人马马上就要来侵犯四川。益州城内人心惶惶,一片混乱。

朝廷接到益州的急报,火速派兵前去支援。与此同时,朝廷又命令张方平尽快赴任,主持四川地区防御事务。张方平接到命令后,便连夜赶往四川。途中,他仔细打探消息,又经过几日仔细思考,总觉得事情有点蹊跷。他向其侍从说后,众侍从忙问原因,张方平说道:"南诏离四川有两千余里,道路艰险,自古飞鸟难逾。并且南诏各族之间语言不通,又没有隶属关系,难以统一指挥。如此看来,定是有人在散布谣言。"侍从们都认同此理。

在考虑妥当后,张方平遣回了援军。进入四川境内后,他又发出命令,告诉四川的少数民族:"如果南诏的依智高来犯,我定会派兵抵制的。只要是良民,朝廷都会给予保护,但若要胡说八道、乱造谣言,不论是谁,一律杀头!"接着,张方平把正在修筑城墙的士兵们全部遣回,然后秘密派人去邛部的少数民族里找一个能说汉文的人。恰好当地正逢上元节,张方平下令益州城四门大开,通宵不闭,任人自由进出,观看彩灯,不受任何盘查。百姓们见此情景,渐渐没有了当初的恐惧,安下心来,四川重又安定下来。

不久,派到邛部少数民族的人找到了一个懂汉语的人。张方平向其问明原因才得知,果然是有人故意制造混乱。于是张方平下令将最先散播谣言的人处斩。至此,益州之乱得到圆满解决。

从张方平处理事情的整个过程来看,他在听到那个坏消息后,并没有自乱阵脚,而是"以治待乱,以静待哗",认真分析事情的原委,并遣回援军,大开城门,最终稳定了民心,平息了混乱局势。

以逸待劳、以静制动属于"以阴结阳,施以力也",是我们常用的战略战术。在军事和政治上都有着很重要的意义。这与孙子所言的"以治待乱,以静待哗",有异曲同工之妙,它警示我们在人际交往中,做事一定要稳住阵脚,不可急躁冒进。而运用"以静制动"的策略,就能更有效地观察和把握对方的动向,从而制订出相应的对策。

第二反应术　知己知彼,以静制动

本篇提及说客在运用"反应术"中常用的几种技巧:知己(知己知彼)、钓语(设饵钓鱼)、张网(张网捕鱼),等等,具体说来有投石问路、欲擒故纵、打草惊蛇等。本篇阐释了一种全方位的思考方法。在论辩或游说时,要"重之、袭之、反之、复之",这样才能更准确地把握对方的真实意图,从而说服对方,使之听从自己。

蜘蛛捕虫,张网以待

【原文】

以无形求有声。其钓语合事,得人实也。其张置网而取兽也,多张其会而司之。道合其事,彼自出之。此钓人之网也。

【译文】

然后以无形的规律来探求有声的言辞。引诱对方说出的言辞,如果与事实相一致,就可以刺探到对方的实情。这就像张开网捕野兽一样,要多设一些网,汇集在一起来等待野兽落入。如果把捕野兽的这个办法也能应用到人事上,那么对方也会自己出来的,这是钓人的"网"。

【鉴赏】

战国时期,张仪以客卿的身份居留在楚国。起初楚王对他非常友好,但后来对他越来越冷淡。张仪心想:这样下去,恐怕自己有朝一日在楚国就没有立锥之地了。不久,张仪想出了一个计谋,于是他满怀信心地去拜见楚王。

张仪毕恭毕敬地对楚王说:"最近,我在这儿没有什么用处,只是白白地浪费您赐予我的俸禄,我想到魏国去,不知大王意下如何?"

楚王听后,漫不经心地说:"既然你主意已定,我也就不苦留你了。"

张仪见楚王并没有挽留之意,并不失望,于是接着说:"为了答谢您对我的知遇之恩,等我到了魏国,只要您想要的东西,我会竭尽全力得到,之后给您送过来。"

"我各种宝物应有尽有,黄金、宝石、象牙也不足为奇,想必魏国也没有什么值得我羡慕的东西。"楚王傲慢地说。

"不过据我所知,中原美女如云,个个貌似天仙!"

楚王听了张仪的一番鼓动,不觉心有所动,于是靠近张仪说:"我早就听说中原美女妙不可言,只是从未见过。好吧,我就要美女。"说完,赏赐张仪一箱黄金作为盘缠。

这个消息很快就传到楚王王后南后和侧室郑袖的耳中,她们非常担心中原美女来了之后和自己争宠。两个人正在着急,一时却又想不出好办法,于是派人给张仪送去一盒珠玉,说是张仪要离开楚国,王后送来的礼物。

临行前,楚王设宴款待张仪,大方地说:"现在战乱纷纷,道途艰辛,今天特意为你饯行,还期望你能给我送回几个美女。"

在送别宴上,张仪见楚王有了几分醉意,突然说:"王宫上下都说楚王您宠爱的两个女子姿态万千、貌若天仙,她们素日对我不薄,今日一别,不知什么时候才能回来,我想借您的美酒向她们表示我的敬意……"

楚王笑着说："这个好说!"随即让南后和郑袖进来。

张仪一见二位女子到来,就跪在楚王面前说:"请饶恕我吧,我犯下了欺君之罪!我曾对您说中原多美女,现在一睹眼前两位美女,可见还是王宫美女多啊!我又怎么能找到比王后和郑袖更漂亮的女子呢?"

楚王听后,得意扬扬地说:"无罪,无罪!起初我就料到肯定没有比她们更漂亮的女子。我想中原的女子也没什么过人之处,你也不用去为我找美女了。"

一旁的南后和郑袖听了张仪对自己的一番赞美,喜不自禁,极力在楚王面前为张仪说好话。最后张仪又在楚国王宫里留了下来,而且重新获得了楚王和两位美女的信任。

张仪不愧为战国时期最有名的说客之一,他反应之敏捷、头脑之灵活,实非常人可及。在这个故事中,张仪便成功地运用了钓语。先以离开楚国来观察楚王的态度,后以寻求美女把楚王"钓"到了自己张开的网中,接着在有利时机献上自己的奉承话,不仅博得了南后与郑袖的欢心,也最终得到了楚王的信任。真可谓一箭双雕。

要用巧妙无形的方法引诱对方说话,若"钓语"合乎人情事理,就不难从其话语中窥测其内心的实情。以张网逮兽为例:若多张置一些网,并加以密切关注,就能多捕获一些野兽。这个方法用于人事上,只要方案合宜,对方自然会被你网住,这就是钓人的"网"。经常拿着这张"网"与人周旋,可使对方向你推心置腹。如果你用的比喻对方不明白,就要改变方法,用形象来打动对方,从而加以控制。这是鬼谷子对如何在说话中"钓"到自己需要的东西的一段精彩论述。

在马狮百货公司里,所有的商品,无论是服装、鞋类、日用品还是食品、酒类,都是一个牌子:"圣米高"。这是马狮公司经营中的最大特色之一。

单一的牌子,顾客没有选择余地,那么为什么还能吸引众多的消费者呢?关键在于"圣米高"这个牌子本身就是高品质的象征,是价廉质优的代名词,因此,对顾客有强大的吸引力。在其他商店里,顾客面对不同牌子的商品,要做出正确的选择并不是一件轻松的事,他们需要靠过去的经验或是从广告中得到的印象去挑选,但这些并不一定可靠,有时牌子越多,顾客越无所适从。但是,马狮的"圣米高"商标却是一分钱一分货,如果同是圣米高牌子而货品标价不同,那么,价格高的那种商品肯定比价格低的质量高。顾客可以根据自己的经济情况选择商品,绝不会上当。于是,许多工作繁忙的职业妇女都愿意到马狮百货公司购物。

马狮百货公司的经营思想是:让平民买得起以前只有富贵人家才能享用的甚至质量更好的货品。这种经营思想和相应的经营方法,争取到了大多数劳工阶层的消费者。

为了实现这一经营思想,以尽可能低廉的价格出售最优质的商品,他们在设计一项产品时,首先考虑的是售价是否在大众消费能力之内,一般的劳工阶层是否负担得起,因此,他们总是先定价格,然后再估算成本。在既定价格下,设计师和制造商一起去探寻既能保证质量又能保证一定利润的条件,尽可能为广大平民大众提供他们有能力购买的高品质产品。如果按一般的商品生产那样,先算出成本,然后是售价,往往会使商品的价格高出消费者的购买欲望,从而影响销售。而马狮百货公司的货品不一定是市场上最优质的商品,但在同样价格下,圣米高牌子的产品必定是市场上最好的产品。

马狮百货公司由原来两人合伙经营、只有数百英镑资本的百货店,经过激烈的市场竞争，已成为英国第一大百货公司，拥有 260 家商店，员工 4600 多人，被一些经济学家称为"世界上最经营有术的企业"。

"其张置网而取兽也，多张其会而司之"，就是说做事如同张开网诱捕野兽一样，要多设几处拉网的地点，汇集在一起形成一个恢恢天网，才能捕获到野兽。"圣米高"这个品牌本身就是高品质的象征，是价廉质优的代名词，是一张无形的网。而它的经营思想、设计理念及商品价格，又何尝不是一张张"钓"消费者的网呢？

虚与委蛇，欲擒故纵

【原文】

欲闻其声反默，欲张反敛，欲高反下，欲取反与。欲开情者，象而比之，以牧其辞，同声相呼。实理同归。

【译文】

想要讲话，反而先沉默；想要敞开，反而先收敛；想要升高，反而先下降；想要获取，反而先给予。要想了解对方的内情，就要善于运用模仿和类比的方法，以便把握对方的言辞。同类的声音可以彼此呼应，合乎实际的道理会有共同的结果。

【鉴赏】

战国时七国混战，时而合纵，时而连横。

这年，秦国联合赵国打魏国，许以胜利之后，以魏之邺城作为谢礼送给赵国。魏王怕受到赵、秦东西夹击，十分惊慌，忙召集大臣商议对策。芒卯说："秦、赵原本不和，今日联合，不过是为了利益，想瓜分我国，各讨好处。他们都各有各的算盘，只要略施权术，他们的联盟就会解散。"并献上一计。魏王同意了他的计谋，让张倚依计去游说赵王。

张倚见了赵王，说："邺城这地方，照目前的形势看，我们是保不住了。大王与秦国联合攻打我国。无非为争夺土地。为了避免战争，我们大王有意把邺城献给大王，不知大王意下如何？"赵王听后自然十分高兴，但又怕魏国玩弄什么花招，便问："两军还未交战，魏王就主动献地，到底是为了什么？"张倚解释说："两军交战，兵凶战危。大军过后，荆棘遍地。战争之后，必有荒年，尸骨遍地，百姓遭殃。我们大王从仁慈出发，不愿生灵涂炭，故有此举。"赵王问："那么魏王对我有什么要求吗？"张倚说："这自然。我们是来谈判的，并不是来投降的。赵、魏两国曾多次结盟，是友邦。与其将土地沦落于夷狄秦国之手，不如交给朋友管理。也希望大王从友邦利益出发，与秦断交，与我国恢复友邦关系，我们奉上邺城作为报答。如若不允，我国只有全国动员，拼死一战了。请大王仔细考虑斟酌。"赵王想了一番，说："我好好考虑一下，明天定然给你答复。"张倚走后，赵王找来大臣们商议。相国说："与秦联合攻魏，胜利了也不过得到一个邺城。现在不用动手就可以达到目的，何乐而不为呢？再说，秦本虎狼之国，其目的绝非仅仅灭一魏国，一旦攻灭魏国，其势力更为强大，下一个目标就是我们赵国了。不如答应魏国，让他们在两边抵御强秦，这才是长久之计。"于是，赵王答应了魏国，宣布与秦断交。

秦王一听大怒，赶忙撤兵，谋划报赵背盟之仇。赵王见秦撤兵，忙欢天喜地地派兵前去接管邺城，正碰上芒卯在边境陈兵等候。赵将说明来意。芒卯一听大怒："我们的土地，为什么好端端送人？"赵将忙说这是张倚早许诺下的。芒卯仍在发脾气："张倚是什么东西！我们大王亲口答应过此事吗？我只接到大王让我镇守此地的命令，没接到交出此地的命令。你想硬夺，问问我的将士们同意否！"赵将一见魏军列阵以待，自料不是他们的对手，忙回兵报告赵王。赵王一听，知道上了当，又气又恼，准备发兵攻魏。可这时已传来消息，说秦国为报背盟之仇，正游说魏王联合攻赵。赵王闻听大惊，忙割了五个城给魏，以收买魏国与自己联合抗秦。这样，魏先以虚假的"与"答应赵国，不但从赵国那里"取"到了不与秦合兵攻魏的结果，还"取"到了五个城池。

是否能成功地运用此"欲取反与术"，关键在于你的智慧是否高超，计谋是否巧妙。看似"与"而实不"与"或少"与"，而终有所"取"，是使用此计的目的。

加斯加与迈克同是加州生产味精的公司的老板，他们在夏威夷都开辟了新市场，竞争将不可避免，但非常明显，加斯加公司产品的销路很不景气。而迈克的各种准备工作要充分得多，他通过广告将自己的产品打入了各大商场和超市，生意在短时间内做得非常火热。直到两个月后，他才发现加斯加的各类产品已消失了，这使他有了一种沾沾自喜的荣耀感，这次竞争迈克似乎得出了"加斯加"不堪一击的结论。因此，在夏威夷，迈克竭尽全力与其他同类产品进行竞争，果然不错，那块肥腴的市场被他强占了。

然而天有不测风云，一年后，当迈克正放心地输送自己的产品到夏威夷的时候，他才发现，在各种居民聚居的地方，已出现了若干家挂有加斯加门牌的味精专卖店，电台、报刊、招牌种种形式的商业性质广告像雪花一样飞来，全都是加斯加的宣传品。这且不说，加斯加还施出了一条"毒"计：他的零售店同时向顾客免费赠送自己的产品和迈克的味精，他让顾客自己来做选择，想好了后再买。一周后，原定的一万袋产品全部送完，不同的是他的产品比迈克的东西包装更好，而且味道似乎更带有传统的美国牛排味。这一招果然无比灵验，再加上加斯加的东西除了在大商场及超市可以见到。还可以在居民的家门口买到，大大便利了顾客。一个月后，迈克的产品销售全方位直线下降。两个月后，迈克的产品几乎失去了整个市场，他辛辛苦苦开拓出来的市场在短时间内即被"程咬金"抢走了，他只得收拾"行李"打道回府，另闯天地了。

加斯加的成功便在于最初他争而不争，使迈克产生了胜利的错觉。而当他费了九牛二虎之力赶走别人时，加斯加却似如约而至，这时候对加斯加来说，竞争对手仅此一家，压力明显减小，再加之他认真选择了零售地点，人们也愿意因为这点"恩惠"而改变一下自己的口味，但加斯加本人的形象却带着味精走进了千家万户。

"欲高反下，欲取反与"，在商战中这样欲擒故纵的例子比比皆是。加斯加最初不与争锋，借以使竞争对手放松警惕，而自己暗地发展，最后再给予对手致命的打击。

见微知类

【原文】

虽非其事，见微知类。

【译文】

虽然这不是事情本身，但是可以根据轻微的征兆，探索出同类的大事。

【鉴赏】

三国魏齐王曹芳嘉平元年（公元 294 年），蜀将姜维攻打魏国的雍州（今陕西西安），依曲山（今甘肃岷县内）修筑了两座兵城。曹魏派征西将军郭淮迎击蜀军。郭淮派陈泰和邓艾包围两座兵城，自己率兵截断蜀军援军的道路，姜维无奈引兵退走。郭淮想借此机会进击两城中的蜀军，以除后患。邓艾劝谏道："以往蜀军作战惯使回马枪，今次说不准他们还会再打回来，我们还是预先提防为好。"于是，郭淮分出一拨兵马，让邓艾率领驻在蜀军来路上的白水（在川陕甘交界处）北岸。

三天之后，姜维果然派将军廖化率兵杀回，遇到阻击，便在白水南岸与邓艾隔河结营。当时，邓艾兵少，廖化兵多，但廖化并不急于进攻。邓艾见状，对部将说："蜀军杀回来去救被我们困在两兵城中的同伙儿，敌众我寡，理当架桥急攻我们，但他们并不急于架桥进攻，可见是另有所图。白水附近有一洮城（今甘肃临潭），是军事重镇，说不定姜维会偷偷率重兵去袭击。"于是他分出一拨人马，当夜去 60 里外的洮城增援。

天亮，姜维果然率大军渡河来抢洮城，由于邓艾早做了准备，没有得手，被邓艾阻在白水以南。两城中的蜀军久盼不到援军到来，粮草用尽，只好开城门投降了曹魏。

这里，邓艾善于用以往蜀军的作为来推知他今次所用的战术，能够从对手一反常规不急于架桥攻击以援救被围困的自己人的细微动作中推知对手另有所谋，因而审时度势，预先作了防范，料敌机先，堪称得"见微知类术"之精髓。杰出的军事家最善于运用此术，以预计战争发展的形态，去预算对方部署的战术，然后因势为制，因招为制，战胜对手。

由小及大，见微知类。要想成功就要注意细节。温成同的辉煌就给了我们很大的启发。

一个身无分文、一贫如洗的难民，在短短的 8 年之间竟然成为占整个香港铝业工程界产量的 3/4、工人的 1/3 的"同记铝业工程有限公司"总经理，这一成就着实令人惊叹。这个奇迹的创造者就是善于见微知类的温成同先生。

在一次搬运建筑材料时，温成同不小心摔坏了一扇铝合金窗户。在好奇心的驱使下，他把摔坏的窗户反复拆装了好多次，仔细琢磨它的制作程序和构造。接着，他就利用工地的边角废料和一些简单的工具学着做铝合金门窗。世上无难事，只怕有心人。他一边钻研，一边有意识地接近技术工人，偷看图纸，暗中苦学技术。功夫不负有心人，经过半年的摸索与学习，他终于弄清了制作铝合金门窗的一套完整工序。

他的第一笔交易是四扇窗户、两扇门，这是为一个私人住宅定做的。由于他的产品做工精细，选料考究，加工价格便宜，供货及时，因而得到了房主的赞誉。这笔交易周转的环节少，而且直接服务到门，因而使他获得了 5500 港元的收入，除去成本，他净赚了 3500 港元，相当于他 1 个月的收入。意外的成功之"微"使他心中萌生了用铝合金代替木材制作门窗的想法之"类"。他想，铝是地壳中含量最多的金属。加工方便，价格便宜，不但在木材奇缺的香港极为需要，即使在整个亚洲也会颇受欢迎的。于是，他毅然辞去了先前的工作，开始独自经营铝合金门窗的生意。由于他的产品质优价廉，服务周到，加上他为人热情，乐于助人，广交朋友，很快便赢得了很多的客户。他又用积攒的资金搭了一个小工棚，找了两个帮手，买了几件简单的工具，"同记铝业工程有限公司"就诞生了。

温成同善于揣摩顾客的心理，凡经他接待的顾客，没有一个告吹的。他总是区别对待不同的对象，灵活多变，懂得如何揣摩人心，投其所好。有时为了获得几项高额交易，他会把客户的日程安排得满满的，以使客户没有时间再与其他同类公司接触。当你和他谈生意时，你会产生一种不与他成交就欠他情的心理。

温先生善于揣摩手下工人的心理，并善于调动他们的积极性，唤起他们对企业的同情和支持。一次，刚到的铝材要马上卸货，可正巧赶在快要下班的节骨眼儿上。温先生便迅速赶到工地，如实地向工人们说明了困难，工人们把企业的难处看成是自己的事，心甘情愿地加班卸货，他也和工人一起干起来。仅两个小时，铝材就全部进了仓，省了一天的压舱费。接着，他在海鲜酒家定了两桌酒席，犒劳加班的工人，宴席后又给大家发了加班费，工人们尽欢而散。他花的这点钱，与压舱费相比是小巫见大巫。

温成同的事业取得了如此辉煌的成就，这当中不排除有一些偶然的因素，但他善于揣摩人心，善于见微知类，才是他成功的根本原因。

知己知彼，百战不殆

【原文】

故知之始己，自知而后知人也。其相知也，若比目之鱼。其伺言也，若声之与响；其见形也，若光之与影也。

【译文】

所以要想掌握情况，要先从自己开始，只有了解自己，然后才能了解别人。对别人的了解，就像比目鱼一样没有距离；掌握对方的言论，就像声音与回响一样相符；明了对方的情形，就像光和影子一样不走样。

【鉴赏】

公元前 666 年，楚文王去世。王后息妫是一位倾国倾城的美人，楚文王的弟弟公子元想讨好嫂嫂，得到美人的欢心，在息妫寝宫附近的馆舍中日夜歌舞。息妫知道公子元的用意，感叹道："我的丈夫文王，问军事，未曾向国外扬威，致使声望日下。阿叔身为令尹，不奋发图强，重振国威，却沉醉于靡靡之音中，真令人担心！"息妫的话传到公子元耳朵里，公子元想讨好嫂嫂，决定率领大军去攻打邻邦郑国。

郑国兵力远不及楚国。面对来势汹汹的侵略军，郑文公惊慌失措。急忙召人商讨对策。叔詹不慌不忙地说："从前楚国出兵从未有这么大规模。据我所知，公子元这次出兵，不过是讨好他的嫂嫂，没有什么其他目的。楚兵若来，老臣自有退兵之计。"

不久，楚军先头部队直抵都城。叔詹下令军队埋伏在城内，大开城门，街上商店照常

诸子百家——纵横家

做买卖。百姓来来往往,熙熙攘攘,秩序井然,毫无紧张气氛,楚军见到这番情景,出乎意料,料定城中早有防备,是在故意诱敌深入。他们满腹狐疑,不敢贸然杀进,于是领军将领下令就地扎营,等候主帅的指示。

公子元率领大部队赶到,大吃一惊,见城内秩序井然,似有埋伏,心里踌躇。他想到郑国与齐、宋、鲁有盟约,眼下城内有埋伏,万一不能取胜,齐、宋、鲁援军一到,前后夹击,楚军失利,脸上无光,嫂嫂会瞧不起自己。再说这次出兵,已攻下几个地方,几天之间就打到郑国都城,也算是打了胜仗,目的已经基本达到,还是见好就收吧!

于是,公子元连夜班师回国,又怕郑军追击,命令所有营帐保持原样,遍插旗子,也想摆一个空城计,疑惑郑兵。

次日,叔詹登城遥望楚营,一会儿,便高兴地叫到:楚兵撤走了!众人都不相信,叔詹指着远处说:"凡是军队驻扎的营地,必定击鼓壮威,以吓唬鬼神。你们看那里有飞鸟盘旋,证明军营里连一个人也没有了。我料定楚军怕齐国援军赶到,被内外夹击,连夜撤走,还摆下一座空营来迷惑我们。可惜,公子元会使空营计,却识不破我的空城计!"

空城计采用的是一种心理战术,使用的关键是要清楚地了解并掌握对方将帅的心理和性格特征。对方指挥官越是小心谨慎、多疑,所得的效果就会越好。这种方法多是在兵力不足的情况下所采取的一种应急措施,如果被对方识破,对方乘虚而入,就会变得非常危险。

鬼谷子认为,要想掌握情况,要先从自己开始,了解自己,然后才能了解别人。

战国时,中山王宠爱着两个贵妃:阴姬和江姬,她们明争暗斗,都想做王后。

有一位谋臣名叫司马熹的,很有谋略。他看出两妃争宠的情形,想趁机敲她们一笔,便暗中使人去致意阴姬,告诉她:"要做王后不是开玩笑的,争得到手,自然掌有权威,贵甲天下,傲视全民;万一失败了呢,那就危险了,自己的性命保不住还不算,还要祸延家族哩!所以,不争则已,要争必要胜利。如果想成功的话,除非去请教司马熹先生!"

阴姬听说后,果然心动,便秘密地亲自去请教司马熹。司马熹便使足干劲,鼓其如簧之舌,说得她紧点头,千恩万谢地说:"如果事情成功的话,一定大大酬谢!"并且先孝敬司马熹一笔茶资。

于是,司马熹即刻上书中山王,告诉他有一个计划可使本国强盛,邻国衰弱。

中山王很感兴趣,笑着问他:"我非常欣赏你这个建议,要怎样做才行呢?"

司马熹说:"我先要亲身去赵国一趟,名为访问,暗地侦查赵国的险要地方和风土人情,了解它的政治和军事动向,回来才可以订出一个详细的计划,所谓知己知彼,才能百战百胜!"

中山王听了又送给他一份礼,打发他去赵国访问。

司马熹见到了赵王,公事完毕,在私谈间便对赵王说:"听说贵国是出产美人的地方,但我到这里已经几天了,总看不到哪一个算得漂亮。老实说,我足迹遍天下,也见过无数女人,总觉得没人比得上我国那位阴姬,不知道的,还以为她是仙女下凡哩!她的美,不是笔墨所能描写得来、语言所能说得出的,她那高贵的仪表,唉!胜过母仪天下的王后!"

赵王怦然心动,忙问:"可不可能把她弄到这里来?"

司马熹故意把话锋一转:"我只不过随便说说罢了,至于大王意图怎样,弄不弄得到

诸子百家——纵横家

手,我可不能参加意见,阴姬虽然妃子身份,却是国君所宠爱的。这些话,请千万不要传开去,否则要杀头的。"

赵王奸笑一下,表示非达到目的不可。

司马熹回到本国,报告给中山王的就是:"赵王根本是一个没有道德观念的人,只晓得玩女人,听淫乐,不知仁义是何物,开口讲打,闭口讲杀。还有,我听到一个可靠的消息,说赵王正在暗中设法把大王的宠妾阴姬弄过去呢!"

"岂有此理!"中山王不听犹可,一听则怒骂起来,"什么东西,竟把脑筋动到我头上来了!可怒也——"

"大王!请冷静一点。"司马熹说,"从目前形势来看,赵国比我国强盛,打是打不过他。赵王要索取阴姬,实在没有办法可以不给。不给马上就亡;要给,一定被人耻笑,笑大王懦弱,连爱妃都会送给人!"

"那怎么办?"中山王虽然无名火动,到此时也不能不低声下气请教司马熹了。"照我看,"司马熹从容不迫地说,"只有一个办法才可以化解此难,就是大王立即册封阴姬为王后,死了赵王的邪念。在列国中,从没有谁敢要别国的王后做妻子的,就是想要,也为列国摒弃,骂做禽兽!"

"很好!"中山王转怒为笑,说:"就照你的办法去做,看他这个癞蛤蟆还敢不敢想吃天鹅肉!"

因此,阴姬便很顺利地做了王后,赵王也死了心,司马熹不用说,已是王后娘娘的大恩人,地位和金钱自然更有保障了。

了解了对方的喜好与性格特点后,便可投其所好地施展游说之法。司马熹首先从阴姬想做王后开始设计,而后采用了出使赵国这一虚招,其目的便是让阴姬在中山王心中赢得好感,为登上王后做铺垫。最后,在中山王盛怒的情况下说出心中的计谋,圆了阴姬的梦想,也使自己得到了荣华富贵。

适时地运用方略和圆略

【原文】

如圆与方,如方与圆。未见形圆以道之,既见形方以事之。进退左右,以是司之。

【译文】

像圆变方、又像方转圆一样自如。在情况还未明朗以前就要用圆略来诱惑对手,在情况明朗以后就要用方略来战胜对方。无论是向前,还是向后,无论是向左,还是向右,都可用这个方法来对待。

【鉴赏】

春秋末期,郑国的宰相是子产。他善于执政,把国家治理得有条不紊,深得民心。他的执政之道就在于刚柔并济,把握住高压和怀柔两种政策的最佳尺度。

当时,许多大国都觊觎郑国。子产认为,郑国要求得生存,当务之急是加强国力。于是子产一方面提倡振兴农业,另一方面为确保军事费用,决定征收新税。一时间,民怨四起,民众对他恨得咬牙切齿,甚至有人还密谋杀害他。他的家人和朋友都纷纷劝他改变主张,朝中大臣也站出来反对他的政策。

面对来自各个方面的压力,子产没有丝毫的动摇。他力排众议,义无反顾地继续实施既定的政策。

"我所做的一切都是为国家和人民着想,即使牺牲我自己的名利也在所不惜。如果虎头蛇尾,我殚精竭虑想出来的兴国之道就会付诸东流。我决心一如既往地贯彻我的政策。老百姓的责难只是因为我的政策没有立竿见影的效果。过一段时间后,他们就会明白的。"子产这样对别人解释。子产不改初衷,面对责难仍然坚持己见。

过了几年,农业振兴计划收效甚大,人民的生活水平日益提高,军队也逐步强大起来,足以抵抗外来的入侵。郑国在诸侯国中逐渐树立起不可动摇的地位。

子产的政策并不都是如此"刚硬",他在教育政策的制定上就表现得非常"宽容"。

郑国为了大力培养知识分子,在各地普遍设立了称之为"乡校"的学校。但是许多对当政者不满的人就利用乡校传播与统治者相反的观点。若任其发展,就会不利于民心安定,对统治也造成威胁。因此,许多大臣提议关闭乡校。

子产却不以为然,反驳道:"如果那些人聚集在乡校谈论政治,我们可以听取他们好的意见,不断改良我们的政策,这样看来,不是一件好事吗?"

子产借用了一个比喻,继续说:"人们的言论就好比是河川里的水一样,如果我们钳制他们的言论,就如堵塞河水一样。尽管暂时控制住了,不久那些不满就会像洪水一样滚滚而来,堤坝和堰塘终将被冲毁。与其这样,还不如疏通流水,引导它们畅通无阻地流出来,这样不是更合适吗?"从此以后,郑国的教育文化事业得到了繁荣。

由于子产广开言路,集思广益,在他为政期间,郑国国泰民安。国家呈现出一派欣欣向荣的景象。

阴阳之道与方圆之说,与刚柔张弛的运用策略是相通的。绵里藏针、柔中存刚是成功的为人之道,刚柔并济更是行之有效的处世手段。治理国家同样如此。子产深知,如果君主严刑峻法,过于苛刻,就会使人们畏而远之;如果太宽松,就会使臣子骄纵跋扈,不易驾驭,所以必须恩威并济,把握好时机和火候。

鬼谷子提出,在情况还未明朗以前以圆略来诱惑对手,在情况明朗以后就要用方略来战胜对方。无论是向前还是向后,无论是向左还是向右,都可用这个方法来对待。阴阳转换彼此渗透,方圆交替运用自如,相辅相成,就能成大事。

"共生"现象使得生物界能够生存发展。日本佳能公司则以"与人类共生"为宗旨,实现了超稳健的发展。1987 年,在佳能成立 50 周年庆典上,佳能老板庄严宣布,将"共生"作为公司的基本宗旨。"共生"被解释为"利益均等"和"为人类做出贡献"。

经过半个多世纪的努力,佳能已成为全球性的跨国企业,佳能商标已在 140 多个国家注册,佳能的产品已深入到世界各个角落。佳能集团现有 62000 名职工,分布于世界各地,兢兢业业地致力于高科技领域的开发和突破,在照相机、办公与通信系统、精密光学及精细化工等领域不断创新,向人们提供了一系列优质服务。1991 年,佳能公司的销售额为 149.51 亿美元,利润额为 4.17 亿美元。在世界 500 家最大的工业公司中排名第

83 位。

　　佳能是激光打印技术的前驱,对该领域的研究开发遥遥领先。佳能从计算机领域的早期发展中就意识到工商界及个人,需要一种噪声低、速度快、质量高的打印机。然而,点阵打印机却做不到这一点。激光打印机则完全填补了这些方面的不足。于是佳能便开发出轻便、高效的激光打印机,这代表了佳能在生产技术方面的突破。同时,佳能的照相机、摄录机、传真机以及化学制品、光学产品、计算机与信息系统、医疗系统等也都代表了世界先进水平。

　　"技术为人类服务"这句名言,深刻地说明佳能是如何发展成为世界领先的跨国集团公司的。

　　对任何一家跨洲越洋的公司来说,最严峻的考验莫过于与当地社会的交融。为当地提供适于当地客户的创新产品。佳能在世界各主要国际市场建立了研究与开发中心,从而保证了佳能履行其所应承担的职责及贯彻佳能的行动纲领。例如,设于伦敦的佳能欧洲研究中心(CRE),侧重于计算机语言和音频产品的研究。设于加州的佳能美国研究中心则是计算机技术的研究基地。设在加州的佳能信息系统公司,正在开发计算机软、硬件和办公系统。设在法国雷纳的佳能欧洲研究发展中心专门从事数字电信的研究。设在悉尼的佳能澳大利亚信息系统公司,则集中于信息软件的开发。

　　佳能作为一家国际性跨国公司,十分注意与世界的共融共存。佳能在世界各地设立工厂,依靠当地的力量,使各地的工厂逐渐走上了专业化的道路。尽管它们各有所长,但都采用了佳能全球生产系统,从而严格保证了产品质量符合佳能的永不妥协的质量标准。

　　与当地居民融合,与当地经济融合,与当地企业融合。佳能的海外机构尽管都肩负着本身的特定工作,但他们也义不容辞地担当起了向所在地居民提供服务的职责。这正是"共生"精神与"为人类贡献"的实际体现。

　　"如圆与方,如方与圆",方圆交替,彼此渗透,相辅相成。佳能公司倡导的"共生"理念体现了方圆之道,微妙而又恰如其分地反映了佳能在参与社会事务,提供有益技术,以至关心环境等方面做出的卓越贡献。

第三内揵术　与上相得,与下想和

　　"内揵"的根本是要摸透对方心意去说服、控制对方的思路,从而使对方有种心心相印、兴趣相投的感觉,接着自己便可灵活多变地采用游说之法,使自己进退自如地,使对方信服。"内揵"之法,要求人臣善于揣摩君主的心思,维持一种进退自如的状态。在现代社会的人际关系中,亦可借鉴内揵之法,创造出一种和谐的人文环境。

审时度势,建议中肯

【原文】

　　方来应时,以合其谋。详思来揵,往应时当也。

【译文】

以道术来进言，当应合时宜，以便与君主的谋划相合。详细地思考后再来进言，去适应形势。

【鉴赏】

春秋时期，齐相国晏婴是一位家喻户晓、德高望重的政治家，人们尊称他为晏子。他博闻强记，知古通今，他在齐灵公、庄公、景公三世任卿达 57 年。他提倡节俭，并能以身作则。尽忠进谏，对国君从来是知无不言，言无不尽。

一日，齐庄公在花园里与妃子下棋，听说晏子求见，就撇下妃子，与这位棋坛高手在棋盘上厮杀起来。

晏子也不多话，稳稳坐在那里，出车跃马，摆开阵势，一会工夫就吃了庄公不少棋子，占尽优势。但接下来，晏子横冲直撞，走了几步废棋，棋局发生了变化。庄公沉着应战，居然转败为胜，赢了一局。

齐庄公疑惑地问："为什么这局棋你会下得如此差呢？"

"臣有勇无谋，输棋自在情理之中。"晏子手指棋盘说，"下棋是这样，治理国家也是这样，如今各国的状况，对我而言已经很难胜任相国的重任了。"

庄公吃了一惊，晏子又说："近年来，由于您偏爱勇武有力的大臣，使武夫们滋长骄傲情绪，傲视文臣，欺压百姓，闹得京城临淄乌烟瘴气。

晏婴

许多有才干的文臣得不到重用，官风民风越来越坏。若这些人不加以严格约束，势必会出乱子。"

齐庄公有些自知之明，但身为国君，怎可轻易接受一个臣下的批评呢？于是不服气地问："请相国直言，古代有没有哪一个国君，依靠武力而安邦治国的呢？"

晏子说："夏朝末年有大力士推侈、大戏，殷朝末年有勇士弗仲、恶吏，这些人都是神力无边、万夫莫挡之辈，可他们却不能挽救夏桀、殷纣的灭亡。夏、商的覆灭告诉后世一个道理：光靠勇力而不行仁政，是行不通的。"

庄公仔细体会晏子的肺腑之言，认为他说得很对，就恭敬地表示感谢。并同意从今后省刑轻赋，施仁政以固国本，让万民敬仰自己，让文臣亲近自己。

"方来应时"，意思是反复揣摩，以适应时势的要求去进言，以求其变通。晏子下棋，开始时猛如虎，顾前不顾后，待到后来欲挣扎时，早已成败局。他以此吸引庄公提出话题，并顺势转到以武治国和以仁治国上面来。当庄公不服气时他又举出实例，证明以武治国是不可行的。其婉转自如的口才技巧，令人叹服。

晏子在此便巧妙地抓住了进谏的时机,他不急于进言,而是在下棋中创造有利时机。先是采用投石问路的方法,以下棋使庄公对棋局的变化莫测而深感迷惑,而后再把话题转到以仁政治国上来,阐述了自己的立场与观点,接着又举出实例,说得庄公心服口服。

我们再看看有关晏子的另一个故事。晏子生活非常俭朴,齐景公经常看着他身上的粗布衣裳叹气道:"你真是个乡下人啊!"

晏子的住宅和普通老百姓的房子没什么区别,家中陈设甚至比老百姓的还要简陋。齐景公知道后,便想给他建造一所好一点的房子。

一天。退朝后,齐景公叫住晏子说:"你的住宅靠近集市,每天在嘈杂的声音中度日,实在让你受苦了,更何况灰尘满街,地势很低,狭窄且又潮湿的环境实在不能适合像你这样的人居住,请你还是搬到宽敞明亮的地方去吧!一切费用都由我来负担,你看怎么样?"

晏子摇头道:"感谢大王美意。住宅的好坏不一定是以豪华和简陋来区分的,况且我所住的地方是齐国的先代贤士们住过的。我有时想,自己住在这里是不是有资格,会不会有辱先贤们啊。再说,我住在靠近集市的地方,买东西很方便,怎么可以麻烦百姓再为我另建房屋呢?还是算了吧!"

齐景公见他不肯换房,便转换话题,笑着问:"你住在集市附近,可知什么东西最贵,什么东西最便宜吗?"

晏子一听,不由得想起自景公继位以来频繁施用的一大酷刑——刖刑,即把人的双腿砍断。有很多老臣冒死进谏要求废除此酷刑,都徒劳无功。晏子多次想劝谏,但一直苦无机会。今日齐景公问起物价贵贱来,晏子想了一想,说道:"假肢是最贵重的,鞋子是最便宜的。"

齐景公脸色微微一变,若有所悟地低下头,沉思了许久。

"好了!"齐景公严肃地对晏子说道,"从明天开始我就废掉刖刑。"

晏子身居高位,却甘居贫贱;尽管谏止刖刑,却要耐心等候时机,可谓深得顺其自然之道。一个人如果享尽荣华富贵,必遭天妒人怨,灾难随时可能加身。晏子贵而不富,就不会被人视为眼中钉、肉中刺了。所以他能安然当权 57 年之久。至于进谏时机的把握,晏子处理得恰到好处,似谏非谏,点到为止,却力压千钧,一击而中。

要想说服他人,首先要深思熟虑,分析自己的谋略优劣可否,成败利钝。这是从面了解自己的过程,也是说服他人的先决条件。

摸透心意,控制思路

【原文】

乃揣切时宜,从便所为,以求其变。以变求内者,若管取揵。言往来,先顺辞也。

【译文】

揣量切摩形势,从便利处入手,来改变策略。用善于变化来求被采纳,就像以门管来接纳门楗一样顺当。凡是谈论过去的事情,要先有顺畅的言辞。

　　齐国到齐景公在位时,政治更加清明,国力更加强盛,在众多诸侯国中是屈指可数的大国,这不仅因为有开明、有作为的齐景公,还因为有一流的政治家晏子辅佐。

　　一次,有个人得罪了齐景公,齐景公大发脾气。盛怒下,他下令将那个人绑在大殿下面,要把他一节节地砍掉,这可是一种非常残酷的刑罚。同时,齐景公下令,谁都不能来劝阻这件事。如果有人来劝阻,就和那人同罪,也要被肢解。作为国君,他的话一言九鼎,谁都不敢冒险进谏。

　　晏子听了以后,便把袖子一卷,装出一副凶狠的样子,拿起刀来,把那人的头发揪住,同时在鞋底下磨刀,做出要亲自动手杀掉此人、为君王泄怒的姿态。

　　然后,晏子仰起头来,向坐在大殿上面正发脾气的景公询问:"大王,我看了半天,但感到不知怎样下手,好像史书上没有记载过。尧、舜、禹、汤、文王这些贤明的君主要肢解杀人时,到底应该先砍哪一部分才对? 对这个人应该从哪个部位下手去砍,才能做得像那些圣主们一样杀得好呢?"

　　齐景公听了晏子的话,立即警觉,自己若要做个明君圣主,又怎么能用这种残酷的方法杀人呢! 所以他对晏子说:"好吧! 我错了,放掉他吧!"

　　晏子在此运用了"言往者,先顺辞也;说来者,以变言也。"先是顺着景公的意图佯装要杀掉此人,却在行动中用暗示的语言警醒了景公,达到了自己劝谏的目的。

　　晏子知道如果当时直言规劝,直说心言,必定会事与愿违。因为此时的齐景公正在气头上,如此一来不仅会使之下不来台,还会火上浇油,不但救不了要被杀之人,甚至连自己的性命也保不住。正是晏子看清了这个道理,才将计就计,很巧妙地充当"刽子手",以委婉的方法劝阻了齐景公。

　　事实上,凡居上位者都带有一定的傲气和霸气,有人将其形容为老虎的屁股——摸不得。但话说回来,智者千虑,必有一失。若不慎触怒了居上位者,真摸了"老虎的屁股",就该设法予以补救。这需要智慧,而且是"急智"。

　　英国首相丘吉尔身边的人给了他一个很有趣的绰号——"一架老的B-2轰炸机"。因为这种轰炸机的最大特点是,任何优质燃料只要进入它的发动机,都会被毫无例外地检测为不合格油品而禁止进入燃烧室。与之相似的是,丘吉尔拥有卓越的才能,却相当自负,对于别人的意见或建议常常看不起,要么不采纳,要么根本不予理睬。

　　有一次,他的助理史蒂文斯被丘吉尔单独召见,史蒂文斯提出了一个方案,尽管他明知丘吉尔不容易接受别人的建议,但因为是经过苦心研究的,自认为这个方案相当可行,所以说得理直气壮,十分自信。

　　但他没有得到幸运之神的惠顾,丘吉尔听完他的话,尖刻地说:"在我愿意听废话的时候,欢迎你再次光临。"

　　让史蒂文斯吃惊的是,在数天之后的一次宴会上,他听到丘吉尔正在把那天他的建议当作自己的见解发表。这件事使史蒂文斯"大彻大悟",原来并非是他的建议本身不好,而是他提出建议的表达方式不够完美。

　　终于,他找到了向首相提建议的最好方法:低调建议,不再强调某个计划是他想到

諸子百家

——

纵横家

的，就好像那是丘吉尔首相自己的想法一样。在首相不知不觉地感兴趣以后，再将这个计划作为首相自己的"天才构思"公之于众。这样，这个计划就被"移植"到首相的头脑中了，他就会坚定不移地相信这是一个好主意了。

史蒂文斯决定，为了使一个好计划得以实现，他甘愿牺牲自己的功劳。

后来史蒂文斯奉命到美国做外交上的接洽，这一次他已经掌握了提出建议的最好方式。出发前，丘吉尔虽然在原则上同意了史蒂文斯的计划，不过态度却相当谨慎，看起来这个计划短期内很难被批准。

史蒂文斯到纽约以后不久，向丘吉尔寄回了他同美国国务卿的谈话记录。在谈话中，史蒂文斯把自己想出的那个只是首相谨慎同意的计划说成是"首相的创见"，并且对这个"天才、勇气、先见之明"的主张热情赞扬。

结果丘吉尔看了这个记录后，毫不犹豫地正式批准了这个计划。

这个方法对于我们处理职场人际关系也有借鉴意义。如果员工能够了解领导和同事的特点，就可以在每一次接触中使自己所说和所做符合对方的心意，从而拉进和对方的距离，使之产生亲近感，为与领导、同事和睦相处、献计献策奠定良好的感情基础。

善窥形式，因应变化

【原文】

得其情，乃制其术。此用可出可入，可捷可开。

【译文】

只有了解情况，再依据实际情况确定方法，这样去推行自己的主张，就可以出去，又可以进来；既可以进谏君主，坚持己见，又可以放弃自己的主张，随机应变。

【鉴赏】

据《战国策·触龙说赵太后》中记载：公元前265年，赵国的国君惠文王去世。其子孝成王继承了王位，因为年少，便由其母赵后执政。当时正处于诸侯国混战的局面，所以国内形势动荡不安。秦国见有机可乘，便发兵攻打赵国，在分析到自身的力量绝不是秦国对手的情况下，赵太后不得不向齐国请求援助。齐王虽然答应出兵，但要求赵国以长安君作人质为条件才肯出兵。

平日赵太后对幼子长安君极为宠爱，怕他有什么危险，所以不肯答应。大臣们都极力劝说，结果赵太后大为生气，对大臣们说："若再有敢说让平原君到齐国作人质的，我必唾其一脸口水。"

有一天，德高望重的大臣触龙来求见赵太后想说服赵太后让长安君到齐国作人质。但他知道如果直说必定会惹怒太后，于是在见到赵太后时便装作若无其事的样子说："由于我最近身体不安，好久没有来向太后问好了，不知道您最近身体怎么样？"

赵太后说："最近我活动得很少，每天吃饭也不多。"触龙说："我也是这样，但还是硬撑着散散步，这样对身体有好处。"太后说："我可没那份心情。"几旬日常的相互问候后，

诸子百家——纵横家

2207

赵太后的怒气渐渐消了些。

触龙接着说："我有个小小儿子叫舒棋，就是不成材，多是平时宠爱的缘故呀。我已经老了，所以想让太后允许他来宫中当一名侍卫吧，这就是我此次前来的目的。"太后说："好吧，他多大了？"触龙说："15岁了。年纪虽小。但我希望在死前能由太后好好照看。"太后说："没想到父亲也宠爱孩子呀？"触龙说："当然，甚至比母亲还要厉害。"太后笑着说："不会吧，女人家才格外宠爱自己的小儿子呢。"触龙见太后情绪好多了，便说："父母疼爱子女，也应该替他们做长远的打算。"赵太后点了点头。触龙随即转换话题说："但我觉得太后为儿子打算得不够长远。"赵太后不解地问为什么这么说。触龙说："如今太后抬高长安君的地位，给他很大封地和诸多财宝，却不让他及时为国家立功，一旦太后去世，长安君怎能在赵国立足呢。所以我认为太后替长安君打算得不够长远。"此时太后才知触龙的真正来意，也深深地被触龙说服了。于是赵太后为长安君准备百余辆车马，以及诸多随从，送他到了齐国，齐国也终于出兵援助了赵国，使其转危为安。

"得其情，乃制其术"。此处触龙说服赵太后，正是在了解对方的基础上运用了迂回的策略，而不是直言相劝，用共有的爱子之情达到心灵上的共振，然后在谈话中"控制"住了太后，使自己游刃有余、"可出可入"。后来便以此为突破口，用动之以情、晓之以理的言辞说服了赵太后。从与赵太后拉近关系到找到共同语言，以致最后使赵太后接受自己的主张，正是内揵术的运用——得其情，乃制其术。

靠纸牌起家的日本玩具商——任天堂公司，"善窥形式，因应变化"，获得巨大成功。

1969年，任天堂向家用电脑玩具发起总攻。当时，日本、美国几家公司也推出这种电脑玩具，售价为2万~6万日元，销量不大。任天堂公司推出成本低、功能比美国好的家用电脑的大型集成电路，几乎一夜间，压倒所有对手。

现在每5个美国家庭就有一台任天堂公司的娱乐系统。难怪美国的杂志上说："美国的孩子，没有任天堂，就会像没有棒球手套一样遗憾。"

美国任天堂子公司的经理荒川发现，美国的父母担心孩子们迷上任天堂的产品后，减少体育活动，于是任天堂迅速推出一种叫"动力台"的游戏机，孩子们在玩时，必须用跑、跳、蹦等方式控制荧光屏上的人物。如此挖空心思，使任天堂生意红火。

通常，任天堂日本总公司的产品一经设计完成，就会立即把它寄到在美国的分部，而早已等候在那里的办公室人员收到快递后，往往会立即开箱检查审视，看美国的市场能否接受这种产品。所有的文字、图画都要被仔细审查，等到确信没有问题后才正式投放美国市场。

由于国情不同，玩具产品很容易引起"水土不服"，甚至民族矛盾。比如，有一次在日本开发出来的一套电视游乐系统中的人物形象就是经过了更改才推向美国市场的。因为其中扮演坏蛋的那个角色一看就是印第安人；还有一套"赌博"游乐系统，唯一的贼是一位黑人。为了避免种族歧视问题，有关人员就把"印第安人"的面孔改变了，把黑人的肤色"淡化"了一番，等等。如果放任有问题的产品推出，后果不堪设想。

产品设计不仅要符合目标市场政治文化环境的需要，而且要符合目标市场审美观念和传统习俗的特点。比如"富翁"电玩中的人物，在日本版本中是吃了寿司而增强体力的，而到了美国，这个版本就将寿司改变为热狗；相应的，主角的眯眯黑眼也变成了浓眉大眼。这样就容易被美国消费者接受。

任天堂公司的成功在于敏锐把握市场信息，"善窥形式，因应变化"，推出了一系列符合国情、民情、商情的产品，正所谓"得其情，乃制其术。"

处乱不惊，变换自如

【原文】

若欲去之，因危与之。环转因化，莫知所为，退为大仪。

【译文】

要拒绝对方的诏命，就要设法给人一种错觉。就像圆环旋转往复一样，使旁人看不出您想要干什么。在这种情况下，急流勇退是最好的办法。

【鉴赏】

陆逊，字伯言，是东吴继周瑜、鲁肃、吕蒙之后的又一位三军统帅。

公元234年，孙权亲自率兵10万去攻魏国的合肥新城（今安徽合肥西北），派陆逊、诸葛瑾领一小部分兵马去打魏国的襄阳（今湖北襄樊）。但围攻不久，吴兵却多染时疾，魏明帝又亲率大兵增援合肥。故孙权无奈撤兵而回，同时派使者通知陆逊、诸葛瑾。哪知使者半路上被魏兵掳去。诸葛瑾闻知大惊，忙派人告诉陆逊，赶紧撤兵。陆逊接到信后，毫无动静，依旧催促手下种植生长周期短的蔓菁以供军队食用，依旧和手下众将下棋玩乐。诸葛瑾不知就里，忙亲自来见陆逊。陆逊说："要退，也得用计撤退。魏兵知大帝退去，必全力对付我们。我们若落荒而逃，必被全歼。"当下，陆逊命诸葛瑾率人督管战船，陆逊不但没撤，反而率兵拔营，向襄阳进逼。

魏兵久已畏忌这位曾出奇谋火烧刘备阵营700里的大将，见吴军逼来，不知其玩什么花招，忙退守城里。这时，诸葛瑾已派人沿江排开战船，于是吴军有秩序地登上战船，安全撤走了。

"环转因化，莫知所为"，实要退，表面上却在进攻，让敌人摸不清其真实意图，不敢贸然围击，这就是"环转退却术"。

第二次世界大战中的一场战役也运用了这一战术。

1943年秋，苏军反攻德国法西斯，发动了德涅伯河会战。按最高统帅部命令，沃罗涅什方面军渡河夺取了基辅东南的希克林登场。德国军队组织强大力量反击，经过两次大交锋，苏军受挫。朱可夫元帅决定把主攻力量转移到敌人防御力量较弱的基辅北侧。但是，这样一支机械化大部队在敌人面前转移，很难保守机密。于是，朱可夫元帅运用了"环转退却术"，先假造一个暂停进攻、就地防御的命令，故意放在阵亡军官的皮包内，让敌人得去。将部队悄悄撤回第一线后，仍留下少量兵力制造声势，并让前线电台照旧工作，以造成大部队重新集结、固守待攻的假象，直惹得德军调动大批飞机，对希克林苏军阵地轰炸了一个星期，并调集预备部队，准备决战。

这时，苏军主力已转移到柳捷日，在那里发起了总攻。

金蝉脱壳,以假乱真,不但可以用于退却,还可以用于吸引对方注意力,以转移自己的主力,发动更有效的攻势。

第四抵巇术　注重细节,防微杜渐

"巇"原意是险峻、险恶之意,后引申出间隙、漏洞、矛盾等意思,比喻给人可乘之机。故本篇主要讲述的是如何洞察事物出现的缺陷和矛盾,而后又该采取什么样的措施加以弥补或利用。从全局来看,抵巇术成功运用的关键是要顺应事物发展变化的规律,唯有如此,才能灵活运用"抵而塞之"或"抵而得之"的策略,使自己不断完善,同时也能找到克敌制胜的方法。

居安思危,见微知著

【原文】

事之危也,圣人知之,独保其用。因化说事,通达计谋,以识细微,经起秋毫之末,挥之于太山之本。其施外,兆萌牙蘖之谋,皆由抵巇。抵巇隙,为道术。

【译文】

当事物出现危机之初,只有圣人才能知道,而且能单独知道它的功用,按着事物的变化来说明整理,了解各种计谋,以便观察对手的细微举动。万事万物在开始时都像秋毫之末一样微小,一旦发展起来就像泰山的根基一样宏大。当圣人将行政向外推行时,奸佞小人的一切阴谋诡计,都会被排斥,可见抵巇原来是一种方法。

【鉴赏】

夏朝的最后一个皇帝是夏桀,他在位时荒淫无道,滥杀忠臣良将。政权岌岌可危。

与此同时,夏朝的一个属国——商国渐渐强大起来,国王成汤在相国伊尹的帮助下,内修德政,发展军事力量,对外逐步征服周边小国,最终于公元前十一世纪,灭掉桀王,建立商朝。

伊尹本来是成汤推荐给桀王的,但桀王只同他谈了一次话,以后再没有理过他。成汤见夏王对伊尹不予重用,于是请他到商国并拜他为相,授予国政。伊尹不负众望,帮助成汤发展农耕,铸造兵器,训练军队,终于灭了夏朝。成汤死后,他把大权交给了相国伊尹,嘱托他尽心辅佐自己的三个子孙。伊尹答应了他的要求。

成汤有三个子孙:外丙、中壬、太甲,都是商朝很有作为的君王。但太甲继位的前三年,并没有致力于天下大业,而是整日沉湎于酒色之中。

伊尹曾以长者的身份劝告他,又以相国的权力威胁他,但太甲在治国为民上仍毫无心思。伊尹施尽各种方法,想令太甲改过自新,以继承成汤的业绩,创造商朝鼎盛,无奈太甲仍不以为然,冥固不化。

有大臣向伊尹劝道:"当年先主在位时,你帮他灭掉夏国;先主仙逝,你又辅佐两位人主,已经报答了先主的知遇之恩。现在你既然无能为力。又何必强求呢？你不如带上金银财宝,找一个青山绿水的地方隐居下来,安享晚年!"

伊尹训斥那位大臣道:"为人臣子,应当在国家危难时挺身而出,劝诫皇帝。这才是良臣。如果都像你所说,在君主英明、太平盛世时,大臣都在朝堂食俸禄;而一旦风起云变、国君不明事理时,便隐蔽起来,那么,要我们大臣又有什么用处呢?"

那位大臣听完,哑口无言,急忙向伊尹请罪。尽管如此,伊尹还是免了他的职,并当众公布那位大臣的口舌之罪,众人听了不无畏惧。

太甲也知道了这件事,表示赞同。伊尹乘机又劝太甲,太甲仍是不听。无奈,伊尹便将太甲关进南桐宫,责令他反省,他则亲自主持朝中事务整整三年。

经过三年反省,太甲终于悔悟。伊尹又亲自把他接出来,将政权交还给他。

太甲重新登上皇位,励精图治,使商朝达到了鼎盛时期。这其中,伊尹功不可没。他当了三十多年的商朝相国,为商朝的统治奠定了坚实的基础。

小的缺漏如果不及时加以控制,任其发展就会动摇大山的根基,只有把它消灭在萌芽状态,才不会出现大错。太甲身居帝位而沉迷于酒色,这是小"巇",只有及时制止才不至于发展到大"巇",甚至发展到无可挽回的地步。伊尹先是以言语劝告,在无效的情况下才将他软禁三年,这种由低到高、由软到硬的"抵"法可谓运用得恰到好处,因为让太甲尝尝得而复失的滋味,比每天耳提面命效果要好得多。

伊尹能够成功"抵"住太甲的"巇",这与他由小见大、见微知著的眼光是分不开的,正所谓:"圣人见萌芽巇罅,则抵之以法,世可以治则抵而塞之。"

对待做事过程中的各种危机和不利局面,鬼谷子主张要预之在先,准备在先,这就是所谓"抵戏之隙"。有了"抵"的意识,就能时时掌握主动权。

2003年春季,突如其来的非典型性肺炎(以下简称SARS)让众多企业都束手无策,但亚信公司例外。作为第一家在美国纳斯达克成功上市的中国高科技企业,亚信公司一直专注于信息通信领域,这家曾被"世界经济论坛"评为"全球500家高速成长企业"之一并连续两年入选《福布斯》的企业,在面对突发事件的危机管理中,给国内企业树立了良好的榜样,它所建立起的一整套危机管理机制给国内众多企业提供了很好的借鉴。

处乱不惊,因变而变。危机预警机制的启动是亚信公司沉着应对突发事件的第一步,而审时度势、深刻精准的形势判断是其重要前提。"SARS可能会影响公司的业务运营,公司所有高层必须密切关注疫情的发展,保持清醒头脑,并24小时开机。"这是亚信公司面对SARS危机时的预警。

随着疫情发展,亚信又很快判断出事态的严重性,危机管理机制正式启动:建立SARS危机领导小组;软件开发异地备份,发放药品和防护用品,加强公司内部通信建设,实行远程办公;对客户进行信心承诺,保证非常状态下的完全正常服务。

这种被亚信公司形容为"希腊模式"的危机管理机制,不仅是亚信公司应对SARS危机的机制,而且是它应对所有危机的通用规则。

"希腊模式"是指该机制的整体结构类似于希腊建筑:上层的三角形屋顶是管理团队和管理层次,下面支撑的柱子是所应对的危机类型,而这些"柱子"坐落在一个强大的统一管理的平台之上。管理团队和层次设置的具体方案要根据危机的类型——也就是屋

诸子百家——纵横家

顶下的"柱子"而定。

在此模型下，亚信公司把危机分成三类：一类是战争、地震、疫病之类的灾难危机，由行政部门指挥处理；第二类是业务危机，比如产品质量问题和流程出错等，由业务部门进行协调；第三类是公共关系危机，由市场部门主导解决。

一般情况下，危机会牵扯到企业的方方面面，为确保危机机制的有效性。所有问题的解决都应建立在一个统一管理的平台之上，这个平台就是"希腊式"建筑的底座，是各个部门与危机之间的对应与协调；统一管理又要求建立起"一把手工程"，明确处于"屋顶"上的"一把手"的责任与权力，以保证整个机制灵活高效运行，因此，亚信一旦启动应急方案，一个对高层管理人员形成约束的文件也会自动生效。例如，几个高层管理人员不能同时出差、要保证24小时开机、建立规定工作序列，等等。

危机管理机制中的应急方案并不是启动之后便万事大吉，整个危机管理的流程必须形成一个闭环系统，这就是启动、执行和监督。

方案的启动完全取决于决策层对形势的判断，判断的正确可能减少企业损失，判断失误又可能带来灾难。而方案的执行则与方案设计的周详程度有很大关系，这就要求对危机的判断与考虑要建立在树型思考模式之上，不应该局限在单点之上，对于很多问题的考虑要有连带性，如同树枝生长一样。例如，对于SARS问题的考虑：一旦员工出现感染病例，公司就可能需要第二办公地点，亚信将会选择离公司最近的友谊宾馆；一些关键业务点无法完全实现远程办公，例如亚信的服务支持人员，如果疫情严重，就要考虑租用交通工具接送员工上下班，而班车的路线、租赁与考察也必须包括在方案里。

对企业来说，应急方案越周详越好，并且在执行中要不断地根据情况做出修正，而且一切都要尽量透明，要保证信息通畅，如果在某些环节上不透明，隐藏的信息无法得到处理，一旦问题爆发，足以让整个组织陷于被动。

这就是鬼谷子所说的预之在先，准备在先，只有居安思危，把准备工作做在前面，才能保证事情的发展向着自己预计的方向发展，才能使自己时刻掌握主动权，使自己从容走向成功。

后发制人，周密制订应急方案

【原文】

可抵而塞，可抵而却。可抵而息，可抵而匿，可抵而得，此谓抵巇之理也。

【译文】

可以通过"抵"使其闭塞，可以通过"抵"使其停止，可以通过"抵"使其变小，可以通过"抵"使其消失，可以通过"抵"而夺取器物。这就是"抵巇"的原理。

【鉴赏】

战国时期，秦国与韩国在河泽交战，韩国连败，形势危急。
大夫公仲对韩王建议说："我们的军队数量远比不上秦国，现在内无后备，外无救援，正处于危急存亡的关头。现在秦国意在讨伐楚国而不是我国,不如通过张仪同秦国议和,送给秦国一座名城,约他一同讨伐楚国。秦国志不在我。又有利可图,一定会同意的。这样既保存了我国,又可以灭掉劲敌楚国,这是一箭双雕啊。"

韩王答应了,于是就对外宣称公仲将西赴秦国议和。楚王听说韩国要和秦国和解,十分恐惧,就召见陈轸问他怎么办。

陈轸说:"秦国想攻打楚国已经很久了,现在又得到韩国一座名城,再和韩国一起南下,这可是秦国梦寐以求的事!楚国肯定要受到两国的进攻。"

楚王点头道:"是。一个秦国已经不能阻挡,再加上韩国,我们岂不要灭亡了?"

陈轸忙说:"我有一个办法。大王可在国内选拔人马,宣称救韩。知道的人越多越好。再命令士兵用战车布满道路,派使臣带着足够的财物,使韩王相信楚王是他的盟友,一定会救他。即使不能如愿,韩国也会感激你,一定不会前来攻楚。即使两国兵临楚地,韩国也绝不肯奋力攻打,而且有可能反戈相向,而一个秦国对我国不可能造成什么重大的危害;倘若如我所愿,韩国接受了我国的礼物并表示亲近,那秦国知道后,一定大怒,两国便结下恩怨,他们之间的矛盾对我们有利。这就是我依靠秦韩之兵而免除楚国之祸的一个计谋。"

楚王听罢大喜。于是在国内准备人马,大肆宣称救韩,并派出使臣,送许多财物到韩国。韩王大喜,于是阻止公仲赴秦。公仲劝韩王道:"不能这样做,秦国告诉我们的是其真实想法,而楚国却在说谎。相信楚国的谎言而轻易断绝与秦国的关系,一定会遭到秦国报复的。况且楚、韩不是兄弟之国,也不是盟友,更没有约定讨伐秦国,只是秦国想讨伐楚国,楚国才出兵说要救韩。这一定是陈轸的计谋,请大王千万不要中了楚国的奸计啊!"

韩王不听公仲的意见,和秦国断绝了关系。秦国大怒,增派人马讨伐韩国,而楚国的救兵并没有到,韩国大败。

对抵巇术的运用,在军事上很多,尤其是在春秋战国时期被广泛应用。以上这则典故就是以离间计抵而得之的例子。如果能够洞察到他国相互的利害关系,便可运用离间计挑起双方的纷争,而自己则可以坐山观虎斗,以取渔翁之利,以上这则故事便是成功运用离间计的著名事例。楚国面对秦、韩两个国家的进攻,临阵磨枪也为时已晚,而陈轸巧妙地抓住这两个国家之间的利害关系,从中挑拨离间,终于使秦、韩两国反目成仇,兵戈相见,不仅削弱了韩国,更重要的是保全了楚国。这便是一个周密制订应急方案,后发制人的例子。

危机和危难往往蕴藏于太平盛世、安定祥和之中,而危机和危难的爆发,肯定有其最初的细微诱因和苗头。我们要时刻不忘居安思危,将这些诱因和苗头消灭在萌芽之中,切不可酿成大乱再去处理。

在20世纪50年代,美、日汽车生产和技术水准差距极大,当时,美国人是瞧不起日本货的,"汽车王国"的统治者们根本不担心日本汽车的竞争。可是,在二十多年后的今天,力量对比发生了显著的变化,日本汽车工业蓬勃发展,雄视世界。不仅日益扩大对美国

诸子百家——纵横家

市场的占有份额，也同时向全球进攻。

日本向美国发动"汽车战"是在 20 世纪 60 年。日本人在调查研究中发现，美国人对汽车的需求已有变化：过去美国人偏爱大型、豪华汽车，但由于美国汽车越来越多，城市越来越拥挤，大型汽车转弯及停放都不便，加上油价上涨，人们感到用大型汽车不合算，因此，美国人的偏爱已由大型汽车转向小型汽车，即喜欢价廉、耐用、耗油少、维修方便的小汽车，并要求容易驾驶、好停车，行驶平稳，腿部活动空间大，等等。

丰田正是根据美国人的喜好和需要，制成一种小巧、价廉、维修方便、速度更快、乘坐更舒适，受到美国顾客欢迎的美式小汽车。

由于这种经过改良的小汽车正符合美国顾客所喜、所需，迅速在美国市场上树立起物美价廉的良好形象，终于打进了美国市场。打入美国市场后，日本汽车公司并不满足。而是不断调整、不断改进、提高质量，满足顾客所喜、所需，因而不断扩大市场占有率。

美国汽车业盲目自大，认为自己制造的汽车"顶呱呱"，既不去了解美国顾客之所爱与所恶，也没有为了满足美国顾客需求而改进自己的汽车技术。这就给日本汽车商进军美国市场留下了一个大大的空隙。

日本汽车业敢于向先入为主的美国汽车业挑战，并能"反客为主"，取得后发制人的胜利，在于他们了解对方的致命弱点——麻痹大意，看准了小汽车市场这个"空隙"，乘"隙"出击，生产出质高价低的小型节油车，从而稳操胜券。

推旧革新，重新修复

【原文】

圣人见萌芽巇罅，则抵之以法。世可以治则抵而塞之，不可治则抵而得之。或抵如此，或抵如彼；或抵反之，或抵复之。

【译文】

当圣人看到轻微的裂痕时，就设法治理。当世道可以治理时，就要采取弥补的"抵"法，使其"抵"得到弥合，继续保持它的完整，继续让它存在下去；如果世道已坏到不可治理时，就用破坏的"抵"法（彻底把它打破），占有它并重新塑造它。或者这样"抵"，或者那样"抵"；或者通过"抵"使其恢复原状，或者通过"抵"将其打破。

【鉴赏】

萧衍是南朝梁的开国皇帝，他是南兰陵（今江苏常州市西北）人。南齐隆昌元年（公元 494 年），萧衍被任为宁朔将军，镇守寿春（今安徽寿县）。建武二年（公元 495 年），因抗击北魏军有功，又被任命为右军晋安王司马、淮陵太守，后又为太子中庶子，领羽林监。建武四年（公元 497 年），北魏军南伐雍州，萧衍受命领兵赴援，进至襄阳（今湖北襄樊）。同年 7 月，被授为持节，都督雍、梁、南秦、北秦四州及郢州竟陵司随郡诸军事，又兼任辅国将军、雍州刺史,镇守襄阳。

这时,齐明帝萧鸾病死,其子萧宝卷继位。萧宝卷昏庸无能,终日享乐,朝中大事均由始安王萧遥光、尚书令徐孝嗣等人处理。萧遥光等六人号称"六贵",此六人不以国事为重,整日明争暗斗,互相倾轧,朝中政治极度黑暗腐败。萧衍在襄阳得知朝中的情况,对亲戚张弘策说:"政出多门,是国家大乱的开始。《诗经》中说'一国三公,吾谁适从?'如今国家有六贵,这怎么了得! 我料到他们六贵矛盾一定会激化到大动干戈的地步,而襄阳远离国都,正是避祸的好地方。可是我的弟弟们都在都城,我恐怕他们会遭到祸患。我要和我哥哥商议一下。"

萧宝卷

不久,他的哥哥萧懿由益州刺史调到了郢州任职。萧衍便派张弘策到达郢州,给萧懿送去一封信。信中说:如今六贵争权,君臣之间猜忌到一定程度,必将大诛大杀,一旦混乱开始,朝野将土崩瓦解。我们有幸远离京师,领兵外镇,可以保全自身,图谋大计。所以我们应乘朝廷还没有猜疑时,将诸弟召集在一起。否则,一旦朝中对我们猜疑,诸弟们将在京师投足无路。如今,兄在郢州,控制荆湘;弟在雍州,兵马数万。在此政昏朝乱之际,正好以此为据,以图大事,如果坐失良机,悔之晚矣。

萧懿见信,脸色大变。他不同意萧衍这样做,因为万一不成,会招来灭门大祸。萧衍见哥哥不从,便独自将弟弟萧伟、萧儋迎至襄阳,秘密制造武器,招兵买马,并在襄阳大伐竹木,将舟系于檀溪之中,以备将来之用。

萧懿拒绝了萧衍的邀请,不久便入朝做了太子右卫率、尚书吏部郎、卫尉卿。永元二年(公元500年),裴叔业、崔慧景集聚众人发动兵变,萧懿带兵平定了叛乱,为朝廷立了大功。可是他不但没有受到奖赏,反而受到猜忌,于当年冬天被杀。

萧懿被杀,既证明了萧衍预见的准确,也为萧衍起兵提供了机会。萧衍及时抓住这个机会,在与亲信密谋后,召集部众,誓师起兵。萧衍对幕僚们说:"如今昏主恶毒,穷虐极暴,无端杀害朝中贤士功臣,令生灵涂炭,民不聊生,为天所不容。你们与我同心协力,共同讨伐昏君。事成之后,你们都会大富大贵,都是公侯将相,我绝不食言!"

众人异口同声道:"愿听您的安排。"

誓师之后,萧衍令人把竹木从檀溪中打捞出来,做成战舰千艘。又召集士兵万余人,起兵讨伐萧宝卷。在杀掉萧宝卷后,萧衍立了傀儡皇帝萧宝融。一年之后,他废掉傀儡皇帝,自己亲登帝位,建立梁朝。

抵巇术中有:"或抵反之,或抵复之。"意思是说世道尚可改变时,要用抵巇的方法加以堵塞;世道不可改变时,就用抵巇的方法取而代之。此处萧衍深刻分析到"政出多门,是国家大乱的开始",既然六贵都不肯轻易退出朝中大权的牢笼。那他们只能互相排斥、互相攻伐，以达到自己的目的，这就是可以利用的"曦"。在他们相互倾轧之际，得利的就只有萧衍了。此时想弥补"巇"是不可能的，因为已经到了无可挽回的地步，必须当机立断地讨伐昏君，以取而代之。如果当断不断，就会反受其乱。

能够成功运用"或抵复之"，必须要有远见卓识，能看清形势，又能仔细地分析透当前形势。当机立断采取行动，这都是成功所必要的前提条件。萧懿的鼠目寸光给自己带来了灾难，而萧衍的目光远大则让他成功登上帝位。

鬼谷子认为，对于"抵"的运用方法不能一成不变，而要见势而动。

汉代公孙弘小时候家里很贫穷，过着清苦的日子。所谓穷则思变，他发奋学习。苦读诗书，十年寒窗苦，终于飞黄腾达，做了丞相。虽然他居于庙堂之上，手握重权，但是在生活上依然保持着小时候俭朴的优良作风，吃饭只有一个荤菜，睡觉也是普通人家用的棉被。他的仆人们也感叹："我家大臣才是真正的清廉啊！"

这些话很快就传进了朝廷，文武百官为之感动不已，但是大臣汲黯却不这样想。他向汉武帝参了一本，对皇上说："公孙弘现在位列三公，不像当年生活百无聊赖。他有相当可观的俸禄，可是为什么还盖普通的棉被，吃简单的饭菜呢？"

皇上笑着说："现在朝中上下不都称颂他廉洁俭朴吗？公孙弘是不忘旧时之苦，也不忘旧时之德！"

汲黯摇摇头，继续说道："依微臣所见，公孙弘这样做实质上是使诈以沽名钓誉，目的是骗取俭朴清廉的美名。"

汉武帝想想，觉得有几分道理。有一次，上早朝的时候，他得了个机会便问公孙弘："汲黯说你沽名钓誉，你的俭朴是故意做样子给大家看的，他说的是否属实？"

公孙弘一听觉得非常委屈，刚想上前辩解一番，但是转念一想，汉武帝现在可能偏听偏信，先入为主地认为他不是真正的"俭朴"。如果现在自己着急解释，文武百官也会觉得他确实是"沽名钓誉"。再想一想，这个指责也不是关乎性命的，充其量只会伤害自己的名誉。清者自清，只要自己坚持自己的作风，以后别人自然会明白的。这样想着，公孙弘把刚才的一股怨气吞下去，决定不做任何辩解，承认自己沽名钓誉。

他回答道："汲黯说得没错。满朝大臣中，他与我交往颇深，来往甚密，交情也很好，他对我家中的生活最为熟悉，也最了解我的为人。他对皇上您说的，正是一针见血，切中了我的要害。"

汉武帝满以为他要为自己辩护，听到这番话颇感意外，问道："哦？是这样吗？"

"我位列三公而只盖棉被，生活水准和小吏一样，确实是假装清廉以沽名钓誉。"公孙弘回答道，"汲黯忠心耿耿，为人正直，如果不是他，陛下也就不会知道这件事，也不会听到对我的这种批评了！"

汉武帝听了公孙弘的这一番话，反倒觉得他为人诚实、谦让，更没有想到他还会对批评自己的对手大加赞扬，真是"宰相肚里能撑船"。从此，汉武帝对他就更加尊重了。其他同僚和大臣见公孙弘承认自己的错误如此诚实，都认为这种人哪里会沽名钓誉呢？

"圣人见萌芽巇罅，则抵之以法"，公孙弘在此运用的抵巇是修补，以求挽回名誉。其特点是对自己"莫须有"的"巇"不加辩解，而是顺情而说，那么虚假之言便可不攻自破。可见，许多事情是不需要解释的，对相信自己的人而言，解释是多余的；对不相信自己的人而言，解释是没有必要的。所以对有些指责也是不需要辩解的，清者自清，有时候解释反而会起到负面效应。

韬光养晦，待机而动

【原文】

世无可抵，则深隐而待时；时有可抵，则为之谋。可以上合，可以秸下。能因能循，为天地守神。

【译文】

当世道不需要"抵"的时候，就深深地隐居起来，以等待时机；当世道有可以"抵"的弊端时，对上层可以合作，对下属可以督查，有所依据、有所遵循，这样就成了天地的守护神。

【鉴赏】

春秋时期，楚穆王死了。楚庄王即位。庄王即位后，整日吃喝玩乐，打猎巡游，不理国事。奸邪大臣们暗中高兴，忠直大臣们内心着急。其实，庄王另有一番打算。原来，楚国令尹权势太大，把持朝政，庄王觉得自己刚刚即位，党羽未丰，难以与之抗衡，需要先麻痹他，免生不测。另外，自己刚刚上台，对大臣们的忠奸也心中没底，需要观察甄别。出于这两种考虑，楚庄王才把自己"深隐"起来，将满腹雄心"隐"在吃喝玩乐中。

就这样过了三年，令尹等一帮奸臣更加肆无忌惮，惹得民愤吏怨。一帮忠臣却再也沉不住气了，有位出名的忠直大臣，名叫申无畏，他便出面责问庄王。庄王见申无畏到来，不知就里，便问："你来干什么？是来喝酒的，还是来听音乐的？"申无畏说："我只想来请教一件事。有人给臣下出了个谜语，臣下猜不出，特来请教。"庄王说："讲给我听一下。"申无畏说："楚国山上有只大鸟，身披五彩，气宇华耀，一停三年，不飞不叫。我们不知，此为何鸟？"庄王听完，哈哈大笑，答道："这不是平凡之鸟。三年不飞，一飞冲天；三年不鸣，一鸣惊人。"申无畏明白了底细，叩头称谢说："大王英明。"

此后，又有几位忠臣来进谏。庄王与他们谋划，一举从令尹手中夺回实权，改革政治，振兴经济，操练士兵，国势大振，先后出兵战胜过几个国家。

"世无可抵，则深隐而待时"，也就是当世道没有可让人利用的"缝隙"，无法施展抵巇术时，就深隐而等待"缝隙"出现。等到那恰当的时机一旦到来，就"为之谋"，运用权术去大干一场。楚庄王"深隐而待时"，就是为了积蓄力量，争取舆论，以一举制人。

人都是要进步的，只当个看热闹的旁观者不行，而要成就自己的一番事业，这样才不枉一身的本事。